중서교통사

中西交通史

1

이 책은 (재)한국연구재단의 지원으로 학고방출판사에서 출간, 유통합니다.

한국연구재단 학술명저번역총서 동양편 622

중서교통사

방호(方豪) 저

손준식·유진희 역주

1

學古房

　이 책은 중국의 역사학자이자 신부(神父)였던 방호(方豪, 1910-1980)가 쓴 《중서교통사(中西交通史)》를 완역하고 역주를 단 것이다. 방호의 자는 걸인(杰人)이고 필명은 방려(芳廬), 성로(聖老), 절진(絶塵) 등이 있다. 절강성 항주(杭州) 태생으로 1921년부터 가흥(嘉興)의 천주교 수도원에서 라틴어와 종교과목을 배우면서 중국 전통학문도 함께 공부했다. 1929년 영파(寧波) 성 바오로 신학원에 들어가 철학과 신학 및 교회역사 등을 탐구하고, 1935년부터 가흥, 금화(金華), 무의(武義) 등지에서 선교활동을 하면서 송사(宋史) 연구에 집중하였다. 그 후 절강대학과 복단대학 교수 및 단과대 학장을 지냈다.

　1949년 2월에는 대만(臺灣)으로 건너와 대만대학 역사학과 교수로 재직하면서 청사편찬위원회(淸史編纂委員會) 위원, 대만 교육부 학술심의위원(學術審議委員), 고시원(考試院) 시험출제위원, 중화전략학술위원(中華戰略學術委員), 중앙연구원 원사(院士) 등을 역임했다. 또한 대만 중국역사학회 이사장을 3차례 연임하였고 정치대학 문리학원 원장을 맡기도 했다. 주요 저서로는 《중서교통사》 외에 《송사(宋史)》, 《중외문화교통사논총(中外文化交通史論叢)》, 《중국천주교사논총(中國天主教史論叢)》, 《중국천주교사인물전(中國天主教史人物傳)》, 《방호육십자정고

《方豪六十自定稿》) 등이 있다.

《중서교통사》는 1953년(1, 2, 3권)과 1954년(4, 5권) 2년에 걸쳐 대만의 중화문화출판사업위원회(中華文化出版事業委員會)에서 초판이 나왔다. 역자가 저본으로 삼은 것은 1983년 대만 중국문화대학출판부(中國文化大學出版部)에서 상·하 2권으로 다시 묶어 간행한 책이다. 총 1075쪽(목차 제외)에 달하는 방대한 분량으로서 상권의 1편에서는 선사시대에서 진·한·위진남북조시대, 2편에서는 수·당·오대에서 송대, 하권의 3편에서는 몽·원(蒙元)과 명, 4편에서는 명·청 교체기를 다루고 있다. 이 책에서 말하는 중서(中西)는 역대 중국과 중국 이서(以西)의 유라시아 대륙 및 동남아 일대를 가리킨다. 또한 교통(交通)은 민족이동과 이민, 혈통·언어·습속의 혼합, 종교의 전파, 신화·우화의 유전(流傳), 문자의 차용, 과학의 교류, 예술의 영향, 저술의 번역, 상품의 교역, 생물의 이식, 육지와 바다를 통한 특별한 여행, 사절왕래와 조약체결, 분쟁과 대립 및 크고 작은 전투 등을 포괄하고 있다.

방호 개인의 생애, 그리고 《중서교통사》가 갖는 학술적 성과와 해당 분야에서의 사학사적 지위 및 내용상의 구체적인 특징과 문제점 등에 대해서는 본서 말미에 첨부한 〈해제〉에서 자세히 다루기로 하고, 여기서는 번역하면서 확인한 이 책의 장단점과 어려웠던 점을 간단히 소개하는 것으로 갈음하고자 한다. 먼저 그 가치와 특장을 정리하면 다음과 같다.

첫째, 기존의 관련 연구 성과를 거의 빠짐없이 망라하였다는 점이다. 예컨대 책의 앞부분 〈들어가는 말〉에서는 약 20여 쪽을 할애해 중국은 물론 구미와 일본 학자들의 많은 선행연구를 일일이 열거하고 있다. 뿐만 아니라 본문 안에서도 관련 주요 논저의 내용을 따로 소개하고 오류가 있을 경우 바로잡고 있다. 이것이 가능했던 데에는 본서 집필 이전에 중국어로 번역된 일부 외국 논저(주로 일문)에 힘입은 바도 있지만, 저자의 영어 · 불어 · 라틴어 등에 걸친 다국어 구사 능력이 크게 작용한 것으로 보인다.

둘째, 방대한 동서양의 사료를 수집 활용하였다는 섬이다. 이 역시 저자의 언어 능력이 있었기에 가능하였다. 저자는 동서양(아랍 포함)의 사료를 균형 있게 적절히 이용하였을 뿐 아니라 국공내전과 대만 피난 시절의 어려운 환경에도 불구하고 국내외에 소장된 희귀 판본과 필사본 등을 조사 발굴하여 논지를 전개함으로써 책의 신뢰도를 높이고 있다. 특히 로마 바티칸도서관과 예수회 기록보관실에 소장된 자료는 신부였던 저자의 신분이 아니었다면 열람하기 어려웠을 것으로 짐작된다.

셋째, 연구 범위가 매우 광범위하다는 점이다. 기존의 중서교류 연구는 대부분 장건(張騫)의 서역출사(西域出使)부터 시작한다. 이에 반해 본서에서는 선사시대 중국인종의 유래와 고대 전설 중의 중서관계에서부터 서술하고 있으며, 이어 선진시대 중국과 서방의 관계 및 한나라 이전 서방에 전파된 중국지식까지 다루고 있다. 또한 한대 이후에 있어서도 중서 간의 군사적 · 외교적 관계는 물론 학술사상, 종교, 문화, 상호인식, 육해 교통로, 교통 수단, 무역, 화교 등에 대해서도 시기별로 상세히 서술하고 있다. 특히 명 · 청 교체기 부분에서는 서양의 천문학과 역학, 수학, 기계공학과 물리학, 군기와 병제, 생물학과 의학, 지리학, 음악, 회화, 건축, 어문학, 종교와 신학 · 철학 등의 중국 전래 뿐 아니라 중국 학술사상이 서양의 종교 · 철학 · 정치사상에 미친 영향 및 중국 미술과 원예기법의 서양 전파와 영향에 대해서도 심도 있게 다루고 있다. 본서는 이를 통해 서양문물의 중국 전래에 치우쳤던 기존 연구의 편향성을 보완하려 시도하고 있다.

넷째, 연구 방법이 치밀하고 관점이 객관적이라는 점이다. 저자는 구

6

체적 역사사실을 서술하는 과정에서 한쪽으로 치우친 사료와 견해만을 고집하지 않고 다각적인 시각에서 동서양의 자료를 균형 있게 인용하여 고증하는 방식을 택하였다. 이를 통해 기존 학설의 문제점을 지적하고 오류를 바로잡았을 뿐 아니라 적잖은 역사상의 의문점을 해결하기도 하였다. 또 방대한 양의 시사(詩詞), 소설, 희곡을 인용하여 역사사실을 방증함으로써 정사(正史) 기록의 부족함을 보충하기도 하였다. 특히 서구열강과 일본의 침략 등으로 중국인의 민족주의가 최고조에 달했던 시절 저술된 서적임에도 불구하고, 협애(狹隘)한 중국 중심적 관점에서 벗어나 최대한 객관적인 태도를 유지하고 있음은 본서가 갖는 최고의 장점이라 할 수 있을 것이다.

다섯째, 선행 연구자들이 주목하지 않았던 중요한 역사적 사건과 개별사안을 집중 연구하였다는 점이다. 예컨대 명말(明末) 청나라 군대를 막기 위해 서광계(徐光啓)와 이지조(李之藻)가 마카오에 사람을 보내 포르투갈 대포를 구매하였는데, 이는 서양 무기가 정식으로 중국에 유입된 중대한 사건임에도 자료 유실과 명·청 왕조교체라는 역사적 대변동에 가려 주목을 받지 못했다. 저자는 고심참담한 노력과 세심한 고증을 거쳐 거의 묻힐 뻔 했던 이 역사적 사실을 본서를 통해 세상에 알렸다. 또 서학이 중국에 유입되는 과정에서 대다수 사람들이 서광계와 이지조의 공로와 역할만을 중요시하고 왕징(王徵)에 대해서는 그다지 주목하지 않았는데, 저자의 오랜 연구 결과를 본서에 반영함으로써 새롭고 풍부한 시각과 자료를 제공하고 있다.

하지만 이런 가치와 장점을 지닌 본서 역시 출판 당시의 여건과 저술 관행 등으로 인해 몇 가지 문제점 내지 약점을 내포하지 않을 수 없었다.

첫째, 오탈자와 오식(誤植) 및 내용상의 오류가 적지 않다는 점이다. 천 쪽이 넘는 방대한 분량의 책이고 또 요즘과 달리 식자(植字)인쇄를

하던 시절이다 보니 이러한 하자는 불가피했을 것이라 여겨지기도 한다. 하지만 이 때문에 번역을 하면서 인용 자료의 원문을 구할 수 없는 경우 몇몇 오자로 인해 해석에 큰 어려움을 겪어야만 했다. 본 역서에서는 원문을 대조할 수 있는 경우에는 원문에 근거하여 역주를 달아 원서의 오류를 바로잡았다.

둘째, 외국어 고유명사와 용어에 대한 원명 표기가 불완전하고 통일되어있지 못하다는 점이다. 본서에는 성격상 수많은 외국 인명, 지명, 서적 명칭, 용어들이 등장한다. 저자가 다른 중국 저서에 비해 상대적으로 친절하게 원명을 병기하고는 있지만, 전혀 병기하지 않은 것도 많고 앞뒤의 표기가 다르거나 잘못된 것도 적지 않다. 이로 말미암아 번역 과정에서 정확한 원명을 찾는데 많은 시간을 소모하였다. 아마도 이러한 미비점은 저자가 인용하거나 참고한 자료의 내용을 그대로 옮기는 과정에서 파생되었을 것이라 여겨진다. 아울러 2천년이 넘는 긴 시간에 걸쳐 다양한 국적의 인물과 지명 등이 나오기 때문에 일일이 원명을 확인하는 것도 대단히 어려웠을 것이다.

셋째, 집필 방식에 있어 인용문과 본문의 구분이 명확하지 않고 각주나 미주 방식도 택하지 않았다는 점이다. 본서 출판 당시 많은 중국 학술논저들이 그러하였지만, 본문 속에 인용문이 혼재되어있고 각주 처리 없이 본문 중에 자료출처와 저자의 부연설명 등이 함께 기술됨으로써 자료출처를 상세히 밝히지 못하고 문맥의 흐름을 끊는 한계를 보이고 있다. 번역하면서 원서의 형식을 최대한 존중하되, 긴 인용문의 경우 문단과 글자 크기를 달리하였고 자료출처와 부연설명 중 문맥 상 풀어써도 무방한 것들은 별도의 표시 없이 본문 내용 속에 포함시켰다.

넷째, 책 전체에서 원문 인용이 차지하는 비중은 매우 높은데 반해 저자의 설명은 부족하다는 점이다. 정확히 계산해보지 않았지만 대략

8

본서 내용의 2/3 이상이 원문 인용으로 채워져 있는 것으로 보인다. 이러한 서술 형식은 구해보기 힘든 사료를 소개하고 원 사료가 갖는 뉘앙스를 제대로 전달하기 위해 필요한 방식일 수도 있다. 하지만 부분 인용의 경우 그 앞뒤 내용을 알지 못하면 정확한 인과관계를 파악하기 어려운 점이 있었다. 또 아랍의 천문관측기구나 수학공식에 대한 설명, 원곡(元曲)의 대사 등은 해석 자체가 매우 난해하였고 시사(詩詞)의 경우 함축된 의미를 제대로 전달하기 어려웠으며 무역상품의 경우 어떤 물건인지 구체적으로 파악할 수 없는 것도 많았다. 게다가 인용문에 대한 저자의 설명과 해석이 많지 않을 뿐 아니라 고문(古文) 투의 글이어서 분명한 의미를 파악하기 어려운 곳도 적지 않았다.

이상 언급한 몇 가지 이유로 인해 역주작업 과정에서 큰 어려움을 겪었고 역자의 능력부족을 절감하였다. 한국학술연구재단 명저번역사업의 일환으로 2011년 9월부터 시작한 이 책의 출판이 지금까지 미루어진 것도 사업기간 미비했던 원문 대조, 원명 확인, 역주 보완, 번역 수정을 통해 조금이나마 완성도를 높이고자 했기 때문이다. 퇴고를 거듭하고 주변의 도움을 받아 오류를 최소화하고자 노력했지만 여전히 많은 불비함이 남아서 원서의 가치를 손상치나 않았는지 걱정스럽다. 단지 이 번역서가 부디 많은 분에게 읽혀져 인류사회의 조우와 충돌, 잡거와 혼종의 역사에 대한 보다 깊은 이해와 탐구의 작은 초석이 되어 세계화시대 화해와 공존의 새로운 패러다임을 만드는데 일조하길 희망해본다.

이 책을 역주하는 과정에서 많은 분들의 도움과 격려를 받았다. 먼저 일부 초벌 번역에 참여해준 후배 김홍수와 홍승태, 제자 민홍기와 이승찬 그리고 어려운 한시(漢詩) 번역을 도와주신 진성규 선생님께 감사드린다. 또 각종 외국어 고유명사의 발음과 관련 정보를 찾아준 차용구(라틴어/독일어), 김한식(불어/이태리어), 이승희(일어) 선생께도 고마운

9

마음을 전한다. 특히 순수한 학술적 열정에서 이 책 1, 2, 4편의 교정을 봐준 민후기 선생과 3편의 교정을 맡아준 이근명 선생께 무한한 존경을 표한다. 만약 이 분들의 협조가 없었다면 제대로 된 책이 분명 세상에 나오지 못했을 것이다. 그럼에도 역주상의 오류와 미흡함은 전적으로 역자의 책임이다. 독자 여러분의 날카로운 질정을 바란다. 마지막으로 이 책 출판을 핑계로 자주 집에도 들어가지 못한 남편을 묵묵히 지켜봐 준 아내 김은경과 딸 손명아에게도 미안하단 말을 전하고 싶다.

2019년 12월

역자를 대표하여 흑석골 연구실에서

손준식

1 외국 지명이나 인명 등 모든 고유명사는 한글 표기를 원칙으로 하되, 독자에게 아주 익숙한 경우를 제외하고는 각 장마다 처음 나올 때 ( ) 안에 원어를 병기했다.

2 서양인이지만 중국이름을 갖고 있는 경우 처음 나올 때 원명과 함께 병기하였다.

3 중국의 지명과 인명 등은 모두 우리 한자음으로 표기하였고, 일본의 지명과 인명 등은 외래어 표기법을 따랐다.

4 중앙아시아, 인도, 동남아시아, 서아시아 등의 지명(국명)이나 인명은 원칙적으로 원서에 적힌 한자 표기 그대로 옮겼다.

5 쉽게 풀어 번역한 용어 중 원문 병기가 필요한 경우 [ ] 안에 집어넣었고, 한시는 그 원래의 의미를 느낄 수 있도록 원문을 각주로 달았다.

6 중국 역대 황제의 묘호는 간혹 한자를 병기했으나, 연호는 일괄 한자를 병기하지 않고 표를 만들어 책 뒤에 첨부하였다.

7 저자의 주는 모두 본문 내에서 괄호 안에 넣거나 본문의 일부로 풀어서 번역하였다.

8 모든 각주는 역자가 작성한 것이다. 간단한 내용의 역주는 본문에서 글자 크기를 줄여 괄호로 처리하였다. 각주에서 참고자료 출처를 밝히지 않은 것은 인터넷이나 백과사전 등에 의거한 것이다.

9 서양어 서명은 이탤릭체로 논문은 " "안에, 동양어 서명은 《 》로 논문이나 편명 등은 〈 〉로 표기하였다. 인용문은 " ", 짧은 인용구와 강조는 ' ', 중간점은 · , 줄임표는 …… 등을 사용하였다.

15

16

1. 용어 정의와 내용

　본서에서 말하는 '중서교통사(中西交通史)'는 중국을 주체로 한다. 예전에 불렀던 '구아교통사(歐亞交通史)'나 일본인이 사용하는 '동서교통사(東西交通史)' 역시 중국 중심으로 서술하여 왔다. 그렇지만 역사적으로 중국이 가리키는 범주는 시대에 따라 다르다.

　서(西)쪽이라는 방위를 연구 범위로 삼는 것도 본래 적절치 않다. 중국과 아라비아, 중국과 인도의 교통사를 다루다 보면 자주 남양(南洋)을 언급하지 않을 수 없고, 중국과 러시아의 교통사를 이야기하다 보면 중국과 북방 혹은 동북방 및 서북방과의 관계를 서술하지 않을 수 없기 때문이다. 가장 적절한 방법은 연구대상을 축소하여 중국과 영국, 중국과 프랑스, 중국과 인도의 교통사 등으로 구역을 나누는 것이니, 이처럼 경계가 정해지면 설명도 더욱 상세하고 명료하게 할 수 있다.

　오늘날 여전히 '중서교통사'라는 명칭이 사용되는 까닭은, 중국인들이 이미 오랫동안 계속 사용해왔고 교육부에서 이 명칭을 대학 교과목의 하나로 정했기 때문이다. 오늘날 중국인들이 습관적으로 사용하는 '서'

라는 글자는 대개 유럽을 가리키며 더러 미주(美洲)를 포함하기도 한다. 명말 이후 '서학(西學)', '서교(西敎)', '서사(西士: 서양 학자 - 역자)', '서서(西書)', '서화(西畵)' 내지 '서의(西醫)', '서악(西樂)' 등으로 불린 것들이 모두 그러하다. 청대 중엽 이후 서양세력의 동방 진출에 놀라 '서'자만 나오면 거의 안색이 변할 지경이 되었고, 청말에 와서 장지동(張之洞) 등이 "중국 학문을 본질적 원리로 삼고 서양 학문을 실제적 용도로 삼는다(中學爲體, 西學爲用)"라는 주장을 제창한 이래 '중서' 두 글자가 연용(連用)되면서 더욱 보편화되었다. 그 결과, 크게는 학술과 사상에서 아래로 생활과 풍속에 이르기까지 모두 중서융합 혹은 중서혼합의 현상이 나타나게 되었다. 5·4운동 이후에는 동서문화 논쟁이 일어나, 전반서화(全盤西化)를 찬성하는 사람들부터 전통문화를 발전시키되 단지 약간의 외래문화를 더하여 보충하자고 주장하는 사람들까지 생겨났다. 이때에 이르러 오늘날 습관적으로 구미(歐美)를 가리키는 말로 사용되는 '서'자의 용법이 더욱 굳어지게 되었다.

역사를 되돌아보면 중국의 판도는 당연히 시대에 따라 다르고 '서'자가 가리키는 대상도 역대 지리 지식의 차이와 국력의 강약 및 대외 교통의 발달 정도에 따라 멀거나 가까워져 일정한 표준이 없었는데, 이는 육상뿐 아니라 해상에서도 마찬가지였다. 예를 들어 오늘날 '남양'이라 부르는 곳을 명나라 만력연간(1573-1619)에는 도리어 '동서양(東西洋)'이라 불렀으니, 장섭(張燮)[1]의 《동서양고(東西洋考)》[2]가 바로 이 경우에

....

1) 장섭(張燮, 1574-1640): 명대의 학자로 복건성 용계현(龍溪縣) 출신이다. 1594년 거인에 합격하였지만 정치의 부패를 보고 관직에 나아갈 뜻을 접었다. 일생동안 약 700여권의 책을 저술하였고 황종희로부터 '만력연간의 뛰어난 작가(萬曆間作手)'라 칭송되었다. 저서로 《동서양고》 외에 《비운집(霏雲集)》·《군옥집(群玉集)》·《민중기(閩中記)》 등이 있다.

해당한다. 이는 방위로 (지역을) 특정하기가 가장 어렵다는 것을 충분히 증명해준다.

본서에서 옛 명칭을 계속 사용하기로 한 이상 범위를 정하지 않을 수 없으니, 대략적으로 말해 역대 중국과 중국 이서(以西)의 유라시아 대륙과의 관계를 포괄적으로 다루면서 필요한 경우 중국과 동남아(베트남·미얀마·태국) 및 남양 등과의 관계도 아울러 서술할 것이다.

공간적 범위가 이미 정해졌으므로 이제 '교통'이란 두 글자의 의미를 설명해야 할 차례이다. 참고로 근대 일본인은 교통 외에 통교(通交), 교섭(交涉), 교류(交流), 유통(流通) 등의 명칭을 사용하고 있다.

'교통'이란 두 글자를 영어로 번역하면 Relation 혹은 Intercourse가 마땅한데, 그럴 경우 '관계'라는 단어를 사용하는 편이 사실 더 적절할 것이다. 그러나 습관적으로 사용하다 고착화되는 것[約定俗成]이 이름을 확정짓는 가장 중요한 요소라는 점에서, 응용하는 과정에 이름이 갖는 함의를 확실히 해나간다면 비록 그 자체에 적당하지 않은 면이 좀 있더라도 중대한 영향을 주지는 않을 것이다. 본서에서 옛 명칭을 그대로 따른 이유가 바로 이 때문이다.

중서교통사가 포괄하는 내용은 대략 아래와 같다.

민족의 이동과 이민, 혈통·언어·습속의 혼합, 종교의 전파, 신화·우

....

2) 《동서양고(東西洋考)》: 전12권. 명말 해금이 풀리고 해외무역이 활기를 띠자 해외정보가 필요했던 복건성 장주부(漳州府)와 해징현(海澄縣) 관헌의 요청에 따라 장섭이 찬술한 해외에 관한 소개서. 〈서양열국고(西洋列國考)〉 4권, 〈동양열국고(東洋列國考)〉 1권, 〈외기고(外紀考)〉 1권, 〈향세고(餉稅考)〉·〈세당고(稅瑭考)〉·〈주사고(舟師考)〉 각 1권, 〈예문고(藝文考)〉 2권, 〈일사고(逸事考)〉 1권으로 구성되어있다. 〈서양열국고〉에는 교지(交阯)·점성(占城)·섬라(暹羅) 등 15개국, 〈동양열국고〉에는 여송(呂宋)·소록(蘇祿) 등 7개국, 〈외기고〉에는 일본과 홍모번(紅毛番)이 소개되어있다.

화의 유전(流傳), 문자의 차용, 과학의 교류, 예술의 영향, 저술의 번역, 상품의 교역, 생물의 이식, 육해공의 특별한 여행, 평화의 유지(사절 왕래, 조약 체결 등), 평화의 파괴(분쟁과 대립, 크고 작은 전투 등).

2. 중서교통사 연구의 발흥

중서교통사가 중국 대학의 교과목이 된 것은 시기적으로 매우 늦어서 사실 하나의 새로운 연구 과제에 해당한다. 다만 그 연원 및 발흥의 원인을 거슬러 올라가면 아래 열거하는 다섯 가지로 귀납할 수 있을 듯하다.

(1) 중국학자의 서북(西北)지역 역사·지리 연구

서북지역은 옛날부터 중서 교통의 큰 통로였기 때문에 서북의 역사·지리 연구 풍조의 발전은 곧바로 중국인의 중서 관계 탐구에 대한 흥미를 불러일으켰다. 이러한 연구는 청나라 가경연간(1796-1820)에 시작되었는데, 그 때는 고증의 기풍이 한창 성하였기 때문에 그들이 사용한 연구방법 역시 고증학파와 밀접한 관계가 있어서 옛것에 의거하여 현재를 증명하거나 현재에 의지하여 옛것을 조사하기도 하였다. 더욱이 지방관으로 부임하여 그 땅을 몸소 경험하거나 유배를 당해 그 사실을 직접 목도한 사람들이 있어서, 고증에 현지조사가 더해졌기에 서북의 역사·지리에 대한 연구는 눈부신 성취를 이룰 수 있었다. 지방관 재직 또는 종군(從軍)했던 사람의 저술로는 방관승(方觀承)3)의 《종군잡기(從軍雜

....

3) 방관승(方觀承, 1698-1768): 청대의 관료로 안휘성 동성(桐城) 출신이다.

記)》, 칠십일(七十一)4)의 《서역문견록(西域聞見錄)》·《서역구문(西域舊聞)》·《신강여지풍토고(新疆興地風土考)》·《회강풍토기(回疆風土記)》·《신강기략(新疆紀略)》·《군태도리표(軍台道里表)》,5) 영보(永保)6)가 처음 편수한 《타르바가타이(Tarbaghatay)사의(塔爾巴哈台事宜)》와 《우루무치사의(烏魯木齊事宜)》, 송균(松筠)7) 본인이 저술한 〈신강강역총서(新疆疆域總敍)〉와 그가 서송(徐松)8)에게 부탁하여 편찬한 《신강식략(新疆識略)》 및 왕정해(汪廷楷)에게 부탁하여 편찬한 《서수총통사략(西陲總統事略)》,

....

1742년 직예(直隷) 청하도(淸河道)가 되었고 이후 직예총독의 자리에까지 올랐다. 저서로 《종군잡기》 외에 《술본당시(述本堂詩)》·《의전휘고(宜田彙稿)》·《문정집(問亭集)》 등이 있다.

4) 칠십일(七十一, 생몰연도 미상): 청대의 관료로 만주 정람기(正藍旗) 출신이다. 건륭연간 서역에서 근무하였는데, 쿠차[庫車]에 있을 때 《서역문견록》을 저술하였다. 이 책은 중앙아시아사와 변강사(邊疆史) 및 소수민족사 연구의 중요한 자료로 사료적 가치가 높다.

5) 《서역구문》은 《서역문견록》의 다른 이름이고, 《신강여지풍토고》·《회강풍토기》·《신강기략》·《군태도리표》는 각각 《서역문견록》의 권1, 권7, 권2, 권8에 해당한다.

6) 영보(永保, ?-1808): 청대의 관료로 만주 양홍기(鑲紅旗) 출신이다. 내각대학사 온복(溫福)의 아들로 벼슬은 양광(兩廣)총독에 이르렀다. 1772년 부친을 따라 금천(金川) 토벌에 종군한 바 있다.

7) 송균(松筠, 1752-1835): 청대의 관료로 몽고 정람기(正藍旗) 출신이다. 건륭·가경·도광 3대의 황제를 섬겼고 내각학사·양강(兩江)총독 등을 역임하였으며 반생 이상을 변경에서 지냈다. 저서로 《수복기략(綏服紀略)》·《서초기행시(西招紀行詩)》·《서초도략(西招圖略)》 등이 있다.

8) 서송(徐松, 1781-1848): 청대의 관료로 대흥현(大興縣: 현 북경시) 출신이다. 호남학정(湖南學政) 사건에 연좌되어 신강 이리(伊犁)로 유배되었을 때 현지답사에 의거하여 《서역수도기(西域水道記)》·《한서서역전보주(漢書西域傳補注)》·《신강부(新疆賦)》 등 소위 서역 3종을 저술하였다. 그밖에 《당양경성방고(唐兩京城防考)》·《당등과기고(唐登科記考)》 등의 저서가 있다.

화영(和瑛)9)의 《삼주집략(三州輯略)》과 《회강통지(回疆通志)》, 종방(鍾方)10)의 《하미(Hami)지(哈密志)》, 경림(慶林)의 《봉사쿠차(Kucha)쇄기(奉使庫車瑣記)》, 왜인(倭仁)11)의 《야르칸드(Yarkand)기행(莎車紀行)》, 주극등(珠克登)의 《카슈가르(Kashgar)사의(喀什噶爾事宜)》(정확한 명칭은 《喀什噶爾略節事宜》임 – 역자)와 《신강기략(新疆紀略)》, 주유재(周有才)의 《신강촬요록(新疆撮要錄)》, 도보렴(陶保廉)12)의 《신묘시행기(辛卯侍行記)》, 왕정양(王廷襄)13)의 《엽탁기정(葉拆紀程)》(拆은 柝의 오기임 – 역자), 《총수

---

9) 화영(和瑛, ?-1821): 청대의 관료로 몽고 양황기(鑲黃旗) 출신이다. 서장판사대신(西藏辦事大臣)·산동순무·영시위내대신(領侍衛內大臣)·군기대신 등을 역임하였다. 건륭 58년(1793)부터 8년 간 서장판사대신으로서 티베트에서 근무하며 티베트의 지형·민속·물산 등을 기록하였다. 저서로 본문에서 열거한 것 외에 《서장부(西藏賦)》·《번강람요(藩疆攬要)》 등이 있다.

10) 종방(鍾方, 생몰연도 미상): 청대의 학자로 《합밀지》의 저자이다. 《합밀지》는 총 51권으로 이루어져 있는데, 신강 동부의 오아시스 도시인 하미의 역사 문화를 연구하는데 매우 중요한 자료이다.

11) 왜인(倭仁, 1804-1871): 청말 인물로 몽고 정홍기(正紅旗) 출신이며 내각대학사를 지냈다. 중국의 학문은 서양과 섞일 수 없다는 보수적인 성향을 가지고 있었기에 서양 학문의 학습이나 양무사업을 반대하였다. 저서로 《왜문단공유서(倭文端公遺書)》가 있다.

12) 도보렴(陶保廉, 1862-1938): 청말 민초의 인물로 절강성 가흥(嘉興) 출신이다. 역사와 지리 고증, 의학과 산술 등에 재능이 있었다. 1891년 신강순무인 아버지를 따라 신강으로 이주하였는데, 가는 동안 견문한 내용을 엮은 것이 《신묘시행기》이다. 이 책은 청대의 서북 지역의 역사와 지리학의 일대 역작으로 현재까지 연구가치가 크다. 그 외 《구기록(求己錄)》·《설감변증(舌鑒辨証)》 등의 저서가 있다.

13) 왕정양(王廷襄, 생몰연도 미상): 청대의 인물로 호남성 상음(湘陰) 출신이다. 1892년 엽성전사(葉城典史)가 되었다. 당시 신강순무 도모(陶模)의 명으로 신강의 성회(省會)에서 출발하여 신강의 산천·형세·원근·지방·방향 등을 살펴보았다. 이때의 임무를 보고한 내용을 1895년 《엽탁기정》이란 책으로 발간하였다.

신강도지(總修新疆圖志)》 중 왕수남(王樹枏)[14]이 직접 지은 〈국계지(國界志)〉·〈방고지(訪古志)〉·〈예속지(禮俗志)〉 및 〈신강소증(新疆小證)〉, 《신강통지(新疆通志)》 중 송백로(宋伯魯)[15]가 완성한 〈건치지(建置志)〉와 〈산맥지(山脈志)〉, 종용(鍾鏞)이 완성한 〈실업지(實業志)〉와 〈우전지(郵傳志)〉 그리고 종용이 단독으로 간행한 《서강비승(西疆備乘)》 등이 있다.

변경으로 유배된 사람 중에서는 기윤(紀昀)[16]의 《우루무치잡기(烏魯木齊雜記)》와 기타 두 가지 및 《하원기략(河源紀略)》, 조균동(趙鈞彤)[17]의 《서행일기(西行日記)》, 왕대추(王大樞)[18]의 《서정록(西征錄)》, 조린

....

14) 왕수남(王樹枏, 1851-1936): 청말 민초의 관료이자 학자로 하북성 소흥주(小興州) 출신이다. 청말에 각 지방관을 역임하였고 중화민국 수립 후에는 중의원의원(衆議院議員)과 참정원참정(參政院參政)을 거쳐 1920년 국사관총재(國史館總裁)가 되어 《청사고(淸史稿)》 편찬을 주재하였다. 저서로 본문에서 열거한 것 외에 《도려총각(陶廬叢刻)》 등이 있다.

15) 송백로(宋伯魯, 1865-1932): 청대의 관료로 섬서성 예천(禮泉) 사람이다. 무술변법 시기에 감찰어사로 재직하면서 강유위의 상소를 광서제에게 제출하기도 하였다. 무술변법 기간에는 중미영일사국합방(中美英日四國合邦)을 주장하기도 하였다.

16) 기윤(紀昀, 1724-1805): 청대의 학자로 하북성 헌현(獻縣) 출신이다. 건륭제의 칙명으로 《사고전서(四庫全書)》 편찬사업의 총찬수관으로 10여 년간 종사하였으며 많은 학자의 협력을 얻어 《사고전서총목제요》 200권을 집필하였다. 학풍은 형이상학적인 송학(宋學)을 배제하고 실증적인 한학(漢學)의 입장을 취하였다.

17) 조균동(趙鈞彤, 생몰연도 미상): 청대의 인물로 산동성 래양(萊陽) 출신이다. 1775년 진사에 합격하였으며 당산지현(唐山知縣)을 지냈다. 저서로 《서행일기》 외에 《지지헌고(止止軒稿)》가 있으며 〈졸수발이리동귀(卒戌發伊犁東歸)〉·〈신묘십월귀차호산포(辛卯十月歸次澔山鋪)〉 등의 시가 전해진다.

18) 왕대추(王大樞, 1731-1816): 청대의 학자로 안휘성 태호현(太湖縣)에서 백리 떨어진 동충구(東沖口) 출신이다. 1771년 거인이 되었고 지현(知縣)을 지냈

각(曹麟閣)의 〈신강기사시(新疆紀事詩)〉와 〈새상죽지사(塞上竹枝詞)〉,
홍량길(洪亮吉)[19]의 《천산객화(天山客話)》·《만리하과집(萬里荷戈集)》·
《새외록(塞外錄)》·《이리일기(伊犂日記)》·《천산기정(天山紀程)》 등, 오
웅광(吳熊光)[20]의 《이강별록(伊江別錄)》, 이란선(李鑾宣)[21]의 《하과시초
(荷戈詩草)》, 임칙서(林則徐)[22]의 《하과기정(荷戈記程)》, 왕정해(汪廷楷)

....

다. 저서로 《서정록》 외에 《고사종합(古史綜合)》·《고운통례(古韻通例)》 등
이 있는데, 《서정록》 일부를 제외하고는 모두 망실되었다.

19) 홍량길(洪亮吉, 1746-1809): 청대의 경학자 겸 문학가로 강소성 양호(陽湖)
출신이다. 귀주학정 등을 역임했는데, 1799년 시폐(時弊)를 논박한 상서가
격렬해서 이리(伊犂)로 유형을 당했다. 다음 해 귀향해 고향에서 지내다 사
망했다. 시를 잘 지었으며 사륙문(四六文)에 능해 손성연(孫星衍) 등과 함께
'병려문팔대가(騈驪文八大家)'의 한 사람으로 불렸다. 역사지리학에도 조예
가 깊었고 인구가 지나치게 느는 폐해에 대해 논하는 등 근대 인구학설의
선구자로 평가받고 있다.

20) 오웅광(吳熊光, 1750-1833): 청대의 관료로 강소성 소문현(昭文縣) 출신이다.
양광총독으로 재직하던 1808년 영국 전함이 황포(黃埔)로 들어오자 영국의
의도는 무역에 있다며 무력대응 반대를 주장했는데, 청 조정은 이에 대해
연약한 대응이라 힐난하며 이리로 유배를 보냈다. 이후 복직되었으나 칭병
하고 관직에서 물러났다. 저서로 《이강별록》 외에 《춘명보록(春明補錄)》·
《봉계필록(葑溪筆錄)》 등이 있다. 원서에는 吳熊先으로 되어있는데, 오식(誤
植)임이 분명하여 바로잡았다.

21) 이란선(李鑾宣, 1758-1817): 청대의 관료로 산서성 정악(靜樂) 출신이며 사천
포정사(四川布政使)를 역임하였다. 시를 짓는 것을 좋아하였는데, 사후에 어
떤 학생이 그의 시 1,262수를 엮어 책을 만들고 이름을 《견백석재시집(堅白
石齋詩集)》이라고 하였다. 그 외 《안산유초(雁山遊抄)》라는 책이 있으나 현
재는 전해지지 않는다.

22) 임칙서(林則徐, 1785-1850): 청대의 관료로 복건성 후관(侯官) 출신이다.
1839년 흠차대신으로 광주에 파견되어 서양 상인 소유 아편 2만 여 상자를
몰수해 소각하고 아편 상인들을 국외로 추방하는 등 강경 수단을 써 아편밀
수의 근절을 꾀했다. 영국이 이를 빌미로 아편전쟁을 일으키자 전쟁 유발자

가 편수한 《서수총통사략(西陲總統事略)》, 기운사(祁韻士)[23]의 《서역석지(西域釋地)》·《서수요략(西陲要略)》·《황조번부요략(皇朝藩部要略)》·《신강요략(新疆要略)》 등, 서송의 《서역수도기(西域水道記)》 및 그 《교보(校補)》·《신강식략》·《한서서역전보주》 등, 사선장(史善長)[24]의 《윤대잡기(輪臺雜記)》, 방사감(方士淦)[25]의 《동귀일기(東歸日記)》, 장음환(張蔭桓)[26]의 《하과집(荷戈集)》 등과 같은 것이 있다.

그밖에도 부긍(傅恆)[27]의 《황여서역도지(皇輿西域圖志)》[28]와 《서역

....

로 몰려 모든 관직을 박탈당하고 이리로 유배되었다.

23) 기운사(祁韻士, 1751-1815): 청대의 역사학자 겸 문학가로 산서성 수양(壽陽) 사람이며 국사관(國史館) 찬수관(纂修官)을 지냈다. 《서수죽지사(西陲竹枝詞)》를 편찬하였는데, 이 책은 시가의 형태를 빌려 중국 서쪽 변방의 풍토를 사실적으로 표현하여 사료적 가치가 있다. 저서로 본문에서 열거한 것 외에 《만리행정기(萬里行程記)》 등이 있다.

24) 사선장(史善長, 1768-1830): 청대의 관료로 절강성 산음(山陰) 출신이다. 여간현(餘幹縣) 지현에 임명되었으나 요적(姚賊) 체포에 실패하여 우루무치에 유배되었다가 석방되었다. 시문에 능하였다. 저서로 《윤대잡기》 외에 《춘림시초(春林詩鈔)》·《동환기략(東還紀略)》이 있다.

25) 방사감(方士淦, 1787-1849): 청대의 관료로 안휘성 정원현(定遠縣) 사람이다. 저서로 《동귀일기》 외에 《담자헌시존(啖蔗軒詩存)》 등이 있다.

26) 장음환(張蔭桓, 1837-1900): 청말의 관료로 광동성 남해(南海) 사람이다. 광서연간 총리각국사무아문(總理各國事務衙門)에 들어가서 외교사무를 맡았다. 1885년 미국·스페인·페루 3국의 출사대신(出使大臣)을 맡았고, 청일전쟁 이후 일본과의 강화조약에 참여하였다. 저서로 《하과집》 외에 《삼주일기(三洲日記)》·《철화루시속초(鐵畫樓詩續鈔)》 등이 있다.

27) 부긍(傅恆, 1720-1770): 청대의 관료로 만주 양황기(鑲黃旗) 출신이다. 건륭제의 첫 번째 황후인 효현황후(孝賢皇后)의 동생으로 건륭제의 총애를 받았다. 총관내무부대신(總管內務府大臣)·호부상서 등을 역임했으며 군기대신을 지냈다. 저서로 본문에서 열거한 것 외에 《흠정기무칙례(欽定旗務則例)》·《어비역대통감집람(御批歷代通鑑輯覽)》 등이 있다.

동문지(西域同文志)》29), 제소남(齊召南)30)의 《서역제수편(西域諸水篇)》
(篇은 編의 오기임 - 역자), 전순(錢恂)31)의 《중아계약각주(中俄界約觮注)》,
허경징(許景澄)32)의 《서북변계도지명역한고증(西北邊界圖地名譯漢考證)》·

....

28) 《황여서역도지(皇輿西域圖志)》: 정식 명칭은 《欽定皇輿西域圖志》이다. 1756
년 건륭제의 명을 받은 유통훈(劉統勳)과 하국종(何國宗)이 현지조사와 측량
에 기초해 1761년 초고를 작성하였고, 이듬해 부궁이 봉칙찬(奉勅撰)이란 이
름으로 황제에게 헌정하였다. 그 후 방략관(方略館)이 증보하여 1782년 전판
(殿版)으로 정식 간행하였고 같은 해 발간된 《사고전서》에도 수록되었다.
전 52권 20문(門)으로 구성되어있고 중가리아와 동투르키스탄의 역사와 지
리 및 청조 정복 이후의 신강에 대한 경영상황을 기록하고 있다.(《실크로드
사전》, 949쪽)

29) 《서역동문지(西域同文志)》: 신강·청해·티베트의 지명·산천·호수·인명에
관한 사전으로 전 24권에 총 3,111개의 고유명사가 망라되어있다. 지명은
그 언어적 의미를, 인명은 개인의 계보와 부모형제 관계 및 현행 작위와 직
위 등을 한어로 해설하고 있다. 건륭제의 준(準)·회(回)부 정복을 기념하기
위해 칙령으로 편찬된 것으로 만주문자를 기본으로, 한자·몽고문자·티베트
문자, 그리고 칼미크어(오이라트어)의 토드문자와 차가타이어의 아랍문자
등이 병기되어있다.(《실크로드사전》, 383쪽)

30) 제소남(齊召南, 1703-1768): 청대의 관료이자 지리학자로 절강성 천태(天台)
출신이다. 1742년 《외번서(外藩書)》를 편찬하여 건륭제의 칭찬을 받았으며
1761년 각 지역을 조사하고 강희연간에 제작된 《황여전도(皇輿全圖)》를 참
고해 《수도제강(水道提綱)》을 완성하였다.

31) 전순(錢恂, 1853-1927): 청말 민초의 관료로 절강성 오흥(吳興) 출신이다.
1890년 영국·프랑스·이탈리아·벨기에 등에 사신으로 갔고 귀국한 후에는
장지동의 양무사업을 도왔다. 1898년 호북자강학당(湖北自強學堂)의 사무를
관장하였고 1905년에는 헌정고찰(憲政考察)의 임무에 참여하였다. 저서로
《천일각견존서목(天一閣見存書目)》·《이이오오소(二二五五疏)》 등이 있다.

32) 허경징(許景澄, 1845-1900): 청말의 외교가로 절강성 가흥(嘉興) 출신이다.
광서연간 총리각국사무아문 대신과 프랑스·독일·이탈리아·네덜란드·오
스트리아·벨기에 공사를 역임했다. 의화단사건 당시 의화단의 진압을 주장
하고 외국에 대한 선전포고를 반대해 격노한 서태후의 명으로 사형 당했다.

《파미르도설(帕米爾圖說)》, 황무재(黃懋材)33)의 《서유일기(西輶日記)》·
《곤륜석(崑崙釋)》·《유력추언(遊歷芻言)》·《카라코룸고(和林考)》·《서요
수도(西徼水道)》 등, 이광정(李光庭)34)의 《고이객라오소고(庫爾喀喇烏蘇35)
考)》와 《타르바가타이연혁고(塔爾巴哈台沿革考)》, 공시(龔柴)36)의 《네팔
·부탄합고(廓爾喀不丹合考)》 등도 있다. 기타 몽고·청해·티베트를 다
룬 것들은 생략하지만, 별도로 관련 전문 학자 몇 사람만 특별히 소개하
면 다음과 같다.

....

저서로 본문에서 열거한 것 외에 《허문숙공유고(許文肅公遺稿)》·《출사함고
(出使函稿)》 등이 있다.

33) 황무재(黃懋材, 1843-1890): 청대의 인물로 강서성 상고(上高) 출신이다. 16
세에 수재가 된 이후에 과거를 포기하고 과학연구에 전념하였다. 수학과 측
량 등에 재능이 있었으며 중국 역대 사료의 지지(地志) 등을 섭렵하였다.
아편전쟁 발발 후에는 상해 무구국(撫敎局)에서 재직하면서 서양 여러 나라
의 문화·법·군사 등을 연구하여 《호유좌기(滬遊脞記)》를 저술하였다. 원서
에는 黃懋村으로 되어있으나 오식이 분명하여 바로잡았다.

34) 이광정(李光庭, 생몰연도 미상): 청대의 인물로 천진 보지(寶坻) 출신이다.
내각중서(內閣中書)와 호북성 황주(黃州)지부(知府) 등을 지냈다. 일생동안
활발한 저술활동을 통하여 많은 저서를 남겼는데, "고향의 가요와 언송(諺
誦)을 회상하여 저술하였다"라고 한 《향언해이(鄕言解頤)》는 학술적 가치가
높다.

35) 고이객라오소(庫爾喀喇烏蘇): 청대 신강 준부(準部)의 지명으로 현재 신강위
구르자치구의 의련합필이소산(依連哈畢爾尕山) 북쪽 산기슭에 해당한다. 상
당히 넓은 지역으로 현재 탑성지구(塔城地區)의 오소시(烏蘇市), 이리주(伊
犁州)의 규둔시(奎屯市), 박이탑랍주(博爾塔拉州)의 정하현(精河縣) 및 극랍
마의시(克拉瑪依市) 극랍마의구(克拉瑪依區) 남부와 독산자구(獨山子區) 일
대가 이에 해당한다.

36) 공시(龔柴, 생몰연도 미상): 청대의 인물로 변방 여러 지역의 역사·지형·
문화에 대한 저서를 남겼다. 대표적인 저서로 《네팔·부탄합고》 외에 《대만
소지(臺灣小志)》·《지구형세설(地球形勢說)》·《몽고고략(蒙古考略)》·《천산
남북로고략(天山南北路考略)》 등이 있다.

- 심요(沈垚)[37]는 도광 14년(1834) 우공생(優貢生) 출신으로 비록 직접 새외(塞外)의 땅을 밟은 적은 없지만 멀리 떨어진 지역의 산천을 설명할 수 있었다. 주요 저술로는 《서북지명잡고(西北地名雜考)》· 《서유기금산이동석(西遊記金山以東釋)》· 《서역소기(西域小記)》· 《원사지리지석(元史地理志釋)》· 《수경주지명석(水經注地名釋)》 등이 있다.

- 이조락(李兆洛)[38]은 가경 10년(1805) 진사가 되었고, 저술로는 《역대지리운편(歷代地理韻編)》과 《양일재문집(養一齋文集)》에 실린 〈외번몽고요략서(外藩蒙古要略序)〉 등이 있다.

- 장목(張穆)[39]은 도광연간의 우공생으로 사지체(史志體)의 《몽고유목기(蒙古遊牧記)》를 저술하였고, 그 외 〈서역석지서(西域釋地序)〉 · 〈서몽고원류후(書蒙古源流後)〉 등의 글이 있다.

- 위원(魏源)[40]은 도광 24년(1844) 진사가 되었고, 저서로는 《성무기

···························

37) 심요(沈垚, 1798-1840): 청대의 학자로 절강성 오흥(吳興) 출신이다. 정동문(程同文)·공자진(龔自珍) 등과 함께 도광·함풍 이후의 서북·몽고 사지학(史地學)의 선구자로 여겨진다. 자질구레하게 고증하는 당시 역사학의 학풍을 반대하였는데, 그의 학풍은 심증식(沈曾植)에게 많은 영향을 주었다. 저서로 《낙범루고(落帆樓稿)》 등이 있다.

38) 이조락(李兆洛, 1769-1841): 청대의 학자이자 문장가로 강소성 상주(常州) 출신이다. 안휘성의 봉태현령(鳳台縣令)로 있다가 말년 20년간 강음서원(江陰書院)에서 학술 연구에 몰두하였다. 문장가로서는 동성파(桐城派)에 대립하는 양호파(陽湖派)의 일원이었다. 저서로 본문에서 열거한 것 외에 《대청일통여지전도(大淸一統興地全圖)》 등이 있다.

39) 장목(張穆, 1808-1849): 청대의 사상가이자 지리학자 겸 시인으로 산서성 평정(平定) 출신이다. 러시아의 세력 확장을 막으려는 목적으로 서북 변경의 지리와 몽고 역사 연구에 주력하였다. 대표적인 저서 《몽고유목기》는 외국의 몽고연구자에게도 많은 영향을 주었다.

(聖武記)》·《원사신편(元史新編)》·《해국도지(海國圖志)》·《서북변역고(西北邊域考)》·《외번강고(外藩疆考)》·《서정액로특기(西征厄魯特記)》·《신강후사기(新疆後事記)》·《총령삼간고(葱嶺三幹考)》·《수복서속국기(綏服西屬國記)》[41] 등이 있다.

- 하추도(何秋濤)[42]는 위원과 같은 해에 진사가 되었고《북요휘편(北徼彙編)》을 지어 중국과 러시아의 역사적 사실을 전문적으로 논하였는데, 이 책을 보충 수정한 후에 함풍제(咸豐帝)로부터 《삭방비승(朔方備乘)》[43]이란 책 제목을 하사받았다. 그밖에 《요금원북요제국전(遼金元北徼諸國傳)》·《원대서북방강역고(元代西北方疆域考)》·《카자흐(Kazakh)술략(哈薩克述略)》[44]이 있다.

....

40) 위원(魏源, 1794-1857): 청대의 사상가로 호남성 소양(邵陽) 출신이다. 유봉록(劉逢祿)에게 사사하여 춘추공양학을 익혀 금문학파의 대표자가 되었다. 전한의 동중서(董仲舒)의 학문을 존중하고 경서(經書)의 미언대의(微言大義)를 탐구하였다. 아편전쟁과 태평천국의 난으로 격동하는 사회정세에서도 의욕적인 정치적 이론을 제창하였으며, 특히 서구열강의 압력에 대처하는 방안을 고구(考究)하여 《해국도지》 등을 편찬하였다.
41) 《신강후사기》와 《수복서속국기》는 《성무기》 안에 수록되어있다.
42) 하추도(何秋濤, 1824-1862): 청대의 지리학자로 복건성 광택(光澤) 출신이며 형부주사(刑部主事)를 지냈다. 장기간 북방 변방에 대해서 연구하여 《북요휘편》을 저술하였다. 후에 다시 몽고와 신강 등의 북방 및 초기 중·러 관계를 연구하여 책을 저술하였는데, 함풍제가 《삭방비승》이라는 이름을 붙여주었다.
43) 《삭방비승(朔方備乘)》: 청대에 저술된 사찬(私撰)의 중국 변강사지(邊疆史志)로 1858년 하추도가 완성하였다. 저자는 러시아의 위험을 경고하기 위해서 이 책을 저술하였는데, 러시아와 국경을 맞대고 있는 내외몽고·신강·요녕·길림·흑룡강성 등 북방 전체의 방위 체제 강화를 역설하면서 해당 지역의 지리형세와 군사전략의 역사 등을 저술하였다.
44) 정확한 명칭은 《哈薩克內屬述略》이며 《삭방비승》 안에 수록되어있다.

- 홍균(洪鈞)[45]은 동치 7년(1868) 진사가 되었고 러시아·독일·오스트리아·벨기에 등에 사절로 나갔는데, 저서로는 《원사역문증보(元史譯文證補)》·《중아교계도(中俄交界圖)》가 있다. 그 외 《서하국지(西夏國志)》가 있는데 간행되지 않았다.

- 추대균(鄒代鈞)[46]은 광서 11년(1885) 영국과 러시아에 사절로 나갔는데 일생 동안 지도 작성의 중요성을 제창하였다. 저서로는 《서정기정(西征紀程)》·《중아계기(中俄界記)》·《몽고지기(蒙古地記)》가 있다. 그 외 《서역연혁고(西域沿革考)》가 있는데 간행되지 않았다.

- 심증식(沈曾植)[47]은 광서 6년(1880) 진사로 등용되었고 민국(民國) 11년(1922)에 죽었다. 저서로는 《원조비사주(元朝祕史注)》(정확한 명칭은 《元祕史箋注》임 – 역자)·《몽고원류전증(蒙古源流箋證)》·《원경세대전서북여지고(元經世大典西北輿地考)》[48]·《사외합주(史外合注)》(즉 《蒙韃備錄》·《黑韃事略》·《西遊錄》·《異域說》·《塞北紀程》·《近疆

---

45) 홍균(洪鈞, 1839-1893): 청말의 외교가로 강소성 오현(吳縣) 출신이며 병부 좌시랑을 지냈다. 1889년부터 1892년까지 러시아 등지에 사절로 파견된 기간 중 러시아어로 번역된 라시드 앗딘의 《집사(集史)》 등을 비롯한 몽고제국 관련 서적들을 접했고, 이후 이를 바탕으로 《원사역문증보》를 저술하였다.

46) 추대균(鄒代鈞, 1854-1908): 청말의 지도학자로 호남성 신화(新化) 출신이다. 중국 근대 지도학의 창도자 중 한 명으로 중국과 외국 지도의 동판 인쇄를 시작한 인물이다. 1896년 여지학회(輿地學會)를 설립하여 중국 근대 지도사업 발전에 공헌하였다. 저서로 본문에서 열거한 것 외에 《호북지기(湖北地記)》·《중국해안기(中國海岸記)》 등이 있다.

47) 심증식(沈曾植, 1850-1922): 청말 민초의 관료이자 문인으로 절강성 오흥(吳興) 출신이며 안휘포정사(安徽布政使)를 지냈다. 금석탁본을 많이 소장하였고 서화의 감식에 능하였다. 저서로 본문에서 열거한 것 외에 《황원성무친정록교주(皇元聖武親征錄校注)》 등이 있다.

48) 《元經世大典箋注》와 《西北輿地考》는 별도의 책이다.

西夷傳》[49]) 및 《도이지략광증(島夷志略廣證)》 등이 있다.

- 정겸(丁謙)[50]은 동치 4년(1865) 공생(貢生) 출신으로 역사 서적에 대해 지리 고증을 한 것이 모두 29종이 있다. 예컨대 《대당서역기(大唐西域記)》·《서유기(西遊記)》·《경행기(經行記)》·《서유록(西遊錄)》·《이역록(異域錄)》·《원비사(元祕史)》·《서성구경기(西城求經記)》·《불국기(佛國記)》·《목천자전(穆天子傳)》 및 각 정사(正史)의 〈서역전(西域傳)〉·〈흉노전(匈奴傳)〉·〈사이전(四夷傳)〉·〈외국전(外國傳)〉 등이다. 또한 《마르코 폴로 여행기 보주개정(馬哥博羅遊記補注改訂)》·《원대객경 마르코 폴로 여행기 지리보주(元代客卿馬哥博羅遊記地理補注)》 및 《송서정흑달사략보주(宋徐霆黑韃事略補注)》 등의 저작이 있다.

- 장상문(張相文)[51]은 민국 21년(22년의 오기인 것 같음 - 역자)에 죽었는데, 저서로는 《야률초재서유록금석(耶律楚材西遊錄今釋)》·《담연거사년보(湛然居士年譜)》·《서유기변와(西遊記辨訛)》·《칭기스칸능침변증(成吉思汗陵寢辨證)》 등이 있다.

- 왕국유(王國維)[52]는 민국 16년에 죽었는데, 저서로는 《성무친정록

....

49) 책 이름 끝에 모두 주(注)자를 더해야 한다.
50) 정겸(丁謙, 1843-1919): 청말의 지리학자로 절강성 인화(仁和) 출신이며 청불전쟁 당시의 공으로 처주부교유(處州府教諭)로 승진하였다. 저서로 본문에서 열거한 것 외에 《봉래헌지리학총서(蓬萊軒地理學叢書)》 등이 있다.
51) 장상문(張相文, 1867-1933): 청말 민초의 지리학자이자 교육자로 강소성 사양(泗陽) 출신이다. 1901년 중국 최초의 지리교본인 《초등지리교과서(初等地理教科書)》·《중등본국지리교과서(中等本國地理教科書)》를 저술하였고 1908년 중국 최초의 자연지리학술서인 《지문학(地文學)》을 출판하였다. 1909년 중국 최초의 지리학술단체인 중국지학회(中國地學會)를 설립하여 회장이 되었다.

교주(聖武親征錄校注)》·《장춘진인서유기주(長春眞人西遊記注)》·《서
호고(西胡考)》·《유욱서사기교주(劉郁西使記校注)》·《유기북사기교
주(劉祁北使記校注)》·《원조비사지명색인(元朝祕史地名索引)》·《몽
달비록전증(蒙韃備錄箋證)》·《흑달비록전증(黑韃備錄箋證)》 등이 있다.

당대 학자 중에 아직 살아있거나 작고한지 얼마 되지 않은 사람은
일체 열거하지 않았다. 하지만 위에 서술한 것들을 통해 건륭·가경 이
후 이미 서북 및 변경 지리에 대해 중국학자의 관심이 매우 농후했음을
알 수 있는데, 이런 연유로 중외(中外)역사 관계까지 탐구하게 된 것
또한 지극히 자연스러운 일이었다. 그러므로 최근 중서교통사 연구의
발흥 원인으로 이것을 맨 먼저 꼽지 않을 수 없다.

(2) 중국학자의 국외(域外) 지리 연구

국외지리에 대한 중국학자의 연구는 중서교통사와 직접 관련이 있을
뿐 아니라 그 일부이기도 하다. 국외지리 연구의 발단은 원사(元史) 연

....

52) 왕국유(王國維, 1877~1927): 청말 민초의 고증학자로 절강성 해녕(海寧) 출신
이다. 신해혁명이 일어나자 나진옥(羅振玉)를 따라 일본으로 망명했고 이후
청대 고증학의 전통에 따라 경학과 사학·금석학의 연구에 몰두했다. 나진옥
과 함께 갑골문을 정리하고 복사(卜辭)의 연대를 고증하여 갑골학의 기초를
세웠으며 주대의 금문(金文)과 《설문(說文)》의 서체를 연구했다. 돈황에서
발견된 당운(唐韻)의 사본을 자료로 삼아 중국음운의 변천과정을 규명하기
도 했다. 1916년 귀국하여 청화연구원(淸華硏究院) 교수를 역임했고 북경대
학 국학연구소에서 후진을 지도했다. 1927년 청나라 부흥의 가망이 없음을
비관하여 곤명호(昆明湖)에 몸을 던져 자살했다. 연구업적은 《관당집림(觀
堂集林)》에 수록되어있다.

구와 밀접한 관계가 있다. 멀리는 차치하고 청대만 말하면, 청초에 소원평(邵遠平)[53]이 《원사류편(元史類編)》을 저술하였다. 그 후 전대흔(錢大昕)[54]이 《원사고이(元史考異)》와 《원사습유(元史拾遺)》를 짓고 《원사》〈민족표(民族表)〉와 〈예문지(藝文志)〉를 보완하였으며, 왕휘조(汪輝祖)[55]가 《원사본증(元史本證)》을 완성하였고, 위원이 《원사신편》을 저술했다. 앞에서 언급한 장목·하추도·홍균·정겸·장상문의 여러 저술 가운데에도 원사와 관련된 것이 많다. 하추도의 《성무친정록교정(聖武親征錄校正)》은 매우 많은 노력을 들인 저술이며, 그의 《삭방비승》 중 《요금원북요제국전》·《원대서북요제왕전(元代西北徼諸王傳)》·《원대서북방강역고》도 모두 지극히 세밀하고 정확한 글들이다. 홍균은 원사를 연구하면서 해외 사료를 이용함으로써 선배들이 하지 못했던 작업을 해냈고, 정겸은 고증을 많이 했지만 그다지 정밀하지 못한 편이다. 이문전(李文田)[56]의 《원비사주(元祕史注)》는 인용한 책이 6, 70종에 달하는데, 지리

....

53) 소원평(邵遠平, 생몰연도 미상): 청대의 인물로 절강성 인화(仁和) 출신이며 광록시소경(光祿寺少卿)을 지냈다. 저서로 《원사류편》 외에 《사학변오(史學辨誤)》·《계삼문존(戒三文存)》·《계암시집(戒庵詩集)》 등이 있는데, 《원사류편》은 정밀한 사례를 이용한 역사서로 평가받고 있다.

54) 전대흔(錢大昕, 1728-1804): 청대의 유학자 겸 역사가로 강소성 가정(嘉定) 출신이다. 《사기》로부터 《원사》까지의 역대 정사를 교정한 《이십이사고이(二十二史攷異)》는 청대 고증사학의 명저로 꼽는다. 서양 학문에도 관심이 있어 서양의 수학·천문학과 중국의 역산서(曆算書)를 연구하여 《삼통술연(三統術衍)》을 저술하기도 했다.

55) 왕휘조(汪輝祖, 1731-1807): 청대의 관료이자 역사학자로 절강성 소산(蕭山) 출신이며 영원현(甯遠縣) 지현을 지냈다. 저서로 《원사본증》 외에 《사성운편(史姓韻編)》·《구사동성명록(九史同姓名錄)》·《이십사사동성명록(二十四史同姓名錄)》 등이 있다.

56) 이문전(李文田, 1834-1895): 청말의 관료이자 학자로 광동성 순덕(順德) 출신

·연대(年代)·사실(史實) 모두를 비교하고 증명하였다. 그는 이 외에도 《야률초재서유록주(耶律楚材西遊錄注)》·《원사지명고(元史地名考)》·《카라코룸금석록(和林金石錄)》 등을 지었다. 최근에는 도기(屠寄)[57]가 《몽올아사기(蒙兀兒史記)》를 쓰고, 가소민(柯劭忞)[58]이 《신원사(新元史)》를 편집하면서 그 정점에 달하였다.

국외지리 연구가 발흥하게 된 또 다른 원인은 아편전쟁 후 해금(海禁)이 해제되어 무역·시찰·사절·유학 등으로 출국하는 사람이 계속 이어졌고, 비록 출국하지 않더라도 서양인과 직접 교류하거나 서양인이 저술한 외국의 역사와 지리를 공부할 수 있었으며, 서양인 역시 세계정세를 소개하는 책을 경쟁적으로 저술하였기 때문이다. 이로 인해 도광연간(1821-1850) 이후 세계정세를 논하거나 외국에서의 견문을 기록한 책들이 쏟아져 나왔으니, 위원의 《해국도지》[59]와 서계여(徐繼畬)[60]의 《영

이며 예부시랑을 지냈다. 시와 글씨를 잘 썼고 비판(碑版)에 관해 정통했다. 특히 요·금·원의 역사에 해박했으며 전장여지(典章輿地)의 고찰에도 일가를 이루었다.

57) 도기(屠寄, 1856-1921): 청말 민초의 역사가이자 사회학자로 강소성 무진(武進) 출신이다. 1888년 장지동의 막하에 들어가 《광동여지도(廣東輿地圖)》를 편찬하였다. 대표적인 저서 《몽올아사기》는 《원조비사(元朝秘史)》와 서방의 자료를 참고해서 《원사》의 내용을 보충한 것이다. 이밖에 《흑룡강도설(黑龍江圖說)》 등의 저서가 있다.

58) 가소민(柯劭忞, 1880-1933): 청말 민초의 국학자(國學者)이자 역사가로 산동성 교현(膠縣) 출신이다. 청사관(淸史館)에서 편찬주임을 맡아 《청사고(淸史稿)》의 편찬을 총괄하였고, 1920년에는 《원사》를 보완한 《신원사》 257권을 편찬하였다. 1927년부터는 청사관 관장 대리로서 《청사고》 최종 교정 작업을 이끌었다.

59) 《해국도지(海國圖志)》: 청말 위원이 지은 세계지리서. 1844년 처음 간행했으며 1847년 60권, 1852년 100권으로 증보 간행했다. 세계 각국의 지세(地勢)

환지략(瀛寰志略)》[61]은 그 중 대표적인 작품이다.

위원은 임칙서와 친한 친구였기에 임칙서가 일찍이 사람을 시켜 번역했던 《사주지(四洲志)》·《오문월보(澳門月報)》·《만국공법(萬國公法)》·《화사이언록요(華事夷言錄要)》 중에서 《사주지》를 《해국도지》에 수록하였다. 《해국도지》는 비록 역사적 사실과 고증에 있어 간혹 오류가 있지만, 지리 외에도 전함(戰艦)과 무기 및 외국사정을 소개하고 있어 당시 명실상부한 치용(致用)의 책이었다. 일본에까지 영향을 미친 이 책에 대해 장지동은 중국이 서양의 정치[西政]를 알게 된 시초라고 평가하였다. 《영환지략》은 외국인의 원저를 기초로 하였을 뿐 아니라 서계여 본인이 대외 접촉을 많이 하였기 때문에 《해국도지》의 오류를 대체로 바로 잡을 수 있었다. 양계초(梁啓超)는 이 책을 통해 처음으로 세계에 관한 지식을 얻었다고 말했다. 황준헌(黃遵憲)[62]의 《일본국지(日本國志)》[63]는 일본

....

·산업·인구·정치·종교 등을 18개 부문으로 나누어 서술하였는데, 저자 자신의 저술도 있고 타인의 저술도 있다. 위원은 이 책에서 양이(洋夷)를 막기 위해서는 서양문명을 받아들여야 한다고 역설하였다.

60) 서계여(徐繼畬, 1795-1873): 청말의 관료이자 학자로 산서성 오태현(五台縣) 출신이다. 한림원시강(侍講)·어사(御史)·안찰사(按察使) 등을 역임하였다.

61) 《영환지략(瀛寰志略)》: 서계여가 저술한 세계지리서로 1850년 간행되었다. 서계여는 복건순무 재직 시 서양인과 접촉하면서 지도를 수집하고 그것을 기초로 이 책을 완성하었다. 《해국노지》가 서양을 물리치기 위해 서양의 과학 기술을 받아들여야 한다는 주장을 담고 있는데 반해, 《영환지략》은 지도에 대한 정확한 기사를 쓰기 위하여 간행된 순수한 목적의 지리서이다.

62) 황준헌(黃遵憲, 1848-1905): 청말의 관료이자 문인으로 광동성 가응(嘉應) 출신이다. 초대 주일공사 하여장(何如璋)을 따라 일본에 건너가 외교관으로 활동하였는데, 당시 러시아의 남하정책에 대한 대책으로 한·중·일 3국이 협력하여 미국과 연합세력을 구축하는 것이 최선책이라고 주장하였다. 1880년 조선 수신사 김홍집(金弘集)이 일본에 갔을 때 여러 차례 만나 국제관계에 대한 의견을 교환하였으며 자신의 주장을 피력한 《사의조선책략(私擬朝

의 정치 상황, 풍속 및 역사를 총괄하여 청말에 나온 국외지리의 걸작이라고 말해지지만 중서교통사 연구의 발흥과는 간접적인 관계만 있을 뿐이다.

선행 국외지리 저술에 대한 연구로는 심증식의 《도이지략광증》과 성겸의 《일체지리고증(一切地理考證)》이 있지만, 애석하게도 이 책들은 견강부회한 면이 많고 근거가 확실한 것이 적어서 학계에서는 거의 받아들이지 않고 있다.

외국을 시찰하거나 여행한 기술로는 이규(李圭)[64]의 《환유지구신록(環遊地球新錄)》, 반정규(潘鼎珪)[65]의 《안남기유(安南紀遊)》, 이선근(李仙根)[66]의 《안남잡기(安南雜記)》, 위원의 《정무안남기(征撫安南記)》, 황

....

鮮策略)》이라는 책을 기증하였다.

63) 《일본국지(日本國志)》: 황준헌이 1887년 저술한 책으로 1898년 상해도서집성인서국(上海圖書集成印書局)에서 총 40권으로 출간되었다. 황준헌은 주일공사관 참찬으로 재임하는 동안 여러 일본인들과 두루 사귀어 일본의 정치·경제·사회·문화를 연구하였고 특히 일본이 서양을 모방하여 메이지유신에 성공한 것에 많은 관심을 두었다. 이 책에서는 일본 국정과 메이지유신 이래 개혁조치를 소개하는데 중점을 두고 자신의 변법이념을 피력하고 있다.

64) 이규(李圭, 1842-1903): 청말의 관료로 강소성 강녕(江寧) 출신이다. 중국 근대 우편의 창도자로 알려져 있다. 1876년 미국에 파견되어 갔다 온 이후 《환유지구신록》을 작성하여 미국 우편제도에 대해 자세히 설명하고 중국에서 우편사업을 개설해야한다고 주장하였다. 이홍장이 이 주장을 받아들여 1896년 중국의 우편사업이 정식으로 시작되었다.

65) 반정규(潘鼎珪, 생몰연도 미상): 청대의 인물로 복건성 안계(安溪)사람이다. 시를 읊는 것을 좋아하였고 특히 고시(古詩)에 뛰어났다. 일찍이 여러 곳을 유랑하면서 《안남기유》를 저술하였고 강희 말 옹정 초 대만에 기거하면서 제나(諸羅)에 문묘(文廟)가 낙성되자 〈성묘부(聖廟賦)〉를 짓기도 하였다. 시문집 20여권을 남겼다.

66) 이선근(李仙根, 1621-1690): 청초의 관료로 사천성 수녕(遂寧) 출신이 며 광록시소경(光祿寺少卿)을 지냈다. 저서로 《익주서화록(益州書畫錄)》이 있다.

무재의 《유력추언(遊歷芻言)》·《인도차기(印度劄記)》, 진륜경(陳倫烱)[67]
의 〈동남양기(東南洋記)〉·〈남양기(南洋記)〉, 부현(傅顯)의 《면전쇄기
(緬甸瑣記)》, 이광정(李光庭)의 《아자백연혁고(亞剌伯[68]沿革考)》·《비로
지연혁고(俾路芝[69]沿革考)》, 정손아(程遜我)의 《갈라파기략(噶喇吧[70]紀
略)》, 황가수(黃可垂)의 《여송기략(呂宋紀略)》 등이 있고, 공시(龔柴)가
베트남·미얀마·태국·인도·네팔·부탄·페르시아·아프가니스탄·이
란·러시아의 아시아 영토 등에 대해 개별 조사한 저작도 있다. 아시아
이외 지역에 관한 것은 외국 사절로 나간 이들의 기록이 대부분이다.
동치 5년(1866) 총리아문(總理衙門)이 빈춘(斌椿)[71]을 파견한 것은 중국
관원이 서양을 시찰한 효시인데, 저서로 《승사필기(乘槎筆記)》가 있다.
이어서 여서창(黎庶昌)[72]의 《봉사영륜기(奉使英倫記)》, 유석홍(劉錫鴻)[73]

....

67) 진륜경(陳倫烱, 생몰연도 미상): 청대의 학자로 복건성 동안현(同安縣) 출신이
    다. 아버지의 영향으로 어려서부터 해양에 대해 관심이 많았고 이를 몇 년
    동안 연구하여 《해국문견록(海國聞見錄)》을 작성하였다. 이 책은 대만 및
    여러 나라의 인문지리를 서술하였는데, 본문에서 열거한 것 외에 〈대서양기
    (大西洋記)〉·〈소서양기(小西洋記)〉·〈동양기(東洋記)〉 등이 포함되어 있다.
68) 현재의 아라비아(Arabia) 지역을 음차한 것으로 추정됨.
69) 현재의 파키스탄을 가리킴.
70) 현재 인도네시아의 수도 자카르타(Jakarta) 혹은 자바섬을 가리키는 말로 야
    자나무를 뜻하는 kalapa를 음역한데서 유래되었다.
71) 빈춘(斌椿, 생몰연도 미상): 청말의 관료로 중국 최초로 해외에 파견된 관원
    이다. 1868년 벌링게임(Burlingame)이 인솔하는 사절단의 일원으로서 동문
    관(同文館) 학생 몇 명과 함께 4개월 동안 유럽의 11개 국가를 둘러보고 귀국
    하였다.
72) 여서창(黎庶昌, 1837~1898): 청말의 관료로 귀주성 준의현(遵義縣) 출신이다.
    광서연간 곽숭도(郭崇燾)를 따라 영국과 프랑스로 출사해 참찬(參贊)을 지냈
    으며 유럽에 머무는 5년 동안 10개국을 순례하면서 《서양잡지(西洋雜誌)》를
    작성하였다. 또 두 차례 주일본대신(駐日本大臣)으로 있으면서 송나라와 원

의 《영초일기(英軺日記)》(日記가 아니라 私記임 – 역자), 장덕이(張德彝)[74]의 《항해술기(航海述奇)》·《사영잡기(使英雜記)》·《사법잡기(使法雜記)》, 이봉포(李鳳苞)[75]의 《사덕일기(使德日記)》가 있다. 여행기에 속하는 것으로는 대부분 아메리카와 아프리카 대륙과 관련된 정창염(鄭昌棪)·고후혼(顧厚焜)[76]의 저작, 영국·프랑스·독일·러시아에 대한 심돈화(沈敦和)[77]의 개별 지략(志略), 러시아의 원류·강역·하천·지형·호구 등에

....

나라의 구적(舊籍)을 수집하여 《고일총서(古逸叢書)》를 편찬하기도 했다.

73) 유석홍(劉錫鴻, ?–1891): 청대의 인물로 본명은 유석인(劉錫仁)이며 광동성 번우(番禺) 출신이다. 1860년대 양무운동 시기의 대표적인 반 양무론자였다. 1876년 출사영국대신(出使英國大臣) 곽숭도의 부사(副使)로 근무하였고 독일공사를 겸임하기도 하였다. 근대 중국 해외로 파견된 최초의 외교사절단의 일원이라고 할 수 있는데,《영초사기》는 영국에 파견된 당시의 일기이다.

74) 장덕이(張德彝, 1847–1918): 청말의 외교가 겸 번역가로 만주 양황기(鑲黃旗) 출신이다. 1862년 동문관에 들어갔고 평생 동안 8차례 출국하여 약 27년간 해외에서 생활하였다. 출국할 때마다 《항해술기》·《재술기(再述奇)》·《삼술기(三述奇)》·《사술기(四述奇)》·《팔술기(八述奇)》 등 상세한 일기를 남겼다.

75) 이봉포(李鳳苞, 1834–1887): 청말의 외교가로 강소성 숭명(崇明) 출신이다. 양무운동 시기 강남제조총국(江南製造總局)과 오송포대공정국(吳淞炮台工程局)의 편역(編譯)을 겸임하면서 과학기술 서적을 번역하였다. 1876년 이홍장의 추천으로 선정유학생(船政留學生) 감독으로 임명되었고 1878년 주 독일공사로 취임하였으며 얼마 후 오스트리아·이탈리아·네덜란드 공사를 겸하였다. 1884년 프랑스 공사로 있던 중 프랑스와 전쟁이 일어나자 귀국하여 수군학당을 관리하였다.

76) 고후혼(顧厚焜, 생몰연도 미상): 광서연간 해외에 파견된 관원 중 한 명으로 파견 당시 형부학습주사(刑部學習主事)였다. 1887년 10월 출발하여 일본·미국·캐나다·쿠바 등을 돌아보고 1889년 10월 귀국하였다. 귀국 후 해외파견 경험을 기록한 《일본신정고(日本新政考)》·《미리견합중국지리병요(美利堅合衆國地理兵要)》 등을 펴냈다.

77) 심돈화(沈敦和, 1866–1920): 절강성 영파(寧波) 출신으로 국제적으로 유명한 사회활동가이자 자선가였다. 젊은 시절 캠브리지대학에 유학하여 정법(政

대한 무우손(繆祐孫)[78]의 개별 전문서가 있다. 용굉(容閎)[79]은 중국 근대 최초의 미국유학생으로 유학을 앞장서 제창하였는데, 저서로 《서학동점기(西學東漸記)》가 있다.

국외지리 연구가 발전하게 된 또 다른 원인은 청대 중기 이후 국력이 약해지면서 시사(時事)에 대한 사대부의 관심이 높아졌기 때문인데, 양정단(梁廷枏)[80]도 그 중 한 명이다. 양씨는 《광동해방휘람(廣東海防彙覽)》과 《월해관지(粤海關志)》를 편찬한 것 외에, 〈난륜우설(蘭倫偶說)〉·〈합중국설(合衆國說)〉·〈월도공국설(粤道貢國說)〉·〈야소교난입중국설(耶穌教難入中國說)〉[81]과 《이분기문(夷氛記聞)》을 지었다. 임칙서와

....

法)을 전공하였다. 1904년 중국·영국·미국·독일·프랑스 5개국과 공동으로 경영한 상해만국홍십자회(上海萬國紅十字會)를 창립했다.

78) 무우손(繆祐孫, 1851~1894): 청말의 정치가·역사가·시인·지리학자로 강소성 강음현(江陰縣) 출신이며 총리아문의 외국유력원(外國遊歷員)이 되어 러시아에 파견되기도 하였다. 《아유휘편(俄遊彙編)》은 이때의 경험을 바탕으로 러시아의 저작을 번역한 것이다. 이밖에 《계동시존(稽統詩存)》·《한서인경이문록증(漢書引經異文錄證)》 등의 저서가 있다.

79) 용굉(容閎, 1828~1912): 청말의 개량주의자로 중국인 최초의 미국 유학생이다. 예일대학 졸업 후 세례를 받고 미국에 귀화했다. 1855년 귀국하여 양무운동에 가담했고 1872~81년에는 청정부가 미국에 보낸 유학생 아동들을 관리했다. 청일전쟁 무렵 손문이 이홍장에게 서신을 올릴 수 있도록 주선했고 무술변법운동 때에는 유신파 인사들과 밀접한 교류를 갖기도 했다. 1900년 자립회(自立會) 회장이 되었으나 자립군 기의가 실패하자 미국으로 피신했다. 그 후에도 손문 등의 혁명운동을 지지했다.

80) 양정단(梁廷枏, 1796~1861): 청대의 학자로 광동성 순덕(順德) 출신이다. 여러 번 과거시험에 떨어지다 1834년 39세에 관직에 나아갔고 징해현훈도(澄海縣訓導) 등을 역임하였다. 서양국가의 정치와 역사를 중시하여 1839년 《월해관지》를 작성하였다. 또 다른 저서로 《해국사설(海國四說)》 등이 있다.

81) 네 편 모두 《해국사설》에 수록되어있다.

위원의 공헌은 이미 상술하였다. 외교사를 편저한 사람은 두 명인데, 한 명은 하섭(夏燮: 필명은 江上蹇叟)[82]으로 《중서기사(中西紀事)》를 저술하였고, 다른 한 명은 왕지춘(王之春)[83]으로 《국조유원기(國朝柔遠記)》[84]의 저자이다.

외국인이 중국에서 편집·인쇄한 정기간행물과 책들도 국외의 역사와 지리를 소개함으로써 중외교통사 연구에 간접적으로 영향을 주었는데, 그 대표적인 인물로는 티모시 리처드(Timothy Richard)[85]·윌리엄 머헤드(William Muirhead)[86]·영 존 앨런(Young John Allen)[87]·윌리엄

....

82) 하섭(夏燮, 1800~1875): 청대의 사학자로 안휘성 당도(噹塗) 출신이다. 1850년 중서 통상의 역사와 문화 충돌에 관해 서술한 《중서기사》의 초고를 작성하였다. 또한 1860년 기존 《명사》에 만족하지 못하고 편년체 서술방식의 《명통감(明通鑒)》을 저작하였다. 1867년 《중서기사》를 완성하여 출판하였다.

83) 왕지춘(王之春, 1842~1906): 청말의 외교가·사상가·학자로 호남성 형양(衡陽) 출신이며 양무운동의 중요한 인물이었다. 일찍이 일본·러시아·독일·프랑스를 방문했고 광서제에게 신정을 실시할 것을 요청하는 상서를 올렸다.

84) 《국조유원기(國朝柔遠記)》: 왕지춘과 팽옥린(彭玉麟)에 의해서 1891년 간행된 책으로 순치부터 동치연간까지 대외교섭과 통상의 시말(始末)에 대해 저술하였다. 주로 상유(上諭)나 상주문(上奏文) 등에 의거하여 저술되었으며 편년체와 기사본말체를 혼용하여 기록하였다.

85) 티모시 리처드(Timothy Richard , 李提摩太, 1845-1919): 영국 침례교 선교회의 선교사로 1870년 중국에 와 선교활동을 시작했다. 1877-79년 산서성의 대기근 때 구조에 힘쓰고 이후 8년간 산서성 각지에서 전도하였다. 선교사업은 중국의 재건을 돕는 것이어야만 한다는 신념에서 서양의 학문과 지식을 중국인에게 소개하는 단체인 광학회(廣學會)를 주재하여 많은 공헌을 하였다. 강유위 등 변법파 및 이홍장과 장지동 등에게도 영향을 끼쳤다. 의화단사건의 배상금을 중국문화사업에 써야 한다고 주장하고 산서대학(山西大學)을 건립, 총장을 지냈다. 그러나 점진적 개혁을 주장함으로써 혁명파인 손문 등의 지지를 못 받자 1916년 중국을 떠나 귀국하였다.

86) 윌리엄 머헤드(William Muirhead , 慕維廉, 1822-1900): 영국 런던선교회

마틴(William A. P. Martin)[88] · 조셉 에드킨스(Joseph Edkins)[89] 등이 있
으나 여기서는 상세히 서술하지 않겠다.

(3) 구미학자의 중국 연구

구미에서 말하는 동방학(東方學, Orientology) 및 한학(漢學, Sinology:
華學 혹은 중국학이라 번역하기도 하며 일본인은 支那學이라 부름, 이하
중국학으로 통일함 - 역자)의 중요한 연구대상 중 하나가 바로 동서 혹은

....

(London Missionary Society) 소속의 선교사로 중국에 현대 역사학과 지리학
및 지질학을 소개하는데 큰 공헌을 하였고, 상해 묵해서관(墨海書館) 창립에
주요한 역할을 맡기도 했다. 저서로 《대영국지(大英國志)》·《지리전지(地理
全志)》가 있다.

87) 영 존 앨런(Young John Allen , 林樂知, 1836 - 1907): 미국 감리교 선교사로
1860년 중국에 와서 청 정부의 번역관과 교사가 되었다. 1875년 상해에서
중국어 신문 《만국공보(萬國公報)》를 창간하였으며 1887년 광학회 설립에
참가하여 《만국공보》를 그 기관지로 삼았다. 1896년에는 《중동전기본말(中
東戰紀本末)》을 출판하였다. 모두가 중국의 정치개혁을 권장하는 내용으로
강유위 등의 변법파에 큰 영향을 끼쳤다.

88) 윌리엄 마틴(William Alexander Parsons Martin , 丁韙良, 1827 - 1916): 미국
북장로회에서 파견한 선교사로 중국에서 62년(1850-1916: 그 중 4년은 중국
에 있지 않았음)을 생활하였다. 오랫동안 북경 동문관의 총교습(總敎習)을
맡았으며 당시 '중국통(中國通)'으로 불렸다. 1898년 경사대학당(京師大學堂)
의 초대 총교습에 임명되었다.

89) 조셉 에드킨스(Joseph Edkins, 艾約瑟, 1823-1905): 영국 출신의 선교사이자
중국학자로 1848년 런던선교회에 의해 중국으로 파견되었다. 상해에서 묵해
서관을 창립하였으며 태평천국의 군중(軍中)에 가서 종교문제를 논하기도
하였다. 1863년 런던선교회의 북경 사무를 맡는 한편 항와시교회(缸瓦市敎
會)를 창립하였다. 1880년 중국해관 총세무사 로버트 하트의 초청으로 해관
통역이 되었고 1905년 상해에서 사망했다.

중서 간의 교통사이다.

동방학과 중국학의 발흥은 대략 원대(元代)에 동쪽으로 온 서양인의 여행기가 점차 사람들의 주의를 끌고 신항로와 신대륙이 잇달아 발견되었기 때문인데, 그런 까닭에 최초의 동방 연구는 사실 식민지 연구의 색채가 극히 농후했다. 연구 목적이 식민정책에 협조하는 것인 이상, 연구 태도나 입론의 관점 역시 식민 색채를 띠고 있었다. 뿐만 아니라 식민지 사람들이 자신의 역사·지리·언어·민족·종교 각 방면을 연구할 능력이 없다고 생각함으로써 동방 연구는 서양인이 아니면 할 수 없는 일로 간주되었다. 동방학의 범위는 매우 넓어서 지역으로 구분하면 이집트학·시리아학·바빌론학·인도학·일본학·몽고학·중국학 등으로 나눌 수 있다.

동방학은 지역을 막론하고 모두 그 연구가 산발적이고 계통을 이루지 못하였지만, 그 성과를 놓고 말하면 초창기와 진전기(進展期) 및 발달기로 구분할 수 있다.

중국학 초창기의 성과로는 명말 광동·복건(대만을 포함)·절강 연해 일대에서 활약한 포르투갈·스페인·네덜란드의 모험가와 선교사의 보고서, 청초 강희연간(1662-1722) 이전 (중국) 내지에 들어온 선교사가 유럽으로 보낸 서양문자로 된 편지와 저술, 각 수도회의 책임자가 해당 총회장에게 보낸 교무(敎務) 보고서, 마카오·광주·대만 체류 서양인의 상무(商務) 혹은 군사 보고서, 말라카(Malacca)[90]·고아(Goa)[91]·바타비

....

90) 말라카(Malacca): 중국 문헌에는 만랄가(滿剌加), 만랄(滿剌), 마육갑(麻六甲), 마랄갑(麻剌甲), 마육갑(馬六甲), 문로고(文魯古) 등 여러 이름으로 나온다. 말라카해협에 면해 있는 항구도시로 현 말레이시아 연방 말라카주의 주도(州都)이다. 14세기 후반 마자파히트(Majapahit)왕국의 판도에 들어가면서 세상에 알려진 이래, 15세기 초 명나라 정화 선단이 이곳을 다녀와 조공관계

아(Batavia)[92] 등지에서 얻은 중국 관련 소식으로 유럽 대륙에 전해진 것 등이 있다. 이 시기에 마테오 리치(Matteo Ricci)[93]는 개봉(開封)의 유태교 전래 과정을 연구하였을 뿐 아니라 벤토 고에스(Bento Goes)[94]

....

를 맺었고, 포르투갈이 1511년에 점령한 데 이어 1641년에는 네덜란드가, 1824년에는 영국이 점령해 동방 진출의 거점으로 삼았다.(《해상 실크로드사전》, 115쪽)

91) 고아(Goa): 아라비아해에 면한 인도 서남부의 한 주. 기원전 3세기 마우리아 왕조에 의해 인도 땅이 되었고, 이후 델리 술탄왕조에 의해 이슬람이 정착되었다. 1499년 바스코 다가마가 인도항로를 발견한 후 알부케르크(Afonso de Albuquerque)가 이끄는 포르투갈 선단이 1510년 다시 고아에 도착하여 극동무역의 거점을 마련하였다. 고아는 포르투갈령 인도의 수도로, 1575-1600년 향료무역을 통해 최대의 번성기를 누렸다. 17세기 들어 영국과 네덜란드 등이 고아를 차지하기 위해 각축을 벌였으나 약 450년간 포르투갈의 식민지로 있다가 1961년 인도에 합병되었다.(《해상 실크로드사전》, 20쪽)

92) 바타비아(Batavia): 현 인도네시아 수도 자카르타의 옛 이름. 원래 포르투갈이 말루쿠군도에서 향료를 매입하는 기지로 출발했으나, 네덜란드와 영국이 가세하면서 이곳을 장악하기 위한 쟁탈전이 벌어진 끝에 1619년 네덜란드가 최종 승리하였다. 그 후 네덜란드 동인도회사(VOC)는 바타비아에 상관을 설치하고 동양무역의 거점으로 이용하였다.(《해상 실크로드사전》, 140-141쪽)

93) 마테오 리치(Matteo Ricci, 利瑪竇, 1552-1610): 명말 중국의 독서인 사회에 지대한 영향을 끼친 이탈리아 출신의 예수회 선교사. 1571년 예수회에 가입, 콜레지오 로마노(Collegio Romano)에서 클라비우스(Clavius)에게 수학과 천문학 등을 배우고 인도를 경유하여 1583년 중국에 도착하였다. 그는 중국 선교를 위해서는 독서인 층의 신임을 얻어야 한다고 믿고 중국의 문화와 고전을 습득하는 한편 기독교 신학과 서양 학술을 중국어로 번역하였다. 《천주실의(天主實義)》·《기하원본》·〈곤여만국전도(坤輿萬國全圖)〉 등은 그 대표적인 저작이다. 그는 서광계(徐光啓)를 비롯한 영향력 있는 관료들과 교유했으며 기독교와 유교 사상의 유사한 점을 강조하는 방식으로 선교활동을 펼쳤다.

94) 벤토 데 고에스(Bento de Goes, 鄂本篤, 1562-1607): 원서에는 Bento Goez로 되어있으나 영어 표기는 Bento de Goes가 맞다. 포르투갈 출신의 예수회

가 유럽에서 걸어서 중국으로 온 정황을 기록하여 《중국 기독교 전래사》
(*De Expeditione Christiana apud Sinas*)를 저술하였고, 니콜라 트리고
(Nicolas Trigault)[95])가 이를 발표하였으며 그 후 줄리오 알레니(Julio
Aleni)[96])와 알바레스 세메도(Alvarez Semedo)[97])에 의해 연구가 이어졌다.

가장 먼저 당대(唐代)의 〈경교비(景敎碑)〉[98])를 주제로 다루면서 경교
전래의 역사를 연구한 사람은 세메도였는데, 그 뒤 마르티노 마르티니
(Martino Martini)[99]) · 미하우 보임(Micha ｆ Byom)[100]) · 엠마누엘 디아즈

....

보조 수련사이자 탐험가이다. 그는 아프가니스탄과 파미르고원을 경유하여
인도에서 중국으로 대륙횡단을 한 최초의 유럽인으로 알려져 있다. 자세한
내용은 본서 제4편 6장 4절에 나온다.

95) 니콜라 트리고(Nicolas Trigault, 金尼閣, 1577-1628): 프랑스 출신으로 예수
회 선교사이자 중국학자로 1611년 처음 중국에 와서 남경 · 항주 · 북경에 머
물다 귀국하였다. 1618년 22명의 선교사를 이끌고 재차 중국에 왔는데, 그
중에는 아담 샬과 자코모 로(Giacomo Rho)가 있었다. 저서로는 한자 발음을
로마자로 표기한 최초의 책인 《서유이목자(西儒耳目資)》 등이 있다.

96) 줄리오 알레니(Giulio Aleni, 艾儒略, 1582-1649): 이탈리아 출신의 예수회
선교사로 1610년 마카오에 도착하여 선교 활동을 시작했다. 천문학에 조예
가 깊어 1612년의 월식을 예측하고 경위도(經緯度)를 측정하는 등 서양 학문
전파에도 힘썼다. 1613년 포교를 위하여 북경에 갔으며, 서광계를 따라 상해
와 양주(揚州) 등을 순회하였으며 1641-1646년에는 중국 예수회의 중앙 관
구장(管區長)을 지냈다.

97) 알바레스 세메도(Alvarez Semedo, 曾德昭, 1585-1658): 포르투갈 출신의 예
수회 선교사로 1613년 중국 남경에 들어와 활동을 하다 1617년 남경교안
때 바뇨니와 함께 광동으로 추방되었다. 그 후 다시 입국하여 선교활동을
하다 1636년 중국을 떠났다. 저서로 명 왕조 통치 하의 중국을 소개한 《대중
국전사(大中國全史)》《*Relation de magna monarchia Sinarum*》가 있다.

98) 정식 명칭은 〈대진경교유행중국비(大秦景敎流行中國碑)〉이나 저자가 그 약
칭인 〈경교비〉와 혼용해서 표기하고 있는데, 원서에 나오는 대로 옮겼다.

99) 마르티노 마르티니(Martino Martini, 衛匡國, 1614-1661): 이탈리아 출신의 예
수회 선교사이자 지도 제작자 · 역사학자로 주로 천문학과 수학에 관심이 많

(Emmanuel Diaz)[101] 등이 연구를 이어갔고 중국인으로는 왕징(王徵)[102]·이지조(李之藻)[103]·서광계(徐光啓)[104] 등의 연구가 있다.

....

앉으며 스스로 원해 중국 선교사로 파견되었다.
100) 미하우 표트르 보임(Micha ł Piotr Boym, 卜彌格, 1612-1659): 폴란드 출신의 예수회 선교사로 과학자이자 탐험가이기도 하다. 아시아의 동물상과 식물군 그리고 지질학을 연구하였다. 1645년 남명(南明)정권에 들어갔는데, 남명정권은 보임을 통해 외국의 힘을 얻으려 하였으나 마카오가 청조에 제압되어 뜻을 이루지 못했다. 대표적 저서 《식물지(植物志)》는 중국의 동식물을 삽화와 함께 소개하였다.
101) 엠마누엘 디아즈(Emmanuel Diaz, 陽瑪諾, 1574-1659): 예수회 선교사로 1610년 중국에 도착해 선교활동을 펼쳤고, 프톨레마이오스 천문학을 설명한 저서 《천문략(天問略)》(Explicatio Sphaerae Coelestis)을 통해 중국에 최초로 망원경을 소개하였다. 《천문략》은 19세기까지도 중국에서 번역되고 연구되었다.
102) 왕징(王徵, 1571-1644): 명말의 관료이자 과학자로 섬서성 서안 출신이다. 천주교도로서 서광계·이지조·양정균 등과 함께 '중국 천주교의 네 명의 현인'이라고 불린다. 예수회 선교사 테렌츠(Terrenz)와 함께 《원서기기도설록최(遠西奇器圖說錄最)》를 저술하였으며, 그 밖에 《서양음결(西洋音訣)》·《서유이목자》 등의 저술을 남겼다.
103) 이지조(李之藻, ?-1631): 명말의 학자로 절강성 항주 출신이다. 서광계와 함께 마테오 리치에게 사사 받았고 《천주실의》 간행에 관여하였다. 마테오 리치 등 천주교 선교사의 구술을 필사하고 다량의 서양학술 저작을 번역하였다. 저서로 《건곤체의(乾坤體義)》·《혼개통헌도설(渾蓋通憲圖說)》·《환용교의(圜容較義)》·《동문산지(同文算指)》·《명리탐(名理探)》 등이 있으며, 마테오 리치의 〈곤여만국전도〉의 간행에도 관여하였다.
104) 서광계(徐光啓, 1562-1633): 명대의 관료로 상해 출신이다. 마테오 리치에게 서양과학을 배웠으며 예수회에 입교했다. 세례명은 포오로였다. 1607년에는 라자로 카타네오(Lazaro Cattaneo)신부를 상해로 초빙하여 예배당을 개설하였고, 다음해에는 그의 생가인 상해 서교(西郊)의 서가회(徐家匯)에 천주교당을 설립하였다. 저역서로 《기하원본》과 《농정전서(農政全書)》 등이 있다.

유태교와 경교의 중국 전래 연구는 실로 중서교통사 연구의 단초를 열었고, 벤토 고에스가 육로를 통해 중국에 온 것은 당시 바닷길을 건너 중국에 온 사람들에게 하나의 새로운 길을 제공하였다.

서양 선교사가 중국에 깊이 들어와 중국 사대부와 가까워짐에 따라 중국인은 그들이 중국에 온 노정을 알고자 하였고, 서양 선교사 역시 항해 경험을 스스로 서술하였을 뿐 아니라 그들 이전에 어떤 사람이 중국에 왔는지 반드시 알고 싶어 하였다. 서양 선교사들은 불교의 '서방정토[西天國]'설을 압도하기 위해 자신을 '먼 서쪽[遠西]'에서 온 사람이라 말할 필요가 있었다. 마테오 리치도 스스로 '서태(西泰)'라 불렀는데, 이는 태서(泰西)를 뒤집어 쓴 것이다. 마테오 리치는 그가 쓴 것으로 서명되어있는 《변학유독(辯學遺牘)》[105]에서 다음과 같이 말하고 있다. "삼천대천(三千大千)세계[106] 이야기는 누가 그것을 보았으며 헤아렸는지 알지 못하겠다. 유럽에서는 들어보지 못했다. 우리 선교사들이 일찍이 인도의 여러 나라를 돌아다니면서 브라만교 신자를 교화시켜 입교한 자가 매우 많았지만, 저들의 불경 속에 이런 이야기가 있다는 말을 들은 적이 없다."

명 천계 3년(1623) 알레니가 저술한 《직방외기(職方外紀)》[107]는 중국

....

105) 《변학유독(辯學遺牘)》: 《辨學遺牘》으로도 표기하는데, 마테오 리치가 천주교의 관점에서 명말 정토종 승려 주굉(袾宏) 및 그의 문하생 우순희(虞淳熙)와 주고받은 서신을 수록한 책으로 1635년 간행되었다.

106) 삼천대천(三千大千)세계: 불교에서 수미산(須彌山)을 중심으로 해·달·사대주(四大洲)·육욕천(六欲天)·범천(梵天) 등을 합하여 한 세계라 일컫고, 이것을 천 배한 것을 소천(小天)세계, 소천세계를 천 배한 것을 중천(中天)세계, 중천세계를 천 배한 것을 대천(大天)세계라 하며, 이 광대무변의 세계를 불교화의 한 범위로 일컫는다. 삼천대계(三千大界), 삼천대천(三千大千), 삼천세계라고도 쓴다.

최초의 세계지리서로 중서교통 상황에 대한 기술이 매우 상세한데, 마지막 두 절에서 선박과 바닷길에 대해 따로 기술하고 있다. 숭정 3년 (1637) 알레니는《서방문답(西方問答)》을 또 저술하여 노정과 선박 및 바다에서 위험한 곳 등을 기술하였다. 특히 그가 쓴《마테오 리치선생 행적(大西利先生行蹟)》은 당시 중서교통의 실례라 할 수 있다.

강희제 이후 프랑스 루이(Louis) 14세가 학식이 매우 뛰어난 선교사 조아생 부베(Joachim Bouvet)[108]와 제르비용(J. F. Gerbillon)[109]을 중국에 파견하였는데, 그들이 중국 현지에서 연구하고 관찰한 바를 유럽에 보고함으로써 중국 연구에 대한 유럽 학술계의 흥미를 크게 증가시켰다. 게다가 마테오 리치 사망 후 교회 내부에서 (중국 신도들의) 하늘

....

107) 《직방외기(職方外紀)》: 알레니가 마테오 리치의 《만국도지》를 바탕으로 이를 증보하여 한문으로 저술한 세계지리서. 권1 〈아시아〉, 권2 〈유럽〉, 권3 〈아프리카〉, 권4 〈아메리카 및 마젤라니카(당시 지구 남쪽에 있다고 추정하였던 대륙)〉, 권5는 해양에 관한 것을 내용으로 하고 있다.

108) 조아생 부베(Joachim Bouvet, 白晉 혹은 白進, 1656-1730): 프랑스 출신의 예수회 선교사로 루이 14세가 파견한 첫 번째 선교단의 일원으로 1687년 중국에 왔다. 동료 제르비용 신부와 함께 강희제의 시강(侍講)이 되었으며 천문역수(天文曆數)와 의학·화학·약학 등을 강의하였다. 1693년 강희제로부터 선교사를 초빙하라는 명령을 받고 귀국했다가 1699년 10명의 선교사를 데리고 다시 중국으로 돌아왔다. 대규모 실측으로 〈황여전람도(皇輿全覽圖)〉 제작에 종사하였으며, 《강희제전(康熙帝傳)》(*Portrait historique de l'empereur de la Chine*) 저술하였다.

109) 장 프랑수와 제르비용(Jean François Gerbillon, 張誠, 1654-1707): 프랑스 출신의 예수회 선교사로 1684년 루이 14세의 명령으로 중국에 파견되어 1688년 북경에 도착하였다. 강희제의 궁중에 머물면서 수학을 비롯한 서양 학문을 전파하였고, 《기하원리》·《철학원리》 등의 책을 편찬하기도 하였다. 네르친스크조약 당시 동료 선교사들과 함께 라틴어 통역을 담당하기도 했다.

숭배[敬天]·공자 제사·조상 제사 등의 문제를 둘러싸고 찬성과 반대 두 파로 나뉘어 서로 교황청에 고소하면서 유럽의 일부 대학들도 논쟁에 가담하게 되었다. 중국에 있던 각 수도회의 선교사, 특히 반대파인 도미니크 수도회(Dominicans) 선교사들도 중국 예속(禮俗)에 대해 집중 연구하면서 이들이 유럽에 보낸 상대를 힐책하고 비난하는 편지는 중국학 발전에 실로 하나의 큰 자극이 되었다.

1666년(강희 5년) 콜베르(Colbert)[110]는 과학원(Academie des Sciences)을 창설하여 지리학 및 천문학 상의 오류를 바로 잡고자 하였는데, 부베와 제르비용 등은 과학원이 중국 방면의 지식을 구하기 위해 파견한 자들이었다. 그러므로 유럽에서 중국학의 토대가 세워지고 프랑스가 중국학의 선진국이 될 수 있었던 데에는 실로 이 과학원의 공이 가장 컸다. 중요한 학자로는 부베와 제르비용 외에 루이 르 콩트(Louis Le Comte)[111]·클로드 비스델루(Claude Visdelou)[112]·조제프 드 프레마르(Joseph H.

....

110) 장 바티스트 콜베르(Jean Baptiste Colbert, 1619-1683): 루이 14세 치하의 프랑스에서 1665년부터 1683년까지 재무장관을 역임한 사람이다. 산업을 부흥시키고 도산 상태의 경제를 회생시켰다는 평판을 받는다. 대표적인 중상주의 정치가로 무역수지 개선과 식민지에 의한 수입을 중요시 하였다.

111) 루이 르 콩트(Louis Le Comte, 李明, 1655-1728): 프랑스 출신의 예수회 선교사로 1687년 장 드 퐁타네(Jean de Fontaney) 아래에서 중국으로 가는 프랑스 예수회 선교에 참여하였다. 1688년 중국에 도착하였으며 1691년 프랑스로 돌아와 예수회 대표가 되었다. 1696년 파리에서 출판한 《중국의 현 상황에 대한 새로운 비망록》(Nouveau mémoire sur l'état présent de la Chine)은 중국의 유교사상을 찬양하면서 서양의 타락을 비판하는 내용을 담고 있어 많은 논란을 야기하였다.

112) 클로드 드 비스델루(Claude de Visdelou, 劉應, 1656-1737): 프랑스 출신의 예수회 선교사로 1687년 루이 14세의 명령으로 중국에 파견된 선교사 중 한 명이다. 중국의 언어와 문학에 대한 폭넓은 지식을 가지고 있었으며

de Prémare)113) · 도미니크 파르냉(Dominique Parrenin)114) · 레지스(J. B. Régis)115) · 장 아미오(Jean J. Amiot)116) · 조제프 드 마이야(Joseph A. M. de Moyriae de Mailla)117) · 앙투안 고빌(Antoine Gaubil)118) 등이 있다.

....

중국과 중앙아시아 역사, 특히 중국·흉노·몽고·돌궐·타타르와의 관계에 대해 연구했다.

113) 조제프 앙리 드 마리 프레마르(Joseph Henri de Marie Prémare, 馬若瑟, 1666-1736): 프랑스의 중국학자이자 예수회 선교사로 1698년 중국에 온 후 30여 년 동안 중국의 언어와 문학·철학을 연구했다. 중국의 유명한 희곡 《조씨고아(趙氏孤兒)》를 프랑스에 처음으로 소개한 것으로도 유명하다.

114) 도미니크 파르냉(Dominique Parrenin, 巴多明, 1665-1741): 강희연간 북경에서 활동하던 프랑스 예수회 선교사로 1698년 11월 중국에 도착했고 1741년 9월 북경에서 사망했다.

115) 장 바티스트 레지스(Jean-Baptiste Régis, 雷孝思, 1663-1738): 프랑스 출신의 예수회 선교사로 1698년 중국으로 건너와 천문·수학의 지식을 청조에 제공하였다. 강희제의 명으로 시작된 전국 측지사업(1708-16)에 참가하였는데, 만리장성을 비롯해 만주·산동·하남·안휘·절강·복건·운남 등지를 측량하여 그 결과를 〈황여전람도〉로 출간하였다. 또 파리의 관측기술자와 함께 목성의 위성식(衛星蝕)을 동시에 관측하여 북경의 위도를 알아냈다. 특히 《조선잡조(朝鮮雜俎)》를 써서 한국의 지지(地誌)와 역사에 대한 서양인 최초의 기록을 남기기도 했다.

116) 장 조제프 마리 아미오(Jean Joseph Marie Amiot, 錢德明, 1718-1793): 프랑스 출신의 예수회 선교사로 1750년 중국에 파견되었고 선교사업 외에 번역과 미사음악 작업 등 다양한 활동을 전개했다. 그가 불어로 번역한 건륭제의 《성경부(盛京賦)》는 1770년 볼테르에 의해 프랑스 문인들에게 소개되었다. 음악에도 조예가 깊어 르네상스 시대와 바로크 시대의 기존 미사음악 작품을 토대로 중국풍의 기악과 성악을 적절하게 배합한 〈북경 예수회의 미사(Messe Des Jesuites De Pekin)〉를 남겼다. 매카트니 경이 중국에 왔을 때에는 편지를 보내 조언을 하기도 하였다.

117) 조제프 드 마이야(Joseph A. M. de Moyriae de Mailla, 馮秉正, 1669-1748): 프랑스 출신의 예수회 선교사로 1703년 마카오에 와 중국어를 배우고 1705년부터 강서성 구강(九江)에서 선교활동을 시작하였다. 2년 뒤 북경에 가

네덜란드인은 비록 일본과 인도 연구에 힘썼지만, 그 저술 중에는 중
서교통사와 관련 있는 것도 적지 않다. 네덜란드인을 따라 나가사키(長
崎) 데지마(出島)[119]의 네덜란드 상관(商館)에 기거하였던 독일과 스웨
덴 학자의 연구는 단지 식물학에 한정되었다. 영국인은 1661년(순치 18
년) 이후 인도에 대한 체계적인 연구를 진행하였다. 1725년(옹정 3년)
러시아의 표트르(Pyotr)대제는 제1차 동방 탐험대를 파견하여 아시아와
아메리카 대륙 사이에 해협이 있는지를 조사하게 하였다. 이 모두가 동
서 혹은 중서교통사 연구의 발전을 도왔다.

같은 시기 유럽에서는 또 공전의 대작이 하나 출현하였으니, 예수회

....

서 지도 측회(測繪) 작업에 참가하였으며 중국 역사와 문화에 조예가 깊어
청나라 황제의 신임을 얻었다. 《성세추요(盛世芻堯)》·《성년광익(盛年廣
益)》·《붕래집설(朋來集說)》등 기독교 관련 중국어 저서를 남겼고, 《통감
강목(通鑒綱目)》의 불어 번역을 완성했다. 《서경(書經)》을 번역한 첫 번째
유럽 학자이기도 하다.

118) 앙투안 고빌(Antoine Gaubil, 宋君榮, 1689-1759): 프랑스 출신의 예수회
선교사로 1722년 자원하여 중국 선교사로 부임하였는데, 중국어와 만주어
를 잘해 특별 예우를 받았다. 옹정제는 그를 궁정 어학교사에 임명하여
라틴어를 가르치도록 하였다. 옹정제의 특별배려는 특히 러시아와의 통상
교섭을 위한 대비책이었으며 나아가 유럽 문명국과의 교섭도 염두에 둔
것이었다. 북경에 체류하면서 많은 중국 서적들을 번역하였으니 그 중에서
도 《시경(詩經)》 번역이 유명하다.

119) 데지마(出島): 1634-1636년 나가사키 시내를 관류하는 나카시마(中島)강 하
류에 만든 부채꼴 모양의 인공섬. 에도 정부는 기독교의 확산을 막기 위해
이 섬에 포르투갈인을 격리 거주시켰고 1639년 포르투갈인의 내항을 금지
하는 등 쇄국정책이 실시되자 1641년 이곳에 네덜란드 동인도회사 소속
일본 상관(商館)을 이전하였다. 1857년 일본과 네덜란드 사이에 조약이 체
결되어 쇄국적인 무역제도가 폐지될 때까지 200여 년간 데지마는 일본네
덜란드 무역기지로 활용되었고 일본이 서구를 이해하고 서구 문물을 받아
들이는 창구 역할도 하였다.(《해상 실크로드사전》, 68-69쪽)

선교사 뒤 알드(J. B. Du Halde)[120]가 1735년(옹정 13년)에 간행한《중화제국전지(中華帝國全志)》가 바로 그것으로, 책의 정식명칭은《중화제국과 그 속지(屬地) 타타르에 대한 지리학적·역사적·연대기적·정치적·물리적 서술》(*Description géographique, historique, chronologique, politique et physique de l'empire de la, Chine et de la Tartarie chinoise*)이다.

이 책에 견줄만한 것으로 다른 두 책이 있다. 하나는 북경에 있던 각 선교사들의 중국 연구의 결정(結晶)으로 그 제목은《중국인들의 역사·과학·예술·풍속·생활습관 등과 관련된 북경 선교사들의 비망록》(*Memoires concernant l' Histoire, les Sciences, les Arts, les Moeurs, les Usages etc, des Chinois Par les Missionaires de Pekin*)인데, 줄여서《북경 선교사 회고록》[121]이라고 한다. 모두 16책으로 1776년(건륭 41년)부터 간행되기 시작해 1814년(가경 19년)에 완간되었으니 총 44년의 시간이 걸렸다. 다른 하나는《예수회 외방선교회 신부들이 쓴 교훈적이고 신기한 서신집》(*Lettres édifiantes et curieuses ecrites des Missions Etrangeres par quelques Missionaires de la Compagnie de Jésus*)으로 줄여서《예수회 선교사 서신집》[122]이라고 한다. 모두 34책으로 1702년

....

120) 장 바티스트 뒤 알드(Jean-Baptiste Du Halde, 1674-1743): 프랑스의 예수회 신부이자 역사학자. 중국을 직접 방문하지 않았음에도 불구하고 유명한 《중화제국전지》를 간행하였다. 이 책은 전 4권으로 이루어졌으며 예수회 선교사들이 남긴 자료를 바탕으로 중국과 만주의 지리·역사·정치·자연에 대한 내용을 담고 있다.
121) 저자는 여기서 이 책의 번역 명을《북경 선교사 보고》로 약칭하였지만 뒤에서는《북경 선교사 회고록》이라고도 하였기에 원서 명을 감안하여 후자로 통일하였다.
122) 저자는 여기서 이 책의 번역 명을《예수회 선교사 서신집》로 약칭하였지만

(강희 41년)부터 간행되어 1776년(건륭 41년)에 완간되었으니 총 74년이 걸렸다. 이상 3종의 책은 판본이 매우 많아서 일일이 서술할 수가 없다.

그러나 중국학이 더욱 확대 발전된 시기는 프랑스인 푸르몽(E. Four-mont)[123]이 《중국 문전(文典)》(*Grammatica Sinica*)을 출간하면서 시작되었다고 해야 할 것이다. 푸르몽은 프랑스 국왕 루이 14세의 명을 받아 파리 외방선교회에 소속된 복건성 흥화(興化) 출신의 황(黃)씨 성을 가진 중국인 수도사로부터 중국어를 배웠지만, 그의 책은 사실 스페인 선교사 프란치스코 바로(Francisco Varo)[124]의 《관화문법(官話文法)》을 라틴어로 번역한 것이었다. 그는 또 프레마르의 《중국어 차기(箚記)》(*Notitia Linguae Sinicae*)를 그대로 베끼면서도 그 결점을 논평한 자로 사실 인격적인 면에서는 별 취할 것이 없는 인물이다. 그러나 프랑스 초기 중국학자들이 모두 그의 문하에서 나왔기에 근대 중국학의 시조라고 칭할 수 있다.

푸르몽의 제자 중에서 걸출한 인물로는 조제프 드 기네(Joseph de

....

뒤에서는 《예수회 선교사 통신집》으로 하였는데, 원서 명을 감안하여 전자로 통일하였다.

123) 에티엔느 푸르몽(Étienne Fourmont, 1683-1745): 프랑스의 동양학자. 콜레주 드 몽테귀(Collège de Montaigu) 재학 중 동양 언어에 관심을 갖게 되었다. 1715년 콜레주 드 프랑스의 아랍어 교수가 되었으며 1713년에는 명문(銘文)학회의 회원으로 선출되었다. 저서로 《(구약성서의) 〈전도서〉에 대한 Rabbin Abraham A ben의 주해 번역》(*Traduction du commentaire du Rabbin Abraham A ben Esra sur l'Ecclésiaste*)이 있다.

124) 프란치스코 바로(Francisco Varo, 萬濟國, 1627-1687): 스페인 출신의 도미니크 수도회 선교사로 1649년 중국에 도착해 사망할 때까지 복건과 광동 등지에서 활동했다. 최초의 표준 중국어 문법책인 《관화문법》(*Arte de la lengua mandarina*)을 저술했다.

Guignes)125)를 들 수 있는데, 그의 조카인 드 샤우트라예(De Shaute-rayes)도 만주어와 중국어[漢語]를 연구하였다.

조제프 드 기네는 중국인의 이집트 기원설을 처음 주창한 사람으로 한 때 그의 설을 따르는 사람이 매우 많았기 때문에 유럽 학술계가 고대 중서 교류라는 큰 주제를 연구하는 계기가 되었다. 그의 거작(巨作)《예수 그리스도 이전부터 지금까지의 흉노·투르크·몽고 및 기타 서 타타르 민족 통사》(*Histoire generale des Huns, des Turcs, des Mongols et des autres Tartares occidentaux, avant et depuis J.C. jusqu' a present*)는 줄여서 《흉노 등 민족사》라고 하는데, 1758년(건륭 21년)에 완성되었다.

조제프 드 기네의 아들 크레티앙 드 기네(Chretian L. J. de Guignes)126)는 일찍이 광동 영사를 지냈다. 나폴레옹 1세의 명을 받아 《중국어·프랑스어·라틴어 사전》이라는 당당한 대작을 편찬하였지만. 사실 이탈리아인 바실리오 데 제모나(Basilio de Gemona)127)의 《중국어·라틴어 자전

....

125) 조제프 드 기네(Joseph de Guignes, 1721-1800): 프랑스의 중국학자 겸 투르크학자. 1748년 훈족이 흉노족과 같은 인종임을 주장하는 《흉노인, 투르크인 기원의 역사 기억》(*Mémoire historique sur l'origine des Huns et des Turcs*)을 출판하였는데, 그의 견해는 그 시대 사람들에게 대중화되어 뜨겁게 논의되었다. 그는 또 중국 민족이 이집트의 식민지화에서 기원했다고 주장하였다.

126) 크레티앙 루이 조제프 드 기네(Chretien Louis Joseph de Guignes, 1759-1845): 프랑스의 무역상이자 외교관, 학자였다. 아버지로부터 중국어를 배웠고 중국에서 17년간 머물다가 1801년 프랑스로 돌아왔다. 《북경·마닐라·모리스섬 여행기》(*Voyage a Pékin, Manille et l'Ile de France*)와 《중국어·프랑스어·라틴어 사전》(*Dictionnaire Chinois, Français et Latin*)과 같은 저서를 남겼다.

127) 바실리오 데 제모나(Basilio de Gemona, 葉尊孝, 1648-1704): 이탈리아 출신의 선교사로 1670년 베네치아에서 프란시스코회에 가입하였고 이후 철

고(字典稿)》를 원본으로 삼아 프랑스어 번역을 덧붙인 것에 지나지 않았다.

1796년(가경 원년) 6월 2일, 랑글레스(L. M. Langlès)[128]의 제의로 파리에 현대동방언어학교(L' Ecole des langues orientales vivantes)가 성립되었는데, 1844년(도광 21년) 〈중국어〉 강좌가 개설되었고 1884년(광서 7년) 〈극동의 역사와 지리〉 강좌가 개설되었다.

19세기 이후 유럽의 중국학과 동방학(중국을 제외한 다른 나라) 연구는 매우 빠르게 진보하여 언어학·역사학·인종학·고고학 등의 연구 방법도 이 시기에 이르러 완성되었다. 프랑스에서 가장 먼저 중국학을 전문 학과로 만든 사람은 아벨 레뮈자(Abel-Rémusat)[129]로 1815년(가경 20년) 11월 26일 파리에 있는 콜레주 드 프랑스(Collège de France) 〈중국학〉 강좌의 첫 번째 교수를 맡았다. 그는 1822년(도광 2년) 독일 학자 클라프로트(J. H. Klaproth)[130]와 아시아 학회(Société Asiatique)를 발기

....

학과 신학을 강의하였다. 1684년 주교 베르나르디노 델라 키에사(Bernardino Della Chiesa)와 함께 중국으로 건너왔고 이후 예수회 선교사들과 함께 주로 섬서성에서 선교 활동을 했다.

128) 루이 마티외 랑글레스(Louis Mathieu Langlès, 1763-1824): 프랑스의 동양학자이다. 나폴레옹 제정 시기에 프랑스 국립도서관에서 근무하며 동양 관련 문서를 관리하였다. 나폴레옹 제국이 무너지고 프랑스 국립도서관이 다시 프랑스 왕립도서관으로 이름을 바꾼 후에도 계속해서 같은 업무를 담당하였다.

129) 장 피에르 아벨 레뮈자(Jean-Pierre Abel-Rémusat, 1788-1832): 프랑스의 중국학자. 17세부터 의학을 배웠으나 식물학에 흥미를 가지고 중국의 식물학 서적을 읽기 위하여 중국어를 배우기 시작했다. 1811년 《중국어 언문학론(言文學論)》(Essai sur la langue et la littérature chinoises)을 발간했다. 유럽에서의 첫 번째 중국 소설로 알려진 《옥교리(玉嬌梨)》(Iu-kiao-li, ou les deux cousines, roman chinois)를 출판하기도 했다.

130) 율리우스 하인리히 클라프로트(Julius Heinrich Klaproth, 1783-1835): 독일의 동양학자이자 탐험가. 젊은 시절부터 아시아의 언어를 공부하여 1802년

하고 《아시아 학보》(*Journal Asiatique*)를 간행하였다.

그 후 스타니슬라스 줄리앙(Stanislas Julien)131) · 비오(E. Biot) · 드 생 드니(De Saint Denys)132) · 엠마누엘 에두아르 샤반느(Emmanuel Edward Chavannes)133) · 앙리 마스페로(Henri Maspero)134) · 펠리오(Pelliot)135) ·

....

《아시아 메거진》(*Asiatisches Magazin*)을 출판하였다. 1805년에는 러시아의 중국 사절단에 합류하였고 1807년부터 1년간 카프카스에서 그 지역에 대한 민족지학적, 언어학적 측면을 연구하였다. 대표적인 저서 《아시아의 다양한 언어》(*Asia polyglotta*)는 동양 언어, 특히 러시아에서 사용되는 언어들의 새로운 분류를 제시하였다.

131) 스타니슬라스 줄리앙(Stanislas Julien, 1799~1873): 19세기 프랑스의 동양학 자. 콜레주 드 프랑스의 그리스어 조교수를 거쳐 중국어 교수가 되었다. 중국에 가본 일이 없으나 중국어에 정통하여 문법책을 쓰고 소설 희곡을 번역하였으며 중국 도자기 역사를 소개하였다. 주요 업적으로는 당나라 현 장의 《대당서역기》와 《대자은사삼장법사전(大慈恩寺三藏法師傳)》 번역을 들 수 있다. 그의 업적을 기념하기 위해 동양학 분야에 '스타니슬라스 줄리 앙상'이 설정되었다.

132) 에르베이 드 생 드니(Hervey de Saint-Denys, 1822~1892): 프랑스의 중국학 자. 중국에 대해 연구하여 1851년 《중국의 농업과 원예 연구》(*Research on the agriculture and horticulture of the Chinese*)를 출간하였고 서양에서 적 응할만한 동물이나 식물을 소개하기도 했다. 1874년 콜레주 드 프랑스의 중국학 교수가 되었으며 1878년에 프랑스 금석학 · 문학 아카데미의 일원이 되었다.

133) 엠마뉴엘 에두아르 샤반느(Emmanuel Edward Chavannes, 1865~1918): 프 랑스의 동양학자로 돈황과 신강 연구를 선도했으며 《사기》를 번역하기도 했다. 고대 중국의 태산 숭배에 대한 연구는 근대 중국학의 획기적인 업적 이었다. 저명한 동양학자인 폴 펠리오와 마르셀 그라네가 그의 제자이다.

134) 앙리 마스페로(Henri Maspero, 1882~1945): 프랑스의 동양사학자. 샤반느 에 이어 중국학을 공부하고 하노이의 프랑스 극동학원에서 연구에 몰두하 였으며 1911-1920년 그 곳 교수로 재임하였다. 1918년 은사인 샤반느가 죽 자 그 뒤를 이어 콜레주 드 프랑스의 교수를 겸임했다. 1928년부터 1930년 까지는 일불회관(日佛會館) 관장으로서 도쿄에 체재하였다. 제2차 세계대

앙리 코르디에(Henri Cordier)136) · 마르셀 그라네(Marcel Granet)137) · 아
놀드 비시에르(Arnold Vissiere)138) · 실벵 레비(Sylvain Lévi)139) · 르네 그

....

전 말기 독일군에게 잡혀 수용소에서 사망하였다. 중국 고대사 · 중국어의
고운(古韻) · 중국불교 · 도교 · 베트남사 · 베트남어 연구에 뛰어난 업적을 남
겼다.

135) 폴 펠리오(Paul Pelliot, 1878-1945): 프랑스의 동양학자. 국립동방언어학교
(Ecole Nationale des Langues Orientale Vivantes)에서 레비와 샤반느의 제
자가 되어 동방 각국의 언어와 역사를 공부했다. 하노이의 프랑스 극동학
원 교수를 역임했고 1906-1909년 중앙아시아 각지를 답사하였다. 특히 돈
황의 천불동(千佛洞)에서 수많은 고문서 · 사본 · 목간 등을 수집하였는데,
그 중에는 혜초가 쓴《왕오천축국전》도 있었다. 또 주달관(周達觀)의《진
랍풍토기(眞臘風土記)》를 번역하여 서양에 알림으로써 앙코르 유적의 복
원에 기여하기도 했다. 1909년 프랑스로 돌아와 콜레주 드 프랑스의 교수
가 되어 동양학 연구에 광범위한 업적을 남겼다. 중앙아시아 조사에 대한
상세한 현지 메모나 사진은 1961년부터《중앙아시아에서의 펠리오 조사대》
(*Mission Pelliot en Asie Centrale*)로 간행이 시작되었다. 펠리오 소장품 중
문서류는 파리 국립도서관에, 회화 · 조각 등은 파리의 기메 미술관에 소장
되어있다.

136) 앙리 코르디에(Henri Cordier, 1849-1925): 프랑스의 동양학자. 1869년 중국
상해로 건너가 1876년까지 체류하였고 1881년 파리 국립동방언어학교의
교수가 되어 종신토록 재직하였다. 서양에서의 중국연구 연혁 및 그 목록
을 편집하였고 유럽 각국과 극동, 특히 프랑스와 중국과의 관계교섭 연구에
주력했다. 그가 창간한 유럽의 동양학연구지《통보(通報)》(*T'oung Pao*)는
100년이 넘는 지금까지 발간되고 있다.

137) 마르셀 그라네(Marcel Granet, 1884-1940): 프랑스의 사회학자이자 윤리학
자 겸 중국학자로 중국에 처음으로 사회방법론을 전파한 사람 중 한 명이
다. 사회학적인 중국학자로서 혹은 중국학적인 사회학자로서 그리고 뒤르
켐 학교의 한 구성원으로서 잘 알려져 있다.

138) 아놀드 비시에르(Arnold Vissiere, 1858-1930): 중국에서 활동한 프랑스 외
교관이다. 중국어와 중국어 번역에 매우 뛰어나 총리아문의 공문을 직접
번역할 수 있는 몇 안 되는 외교관 중 한 명이었다. 앙리 코르디에가 저술한
《중국과 서방국가 관계사》는 비시에르의 자료제공에 힘입은 바가 컸다.

루쎄(Rene Grousset)[140]·오루조(L. Aurouseau)·가브리엘 페랑(Gabriel Ferrand) 등 여러 저명한 학자가 나왔다. 콜레주 드 프랑스의 중국학 강좌는 레뮈자·줄리앙·드니·샤반느·마스페로가 차례대로 주관하였다. 1911년(선통 3년)에는 펠리오가 특별히 〈중앙아시아 역사지리 고고학〉 강좌를 개설하였다.

현대동방언어학교가 개설한 〈극동의 역사와 지리〉 강좌의 저명한 교수로는 코르디에·그라네·비시에르 등이 있었다.

프랑스인이 주관한 동방학 간행물로는 1890년(광서 16년) 코르디에가 창간한 《통보(通報)》(T'oung Pao)가 있다. 이 잡지에는 중서교통사와 관련된 뛰어난 글이 많이 실렸는데, 발행소는 네덜란드 레이던(Leiden)에 두었다. 《아시아 학보》는 인도·서아시아·이집트 연구를 위주로 하였고, 하노이의 《극동 프랑스학교 교간(校刊)》(Bulletin de l'Ecole Francaise d'Extreme-Orient)은 1901년(광서 27년) 창간되어 베트남과 중국 연구를 주로 하였다.

1855년(함풍 5년) 레이던대학도 중국학 강좌를 개설하였는데, 네덜란드의 유명한 중국학자로는 호프만(J. J. Hoffmann)[141]·구스타브 슈레겔

....

프랑스에 돌아간 이후에도 학교에서 중국어를 가르치거나 외교부에 협조하는 등 중국과 관련된 활동을 지속했다.

139) 실벵 레비(Sylvain Lévi, 1863-1935): 프랑스 출신의 동양학자이자 인도학자이다. 소르본대학에서 산스크리트어를 가르쳤고, 박사학위논문인 〈인도 극장〉("Théâtre Indien")을 저술하였다. 중국 서부에서 발견된 토화라어(吐火羅語, Tokharian) 조각에 대한 분석을 가장 먼저 진행하였다.

140) 르네 그루쎄(René Grousset, 1885-1952): 프랑스의 역사학자로 아카데미 프랑세즈의 회원이었다. 아시아와 동양 문명에 대한 책을 여러 권 저술했는데, 그의 대표작인 《십자군의 역사》(Histoire des Croisades)와 《유라시아 유목제국사》(L'Empire des Steppes)는 해당 분야의 고전으로 평가받고 있다.

(Gustave Schlegel)[142] · 얀 야코프 데 흐로트(Jan Jakob de Groot)[143] · 데 비세르(M. W. de Visser) · 뒤벤닥(J. J. L. Duyvendak)[144] · 하인리히 하크만(Heinrich F. L. Hackmann) 등이 있었다. 슐레겔은 *T'oung Pao* 창간에 협조하였고 뒤벤닥은 근래 *T'oung Pao*의 편집을 주관하고 있는 가장 걸출한 인물이다. 레이던에서는 또 《동방학보》(*Acta Orientalia*)가 출판되고 있는데, 네덜란드 · 덴마크 · 노르웨이의 동방학회 연합회에서

....

141) 요한 요셉 호프만(Johann Joseph Hoffmann, 1805-1878): 독일 출신의 동양 학자. 지볼트(Philipp Franz von Siebold)와의 만남을 계기로 동양철학에 관심을 가지게 되었다. 지볼트로부터 일본어와 중국어를 배우기 시작하여 몇년 뒤에 중국어와 일본어를 읽고 번역할 수 있게 되었다. 1839년 일본어 사전을 편찬하기 시작했으나 다 마치지 못했다.

142) 구스타브 슈레겔(Gustave Schlegel, 1840-1903): 네덜란드의 중국학자이자 야생동식물 연구자이다. 새의 표본을 수집하기 위하여 1857년 중국으로 처음 여행을 떠났다. *T'oung Pao*를 창간하는데 기여했고 《양서(梁書)》와 같은 중국 사료에서 찾아낸 자료를 바탕으로 지리학과 관련한 광범위한 저술을 남겼다.

143) 얀 야코프 데 흐로트(Jan Jakob de Groot, 1854-1921): 네덜란드의 중국학자이자 종교역사학자이다. 처음에는 레이던대학에서 강의를 시작했고 후에 베를린에서 강의하였다. 그의 대표적인 저서 《중국의 종교적인 체계와 그것의 고대 형태, 진화, 역사와 현재의 양상, 태도, 앞에 언급된 그것에 연관된 풍습과 사회제도》(*The Religious System of China, Its Ancient Forms, Evolution, History and Present Aspect, Manners, Customs and Social Institutions Connected Therewith*)는 동양학 연구에 있어 중요한 저술로 평가받는다.

144) 얀 율리우스 로데바이크 뒤벤닥(Jan Julius Lodewijk Duyvendak, 1889-1954): 네덜란드의 중국학자로 《상군서(商君書)》의 번역 및 노자 《도덕경(道德經)》의 연구로 잘 알려져 있다. 1928년 〈상군서: 중국 법가의 고전〉("The Book of Load Shang. A classic of the Chinese school of law")을 통해 박사학위를 취득하였다. 폴 펠리오와 함께 수십 년 동안 *T'oung Pao*를 편찬하였다.

운영하고 있다. 중국학과 관련된 논저는 많이 보이지 않는다.

독일 중국학의 창시자는 응당 키르허(A. Kircher)[145]라고 할 수 있는데, 저서로 강희 6년(1667)에 나온 《중국예속기(中國禮俗記)》(*China monumentis qua sacris qua profanis illustrata*)가 있다. 옹정 2년(1724)에 이르러 대철학가 볼프(Wolff)[146]의 제자 부엘핑거(Buelffinger)가 《중국철학》을 저술하였다. 제2기의 거두는 클라프로트를 들지 않을 수 없는데, 저작이 풍부하여 프랑스의 레뮈자를 능가한다. 클라프로트 이후로는 아우구스투스 구츠라프(K. F. Augustus Gutzlaff) · 몰(Mohl)[147] · 노이만(K. F. Neumann)[148] · 스코트(W. Schott) · 플라트(Plath) · 가벨렌츠

....

145) 아타나시우스 키르허(Athanasius Kircher, 1601-1680): 독일의 예수회 수도사로 과학자이기도 하다. 환등(幻燈)을 발명하고 지도와 해도를 제작하였으며 현미경을 이용하여 페스트가 병균에 의하여 전염된다는 사실을 확증하였다.

146) 크리스티안 볼프(Christian Wolff, 1679-1754): 독일의 계몽 철학자. 라이프니츠의 뒤를 이어 계몽주의 철학을 체계화하였으며 일체의 교권(敎權)을 배격하고 객관적으로 타당한 것만을 진실이라 인정하는 합리주의를 내세웠다. 라이프니츠와 마찬가지로 중국 사상에 관심이 많았는데, 유교철학을 자연신학으로 본 라이프니츠와 달리 실용철학으로 보았고 이상적인 정부와 이성을 통한 도덕 실천을 주장했다.

147) 율리우스 폰 몰(Julius von Mohl, 1800-1876): 독일의 동양학자. 1823년 파리로 가 저명한 아랍 지역학자인 실베스트르 드 사시(Silvestre de Sacy) 밑에서 배웠고 1826년부터 1833년까지 튀빙겐(Tübingen)에서 명목상의 교수로 있었다. 1847년 콜레주 드 프랑스의 페르시아학 교수가 되었다. 대표적인 저서로 《코르사바드에서의 발견에 관한 보타씨(氏)의 서신》(*Lettres de M. Botta sur les découvertes à Khorsabad*)이 있다.

148) 칼 프리드리히 노이만(Karl Friedrich Neumann, 1793-1870): 독일의 중국학자 겸 역사가. 1830-31년 중국에 부임, 그 문물을 연구하고 다수의 중국서적을 구득하여 바이에른으로 귀환하였다. 1835-52년 뮌헨대학의 중국어 · 아르메니아어 교수가 되었다. 저서로 *Geschichte des englisch-chinesischen*

(Gabelentz)[149]·그루베(W. Grube)[150] 등이 있다. 1887년(광서 13년) 베를린에도 동방언어학교가 성립되었는데, 중국어와 일본어 두 분과가 있었다. 당시 독일의 21개 대학에 인도학·바빌론학·이집트학 강좌는 있었지만 순수한 중국학 강좌는 없었다. 베를린대학도 1892년(광서 19년) 가벨렌츠 사후에 중국학과가 없어졌고 그로부터 15년 후 그루베가 죽은 다음에는 한문(漢文)교육과정도 없어지고 말았다. 이에 석학 프리드리히 히르트(Friedrich Hirth)[151]는 매우 실망하여 미국으로 건너가 버렸다. 그 전에 클라프로트는 러시아, 몰은 프랑스, 노이만은 영국으로 이주하였으니, 독일에서 중국학이 초기에 중시되지 못하였음을 충분히 알 수 있다.

1912년(민국 원년) 베를린대학은 중국학 강좌를 개설하여 네덜란드

....

Krieges, 1855 등이 있다.

149) 게오르그 폰 가벨렌츠(Georg von der Gabelentz, 1840-1893): 독일의 언어학자이자 중국학자. 1876년 드레스덴대학에서 주돈이(周敦頤)의 《태극도설(太極圖說)》을 번역하여 박사학위를 취득했다. 1878년 라이프치히대학에 극동지역 언어학과가 개설되자 교수로 초빙되었다. 1891년 《언어학》(Die Sprachwissenschaft)을 출판하였고 그 다음해에는 《외국어 입문 개론서》(Handbuch zur Aufnahme fremder Sprachen)를 저술하였다.

150) 빌헬름 그루베(Wilhelm Grube, 1855-1908): 독일의 중국학자이자 민족학자로 러시아 상트페테르부르크에서 태어났다. 1874년부터 1878년까지 상트페테르부르크대학에서 중국어·만주어·몽골어·티베트어를 공부했다. 퉁구스어와 Jurchen(퉁구스족의 하나)에 대한 언어학적 업적으로 잘 알려져 있다.

151) 프리드리히 히르트(Friedrich Hirth, 1845-1927): 독일계 미국인 중국학자. 1870년부터 1897년까지 하문(廈門) 해관(海關)에서 근무하였다. 중국에 있는 동안 중외교통사, 중국고대의 역사 및 문자, 예술 등을 연구하였다. 1902년 뉴욕에 있는 컬럼비아대학의 중국학 교수가 되었다. 송대의 저작인 《제번지(諸蕃志)》를 영어로 번역했으며 다수의 중국 관련 저술을 남겼다.

학자 흐로트를 초빙하여 가르치도록 하였고, 11년 후에 오토 프랑크(Otto Franke)[152]가 그 뒤를 이었다.

라이프치히(Leipzig)대학의 중국학 교육과정은 자못 역사가 긴데, 가벨렌츠가 죽은 뒤에는 아우구스트 콘라디(August Conrady)[153]가 이어나갔다. 1924년(민국 13년)에는 프랑크푸르트(Frankfurt)대학이 중국학원을 설립하였는데, 리하르트 빌헬름(Richard Wilhelm)[154]이 주관하였고 1930년(민국 19년) 빌헬름 사후에는 에르빈 루셀(Erwin Rouselle)[155]이 학장직을 맡았다.

그 외 중국을 연구한 사람으로는 알프레드 포르케(Alfred Forke)[156]

....

152) 오토 프랑크(Otto Franke, 1863 - 1946): 독일의 중국학자. 1888년 중국에 와서 1890년 주 중국 독일영사관 통역원 및 영사로 근무했으며, 1901-1907년에는 중국의 주 베를린 대사관 참사로도 근무했다. 1907년 이후 함부르크대학과 베를린대학의 중국어 교수를 역임하였다. 저서로 《중화제국의 역사》(*Geschichte des chinesischen Reiches*), 《유교 교리와 중국 국교(國敎)의 역사 연구》(*Studien zur Geschichte des konfuzianischen Dogmas und der chinesischen Staatsreligion*) 등이 있다.

153) 아우구스트 콘라디(August Conrady, 1864~1925): 독일의 중국학자이자 언어학자로 티베트어족 언어에서의 접두사와 어조와의 관계를 연구했다. 1896년 라이프치히대학의 중국학 객원 교수가 되었고, 1916년 오스트로(Austro)어와 티베트어족 간의 관계에 대한 이론을 발표했다.

154) 리하르트 빌헬름(Richard Wilhelm, 1873~1930): 독일의 중국학자이자 신학자이며 선교사이다. 중국어로 된 철학적 성과를 영어와 독일어 등 여러 언어로 번역하였다. 그가 번역한 《역경(易經)》과 《황금 꽃의 비밀(黃金之花的秘密)》은 여전히 훌륭한 작품으로 평가받고 있다. 두 작품 모두 저명한 심리학자인 칼 융(Carl Jung)에 의해 소개되었다.

155) 에르빈 루셀(Erwin Rouselle, 1890~1949): 독일의 중국학자. 특히 불교와 도교 분야에서 중요한 업적을 남겼다. 1924-29년 북경대학에서 독일철학 교수로 재직했고 1931년 프랑크푸르트대학에서 중국학과 불교학을 강의하였다. 1938-40년 다시 중국에 머물렀지만 나치 정부의 소환으로 귀국하였다.

·베르너 아이히호른(Werner Eichhorn)·에버하르트(W. Eberhard: 터키 앙골라대학교 교수)[157]·뮌스터베르크(O. Muensterberg)·아우나 베른하르디(Auna Bernhardi)·알베르트 그륀베델(Albert Grunwedel)·폰 르 코크(A. Von Le Coq)[158] 등이 있다.

독일의 중국학 논문 발표 간행물은 1898년(광서 24년) 간행된《동방언어학교 연보(年報)》, 1912년(민국 원년) 창간된 《동아시아 연보》(*Ostasiatische Zeitschrift*), 그 8년 후에 출판된《동아시아 여론(輿論)》(*Ostasiatische Rundschau*)과 1923년(민국 12년)부터 간행되기 시작한《대아시아》(*Asia Major*)가 있다.

영국의 중국학 연구는 1823년(도광 3년) 왕립아시아학회(Royal Asia Society - 역자)가 성립되면서 시작되었다고 할 수 있는데, 19세기 초 중국에 온 선교사 로버트 모리슨(Robert Morrison)[159]과 윌리엄 밀른(William

....

156) 알프레드 포르케(Alfred Forke, 1867-1944): 독일의 중국학자. 1890년부터 1903년까지 영사관에서 중국어 통역사로 일했다. 1903년 베를린대학 동양어학부의 교수가 되었고, 1923년 함부르크대학으로 이직하였다. 중국철학을 주로 연구하였다.
157) 볼프람 에버하르트(Wolfram Eberhard, 1909-1989): 독일 출신의 사회학자로 버클리대학의 사회학 명예교수를 역임했다. 아시아 사회와 문화에 대해 연구했으며 특히 중국의 전통문화와 대중문학, 터키의 역사, 중국의 소수민족과 지역문화, 중앙아시아인과 중국민족과의 관계에 대해 관심을 가졌다.
158) 알베르트 폰 르 코크(Albert von Le Coq, 1860-1930): 독일의 고고학자. 실크로드와 고창(高昌) 근처를 조사하는 탐험대를 조직하였고 중국 신강에서 불교와 마니교 석굴사원의 광범위한 망을 발견했다. 1928년《중국 투르케스탄의 묻힌 보물들》(*Buried Treasures of Chinese Turkestan*)을 출판하였다.
159) 로버트 모리슨(Robert Morrison, 1782-1834): 런던선교회에서 중국에 파견한 최초의 개신교 선교사. 1807년 마카오로 들어와 영국동인도회사 통역으로 근무하면서 1818년 말라카에 영화서원(英華書院, The Anglo-Chinese College)을 세우고 인쇄소를 설립하여 정기간행물을 발행하였다. 한역 신

Milne)[160] 등의 영향이 컸다. 1876년(광서 2년) 옥스퍼드대학에 〈중국어〉 강좌가 처음 개설되어 제임스 레기(James Legge)[161]가 맨 먼저 가르쳤고 그 후임으로 수트힐(Soothill)[162]이 임명되었다. 후에 휴즈(E. R. Hughes)가 옥스퍼드대학에서 중국 철학과 종교를 강의하였다. 옥스퍼드 대학보다 12년 늦게 캠브리지대학에도 중국학 강좌가 개설되어 토마스 F. 웨이드(Thomas F. Wade)[163]가 초대 교수가 되었고, 앨런 허버트 자일

....

구약성서인 《신천성서(神天聖書)》(밀른과 공역, 1813)와 《중국어사전》(3 권 1815-1823) 등을 남겼다.

160) 윌리엄 밀른(William Milne, 1785-1822): 스코틀랜드 출신으로 런던선교회에서 모리슨에 이어 두 번째로 중국에 파견한 선교사. 1815년 훗날 중국인 최초로 개신교 목회자가 된 양아발(梁阿發)에게 세례를 주었다. 양아발이 모리슨과 밀른에게 배운 지식을 바탕으로 《권세양언(勸世良言)》이라는 선교용 책자를 제작하였고 홍수전(洪秀全)이 이것을 보고 배상제회를 만든 일은 유명하다.

161) 제임스 레기(James Legge, 理雅格, 1815-1897): 스코틀랜드 출신의 선교사이자 중국학자. 1839년 목사 안수를 받았고 1840년 말라카에 도착하여 영화서원 원장이 되었다. 1843년 홍콩에 도착하여 런던선교회 신학교(L.M.S. Theological Seminary) 교장을 맡았다. 1873년 영국으로 돌아간 후 1876-97년 옥스퍼드대학의 중국학 교수를 맡았다. 저서로 《중국고전》(The Chinese Classics), 《중국 서안부(西安府)의 네스토리우스교 비(碑)》(The Nestorian monument of Hsî-an Fû in Shen-hsî, China) 등이 있다.

162) 윌리엄 에드워즈 수트힐(William Edward Soothill, 蘇熙洵, 1861-1935): 중국으로 파견된 감리교 선교사이자 영국의 중국학 연구를 이끈 인물. 중국의 연합감리회에 들어가 온주(溫州)에서 선교사로 활동하면서 병원과 직업전문대학, 학교 그리고 200여 개의 설교장을 설립하였다. 1920년 영국에 돌아와 옥스퍼드대학의 중국학 교수로 임명되었다. 《논어》를 영어로 번역하고 중국어 불교어휘사전을 산크리트어와 영어로 번역하였다.

163) 토마스 웨이드(Thomas Francis Wade, 威妥瑪, 1818-1895): 영국의 외교관이자 중국학자로 케임브리지대학 졸업 후 육군에 입대, 아편전쟁에 참전했고 종전과 더불어 퇴역해 홍콩 대심원(大審院) 통역관으로 일하였다. 그

스(Allen Herbert Giles)[164]와 모울(A. C. Moule)[165]이 그의 뒤를 이었다. 리버풀대학·맨체스터대학·런던대학 등에도 각각 중국학과가 설치되었다.

그 외 거론할만한 사람으로는 사무엘 빌(Samuel Beal)[166]·파커(E. H. Parker)·알렉산더 와일리(Alexander Wylie)[167]·필립스(Philips)·호어

....

후 상해 주재 부영사가 되어 상해 해관(海關)의 기구개편에 참가하고 미국 및 프랑스 대표와 함께 1854년 상해의 초대 세무관에 취임하였다. 1856년 애로호사건으로 전쟁이 일어나자 1858년 강화교섭 때 영국의 전권대사 엘 긴을 수행하여 천진에서 실제교섭을 담당하였다. 1861-71년 북경 주재 영 국공사관에 근무하고 1871-83년 공사를 역임하였다. 중국어를 로마자로 표 기하는 웨이드식 표기법을 창안한 것으로 유명하다.

164) 앨런 허버트 자일스(Allen Herbert Giles, 1845-1935): 영국의 외교관이자 중국학자. 웨이드의 중국어 병음체계를 Wade-Giles 병음체계로 수정했다. 공자·노자·장자를 번역했으며 널리 출판된 첫 번째 영중사전을 저술했다.

165) 아서 크리스토퍼 모울(Arthur Christopher Moule, 1873-1957): 영국 성공회 선교사이자 중국학자. 성공회 선교사로 중국으로 파송되었던 부친 아서 에 반스 모울(Arthur Evans Moule)를 잇고자 중국 선교사가 되었다. 중국의 기독교사에 관심이 많았으며 저서로 《1550년 이전의 중국 기독교》 (*Christians in China before the Year 1550*)를 남겼다.

166) 사무엘 빌(Samuel Beal, 1825-1889): 영국의 동양학자. 케임브리지대학에 서 수학했고, 1852년 중국을 다녀간 후 런던 유니버시티 칼리지에서 중국학 교수를 역임했다. 초기 불교사에 공헌한 저술이 많으며 전모가 밝혀진 인 도의 역사를 직접적으로 해석한 첫 번째 영국 학자로 알려져 있다. 대표적 인 저서로 《붓다의 낭만적 전설》(*The Romantic Legend of Buddha*)이 있다.

167) 알렉산더 와일리(Alexander Wylie, 1815-1887): 대영성서공회의 대표이자 자 중국문학 연구자. 1850년대에 중국인 수학자 이선란(李善蘭)과 함께 번 역사업에 종사하여, 유클리드의 *Elements*의 7-15권을 번역한 《속(續)기하 원본》, 존 허셜(John F. Herschel)의 *Outline of Astronomy*를 번역한 《담천 (談天)》, 엘리아스 루미스(Elias Loomis)의 *Elements of Analytical Geometry and of Differential and Integral Calculus*를 번역한 《대미적습급(代微積拾 級)》 등을 출간하였다.

스(H. H. Howorth)[168] · 토마스 와터스(Thomas Watters)[169] · 윌리엄 캠
벨(William Campbell)[170] · 헨리 율(Henry Yule)[171] · 알베르 테리앙 드
라쿠프리(Albert Terrien de Lacouperie)[172] · 아우렐 스타인(M. Aurel

168) 헨리 호일 호어스(Henry Hoyle Howorth, 1842-1923): 영국의 정치가이자
변호사이고 아마추어 역사학자이면서 지질학자였다. 몽고사에 관심이 많
았으며 1892년 아시아의 역사와 민족지학(誌學)에 대한 연구 성과를 인정
받아 인도제국 나이트 커맨더(Knight Commander of the Indian Empire)가
되었다. 저서로《칭기스칸과 그 선조들의 역사》(*History of Chinghis Khan
and his Ancestors*) 등이 있다.

169) 토마스 와터스(Thomas Watters, 1840-1901): 청말 중국에서 근무했던 영국
외교관. 1863년 대만에서 영사 로버트 스윈호(Robert Swinhoe) 밑에서 영
사보(補)를 맡았으며 1866년 대리영사가 되었다. 이후 1876-77년 다시 대
만에서 대리영사로 재직했으며, 1880-83년 대만 담수(淡水)의 부영사로 근
무했다. 1891-93년에는 광동에서 영사로 재직했다. 서양과 중국의 비둘기
종류를 비교한《비둘기와 산비둘기에 관한 중국의 개념》(*Chinese Notions
about Pigeons and Dove*)이라는 저술을 남겼고, 그 외에도 중국과 관련한
다양한 저술활동을 펼쳤다.

170) 윌리엄 캠벨(William Campbell, 1841-1921): 대만에서 활동한 스코틀랜드
선교사이다. 1871년 대만에 도착하여 남쪽 지역에서부터 선교를 시작하였
으며 대만 최초의 맹인학교를 설립하였다. 대만과 관계된 광범위한 글을
남겼다. 캠벨의 선교는 46년 동안 지속되었다.

171) 헨리 율(Henry Yule, 1820-1889): 스코틀랜드의 동양학자. 중앙아시아 역사
외 지리학에 관심이 많았으며 이더 버넬(Arthur C. Burnell) 등과 함께 인도
영어 구어체 문법 사전을 출판하기도 하였다. 1866년《중국으로 가는 길》
(*Cathay and the Way Thither*)을 출간하였고, 1871년 왕립지리학회로부터
금메달을 받을 수 있게 해 준《마르코 폴로의 책》(*Book of Marco Polo*)을
출판하였다.

172) 알베르 테리앙 드 라쿠프리(Albert Terrien de Lacouperie, 1845-1894): 프랑
스의 중국학자. 런던대학 중국어 교수를 역임했다. 저서《초기 중국문명의
서방기원》에서 중국 고대문명이 고대 바빌론에서 기원했다고 주장했으며,
《역경(易經)》을 영어로 번역하여 출판하였다. 그는《역경》의 팔괘 중에서

Stein)[173] 등이 있다.

　미국인으로 중국 연구의 풍조를 연 선구자는 사무엘 웰스 윌리엄스(Samuel Wells Williams)[174]로 일찍이 중국에서 선교활동을 하였고 외교관을 지냈는데, 귀국 후 예일대학에서 중국 어문을 가르쳤고 《중국(中國)》(The Middle Kingdom)이라는 책을 저술하였다. 그 후로는 우드빌 록힐(W. Woodvil Rockhill)[175]·프레더릭 웰스 윌리엄스(Frederick Wells Williams)·케넷 스코트 라토렛(Kenneth Scott Latourette)[176] 등이

....

도 바빌론의 고대 설형문자를 찾을 수 있다고 주장하였다.

173) 마크 아우렐 스타인(Marc Aurel Stein, 1862~1943): 헝가리 출신 영국인으로 1905~1916년 3차례 중앙아시아를 탐험했으며, 돈황 막고굴(莫高窟) 제17굴의 유물을 유럽에 소개함으로써 '돈황학' 정립에 지대한 영향을 미쳤다.

174) 사무엘 웰스 윌리엄스(Samuel Wells Williams, 衛三畏, 1812~1884): 뉴욕 태생으로 미국공리회의 중국선교사로 파송되어 1833년 광주에 도착했다. 얼마 후 마카오에서 《광주기간(廣州期刊)》(Canton Press)을 편집했으며 1842년 홍콩에서 모리슨교육협회(Morrison Education Society) 총무로 피선되었다. 1844년 귀국하여 법학박사학위를 취득한 후 1848년 광주로 돌아와 출판 업무를 계속했고 1853년에는 통역원으로 페리 제독을 동행하기도 했다. 일본어에 정통하고 일본과 중국의 민정에 밝은 이유로 1856년 미국의 주북경외교관서(駐北京外交官署) 비서직에 위촉되었고 1858년 미국을 대표하여 천진조약을 체결하였으며 1863년 대리공사가 되었다.

175) 윌리엄 우드빌 록힐(William Woodville Rockhill, 1854~1914): 미국 외교관. 중국에 대한 미국의 문호개방정책의 저자로 잘 알려져 있다. 티베트어 회화를 공부한 첫 번째 미국인으로 미국에서 티베트어 연구를 선도하기도 했다.

176) 케네스 스코트 라토렛(Kenneth Scott Latourette, 1884~1970): 미국의 선교사이자 선교사가이다. 1921년부터 수년간 중국 선교사로 파송되어 활동하였고, 선교사 사역을 성공적으로 수행한 후 예일대학 교수로 초빙되어 1953년 은퇴할 때가지 선교의 역사를 가르쳤다. 대표적인 저서로 《기독교사》(History of Christianity)가 있다.

있다. 콜롬비아대학의 중국학 강좌는 1902년(광서 28년)에 처음 개설되어 초대 교수로 독일인 히르트가 임명되었다. 히르트보다 대략 2년 뒤 콜롬비아대학에서 동방학 강의를 맡은 사람은 역시 독일인인 베르톨드 라우퍼(Berthold Laufer)[177]와 토마스 카터(Thomas F. Carter)[178] 등이 있다.

그밖에 미국 대학 중 중국학 연구를 중시한 곳으로 캘리포니아대학과 시카고대학이 있으며, 특히 하버드대학이 가장 노력하여 극동어문학과를 개설하였을 뿐 아니라 하버드-엔칭연구소(Harvard-Yenching Institute)를 설립하여 세르게이 엘리세프(Serge Elisseeff)가 소장을 맡았다. 《하버드 아시아학보》(*Harvard Journal of Asiatic Studies*)를 간행하였는데, 1936년(민국 25년) 창간되었다. 그 외 유명한 학자로 알프레드 포르케·할리 맥네어(Harly F. MacNair)[179]·호세아 모스(Hosea B. Mors

....

177) 베르톨드 라우퍼(Berthold Laufer, 1874-1934): 독일계 미국인으로 인류학자이자 동양학자이다. 1893-95년 베를린에서 공부하고 1897년 라이프치이대학에서 박사학위를 수여받았다. 1898-99년 아무르강과 사할린섬에서 민족지적인 현장연구를 수행하였고 1904-06년 아메리카 자연사박물관에서 민족학 조수로 일했다.

178) 토마스 프랭클린 카터(Thomas Franklin Carter, 1882-1925): 미국의 철학자. 서양인 최초로 중국 활자의 기원에 대한 논문을 쓴 인물이다. 1904년 처음 중국을 방문한 이후 중국어를 배웠고 1910년 재차 중국을 방문하여 중국 역사를 공부하였다. 대표적인 저서로 《중국의 인쇄술 발명과 서양으로의 전파》(*The Invention of Printing in China and its Spread Westwards*)가 있다.

179) 할리 판스워스 맥네어(Harley Farnsworth MacNair, 1891-1947): 미국의 동양학자. 동아시아학을 전공하였으며 오랜 기간 중국에 머무르며 중국을 연구하였다. 1912년부터 상해의 세인트존대학(St. John's University)에서 근무하였으며 1916년부터는 교수로 재직하였다. 1927년 미국으로 돌아가 시카고대학에서 동양학을 강의하였다. 저서로 《화교》(*The Chinese Abroad: Their Position and Protection*)·《혁명 중의 중국》(*China in revolution*) 등이

e)[180] 등이 있고, 출판물로는 1843년(도광 23년)에 창간된 《미국 동방학회 회보》(*Journal of American Oriental Society*)와 1936년 창간된 《중국연구소 회보》(*China Institute Bulletin*) 등이 있다.

구미의 기타 여러 나라에서 중국학을 연구한 사람은 더 많이 있지만 일단 생략한다.

구미에서의 동방학과 중국학 연구는 동서(중서)교통사 연구의 발흥과 직간접적인 관련이 있다. 연구 방향이 대부분 동서(중서)교통사와 직접 관련 있는 몇 사람을 특별히 예로 들면 다음과 같다.

프랑스의 중국학자 중 레뮈자는 《법현전(法顯傳)》 즉 《불국기》를 역주(譯註)하였고, 줄리앙은 《대자은사삼장법사전(大慈恩寺三藏法師傳)》과 《대당서역기》를 번역하였다.[181] 샤반느는 《서돌궐사료(西突厥史料)》(*Documents sur les Tou Kiue Occidentaux*)(馮承鈞[182] 譯, 민국 40년, 商務印書館)를 편찬하였고, 또 펠리오와 공동으로 〈중국마니교고(中國摩尼教考)〉(풍승균 역, 민국 23년, 商務印書館)[183]를 저술하였다. 그 외

....

있다.

180) 호세아 B, 모스(Hosea B. Morse, 1855-1934): 미국인으로 중국 해관 총세무사(總稅務司)이자 중국학자이다. 1874-1908년 중국 해관에서 근무하였는데, 은퇴 후 발표한 학술 저술들로 더 잘 알려져 있다. 저서로 《중화제국의 국제관계》 등이 있다.

181) 원서명은 본서 제2편 11장 3절을 참고.

182) 풍승균(馮承鈞, 1887-1946): 호북성 한구(漢口) 사람으로 일찍이 벨기에와 프랑스에 유학하면서 한학자 펠리오 밑에서 공부하였다. 귀국 후 북경대학과 북경사범대학 역사학과 교수를 역임하였다. 프랑스어·영어·벨기에어·산스크리트어·몽골어·아랍어·페르시아어 등에 통달하였을 뿐 아니라 중국 사적에도 정통하여 역사지리 고증과 연구, 특히 중외교통사와 변강사 방면에 탁월한 수많은 저서와 역서를 남겼다.

183) 원제와 수록사항은 "Un traité manichéen retrouvé en Chine", *Journal*

레비는 〈왕현책사인도기(王玄策使印度記)〉("Les Missions de Wang, Hiuents dans l' Inde")(풍승균 역, 민국 23년, 《史地叢考》에 수록)를 썼고, 코르디에는 《중국학서목(漢學書目)》(Bibliotheca Sinica)과 《중국과 서양열강 외교사》(Histoire des Relations de la Chine avec les puissances occidentales)를 저술하고 헨리 율의 《마르코 폴로 여행기(馬可波羅遊紀)》(The travels of Marco Polo)와 《중국으로 가는 길》(Cathay and the Way Thither)[184]을 증보하였을 뿐 아니라 《오도릭의 동유기(東遊記)》(Les Voyages en Asie au XIVsiec1e de Odoric de Pordenone)를 역주하였으니, 모두 중서교통사의 걸작들이다.

마스페로와 펠리오 두 사람의 저술은 매우 많아서 모두 다 열거할 수 없다. 펠리오의 저술 중에서 중요한 것으로는 《교광인도양도고(交廣印度兩道考)》(풍승균 역, 민국 22년, 商務印書館)[185] · 〈정화하서양고(鄭和下西洋考)〉(풍승균 역, 민국 24년, 상무인서관)[186] · 〈16, 7세기 중국의 프란시스코회 수도사(十六七世紀中國之方濟各會修士)〉 · 〈중앙아시아의 프란시스코회 수도사(中亞之方濟各會修士)〉 · 〈중세 중앙아시아의 기독교(中古中亞之基督教)〉[187] · 〈돈황 고대 미술이 인도로부터 받은 영향(敦

....

asiatique 1911, pp.499~617; 1913, pp.99~199, 261-392이다.
184) 저자는 이 책을 중국어로 《거란기정록총(契丹紀程錄叢)》또는 《거란 및 거란으로 가는 길(契丹及到契丹之路)》이라 번역하고 있는데, 독자의 이해를 돕기 위해 한국어 번역명인 《중국으로 가는 길》(정수일 역주, 사계절, 2008)로 통일하였다.
185) 원서명은 본서 제2편 2장 3절을 참고.
186) 원래 T'oung Pao 30기(1933)에 발표된 〈15세기 초 중국인의 위대한 해상여행〉("Les grands voyages maritimes chinois au début du 15ème siècle")을 풍승균이 번역하면서 제목을 바꾼 것이다.
187) 〈중앙아시아와 극동의 기독교〉("Chrétiens d'Asie centrale et d'Extrême-

煌古代美術所受印度之影響)〉·〈고대 이란이 중앙아시아 및 극동에 미친 영향(古伊蘭在中亞及遠東之影響)〉[188]·〈고대 서역의 인도 및 중국문화 (西域古代之印度及中國文化)〉 등이 있다. 그 외《몽고와 로마 교황청(蒙 古與教廷)》이 있는데, 풍승균이 번역을 마쳤지만 발간되지 못했다.[189] 마스페로의 주요 저술로는 〈당대안남도호부고(唐代安南都護府考)〉[190]· 《중국과 중앙아시아(中國與中亞)》·《한 이전 중국이 받은 서방문화의 영향(漢以前中國所受西方文化之影響)》 등이 있다. 앙투안 샤리농(An- toine Charignon)[191]의 저서에는《마르코 폴로 여행기(馬可波羅行紀)》 (풍승균 역, 민국 25년, 상무인서관)가 있다.

영국의 중국학자 중에 레기는 〈경교비〉를 연구하였고 법현(法顯)[192]

....

Orient"), *T'oung Pao*, vol.XV, 1914를 오기한 것 같다.

188) 원제와 수록사항은 "Les influences iraniennes en Asie Centrale et en Extrême-Orient," *Revue d'histoire et de littérature religieuses*, N.S. 3, 1912, pp.97-119이다.

189) 검색결과 1994년 북경 중화서국에서 간행된 것으로 나온다.

190) 원제와 수록사항은 "Le protectorat général d'Annam sous les Tang", in *BEFEO* 10, 1910, pp.539-551이다.

191) 앙투안 조제프 앙리 샤리농(Antoine Joseph Henri Charignon, 1872-1930): 프랑스 출신의 엔지니어이자 중국학자로 1898년 중국 운남에서 철도를 부 설하던 중 중국 소수민족에 흥미를 느끼고 사진을 찍어《라오카이에서 운 남부에 이르는 철도선(老街到雲南府的鐵路線)》(*Ligne de Laokay a Yun- nansen*)을 출간하였다. 1908년 청조의 우전부(郵傳部) 고문으로 초빙되었 고 민국 성립 이후에는 교통부 고문이 되었다. 그 후로도 중국에 대한 여러 서적을 발간하였다.

192) 법현(法顯, 340?-423?): 동진시대 승려로 산서성 평양(平陽) 출신이다. 중국 에 계율경전(戒律經典)이 완비되어 있지 않음을 한탄하고 399년 육십이 다 된 나이로 혜경(慧景)·도정(道整)·혜달(慧達)·혜의(慧意)와 함께 장안을 출발하여 히말라야를 넘어 인도를 순례하고 413년 해로로 귀국하였다. 그 의 일행 중 법현만이 순례를 달성하여 최초의 인도 순례승이 되었다.《불국

의 《불국기》를 번역하여 간행하였다. 모울은 《1550년 이전의 중국 기독교》[193]를 저술했는데, 실로 원대 중서교통사의 대표적 저작이다. 그는 또 펠리오와 함께 마르코 폴로의 여행기를 역주하였는데[194], 마르코 폴로의 여행기 중 가장 정확한 판본이다. 사무엘 빌은 《법현·송운합전(法顯宋雲合傳)》[195]과 《현장전(玄奘傳)》을 썼고 《대당서역기》를 번역하였다.[196] 와일리는 《한서(前漢書)》〈서역전(西域傳)〉에 주석을 달았다. 필립스는 마환(馬歡)[197]의 《영애승람(瀛涯勝覽)》[198]을 중심으로 복건 무역항의 연혁을 연구하였다. 호어스는 《9세기에서 19세기까지의 몽고사》[199]를 저술하였고, 와터스는 《대당서역기》를 고석(考釋)하였다.[200] 캠벨은 대만사를 집중 연구하여 《네덜란드 통치하의 대만》(*Formosa under the Dutch*)을 저술하였다. 헨리 율의 저서는 앞에서 소개했다. 라쿠프리는

기》를 저술하였고 《대반니원경(大般泥洹經)》·《마하승기율(摩訶僧祇律)》 등을 번역하였다.

193) 원제는 *Christians in China before the year 1550*이다.
194) 원제는 *The Description of the World*이다.
195) 본서 제1편 16장 1절에서는 원서명과 함께 《법현과 송운: 인도로 떠난 중국의 구법승(求法僧)》으로 번역하고 있음.
196) 두 책의 원서명은 본서 제2편 11장 3절을 참고.
197) 마환(馬歡, 생몰연도 미상): 명대 초기 절강성 소흥(紹興) 출신으로 무슬림이다. 아라비아어와 페르시아어에 능통하였으며 여러 차례 서양을 여행하였고 정화(鄭和)의 원정에 참가하기도 하였다. 마환은 여행을 다니는 동안 자신이 경험한 것을 정리하여 《영애승람》이란 책으로 펴냈다.
198) 《영애승람(瀛涯勝覽)》: 전 1권. 15세기 초 정화의 7차례 원정 중 제4차 (1413-1415)와 제7차(1431-1433) 항해에 참여한 마환이 쓴 책으로 그가 직접 방문해 보고 들은 동남아시아와 서남아시아 22개국의 지리·풍속·물산·역사 등을 생생하고 정확하게 기술하고 있다.
199) 원제는 *History of the Mongols from the 9th to the 19th* Century이다.
200) 원서명은 본서 제2편 11장 3절을 참고.

1894년 중국문화의 바빌론 기원설을 발표하고 《초기 중국문명의 서방 기원: B.C.2300-A.D.200》(*Western Origin of the Early Chinese Civilization from 2300 B.C. to 200 A.D.*)을 저술하였는데, 이 설은 오늘날 더 이상 받아들여지지 않지만 당시에는 중서문화 교류 연구에 상당한 흥미를 불러일으켰다. 이상 열거한 일부 도서의 원명은 본서의 제2, 3편에 나온다.

미국의 중국학자가 지은 중서교통사와 관련 있는 저서로는 록힐의 《루브룩 여행기 역주》(*The Journey of William of Rubruck to the Eastern Parts of the World*)가 있으며, 록힐이 히르트와 함께 번역한 《조여괄(趙汝适)의 제번지(諸番志)》(*Chautu-Kua, his Work on Chinese and Arab Trade in the twelfth and thirteenth Centuries, entitled Chu-fan-chi*)가 있다. 독일인 히르트는 일찍이 《사기(史記)》 〈대원열전(大宛列傳)〉을 영문으로 번역했고 《중국과 동로마》(*China and The Roman Orient*)를 저술하였다. 라토렛은 《중국기독교사》(*A History of Christian Missions in China*)와 《미국과 중국의 초기 교섭》(*The History of Early Relations between the United States and China*)을 썼다. 라우퍼의 명저 《중국과 이란》(*Sino-Iranica*)은 오로지 식물과 금석(金石)만으로 중서 간의 교류를 고찰한 것이다. 그는 또 〈중국 기독교 예술〉("Christian Art in China")[201]과 《한대(漢代)의 도기(陶器)》(*Chinese Pottery of Han Dynasty*)를 저술했으니, 후자는 진·한시기 중국 예술이 시베리아로부터 받은 영향을 서술하고 있다. 맥네어는 《중국의 국제관계》(*China's*

....

201) 저자는 여기서 이 글을 〈중국 천주교 예술사〉로 번역하였으나 본서 제4편 11장 1절에서는 〈중국 기독교 예술〉로 번역하고 있다. 원제를 감안하여 후자로 통일하였다.

International Relations and other Essays)를 썼다. 모스는 《1635년부터 1834년까지 동인도회사의 대중국 무역기록》(*The Chronicle of the East India Company Trading to China, 1635-1834*)과 《중화제국의 국제관계》(*The International Relations of the Chinese Empire*)를 저술했는데, 후자는 근백년 이래의 중국 외교사를 전문적으로 서술하고 있다.

(4) 일본학자의 중국 연구

일본의 중국 고적(古籍) 연구는 1700여 년 전 오진(應神)천황 시대에 황자(皇子) 우지노와키이라츠코(菟道稚郞子)가 《논어》를 읽은 것으로 거슬러 올라간다. 그 후 수·당·송·원·명·청을 거치면서 불학·이학(理學)·시문(詩文)·역사학 등 모든 방면에서 중국의 영향을 받았지만, 메이지유신 이후 일본이 세계의 새로운 문화를 받아들이면서 일본의 신사학(新史學)도 함께 출현하였다. 일본의 신사학은 1886년(광서 12년, 메이지 19년) 도쿄제국대학이 독일 사학자 루드비히 리스(Ludwig Riess)[202]와 일본인 츠보이 쿠메조(坪井九馬三)[203]를 동시에 초빙하여 새로

----

202) 루드비히 리스(Ludwig Riess, 1861-1928): 독일 태생의 역사학자이자 교육가로 19세기 말 일본에서 활동하였다. 메이지 정부에 의해서 외국인 고문으로 고용되었으며 대학에서 대만의 역사를 포함하여 현대 유럽의 역사, 영국의 헌법 역사, 독일의 역사, 보불전쟁, 프랑스혁명 등 다양하고 광범위한 주제에 대하여 강의를 하였다. 러일전쟁 중 15년간의 일본에서의 경험을 담은 자서전인 《일본에 관한 모든 것》(*Allerlei aus Japan*)을 출판하였다.
203) 츠보이 쿠메조(坪井九馬三, 1859-1936): 오사카 출신의 역사학자. 도쿄제국대학 정치이재학과(政治理財學科)를 졸업하고 1887년 유럽에 유학해 서양사와 사학이론을 배웠다. 1891년 귀국해 도쿄제국대학 교수가 되었다. 주로 서양역사학을 참고한 실증사학 연구를 진행했다. 저서로 《서양사요

창설된 사학과 교수로 임명한데서 시작되었다. 일본은 신사학 방법을 도입하자마자 바로 역사를 국사·중국사·서양사로 구분하였는데, 동서교통사에 대한 관심도 이때부터 시작되었다. 이치무라 산지로(市村瓚次郎)[204]가 가쿠슈인(學習院)에서 중국사를 가르쳤고, 나카 미치요(那珂通世)[205]가 《지나통사(支那通史)》를 간행하면서 중국과 아시아 각국 간의 관계에 중점을 두었으니, 실로 중외교통사 연구의 시작을 열었다고 하겠다.

갑오청일전쟁 이후 일본인은 중고등학교에서도 동양사와 서양사를 똑같이 중시하였는데, 동양사는 여전히 중국을 중심으로 하였다. 동양사 편찬에 종사한 사람으로는 미야모토 마사누키(宮本正貫)[206]·후지타

....

(西洋史要)》·《논리학입문》·《최근정치외교사》 등이 있다.

204) 이치무라 산지로(市村瓚次郎, 1864-1947): 이바라키(現茨城)현 출신의 동양사학자. 1905년부터 도쿄제국대학 교수가 되어 동양사학의 기초를 다졌다. 서양문학을 소재로 한 한시를 짓거나 한시를 번역하는 등, 중국학의 재건에도 진력했다. 저서로는 《지나논집(支那論集)》·《동양사통(東洋史統)》·《지나사요(支那史要)》 등이 있다.

205) 나카 미치요(那珂通世, 1851-1908): 난부번(南部藩) 출신의 역사학자로 처음으로 동양사의 개념을 세웠다고 평가받는 인물이다. 메이지유신 이후 후쿠자와 유키치(福澤諭吉)의 학생이 되었고 1872년 게이오(慶應)의숙에 입학하였다. 이후 여러 학교의 교사를 맡았고 1896년에는 도쿄제국대학 강사도 겸하였는데, 그 사이에 일본·조선·중국 역사에 대한 실증적 연구를 많이 발표했다. 동양학의 창설자로 여겨질 뿐 아니라 일본사의 기년에도 큰 영향을 주었다고 여겨진다. 대표적인 저서로 《나카동양략사(那珂東洋略史)》·《원사역문증보(元史譯文證補)》·《나카통세유서(那珂通世遺書)》 등이 있다.

206) 미야모토 마사누키(宮本正貫, ?-1912): 토요타(豊田)군 오오사키(大崎)섬 태생으로 히로시마(廣島)의학교에서 의학을 배운 후, 1887년 도쿄제국대학에 입학했다. 후에 문과로 전과하여 철학을 배웠고 1901년 히로시마중학교 교장이 되었다. 중학교육과 동양사에 대해서 여러 편의 저서를 남겼는데,

토요하치(藤田豐八)207)·이치무라 산지로 등이 있고 쿠와바라 지츠조
(桑原隲藏)208)의 저작이 가장 명성이 높았다.

일본의 동양사는 사실 서양인이 창도했던 동방학의 일부로 처음부터
대가(大家)들이 배출되었으니 나카 미치요 같은 이가 그러하다. 그는
《교정증주원친정록(校正增注元親征錄)》·《외교역사(外交繹史)》·《칭기
스칸실록속편(實錄續編)》 등을 썼는데, 그의 저서 《지나통사》에서는 유
라시아대륙 각국 간의 역사관계를 아울러 서술하고 있다. 현존하는 4권
의 《외교역사》는 원래 총 12권으로 계획되었었다. 중국·조선과의 역대
교빙(交聘)·교통·통상 외에 스페인·포르투갈과의 통상, 네덜란드와의
통상 및 구미와의 통상 부분 등으로 구성되어 실로 일본과 서방의 교통
사를 알 수 있는 방대한 규모의 책인데 완성되지 못해 애석하다. 이치무
라 산지로는 《동양사통(東洋史統)》을 저술하였고, 시라토리 구라키치

....

《동양역사(東洋歷史)》·《성교요전(聖敎要典)》·《자치통감초(資治通鑑鈔)》
등이 있다.
207) 후지타 토요하치(藤田豐八, 1869~1929): 도쿠시마(德島)현 출신의 동양사
학자. 1895년 도쿄제국대학 한문학과를 졸업하였고 와세다대학과 도요대학
(東洋大学)의 교수를 역임했다. 1897년 중국으로 건너가 1898년 나진옥과
함께 상해에서 동문학사(東文學社)를 설립했다. 1904년 양광총독 잠춘훤
(岑春煊)의 초빙으로 교육 고문이 되었고 1905년에는 소주(蘇州) 강소사범
학당(江蘇師範學堂) 창립을 돕는 등 중국의 교육 향상에 진력하였다. 저서
로《중등교육동양사(中等敎育東洋史)》 등이 있다. 소장한 한문 서적 1700
여부는 사후 동양문고(東洋文庫)에 기증되어 귀중한 자료가 되고 있다.
208) 쿠와바라 지츠조(桑原隲藏, 1870~1931): 후쿠이(福井)현 출신의 동양사학
자로 1896년 도쿄제국대학 한학과를 졸업하였고 이후 교토제국대학 교수
가 되었다. 유럽의 역사학 연구법을 받아들여 동양사학에 적용시켰다. 교
토대학에 부임한 이후에는 법제사와 동서교통사 등의 분야를 주로 연구하
였다. 저서는 본문 아래에 열거되어있다.

(白鳥庫吉)[209]는 중서교통사 상의 주요 관계국, 예컨대 대진(大秦)·불름(拂菻)·조지(條支)·속특(粟特)·적토(赤土)·월지(月氏)·계빈(罽賓)·대원(大宛) 등 연구하지 않은 게 없었으며 숙신(肅愼)·실위(室韋)·흉노(匈奴)·융적(戎狄)·만(滿)·몽(蒙)·조선 등에 대해서도 논저를 발표하였다. 후지타 토요하치는《동서교섭사의 연구(東西交涉史の研究)》를 저술하였는데, 서역과 남해 두 편으로 나누어 서술하고 있다. 야나이 와타리(箭内亙)[210]는 몽고사 연구로 유명하지만, 그의《동양독사지도(東洋讀史地圖)》도 인구에 회자되었으며 후에 와다 세이(和田清)[211]가 그것을 보완 수정하였다. 하라다 요시토(原田淑人)[212]는 복식 연구에 역점을 두

....

209) 시라토리 구라키치(白鳥庫吉, 1865-1942): 치바(千葉)현 모라바(茂原)시 출신의 동양사학자. 1904년부터 도쿄제국대학 사학과 교수를 지냈으며 동궁 시절 쇼와천황의 교육에도 종사하였다. 아시아 전역의 역사·민속·신화·전설·언어·종교·고고학 등 광범위한 분야를 연구하였다. 저서로《시라토리 구라키치 전집(全集)》·《일본역사: 쇼와천황의 교과서(日本歷史: 昭和天皇の教科書)》 등이 있다.

210) 야나이 와타리(箭内亙, 1875-1926): 후쿠시마(福島) 출신의 동양사학자로 도쿄제국대학을 졸업하고 1919년부터 도쿄제국대학 동양사학과 교수를 지냈다. 저서로《청과 한(清及韓)》·《만주역사지리(滿洲歷史地理)》 등이 있다.

211) 와다 세이(和田清, 1890-1961): 카나가와(神奈川)현 출신의 동양사학자로 1915년 도쿄제국대학 사학과를 졸업하고 1933년 도쿄제국대학 교수가 되었다. 동양문고의 운영에 참가해 만주어·몽고어 자료 수집에 진력하였다. 명·청시기 특히 원 멸망 이후 몽골에 대한 연구를 주로 하였다. 저서로《내몽고 제부락의 기원(內蒙古諸部落の起源)》·《지나지방자치발달사(支那地方自治發達史)》·《동아사연구(東亞史研究)》 등이 있다.

212) 하라다 요시토(原田淑人, 1885-1974): 도쿄 출신의 고고학자로 '일본 근대 동양고고학의 아버지'라 불린다. 1908년 도쿄제국대학 사학과를 졸업하고 북경대학과 도쿄제국대학의 교수를 역임했다. 1947년 일본 고고학 회장으로 취임하였다. 유럽의 고고학 방법론을 받아들여 현지 조사를 중심으로 하는 연구를 진행하였다. 저서로《동아고문화연구(東亞古文化研究)》·《일

없는데, 서역에서 발견된 재료 중에는 중서교통과 관련된 것들이 상당히 많았다. 이토 츄우타(伊東忠太)[213]는 중국 건축사 연구에 집중하여 중국 건축이 외부로부터 받은 영향을 매우 상세하게 고증하였다.

일본의 동서교통사 연구에 있어 최고 권위자는 쿠와바라 지츠조로 그가 쓴 《포수경의 사적(蒲壽庚の事蹟)》[214]은 사실 일종의 송·원시기 중서교통사라 할 수 있으니, 풍유(馮攸)와 진유청(陳裕菁)이 번역한 중국어본이 있다. 논문집으로는 《동서교통사논총(東西交通史論叢)》·《동양문명사논총(東洋文明史論叢)》·《동양사설원(東洋史說苑)》 등이 있다. 미야케 요네키치(三宅米吉)[215]의 저술로는 《가영[216]이전 일본과 유럽의 교통연표략(嘉永以前日歐交通年表略)》·《고대 유라시아대륙 교통고(古代歐亞大陸交通考)》·《이천년 전 동서문명의 매개자(二千年前東西文明

....

본고고학입문》 등이 있다.

213) 이토 츄우타(伊東忠太, 1867~1954): 야마가타(山形)현 출신의 건축사(建築史) 연구자. 후류지(法隆寺)가 일본 최고의 사원 건축인 것을 학문적으로 입증함으로써 일본 건축사를 창시했다. 1905년 도쿄제국대학 공과대 교수가 되었다. 운강(雲崗)석굴을 세계에 소개한 인물이기도 하다. 저서로 《신사 건축에 나타나는 일본정신(神社建築に現れたる日本精神)》·《일본 건축의 실상(日本建築の実相)》 등이 있다.

214) 이 책의 원래 이름은 《송말의 제거시박사 서역인 포수경의 사적(宋末の提舉市舶西域人蒲壽庚の事蹟)》이다. 저자는 여기서 《포수경고(蒲壽庚考)》로 번역하였지만 뒤에서는 《포수경의 사적》으로 표기하였는데, 원서명을 감안하여 후자로 통일하였다.

215) 미야케 요네키치(三宅米吉, 1860~1929): 기이노구니(紀伊國) 출신의 역사학자이자 국어학자로 게이오의숙에서 배운 후, 도쿄사범학교에서 근무하였다. 1901년 고고학회를 창설해 회장이 되었다. 일본 고고학의 개척자라는 평가를 받고 있다. 저서로 《일본사학제요(日本史學提要)》·《소학역사편찬법(小學歷史編纂法)》 등이 있다.

216) 일본 효명(孝明)천황 때의 연호로 1848년부터 1854년까지이다.

の媒介者)》가 있는데, 매우 정확하고 세밀하다고 평가받는다.

　하마다 고사쿠(濱田耕作)[217]는 고고학 연구에 진력하였을 뿐 아니라 동양미술사에 관한 전문서적을 집필하여 동서 예술 기풍의 유전(流傳)에 대해서도 자못 주목하였다. 야노 진이치(矢野仁一)[218]는 중국근대사 연구로 유명하며 저서로 《지나근대외국관계연구(支那近代外國關係研究)》와 《근세지나외교사(近世支那外交史)》 등이 있다. 하네다 도오루(羽田亨)[219]는 서역을 전공하였는데, 그의 저서 《서역문명사개론(西域文明史概論)》은 고대 중서교통사의 명저로 전도손(錢稻孫)과 정원방(鄭元芳)이 각각 번역한 두 종류의 번역서가 있다. 신죠 신조(新城新藏)[220]와 이

....

217) 하마다 고사쿠(濱田耕作, 1881-1938): 고치(河內) 출신의 고고학자. 도쿄제국대학 사학과를 졸업한 뒤, 연구잡지 《국화(國花)》의 편집원을 거쳐 교토제국대학 교수가 되었다. 1937년 교토대학 재직 중 일본 최초의 고고학연구소를 설립하여 새로운 고고학 방법론의 연구 및 보급에 힘썼다. 일본을 비롯한 한국과 중국의 많은 고적을 발굴하였고 고고학적으로 동서 고문화의 해명에 노력하였다. 저서로 《통론고고학(通論考古學)》·《동아고고학연구(東亜考古學研究)》·《경주의 금관총(慶州の金冠塚)》 등이 있다.

218) 야노 진이치(矢野仁一, 1872-1970): 야마가타(山形)현 출신의 동양사학자로 1899년 도쿄제국대학 사학과를 졸업하여 조교수가 되었고 1905년 청조의 초빙으로 북경법정(法政)학당에 근무하였다. 전공은 중국 근세 정치외교사이지만 몽고와 티베트의 역사에도 조예가 깊었다. 1920년 교토제국대학 교수가 되었다. 만주국 건국을 옹호하였으며 전후에는 문화대혁명을 비판하였다. 저서로 위에서 열거한 것 외에 《근대 지나의 정치 및 문화(近代支那の政治及文化)》·《근대몽고사연구(近代蒙古史研究)》 등이 있다.

219) 하네다 도오루(羽田亨, 1882-1955): 교토 출신의 동양사학자. 도쿄제국대학 사학과를 졸업하고 동 대학원을 거쳐 이후 동방문화연구소 소장이 되었다. 종래 거의 한문 자료에 의거하고 있던 내륙아시아사 연구에 대해서 현지어 자료를 문헌학적으로 활용하는 방법론을 확립하였다. 저서로 《원조역전잡고(元朝駅伝雑考)》·《서역문화사(西域文化史)》 등이 있다.

220) 신죠 신조(新城新藏, 1873-1938): 후쿠시마(福島)현 출신의 천문학자 겸 동

이지마 타다오(飯島忠夫)[221]는 모두 동양 고대 천문학의 권위자로, 신죠 신조는 28수(宿)[222]의 확정이 인도나 아라비아보다 중국이 빨랐다는 점에서 중국 고대 천문역법은 중국인 스스로 발명한 것이라 주장한데 반해, 이이지마 타다오는 중국의 천문역법이 필시 서방의 영향을 받았다고 생각하였다. 이이지마 타다오는 《지나역법기원고(支那曆法起源考)》를 저술하였고, 신죠 신조는 《동양천문학사연구(東洋天文學史硏究)》를 저술하였는데, 심선(沈璿)이 번역한 중문본이 있다. 나카가와 세이지로 (中川淸次郞)가 저술한 《서력동점본말(西力東漸本末)》은 서방의 침략에 중점을 두었다.

근래 특히 만주사변과 노구교(蘆溝橋) 중일전쟁 폭발 이후 일본 학술계에서 중일관계사를 연구하는 사람은 여전히 적지 않지만, 동서교통사 연구자 중 중서교통사를 전공하는 사람은 이미 희소해졌다. 또 일본과 서방의 교통사를 연구하는 사람은 아예 사라지고 대신 일본과 어느 한 국가와의 교통사를 전문적으로 연구하고 있다.

중일교통사는 중국 또는 일본의 입장을 떠나 모두 양국 대외관계사의

....

양학자이다. 1895년 교토제국대학 물리학과를 졸업하고 1900년 교토제국 대학 이공과 조교수가 되었으며 1929년 교토대학 총장이 되었다. 전전(戰前) 동양천문학의 권위자이다. 저서로 《천문대관(天文大観)》·《전국진한의 역법(戰國秦漢の曆法)》·《최근우주진화론십강(最近宇宙進化論十講)》 등이 있다.

221) 이이지마 타다오(飯島忠夫, 1875-1954): 나가노(長野)현 출신의 동양사학 자. 도쿄제국대학을 졸업하였고 1904년부터 33년간 가쿠슈인(學習院) 교수로 근무하였다. 주로 중국고대사와 역법에 대해서 연구하였다. 주요 저서로는 위에서 든 것 외에 《지나 고대사와 천문학(支那古代史と天文學)》·《천문역법과 음양오행설(天文曆法と陰陽五行説)》 등이 있다.

222) 28수(宿): 천구의 적도 근처에 있는 별자리의 총칭. 고대 중국에서 하늘의 적도를 따라 그 부근에 있는 별들을 28개의 구역으로 구분하여 부른 이름.

일부이기 때문에 간접적으로 중서교통사와 관련이 있으며 근대 이후는
더욱 그러하다.

　나카야마 큐시로(中山久四郞: 이전 성은 中村였음)[223]는 《지나 사적
상의 일본사(支那史籍上の日本史)》를 집필하여 《대일본사강좌(大日本史
講座)》 제17권에 실었는데, 청대 문화가 일본에 준 영향에 특히 주목하
였다. 아키야마 켄조(秋山謙藏)[224]의 《일지교섭사연구(日支交涉史硏究)》
는 원·명 양대에 치우친 면이 있으며, 엔도 모토오(遠藤元男)[225]는 수
·당과 일본의 관계를 연구하였다. 송대의 중일관계는 모리 카츠미(森克
己)[226]가 가장 뛰어나다고 꼽지 않을 수 없다. 그 외 이시하라 미치히로

....

223) 나카야마 큐시로(中山久四郞, 1874-1961): 나가노(長野)현 출신의 동양사학
　　자이다. 도쿄제국대학 사학과를 졸업하고 독일에서 유학하였다. 히로시마
　　고등사범학교와 도쿄대학 문리과 교수 등을 역임하였다. 저서로 《일본문화
　　와 유(日本文化と儒)》·《지나의 인문사상(支那の人文思想)》 등도 있다.
224) 아키야마 켄조(秋山謙藏, 1903-1978): 히로시마(広島)현 출신의 역사학자로
　　주로 일본사를 연구하였다. 도쿄제국대학을 졸업하고 1931년 다이쇼(大正)
　　대학에서 교수로 근무하면서 국책에 따라 애국사관을 주창했다. 전후에는
　　공직에서 추방되었다. 저서로 《동아교섭사론(東亞交涉史論)》·《일본역사
　　의 내성(日本歷史の內省)》·《역사의 의미(歷史の意思)》 등도 있다.
225) 엔도 모토오(遠藤元男, 1908-1998): 도쿄 태생의 일본사학자. 도쿄제국대학
　　국사학과를 졸업하였고 전후에 카나자와(金沢)대학과 메이지(明治)대학 교
　　수를 지냈다. 저서로 《일본중세도시론(日本中世都市論)》·《일본의 전통산
　　업(日本の伝統産業)》·《일본봉건제도성립사(日本封建制成立史)》 등이 있다.
226) 모리 카츠미(森克己, 1903-1981): 나가노(長野)현 출신의 역사학자. 전공은
　　대외관계사 특히 중·일교섭사를 주로 연구하였다. 1929년 도쿄제국대학
　　국사학과를 졸업하고 만주건국대학(滿洲建國大學) 조교수로 근무하다가
　　1945년 종전으로 귀국하였다. 1959년부터 주오(中央)대학 문학부 교수로
　　근무하다가 1974년 퇴직하였다. 저서로 《일송무역의 연구(日宋貿易の硏
　　究)》·《사원소요(史苑逍遙)》 등이 있다.

(石原道博)227)·카토 시게루(加藤繁)228)·나카세 코로쿠로(中瀬古六郎)229)
등도 모두 공헌한 바가 있다. 츠지 젠노스케(辻善之助)230)의《증정해외
교통사화(增訂海外交通史話)》및 후지타 모토하루(藤田元春)231)의《고
대 일지교통사의 연구(上代日支交通史の研究)》와《일지교통사의 연구

....

227) 이시하라 미치히로(石原道博, 1910-2010): 일본의 역사학자. 도쿄제국대학
    을 졸업했으며 2차대전 후 이바라키대학 교수로 재직하다 1976년 퇴임했
    다. 저서로《정성공(鄭成功)》·《왜구(倭寇)》등이 있으며《삼국지·위서》
    의〈왜인전(倭人傳)〉을 일본어로 번역하고 주석을 단 바 있다. 원서에는
    이시하라 도사쿠(石原道作)로 되어있으나 오기임이 분명해서 바로잡았다.
228) 카토 시게루(加藤繁, 1880-1946): 시마네(島根)현 출신의 동양사학자로
    1906년 도쿄제국대학 사학과를 졸업하였다. 우치다 긴조(內田銀藏)와 시라
    토리 구라키치의 영향으로 중국경제사를 중점적으로 연구하였는데, 처음
    에는 중국 토지제도사를, 이후에는 점차 재정사와 상업사에 관심을 가지게
    되었다. 저서로《지나경제사개설(支那経済史概説)》·《지나경제사고증(支
    那経済史考證)》등이 있다.
229) 나카세 코로쿠로(中瀬古六郎): 다이쇼(大正)시기의 역사학자로 교토제국대
    학에서 강사로 활동하였다. 주로 과학사에 대한 연구를 진행하였고 특히
    화학사에 대한 여러 저서를 발간하였다. 주요 저서로는《세계화학사(世界
    化學史)》·《메이지과학사(明治科學史)》·《근대화학개관(近代化學概観)》·
    《19세기 과학의 진보(十九世紀科學の進步)》등이 있다.
230) 츠지 젠노스케(辻善之助, 1877-1955): 효고(兵庫)현 출신의 역사학자. 1899
    년 도쿄제국대학 국사학과를 졸업하였고 1923년 동 대학 교수로 임명되었
    다. 전공은 일본불교사이고 실증주의적 관점에서 일본인의 정신과 일본문
    화의 형성을 탐구해 일본사학의 발전에 기여하였다. 저서로《일본불교사의
    연구(日本佛教史の研究)》·《일본불교사(日本佛教史)》등도 있다.
231) 후지타 모토하루(藤田元春, 1879-1958): 교토 태생의 지리학자. 1900년 교
    토부 사범대학을 졸업해 교원이 되었지만 1916년 교토제국대학 사학과에
    입학하였다. 1924년 교토대학 지질학교실에 창설된 지구학단의 대표가 되
    었다. 같은 해 외무성으로부터 중국 조사여행을 명령받아 그 인연으로 중
    국의 역사와 지리에 대한 저서를 발간하게 되었다. 저서로 본문에서 열거
    한 것 외에《일본민가사(日本民家史)》·《척도종고(尺度綜考)》등이 있다.

(日支交通の研究)》(중·근세편)는 특히 학술적 가치가 높다. 코바타 아츠시(小葉田淳)[232]는 명대의 중일관계 혹은 일본과 화남(華南) 관계사에 주목하였고, 이와오 세이이치(岩生成一)[233]는 일본과 남양의 교통사를 전공하다가 동서교통사를 연구하게 되었다. 그리고 쿠와타 로쿠로(桑田六郎)[234]의 연구 성과도 지나칠 수 없는데, 이들 세 명은 모두 대북(臺北)제국대학에서 교편을 잡았었다.

이 외에 미야자키 이치사다(宮崎市定)[235]·스즈키 슌(鈴木俊)[236]·스

232) 코바타 아츠시(小葉田淳, 1905-2001): 후쿠이(福井)현 출신의 역사학자. 교토제국대학을 졸업하고 대북제국대학 조교수, 도쿄문리대 교수를 거쳐 1949년 교토대학 문학부 교수, 1969년 류코쿠(龍谷)대학 문학부 교수, 1971년 교토여자대학 교수를 역임하였다. 중세·근세 화폐사, 광산사, 무역사를 집중 연구하였다. 저서로 《일본화폐유통사(日本貨幣流通史)》·《중세 일본-지나 통교무역사의 연구(中世日支通交貿易史の研究)》·《금은 무역사의 연구(金銀貿易史の研究)》 등이 있다.

233) 이와오 세이이치(岩生成一, 1900-1988): 도쿄 태생의 일본사학자. 1925년 도쿄제국대학 국사학과를 졸업하고 이후 대북제국대학 교수가 되어 남양사(南洋史)를 담당하였다. 전후 1948년 도쿄대학 문학부 교수가 되었고 1961년 정년퇴임하였다. 전공은 일본 근세 대외교섭사이다. 저서로 《근세 일본-포르투갈 통교소사(近世日葡通交小史)》·《남양 일본 마치의 연구(南洋日本町の研究)》·《주인선 무역사의 연구(朱印船貿易史の研究)》 등이 있다.

234) 쿠와타 로쿠로(桑田六郎, 1894-1987): 돗토리(鳥取)현 출신의 역사학자. 도쿄제국대학을 졸업하고 1929년 대북제국대학 교수가 되었다. 1949년에는 오사카대학 교수가 되었다. 주로 동서교섭사와 남방사를 연구하였다. 저서로 《남해동서교통사논고(南海東西交通史論考)》·《위구르 쇠망고(回こつ衰亡考)》 등이 있다.

235) 미야자키 이치사다(宮崎市定, 1901-1995): 나가노(長野)현 출신으로 교토제국대학 사학과에서 중국의 사회·경제·제도사를 전공하였으며 소위 교토학파의 중심인물로서 일본의 동양사학계를 이끌었다. 《구품관인법의 연구(九品官人法の研究)》·《과거(科擧)》·《옹정제(雍正帝)》·《논어의   신연구

기모토 나오지로(杉本直治郎)237) 등은 모두 최근 수년래 교토·큐슈·히로시마 등의 대학에서 동양사를 가르치고 있다.

　순수하게 중서교통사를 연구하는 사람은 근래 들어 갈수록 희소해지고 있는데, 관련 연구로는 이시다 미키노스케(石田幹之助)238)의《유럽인의 지나 연구(歐人の支那研究)》·《구미에서의 지나 연구(歐美に於ける支那研究)》두 책과 고토 스에오(後藤末雄)239)의《지나 문화와 지나학의 기원(支那文化と支那學の起原)》·《동서의 문화 교류(東西の文化交流)》

....

　(論語の新研究)》·《수호전(水滸傳)》 등 다수의 저작을 남겼다.

236) 스즈키 슌(鈴木俊, 1904-1975): 쇼와시대의 동양사학자로 도쿄에서 출생하여 도쿄대학을 졸업하였다. 태평양전쟁 전에는 도요(東洋)대학과 호세이(法政)대학 교수로 있었고 전후에는 큐슈(九州)대학과 주오(中央)대학에서 교수를 역임하였다. 전공은 당대(唐代)경제사이다. 저서로《동양사요설(東洋史要說)》·《중국사의 시대구분(中國史の時代區分)》 등이 있다.

237) 스기모토 나오지로(杉本直治郎, 1890-1973): 시가(滋賀)현 출신의 동양사학자로 교토제국대학을 졸업하고 1929년 히로시마(広島)문리과대학 교수가 되었다. 저서로《동남아시아사연구(東南アジア史研究)》 등이 있다. 원서에는 스기야마 나오지로(杉木直治郎)로 되어있으나 오기임이 분명해서 바로잡았다.

238) 이시다 미키노스케(石田幹之助, 1891-1974): 치바(千葉)현 출신의 동양학자. 세계적인 동양학 전문도서관 동양문고를 설립·육성하는데 큰 공헌을 했다. 일본 동양학 연구의 선구자로 중국사 다방면에 걸쳐 연구업적을 남겼는데, 특히 당대의 역사와 문화에 대한 연구는 독보적인 것으로 평가받고 있다. 저서로 본문에 열거한 것 외에《동아문화사총고(東亞文化史叢考)》·《이시다 미키노스케 저작집》 등이 있다.

239) 고토 스에오(後藤末雄, 1886-1967): 일본의 작가로 프랑스문학·비교문학·비교사상사 연구자이다. 도쿄에서 태어났고 1913년 도쿄제국대학 불문과를 졸업하였다. 작품 활동을 중단하고 난 이후 1920년 게이오의숙의 교원이 되었다. 저서로 본문에서 든 것 외에《예술의 지나(藝術の支那)》·《일본·지나·서양(日本·支那·西洋)》 등이 있다.

가 있다. 그 외 고토 스에오는 《건륭제전(乾隆帝傳)》을 쓰고 《강희제전 (康熙帝傳)》을 번역하였는데, 두 황제의 서학 제창에 특별한 관심을 기울였다. 그리고 그가 쓴 《지나 사상의 프랑스로의 서점(支那思想のフランス西漸)》은 학술가치가 매우 높다. 사에키 요시로(佐伯好郎)[240]의 《지나 기독교의 연구(支那基督教の研究)》는 3권까지 발간되고 중단되었다가 최근 《청조 기독교의 연구(淸朝基督教の研究)》편이 출판되었다. 사에키 요시로가 맨 처음 유명해지게 된 저작은 《경교의 연구(景教の研究)》와 《경교승여행지(景教僧旅行誌)》[241]인데, 수집한 자료는 꽤 광범위하지만 그 선입견이 매우 심해 역사학자로서의 자세를 잃고 있다. 미조구치 야스오(溝口靖夫)[242]가 쓴 《동양문화사상의 기독교(東洋文化史上の基督教)》는 페르시아·인도·중국 등 3편으로 나누어 기술하고 있어 내용의 범위가 비교적 넓다. 신무라 이즈루(新村出)[243]의 연구는 비록 일본 천

....

240) 사에키 요시로(佐伯好郎, 1871-1965): 히로시마현 출신의 역사학자이자 언어학자. 언어학·법학·역사학 등 여러 분야에 걸쳐서 서양고전학을 연구하였고 특히 네스토리우스파와 경교의 동전사(東傳史)에 관한 연구로 국제적으로 유명해졌다. 저서로 본문에서 든 것들이 있다.

241) 사에키 요시로의 저작 중 유사한 제목의 책은 찾을 수가 없는데, 아마도 그가 번역한 《원 황제 쿠빌라이가 유럽에 파견한 경교승의 여행지(元主忽必烈が歐洲に派遣したる景教僧の旅行誌)》를 저자가 잘못 기억하고 언급한 것이 아닌가 싶다.

242) 미조구치 야스오(溝口靖夫, 1906-1978): 역사학자로 종교사회학 연구에 중점을 두었고 특히 기독교 관련 연구를 많이 하였다. 고베여학원(神戸女學院) 교수를 역임했고 동 대학의 도서관장을 맡기도 하였다. 저서로 본문에서 든 것 외에 《아메리카의 형성과 기독교(アメリカの形成と基督教)》·《영국 사회학(イギリス社會學)》·《그리스도교의 주요 사상(キリスト教の主要思想)》 등이 있다.

243) 신무라 이즈루(新村出, 1876-1967): 야마구치(山口)현 출신의 언어학자 겸 문헌학자. 1899년 도쿄제국대학 박언학과(博言學科)를 졸업, 1902년 도쿄고

주교(Christian)사와 관련된 것이 대부분이지만 간혹 중서교통사 논문도 썼으니, 《남만기(南蠻記)》[244]·《일본 크리스찬 문화사(日本吉利支丹文化史)》·《크리스찬 연구 여록(吉利支丹研究餘錄)》·《신무라 이즈루 선집(新村出選集)》 제1권 〈남만편(南蠻篇)〉·《일본의 말(日本の言葉)》 등이 있다. 오카모토 요시토모(岡本良知)[245]의 연구로는 〈나가사키 개항이전 유럽선박 왕래고(長崎開港以前歐舶來往考)〉·《16세기 일본·유럽 교통사의 연구(十六世紀日歐交通史の研究)》 및 《16세기 세계지도상의 일본(十六世紀世界地圖上の日本)》[246] 등이 있다.

　일본의 천주교사 연구 풍조는 매우 성하여 파제(Pages)가 프랑스어로 쓴 《일본천주교사》를 태정관(太政官: 메이지 초기 최고 관청으로 지금의 내각에 해당함 - 역자)에서 번역해 《일본서교사(日本西教史)》 상·하 2책으로 펴냈다. 최근 전력을 다해 이 분야를 연구한 사람으로는 에비사와 아리

....

등사범학교 교수가 되었고 1904년 도쿄제국대학 조교수가 되었다. 1906년부터 1909년까지 영국·독일·프랑스 등을 유학해 언어학을 연구하였다. 저서로 《동아어원지(東亞語源志)》·《동방어언사총고(東方言語史叢考)》·《남국순례(南國巡禮)》 등도 있다.

244) 일본에서는 1540년대 이후 동남아시아를 통해 내항한 포르투갈인과 스페인인들을 '남만인'이라 칭하면서 그들의 선박을 '남만선', 그들이 믿는 가톨릭 교회를 '남만사(寺)'라고 불렀다.

245) 오카모토 요시토모(岡本良知, 1900 - 1972): 도야마(富山)현 출신의 역사학자로 동서교섭사와 기독교사를 주로 연구하였다. 1955년 벳부(別府)여자대학 교수가 되었고 그 후 아시아(亞細亞)대학과 죠우치(上智)대학 교수가 되었다. 저술로는 본문에서 열거한 것 외에 《포르투갈을 방문하다(ポルトガルを訪ねる)》 등이 있다.

246) 오카모토 요시토모의 저서 중 같은 제목의 책이 없는 대신 《16세기 후반 유럽인이 만든 세계지도상의 일본의 변천(十六世紀後半ヨーロッパ人作世界地圖上の日本の變遷)》이 보이는데, 이 역시 저자의 기억 오류로 보인다.

미치(海老澤有道)247)가 있는데, 《크리스찬사의 연구(切支丹史の硏究)》·
《크리스찬 전적총고(切支丹典籍叢考)》·《크리스찬의 사회활동 및 남만
의학(切支丹の社會活動及び南蠻醫學)》 등을 저술하였다. 히야네 안테이
(比屋根安定)248)와 주교(主敎) 우라가와 와사부로(浦川和三郞)도 각각
저술이 있다. 전자는 《일본기독교사(日本基督敎史)》이고, 후자는 《크리
스찬의 부활(切支丹の復活)》이다. 아네사키 마사하루(姉崎正治)249)는 《크
리스찬 박해사 중의 인물사적(切支丹迫害史中の人物事蹟)》·《크리스찬
종문의 박해와 잠복(切支丹宗門の迫害と潛伏)》·《크리스찬 금제의 종말
(切支丹禁制の終末)》 등을 저술하였다. 야마모토 히데테루(山本秀煌)250)

....

247) 에비사와 아리미치(海老澤有道, 1910~1992): 효고(兵庫)현 출신의 크리스찬
    역사가이다. 릿쿄(立敎)대학 사학과를 졸업하고 세이신(聖心)여자대학과
    국제기독교대학 교수 등을 역임하였다. 저서로 본문에 열거한 것 외에 《현
    대 일본종교의 사적 성격(現代日本宗敎の史的性格)》·《남만학통의 연구(南
    蠻學統の硏究)》·《유신변혁기와 그리스도교(維新変革期とキリスト敎)》
    등이 있다.
248) 히야네 안테이(比屋根安定, 1892~1970): 도쿄 출신의 종교학자로 1917년
    아오야마(靑山)학원대학 신학부를 졸업하고 1921년 아오야마학원대학 교
    수, 1949년 도쿄신학대학 교수가 되었다. 저서로 《일본종교사》·《세계종교
    사》 등이 있다.
249) 아네사키 마사하루(姉崎正治, 1873~1949): 교토 태생의 종교학자로 1896년
    도쿄제국대학을 졸업한 뒤 독일·영국·인도에 유학하고 1904년 도쿄대학
    교수가 되었다. 종교에 대해 실증적인 연구를 진행함과 동시에 종교평론이
    나 문명비평의 분야에서도 활약하였다. 저서로 《법화경의 행지일련(法華
    経の行者日蓮)》·《시리즈 일본의 종교학(シリーズ日本の宗敎學)》·《성덕
    태자의 대사이상(聖德太子の大士理想)》 등도 있다.
250) 야마모토 히데테루(山本秀煌, 1857~1943): 미네야마(峰山)번 출신의 목사이
    자 신학자이다. 기독일치신학교(基督一致神學校)를 졸업해 목사가 되었고
    1908년부터 메이지학원 교수로 교회사를 강의했다. 일본 기독교회 헌법 규
    칙 개정에서도 중요한 역할을 하였다. 저서로 《성서사전(聖書辭典)》 등도

도 《일본기독교사(日本基督教史)》를 저술하였다.

일본의 대외교통사는 최근 이미 국가 및 분야별 연구로 기울어지고 있는데, 기독교사 역시 분야별 연구의 하나이다. 이러한 성격에 속한 연구로는 토야마 우사부로(外山卯三郎)251)의 《남만학고(南蠻學考)》·《일본 초기 서양화사고(日本初期洋畫史考)》·《일본·유럽 교섭문화론(日歐交涉文化論)》 등, 도이 타다오(土井忠生)252)의 《크리스찬 어학의 연구(吉利支丹語學の研究)》 등, 오카다 아키오(岡田章雄)253)의 《남만종속고(南蠻宗俗考)》·《남만첩(南蠻帖)》 등, 코가 쥬지로(古賀十二郎)254)의 《서

....

있다.

251) 토야마 우사부로(外山卯三郎, 1903-1980): 와카야마(和歌山)현 출신의 미술평론가이자 시인으로 교토제국대학을 졸업하였다. 1929년 예술연구회를 조직하여 《예술학연구(芸術学研究)》를 간행하였고 1946년에는 조형미술협회 이사장이 되었다. 저서로 《다이쇼에서 쇼와 전기까지(大正から昭和前期まで)》·《남만선무역사(南蠻船貿易史)》·《일본양화사(日本洋画史)》 등도 있다.

252) 도이 타다오(土井忠生, 1900-1995): 히로시마현 출신의 일본어학자로 교토제국대학을 졸업하고 히로시마대학 교수를 거쳐 히로시마여자대학 학장을 역임하였다. 크리스찬 문헌의 일본어학적 연구로 유명하다. 저서로 《일본어의 역사(日本語の歴史)》·《방역 일본-포르투갈 사전(邦訳日葡辞書)》·《국어사논고(國語史論攷)》 등도 있다.

253) 오카다 아키오(岡田章雄, 1908-1982): 군마(群馬)현 출신의 역사학자로 도쿄제국대학 국사학과를 졸업했다. 중세 후기부터 근세 초기까지의 일본과 서양의 교류사를 주로 연구하였다. 도쿄대학 사료편찬소 교수를 맡았으며 1969년 정년퇴임 후 아오야마학원대학 교수 및 동 대학 도서관장을 역임하였다. 저서로 《파드레이의 도(バテレンの道)》 등도 있다.

254) 코가 쥬지로(古賀十二郎, 1879-1954): 나가사키(長崎)학의 기초를 쌓아올린 향토사 연구자. 도쿄외국어학교(현 도쿄외국어대학)를 졸업한 후 히로시마에서 영어교사를 하다 나가사키로 돌아와 《나가사키평론(長崎評論)》을 창간하고 나가사키사담회(長崎史談會)를 조직하였다. 저서로 《나가사키양학

양의술전래사(西洋醫術傳來史)》등, 세키 마모루(關衛)255)의 《서역남만미술동점사(西域南蠻美術東漸史)》등이 있다.

국가별 연구로는 무토 초조(武藤長藏)256)의 《일영 교통사의 연구(日英交通史の研究)》와 《대외교통사론(對外交通史論)》이 있는데, 후자는 일본과 포르투갈, 일본과 스페인, 일본과 네덜란드, 일본과 영국, 그리고 중서 교통과 관련된 논문을 포함하고 있다. 일본·이탈리아협회(日伊協會)에서는 《일이문화교섭사(日伊文化交涉史)》를 편찬하였고, 토야마 우사부로는 《일포무역소사(日葡貿易小史)》를 저술하였다. 일본·포르투갈협회(日葡協會)에서는 《일포 교통의 기원(日葡交通の起源)》·《일본과 포르투갈(日本と葡萄牙)》·《일포통교논총(日葡通交論叢)》·《일포통교논집(日葡通交論輯)》 및 《초기 기독교도가 편술한 일본어언학서 연구(初期耶蘇教徒編述日本語言學書研究)》등을 편찬하였다. 마츠나미 니이치로(松波仁一郎)257)는 《필리핀과 일본(比律賓と日本)》을 저술하였고, 일본·네

사(長崎洋學史)》·《나가사키와 해외문화(長崎と海外文化)》·《나가사키개항사(長崎開港史)》 등도 있다.

255) 세키 마모루(關衛, 1889-1939): 나가사키현 출신으로 1921년 나가사키사범학교(현 나가사키대학 교육학부)를 졸업하였다. 그 후 교편을 잡았다가 1929년 도쿄로 와서 저작 활동에 전념하였다. 생전 32권의 저서와 93편의 논문을 남겼으며 주로 미술교육사 연구에 전념하였다.

256) 무토 초조(武藤長藏, 1881-1942): 아이치(愛知)현 출신의 경제학자이자 역사가이다. 1905년 도쿄고상(東京高商)(현 히토치바시대학의 전신) 무역학과를 졸업하고 상학 연구를 위해 미국·영국·독일에서 3년간 유학하였다. 이후 교편을 잡았다가 1936년 퇴관하여 명예교수가 되었다. 저서로 본문에서 열거한 것 외에 《해외문화와 나가사키(海外文化と長崎)》 등이 있다.

257) 마츠나미 니이치로(松波仁一郎, 1868-1945): 오사카 출신의 법학자로 해상법을 전공하였다. 도쿄제국대학 법학과를 졸업하고 1893년 법전조사회 기초위원 보조에 임명되어 일본 민법법전 성립에 공헌하였다. 1900년 도쿄제

덜란드협회(日蘭協會)에서는 《일본과 네덜란드(日本と和蘭)》를 편찬하였다.

일본의 동서교통사 혹은 일본과 유럽의 교통사 연구는 대부분 서양문화의 동점에 치우쳐있는데, 중국의 중서교통사 연구도 이러한 경향이 있다. 그러나 카네코 켄지(金子健二)[258]의 《동양문화서점사(東洋文化西漸史)》와 고토 스에오의 《지나 사상의 프랑스로의 서점》 및 야마다 치사부로(山田智三郎)[259] 저, 아시야 미즈요(蘆谷瑞世)[260] 역의 《17, 8세기 유럽미술과 동아시아에의 영향(十七・八世紀に於ける歐洲美術と東亞の影響)》은 이와 상반된 연구들이다. 우리는 서양에 끼친 중국문화의 영향에 대해서도 특별히 주의해야만 할 것이다.

일본인의 저술은 매우 많고 유명한 사람도 적지 않아서 그 대표적인 예만 열거하였으니, 그 과정에 혹 누락된 것이 분명 있을 것이다.

....

국대학 교수가 되었다. 이후 런던 만국해상법회의 부의장, 파리 만국해상법회의 의장 등을 맡았다.

258) 카네코 켄지(金子健二, 1880~1962): 니가타(新潟)현 출신의 영문학자. 1905년 도쿄제국대학 영문학과를 졸업하고 1907-09년 캘리포니아대학에서 수학했으며 귀국 후에는 히로시마고등사범학교 교수가 되었다. 저서로 《영국자연미문학의 연구(英國自然美文學の硏究)》・《언어철학과 언어공화국(言語哲學と言語共和國)》 등도 있다.

259) 야마다 치사부로(山田智三郎, 1908-1984): 도쿄 출신의 미술사가로 베를린대학 졸업 후 교리츠(共立)여자대학 교수와 하이파 일본미술관 초대 관장을 지냈다. 저서로 《다 빈치(ダ・ヴィンチ)》 등도 있다.

260) 아시야 미즈요(蘆谷瑞世): 주로 예술에 관한 저서를 번역하였는데, 주요 작품으로 위의 책 외에 바그너의 책을 번역한 《베토벤 제9교향곡과 독일 음악의 정신(ベートーヴェン―第九交響曲とドイツ音楽の精神)》이 있다.

(5) 신강·중앙아시아의 발굴과 돈황학

신강은 고대 중서교통의 통로였기 때문에 신강 지역의 발굴은 중서교
통사 연구와 관계가 가장 깊다. 발굴을 가장 먼저 선도한 나라는 러시아
였고 그 다음이 영국이었는데, 그 뒤를 이어 프랑스·독일·스웨덴·일본
·미국이 잇따라 참가하였다. 탐험대를 조직한 사람으로는 러시아의 클
레멘츠(D. Klementz)와 코즐로프(P. K. Kozlov)[261], 독일의 그륀베델과
르 코크, 프랑스의 펠리오, 일본의 타치바나 즈이초(橘瑞超)[262]와 오오타
니 코즈이(大谷光瑞)[263], 스웨덴의 스벤 헤딘(Sven Hedin)[264] 등이 있다.

∙∙∙∙∙∙∙∙∙∙∙∙∙∙∙∙∙∙∙∙∙∙∙∙∙∙∙∙∙

261) 표트르 쿠즈미치 코즐로프(Pyotr Kuzmich Kozlov, 1863-1935): 러시아의 중
    앙아시아 탐험가로 1883-95년 3차례 중앙아시아 탐험대에 참여하여 중국
    의 신강·청해·티베트 지역을 조사했다. 1899-1926년 사이에도 신장·티베
    트 지역과 몽고지역에서 지리학·고고학·민족학 방면의 고찰을 진행하였
    다. 여러 차례 탐험에서 서하(西夏)에서 원대(元代)에 이르는 흑성(黑城)
    유적지를 발굴하였으며 많은 문서와 판본·예술품 등을 발견하였다.
262) 타치바나 즈이초(橘瑞超, 1890-1968): 아이치(愛知)현 출신의 승려이자 탐
    험가. 정토진종(浄土真宗) 혼간지파(本願寺派)의 오오타니 코즈이의 제자
    로 오오타니 탐험대의 제2차(1908), 제3차(1912) 서역 탐험에 참가하여 누
    란(樓蘭)과 돈황 유적을 조사하였고 위구르 문자의 해독에 성공하였다. 저
    서로 《중아탐험(中亜探検)》이 있다.
263) 오오타니 코즈이(大谷光瑞, 1876-1948): 정토진종 혼간지파의 22대 법주
    (法主)로 다이쇼천황의 종형제이다. 1902년 교단 활동의 일환으로 서역 탐
    험을 위해 인도에 건너가 불교유적을 발굴 조사하였다. 이 탐험조사 활동
    은 1904년까지 계속되었는데, 이것이 오오타니 1차 탐험이다. 이후 1914
    년까지 세 차례의 탐험대를 조직하여 발굴 및 조사를 실시하였다.
264) 스벤 헤딘(Sven Hedin, 1865-1952): 스웨덴의 지리학자이자 탐험가. 1893-
    1930년 사이 4차에 걸쳐 중앙아시아를 학술 조사하면서 타림분지 동부에서
    고대 왕국 누란의 유적을 발굴했다. 당시 서양인에게 거의 알려지지 않았
    던 타클라마칸과 티베트를 탐사하고 지도를 제작하였다.

그 중 규모가 가장 컸던 것은 영국의 인도식민지정부에서 파견한 헝가리인 스타인의 4차례(1900-1901, 1906-1908, 1913-1916, 1930년) 현지 조사로 《사막에 묻힌 호탄 유적(沙埋和闐記)》(Sand-buried Ruins of Khotan)·《고대 호탄(古和闐考)》(Ancient Khotan)·《서역고고도기(西域考古圖記)》(Serindia)·《천불동(千佛洞)》(The Thousand Buddhas)·《아시아 내지 고고기(亞洲腹部考古記)》(Innermost Asia)·《사막 속의 거란 유적(沙漠契丹廢址記)》(Ruins of Desert Cathay)·《서역고고기(西域考古記)》(On Ancient Central-Asian Tracks) 등의 책이 잇달아 출판되었다. 마지막 책은 세 차례 탐험을 종합한 보고서로 《스타인의 서역고고기(斯坦因西域考古記)》라는 제목으로 번역되었는데, 부록인 〈19세기 후반 서역탐험 약표(略表)〉는 참고할 가치가 있다.

민국 16년(1927) 북경중국학술단체협회(北京中國學術團體協會)와 스벤 헤딘이 함께 조직한 서북과학고찰단(西北科學考察團)이 만리장성 유적지와 한간(漢簡)·고묘군(古墓羣)·벽화·사경(寫經) 및 기타 옛 유물을 매우 많이 발견하였다. 그 후 황문필(黃文弼)이 다시 두 차례 지금의 투루판[吐魯番][265]과 쿠차[庫車] 일대를 조사하여 많은 수확을 얻었다. 민국 31년(1942)에는 중화민국 교육부가 서북사지고찰단(西北史地考察團)을 조직하여 거연(居延)[266]과 돈황(敦煌) 등지를 조사하였다.

....

265) 투루판(Turfan, 吐魯番): 신강위구르자치구 천산산맥 동쪽에 있는 도시 또는 이 도시를 중심으로 한 분지 전체를 가리킴. 분지 총 면적 5만 ㎢의 80%가 해수면보다 고도가 낮으며 지형지세에 따른 고온·건조·강풍으로 유명하다.

266) 거연(居延): 지금의 내몽고자치구 에치나[額濟納]기(旗) 동남쪽에 위치. 한대 장액군(張掖郡)에 소속된 현(縣) 이름으로 군도위(郡都尉)의 치소가 있었다. 당시 하서(河西)지역과 막북(漠北) 사이의 교통요지였다.(《사기 외국전 역주》, 114, 293쪽)

중앙아시아 언어 연구에 참가한 사람으로는 프랑스의 레비, 독일의 지크(Sieg)와 지글링(Siegling), 영국의 베일리(H. W. Bailey)[267] 등이 있었다. 중국인 중에도 애써 서양인의 뒤를 따라 연구에 종사하는 사람이 있었으니, 이들 모두 중서교통사 연구를 도왔고 그 발전을 나날이 촉진하였다.

광서 26년(1900) 돈황 명사산(鳴沙山) 천불동에서 발견된 옛 문서는 중국 학술연구사상 매우 중요한 대량의 사료를 제공하였다. 그 중에는 산스크리트문자·티베트문자·위구르문자·페르시아문자·호탄[于闐][268]문자·쿠차[龜玆][269]문자·서하(西夏)문자·소그드[窣利]문자[270]로 된 자료가 있었을 뿐 아니라 돈황이 고대 중서교통의 요충이었기에 중서교통사 연구에 더 많은 도움이 되었다. 불교·조로아스터교[火祆教]·마니교(摩尼教)·경교(景教)의 문헌도 모두 포함되어있었다. 연구에 참

....

267) 해롤드 월터 베일리(Harold Walter Bailey, 1899~1996): 영국의 동양학자로 호탄어·산스크리트어·이란어를 비교 연구하였다. 20세기의 가장 뛰어난 동양학자 중 한 명으로 평가받는데, 독일어·이탈리아어·스페인어·라틴어를 비롯하여 50여 개가 넘는 언어를 읽을 수 있었다고 한다. 특히 호탄왕국의 중세 이란어와 호탄어에 대한 세계적인 전문가로 유명하다.
268) 우전(于闐): 고대 불교왕국인 호탄(Khotan)을 가리킨다. 호탄왕국은 타림분지의 타클라마칸사막 남쪽(현 신강위구르자치구)에 위치했다. 호탄왕국은 1세기부터 중국 사료에 등장하기 시작하는데, 장기간 유지되다가 11세기 초 이슬람의 침공을 받고 그 영향 하에 들어갔다.
269) 구자(龜玆): 고대 불교왕국인 쿠차(Kucha)를 가리킨다. 실크로드 상에 있던 쿠차는 타클라마칸사막 북쪽 가장자리 무자트강 남쪽에 위치하고 있었다. 이 지역은 현재 신강위구르자치구의 아커쑤[阿克蘇]지구에 속한다. 《한서(漢書)》에 따르면 쿠차는 서역의 36왕국 중에서 가장 큰 나라였다고 한다. 당은 7세기 중엽 타림분지를 장악하고 쿠차에 안서도호부(安西都護府)를 설치하여 서역 안정화에 힘썼다.
270) 소그드(Sogd)문자: 고대 소그드인이 사용하던 일종의 병음문자. 중국에서는 소그드를 속특(粟特) 또는 솔리(窣利)라고도 불렀다.

가한 유럽학자는 가장 먼저 이들 문서를 약탈했던 스타인과 펠리오 두 사람 외에 샤반느·레비·마스페로 등이 있었고, 일본에서는 하네다 도오루·카노 나오키(狩野直喜)[271]·이시다 미키노스케·스즈키 토라오(鈴木虎雄)[272]·나바 토시사다(那波利貞)[273]·니이다 노보루(仁井田陞)[274]·마츠모토 에이이치(松本榮一)[275]·타카쿠스 준지로(高楠順次郎)[276]·마

271) 카노 나오키(狩野直喜, 1868~1947): 쿠마모토(熊本) 출신의 중국학자 겸 역사학자. 도쿄제국대학 한학과를 졸업하고 1906-28년 교토제국대학 교수로 중국철학사와 중국문학 강의를 담당했다. 재임 중 프랑스에 유학하여 당시의 문헌학적 방법을 학습하였고 프랑스에 있는 돈황문서도 열람 연구하였다. 저서로《중국철학사》·《위진학술고(魏晉學術考)》·《청조의 제도와 문학(清朝の制度と文學)》등이 있다.

272) 스즈키 토라오(鈴木虎雄, 1878~1963): 니가타(新潟)현 출신의 중국문학자이다. 1900년 도쿄제국대학 한학학과를 졸업하고 1908년 교토제국대학 문과대 교수로 부임하였다. 일본에서의 중국문학과 문화연구 창시자 중 한 사람으로 꼽히며 교토학파의 발족에 기여하였다.

273) 나바 토시사다(那波利貞, 1890~1970): 도쿠시마(德島)시 출신의 동양사학자이다. 1912년 교토제국대학 사학과에 입학해 1929년 동 대학 조교수가 되었고 1931년 문부성 재외연구원이 되어 프랑스에서 돈황문서 조사를 하였다. 대표적인 저서로《연오재필(燕吳載筆)》·《당대사회문화사연구(唐代社會文化史研究)》등이 있다.

274) 니이다 노보루(仁井田陞, 1904~1966): 미야기(宮城)현 출신의 법제사학자로 중국법제사의 개척자로 알려져 있다. 1928년 도쿄제국대학 법학부를 졸업하고 1942년 동 대학 동양문화연구소 교수가 되었다. 당령(唐令)의 전해지지 않는 글을 연구하여 원 법전의 체계와 조문 복원에 처음 성공했다. 저서로《중국법제사(中國法制史)》·《당령습유(唐令拾遺)》·《당송법률문서의 연구(唐宋法律文書の研究)》등이 있다.

275) 마츠모토 에이이치(松本榮一, 1900~1984): 히로시마현 출신의 미술사학자. 도쿄제국대학을 졸업하고 동 대학 조교수를 거쳐 1919년 국립박물관 부속 미술연구소 소장이 되었으며 1929년 도쿄예술대학 교수가 되었다. 저서로《돈황화의 연구(燉煌畵の研究)》등이 있다.

츠모토 분사부로(松本文三郎)[277] · 이시하마 준타로(石濱純太郎)[278] · 야
부키 케이키(矢吹慶輝)[279] 등 최고의 학자들이 참가했다. 중국학자로는
나진옥(羅振玉)[280] · 왕국유 · 나복성(羅福成)[281] · 허지산(許地山)[282] 등이

276) 타카쿠스 준지로(高楠順次郎, 1866-1945): 히로시마현 출신의 불교학자.
　　유년기에 조부로부터 한문을 배웠고 초등학교 교원으로 일하다 21세 때에
　　보통교교(普通教校: 현 龍谷大學)에 입학했다. 도쿄제국대학 명예교수이며
　　불교와 인도를 주로 연구하여 다수의 저서를 남겼다.
277) 마츠모토 분사부로(松本文三郎, 1869-1944): 이시카와(石川)현 출신의 인
　　도철학자 겸 불교학자. 1906년 교토제국대학 교수가 되었고 1938년 동방문
　　화연구소 소장이 되었다. 저서로는 《인도의 성인(印度の聖人)》·《세계에서
　　의 인도(世界に於ける印度)》 등이 있다.
278) 이시하마 준타로(石濱純太郎, 1888-1968): 오사카 출신의 동양사학자. 도
　　쿄제국대학을 졸업하고 동양의 고어와 서역에서 출토된 불전·고문헌의 연
　　구자로서 활동하였다. 1949년 간사이대학의 교수를 맡았고 1959년 정년퇴
　　임하였다. 저서로 《돈황 석실의 유서(敦煌石室の遺書)》·《동양학 이야기
　　(東洋學の話)》 등이 있다.
279) 야부키 케이키(矢吹慶輝, 1879-1939): 후쿠시마현 출신의 종교학자. 도쿄
　　제국대학을 졸업하고 종교대학(宗教大學: 현 大正大學) 교수가 되었고 구
　　미로 유학하여 돈황에서 출토된 불전을 연구하였다. 저서로 《종교학개론
　　(宗教學概論)》·《아미타불의 연구(阿彌陀仏の研究)》 등이 있다.
280) 나진옥(羅振玉, 1866-1940): 청말 민초의 학자로 절강성 상우(上虞) 출신이
　　다. 신해혁명 때 일본으로 망명한 후 교토에 살면서 청나라 고증학을 일본
　　에 전하였다. 금석학과 고증학의 권위자로 유명했고 은허에서 출토된 갑골
　　문자를 연구하여 《은허서계전고석(殷墟書契前考釋)》 등을 펴내 그 해독을
　　시도했다. 또 돈황에서 발견된 문서 등의 연구로 돈황학의 기초를 닦았다.
281) 나복성(羅福成, 1885-1960): 청말 민초의 학자로 강소성 회안(淮安) 출신이
　　다. 언어학과 문자학에 조예가 깊었고 서하문자와 거란문자에 정통하였다.
　　강소사범학교와 일본 와세다(早稲田)대학을 졸업했고 신해혁명 이후 부친
　　을 따라 일본으로 피신하였다. 저서로 《서하역련화경고석(西夏譯蓮華經考
　　釋)》·《서하국서류편(西夏國書類編)》 등이 있다.
282) 허지산(許地山, 1893-1941): 청말 민초의 인도문학자이자 작가로 복건성 용

있었는데, 참가자 중 아직 생존해 있는 사람은 생략하였다.

....

계(龍溪) 출신이다. 1920년 연경대학을 졸업한 뒤, 미국 컬럼비아대학과
영국 옥스퍼드대학에서 유학했다. 1926년 귀국하여 연경대학·청화대학·
북경대학 교수를 역임했고 인도에서 불전을 연구하여 산스크리트어의 당
대 제일인자로 알려졌다. 중일전쟁 발발 후 홍콩대학 교수로 옮겨 항일운
동에 종사하던 중 병사하였다. 저서로 《춘도(春桃)》·《공산영우(空山靈雨)》
등의 작품을 남겼다.

제1편

선사시대에서 진·한·위진남북조시대

제1장
선사시대 역사상의 두 가지 문제

제1절 중국인종의 유래

1. 인류학적 관찰

중국의 국제관계사를 논하기 위해서는 먼저 중국 인종이 외부에서 왔는지 여부를 검토해야만 한다. 현재까지 중국에서 발견된 인류화석 중 지금부터 대략 50만 년 전의 것으로 추정되는 북경인[北京人]은 진단 (震旦)[1]인이라고도 번역되는데, 최근 이제지(李濟之)[2] 선생은 《대륙잡

---

[1] 진단(震旦): 중국을 부르는 다른 이름이다. 수·당시기 인도 승려가 산스크리트어로 된 불경을 중국어로 번역하면서 중국을 지나(支那, 脂那) 또는 진단 (Cina-sthna: 지나인이 거주하는 곳)으로 음역(音譯)한데서 유래되었다.

[2] 이제지(李濟之, 1896-1979): 자(字)가 제지(濟之), 이름은 제(濟)로 호북성 종상현(鐘祥縣) 출신의 고고학자이다. 1918년 미국으로 유학을 가 하버드대학에서 박사학위를 받고 귀국하였다. 1926년 산서성 서음(西陰)촌에서 역사상 처음으로 신석기시대 유적 발굴 작업을 하였는데, 중국 고고학사의 새로운 지평을 열었다는 평가를 받고 있다. 저서로 《중국고고학논문집(中國考古學論文集)》 등이 있다.

지(大陸雜誌) 제5권 제7기에 실린 〈북경인의 발견과 연구 경과(北京人的發現與硏究之經過)〉에서 "이 갈래의 사람은 북경종(北京種)에 속한다"로 번역해야 한다고 주장했다.]이 가장 이른 것이므로 일단 북경인을 최초의 중국인으로 간주하고3), 이 북경인이 외부에서 유래했는지의 여부를 연구해야 할 것이다. 다만 이 문제가 본래 인류학의 범주에 속하므로 여기서는 인류학적 관찰을 서술하는데 그치고자 한다.

(1) 북경인은 호모 사피엔스(Homo sapiens)4)이다. 왜냐하면 북경인이 발견된 방산현(房山縣) 주구점(周口店)의 최초 채집 지점의 석회층 중에 불에 탄 뼈[骨]와 뿔[角] 및 불에 타고 남은 재와 목탄 등이 있었는데, 프랑스의 선사시대 연구 권위자인 브뢰이(Breuil)5)교수가 이들을 감

....

3) 북경원인 발견 이후 약 180만 년 전으로 추정되는 산서성 예현(芮縣)의 서후도(西候度)유적과 170만 년 전으로 추정되는 운남성 원모현(元謀縣)의 원모인, 60-70만 년 전으로 추정되는 섬서성 남전현(藍田縣)의 남전인이 새롭게 발견됨으로써 중국에서 살았던 인류의 활동시기가 훨씬 이전으로 거슬러 올라가게 되었다. 북경원인을 포함한 이들은 모두 전기 구석기시대 원인(猿人) 단계의 인류로 인공적인 불과 간단한 타제석기를 사용하고 있었다. 직립 보행한 이들은 수렵과 어로를 위주로 생활하였고 집단으로 거주하였으며 의사소통을 위해 언어를 사용하였던 것 같다. 하지만 이들의 진화과정은 매우 완만하였으며 현대인과의 직접적인 관련성은 없다.

4) 호모 사피엔스(Homo sapiens): '지혜가 있는 사람'이라는 뜻의 호모 사피엔스는 직립보행과 평균 1,350㎤의 뇌 용적, 높은 이마, 작은 이빨과 턱, 섬세한 턱 끝 등의 신체적 특징 외에도 도구를 제작·사용할 수 있었고 언어와 문자 같은 상징들을 사용했다는 점에서 짐승이나 다른 초기 인류와 구별된다. 호모 에렉투스(Homo erecuts)도 이러한 특징을 일부 가지고 있으나 전체적으로 볼 때 이것들은 호모 사피엔스의 고유한 특징들이다.

5) 앙리 프로스퍼 브뢰이(Henri-Édouard-Prosper Breuil: 1877-1961): 프랑스의 고고학자. 유럽과 아프리카 선사시대 동굴벽화의 권위자로 유명하다. 소르본과 파리 가톨릭 신학연구소에서 교육받았다. 1897년 사제 서품을 받은 직후부터 구석기 예술에 깊은 관심을 갖기 시작해 생애의 대부분을 프랑스

정한 결과, 북경인이 이미 '불'을 통제할 수 있는 능력을 가졌던 것으로 판단하였기 때문이다. 이에 테이야르 드 샤르뎅(Teihard de Chardin)[6]은 북경인을 '불'의 주인이라고 불렀으며, 일반 인류학자들은 이를 근거로 북경인을 호모 사피엔스로 분류한다. 이제지 선생은 〈북경인의 특징과 생활(北京人的特質與生活)〉에서 "북경인의 불 사용 능력은 더 이전에 전수되어졌을 수도 있으며" "이는 인류 지혜의 발전이 북경인보다 더 앞선 시대에 시작되었음을 증명하는 것"이라고 주장하였다(《대륙잡지》제5권 제10기).

(2) 북경인은 현대 몽고인종 북방파의 원조일 수도 있다. 북경인 연구 전문가 바이덴리히(F. Weidenrich)[7] 교수는 북경인의 체질이 현대 몽고인 중 북방의 한 파(派)와 약간 유사한 부분이 있다는 것을 발견했다. 그러나 아직 학계에서는 ①체질 특징이 완전히 선천적인 것만은 아니고, ②북경인이 몽고인종의 체질 외에 다른 체질도 갖고 있으며, ③자료

....

남부와 스페인 북부의 선사예술 연구에 바쳤다.

6) 피에르 테이야르 드 샤르뎅(Pierre Teihard de Chardin, 1881-1955): 프랑스의 가톨릭계 신학자·철학자·인류학자. 오베르뉴에서 출생. 예수회 회원으로 파리 가톨릭학원에서 강의했고 뉴욕 웨나그렌 연구소에서 인류학 연구에 힘썼다.

7) 프란츠 바이덴리히(Frantz Weidenrich, 1873-1948): 독일의 해부학자·체질인류학자. 1919-33년 하이델베르크대학과 프랑크푸르트대학에서 연구했으나, 유태인이었기 때문에 1934년 독일을 떠나 시카고대학으로 갔으며 다시 중국 북경연합의과대학으로 옮겼다. 이때부터 북경원인의 화석연구로 명성을 쌓았다. 1941년 뉴욕 자연사박물관에 들어갔으며 생전 인류 진화에 대한 연구를 계속했다. 그는 자바인을 연구해 초기 인류가 현재의 인류로 발전하는 과정에서 일어난 상호 연관된 변화로서 두 발로 걷기, 뇌 용량 증가, 얼굴이 작아진 것 등을 꼽았다. 그의 견해는 학술적이면서도 대중적인 강연집 《유인원, 거인과 인류》(Apes, Giants and Man, 1946)에 잘 요약되어 있다.

부족 등의 이유로 북경인이 현대 몽고인종의 먼 조상인지에 대해 의견 일치를 보지 못하고 있다.

(3) 북경인은 중국 남방에서 유래되었을 수도 있다. 최근 수십 년 동안 양자강 유역과 양자강 이남에서 구석기와 신석기시대 것으로 보이는 인류의 유물이 발견되었기 때문인데, 그 중에서도 광서(廣西)의 무명(武鳴)과 계림(桂林)의 동굴에 남아 있는 유물이 가장 중요하다. 그리고 최근 십여 년 동안 자바(Java)섬 일대에서 여러 차례 '신원인(新猿人)'이 발견됨으로써 북경인이 자바에서 중국 서남지방을 경유해 북경에 이르렀다고 생각하는 학자도 있다. 특히 폰 쾨니히스발트(Von Koenigswald)[8]가 홍콩의 한 중국약방에서 구입한 3개의 기간토피테쿠스(Gigan-topithecus)[9]의 어금니 화석이 광서 일대에서 채집한 것으로 전해지면서 북경인의 남쪽 유래설은 더욱 유력한 지지를 받고 있다.

(4) 그러나 또 다른 설이 있는데, 바로 제3기[10] 말에 인도의 시와릭

....

8) 구스타프 하인리히 랄프 폰 쾨니히스발트(Gustav Heinlich Ralph von Koenigswald, 1902-1982): 독일 태생의 네덜란드 고인류학자. 베를린대학과 뮌헨대학에서 수학하고 뮌헨의 지질학박물관원을 지냈다. 네덜란드 정부의 초청으로 자바섬에서 화석인류를 발굴하였으며 후에 유트렉트대학 교수가 되었다. 자바섬에서 Pithecanthropus erectus(자바원인)의 제2두골, 제3두골 표본과 메간트로푸스의 아래턱뼈를, 또 홍콩에서 기간토피테쿠스의 치아를 발견했다.

9) 기간토피테쿠스(Gigantopithecus): 화석으로 발견되는 대형 민꼬리 원숭이의 멸종된 속(屬). 900만 년 전부터 600만 년 전까지 인도에 살았던 기간토피테쿠스 빌라스푸렌시스(bilaspurensis)와 100만 년 전까지 중국에 살았던 기간토피테쿠스 블라키(blacki)의 2종(種)이 알려져 있다. 발굴된 것은 이빨·아래턱뼈·상완골(上腕骨) 말단의 일부이다. 고릴라보다 더 큰 몸집을 갖고 있었고 탁 트인 지역에서 살았으며 갈거나 씹을 수 있는 튼튼한 이빨을 가지고 있었던 것으로 추정하고 있다.

10) 제3기(第三紀): 신생대를 분류하는 예전의 방법(현재는 공식적으로 사용하

(Siwaliks)산맥 부근에 살던 기간토피테쿠스가 히말라야산맥 서쪽 경계 산중에서부터 동쪽으로 번식하여 제4기[11] 초기 또는 중기에 중국 남방의 기간토피테쿠스 블라키(Gigantopithecus blacki)가 되었다는 것이다. 이는 다시 운남(雲南)에서 출발하여 두 줄기로 나눠지는데, 기간토피테쿠스 블라키 또는 그 후예의 일부가 북쪽으로 와서 중국 원인(猿人)이 되었고, 다른 한 줄기는 태국과 싱가포르를 지나 자바에 이르러 메간트로푸스 팔레오자바니쿠스(Maganthropus Paleojavanicus)[12]와 피테칸드로푸스 로부스투스(pithecanthropus robustes)[13]가 되었다는 것이다.

....

지 않음)으로, 약 6,500만 년 전 부터 약 200만 년 전까지의 기간을 말한다. 이 기간에는 포유동물과 쌍 떡잎 식물이 번성하고 지각의 변동이 심하였다. 1759년 아르뒤노(Arduino)가 신생대 지층을 4분하였을 때 세 번째 지층으로 명명한데서 비롯된 명칭이다. 제3기는 약 2600만 년 전을 경계로 하여 다시 고(古)제3기와 신(新)제3기로 나뉜다. 현재의 분류 방법에서는 고제3기를 팔레오기(Paleogene Period)라 부른다.

11) 제4기(第四紀): 지질시대 가운데 현세와 가장 가까운 기(紀)로 약 200만 년 전부터 현재까지의 시대를 말한다. 홍적세(洪積世)와 충적세(沖積世)로 나뉜다. 마지막 빙하시대가 존재했고 현재 우리가 살고 있는 지형의 대부분이 이 시기에 만들어졌으며, 인류가 등장했다는 점에서 제4기는 중요한 시대이다. 1759년 아르뒤노가 신생대 지층을 4분하였을 때 네 번째 지층으로 명명한데서 비롯된 이름이다.

12) 메간트로푸스 팔레오자바니쿠스(Maganthropus Paleojavanicus): 화석 인류의 한 종. 1941년 폰 쾨니히스발트가 중부 자바의 산기란(Sangiran) 유적의 제틸스 층에서 발견하였다. 인골은 작은 어금니(소구치)와 큰 어금니부의 하악골편 3점이 있고, 명칭 그대로 거대한 현생 고릴라 뼈에 필적한다. 하악 저부는 두껍고 완강한데, 원인류에서 볼 수 있는 하악 내면의 융기는 없다. 이는 특히 크고 치관(齒冠)의 표면적은 현생 인류의 2배나 되는데, 형태는 사람과 비슷하다. 함께 발견된 원시적인 들소·검치호(劍齒虎) 등의 동물화석으로 미루어 약 50∼70만 년 전의 제1간빙기에 서식한 것으로 추정되나 메간트로푸스의 귀속에 관해서는 여러 설이 있다.

13) 피테칸드로푸스 로부스투스(pithecanthropus robustes): 과거 자바원인과 북

이러한 주장은 바이덴리히 교수가 1945년에 출간한 《자바와 중국남부의 초기 거인》(*Giant early man from Java and South-China*)에서 찾아볼 수 있다.

(5) 북경인 보다 40여 만년 늦고 지금으로부터 2만여 년 전의 화석인 '주구점(周口店) 상동노인(上洞老人)'에 대해 체질인류학 대가 바이덴리히는 보존이 가장 완전한 세 개의 두개골을 분석한 후, 101호(노인)는 원시 몽고형, 102호(여인)는 멜라네시아(Melanesia)[14]형, 103호(여인)는 에스키모(Eskimo)형이라고 주장하였다. 하버드대학의 후턴(E. A. Hooton)[15]교수도 바이덴리히가 내린 두 여성에 대한 분석결과에 대해 동의하였다. 하지만 노인의 체질에 대해서는 "원시 유럽 백인종으로, 고대 오세아니아 원주민의 피가 섞여 있는 듯하다"는 견해를 내놓았다. 그러나 반드시 보충 설명해야 할 것은 오늘날의 멜라네시아인과 에조(蝦夷)인[16]은, 하나는 흑인종이고 다른 하나는 백인종이지만 둘 다 다른 인종의 피가 조금씩 섞여 있다는 점이다. 골격만으로 2만여 년 전 사람의

....

경원인을 비롯한 일부 화석인류를 가리키던 속명(屬名). 그러나 현재는 자바원인과 북경원인 둘 다 호모 에렉투스로 분류된다.

14) 멜라네시아(Melanesia): 태평양 남서부 대략 180°경선에 의하여 동쪽의 폴리네시아와 나뉘며 적도에 의해서 북쪽의 미크로네시아와 구획되는 섬들. 주민 대부분은 원주민인 멜라네시아인이다.

15) 어니스트 후턴(Earnest Hooton, 1887-1954): 미국의 저명한 체질인류학자로 영국의 권위 있는 인류학자 케이스(A. Keith)에게 인류학을 배웠다. 특히 인종분류 연구와 저서 《유인원으로부터의 진화》(*Up from the Ape*)로 유명하다.

16) 에조(蝦夷): 아이누의 옛 명칭. 일본의 홋카이도와 러시아의 사할린·쿠릴열도 등지에 분포하는 소수민족이다. 아이누란 '인간'을 나타내는 말로 이것이 민족의 명칭으로 보편적으로 쓰인 것은 19세기 후반 메이지 시대부터이다. 그 이전까지 혼슈(本州)의 일본인들은 홋카이도 지역에 사는 아이누를 이민족이라는 차별의 의미를 담아 '에조'라고 불렀다.

인종을 확실히 단정할 수는 없지만, 이들이 동일 인종이 아니라는 것은 논쟁의 여지가 없는 사실이다. 바이덴리히는 "주구점 산정동(山頂洞)에 매장된 한 가족은 원래 외부에서 온 유동(流動) 부락민인데, 이들이 공격 끝에 소멸시킨 것이 바로 주구점의 토착민이다. 이들 주구점의 토착민이야 말로 진정한 원시 중국인을 대표한다"는 아주 중요한 결론을 내렸다.

이를 통해 태고시대 이미 지금의 중국 영토 내에서 인종 간 혼합이 이루어졌음을 알 수 있다. 이제지 선생은 〈중국민족의 기원(中國民族之始)〉이라는 글에서 "만약 중국민족을 구성하는 인종 성분에 대해 예정된 선입견이 없다고 가정한다면, 우리는 중국 국경 안에 존재했던 모든 인종, 특히 초기 거주민들이 중국민족사에서 차지하는 지위에 대해 똑같이 중시해야만 한다"고 주장하였다.(《대륙잡지》 제1권 제1기)

2. 중국과 외국학자의 기존 견해

지난 3백 년 동안 유럽의 역사학자들은 중국인종이 서방(西方)의 어떤 지역에서 유래되었다는 의견을 무수히 발표하였다. 이 모든 주장들은 비록 이미 지나간 과거사가 되었지만, 중서교통사에 있어서 많은 논쟁을 일으켰던 문제인 만큼 학자로서 당연히 알아야 할 내용들이다.

명말 청초 중국에 온 유럽 선교사들이 중국에 대해 점차 상세한 소개를 하면서부터 중국민족의 유래에 대한 유럽학자들의 관심도 커져갔는데, 이는 아마도 중국 고서(古書)에 서방에 대한 기록이 자주 보였기 때문인 것 같다. 예컨대 주(周) 목왕(穆王)[17]이 서쪽 곤륜지역을 순행하

---

17) 목왕(穆王): 서주(西周)의 5대 군주로 소왕(昭王)의 아들이다. 서쪽으로 견융

면서 서왕모(西王母)를 만난 이야기가 여러 책에 기록되어있고, 《일주서
(逸周書)》[18] 〈왕회해(王會解)〉편에 실린 조근(朝覲)한 여러 나라 중 다
수가 거수(渠搜: 渠와 搜를 각각의 나라로 보는 이도 있음)[19]·월지(月
氏)[20]·대하(大夏)[21] 등과 같은 서방의 고국(古國)이었다는 기록이 있
다. 이와 함께 《시경(詩經)》의 '서방미인(西方美人)'[22]이나 《열자(列子)》

....

(犬戎)을 치고 동쪽으로 서이(徐夷)를 정벌하였다. 견융 토벌 실패로 제후의
이반(離反)을 초래하여 이때부터 주나라의 덕이 쇠퇴하였다고 한다. 반면
아버지 소왕과 목왕 시기에 법제가 정비되고 희성(姬姓)의 나라가 증가하여
영토가 확장됨으로써 주나라 국력이 확충되었다는 견해도 있다.
18) 《일주서(逸周書)》: 전국시대에 지어진 위서(僞書)로 원명은 《주서(周書)》이
다. 지금 전하는 책은 10권이며 작자는 미상이나 한 사람에 의해서 지어진
것은 아니다. 그밖에 《급총주서(汲冢周書)》라고도 하는데, 서진 때 급현(汲
縣)의 옛 무덤에서 출토된 데서 서명이 유래되었다.
19) 고족(古族)의 이름으로 지금의 감숙성 주천(酒泉) 서쪽에서부터 선선(鄯善)
일대에 거주했다.
20) 월지(月氏): 지금의 감숙성 서부와 청해성 경계 지역에 살았던 고대 종족의
명칭으로 그 원류에 대해서는 아직 정설이 없다. 다만 고고학적인 발굴성과
를 기초로 문화적인 면에서 기원전 4-3세기경 몽고초원과 중국 서북에서부
터 아무다리야 지역까지 퍼져 있었던 이란 계통인 사카 유목민 집단으로
추정되고 있다. 기원전 3세기 흉노의 등장과 함께 아무다리야 지역으로 이
주해 그리스 계통의 박트리아왕국을 무너뜨리고 대월지(大月氏)를 건국했
다.(《사기 외국전 역주》, 58쪽)
21) 대하(大夏): 한나라 때 서역의 박트리아(Bactria, B.C.246-B.C.138)를 부르던
이름. 아무다리야와 힌두쿠시산맥 사이, 즉 오늘날의 아프가니스탄 북부에
알렉산더제국의 동방영토에서 독립한 그리스계 셀레우코스왕국의 태수(太
守) 디오도토스(Diodotus)가 세운 나라. 흉노의 압박으로 남하한 대월지에
의해 붕괴되었다(《사기 외국전 역주》, 233, 254쪽). 다만 종전에는 박트리아
왕국으로 보는 설이 유력했으나, 최근에는 기원전 2세기에 박트리아왕국을
멸한 이란계 유목민 토하라(Tokhara)의 음역으로 보기도 한다.
22) 서방미인(西方美人): 서쪽 주나라의 성왕을 가리킨 것으로 《시경》〈패풍(邶

의 '서방성인(西方聖人)'23)과 같은 말과 황제(黃帝)가 곤륜에 오르고 영륜(伶倫)에게 곤륜에 가서 그 대나무로 악기를 만들게 했다는 전설도 이 시기 유럽에 전해짐으로써 유럽인들은 중국민족이 정말 서방에서 유래했다고 생각했지만, 이 역시 다음과 같은 여러 설로 나뉘어졌다.

(1) 이집트 기원설

독일인 예수회 선교사 키르허(Kircher)는 1654년(순치 17년) 자신의 저서 《이집트의 수수께끼》(Oedipi Aegyptiaci)와 1667년(강희 6년)에 저술한 《중국예속기》에서 중국문자가 이집트 상형문자와 유사한 점이 있는 것을 예로 들어 중국인이 이집트인의 후손이라는 주장을 폈다. 예수회 선교사 신분으로 중국에 온 적이 있고 키르허와 동시대 사람인 보임(Byom)도 그 설에 찬성하였다. 키르허의 설에 가장 반대한 사람은 프랑스 학자 프레레(N. Fréret)24)로 1718년(강희 57년) 12월 6일 이에 대한

風》〉 간혜(簡兮)편에, "누구를 생각하는가? 서방의 미인이라네, 저 미인이야말로 먼 서방 사람이라네(云誰之思 西方美人 彼美人兮 西方之人兮)"에서 나온 말이다. 위(衛)나라의 한 현사(賢士)가 미관말직인 악공(樂工)의 자리에 있으면서 은밀히 그 불만을 토로함과 동시에 옛 주나라의 성왕을 사모하여 노래했다고 전해진다.

23) 서방성인(西方聖人): 《열자》 권4 〈중니편(仲尼篇)〉에 "상태재(商太宰)가 공자(孔子)에게 성인(聖人)에 대해 묻자, 공자가 이르기를, 삼황(三皇)·오제(五帝)는 성인이 아니다. 오직 서방에 성자(聖者)가 있으니 백성을 다스리지 않아도 문란치 않고 말하지 않아도 저절로 믿음이 생기며 교화하지 않아도 스스로 행한다"는 구절에서 나온 말이다.

24) 니콜라 프레레(Nicolas Fréret, 1688-1749): 프랑스 학자로 파리에서 태어났다. 어려서부터 신화에 관심이 많아서 신화에 관한 연구를 많이 하였는데, 그리스 신화 뿐 아니라 중국과 인도의 신화 연구도 진행하였다. 루이 14세

논문을 발표하였다. 그러나 1716년 또 다른 프랑스인 위에(Huet)[25] 주교는 고대 해상통상사(海上通商史) 연구를 통해 인도와 중국 모두 이집트의 식민지였으며 적어도 두 나라 민족 대부분이 이집트인 혈통에 속한다고 주장하였다. 그 외 1759년(건륭 24년) 서한을 발표한 마리앙(S. de Mairan)도 같은 주장을 하였다. 그러나 당시 북경에서 선교활동을 하고 있던 마리앙의 친구 파르냉(Parrenin)은 그의 설을 강력히 반박했다. 마리앙이 서한을 발표하던 해에 조제프 드 기네(Joseph de Guignes)는 중국문자 중 페니키아 알파벳과 유사한 것이 있으므로 중국고대사는 바로 이집트사라고 주장하면서, 이집트인이 중국으로 이주한 연대를 기원전 1122년 즉 주 무왕(武王) 13년으로 정하고 중국문자는 3개의 페니키아 자모로 이루어졌다는 주장을 폈다. 이상과 같은 주장을 한 사람들은 모두 프랑스인이었다. 1744년(건륭 9년) 영국인 워버튼(Warburton)도 중국문자가 이집트 상형문자 중 널리 쓰이던 자체에서 변천하여 만들어진 것이라는 주장을 폈지만, 1774년(건륭 39년) 프랑스인 파우(C. de Pauw)[26]가 다시 반대의견을 내놓았다. 한편 이보다 앞선 1761년 런

....

밑에서 중국어 번역을 맡고 있던 중국인 Arcadio Huang(黃嘉略)의 지도 아래 중국어를 공부하였다. 그는 비교적 이른 시기에 중국어를 연구한 유럽인이라고 할 수 있다.

25) 피에르 다니엘 위에(Pierre Daniel Huet, 1630-1721): 프랑스의 가톨릭 사제이자 학자이다. 캉(Caen)출신으로 캉의 예수회 학교에서 수학했다. 루이 14세 때 왕자 교육을 위해 만든 라틴어 문집인 *Delphin Classics*을 편집했으며 1670년 유럽 최초의 소설론인 《소설의 기원론》(*Traité de l Origine des romans*)을 저술했다. 수아송(Soissons)과 아브랑슈(Avranches)의 주교직을 역임했다.

26) 코르네유 드 파우(Corneille de Pauw, 1739-1799): 프랑스의 인류학자. 위에와 조제프 드 기네가 중국 한족(漢族)의 기원을 이집트라고 주장한 반면 그는 이집트인은 자모를 가진 한 종류의 문자를 가지고 있는데 비해 중국문자

던 왕립협회의 니덤(Needham)[27]은 이탈리아 토리노박물관에서 우연히 이집트 이시스(Isis)[28] 신상(神像)에 새겨진 이집트 문자를 발견한 후, 바티칸의 한 중국직원을 통해《강희자전(康熙字典)》중에서 똑같은 12 글자를 찾아내고 로마의 명망 있는 학자에게 이집트 기원설을 증명해줄 것을 두루 요청하였다. 이에 대해 당시 북경에 있던 예수회 선교사 시보 (Cibot)[29]가 뜻밖에도 그 설에 찬성한다는 답장을 보냈지만, 1773년 볼 테르(Voltaire)는 이와 같은 학설을 주장한 자는 자신의 정력 뿐 아니라 남의 힘도 낭비한 것이라고 비판하였다.

그러나 1834년(도광 14년) 카이로에서 골동품을 취급하던 한 아랍 상 인이 테베(Thebes)[30]의 옛 무덤에서 중국의 고병(古瓶)을 발견했다는

....

는 이와 다르다하여 반대의 입장을 보였다.
27) 존 터버빌 니덤(John Turberville Needham, 1713-1781): 영국의 생물학자. 신학대학에 있는 동안에 처음으로 자연철학에 관심을 가졌고 특히 현미경적 연구에 종사하였다. 펄펄 끓인 육즙 속에 다시 미생물이 생기는 것을 보고 생물의 자연발생을 주장하여 라차로 스팔란차니(Lazzaro Spallanzani)와 대 립하였다. 1768년에 왕립협회의 멤버가 되었고 이후 가톨릭 사제가 되었다.
28) 이시스(Isis): 고대 이집트 및 그리스 로마 등지에서 숭배된 최고의 여신. 이 시스라는 이름은 '왕좌'를 뜻하는 고대 이집트의 상형문자를 그리스어로 바 꾼 것이다. 왕좌는 성이 여성이기 때문에 그 화신은 여자, 즉 왕의 어머니였 으며 사실상 왕의 창조주였다. 고대 이시스 숭배에 관해서는 거의 알려진 것이 없으며 피라미드 원문(B.C.2375경-B.C.2200경)에서도 이시스가 살해 된 자기의 남편 오시리스 신을 애도했다는 언급을 제외하면 그에 관한 기록 을 거의 찾아볼 수 없다.
29) 피에르 마샬 시보(Pierre Machal Cibot, 韓國英, 1727-1780): 프랑스 출신의 예수회 선교사로 1758년 마카오에 도착했고 1760년 북경에 들어가 선교활동 을 시작했다. 중국의 역사와 문학에 관련된 저술들을 남겼으며《대학》 (Traduction du Ta-hio)과《중용》(Traduction du Tchong-yong)을 프랑스어 로 번역하였다.
30) 테베(Thebes): 그리스 중부 보이오티아에 있던 옛 도시. 그리스어로는

이야기를 과장해 늘어놓음으로써 이집트 기원설이 다시 한동안 유행하게 되었다. 영국인 윌킨슨(J. G. Wilkinson)[31]은 고병이 발견된 곳이 한곳이 아닐 뿐만 아니라 무덤 안에서 발견되었기 때문에 후대 사람이 남긴 것이 아니라고 주장하였다. 하지만 1853년(함풍 3년) 당시 중국에 있던 영국인 메드허스트(W. H. Medhurst)[32]는 테베 무덤에서 나온 고병이 명대의 도자기라고 지적하였고, 프랑스인 중국학자 줄리앙(Julien)도 기원후 7세기 유물이라고 추정했다. 이보다 앞선 1846년(도광 26년) 미국학자 모튼(S. G. Morton)[33]도 자신의 저서 《이집트 인종지》(*Crania Aegyptiaca*)에서 중국인과 이집트인은 동일 종족이 아니라고 역설한 바 있다. 사실 이 도자기들은 모두 골동품 상인이 홍해와 인도 사이에 있는

....

'Thebai'라고 하며, 이미 기원전 3000년부터 사람이 산 흔적이 있다.

31) 존 가드너 윌킨슨(John Gardener Wilkinson, 1797-1875): 영국의 이집트학자이자 여행가 겸 작가로 영국 이집트학의 아버지라고 불린다. 1819년 이집트학을 공부하기 시작하였으며 1821년 처음으로 이집트를 방문하였다. 1833년 영국으로 귀국하였다가 1842년 다시 이집트를 방문하였다. 저서로《모슬렘 이집트와 테베》(*Moslem Egypt and Thebes*)가 있다.

32) 월터 헨리 메드허스트(Walter Henry Medhurst, 麥都思, 1796-1857): 영국의 선교사로 1835-36년 중국 연안 일대를 여행하며 일시 선교활동을 했고 1843년부터 상해에 거주하며 《성경》을 번역하였으며 1846년에는 《서경(書經)》을 영역하였다. 중국인에 대해 매우 냉정한 견해를 가진 인물로, 혹시 혁명이 일어나 왕조가 바뀌더라도 중국은 중국인 채로 계속 있을 것이라며 중국 사회의 정체성을 강조하였다.

33) 사무엘 조지 모튼(Samuel George Morton, 1799-1851): 미국의 과학자이자 인류학자. 1820년 펜실베니아대학을 졸업하고 1839년부터 동 대학에서 해부학을 강의하였다. 모튼은 두개골의 크기를 인간의 도덕적·지적 능력과 결부시켰는데, 이를 바탕으로 이집트인들의 두개골 연구를 통해 고대 이집트의 지배계급이 코카서스인이었다고 주장하면서 이집트를 백인이 지배하던 사회로 파악하였다.

여러 커다란 무역항에서 얻은 것들인데, 무덤 속에서 발견하였다고 거짓말한 못된 연극에서 비롯된 것이었다.

그 외 이집트의 람세스(Ramses) 2세가 중국을 정복하였다는 기원전 5세기 그리스 역사학자 헤로도토스(Herodotus)와 기원전 1세기 시칠리아 역사학자 디오도로스(Diodorus)[34]의 기록을 근거로 중국과 이집트 동원설(同源說)을 주장하는 자도 있었다. 사실 디오도로스의 주장은 헤로도토스를 계승한 것이었지만, 막상 헤로도토스의 책에는 이집트가 중국을 정복했다는 기록이 없다. 디오도로스가 "갠지스강을 건너 인도로 들어가 큰 바다에 이르렀다"고 말하긴 했으나, 이는 분명 나중에 첨가된 것으로 신뢰할 수 없음이 명백하다.

따라서 이상에서 소개한 각종 '중국인종 이집트 유래설'은 그 근거가 무엇이던지 오늘날 이를 받아들이는 사람은 없다.

(2) 바빌론 기원설

1880년(광서 6년)[35] 이후 런던대학 교수 라쿠프리(Lacouperie)는 중국 고대의 '백성'이라는 말은 바빌론의 바크(Bak)족으로 '바크' 라는 음

---

34) 디오도로스 시켈로스(Diodöros Sikulos): 기원전 1세기 말의 그리스 역사가로 시칠리아의 아기리움 출신이다. 《역사 총서》(*Bibliotheca historica*)라 불리는 세계사를 저술하였다. 이 책은 이집트·인도·메소포타미아 역사로부터 카이사르의 갈리아 정복에 이르는 40권의 대저이지만 역사가로서의 능력은 평범했다. 다만 고대의 사서(史書)를 단순히 충실하게 채록하고 있는 점에 가치가 있다. 현재는 제1-5권, 제11-20권이 완전히 전할 뿐이고, 이외의 권들은 단편으로만 남아있다.

35) 원서에는 1880년(도광 6년)으로 되어있으나 도광 6년은 1826으로 라쿠프리의 출생년도를 보면 광서 6년의 오기로 보인다.

이 변해서 된 것이라고 공언하였다. 또한 신농(神農)은 사르곤(Sargon)이고 창힐(倉頡)은 둥기(Dungi)이며, 황제(黃帝)는 유웅씨(有熊氏)이고 유웅은 바로 쿤두르 나쿤트(Kundur Nakhunte)[36]로 하나같이 바빌론의 이름이 아닌 것이 없다고 주장했다. 그의 설이 나오자 적잖은 사람이 이에 동의하였다. 1913년(민국2년) 영국 선교사 볼(C. J. Ball)도 자신의 저서 《중국인과 수메르인》(*Chinese and Sumerian*)에서 중국문자는 바빌론에서 유래되었다는 주장을 폈다. 볼의 책은 늦게 발표되었지만, 그의 연구는 원래 라쿠프리와 같은 시기에 시작한 것이었다. 일본인 시라가와 지로(白河次郎)[37]와 고쿠후 다네노리(國府種德)[38]도 이 설을 추종하였는데, 1899년(메이지 32년)에 출간한 공저 《지나문명사(支那文明史)》[39]에 그 내용이 기록되어있다.

이 설은 청말 민초 중국학자들로부터 가장 많은 환영을 받았는데, 이

....

36) 라쿠프리는 1880년 《초기 중국문명의 서방 기원: B.C.2300-A.D.200》에서 서아시아 바빌론 일대에 거주하던 바크족의 우두머리를 쿤두르 나쿤트라 하였다.

37) 시라가와 지로(白河次郎, 1874-1919): 후쿠오카(福岡) 출신의 신문기자. 도쿄제국대학 한학과를 졸업하였다. 학생시절부터 《강호문학(江湖文學)》을 창간하여 문필활동을 시작하였다. 1898년 《고베신문》, 1899년 《큐슈일보》의 주간을 담당하였고 1903년 중국 남경의 강남고등학당 총교습이 되었다. 귀국 후에는 와세다대학에서 강사로 일하였다. 저서로 《도연명(陶淵明)》·《지나문학대강(支那文學大綱)》·《공자(孔子)》·《제갈공명(諸葛孔明)》 등이 있다.

38) 고쿠후 다네노리(國府種德, 1873-1950): 카나자와(金沢)시 태생의 한문시인이자 문장가이다. 도쿄제국대학 법과를 다니다가 중퇴하였다. 1907년 내무성에 들어갔고 다이쇼와 쇼와 초기의 조칙 등을 기초하였다. 저서에는 《후루하시 겐로쿠로(古橋源六郎)옹(翁)》·《대일본현대사(大日本現代史)》·《지나학술사강(支那學術史綱)》 등이 있다.

39) 원서에는 《중국문명발달사》로 되어있으나 원서명을 찾아 표기하였다.

는 반만(反滿) 정서가 매우 높았던 당시 시대상황에서 한족 서래설은
한족이 만주족과 다르다는 증거가 되었기 때문이었다. 예컨대 정겸(丁
謙)의 〈중국인종종래고(中國人種從來考)〉, 장지유(蔣智由)[40]의 〈중국인
종고(中國人種考)〉, 장병린(章炳麟)[41]의 〈종성편(種姓編)〉, 유사배(劉師
培)[42]의 〈국토원시론(國土原始論)〉·〈화하편(華夏篇)〉·〈사고국편(思故
國篇)〉, 황절(黃節)[43]의 〈입국편(立國篇)〉·〈종원편(種原篇)〉 등이 이런
부류에 속하는 글들이다.

....

40) 장지유(蔣智由, 1865-1929): 청말 민초의 시인으로 절강성 제기(諸暨) 출신이
   다. 젊은 시절 일본에 유학하여 광복회(光復會)에 참여하였다. 양계초(梁啓
   超)는 그를 황준헌(黃遵憲)·하증우(夏曾佑)와 함께 '근대시계삼걸(近代詩界
   三杰)'이라고 불렀다. 저서로 《거동집(居東集)》·《장광운선생유시(蔣觀云先
   生遺詩)》 등이 있다.

41) 장병린(章炳麟, 1869-1936): 절강성 여항(餘杭) 출신의 혁명운동가로 손문(孫
   文)·황흥(黃興)과 함께 혁명삼존(革命三尊)이라 불리며 유학자로서도 유명
   하다. 처음에는 고증학을 배우고 역사제도를 연구하였는데, 청일전쟁 다음
   해부터 정치운동으로 전향하여 양계초 등의 《시무보(時務報)》에 관계하고
   그 후 배만광복(排滿光復)혁명을 주창하였다.

42) 유사배(劉師培, 1884-1919): 청말 민초의 유학자로 강소성 양주(揚州) 출신이
   다. 1905년 《국수학보(國粹學報)》가 창간되자 이에 관여하였고 이후 국수주
   의 운동에 참가하여 국수주의 혁명사상가로 알려졌다. 원세개의 제정(帝政)
   에도 참여했지만 제성이 실패하자 은둔하였나. 1917년 북경대학 총장 채원
   배(蔡元培)의 초빙으로 북경대학 교수가 되었다. 저서로 《춘추좌씨전략(傳
   略)》·《주례고주집소(周禮古註集疏)》 등이 있다.

43) 황절(黃節, 1873-1935): 청말 민초의 시인 겸 역사가로 광동성 순덕(順德) 출
   신이다. 북경대학과 청화대학의 교수, 광동성 교육청 청장 등을 역임했다.
   시문과 서법에도 능해 양정분(梁鼎芬)·나영공(羅癭公)·증습경(曾習經)과 더
   불어 '영남근대사대가(嶺南近代四大家)'라 일컬어졌다. 저서로 《겸가루시(蒹
   葭樓詩)》·《한위악부풍전(漢魏樂府風箋)》·《조자건시주(曹子建詩注)》·《포참
   군시주집설(鮑參軍詩注集說)》 등이 있다.

(3) 인도 기원설

1853년(함풍 3년) 프랑스인 고비노(A. de Gobineau)[44]는 백인종이 문화 발명의 실제 담당자로, 이집트문화와 중국문화는 모두 인도민족 ― 즉 백색 아리안(Aryan)[45]종(種)의 수드라(Shudra)[46]인이 전해준 것이라고 주장했다.

(4) 중국문화가 비교적 오래된 다른 민족으로부터 기원했다는 설

이것은 1775년(건륭 40년) 프랑스인 바이(S. Bailly)[47]가 바빌론·인도·중국의 고대천문학을 연구한 후 얻은 결론이다. 그는 이 세 민족의 고대 과학은 모두 이미 소멸한 어떤 민족에게서 전수받은 것으로, 이

....

44) 아르투르 드 고비노(Arthur de Gobineau, 1816-1882): 프랑스의 소설가. 저서 《인종 불평등론》(*Essai sur l'inegalite des races humaines*)에서 아리아인 지배민족의 이론을 발전시킨 것으로 유명하다. 그는 현대 인구통계학의 아버지로 불리고 있다.

45) 아리안(Aryan): 인도 게르만 어족계의 지파(支派)로 중앙아시아에서 살다가 인도와 이란에 정주한 민족. 아리아라는 말은 '고귀한'이란 뜻으로 그들이 지칭하는 말이다.

46) 수드라(Shudra): 원래는 인도의 원주민 드라비다족으로 구성된 노예계급으로서 카스트의 브라만(사제)·크샤트리아(무사와 왕족)·바이샤(농업·목축업·상업에 종사하는 서민)에 이은 최하층 신분이며 직물공·하인 등과 같은 육체노동자를 일컫는다.

47) 장 실뱅 바이(Jean Sylvain Bailly, 1736-1793): 프랑스의 천문학자로 초기 프랑스혁명의 리더 중 한 명이기도 했다. 1789-1791년 파리 시장으로 일했고, 1793년 마리 앙투아네트의 재판에서 그녀를 변호한 것과 샹 드 마르스 학살 당시 대중을 탄압한 일로 혁명재판소에 고발되어 단두대에서 처형되었다. 천문학을 연구해 목성위성운동론(木星衛星運動論) 등의 업적을 남기기도 했다.

민족은 아시아 지역의 북위 49도 근처에 살다가 남북으로 이동한 것 같다고 주장하였다. 같은 시기 프랑스 생물학자 뷔퐁(Buffon)[48]도 인류 문화는 중앙아시아의 북위 40도에서 50도 지점에서 발원하였다는 주장을 폈다.

그 밖에 1669년(강희 8년) 영국인 존 웹(John Webb)[49]은 중국 언어가 고대 인류의 공용어였다는 학설을, 1789년(건륭 54년) 영국인 다니엘 웹(Daniel Webb)은 그리스어의 중국기원설을, 1866년(동치 5년) 영국 선교사 찰머스(J. Chalmers)[50]와 1871년 조셉 에드킨스(Joseph Edkins)는 중국문자와 유럽언어의 동일 기원설을 주장하였다.

이상의 여러 학설은 어리석음에서 비롯되거나 또는 자료의 부족, 견

....

48) 조르주 루이 드 뷔퐁(George-louis de Buffon, 1707-1788): 프랑스의 수학자·박물학자·철학자이며 진화론의 선구자이기도 하다. 1739년 파리 왕립식물원 원장이 되어 동식물에 관한 많은 자료를 모았으며 그것을 기초로 1749년부터 《박물지(博物誌)》(*Histoire naturelle generale et particuliere*)를 출판하였다. 지구의 기원에 관하여 《성서》와 상이한 견해를 갖고 생물의 진화와 통하는 사상을 품은 것으로 유명하다.

49) 존 웹(John Webb, 1611-1672): 영국의 건축가이자 학자이다. 중국을 방문하거나 중국어를 배운 적이 없음에도 불구하고 예수회 선교사들의 여행담을 기초로 〈중국제국의 언어가 원초적 언어일 개연성에 관한 역사적 논고〉("An historical essay endeavoring a probability that the language of the Empire of China is the primitive language")를 발표하였다. 이 논문은 유럽어로 된 최초의 중국어 관련 연구이다.

50) 존 찰머스(John Chalmers, 湛約翰, 1825-1899): 런던선교회 소속의 선교사로 1852년 홍콩에 와서 제임스 레기를 이어 런던선교회 홍콩분회의 사무를 주관하였고 《성경》을 한문으로 번역하였다. 편저로 《중국인의 기원》(*The Origin of the Chinese*, 1865)·《강희자전촬요(康熙字典撮要)》(*The Concise Kanghsi Dictionary*, 1877)·《광동어 포켓사전(粵語袖珍字典)》(*A Pocket Dictionary of the Canton Dialect*, 1872) 등이 있다.

강부회 그리고 지나친 환상 등으로 고증이 결여되어 있으며 인류학·
음운학·고고학적 측면에서 정밀한 연구를 거치지 않고 서양인의 자긍
심에서 비롯된 망상에 사로잡혀 독단적인 판단을 하였기 때문에 모두
일시적으로 나타났다 금세 사라져버려 결과적으로 괜한 헛수고만 한
셈이 되어버렸다.

근래 독일인 리히트호펜(Richthofen)[51]은 《위서(魏書)》〈우전전(于闐
傳)〉을 근거로 중국인이 신강에서 왔다고 주장하였고, 일본인 도리이
류조(鳥居龍藏)[52]는 감숙(甘肅)설을 주장하였다. 이 외에 몽고설과 말레
이반도설도 있다. 영국인 러셀(B. Russel)[53]과 웰스(H. G. Wells)[54]는

....

51) 페르디난트 폰 리히트호펜(Ferdinand von Richthofen, 1833-1905): 독일의
지리학자이자 지질학자. 1868-72년 중국 본토와 티베트를 탐사해 《중국, 그
여행의 결과와 이를 기초로 한 연구》(China, Ergebnisse eigener Reisen und
darauf gegr ndeter Studien)이라는 5권의 책을 썼는데, 1권 후반부에서 동서
교류사를 개관하면서 중국에서 중앙아시아 시르다리야와 아무다리야 사이
의 트란스옥시아나 지대를 거쳐 서북 인도로 수출되는 주요 품목이 비단이
었던 사실에 착안하여 이 교역로를 독일어로 '자이덴슈트라센(Seidenstra-
ssen, 영어로 Silk Road)'라 지칭하였고, 이로써 실크로드라는 명칭이 탄생하
게 되었다.
52) 도리이 류조(鳥居龍藏, 1870-1953): 도쿠시마(德島)시 태생의 고고학자·인
류학자·민속학자. 초등학교를 중퇴한 이후 독학으로 인류학을 공부하였고
17세에 도쿄 인류학회에 입회하였다. 1895년 요동반도 조사를 시작으로 대
만·중국 서남부·시베리아·쿠릴열도·오키나와 등 동아시아 각지에서 조사
를 실시했다. 저서로 《인종학(人種學)》·《인류학 및 인종학 상으로부터 본
동북아시아 시베리아·북만주·사할린(人類學及人種學上より見たる北東亜
細亜 西伯利·北満·樺太)》 등이 있다.
53) 버트런드 러셀(Bertrand Russel, 1872-1970): 영국의 논리학자·철학자·사회
평론가. 1920년 북경을 방문해 1년간 철학 강의를 하면서 중국에 희망을
품고 중국이 새로운 궤도에 올랐다고 보았다.
54) 허버트 조지 웰스(Herbert George Wells, 1866-1946): 영국의 소설가 겸 문명

모두 중국문화는 자체적으로 발생하여 독립적으로 발전했으며 타문화의 도움을 받지 않았다고 주장했다. 독일인 콘라디(Conrady)는 중국인이 황하일대에서 탄생했으며 중국문화도 본토에서 발원했다는 것을 증명했다. 페로(Perrot)[55]와 시피에(Chipiez)[56]는 공동 집필한 이집트·칼데아·아시리아 미술사[57]에서, 중국과 기타 고국(古國)과의 관계는 마치 토성(土星)과 지구의 관계와 같다고 하였다.

이 밖에 포티에(Pauthier)[58]는 중국 문자가 스키타이(Scythia)족의 매개를 통해 설형문자(楔形文字)[59]를 탄생시켰다는 완전히 상반된 의견을

....

비평가로 일생동안 100권이 넘는 책을 저술하였다. 처음에는 《타임 머신》 (1895)·《투명 인간》(1897) 등의 공상과학소설을 썼지만 1차 세계대전으로 세계의 운명에 관심을 집중하여 《세계사강(世界史綱)》(*The Outline of History*)를 쓰기도 했다.

55) 조르주 페로(Georges Perrot, 1832-1914): 프랑스의 고고학자. 소아시아 등을 조사했으며 그리스와 로마의 유적·유물에 관해 연구했다. 시피에와 함께 《고대에서의 예술의 역사》(*Histoire de l'art dans l'antiquite*)를 저술했으며 바빌로니아와 아시리아의 예술을 문제로 삼아 고대 유적의 복원을 시도했다.

56) 샤를 시피에(Charles Chipiez, 1835-1901): 프랑스의 건축가로 이집트학자이자 이란학자이기도 하다. 세계의 고대 건축물에 관심이 많았으며 1887년 아르망티에 국립직업전문학교(École Nationale Professionnelle d'Armentières) 건축에 일조했다. 조르주 페로의 도움으로 이집트·그리스·페르시아·리디아와 아시리아 등 고대 세계의 건축업적을 서술하였다.

57) 《고대 이집트 미술사》(*A history of art in ancient Egypt*)와 《칼데아와 아시리아 미술사》(*A history of art in Chaldaea & Assyria*)를 가리는 것 같다.

58) 장 피에르 기욤 포티에(Jean-Pierre Guillaume Pauthier, 1801-1873): 프랑스의 동양학자. 동양과 이오니아 제도에 관해 책을 저술하였고 마르코 폴로와 공자와 관련한 다수의 번역본을 발간하였다. 헨리 토마스 콜부르크(Henry Thomas Colebrook)의 힌두교 철학에 관한 에세이를 번역하기도 하였다.

59) 설형문자(楔形文字): 기원전 3,000년경 수메르인이 창조한 문자. 약 3,000년 간 메소포타미아를 중심으로 고대 오리엔트에서 광범위하게 사용된 그림문

내놓았지만 이 설을 따르는 자는 매우 적다.

제2절 중국 채도(彩陶)와 서방(西方) 채도의 관계

채도란 안은 붉은 색이고 겉은 문질러 광을 낸[磨光] 채색 무늬가 있는 토기이다.

중국 채도와 서방 채도의 관련 여부는 중서교통사 연구에 있어 뜨거운 논쟁이 일었던 문제일 뿐만 아니라 아직도 완전히 해결하지 못한 부분이 남아있는데, 여기서 그 개략을 서술하고자 한다.

중국 채도를 최초로 발견한 곳이 하남성 민지(澠池)현 앙소(仰韶)촌이기 때문에 '채도문화'를 '앙소문화'라고도 하며, 그 중 다수가 홍색 도기여서 '홍도문화(紅陶文化)'라고도 부른다. 1921년 봄, 스웨덴 사람 안데르손(J. G. Anderson)[60]이 처음 발견한 후 《중국의 상고문화》(*An Early Chinese Culture*)라는 책을 저술하였는데, 《지질휘보(地質彙報)》 제5호 제1책(1923년 - 역자)[61]으로 발표되었다. 3년 뒤 그는 감숙과 청해(青海) 등지를 고찰하고 종합적인 연구를 진행한 결과, 마침내 채도문화를 '제

자에서 생긴 것으로, 점토 위에 갈대나 금속으로 만든 펜으로 새겨 썼기 때문에 문자의 선이 쐐기 모양으로 되어 설형문자라고 하며 쐐기문자라고도 한다.

60) 요한 군나르 안데르손(Johan Gunnar Anderson, 1874-1960): 스웨덴의 지질학자. 중국정부의 광물지질조사 고문으로 초빙되어 앙소촌 등지에서 채색토기를 포함한 신석기시대 유적을 발견하고 '채도 서래설'을 주장하는 등 중국 고고학상 획기적인 업적을 남겼다.

61) 원서에는 제5권 제1기로 되어있으나 오류여서 바로잡았다.

가(齊家: 감숙성 寧定縣의 齊家坪)'·'앙소(하남성 민지현 앙소촌)'·'마창(馬廠: 감숙성 碾伯縣의 馬廠沿)'·'신점(辛店: 감숙성 洮沙縣의 辛店)'·'사와(寺窪: 감숙성 狄道縣의 寺窪)'·'사정(沙井: 鎭番縣 서쪽 30리의 沙井)' 등 6기로 나누고 전 3기를 선사시대, 후 3기를 청동기시대로 보았다. 이러한 내용은 그의 저서 《감숙고고기(甘肅考古記)》(*Preliminary Report on Archaeological Research in Kansu*)에 나와 있으며 《지질전보(地質專報)》 갑종 제5호에 실렸다. '채도문화'는 신석기 말기를 대표하는 것으로 완전한 농업단계의 문화이며 해당 지역은 하남 동부에서 감숙과 청해까지 이른다. 안데르손은 처음엔 제가기(齊家期)를 기원전 3000년에서 기원전 2700년 사이로 보았지만, 최근 20년 동안 여러 차례 수정을 거친 후 지금은 전 3기를 기원전 2500년에서 1300년, 후 3기를 기원전 1300년에서 500년 사이로 보고 있다. 그리고 감숙 일대의 채도 중 절반은 상(商)·주(周)시기의 유물로 판단하고 있다. 안데르손은 감숙과 청해 지역 채도문화의 시간에 대해 시종 특정한 견해 없이 처음에는 철기시대까지 이어진 것으로 보았다가 마지막에는 청동기시대까지 이어진 것으로 추정하였다. 이와 같은 내용은 《극동 고고학 박물관》(*Museum of Far Eastern Antiquities*) 제15권(1943년)에 게재된 안데르손의 〈중국선사시대연구〉("Researches into the Prehistory of the Chinese")에 나오는데, 이는 그가 중국에서 일군 고고학 총보고서이다. 사실 고대유물을 연구할 때 가장 염두에 둬야 할 두 가지는 그 시간성과 공간성이다. 예를 들어 광동 해풍(海豊)지역의 채도는 대략 주(周)·한(漢)시기보다 이르며, 요동반도의 채도는 주나라 후기 또는 한나라 초기까지 내려올 수 있고, 신강의 채도는 한대(漢代) 또는 더 이후의 것이다. 그러므로 똑같이 하남의 서부와 북부에서 발견된 채도라 할지라도 앙소시기에 속할 수도 있지만 용산(龍山)시기[62] 또는 상·주시기 심지어 상·주 이후의 것일 수도 있다. 안데르손은 처음에 이러한 점을 분별하지 못했다. 그는 또 기물(器物)은 시간이 오래된 것일수록 조악하기 때문에 정교한 것일수록 틀림없이 더 나중에 나온 기물이라고 판단했다. 그러나 수공업에서 처음에 정교하고 눈부시게 발달했다가 시간이 흐를수록 쇠퇴하는 기물퇴화(Degeneration) 현상을 종종 볼 수 있는데, 안양(安陽) 소둔(小屯) 및 그 부근의 채도와 감숙·청해 지역의 채도는 모두 이 경우에 해당한다. 이 가운데 문양은 비록 간략하지만 도기 제조기술이 정교한 경우가 있고, 제작기술과 문양이 동시에 발달하였다가 동시에 쇠퇴한 경우도 있다.

안데르손은 《중국의 상고문화》에서 "앙소도기 중 일부는 서방문화와 관련 있는 것 같다. 가깝게는 러시아 땅 투르키스탄과 서로 통하고, 멀게는 유럽과 관련이 있는 것 같다"고 주장하였다. 또한 그는 이탈리아 시칠리아섬, 그리스 북부의 카로니아(Choeronia), 동유럽의 그라시아(Glacia), 러시아 서남부 키에프(Kiew) 부근의 트리폴리에(Tripolije), 도나우강 하류의 쿠크트니(Kukuteny) 등지에서 발견된 도기가 모두 앙소도기와 비슷한 점이 있다고 주장하였다. 그 후 프랑스의 모르강(J. J. de Morgan)[63) 일행이 페르시아의 옛 수도인 수사(Susa)[64) 부근을 고찰

....

62) 용산(龍山) 시기: 산동성 역성(歷城)현 용산진(龍山鎭) 성자(城子) 절벽을 표준유적으로 하는 신석기시대 후기를 말한다. 용산이라는 명칭도 유적의 소재지인 용산진에서 따온 것이다. 1930-1931년 발굴 시 상·하 2층 구조의 유적 중 하층에서 칠흑빛이 나는 일군(一群)의 흑도(黑陶)와 다수의 석기·골각기·패기 등이 출토되었다. 이 시기의 문화는 흑도로 대표되기 때문에 '흑도문화'라고도 한다.
63) 자크 장 드 모르강(Joques Jean de Morgan, 1857-1924): 프랑스의 고고학자. 프랑스 페르시아 고고학조사단장으로 임명되어 수사 발굴에 착수하고 이를 지휘하였다. 함무라비법전의 비문은 이때 발견된 것이다.

했고, 미국의 펌펠리(Pumpelly)⁶⁵⁾가 카네기(Carnegie)재단의 탐험대를
이끌고 중앙아시아 아나우(Anau)⁶⁶⁾에서 채색 도기를 발굴하였는데, 작
고 세밀한 부분에서 중국 발견 채도와 다르지만 전체적으로는 모종의
공통된 특징을 갖고 있어 일맥상통한다고 판단하였다. 일부 학자들은
영국 국적의 헝가리인 스타인(Stein)이 세 번째 중앙아시아를 탐험할 때,
페르시아와 인도 사이의 파미르고원 서남쪽 세이스탄(Seistan)⁶⁷⁾ 지역
에서 발견한 토기가 중국채도와 가장 근접한 것이라고 생각했다.

　안데르손은 "문양을 독자적으로 창작하는 게 꼭 불가능한 것도 아니
며 이것과 저것이 반드시 연속되어야 하는 것은 아니지만, 하남과 아나
우의 도기는 그 도형(圖形)이 서로 비슷한 게 많고 정말 닮아서 그 기원

....

64) 수사(Susa): 선사시대부터 페르시아제국에 이르기까지 이란문명의 정치적·
경제적 중심이었던 도시 유적지. 현재는 슈슈(Shush)라고 불린다. 19세기
중엽부터 W. 로프투스와 J. 모르간이, 1946년 이후에는 R. 기르슈망이 발굴
을 주도하였다. 기원전 4000년 무렵부터 엘람민족이 거주, 신석기문화를 이
룩하여 예술적인 채도 등을 남겼다.

65) 라파엘 펌펠리(Raphael Pumpelly, 1837-1923): 미국의 지질학자 겸 탐험가.
1903-1904년 러시아령 투르크메니스탄을 탐험하였다. 원서에는 Pamphelley
로 되어있으나 오류가 분명해서 바로잡았다.

66) 아나우(Anau): 투르크메니스탄의 수도 아슈하바트(Ashkhabad) 동쪽 12㎞
지점에 있는 선사시대 농경촌락 유적. 19세기 말엽 러시아 고고학자들이 발
굴을 시작한 뒤 1904년 펌펠리에 의해 본격적으로 발굴되었다. 유적은 북쪽
언덕과 남쪽 언덕으로 나누어지는데, 오래 된 순서대로 북쪽 언덕을 제1기와
제2기로, 남쪽 언덕을 제3기와 제4기로 구분한다. 북쪽 언덕은 신석기 시대
에 속하는데, 양·돼지·소를 사육했고 밀·보리 등을 재배했으며 채문토기
(彩文土器)도 사용하였다.

67) 세이스탄(Seistan): 이란과 아프가니스탄의 국경지대에 있는 지역. 기원전 2
세기에 사카족에게 정복당하고 사카스탄(Sakastan)이라고 한 것이 지명의
기원이 되었다.

이 같다고 판단하지 않을 수 없으며," "바빌론에는 기원전 3500년에 이미 채도가 있었던 것에 반해 중국 채도는 그 보다 훨씬 후에 나왔기 때문에 서쪽에서 유래된 것이 분명하고 동쪽에서 전해진 것이 아니다"라고 주장했다.

일본인 이시다 미키노스케(石田幹之助)는 〈중서문화의 교류〉[68]에서 한발 더 나아가 "당시 중국문화는 아직 서쪽으로 진출하지 않은 듯하며, 서방문화의 동쪽 진출도 꼭 채도에 국한된 것만이 아니었다. 이렇듯 신석기시대 유라시아 대륙 사이에는 이미 교류가 이루어지고 있었다"고 주장하면서 다음과 같이 그 노선을 추정했다. ①파미르고원 남쪽에서 동쪽으로 신강에 들어간 후 다시 남로 또는 북로를 거쳐 감숙 서쪽 끝에 이르러 황하유역에 도달하는 노선. ②파미르고원 서부에서 아무다리아(Amu Daria, 古嬀水 또는 烏滸水라고도 함) 상류를 거슬러 올라간 다음 동북쪽으로 신강으로 들어가는 노선. ③파미르고원 북쪽을 지나 페르가나(Fergana)[69]분지를 거쳐 알라이(Alai) 골짜기로 나오는 노선.

안데르손의 중국문화 서방기원설에는 많은 오류가 있다. 감숙 채도가 하남 채도에 비해 정교하다는 점만으로 채도가 서쪽에서 전래되었음을 완전히 증명하기에 부족하다. 한편 안데르손이 바빌론 채도가 기원전

....

68) 岩波講座 東洋思潮 第4卷《東洋文化の源泉及び交流》(岩波書店, 1936)에 수록된 〈支那文化と西方文化との交流〉를 가리키는 것 같다. 이 글은《石田幹之助著作集 第2卷: 東と西》(六興出版, 1985)에도 다시 수록되어있다.
69) 페르가나(Fergana, 拔汗那): 한대에는 이 지역을 대원(大宛)이라고 불렀다. 오늘날의 우즈베키스탄 페르가나주(州)와 타지키스탄 레니나바드주가 이에 해당된다. 유사 이전부터 이란계 주민에 의한 농경문화가 발달하여 동서교통의 요지였다. 기원전 2세기 장건이 이 지방에 관한 일을 처음으로 중국에 전하였다. 원서에는 Bergana로 병기되어있으나 오류가 분명해서 바로잡았다.

3,500년의 것이라 말한 적이 있고, 또 앙소유적이 기원전 4,000년까지 거슬러 올라갈 수 있다고 말한 적도 있으니, 어떻게 앙소문화가 바빌론보다 훨씬 늦다고 할 수 있는가? 게다가 안데르손은 앙소채도가 하·상·주시기의 정(鼎)이나 력(鬲)과 모양이 서로 비슷하기 때문에 그 시대가 비교적 늦을 것이라고 판정하였지만, 현대 기물 중 고대 기물과 모양이 비슷한 것이 있다고 어찌 고대 기물을 현대 기물이라 말할 수 있겠는가? 하물며 중국문화가 서쪽에서 유래했다면 신강 채도가 감숙 채도보다 빨라야 하지만 실제로는 그렇지가 않다.

데이비드슨 블랙(Davidson Black)[70]은 일찍이 그의 《봉천(奉天) 사과둔(沙鍋屯) 및 하남 앙소촌의 고대 인골과 근대 화북 인골의 비교》[71]라는 책에서 "사과둔 및 앙소 주민의 체질은 현대 화북주민의 체질과 같은 줄기"라는 결론을 얻고 이를 '아시아 직계 인종'이라고 불렀다. 그리고 "감숙 인골과 현재 화북지방(현재 감숙에 살고 있는 한족을 포함) 인종 간에는 비교적 많은 차이가 있지만, 티베트 B종 인종 및 티베트 감모사(甘姆斯: 원어명을 찾지 못했음 - 역자) 인종과는 일부 유사한 점이 있다"고 주장하였다. 블랙의 주장은 한족이 기원전 4000년에 이미 화북지방의 대평원 및 부근 산릉지역에 거주하고 있었음을 증명하는 것이다. 당시 감숙은 여전히 강(羌)[72]인이 활동하던 지역이었고 한(漢)인이 서쪽으로

....

70) 데이비드슨 블랙(Davidson Black, 1884-1934): 캐나다의 해부학자. 북경 남서 교외에 있는 주구점(周口店) 동굴을 발굴 조사하였다. 1920-1927년 배문중(裴文仲) 등과 함께 북경원인의 이빨과 두개골을 발견하였으며 이를 '시난트로푸스 페키넨시스(Sinanthropus pekinensis)'라고 명명하였다.
71) 원제와 서지사항은 *The Human Skeletal Remains from the Sha Kuo T'un Cave Deposit in Comparison with those from Yang Shao Ts'un and with Recent North China Skeletal Remains*, Palaeontologia Sinica, Series D. Vol. 1, 1925이다.

이동한 것은 당연히 주나라 이후의 일이었다. 그럼에도 블랙은 안데르손의 주장에 호응하기 위하여 《선사시대 감숙 인종 개설(甘肅史前人種說略)》73)라는 책에서 오히려 "이 인종이 동쪽으로 이동하여 중국 고대문화의 주인공이 되었다"고 주장하였다. 감숙 인골은 기원전 1,500년에서 2,000년 사이의 것인데, 만약 이 인종이 중국 고대문화의 주인공이라면 그 이전의 앙소문화는 도대체 어디에서 왔다는 말인가?

채도문화의 기원만을 논한다면 현재 크게 세 가지 학설이 있다. 안데르손 등이 말하는 서방 기원설 혹은 중앙아시아 기원설은 다시 세 파(派)로 나누어진다. ①채도가 채도문화를 가진 인종을 따라 서쪽에서 왔다고 주장하는 파, ②채도문화의 기술만 서방의 영향을 받았다고 주장하는 파, ③중국인이 채도문화 이전에 이미 중국 땅에 거주하고 있었으며 채도문화와 채도문화를 가진 민족이 나중에 서쪽에서 이주해 왔다고 주장하는 파이다. 안데르손 등은 첫 번째 파에, 아나우 유적지를 발굴한 후베르트 슈미트(Hubert Schmidt)74)는 두 번째 파에 속한다. 그리고 트리폴리에(Tripol'e) 등지를 서방 군(群), 아나우와 수사 등지를 동방 군으로 삼았을 때 중국 채도는 서방 군에 속하므로, 진정 신석기시대

....

72) 강(羌): 중국 서북지역의 오래된 종족 중 하나로 주로 양(羊)을 길렀기 때문에 그 사람들을 '羌'이라 부른 것으로 알려져 있다. 이들에 대한 기록은 중국의 상대(商代) 갑골문에서부터 보인다. 대체로 오늘날의 섬서성 서부 및 감숙성 동부와 남부에 주로 거주하였다.

73) 원제와 서지사항은 *A Note of the Physical Characters of the Prehistoric Kansu Race,* From Memoirs of the Geological Survey of China, Series A, No. 5, June, 1925이다.

74) 후베르트 슈미트(Hubert Schmidt, 1864-1933): 독일의 고고학자. 1902-04년 북 시베리아 및 러시아령 투르키스탄을 조사하였다. 서방 채문토기 연구가로 유명하다.

서방문화에 속하는 것은 북유럽과 동남유럽을 거쳐 중국으로 전파되었다고 할 수 있다는 스웨덴 언어학자 베르하르트 칼그렌(Bernhard Karlgren)[75]이 세 번째 파이다. 일본인 하마다 고사쿠(濱田耕作)도 세 번째 파에 치우쳐있다. 중국학자 대다수는 하남 북부에서 기원했다고 믿지만, 그 외 비록 채도문화가 먼저 황화유역에서 발달해 사방으로 퍼져나간 것을 인정하면서도 그 기원의 절대 지점에 대해서는 모든 지역에서 가장 정밀한 발굴 작업을 진행하여 얻은 우수한 결과를 갖고 그 절대 연대를 추정할 수 있는 수준에 이르지 않으면 이 문제를 해결할 수 없다고 주장하는 사람도 있다. 나는 채도문화의 서방 기원설을 그다지 신봉하지 않는데, 그 가장 중요한 이유는 신강 채도의 제조법·장식·외관 모두가 시기적으로 감숙과 하남보다 늦기 때문이다. 만약 채도문화가 서쪽에서 온 것이 분명하다면 이런 현상이 있어서는 안 된다. 게다가 안데르손은 간단한 방법으로 복잡한 고대 유물을 추정했을 뿐이고, 정작 본인 자신은 실제 발굴 작업에 참여한 적도 없이 오로지 구입하거나 참관하거나 다른 사람의 말에 의거하여 판단하였기 때문에 그 주장 자체를 믿기 어렵다. 그렇다면 채도문화는 도대체 하남 북부에서 기원한 것인가? 하남 서부에서 기원한 것인가? 아니면 감숙에서 온 것인가? 이 문제는 중국 고고학 및 선사시대사의 문제이기 때문에 본서의 범위에 속하지 않는다.

〈부연 설명〉《역사어언연구소집간(歷史語言硏究所集刊)》 제2본(本)

....

75) 베르하르트 칼그렌(Bernhard Karlgren, 1889~1978): 스웨덴의 동양학자이자 언어학자. 중국어 연구의 명저《중국 음운학 연구》에서 수·당시기의 중고(中古) 한어 음계를 비교언어학 방법으로 복원하였다. 예테보리대학 교수와 스톡홀름 극동고고박물관장을 역임하였다.

제1분책에 실린 〈은나라 사람의 코끼리 길들이기와 코끼리의 남쪽 이동 (殷人服象及象之南遷)76)이라는 논문에서는 상(商)문화가 외래의 영향을 많이 받았으며 갑골문자는 맨 처음 셈 문자(Semitic)를 모방한 것 같다고 주장한 〈갑골문례후기(甲骨文例後記)〉의 일부 내용을 언급하면서 그 오류를 바로 잡고 있다. 〈갑골문례후기〉 원문에는 "셈 문자는 동방문자의 기원으로 바빌론·이집트·아리안·히브리·아랍 문자 등이 모두 여기에서 유래되었다. 갑골문자와 셈 문자는 유사점이 매우 많다. 예를 들어 새[鳥]·사람[人]·산(山)·물[水]·위(圍) 등이 모두 비슷하고 감숙 신점(辛店)기의 채색도기 문양에 있는 새·사람과도 서로 비슷하다. 그리고 상제(上帝)의 제(帝)와 갑골문자의 제(帝) 자는 완전히 일치하며 모양과 뜻도 같다. 그러므로 중국문자가 외부에서 유래되었다는 학설 역시 절대로 무리한 것이 아니다"라고 되어있다.

이에 대한 잘못을 바로잡는 글[辨正文]에서는 "……《감숙고고기》 중에 보이는 새·사람 등의 자형(字形)은 청동기·갑골문자 중의 자형과 판이하게 다르다. 가장 눈에 띄는 것은 청동기와 갑골문자에서 새와 짐승의 형상을 그릴 때 대부분 측면 모양을 그렸다는 점이다. 즉 두 다리를 가진 새는 모두 다리 하나만 그렸고, 네 발 달린 짐승은 전부 두 개의 다리만 그렸다. 이것은 《감숙고고기》 중에 보이는 두 발 있는 새와 다를 뿐만 아니라 바빌론과 이집트의 고대유물 중에서도 찾아 볼 수 없는 형상이다. 즉 이 한 가지만으로도 동서(東西)의 풍격이 다르다는 것을 이미 증명하였음으로 갑골문자를 특히 신점·앙소문화와 함께 섞어서

---

76) 중국의 역사학자이자 고문자학자인 서중서(徐中舒)가 1930년 발표한 논문. 서중서는 상 문화가 절대 서방 외래문화의 영향을 받지 않았다는 것을 논증하기 위하여 당시 여러 편의 논문을 발표하였는데, 이 논문도 그 중 하나이다.

논할 수 없다"고 주장하고 있다.

　한편 근래 사람들은 수사 채도에 십자형(十字形)이 있고 감숙 채도에
는 파형(巴形 : 즉 바람개비) 문양이 있어서 양자 간에 반드시 관계가
있을 것이라고 주장하는데, 아마도 파형의 중심이 십자여서 소위 만(卍)
자가 된다고 본 것 같다. 사실 수직선은 건강을, 수평선은 안정을 상징
하는 것으로 두 선이 교차하는 것은 우주의 기복(起伏)을 나타내는 것이
며 심리학적으로 해석하면 바로 인류의 활동과 휴식의 자세를 상징하는
것이다. 어떤 이는 십자가 동서남북 사방의 의미를 상징하므로 세계를
상징하는 것이라고도 하였다. 또 중국 한나라 거울[漢鏡] 중에 소위 '사
신문(四神文)'이란 것이 있는데, 동은 청룡(靑龍), 서는 백호(白虎), 남은
주작(朱雀), 북은 현무(玄武)이다. 나는 이상의 각종 해석이 모든 인류가
심리적으로 공유하고 있는 개념이므로 상호간에 영향을 받을 필요가
없다고 생각한다. 그리고 어떤 이는 만자가 학(鶴)이 나는 것을 형상화
한 것이어서 길상(吉祥)의 의미가 있다고 하고, 어떤 사람은 그것이 물
레[紡車]가 돌아가는 것을 형상화한 것으로서 움직임을 나타내는 것이라
고 하며, 어떤 이는 한발 더 나아가 태양의 형상과 의미를 나타내는 것
으로 태양의 운동 즉 천지(天地) 간 운동의 의지를 상징함으로써 사람으
로 하여금 신을 연상시키는 작용을 한다고 하였다. 그러나 만(卍)자의
모양은 직선인데 비해 파형(巴形)은 곡신인데다 원형을 이루어 소위 태
극도(太極圖)가 됨으로써 음양의 남녀를 대표하므로 만물의 시작을 설
명하는 것으로 볼 수 있다. 무릇 이처럼 모든 민족은 자연에 대한 관찰
에 근거하여 마음으로 느낀 것과 지혜로 이해한 것을 바탕으로 자신이
생각하는 가장 알맞은 해석을 내리며, 때론 그것을 도안으로 만들기 때
문에 다른 민족으로부터 반드시 전수받을 필요는 없다고 생각한다.

제2장
고대 전설 중의 중서관계

제1절 공동(空桐)과 곤륜(崑崙) 지역에 관한 중국의 전설

《사기(史記)》 권1 〈오제본기(五帝本紀)〉를 보면, 황제(黃帝)가 서쪽으로 공동(空桐)에 이르러 계두(鷄頭)에 올랐다는 기록이 있다. 이에 대해 공동은 숙주(肅州) 동남쪽 60리에 있으며 계두는 바로 공동의 별칭이라고 주장하는 사람도 있고, 대롱산(大隴山)의 다른 이름이라고 주장하는 사람도 있다. 《장자(莊子)》 〈재유(在宥)〉 편에도 황제 19년에 공동으로 광성자(廣成子)[1]를 보러갔다는 기록이 있다.

황제의 서쪽 순행 행적에 대한 중국 고대 서적의 기록 중 공동을 제외하고는 곤륜이 가장 유명한데, 이는 산 이름이다. 《산해경(山海經)》[2] 권

....

1) 광성자(廣成子, 생몰연도 미상): 중국 전설에 나오는 선인(仙人). 공동산 석실(石室)에서 진리와 도를 닦으며 살았는데, 1천 2백 살이 되어도 늙지 않았다고 하며 황제가 그 소문을 듣고 두 번이나 찾아 가 지도(至道)와 치신(治身)의 요점을 물었다고 한다.

11 〈해내서경(海內西經)〉에서는 "해내(海內) 곤륜의 옛 터가 서북에 있으니 천제가 하늘에서 내려와 도읍한 곳이다"라고 하였고, 권2 〈서산경(西山經)〉에는 "곤륜의 언덕은 실로 제왕이 내려와 도읍을 정한 곳이다"라는 말이 있다. 《장자》〈천지(天地)〉편에는 황제가 일찍이 곤륜에 올랐다고 적고 있으며, 〈지락(至樂)〉편에도 같은 내용이 있다. 《목천자전(穆天子傳)》3)에는 주 목왕이 곤륜의 언덕에 올라 황제의 궁을 관람하였다는 기록이 있으며, 《열자》〈주목왕〉편에도 같은 내용이 있다.

　기원을 거슬러 올라가 보면 곤륜이란 명칭은 《상서(尙書)》〈우공(禹貢)〉에 처음 나온다. 원문에는 "짐승 털가죽을 입은 곤륜·석지(析支)

....

2) 《산해경(山海經)》: 중국 선진시대에 저술되었다고 추정되는 대표적인 신화집이자 지리서로, 곽박(郭璞)이 기존의 자료를 모아 저술했다고 전해진다. 본래 인문지리서로 분류되었으나 현대 신화학의 발전과 함께 신화집의 하나로 인식되고 연구되기도 한다. 〈산경(山經)〉 5권, 〈해경(海經)〉 13권 등 모두 18권으로 되어있으며 중국 각지의 산과 바다에 나오는 풍물을 기록하였다. 내용 중에는 상상의 생물이나 산물도 포함하고 있어 전설 속의 지리서라고도 여겨지는데, 사마천은 감히 말할 수 없는 '기서(奇書)'라며 그 신빙성을 의심하였다.

3) 《목천자전(穆天子傳)》: 서진 태강연간(280-289) 급현(汲縣)의 부준(不準)이라는 자가 전국시대 위(魏) 양왕(襄王)의 묘를 도굴하다가 발견했다. 저자 미상으로 죽간(竹簡)에 기록되어있으며 문자는 전서(篆書)보다 오래 된 것이었는데, 순욱(荀勖) 등이 당시의 문자로 바꾸고 제명도 붙였다. 모두 6권으로 앞의 5권은 주 목왕의 서방 여행을 묘사한 것으로 '주왕유행기(周王遊行記)' 또는 '주왕전(周王傳)'이라 하며, 뒤의 1권은 도중에 얻은 성희(盛姬)라는 미녀가 죽자 돌아가 장례 치른 일을 기록한 것으로 '성희록(盛姬錄)'이라고도 한다. 이 책은 역사와 신화전설을 바탕으로 하여 적당한 허구와 과장을 가미한 일종의 역사소설이라 할 수 있는데, 그 중 팔준(八駿)과 서왕모에 관한 고사는 고대신화에 속한다. 《산해경》에 나오는 서왕모는 괴수의 형상에 가깝지만, 《목천자전》에 묘사된 서왕모는 인간화된 흔적이 뚜렷하여 《목천자전》이 《산해경》보다 나중에 창작된 것으로 여겨지고 있다.

·거(渠)·수(搜)란 서융(西戎)을 말한다"고 되어있다. 이는 곤륜·석지·거·수 등 네 나라의 백성이 모두 가죽 옷을 입었고 이들을 서융이라 총칭하였다는 의미이다. 《상서정의소(尚書正義疏)》에서는 정현(鄭玄)[4]의 주(注)를 인용하여 거수·곤륜·석지는 곧 세 산(山)의 명칭이라고 하였다.

〈우공〉이후, 《이아(爾雅)》의 〈석지(釋地)〉·〈석구(釋丘)〉·〈석수(釋水)〉에서는 모두 곤륜을 황하가 시작되는 곳이라고 기술하고 있다. 이상 두 책은 대다수 학자들이 전국시대 사람의 작품으로 생각하고 있다.

그 외에 진(晉)나라 때 급현(汲縣)의 위(魏)나라 양왕(襄王)[5] 무덤에서 출토된 《일주서》·《죽서기년(竹書紀年)》[6]·《목천자전》에도 곤륜에 대한 기록이 있다. 《일주서》〈왕회해〉편에서는 곤륜을 정서(正西) 방위에 있는 여러 나라 중 제일 앞에 열거했지만, 아쉽게도 구국(狗國)·귀친(鬼

....

4) 정현(鄭玄, 127-200): 후한 말 북해(北海) 고밀(高密) 출생으로 훈고학과 경학의 시조로 깊은 존경을 받았다. 고문과 금문에 다 정통하였으며 가장 옳다고 믿는 설을 취하여 《주역》·《상서》·《모시(毛詩)》·《주례》·《의례》·《예기》·《논어》·《효경》등에 주석을 달았고, 《의례》·《논어》교과서의 정본(定本)을 만들었다. 그의 저서 중 완전하게 현존하는 것은 《모시》의 전(箋)과 《주례》·《의례》·《예기》의 주해뿐이고 그 밖의 것은 단편적으로 남아 있다.
5) 원서에는 안리왕(安釐王)으로 되어있으나 분명한 오류여서 바로잡았다.
6) 《죽서기년(竹書紀年)》: 편년체 역사서로 《기년(紀年)》, 《급총기년(汲塚紀年)》이라고도 한다. 황제(黃帝)시대로부터 전국시대 위 양왕에 이르기까지의 일이 서술되어있으며, 저자는 알려지지 않았다. 《좌전》·《사기》와 더불어 중국 고대사 연구의 주요 사서 중 하나로 꼽힌다. 서진 때 위 양왕의 무덤에서 문자가 기록된 많은 양의 죽간이 나와 이를 옮겨 정리하면서 현재의 명칭이 붙여졌다. 이후 북송대에 다시 흩어진 것을 중화민국 시기에 복원한 것을 '고본(古本) 《죽서기년》'이라 부른다. 명대에 별도로 《죽서기년》이 출현하였으나 원본과 달라 위작으로 여겨지고 있는데, 이를 '금본(今本) 《죽서기년》'이라 부른다.

親)·관흉(貫胸) 등과 함께 거론함으로써 도리어 모두 다 존재하지 않는 나라라는 의심이 들게 했다. 〈사방헌령(四方獻令)〉편에서는 공동을 정북(正北) 방위의 맨 처음에 나열한 다음, 그 아래에 대하·사차(莎車)7)·고타(姑他)·차락(且略)·모호(貌胡)·융적(戎翟)·흉노(匈奴)8)·누번(樓煩)9)·월지 등을 두었는데, 모두 다 고증할 수 있는 나라들이다. 어떤 이는 공동이 섬서(陝西)에 있었으며, 고타는 호탄(Khotan) 즉 우전(于闐)이라고 주장하였다. 그 후 정북 방위가 점점 서쪽으로 이동하여 《관자(管子)》에서는 (제나라) 환공(桓公)이 서쪽으로 가서 대하(大夏)를 토벌하였다고 기록하고 있으며, 《산해경》의 〈해내동경(海內東經)〉에서도 대하와 월지가 유사(流沙)10) 밖에 있다고 쓰여 있다. 이를 통해 당시 북방과 서북방에서 민족 이동이 있었다는 것을 이미 인지하였음을 알 수 있다. 《죽서기년》에도 "17년(B.C.960), 주 목왕이 곤륜으로 서정(西征)하여 서왕모를 빈견(賓見: 서왕모의 손님으로 묵으면서 만났다는 뜻 - 역자)하였다"고 기록되어있다.

....

7) 사차(沙車): 사카(Saka)어 지명인 swâ-kio를 음사한 것으로 보는데, 현재 신강위구르자치구 타림분지 서부의 사차현 즉 Yarkand 부근으로 추정된다.
8) 흉노(匈奴): 기원전 209년 묵특(冒頓)이 선우(單于)를 칭하고 동호(東胡)와 정령(丁靈) 등을 병합하여 초원을 통일한 뒤에 세운 유목국가. 기원후 48년 남북분열을 거쳐 156년경에는 선비(鮮卑)에게 초원의 패권을 빼앗겼다.(《사기 외국전 역주》, 251쪽)
9) 누번(樓煩): 춘추시대 말 주로 산서성에 살던 고대 종족으로 기사(騎射)에 능하고 목축업에 종사하였다. 이후 섬서성 북쪽과 내몽고 남부지역에서 활동하다 진(秦)나라 말기 흉노에 정복되었다. 이후 지금의 내몽고 오르도스 지역으로 이주했는데, 한 무제 때 위청(衛靑)이 이들을 격파하였다고 한다.(《사기 외국전 역주》, 50쪽)
10) 유사(流沙): 고대 중국인은 죽음의 사막 타클라마칸(Taklamakan)을 '모래가 흐른다'하여 유사라 불렀다.

《일주서》와 고본(古本) 《죽서기년》이 전국시대 사람의 작품임은 의심할 여지가 없다. 《목천자전》은 목왕이 서왕모를 보러간 행적을 기록한 전문저술로서 곤륜이란 명칭이 특히 자주 보이며, 《굴원》의 〈천문(天問)〉편과 〈이소(離騷)〉편 등에도 간혹 곤륜에 대한 언급이 있지만 여기서는 더 이상 나열하지 않겠다.

《산해경》에는 모두 9곳에서 곤륜에 대해 묘사하고 있으며, 《회남자(淮南子)》[11]에도 여러 번 나온다. 《여씨춘추(呂氏春秋)》 〈본미(本米)〉편에는 곤륜의 빈초(蘋草)에 대한 기록이 있고, 한나라 사람이 편집한 위서(緯書)[12]에도 곤륜의 이름이 수없이 나오므로 더 이상 인용하지 않겠다.

《한서》권21 상(上) 〈율력지(律曆志)〉를 보면 "황제(黃帝)가 영륜에게 음악의 율(律)을 만들게 명하자, 영륜이 대하(大夏)의 서쪽에서 출발하여 완유(阮隃)산 북쪽으로 가서 해계(嶰谿)의 골짜기에서 적합한 대나무를 찾을 수 있었다"고 적고 있는데, 《설원(說苑)》권19 〈수문(修文)〉편, 《풍속통의(風俗通義)》권6 〈음성(音聲)〉편 등과 같이 이 일을 기록하고 있는 많은 책에서 대부분 완유를 곤륜으로 표기하고 있다.

....

11) 《회남자(淮南子)》: 《회남홍렬(淮南鴻烈)》 또는 《유안자(劉安子)》라고도 부른다. 전한의 회남왕 유안(劉安)과 그의 문객이었던 소비(蘇非)·이상(李尚)·오피(伍被) 등이 저술하였다. 내편(內篇) 21편과 외편(外篇) 33편 등 모두 54편으로 이루어져 있으며, 도가·유가·법가 등 다양한 학파의 설을 담고 있는 백과전서와 같은 잡가(雜家)의 저작이다.

12) 위서(緯書): 유가의 경전인 경서(經書)에 대칭되는 시위(詩緯)·역위(易緯)·서위(書緯)·예위(禮緯)·악위(樂緯)·춘추위(春秋緯)·효경위(孝經緯) 등 7위서(緯書)와 《상서중후(尙書中候)》·《논어참(論語讖)》·《하도(河圖)》·《낙서(洛書)》 등을 총칭하는데, 현재 그 대부분은 흩어져 없어지고 여러 책에 흩어졌던 일부 문장만이 《고미서(古微書)》·《칠위(七緯)》·《위서집성(緯書集成)》 등의 책에 집성되어있을 뿐이다.

그 외 중국 서부지역에서 황제와 관련 있는 것으로 '부복(扶伏)'이라는 명칭이 있다. 《태평어람(太平御覽)》[13]권797에서 인용한 《원중기(元中記)》에는, 황제의 신하 가풍(茄豊)이 죄를 지어 옥문관(玉門關) 이만 오천 리 밖으로 추방될 때 부복하면서 갔기 때문에 '부복민'이라 불렀다고 기록되어있다.

이들 가운데 송대 유서(類書)[14]에서 인용한 고서의 기록이 시간상 비교적 늦고 연구 검토할만한 방증자료가 없기 때문에 '부복'이라는 명칭을 제외하면, 완유와 공동(空洞: 후세에는 대부분 崆峒으로 표기하였음)이 모두 곤륜의 별칭 내지 곤륜과 거리가 가까운 곳의 명칭으로 사용되고 있는 것 같다.

그리고 중국 고서 속의 곤륜은 나라 이름이자 민족 이름이며 서부지역의 큰 산 이름이어서 이미 아주 복잡하였는데, 후대에 이 명칭을 사용하는 사람이 더욱 많아져 크고 작은 물건 앞에 가져다 붙이기도, 때로는 남해의 섬 이름이나 동해의 선산(仙山) 이름이 되기도, 인명이 되거나 흑인 노예의 이름이 되는 등 그 변화가 극심하였다.

....

13) 《태평어람(太平御覽)》: 이방(李昉)이 편찬한 백과사서(百科辭書). 처음 이름은 《태평총류(太平總類)》이고 줄여서 《어람(御覽)》이라고도 한다. 송나라 태종의 명으로 977년 착수하여 983년 완성시킨 1,000권에 달하는 방대한 책이다. 내용 체재는 55부문으로 나뉘어 있고, 인용한 책이 1,690종이나 된다. 전대(前代)의 잡서로부터 대개 채록한 것이나, 많은 일서(逸書)의 이야기를 적어 놓아 중국의 재래 백과서 중 백미이다. 이 책은 송대 이전의 고사를 아는 데 유용할 뿐 아니라 사이부(四夷部)에 신라와 고구려 등에 관한 기록이 보여 한국사 연구에도 도움이 되고 있다.

14) 유서(類書): 경사자집(經史子集)의 여러 책들을 내용이나 항목별로 분류하여 알아보기 쉽게 엮은 책의 총칭으로 지금의 백과사전과 비슷한 것이다. 당대에 나온 《예문유취》, 송대에 나온 《태평어람》, 청대에 나온 《패문운부(佩文韻府)》등이 그 대표적인 책이다.

그렇다면 중국 고서 속의 곤륜은 도대체 오늘날의 어느 지역을 말하는 것일까? 한 무제(武帝)가 서역에 사신을 파견할 때, 사신에게 황하의 발원지를 밝혀오라는 사명도 함께 주었다. 때문에 《사기》〈대원열전〉에는 "한의 사신이 황하의 발원을 탐색한 결과 황하가 우전(于闐)에서 시작됨을 알았다. …… 황제가 옛 도서를 살펴 황하가 발원한 산을 곤륜이라 이름 지었다"는 기록이 있다. 여기서 말하는 한나라 사신은 장건(張騫)[15] 이후에 파견된 사신이다. 그러나 곤륜이란 산 이름은 천자가 옛 서적을 근거로 붙인 것이지 한의 사신이 이렇게 보고를 한 것은 아니었다. 만약 장건이라면 더욱 그렇지 않다고 할 수 있다. 그런 까닭으로 《사기》에서 "이제 장건이 대하에 사신을 다녀온 뒤부터 황하의 발원지를 찾기 시작했으니, 어찌 이것이 〈우본기(禹本紀)〉에 나오는 곤륜이라 하겠는가?"라고 의문을 제기했던 것이다.

근래 어떤 이는 그것이 티베트와 신강이 교차하는 지점에 있는 곤륜산맥(산맥이라는 표현은 현대지질학에 부합되지 않음)이라고 하며, 어떤 이는 그것이 호탄에 있다고 한다. 《국학계간(國學季刊)》 제6권 제2호에 실린 〈곤륜소재고(崑崙所在考)〉[16]에서는 "〈우공〉·《일주서》·《이아》·《장자》·《관자》·《산해경》·《목천자전》·《여씨춘추》 등의 곤륜 관련 내용이 완전히 일치하는데, 오로지 《산해경》만이 신화적인 색채를 띠고 있어" 한나라 이후부터 각종 억측이 난무하기 시작했다고 주장하고 있다. 그리고 곤륜이 기련(祁連)산맥[17]이라고 주장하는 사람도 있는데, 나는 이 주장이 상당히 일리 있다고 생각한다. 조판만하고 아직 인쇄되

....

15) 장건(張騫, ?-B.C.114)): 전한시기 서역교통로를 개척한 인물. 자세한 행적은 본서 제1편 5장 2절에 나온다.
16) 저자는 당란(唐蘭), 발행연도는 1936년이다.
17) 기련(祁連)산맥: 중국 청해성과 감숙성 경계에 걸쳐있는 산맥.

지 않은 소설림(蘇雪林)[18] 선생의 저서 《곤륜의 수수께기(崑崙之謎)》에서 이 문제에 관해 상당히 상세하게 다루고 있다. 내가 얻어 본 교정본에서는 대략 중국의 곤륜은 그리스의 올림푸스(Olympus)산이나 인도의 수미산(Sumeru)[19]과 같이 모두 신화 중에 나오는 산이며, 그 기원은 바빌론의 선산(仙山)으로 이 선산의 실제 소재지는 바로 아라비아반도 서북 아르메니아고원의 아라라트(Ararat)산[20]이라고 주장하고 있다. 그 외의 설이 더 많지만 다음 절에서 서왕모 전설을 논할 때 다시 언급하기로 한다.

제2절 서왕모(西王母)에 관한 중국의 전설

《이아(爾雅)》〈석명(釋名)〉(석명이 아니라 釋地임 - 역자)에서 "고죽(觚竹)·북호(北戶)·서왕모·일하(日下)를 나라의 사방 변두리[四荒]라 한다"고

....

18) 소설림(蘇雪林, 1897-1999): 중국의 작가이자 학자로 본명은 소소매(蘇小梅)이며 절강성 서안(瑞安) 출신이다. 북경고등여자사범학교를 졸업하였고 호적(胡適)의 문하에서 수업을 받았다. 5·4운동 시기에 《녹천(綠天)》·《극심(棘心)》 등의 작품을 발표하였고 이후 프랑스에 유학하였다. 1936년 노신(魯迅) 사후, 노신에 반발하는 글을 써서 중국 학계에 파장을 일으키기도 하였다. 《崑崙之謎》는 1956년 대북(臺北)의 중앙문물공응사(中央文物供應社)에서 간행되었다.
19) 수미산(須彌山, Sumeru): 고대 인도의 우주관에서 세계의 중심에 있다는 상상의 산.
20) 아라라트(Ararat)산: 터키 동부 아르메니아고원에 있는 사화산(死火山). 터키어로는 아리다기산이라고 한다. 높이 5,185m의 대(大) 아라라트산이 가장 높다. 터키·이란·아르메니아에 걸쳐있다.

한 것을 보면, 서왕모는 대개 중국[中夏] 서부의 맨 끝에 가까운 국토 또는 민족 이름으로 짐작된다. 서왕모가 서방 일몰지역에 사는 신선이 된 것은 전국시대부터였다. 《장자》에는 서왕모가 신선이 된 일에 대해 "서왕모는 도를 체득하여 소광산(小廣山)에 살았는데, 언제 태어나고 죽었는지 모른다"고 적혀있다.

서왕모를 알현하거나 서왕모가 만난 사람들에 관한 기록으로 다음과 같은 것이 있다.

《죽서기년》'주목왕'조에는 "17년, 곤륜으로 서정하여 서왕모를 빈견하였다"고 되어있다.

《초씨역림(焦氏易林)》[21] 권1에는 "직(稷)이 요(堯)임금의 사신이 되어 서왕모를 알현하고 백복(百福)을 엎드려 청하였더니, 나에게 기쁜 자식을 내려주었다"는 기록이 있다.

《죽서기년》에는 또 "제순(帝舜) 유우씨(有虞氏) 9년, 서왕모가 내조(來朝)하여 …… 백환(白環)과 옥결(玉玦)을 헌상했다"고 되어있다.

《풍속통의》 권6 〈음성〉편에는 순임금 때 "서왕모가 내조하여 그의 백옥관(白玉琯)을 헌상했다"고 적혀있는데, 《대대례기(大戴禮記)》 권11의 〈소간(少間)〉편과 《상서대전(尙書大傳)》 등에도 서왕모가 백관(白琯)을 헌상했다는 내용이 있다.

《산해경》 권2 〈서산경〉에서는 서왕모가 옥산(玉山)에 살던 일을 언급하면서 "그 형상은 사람 같은데, 표범 꼬리와 호랑이 이빨을 가졌으며

....

21) 《초씨역림(焦氏易林)》: 전한 말 초연수(蕉延壽)가 저술한 역서(易書). 주역 64괘의 원괘에 다시 64괘를 곱해 총 4,096괘로 구성되어있다. 먼저 역의 원리와 점치는 방법을 해설하고, 《주역상경(周易上經)》의 건위천(乾爲天)부터 주역하경(下經)의 화수미제(火水未濟)까지 각종 운세를 풀이하고 있다.

휘파람을 잘 불고 덥수룩한 머리에 장식을 하고 있다"고 묘사하였다.

《회남홍렬해(淮南鴻烈解)》[22] 권6 〈남명훈(覽冥訓)〉에는, 심지어 예(羿)의 처 항아(姮娥)가, 예가 서왕모에게 얻어온 불사(不死)의 약을 훔쳐 먹고 마침내 신선이 되어 달나라로 도망갔다고 적혀있다.

《사기》 권5 〈진본기(秦本紀)〉와 권43 〈조세가(趙世家)〉에는 조보(造父)가 수레를 잘 몰아 주 목왕의 총애를 받았는데, 조보가 준마 도려(盜驪)·화류(驊騮)·녹이(騄耳)를 목왕에게 헌상하자, 목왕이 조보에게 수레를 몰게 하여 서쪽으로 순수(巡狩)가서 서왕모를 만났다고 기록되어있다.

《열자》 권3 〈주목왕〉편에는 "주 목왕 때 서쪽 끝에 있는 나라에서 온갖 조화를 부리는 사람이 왔다. …… 왕의 수레는 조보가 몰았다. …… 서왕모의 손님으로 묵으면서 요지(瑤池)[23]에서 술을 마셨다. 서왕모가 왕을 위해 노래하자 왕도 이에 화답하니 그 가사(歌辭)가 애잔하였다. 해가 지는 것을 보고 하루에 만 리를 왔음을 알았다"고 적혀있다.

히르트(Hirth)는 일찍이 자신의 저서 《중국고대사》(*The Ancient History of China*)에서 서왕모에 대한 서양학자들의 의견을 열거하였는데, 그 내용을 번역하면 대략 다음과 같다.

아이텔(E. J. Eitel)[24]은 서왕모라는 세 글자가 음역한 것이므로 글자

....

22) 《회남홍렬해(淮南鴻烈解)》: 《회남홍렬》 즉 《회남자》에 후한 헌제 때 사람 고유(高誘)가 주를 단 책.

23) 요지(瑤池): 주 목왕이 서왕모와 만났다는 선경(仙境)으로 곤륜산에 있다. 《사기》 〈대원열전〉에 "곤륜은 그 높이가 이천오백여리이고 해와 달이 서로 피해 숨어서 그 빛을 밝히는 곳이다. 그 꼭대기에는 예천(醴泉: 단물이 솟아나는 샘)과 요지(瑤池: 신선이 사는 못)가 있다"고 기록되어있다.

24) 에른스트 요한 아이텔(Ernst Johann Eitel, 1838-1908): 19세기 후반 중국에서 활동한 독일 출신의 개신교 선교사. 1879년부터 홍콩정부의 중문비서를 맡았던 중국통으로 1877년 《월어중문자전(粵語中文字典)》(*Chinese Dictionary*

만 보고 뜻을 파악해선 안 되며, 부락(部落) 이름이기 때문에 그 추장도 이 이름을 사용했다고 주장하였다. 아이텔은 1880년(광서 6년)에 《목천자전》을 영어로 번역하였다.

포르케(Forke)는 서왕모의 나라는 현재의 아랍이 틀림없으며, 서왕모는 시바(Sheba)[25)]의 여왕이라고 하였다.

샤반느(Chavannes)는 《서왕모국으로 가는 여행기(往西王母國紀程)》(Le Voyage au Pays de Si-Wang-mou)에 주를 달면서, 서왕모를 알현한 사람은 진(秦) 목공(穆公)이지 주 목왕이 아니라고 하였다.

그 외에 라쿠프리(Lacouperie)는 자신의 저서 《중국문명》(Chinese Civilization)에서 목왕이 호탄[和闐][26)]·야르칸드[葉爾羌][27)]·투루판 등지에 간 적이 있고 가장 멀게는 카슈가르[喀什噶爾][28)]까지 갔을 수 있다고 하였다.

히르트 본인은 주 목왕의 여정이 만리장성을 넘지 않았고 곤륜 및

....

in the Cantonese Dialect)을 출판하였다.

25) 시바(Sheba): 기원전 600~500년경 건국된 것으로 알려진 아라비아의 고대 왕국이다. 《성경》에는 시바의 여왕이 솔로몬의 명성을 듣고 많은 선물을 가지고 예루살렘으로 솔로몬을 만나러 왔다는 기록이 있으나 역사적 증거는 남아있지 않다. 그러나 2000년 예멘의 사막도시 마리브에서 시바의 여왕이 실존했을 가능성을 보여주는 유적지 마람 빌키스 사원이 발굴됐다.

26) 호탄(Khotan): 현 신강위구르자치구 화전(和田)시로 타림분지 남부 서역남로(실크로드의 하나)의 최대 오아시스 지역이며 동서교통의 중심도시이다. 고대에는 우전(于闐)이라 불렀다.

27) 야르칸드(Yarkant): 현 신강위구르자치구 서남부에 있는 오아시스 도시 사차(莎車)의 옛 이름.

28) 카슈가르(Kashgar): 현 신강위구르자치구 카스(Kashi, 喀什)시로 타림분지 서남쪽에 있는 오아시스 도시. 동서교통로의 요지로 파미르고원을 넘기 전에 채비를 하고 거래하던 장소였다.

기타 전설 속에 나오는 서방(西方) 지명도 모두 현재 신강성 서부에 소재하였는데, 후대 사람이 억지로 갖다 붙인 것이라고 주장했다. 아울러 히르트는 주 목왕이 서쪽으로 여행할 때 만난 민족이 인도인인지, 페르시아인인지 아니면 투르키스탄인인지는 자신도 단정할 수 없으며, 목왕이 동쪽으로 돌아올 때 당연히 중앙아시아 일대 신비스런 지역의 일부 전설들을 가져 올 수 있었겠지만, 주나라 문화에 미친 영향은 사실 언급할 만한 것이 없어서 외국문화의 수입 흔적은 아직 발견된 바가 없다고 하였다.

청말 《목천자전》을 연구하는 사람들이 등장하여 민국 이후 정겸(丁謙)이 《목천자전지리고증(穆天子傳地理考證)》을 저술하였고, 섭호오(葉浩吾)의 〈목천자전주증보(穆天子傳注證補)〉가 《지리학잡지》 민국 9년(1920) 제5기에 실렸으며, 고실(顧實)29)은 〈목천자전서정금지고(穆天子傳西征今地考)〉를 썼다. 이에 대해 《중서교통사료회편(中西交通史料匯篇)》30)(이하 《회편》으로 약칭함) 제1책에서 정겸은 "너무 독단적"이며 고실은 "허풍을 떨었다"고 비판했지만, 대부분의 학자는 정씨와 고씨의 의견에 동의하였다. 왜냐하면 예를 들어 가장 중요한 '곤륜의 땅[邱]'에 대해 세 사람 모두 호탄의 남쪽 경계에 있다고 주장했는데, 이는 중국인들이 옛날부터 황하의 수원지[河源]가 분명 호탄의 남쪽 경계에 있고 곤

....

29) 고실(顧實, 1878-1956): 강소성 무진(武進: 현 常州) 사람으로 고문자학자 겸 제자학자이다. 국립동남대학(國立東南大學) 등에서 교편을 잡았고 저서로 《목천자전서정강소(穆天子傳西征講疏)》·《장자천하편강소(莊子天下篇講疏)》·《중국문자학(中國文字學)》 등 다수의 논저가 있다.
30) 《중서교통사료회편(中西交通史料匯篇)》: 장성랑(張星烺, 1888-1951)이 편집·주석한 책으로 17세기 중엽 이전의 중국과 유럽·아시아·아프리카 각국(지)의 왕래관계 사료선집이다. 1930년 6책으로 출판되었다.

륜이 그 수원지라고 여긴 것을 그 근거로 삼았기 때문이다. 다만 서왕모의 나라를 정겸은 칼데아(Chaldea)[31]라고 하였고, 고실은 페르시아라고 여겼다. 《회편》의 편자(編者)는 그것이 우전국 서북쪽 총령(葱嶺)[32]에서 약간 서쪽인 힌두쿠시(Hindu Kush)산에 있다고 주장했다. 그러나 이 역시 단지 한나라 환린(桓驎)의 《서왕모전》을 근거로 삼고 거기에다 《태평광기(太平廣記)》 권56에 인용된 《집선록(集仙錄)》의 말을 재인용하여 추측한 것에 불과하다.

시라토리 구라키치(白鳥庫吉)는 곤륜이 바로 서왕모로 황하의 상류인 청해(靑海)에 있으며, 곤륜과 서왕모 모두 민족이름이고 〈우공〉에 나오는 곤륜이 바로 훗날의 서왕모라고 하였다. 그리고 현재 청해를 몽고어로는 Koko Nôr, 티베트어로는 Tso-wongbo라 하는데, 서왕모의 고음(古音)이 Si-wong-bo이므로 티베트어 청해의 대음(對音)이라고 하였다. 그는 또 《한서》 〈지리지〉에 나오는 금성군(金城郡)의 속현(屬縣) 임강현(臨羌縣)에 달린 "서북쪽으로 만리장성 바깥지역[塞外]에 가면 서왕모의 선해(僊海: 仙海의 고체자로 '신선의 바다'라는 뜻 – 역자) 염지(鹽池)가 있다"라는 주석을 근거로 청해를 선해라 칭한 것 역시 같은 음(音)에서 변화한 것이 분명하므로 '서왕모'는 바로 오늘날 청해 지역에 역사상 존재했던 사람이라고 하였다. 또 한인(漢人)이 Tso-wongbo를 '서왕모'로 번역한

....

31) 칼데아(Chaldea): 《구약성서》에서는 칼데아를 흔히 바빌로니아와 동의어로 사용하고 있다. 칼데아인은 기원전 1000년 전반에 바빌로니아 남부에서 활약한 셈계의 한 종족으로 스스로 바빌로니아문화의 후계자로 자처하고 남하하는 아시리아의 세력에 대항하여 완강하게 저항하였다.
32) 총령(葱嶺): 지금의 파미르고원. '파미르'라는 말의 어원에 대해서는 타직(Tajik)어로 '세계의 기둥'이라는 설과 고대 페르시아어로 '태양신의 보좌(pai mihr)'이라는 설 등이 존재하나 확실치 않다.

후, 후대 사람들이 다시 그것을 "음(陰)의 성질을 가진 해가 지는 곳[陰性日沒處]"의 신선(神仙)으로 삼고 동시에 부상국(扶桑國)[33]을 그녀의 배필로 삼아 '동왕부(東王父)'라 이름 지은 것은 순전히 후대 사람의 부회(附會)라고 하였다.

　여기서 시라토리 구라키치의 주장을 소개한 것은 이런 견해도 있음을 보여주기 위한 것뿐이다.

제3절 중국에 관한 페르시아의 전설

　중서교통에 관한 페르시아의 전설은 10세기의 시인 피르다우시(Firdausi)[34]가 쓴 서사시 《샤나메》(*Shāh-nāmeh*)[35]라는 책에 나오는데, 《샤나메》는 '제왕전(帝王傳)'이란 뜻이다. 1838년(도광 18년)에서 1878년(광서 4년) 사이에 출판된 몰(Mohl)의 프랑스어 번역본 《열왕기(列王紀)》(*Le Livre des Rois*)에 근거하여 그 내용을 발췌하면 다음과 같다.

....

33) 옛날 중국은 일본을 부상국이라 불렀음.
34) 피르다우시(H. A. Firdausi, 940-1020?): 페르시아 문학사상 최고의 서정시인으로 본명은 아불 카심 만수르(Abu'l Qāsim Mansûr)이다. 35년간 신화시대에서부터 아랍 정복기(7세기)까지 페르시아의 역사를 다룬 6만 편의 시를 엮어 《샤나메》를 지었다.
35) 《샤나메》(*Shāh-nāmeh*): 서기 1000년경 피르다우시가 쓴 페르시아어 서사시이다. 4왕조 역대 50명 왕자의 치세를 기술하고 있으며 많은 무용전기(武勇傳記)와 사랑 이야기가 실려 있고, 작품 전반에 걸쳐 운명론이 기조를 이루고 진리와 격언도 많다. 특히 〈로스탐과 소흐라브의 이야기〉가 가장 유명하여 구미 여러 나라에서 번역되었다.

1) 재하크(Zohak)[36]가 인도와 중국의 변경지역에 사람을 파견해 잼시드(Jamshid)[37]의 행방을 뒤쫓았다고 한다. 피르다우시는 동시에 잼시드가 마태국(馬泰國, Machin)의 왕 마한(馬韓, Mahang)의 딸을 아내로 삼았다고 적고 있다. 이에 대해《회편》의 편자는 잼시드가 바로 주(周)나라의 폐신(嬖臣: 아첨하여 신임을 받는 신하 - 역자) 장계작(長季綽)이라고 여겼으니,《목천자전》에서 "태왕단보(太王亶父)가 처음으로 서토(西土)를 개척하였다 …… 그의 폐신 장계작을 용산(舂山)[38]의 남쪽에 봉(封)하고 큰 딸을 시집보냈다"고 한 데 근거한 것이다.《회편》의 편자와 정겸 및 고실은 모두 용산이 바로 파미르고원이라 주장하면서《대당서역기》권12〈걸반타국(朅盤陀國)〉[39]에 기록된 "옛날 파리랄사(波利剌斯) 국왕이 중국 땅[漢土]에서 아내를 취하였는데, 아내를 맞이하기 위해 이곳에 이르렀다"는 구절이 이 내용과 서로 비슷하지만, "주나라 초기 파미르고원 부근이 아마도 전부 페르시아의 영토였기에 이처럼 딸을 페르시아에 시집보냈다는 억지논리를 폈던 것 같다"고 하였다. 또 '마태(馬泰)'란 바

....

36) 재하크(Zohak): 페르시아어로 만 마리의 말을 가진 자라는 뜻으로 *Aži Dahāka*(*Azh dahak*)에 기록된 고대 이란 신화에서 악한 존재로 나타난다. 중세 페르시아에서는 Dahāg 또는 Bēvar-Asp으로 불렸다. 조로아스터교에서 재하크는 선과 광명의 신인 아흐라 마즈다(Ahura Mazda)에 맞서는 악과 암흑의 사신(邪神) 앙라 마이뉴(Angra Mainyu)의 아들로 나타난다.
37) 잼시드(Jamshid): 페르시아 신화에 나오는 인물로 아름다운 요정들(peris)의 왕이었는데, 죽지 않는 것을 자랑한 벌로 인간의 모습으로 변하여 강하고 기적을 행하는 페르시아 왕이 되어 700년 동안 군림했다고 한다.
38) 원서에는 춘산(春山)으로 되어있으나 오식임이 분명하여 바로 잡았다.
39) 걸반타국(朅盤陀國): 현 중국 신강위구르자치구와 파키스탄의 접경 도시인 타쉬쿠르간(Tashkurghan)으로 파키스탄과의 연결도로인 카라코람 하이웨이의 국제버스가 다니는 출발지점이기도 하다.(김규현 역주,《대당서역기》, 551쪽)

로 '대진(大秦)'을 가리키며 '마한(馬韓)'은 '목왕(穆王)'의 전음(轉音)이라고 여기는 사람도 있다. 이 모든 것이 가설에 지나지 않지만 일단 여기에 기록하여 그런 견해도 있음을 밝혀둔다.

2) 페레이둔(Feridun)[40]이 달단(韃靼)[41]과 중국의 일부를 그의 둘째 아들 투르(Tur)에게 하사하였다고 한다.

3) 페르시아 왕 카이 카부스(Kai Kāvus)[42]의 아들 시야바슈(Siyâvash)가 동방으로 도망하여 투란(Turan)에서 난을 피하였는데, 투란 국왕 아프라시아브(Afrasiab)가 자신의 딸 파란기스(Farangis)를 시야바슈에게 시집보내며 중국과 호탄 두 지역을 혼수로 주었고, 왕의 딸과 사위는 호탄 동북의 공성(公城, Kung)에 거주했다고 한다. 투란은 고대 서방 사람들이 중국과 몽고 지역을 부르는 총칭이었다.

4) 아프라시아브는 카이 호스로우(Kai Khosrow)가 어릴 때 중국해(中國海)를 건너가도록 하였는데, 지브(Jiv)가 갖은 고생을 다한 끝에 중국에서 (그를) 찾아냈다고 한다. 혹자는 카이 호스로우가 바로 키루스(Cyrus)[43]라고 말한다.

....

40) 페레이둔(Feridun): 이란 문학에 나오는 신화적인 왕으로 승리·정의·자비의 상징이다. 페레이둔은 카베와 함께 독재 왕 재하크에 반기를 들어 그를 격파하고 알보르즈산에서 그를 사로잡았다. 그 후 페레이둔은 왕이 되었고 신화에 따르면 나라를 500년간 다스린 후 그의 왕국을 세 아들인 살름·투르·이라즈에게 나누어 주었다고 한다.
41) 달단(韃靼): 타타르족의 음역이다. 타타르족(Tatarlar)은 터키계 민족이며 타타르스탄의 주민으로 타타르인이라고도 한다.
42) 원서에는 카이 코바드(Kai Kobad)로 되어있으나 분명한 오류여서 바로잡았다. 코바드는 카부스의 아버지이고 시야바슈의 할아버지이다.
43) 키루스(Cyrus, 재위 B.C.559-B.C.530): 페르시아의 황제로 B.C.559년 아버지 Cambyses 1세의 Elam 지방 왕위를 이어받고 인근 부족들을 제압하여 B.C.553년 Medes와 Persia의 왕이 되었고 소아시아 일대 Jaxartex강까지 정

5) 카이 호스로우와 루스탐(Rustam)이 함께 아프라시아브를 공격할 때, 루스탐이 코끼리를 타고 있는 중국 황제를 생포했다고 한다.

6) 카이 호스로우의 후계자 로라스프(Lohrasp)가 일찍이 중국과 달단 국왕에게 방물(方物)을 진공토록 명령하였다고 한다.

7) 귀슈타습(Gushtasp)은 일찍이 달단의 알자습(Arjasp)왕과 전쟁을 하면서 그 나라 수도까지 그를 끝까지 추격하여 사로잡아 죽였다고 한다.

이상에서 소개한 내용을 순전히 우화라고 말하는 사람도 있지만, 고대 전설이라고 전혀 근거 없다고는 말할 수 없을 것이다. 다만 세월이 오래되어 그 본 모습을 잃고 와전되어 잘못 전해지거나 훗날 들은 것들이 섞여져 마침내 진상 파악이 어렵게 되었을 뿐이다.

복했다. B.C.530년 키루스는 중앙아시아 북동 변경에서 유목민들과 싸우다가 전사했다. 시체는 Pasargadae에 묻혔는데 그 무덤이 아직도 남아 있다. 그의 아들 Cambyses 2세(재위 B.C.530-B.C.522)가 대를 이었고 Darius 1세가 그 뒤를 이었다.

제3장
선진시대 중국과 서방의 관계

제1절 춘추시대 양이(攘夷)운동과 유라시아 민족의 이동

　일부 중서교통을 논하는 학자들은 반드시 한나라의 장건(張騫)부터 시작해야 한다고 주장한다. 그러나 장건 이전 명확한 기록이 부족하다고 말할 수는 있지만 장건 이전에 중서 간의 왕래 사실이 없었다고 주장할 수는 없다. 만약 그렇지 않다면 장건이 어떻게 사천지역에서 생산된 베[蜀布]와 공(卭: 지금의 四川省 西昌市 주변 - 역자)의 죽장(竹杖)을 대하(大夏)에서 볼 수 있었겠는가? 지금부터 선진시대 중국과 서방의 관계에 대해서 간략히 논해보고자 한다.

　일본의 시라토리 구라키치(白鳥庫吉)는 일찍이 아시아의 고금(古今) 민족 변천에 대한 자신의 연구 경험을 종합하여, "남북은 대항하고 동서는 교통했다"는 결론을 내렸다. 대개 남북이 대항하면 옆은 편안해져 동서의 교통을 촉진하게 되고, 동서 간의 교통이 발전하면 또 종종 남북 간의 항쟁 형세를 추동하는 일이 되풀이되었기 때문인 것 같다.

기원전 606년(周 定王 원년, 본장 제2절을 참고) 아시리아제국[1]은 메디아인(Medes)[2]과 칼데아인에 의해 직접 멸망당했지만, 그들이 무너지게 된 먼 원인은 스키타이인[3]과 키메르인(Cimerians)[4]의 침입으로 인해 국세가 갈수록 쇠약해졌기 때문이다. 그런데 이 두 민족의 서침(西侵)은 유라시아 민족 대이동의 영향을 받은 것이었다. 기원전 6, 7세기 유라시아 대륙의 민족 분포는 대략 다음과 같았다.

키메르인은 현재 러시아 남부 일대에 살고 있었다.

....

1) 아시리아제국: 고대 아시리아는 기원전 중동에 존재했던 강성 대국이었다. 초기에 아시리아는 티그리스강 상류 지역을 지칭하는 말이었으며 고대 도시이자 수도였던 아수르(Assur)에서 유래한 명칭이다. 나중에는 북부 메소포타미아 전체와 이집트·아나톨리아(Anatolia)까지를 지배하는 대제국으로 성장하였다. 아시리아 본토는 메소포타미아 북부 전체에 해당하며 니네베를 수도로 하였다. 아시리아의 왕들은 세 차례에 걸쳐 역사상 의미 있는 대제국을 형성하였는데, 각각 고대 아시리아제국·중기 아시리아제국·신아시리아제국으로 분류된다. 그 중에서 가장 강력하고 잘 알려져 있는 것이 기원전 911-612년의 신아시리아제국이다.
2) 메디아인(Medes): 이란 북서부에 있던 고대 국가와 고대 이란인을 부르는 이름. 대체로 오늘날 케르만샤 일부와 아제르바이잔·하마단·테헤란·쿠르디스탄 지방에 해당한다. 메디아라는 이름은 고대 그리스인들이 이 지역을 메디아(Media) 또는 메데아($M\eta\delta\iota\alpha$)라고 지칭한데서 유래하였다. 기원전 11세기 역사무대에 출현하여 기원전 8세기경 왕국을 건립하였고 기원전 6세기 아케메네스조 페르시아의 키루스 2세에 의해 멸망되었다.
3) 스키타이인(Skythia): 본래 이란 지역의 유목민족이었다. 헤로도토스에 의하면 스키타이라는 이름은 스콜로토이(Skolotoi)에서 유래했으며 소그디아라고도 하였다. 스키타이인은 오늘날의 러시아 영토에 살았던 민족들 가운데 《사기》에서 언급된 최초의 민족이다. 역사학자들은 스키타이족이 키메르족을 정복한 것으로 믿고 있으며, 헤로도토스는 《역사》에서 스키타이가 동북쪽에서 밀려온 압력으로 유럽 방향으로 밀려났다고 하였다.
4) 키메르인(Cimerians): 호메로스(Homeros)의 작품에 보이는 유목민족으로 아시리아와도 겨룬 기록이 남아있다.

스키타이인은 키메르인보다 약간 동쪽지역에 살고 있었다.

사르마티아인(Sarmatian)5)은 카스피해6)의 북쪽에 살고 있었다.

마사게타이인(Massagetae)7)이 거주한 곳은 키르기스(Kirghiz)초원부터 시르다리야(Sir Darya, 옛 이름은 藥殺水임) 하류까지 이르렀다.

아르기파이오이인(Argippaei)8)은 중가리아(準噶爾)9) 및 그 서쪽 일대에 살고 있었다.

이세도네스인(Issedones)10)은 타림분지 동쪽에 살고 있었다.

....

5) 사르마티아인(Sarmatian): 인도·유럽계 종족의 하나. 그리스어로 사우로마타이(Sauromatai)라고도 불린다. 돈강과 볼가강의 동쪽, 카스피해 연안, 카프카스 북부에서 유목하였으며, 기원전 3세기경 서쪽의 스키타이를 차례차례 압박하여 볼가강에서 다뉴브강 일대를 지배하였다. 스키타이인은 사르마티아인에 의해 멸망되었으며, 사르마티아인 역시 유목민족으로 한동안 초원을 지배하다가 훈족에 의해 멸망되었다.

6) 카스피해(Caspian Sea): 세계 최대의 내해(內海). 유럽 남동쪽 끝, 카프카스산맥 동쪽에 있으며 중앙아시아 서부에 펼쳐진 평원의 대부분을 차지한다.

7) 마사게타이인(Massagetae): 고대 이란인의 유목연맹체로 카스피해 동부 중앙아시아 초원지대, 즉 오늘날의 투르크메니스탄·아프가니스탄·서부 우즈베키스탄·남부 카자흐스탄을 점유하였다.

8) 아르기파이오이인(Argippaei): Argippaeans라고도 함. 고대 그리스시대 우랄산맥 산록에 살던 샤먼 민족. 헤로도토스의 《역사》에서 스키타이보다 더 동쪽 높은 산맥 너머 사는 대머리 인종으로 나온다.

9) 중가리아(Dzungaria): 천산산맥과 알타이산맥으로 에워싸인 오아시스와 사막지대로 예로부터 유목민들의 활동지였다. 15세기 이후에는 4개 부족으로 구성된 오이라트 몽고족의 근거지가 되었다. 종족으로서 중가르는 오이라트족 중 좌익(左翼: 제웅가르, 西方이란 뜻)의 집단을 뜻한다.(《실크로드사전》, 704-705쪽)

10) 이세돈인(Issedon): 헤로도토스의 《역사》에 나오는 동방무역로 중에 등장하는 나라로 그 위치 비정에 관해서는 중국 신강성 하미 부근 오손(烏孫)의 옛터라는 설과 티베트라는 설이 있다.

아리마스피인(Arimaspi)[11]은 하서(河西)[12] 일대에 거주하고 있었다.

이 일곱 민족은 당시 비교적 강대한 유목민족이었는데, 서쪽에서 동쪽으로 거의 평행을 이루며 살고 있었다. 그들이 원래 거주했던 지역은 상술한 것보다 실제로 더 동쪽에 치우쳐 있었으나, 훗날 기원전 6세기 가장 동쪽의 아리마스피인이 갑자기 서쪽을 공략함으로써 나머지 민족역시 서로 연쇄적으로 그 영향을 받아 차례로 서쪽을 침공하게 되었고, 이에 가장 서쪽의 스키타이인과 키메르인이 아시리아를 침입하여 그 멸망을 재촉하게 된 것이다.

그렇다면 아리마스피인이 가장 먼저 서쪽을 침공한 원인은 또 어디에 있었던 것인가? (이에 대한 해답은) 중국 춘추시대 오패(五霸)[13]의 양이운동(攘夷運動)[14]에서 찾지 않을 수 없다. 오패인 제 환공(B.C.685-B.C.643)과 진 문공(B.C.635-B.C.628)은 기원전 7세기 후반에 흥기한후, 관중(管仲) 등의 보좌를 받아 제후들을 규합하고 존왕양이를 높이부르짖으면서 북적(北狄)[15]과 산융(山戎)[16]을 새외(塞外)로 몰아냈다.

....

11) 아리마스피인(Arimaspi): 그리스의 전설적 시인 아리스테아스(Aristeas)가 남긴 서사시 〈아리마스페아(Arimaspea)〉에 나오는 중앙아시아 스키타이 북부에 사는 외눈박이 부족.
12) 하서(河西): 지금의 감숙성과 청해성의 황하 서쪽지역을 통칭하는 지명.
13) 춘추오패(春秋五霸): 춘추시대 때 천하를 제패한 다섯 명의 군주를 말한다. 오패는 제(齊) 환공(桓公)·진(晉) 문공(文公)·초(楚) 장왕(莊王)·오(吳)왕 합려(闔閭)·월(越)왕 구천(勾踐)이라고도 하며, 오왕 합려와 월왕 구천 대신송(宋) 양공(襄公)과 진(秦) 목공(穆公)을 꼽기도 한다.
14) 양이운동(攘夷運動): 춘추시대 패자들이 주나라 천자를 내세워 영내에 침입하는 이민족을 물리친다는 의미에서 이용한 표어.
15) 북적(北狄): 적(狄)은 융적(戎狄)이라고도 하며 중국 북방 이민족을 통칭하는 경우도 있다. 적의 기원에 대해서는 은나라 때 활약한 귀방(鬼方) 또는 투르크계 민족이라고도 한다. 춘추시대에는 섬서에서 산서 지방에 걸쳐 활약했고,

이러한 제후들의 움직임이 큰 파장을 일으켜 아리마스피인을 서쪽으로 이동하게 만들었고, 이것이 점차 확대되어 마침내 아시리아제국을 멸망 시켰으니, 그 멸망의 먼 원인은 사실 중국의 양이운동에서 비롯된 것이었다. 이는 또 훗날 대하(大夏)와 안식(安息)[17]국의 멸망이 흉노와 한나라의 대항으로 야기된 민족이동에서 발단된 것과 같은 맥락이다. 그리고 로마제국 멸망의 먼 원인 역시 중국이 흉노의 남하를 저지함으로써 흉노인이 어쩔 수 없이 서쪽으로 이동한데 있었다. 그 결과 훈족들(Huni 는 라틴어 복수형임)이 유럽대륙을 횡행하여 게르만 제 민족의 대 동란을 초래하였고 마침내 로마제국을 붕괴시켰으니, 그 상황이 정말 서로 유사하다. 본서에서는 시대 순에 따라 이 문제를 더 깊이 연구·토론하고자 한다.

....

적적(赤狄)·백적(白狄)·장적(長狄) 등으로 나누어 중원에까지 진출하였다.

16) 산융(山戎): 춘추시대 산서성 태원(太原)에 살았던 융(戎)의 한 갈래로 '무종(無終)' 또는 '북융(北戎)'이라고도 부른다. 여기서는 연(燕)나라 장공(莊公) 27년(B.C.664) 이들이 연나라를 공격하였을 때, 제 환공이 연나라를 도와 고죽(孤竹)에서 격파한 일을 말한다.

17) 안식(安息): 파르티아(Parthia, B.C.248-A.D.226)왕조를 가리킨다. 창건자 아르사케스(Arsakes)의 이름을 따서 '아르사크(Arsacid)왕조'라고도 불렀는데, 중국에서 이를 '안식'으로 음사한 것이다. 원래 파르티아는 고대 페르시아제국에 속했던 성(省)의 명칭으로 카스피해 동남연안지역, 즉 현재 투르크메니스탄 남부지방을 지칭하였다. 이 지역은 알렉산더제국이 분열된 후 셀레우코스왕조의 지배를 받았으나, 파르니(Parni)라는 이란계 부족이 독립하여 파르티아왕조를 건설했다. 전성기 때에는 동으로 인도의 쿠샨왕조, 서쪽으로 로마제국과 맞서다가 2세기 말 급격히 쇠퇴해서 페르시아의 사산왕조에 의해 대체되었다. 지정학적으로 동·서방의 중간 완충지대에 자리하고 있어 중국 비단의 중계무역을 독점함으로써 막대한 이익을 챙겼다.

제2절 이란과 인도문화의 동방전래 노선과 시기

중국이 역사시대로 진입한 후 즉 기원전 9세기에서 6세기 사이, 중국이 다른 나라와 왕래한 흔적은 아직 발견되지 않았다. 거북이 배와 소뼈 위에 적히거나 새겨진 소위 갑골문자에도 비교적 먼 외국과의 관계에 대해 언급한 것이 전혀 없다. 은대에는 북방에 소가 많았으며, 은나라 사람들은 이미 소를 이용하여 농사를 지을 줄 알았다. 거북은 고대에 북방에서 나는 것이 아니었다. 《서경》·《시경》·《장자》·《국어》·《죽서기년》 등에 따르면 거북은 초(楚)지역에서 생산되었으며 회이(淮夷)[18]도 거북을 헌상했다고 되어있다. 중앙연구원에서 발굴한 큰 거북을 전문가가 감정한 결과에서도 남방종으로 판명되었다. 갑골문에 매번 "남쪽에서부터 보내 온 거북이 있다(有來自南致龜)" 혹은 "거북은 그 남쪽에서 보내온 것이 아닌가(龜不其南致)"라고 적혀있는 것으로 보아 은대의 거북이 대부분 남쪽에서 왔으며 공물로 바쳐진 것임을 알 수 있다. 그러나 갑골문에서 말하는 남방이란 응당 서남지역을 가리키는 것으로 오늘날의 호남(湖南)지역을 벗어나지 않는다.

반면 기원전 6세기 이후 즉 춘추전국시대부터는 이미 발견된 문물을 통해 중국과 서방의 관계를 고찰할 수가 있다.

이 관계의 접촉노선은 남북 두 경로로 나눌 수 있는데, 북로(北路)는 서아시아에서 직접 북방민족에 전해진 다음 다시 중국에 전래된 것이고, 남로(南路)는 서아시아에서 중앙아시아와 인도를 거쳐 중국에 들어

---

18) 회이(淮夷): 상·주시기에 중국 동부의 황회(黃淮)와 강회(江淮) 일대에서 생활하던 고대 소수민족이다.

온 것이다.

접촉한 시대배경에 대해서도 남북 두 노선으로 나누어 서술할 수 있다.

(1) 북로: 기원전 4천년 전후 수메르인(Sumerians)[19]이 유프라데스강과 티그리스강의 골짜기, 이른바 '두 강 유역'에서 그 문명의 기초를 세우기 시작했다. 기원전 2500년 전후에 이르러 셈족[20]이 그 지역을 정복하고 수메르인의 문화를 계승하여 바빌론 왕국을 세웠다. 기원전 7세기 즉 중국의 춘추시대 초기에 아시리아인이 다시 두 강 유역과 시리아 및 이집트를 차례로 정복하여 아시아와 아프리카 두 지역에 걸친 아시리아제국을 건립하였다. 기원전 606년(주 정왕 원년. 기원전 607년, 612년 혹은 625년이라고 주장하는 사람도 있음) 칼데아인과 메디아인이 연합하여 아시리아를 멸망시키고 칼데아제국을 세웠는데, '신 바빌론제국'이라고도 부른다. 기원전 558년(周 靈王 14년. 기원전 550년 혹은 539년이라고 주장하는 사람도 있음) 칼데아제국도 페르시아인에 의해 멸망당했다.

그러나 같은 시기 카프카스와 흑해 사이에서 제국(帝國)들이 갑자기 흥기하였는데, 사르마티아(Sarmatia)도 그 중 하나로 이들 제국은 이미 모두 페르시아화 되어있었다. 그리고 당시 중아시아에서부터 현재 신강

....

19) 수메르(Sumer): 메소포타미아의 가장 남쪽 지방이다. 수메르 문명은 세계에서 가장 오래된 문명으로 그들이 어디서 왔는지 정확히 모르지만 대략 기원전 3500년부터 수메르 지방에서 살기 시작한 것으로 전해진다. 그 후 기원전 2000년경에 메소포타미아 북쪽의 아카드(Akkad) 지방에 살던 셈족 계통의 아카드인이 수메르 지방을 점령하고 바빌론을 세웠다.

20) 셈족(Semites): 아라비아반도의 유목민족에서 기원했다고 전해진다. 《구약성서》의 기록에 의하면, 노아의 아들이 바로 셈의 조상이 되었다고 한다. 아랍인과 유태인 모두 대부분 셈족이며 아랍화된 고대 셈족의 후예로서 중동과 아프리카 북부지역에서 주로 생활하고 있다.

에 이르는 지역에는 인도유럽어를 사용하는 민족이 분포하고 있어 비록 그들이 이란어와 인도유럽 방언을 사용하는 민족으로 다시 구분되었지만, 동서간의 교통은 이미 매우 편리해진 상태였다. 한편 중국은 기원전 1,000년 쯤(즉 은나라 말 주나라 초) 황화유역에 거주하던 한족이 이미 산서(山西)와 섬서(陝西) 북부에 살던 이민족을 정복함으로써 동서 양측이 접촉하게 되었고 문화적인 교류도 갖게 되었다.

(2) 남로: 중서 간의 접촉은 남로와 북로에서 사실상 동시에 진행되었다. 위에서 언급한 인도유럽어 민족은 원래 카스피해 이북 즉 유럽과 아시아 두 대륙 사이에 살고 있어서, 그 언어가 서쪽으론 유럽에 속하고 동쪽으론 인도에 가깝기 때문에 인도유럽어라고 하였고 그 사람들을 인도유럽민족이라고 불렀다. 페르시아인과 메디아인은 모두 이 민족의 한 지류였다. 아시리아가 멸망한 후 약 반세기 만에 페르시아인이 흥기하였는데, 그 지도자 키루스(Cyrus)는 메디아인과 소아시아 각 민족을 차례로 정복하여 칼데아를 멸망시키고 페르시아제국을 세운 후 아케메네스(Achaemenid)왕조[21]라고 불렀다.

아케메네스조 페르시아제국은 다리우스(Darius)왕 통치 시기(B.C. 522–B.C.485: 周 景王 24년에서 周 敬王 35년까지)에 영토가 가장 넓었는데, 동쪽으로 인도에서 시작하여 서쪽으로 유럽 동남부까지 이르렀을 뿐 아니라 이집트도 차지하고 있었다. 이란문화는 이때부터 사방으로

....

21) 아케메네스(Achaemenid)왕조: 아케메네스(키루스의 조부)를 시조로 하는 페르시아제국으로 최대 판도였을 때 3개 대륙에 걸친 대제국이었다. 동쪽으로는 아프가니스탄과 파키스탄의 일부에서부터 이란과 이라크 전체, 흑해 연안의 대부분의 지역과 소아시아 전체, 서쪽으로는 발칸반도의 트라키아, 현재의 팔레스타인 전역과 아라비아반도, 이집트와 리비아에 이르는 광대한 지역이 그 영토였다.

전파되어 나갔고 동시에 국외로부터 이웃국가와 비교적 먼 나라의 문화가 유입되어 들어왔다. 이 대제국의 통치범위 내에서 일상적인 평화와 질서가 유지됨에 따라 대상(隊商)22)들도 지속적으로 시기에 맞춰 왕래할 수 있었다. 당시 페르시아 서쪽에는 그리스문명, 동쪽에는 인도문명이 있었는데, 페르시아인들은 그리스문명을 흡수한 후 그것을 다시 인도에 수출하였고, 인도는 이미 혼합된 그리스와 페르시아문화를 다시 동쪽으로 수출하는 중개자 역할을 수행하였다.

같은 시기 중국에서는 북방 이민족의 침입에 저항하기 위해 무력통일운동이 일어나 이른바 춘추전국시대가 형성되었는데, 진(秦)의 세력이 가장 컸다. 진나라는 관중(關中)을 거점으로 만리장성의 서쪽 기점인 농서군(隴西郡)23) 임조(臨洮)지역을 점유하고 있었고, 당시 신강지역에 이미 인도유럽계 민족이 살고 있었기 때문에 마침내 진나라의 위명(威名)이 신속히 이란고원까지 전해지게 되었다. 더욱이 당시 페르시아와 그리스가 끊임없이 항쟁하고 있었기 때문에 페르시아가 얻은 중국에 관한 지식도 분명 더 서쪽에 있는 그리스에 전해졌을 터이지만, 애석하게도 증빙할 문헌이 없어 어림짐작할 따름이다.

....

22) 대상(隊商): 사막이나 초원과 같이 교통이 발달하지 않은 지방에서 낙타나 말에 짐을 싣고 떼를 지어 먼 곳으로 다니면서 특산물을 교역하던 상인 집단.
23) 농서군(隴西郡): 전국시대 진나라 양왕(襄王) 28년(B.C.279)에 설치되었고 치소(治所)는 적도현(赤道縣: 지금의 감숙성 臨洮縣 남쪽)이다. 농산(隴山)의 서쪽이라는 데서 그 이름이 유래했다. 관할은 지금의 감숙성 농산 이서, 황하 이동, 서한수(西漢水)와 백용강(白龍江) 상류 이북, 조역하(祖歷河)와 육반산(六盤山) 이남의 땅이다. 후한시대에는 점차 영역이 축소되었다.(《사기 외국전 역주》, 54쪽)

제3절 북로(北路)로 전래된 이란의 동물무늬 예술

주나라 중엽 중국은 여전히 전차(戰車)가 군대의 주력이었으며 각 전차마다 활 쏘는 사람 1명, 말 모는 사람 1명, 창 쓰는 사람 1명 등 3명의 사병(士兵)이 있었다. 주나라 말, 북방의 조(趙)나라와 진(秦)나라는 모두 흉노에게 배운 기마병으로 그것들을 대체하였다. 《사기》 권43 〈조세가(趙世家)〉에 보면 조나라 무령왕(武寧王)이 백성에게 오랑캐 옷을 입고 말을 타면서 활 쏘는 것[胡服騎射]을 장려했다는 기록이 있는데, 무령왕은 기원전 325년에서 299년까지 재위에 있었고 조나라의 영토는 오늘날의 산서성과 하북성 지역에 해당한다. 기마병을 이용하려면 군대의 복식도 이민족 양식을 택할 수밖에 없었으니, 코뿔소 가죽으로 만든 딱딱하고 무거운 갑옷과 투구를 버리고 철을 정제하여 만들거나 작은 가죽을 연결시켜 만든 이란(Iran)식 갑옷과 투구로 대체하게 되었다. 단도(短刀)와 같은 무기도 외국 스타일로 바꿔 사용하였고, 그 결과 화살집·칼집·칼자루·마구(馬具) 등도 모두 외국의 영향을 받았다. 이에 대해 나누어 서술하면 다음과 같다.

1. 기마술의 중국 전래

《설문해자(說文解字)》24)에서는 '기(騎)'를 '과마(跨馬)'25)라고 해석하

---

24) 《설문해자(說文解字)》: 한나라 허신(許愼)이 만든 문자 해설서로 서기 100년에 완성되었다. 당시 통용되던 문자에 근거하여 그 글자의 형체에 따라 이를 14편 540부, 서목(敍目) 1편으로 나누어 각각 한자의 형(形)·의(義)·음(音)

였는데, 이는 '승좌(乘坐)'[26]와 다른 것이다. 육조시대 이후 경전(經典)에 주석을 단 사람들은 모두 고대에는 말을 타지 않아서 경전에 '기(騎)'자가 없는 것 같다고 하였다. 송나라 정대창(程大昌)[27]은 〈석시면(釋詩緜)〉에서 "고공단보(古公亶父)[28]가 내조(來朝)할 때 말을 몰고 왔다[走馬]"라 하여 옛날에도 말을 타는[單騎] 경우가 있었음을 처음으로 주장하였다. 고염무(顧炎武)[29]의《일지록(日知錄)》[30] 권29에는 '기(騎)'와 '역(驛)' 두

....

을 체계적으로 해설하였다. 이 책은 진·한 이래의 한자를 연구하는 데 있어서 가장 기본적인 참고문헌이며 금문(金文)과 갑골문(甲骨文)을 연구하는 데 있어서도 중요한 참고자료이다.

25) 말을 탈 때 엉덩이를 말 등에 대지 않고 서 있는 것과 비슷한 자세로 타는 것.

26) 엉덩이를 말 등에 대고 편하게 앉아서 타는 자세.

27) 정대창(程大昌, 1123~1195): 남송의 관료이자 학자로 안휘성 홍리(洪裡) 출신이다. 천주지주(泉州知州)·건녕지부(建寧知府)·명주지주(明州知州) 등을 역임했다. 평생 학문에 열중했고 명물전고(名物典故)에 뛰어났다. 저서로《역원(易原)》·《우공론(禹貢論)》·《시론(詩論)》·《옹록(雍錄)》·《북변비대(北邊備對)》·《연번로(演繁露)》 등이 있으나 현재 대부분 전해지지 않는다.

28) 고공단보(古公亶父): 주나라 시조인 후직(后稷)의 12대손이자 문왕의 조부. 주의 무리를 이끌고 섬하(陝下)로 옮겨와 성곽과 집을 짓고, 관리를 두어 융적의 풍습을 개혁하고 생산을 늘려 주의 번영을 이룩하였다고 한다.

29) 고염무(顧炎武, 1613~1682): 명말 청초의 사상가로 강소성 곤산(崑山) 출신이다. 당시 양명학이 공리공론을 일삼는데 환멸을 느끼고 경세치용의 실학에 뜻을 두었다. 다년간 화중(華中)과 화북(華北)을 돌아다니면서 천하의 형세를 살피고 학자들과 교유하였는데, 이는 명나라의 회복을 꾀한 일이었다고 전한다. 대표 저서로《일지록》·《천하군국이병서(天下郡國利病書)》 등이 있다.

30)《일지록(日知錄)》: 전 32권. 고염무의 저서로 1695년 간행됨. 경학·사학·문학·정치·사회·지리·풍속 등 제 문제를 사론(史論) 형식으로 쓴 것이다. 사실에 근거를 두고 있으나 단순한 기록에 머무르지 않고 그의 사상이 전편에 약동하고 있다. 주석서(注釋書)로 황여성(黃汝成)의《일지록집해(日知錄集解)》가 있으며 청대 고증학 학풍을 일으킨 저서로 알려져 있다.

조(條)가 있는데, 거기서 기사(騎射)하는 법은 분명 조나라 무령왕 이후에 사용된 것이라고 기록하고 있다. 단옥재(段玉裁)[31]는 《설문해자》의 '기(騎)' 자에 주를 달면서 "고대에도 말을 타는 경우가 있었지만 군사작전에 사용하지 않았는데, 조나라 무령왕 때에 이르러 비로소 말 타고 활 쏘는 것으로 전쟁 훈련을 했다"고 설명하고 있다. 그러나 소진(蘇秦)이 6국을 다니며 유세(遊說)하면서 조(趙)와 초(楚)는 각각 기(騎) 만 필(匹)이 있고 연(燕)과 위(魏)는 각각 기(騎) 6천 필이 있다고 한 것과 《한비자(韓非子)》에서 "진(秦) 목공(穆公)이 중이(重耳)[32]를 보낼 때 기병 2천을 딸려 보냈다"고 한 것으로 보아 춘추 및 전국 중엽 이후 기병이 이미 상당히 발달하였음을 알 수 있다.

조나라는 북방과 가장 가까운 곳에 있어서 기병의 위력과 전차의 취약점을 누구보다도 잘 알았기 때문에 반드시 기사(騎射)를 배우도록 하였는데, 기사를 배우려면 필히 먼저 호복(胡服)[33]으로 갈아입어야만 했으니 그렇지 않으면 매우 불편하기 때문이었다. 그런 까닭에 《사기》〈조세가〉에서 "비로소 호복령(胡服令)이 나왔다"고 하였고 〈육국표(六國表)〉[34]에서도 "처음으로 호복하였다"고만 적고 있지, 기사에 대해서

....

31) 단옥재(段玉裁, 1735~1815): 청대의 언어학자이자 훈고학자로 강소성 금단(金壇) 출신이다. 1759년 거인이 되었고 국자감 교습에 임명되었다. 1771년 고염무와 강영(江永)의 성과를 집대성하여 《육서음균표(六書音均表)》를 완성하였고 《설문해자주(說文解字注)》를 편찬하였다.
32) 진(晉)나라 공자로 나중에 진 문공(文公)이 됨.
33) 호복(胡服): 말을 타기에 편한 질긴 바지와 버선 모양의 부츠형 신발, 그리고 말 위에서 활쏘기에 편하게 옷고름이 왼쪽에 있는 저고리(左衽)를 말한다. 그에 비해 중국의 복장은 바지를 입지 않고 고름이 오른쪽에 있다는(右衽) 점에서 달랐다.(《사기 외국전 역주》, 54쪽)
34) 〈육국표(六國表)〉: 《사기》〈10표〉 가운데 하나로 전국시대 제(齊)·초(楚)·

는 모두 언급하지 않고 있다. 공자(公子) 성(成: 무령왕의 숙부 - 역자)이 호복 입기를 반대하면서 기사 훈련을 반대하지 않은 것은, 기사는 국방상 반드시 필요한 것이지만 호복으로 갈아입는 것은 기존 관습 상 수용되기 어려웠기 때문이다. 사실 기마술은 호(胡)[35]로부터 전래되었는데, 호의 땅은 물과 풀이 풍성하여 말을 방목하기에 좋으며, 그 말도 대부분 기세가 왕성하고 사람도 용맹스러울 뿐 아니라 지역이 넓고 아득하여 말이 질주하기에 적합하였다. 중국의 기마술이 비록 흉노로부터 전수되었고 유목민족인 흉노가 본래 서방의 영향을 쉽게 받았지만, 흉노의 기마술과 이란계 문화 사이에 언급할만한 어떤 뚜렷한 연관성은 찾을 수가 없다.

2. 갑옷과 띠고리의 전래

중국 기마술이 비록 서방과 무관하다 하더라도 말을 타고 빨리 달릴 때 몸을 보호해주는 갑옷은 필히 가볍고 편리해야만 했다. 기마술과 함께 중국에 전래된 이러한 종류의 갑옷 비늘[鎧片]과 갑옷 고리[鎧環]는 모두 이란식이었다. 중국은 상고시대부터 대부분 가죽으로 만든 갑옷을 사용하였다. 송나라 정대창은 《연번로(演繁露)》 권5 '철갑(鐵甲)·피갑(皮甲)·물소[水犀]·상어[鮫魚]'조에서 "《국어》에는 숙상(叔尙)의 말을 인용해 '강숙(康叔)이 도림(徒林)에서 활로 쏘아 죽인 코뿔소로 큰 갑옷을

....

연(燕)·조(趙)·한(韓)·위(魏) 여섯 나라의 연표.
35) 호(胡): 일반적으로 흉노 이전에는 중국 북방의 이민족을 가리키는 명칭으로 범용되었는데, 흉노제국 등장 이후로는 주로 흉노를 지칭하였다. 이후 수·당시기에 오면 주로 중앙아시아의 소그드인을 가리키는 말로 바뀌게 된다.

만들었다'고 하였고, 갈홍(葛洪)도 '코뿔소를 죽여 갑옷을 만들었다'고 하였으며, 가규(賈逵)는 '코뿔소 가죽으로 큰 갑옷을 만들었다'고 하였다. …… 순자(荀子)는 '초나라에서는 큰 상어 가죽과 코뿔소로 갑옷을 만든다'고 하였다"고 적었다. 또 같은 책 권11 '혁갑(革甲)'조에는 "오기(吳起)가 위문후(魏文侯)에게 '지금 주군께서는 1년 내내 사람을 시켜 짐승의 가죽을 벗겨 자르고 주칠(朱漆)을 하고 단청으로 그림을 그려 코뿔소와 코끼리 문양을 드러내게 하고 있습니다'고 하였은즉, 전국시대에는 가죽으로만 갑옷을 만들었으며 아직 철을 사용하지 않았음을 알 수 있다"고 적혀있다. 하지만 이란식 갑옷이 전래된 후부터는 철로 만든 것으로 바꿔 사용하게 된다. 진나라 이전(진시황의 천하통일 이전을 말하는 것 같음 - 역자) 청동으로 만든 갑옷을 사용한 적도 있었다지만, 그 형식은 알 수가 없다.

갑옷 외에 띠고리도 있었다. 고거심(高去尋)[36] 선생의 논문 〈전국시대 무덤 안의 띠고리 용도에 대한 추측(戰國墓內帶鉤用途的推測)〉(《역사어언연구소집간》 제23본 하책)에서는 중국 띠고리의 용도를 다음 세 가지로 추측하고 있다. 첫째, 어깨 가장자리에 두어 옷깃이나 장식물을 거는데 사용하였다. 둘째, 허리 부분에 두어서 허리띠에 연결하여 물건을 달거나 장식물에 연결해서 허리띠에 걸었다. 셋째, 무릎 부근에 두어 허리 아래쪽으로 띠를 늘어뜨리고 띠 끝단에 띠고리를 연결하여 장식물을 걸든지 혹은 띠고리로 장식물에 연결하여 허리에서 늘어뜨린 띠에

....

36) 고거심(高去尋, 1909-1991): 하북성 안신(安新) 사람으로 1931년 북경대학 예과에서 사학과로 전입하였다. 1935년 제12차 은허(殷墟) 발굴에 참여했고 1945년 이후 대만으로 건너왔다. 주로 중국 서북지역에 대한 연구를 하였으며 만리장성 내외의 교통이 고대부터 활발하게 진행되었다고 주장했다.

고리로 걸었다.

　띠고리는 주나라 말과 전한·후한시기에 매우 성행하였다. 《회남홍렬》〈설림(說林)〉편에는 "대청 안에 가득 앉아있는 사람들, 띠고리는 모두 다르지만 허리에 두른 것은 다들 똑같네"라는 기록이 있다. 《전국책(戰國策)》〈조책(趙策)2〉 '무령왕'조에도 "마침내 주소(周紹)에게 호복의관(胡服衣冠)과 구대(具帶) 및 황금으로 된 식비(飾比)를 하사하고 왕자의 사부로 삼았다"는 내용이 있다. 《초사(楚辭)》〈대초(大招)〉에서는 '식비(飾比)'를 '선비(鮮卑)'라 하였고, 《사기》 권110 〈흉노전〉에서는 '서비(胥紕)'라 하였으며, 《한서》 권94상 〈흉노전〉에서는 '서비(犀毗)'라 하였고, 고유(高誘)가 단 《회남자》 주석에서는 '사비두(私鈚頭)'라 하였으니, 모두 다 음역한 것이어서 표기에 구애를 받지 않았다. 당나라 사마정(司馬貞)[37]은 《사기색은(史記索隱)》에서 "《한서》에서는 '서비(犀毗)'라고 하였는데, 여기서(《사기》를 가리킴 - 역자) 서(胥)라고 한 이유는 서(犀)와 서(胥)의 소리가 비슷하기 때문이거나 혹은 잘못된 것이다. 장안(張晏)[38]은 '선비(鮮卑)[39]와 곽락대(郭落帶)는 상서로운 짐승 이름으로 동호(東胡)[40]가 옷에 즐겨 착용하였다'고 하였다. …… 연독(延篤)[41]은 '오랑캐

---

37) 사마정(司馬貞, 생몰연도 미상): 당대의 관료이자 사학자이다. 당 현종 시기 소산대부(朝散大夫)·굉문관학사(宏文館學士) 등을 역임했다. 저서로 《사기색은》 30권이 있다.

38) 장안(張晏, 생몰연도 미상): 후한 말과 삼국 초에 살았던 인물로 자는 자박(子博)이고 중산(中山: 현 섬서성 淳化縣 남쪽) 출신이다. 일찍이 《한서》에 주를 달았는데, 안사고(顔師古)가 《한서》에 주를 달 때 그의 주를 많이 인용하였다.

39) 선비(鮮卑): 선비는 몽고어 obar(발이 다섯인 호랑이)에 해당하는 말인데, 선비 사람이 그것을 숭배하여 자기 부족의 명칭으로 삼았을 뿐만 아니라 그것의 모형을 만들어 혁대의 장식으로 삼았다고 한다.

의 가죽 띠고리로 이 띠고리 이름은 사비(師比)라고도 한다'고 하였으니, 서(犀)와 서(胥) 그리고 사(師)가 모두 서로 비슷한데 말만 각기 다를 뿐이다"고 주를 달고 있다.

띠고리의 유래에는 세 가지 설이 있다. 완원(阮元)[42]과 왕국유(王國維)는 중국 가죽 허리띠에 달린 고리의 유래는 오래 되었지만, '사비(師比)'를 띠고리로 삼은 것은 조나라 무령왕이 호복을 흉내 낼 때부터라고 주장하였다. 서중서(徐中舒)[43]는 띠고리라는 명칭은 중국 것이지만 호

....

40) 동호(東胡): 흉노의 동쪽에 거주했기 때문에 동호라 불리게 되었다고 한다. 만리장성 동북의 광활한 범위에 걸쳐 살았고 목축업에 주로 종사하였다. 춘추전국시대에는 남으로 연나라와 접했는데, 연나라에 패해 북쪽의 요하(遼河) 상류지역으로 이주했다. 진나라 말 다시 강해졌지만 흉노의 묵특(冒頓)선우에게 패하여 대부분 그에 병합되었다. 이후 등장하는 오환(烏丸)과 선비의 조상으로 여겨진다.(《사기 외국전 역주》, 50쪽)

41) 연독(延篤, ?-167년): 후한의 학자로 남양(南陽) 주현(犨縣) 출신이다. 당계전(唐溪典)과 마융(馬融) 등에게 사사했고 유교 경전과 제자백가의 학문에 박식했다. 《후한서》 권64에 그의 열전이 실려 있다.

42) 완원(阮元, 1764-1848): 청대의 관료이자 문인으로 강소성 의징(儀徵) 출신이다. 관직이 내각대학사(內閣大學士)에 이르렀으며 학자로서 한대의 학문을 이상으로 삼아 청대의 고증학을 집대성하였다. 도광 9년(1829) 청대 학자들의 경학 관련 저술을 집대성한 《황청경해(皇淸經解)》 1,408권을 편찬했다. 저서로 《국사유림전(國史儒林傳)》·《연경실집(揅經室集)》 등이 있으며 《적고재종정이기관지(積古齋鐘鼎彝器款識)》를 찬술하는 등 금석문 연구에도 공헌하였다.

43) 서중서(徐中舒, 1898-1991): 역사학자 겸 고문자학자로 안휘성 회녕(懷寧) 출신이다. 1925년 청화국학연구원(淸華國學硏究院)에 들어가 왕국유와 양계초에게 고문자학을 배웠다. 1937년 사천대학에서 교편을 잡았고 이후 중국선진사학회(中國先秦史學會) 이사장과 중국고고학회 고문 등을 역임하였다. 저서로 《고시십구수고(古詩十九首考)》·《뢰사고(耒耜考)》·《빈풍설(豳風說)》 등이 있다.

복에 착용하는 것이어서 호명(胡名)을 갖게 되었고 따라서 그것이 외부에서 전래된 것은 의심할 여지가 없으며, 춘추전국 교체기에 이미 띠고리가 중국에 수입되었음을 증명하였다. 살모니(A. Salmony)[44]는 중국에 띠고리가 나타난 것이 대략 기원전 550년경이고 유라시아 초원에 띠고리가 보이기 시작한 것은 대략 기원전 400년경이므로, 중국 띠고리는 결코 서방의 것을 모방한 것이 아니라고 주장했다(위에서 인용한 고거심 선생의 논문을 참고).

띠고리가 오랑캐 물건이라는 해석에 반대하는 사람은 《전국책》·《사기》·《한서》에 나오는 '구대(具帶)'가 곧 '패대(貝帶)'의 잘못된 표기라 주장하고 있다. 《회남자》 권9 〈주술(主術)〉편에 "조나라 무령왕이 패대(貝帶)와 준의(鵔鸃: 금계 관 - 역자)를 쓰고 조회(朝會)에 나왔다"는 기록이 있는데, 후한 사람 고유는 "조나라 무령왕이 큰 조개로 띠를 장식했다"고 주석을 달고 있다. 또 《사기》 권 125와 《한서》 권95 〈영행전(佞幸傳)〉 서문에도 "준의와 패대를 쓰고 연지와 분(脂粉)을 발랐다"는 말이 있는데, 《사기집해(史記集解)》에서는 《한서인의(漢書引義)》를 인용하여 "준의는 새 이름으로 그 깃털로 관을 장식하고 조개를 띠에 붙였다"고 설명하고 있다. 안사고(顏師古)[45]가 주석을 단 《한서》의 내용도 대체로

....

44) 알프레드 살모니(Alfred Salmony, 1890-1958): 뉴욕대학 미술연구소 동양미술 교수로 이주 예술(migration art) 전문가이며 1945-1957년 《예술 아시아》(*Artibus Asiae*)의 편집장을 맡았다.

45) 안사고(顏師古, 581-645): 섬서성 만년(萬年) 출신으로 당나라 고조와 태종 2대를 섬기며 중서사인(中書舍人)·중서시랑(中書侍郞)·비서감(秘書監)을 역임하였다. 유교의 경전인 《오경(五經)》의 교정에 종사하여 '정본(定本)'을 만들었으며 《한서》에 주석을 가함으로써 전대(前代)의 여러 주석을 집대성하였다.

같다. 그러나 《사기》와 《한서》에서 "준의와 패대를 쓰고"라고 한 것을
보면 모두 머리 부분에 사용한 장식품이며, 이 패대가 관 위에 두르는
띠를 가리키는 것임을 알 수 있다. 그래서 그 바로 밑에 또 "연지와 분을
발랐다"는 말이 나오는 것이니, 만약 허리띠라면 쓰내[冠]라는 글사를
사용할 수 없고 "연지와 분을 발랐다"는 말과도 연결될 수가 없다. 《국어》
〈진어(晉語)〉에서 "고리[鉤]는 소매[袪]에 가깝다"고 하였는데, 삼국시대
위소(韋昭)[46]가 〈진어〉에 단 주석에 "고리는 배[腹]에 있으며 소매는 손
에 있다"고 하였으니 고리가 허리띠에 있었음을 증명할 수 있다. 한나라
조엽(趙曄)[47]이 편찬한 《오월춘추(吳越春秋)》 권2 〈합려내전(闔閭內
傳)〉에서 "합려가 보검 막야(莫邪)[48]를 얻고 나서 다시 나라 안에서 금
구(金鉤)를 만들도록 명했다"고 기록함으로 인해 '오나라의 고리[吳鉤]'
가 가장 유명해지게 되었다.

후지타 토요하치(藤田豊八)의 《검봉유초(劍峯遺草)》에는 서비대(犀毗
帶)와 곽락대에 대해 고증한 미완성의 글이 있다. 거기서 서비(犀毗)는
만주어로 상서롭다는 뜻의 sabi이고, 곽락(郭落)은 만주어로 짐승이란

....

46) 위소(韋昭, 204~273): 삼국시대 오나라의 관료이자 학자로 오군(吳郡) 운양
(雲陽) 출신이다. 손량(孫亮)이 즉위하자 태사령(太史令)이 되어 화핵(華覈)
과 함께 《오서(吳書)》를 편찬했다. 손호(孫皓)가 즉위한 후 그의 눈 밖에 나
투옥되어 죽었다. 그가 저술한 《오서(吳書)》는 진수가 《삼국지(三國志)》를
편찬할 때 많이 인용되었다.
47) 조엽(趙曄, 생몰연도 미상): 후한의 사학자 겸 문학자로 회계(會稽) 산음(山
陰) 출신이다. 대략 건무연간(25~56)에 주로 활동했던 것으로 추정된다. 일
찍이 벼슬을 버리고 낙향하여 저술활동에 전념하였다. 저서로 《오월춘추》
와 《시세력신연(詩細歷神淵)》 등이 있다.
48) 막야(莫邪): 간장(干將)이 명검 두 자루를 만들어 양검(陽劍)인 웅검(雄劍)에
는 자신의 이름을 붙이고 거북무늬를 새겼으며, 음검(陰劍)인 자검(雌劍)에
는 자신의 아내 막야의 이름을 붙이고 물결무늬를 새겼다는 기록이 있다.

뜻의 gurgu라고 풀이하고 있다. 그런데 만주족은 2천년 동안 외부와의 혼합이 가장 많이 된 민족인데, 근대 만주어 구어발음으로 고대의 한자독음을 억지로 비교하는 것이 어찌 마땅하겠는가? 하물며 설령 서비와 곽락이 상서로운 짐승의 외래어 음역이라 할지라도, 장안이 "선비와 곽락대는 상서로운 짐승 이름"이라는 글 아래에 "동호가 그것을 즐겨 착용하였다"고 한 것을 봐서는 그것이 곧 동호의 복장이었음을 알 수가 있다.

한편 곽락(郭落)이 음역이기 때문에 곽락(廓洛), 구락(鉤落), 구락(鉤絡)으로도 번역될 수 있으며, 처음에는 구락대(鉤落帶)라 부르다 나중에 띠[帶]와 고리[鉤] 둘로 나뉘어졌다고 주장하는 사람도 있다. 다만 이 물건이 고리인지 아닌지는 송나라 여대림(呂大臨)[49]이 지은 《고고도(考古圖)》 권10과 용대연(龍大淵)[50]이 지은 《고옥도보(古玉圖譜)》 제58·57, 그리고 원나라 주덕윤(朱德潤)[51]이 지은 《고옥도(古玉圖)》에서 그 실물을 살필 수 있고, 일본인 나가히로 도시오(長廣敏雄)[52]의 《띠고리 연구

....

49) 여대림(呂大臨, 1046-1092): 북송의 학자로 섬서성 남전(藍田) 출신이다. 처음 장재(張載)에게 배웠고 이후 정호(程顥)와 정이(程頤)에게 배웠는데, 사량좌(謝良佐)·유초(遊酢)·양시(楊時)와 더불어 '정문사선생(程門四先生)'으로 일컬어진다. 육경(六經)에 정통했고 특히 《예기》에 밝았다. 형 여대균(呂大鈞)과 함께 향리에서 여씨향약(呂氏鄕約)을 조직하기도 하였다.

50) 용대연(龍大淵, 생몰연도 미상): 송대의 정치가이다. 1160년 효종이 즉위한 이후에 지각문사(知閣門事)·강동총관(江東總管) 등에 임명되었고 금나라에 사신으로 파견되기도 하였다. 1167년 모함을 받아 관직에서 물러나게 되었고 그 이듬해 사망하였다. 저서로 《고옥도보》 백여 편이 있다.

51) 주덕윤(朱德潤, 1294-1365): 원대의 화가로 강소성 오현(吳縣) 출신이다. 관직에 잠시 있었으나 주로 고향에서 문필과 그림에 종사했다. 친구인 가구사(柯九思)와 함께 원대 후기의 유력한 문인화가로 꼽히며 원대 산수화풍의 일면을 대표한다고 평가받고 있다. 대표작으로 〈혼륜도(渾淪圖)〉와 〈수야헌도(秀野軒圖)〉 등이 있다.

(帶鉤の研究)》에도 많은 도면이 첨부되어있다.

앞서 인용한 고거심 선생의 글을 보면 자신이 서중서의 관점을 상당히 찬성하는 데는 다음 두 가지 원인이 있다고 하였다. 첫째, 근래 낙양(洛陽)·수현(壽縣)·혼원(渾源)·급현(汲縣)·휘현(輝縣) 등지에서 띠고리가 있는 무덤이 발견되었는데, 가장 이른 것이 춘추전국 교체기에 불과하고 이보다 약간 이른 시기의 무덤에서는 띠고리가 출토되지 않았다는 점이다. 둘째, 띠고리는 춘추전국 교체기에 처음으로 갑자기 나타나 발달하였기 때문에 당시 복장에 있어서의 갑작스런 변화와 혁신을 충분히 보여주는데, 갑자기 이용되었다는 것은 외래문화의 영향을 받았을 가능성이 크다는 점이다.

나는 지금 그것이 외부에서 전해진 물건이라고 단언하는데, 먼저《전국책》의 "구대(具帶) 및 황금으로 된 식비(飾比)" 앞에 '호복의관(胡服衣冠)'이란 네 글자가 있어서 설령 '구(具)'자가 '패(貝)'자이고 '식비'가 상서롭다는 뜻이라 할지라도 모두 오랑캐 장식(胡飾)이기 때문이다.

다음으로 내가 주의한 것은 미술과 공예에 미친 외래의 영향인데, 이것이 바로 상서로운 짐승과 관련 있는 소위 '동물문양(Animal style)'이다. '동물문양의 그림장식이 중국에 들어온 후 중국의 상서로운 짐승으로 변한 것은 극히 자연스런 이치지만, 맨 처음부터 외래의 영향을 받지 않았다고 말할 수는 없다.

왕국유는《관당집림(觀堂集林)》권18 〈호복고(胡服考)〉에서 "옛날에

....

52) 나가히로 도시오(長廣敏雄, 1905-1990): 도쿄 태생의 동양 미술사학자이다. 운강석굴 발굴에 참가하였고 1952년《운강석굴(雲岡石窟)》로 일본학사원상 은사상을 수상하였다. 1962년 〈중국에서의 석굴사원 연구(中國に於ける石窟寺院の研究)〉를 발표하여 문학박사가 되었고 1969년 정년퇴임하고 교토대학 명예교수가 되었다.

는 큰 띠나 가죽 띠나 모두 장식[飾]이 없었고, 장식이 있는 것은 오랑캐의 띠(胡帶)였다"고 하였다. 다만 이른바 '장식'이라는 것에 대해서도 잠시 설명할 필요가 있다. 중국 고대에도 동물 장식이 있었는데, 삼대(三代)의 고동기(古銅器) 위에 표현된 것은 선이 경직되고 자태는 정지된 상태라는 점에서 서방과 차이가 있다. 진(秦)나라 스타일의 동기(銅器)가 나오면서부터 사실적인 동물문양으로 변하기 시작했으며, 한대에 이르러 더욱 실물에 가깝고 활력과 생기가 넘쳐나게 되었을 뿐 아니라 동기·칠기·도자기 등 그릇과 견직물 상에 표현되어졌다. 이러한 동물문양은 말을 타고 활을 쏘면서 사냥하는 것이 위주였으니, 이를 통해 그것이 분명 유목민족에서 비롯되었음을 알 수 있다. 그리고 이러한 예술이 기마술과 함께 주나라 말 중국에 전래된 것도 필연적인 일이었다고 할 수 있다.

최초의 '동물형(型)' 장식품이 중서교통사와 관련 있는 까닭은, 실제 그것이 직접 동호로부터 전래되었고 간접적으로는 스키타이 풍격의 동물문양의 영향을 받았기 때문이다. 스키타이는 러시아 남부에 위치하지만, 이전에 스키타이인이 거주했기 때문에 스키타이 양식이라 부른다. 동물문양은 바로 그 지역에서 유행했던 일종의 장식으로 사르마티아 양식이라고도 부른다. 아마도 스키타이 지역이 과거 사르마티아제국의 통치를 받았기 때문에 붙여진 이름 같다.

전국시대의 도안(圖案)에는 서역의 '영조(靈鳥)'와 '영수(靈獸)'가 많다. 이른바 "서역에서 온 영조여, 극히 자연스러운 기이한 자태이네"[53]라는 표현은 이를 제대로 묘사한 것이다. '영수'는 '해수포도경(海獸葡萄鏡)'에

....

53) "惟西域之靈鳥兮, 挺自然之奇姿." 후한 말의 명사 이형(禰衡, 173-198)이 지은 〈앵무부(鸚鵡賦)〉에 나오는 구절이다.

새겨진 사자와 같은 짐승들을 말한다. 주나라 말에서 진(秦)나라 초 중
국에서는 조류(鳥類) 무늬장식이 유행했는데, 소위 길조[瑞鳥]는 봉황을
위주로 하였으며 《회남자》에서는 그것을 '천계(天鷄)'라 불렀다. 《장자》
〈추수(秋水)〉편에 나오는 원추(鵷鶵)도 봉황의 일종이다. 《시경(詩經)》
의 소(疏)에서는 "봉황에는 다섯 가지가 있으니, 붉은 색이 많은 것은
봉(鳳)이고 노란 색이 많은 것은 추(雛)이다"고 하였다. 진(秦)나라 묘궐
(廟闕)에는 화상석(畫像石) 문양으로 공작(孔雀)이 많이 그려져 있는데,
공작은 본래 중국 남부가 산지이지만 그 자태의 생동감은 서역 스타일
이다.

　스키타이 무늬장식에는 네 가지 특색이 있다. 첫째, 모든 도안이 거의
동물을 제재로 하고 있다. 둘째, 오로지 정교하고 작은 물건에 한정되어
나타난다. 대체로 비교적 큰 벽화와 조각은 그리스와 이집트의 영향을
많이 받고 이란의 매개를 거친 것으로 보인다. 그러나 여러 차례 융화
(融和)를 거치면서 많은 변화가 생겼으니, 그리스 예술의 이상은 고요함
인데 반해 스키타이에서는 생동감을 숭상하는 것으로 바뀌었다. 셋째,
작은 물건 위의 조그마한 공간도 모두 동물문양으로 채우고 있으며, 동
물 몸에 또 공간이 있으면 식물을 그려 넣어 채우고 있다. 넷째, 동물의
자태는 대부분 싸우거나 치달리는 모습, 서로 물거나 혹은 머리를 돌려
스스로 깨무는 모습, 혹은 약간의 변화를 가하여 반복적으로 비비는 모
습이다. 심지어 동물의 귀·코·꼬리·몸통에 또 다른 동물의 머리나 새
의 부리가 자라도록 한 것도 있다. 기이하여 부자연스러운 것도 있고
대담하지만 실제적이지 않는 것도 있는데, 이런 형태는 주전자나 다른
기물(器物)의 손잡이에 특히 많다.

　스키타이 예술은 중국 한족에 전해진 후 큰 환영을 받았다. 서방에서
는 본래 작은 기물에 국한 되었던 것이 마침내 벽화와 대규모 조각에도

응용되어졌다. 아마도 그 시기가 마침 중국의 고대 종법사회가 붕괴되어 의례(儀禮)를 중심으로 오직 조화와 질서만을 중시하던 예술이 갈수록 쇠미할 때여서, 이와 같은 자유분방한 자극을 받게 되자 단조롭고 장중하던 풍격도 결국 변화할 수밖에 없었던 것 같다. 수원(綏遠: 현재의 내몽고자치구 중부 - 역자)에서 출토된 청동기는 모두 이러한 유형에 속하는데, 소위 수원식 흉노문화라 불리며 그 종류에는 단검·허리띠 장식(鉸具)·칼[刀]·도끼 및 수레와 말 장식 등이 있다. 그러나 이러한 문화는 서쪽에서 동쪽으로 오는 도중에 매우 많은 민족을 거치면서 각 지역의 특색이 배어들었으며, 수원식 흉노문화가 조성되기 이전에 먼저 시베리아의 미누신스크(Minusinsk)문화[54]가 존재했었다는 사실도 알아야 한다. 다만 띠고리는 맨 처음 외부에서 유입되었지만 얼마 지나지 않아 극히 농후한 중국 색채를 띠게 되는데, 이 역시 띠고리가 외래 변화의 영향을 받지 않았다고 주장하는 사람들이 나오게 된 하나의 큰 원인이다.

....

54) 미누신스크(Minusinsk)문화: 미누신스크는 남 시베리아의 예니세이강 상류에 자리한 미누신스크시와 그 주변의 드넓은 분지를 아울러 지칭한다. 예로부터 농경과 금속문화가 발달해 중층적 문화가 형성되었는데, 확인된 여러 문화의 편년이나 내용은 남 시베리아와 중앙아시아 북부 및 몽고고원의 고대문화를 연구하는 하나의 잣대가 되고 있다. 동석기(銅石器)시대의 아파나시에보(Afanasevo)문화에 이어 청동기시대의 오쿠네보(Okunevo)문화·안드로노보(Andronovo)문화·카라수크(Karasuk)문화, 철기시대의 타가르(Tagar)문화가 모두 이곳에서 번영하였다. 기원전 2세기부터 기원후 5세기 사이의 타슈티크(Tashtyk)문화를 한적(漢籍)에서는 '견곤(堅昆)'이라 불렀다.(《실크로드사전》, 274-275쪽)

제4절 남로(南路)를 통해 중국에 전래된 학술사상

1. 남·북로를 통해 전래된 서방문화의 차이점

여기서 말하는 남로란 위에서 서술한 북로에 상대되는 말로 실제로는 모두 서방으로부터 전래된 것이다.

북로를 통해 전래된 예술과 군사제도는 연구할만한 유물이 아직 남아 있을 뿐 아니라 그 단서도 매우 분명하고 증빙할 문헌자료도 적지 않지만, 남로를 통해 전래된 것은 이와 다르다.

(1) 남로를 통해 수입된 사상과 과학지식은 많은 경우 증빙할만한 유물이 남아있지 않다.

(2) 학술사상을 전달하는 자나 이를 수용하는 자 모두 지식이 비교적 천박한 상인과 모험가여서 본인 자체의 이해가 부족했다.

(3) 가장 먼저 동쪽으로 온 상인은 황하에 막혀 중국 본토 깊이 들어오지 못했고, 중국에서 황하를 거슬러 올라가 서쪽으로 간 상인은 사막에 막혀 역시 국경을 넘지 못했기 때문에 쌍방의 접촉은 감숙성 난주(蘭州) 부근 일대에 국한되었다.

(4) 조각과 같은 예술의 감상은 시각적인 것이어서 표현하기 쉽고 모방하기도 용이한 반면에, 지식과 사상은 반드시 언어와 문자를 통해야만이 비로소 표현되고 전파될 수 있기 때문에 어려움이 많을 뿐 아니라 사실과 다르게 변질되기 쉽다.

상술한 네 가지 이유로 인해 본절에서 서술할 내용은 대부분 추측에 가까우며 학술적인 가설이지 정론이 아니므로 독자들이 유념해주길 바란다.

2. 남로를 통해 전래된 지리와 천문

(1) 신화가 뒤섞인 지리 지식: 예컨대 〈우공〉에서 제일 먼저 인도의 메루(Meru)산[55]을 중국의 곤륜산과 억지로 결부시키거나, 인도의 사하(四河)[56]를 찾던 끝에 결국 중국의 황하와 흑수(黑水) 및 약수(弱水) 세 강이라고 오인한 것이 그러하다. 그런데《산해경》〈서산경(西山經)〉에서는 여전히 사수(四水)에 대해 "한수(漢水)가 (곤륜의 언덕)에서 나와 남쪽으로 흘러 동쪽 무달(無達)로 들어가고, 적수(赤水)가 이곳에서 나와 동남으로 흘러 범천(氾天)의 물로 들어가며, 양수(洋水)가 이곳에서 나와 서남으로 흘러 추도(醜塗)의 물로 들어가고, 흑수가 이곳에서 나와 서쪽으로 대우(大杅)로 흘러간다"고 하였다. 단지 인도의 전설이 본래 이상적이어서 사수가 사방으로 흘러간 것은 극히 자연스러운 일이지만, 전설이 중국에 전해진 후 (사수의 흐름이) 바로 동·서·동남 및 서남쪽으로 변했다는 점에서 차이가 있다. 한편 곤륜산이 천산(天山)일지도 모른다고 한 것은 인도인이 동쪽으로 올 때 반드시 경유하는 길이기 때문에 마침내 황하의 수원이 곤륜에 있다는 중국인의 주장이 나오게 되었으며, '서해(西海)'라는 관념도 아마 동해(東海)와 구색을 맞추기 위해 만들어낸 것이지 지중해를 가리키는 것은 아니었다. 그 외 추연(鄒衍)[57]의 대구주설(大九州說)[58]이 있는데, 그 책은 이미 전해지지 않지만

....

55) 메루(Meru)산: 인도 신화 속에서 신들이 거주하는 곳으로 알려진 산. 수메르(Sumeru)라고 하며 현재는 히말라야산으로 보고 있다. 신들의 거처인 메루산은 불교에 유입되어 수미산(須彌山)으로 번역되었다.

56) 사하(四河): 남섬부주(南贍部洲) 북부에 있는 아뇩달지(阿耨達池)에서 흘러내리는 네 갈래의 큰 강. 항하(恒河), 신도하(信度河), 박추하(縛芻河), 사다하(徙多河)라고도 한다.

《사기》〈맹자순경열전(孟子筍卿列傳)〉에 그 내용이 다음과 같이 소개되어있다. "먼저 중국의 명산대천, 계곡과 금수(禽獸), 물과 땅에서 번식하는 것들, 각종 진귀한 물질들까지 열거한 다음, 그로부터 유추하여 사람들이 볼 수 없는 해외의 사물들까지 언급하였다." "중국 밖에도 적현신주(赤縣神州)와 같은 것이 아홉 개 있는데, 이것이 바로 구주(九州)이며 비해(裨海)라는 바다가 구주 하나하나를 에워싸고 있다. 사람이나 금수들도 서로 통할 수 없는 하나의 독립된 구역을 이루고 있는 것이 한 주인데, 이런 주가 아홉 개가 있고 큰 영해(瀛海)가 그 밖을 둘러싸고 있다. 이것이 바로 하늘과 땅이 서로 만나는 경계이다." 또 《여씨춘추》〈유시람(有始覽)〉편에는 대사극(大四極)에 대한 상상이 적혀있으니, "무릇 사해(四海) 안은 동서로 2만8천리, 남북으로 2만6천리이다"고 하였다. 근대 서양인 가운데에는 《장자》·《맹자》·《산해경》·《회남자》·《목천자전》 등이 서방의 영향을 일정하게 받았으며, 그 외에도 서방의 지식을 완전하게 기록하고 그림까지 첨부한 약간의 전문서적이 어쩌면 중국고대에 원래 있었을 터이지만, 불행히도 이미 오래 전에 실전되어 단편적

....

57) 추연(鄒衍, 생몰연도 미상): 전국시대의 사상가로 음양오행설을 제창하였다. 세상의 모든 사상(事象)은 토(土)·목(木)·금(金)·화(火)·수(水)의 오행상승(五行相勝) 원리에 의하여 일어나는 것이라 하였고, 이에 의하여 역사의 추이(推移)나 미래에 대한 예견(豫見)을 하였다. 《추자(鄒子)》·《추자시종(鄒子始終)》 등의 저서가 있었다고 전해지지만 현재는 남아있지 않다.
58) 추연의 대구주설에 의하면, 전체 중국은 천하의 구주 중의 하나인 적현신주에 속한다. 《서경》의 〈하서(夏書)〉와 〈우공〉에 기록된 우왕의 구주는 중국 즉 적현신주 안의 구주이다. 그것은 소구주라고 할 수 있고 대구주는 아니다. 중국은 단지 적현신주의 9분의 1에 해당하고, 적현신주는 천하의 9분의 1에 해당하므로 유자(儒者)들이 말하는 중국은 천하의 81분의 1에 불과하다는 것이다.

인 기록만이 위에 인용한 책들 속에 아직까지 보존되어있다고 주장하는 사람이 있다. 하지만 이는 완전히 추측에 불과한 말이다.

(2) 천문 지식: 중국 고대 천문학 중에는 중국 스스로 발견한 것인데 다른 민족의 것과 우연히 맞아 떨어진 것도 있고, 다른 민족과 확실히 상호 교류가 이루어진 것도 있기 때문에 중국 고대 천문학이 전부 외래의 영향을 받아서 공헌한 바가 전혀 없다고 말할 수 없다. 예컨대 중국의 고력(古曆)은 19년을 1장(章), 76년을 1부(蔀)로 삼는 것을 골간으로 하였는데, 이 두 주기(週期)의 존재는 서방에서도 찾아볼 수 있을 뿐아니라 이를 발견한 시기도 중국(전국시대)과 서양(바빌론이 처음 19년 章法을 사용한 것은 기원전 383년이고 아테네는 기원전 432년임)이 비슷하니, 이는 아마도 우연의 일치라고 해야 할 것이다. 만약 중국에서 서전(西傳)되었다거나 혹은 서방에서 동전(東傳)되었다고 주장하려 해도, 둘 다 짧은 기간에 도달할 수 없는 거리인데다 그 흔적도 찾을 수 없기 때문에 설득력이 없다.

그러나 중국 고대 천문학에서 365일과 4분의 1을 1년으로 삼은 것, 나무를 땅에 세우고 늘어진 선[懸垂線]으로 (나무의) 직립 상태를 확정한 것, 이것을 응용해 오전과 오후의 길이가 같은 해 그림자로 남북 또는 동서의 선(線)을 측정하고 정오의 해 그림자가 가장 긴 날을[59] 동지로 정하여 모든 역법의 기초로 산은 것(《주례》에서 이미 表高가 8척일 때 하지의 그림자는 1척 5촌이고 동지의 그림자는 1장 3척이라고 측정하였다. 〈考工記〉 '玉人'을 참고), 수성(水星)이 매 12년을 1주기로 운행하는 것을 발견하고 이로부터 점성술의 주기 관념을 발전시킨 것, 전국시대

....

59) 원서에는 '정오의 해 그림자가 가장 짧은 날(正午日晷最短之日)'로 되어있으나 이치에 맞지 않아 반대로 번역하였다.

초나라 사람 감공(甘公)[60])과 위나라 사람 석신(石申)[61])이 저술한 《성경(星經)》[62]) 중에 나오는 많은 항성(恒星)의 위치 및 그 명칭, 화성과 금성의 운행, 춘분을 시작으로 삼는 새로운 역법(曆法), 윤달을 이용해 실제 역법과 부합하지 않은 오차를 바로 잡는 것, 사계절 내에 춘분·추분·하지·동지를 분배한 것, 하늘을 9분야(分野) 또는 12분야[63])로 나누어 지상(地上)의 분야와 같게 함으로써 인사(人事)가 천상(天象)을 반영하고 천상(天上)의 1분야가 지상의 1분야를 지배한다는 것 등은 모두 다 이 시기에 서방으로부터 전래된 것이다.

(3) 해시계와 물시계: 지금까지 서방으로부터 전해졌을 가능성이 있는 천문학설을 소개하였는데, 서방에서 전래된 사물(事物)로는 해시계

....

60) 감공(甘公, 생몰연도 미상): 감덕(甘德)이라고도 불린다. 《사기》〈천관서〉에는 전국시대 제(濟)나라 사람으로 되어있으나, 서광(徐廣)의 《사기음의(史記音義)》에는 노나라 출신으로, 완효서(阮孝緒)의 《칠록(七錄)》에는 초나라 사람으로 나온다. 《천문성점(天文星占)》을 저술하였는데, 이 책은 서양에서 가장 이른 시기에 저술되었던 그리스 천문학자 히파르코스(Hipparchos)의 저서보다 약 2백년이 앞선 것이다.

61) 석신(石申, 생몰연도 미상): 전국시대 위(魏)나라의 천문학자로 석신부(石申夫)라고도 불린다. 천문학 저서인 《천문(天文)》을 저술하였다. 《사기》에는 전국시대 저명한 천문학자로, 《진서(晉書)》에는 천문학을 진일보시킨 인물로 기재되어있다.

62) 《성경(星經)》: 《감석성경(甘石星經)》이라고도 한다. 중국 고대 천문학 전문 서적이자 관측기록으로 현존하는 가장 오래된 천문 저서 중 하나이다. 감덕의 《천문성점》과 석신의 《천문》을 후대 학자가 합한 형태이다.

63) 12분야(分野): 십이차(十二次)라고도 표현되는데, 중국 고대 천문학자들이 별을 구분한 방식이다. 상(商)나라의 분야는 성기(星紀)·현효(玄枵)·판자(陬訾)·강루(降婁)·대량(大梁)·실침(實沈)·순수(鶉首)·순화(鶉火)·순미(鶉尾)·수성(壽星)·대화(大火)·석목(析木)이었는데, 서양의 황도 12궁과 유사하다.

와 물시계의 제조법이 있었다. 최근 사람인 고노(高魯)[64]의 〈해시계 연구(日晷通考)〉(《觀象叢報》 5권 2책)에 따르면 "해시계에 관한 가장 오래된 역사 기록은 유대국왕이 기원전 740년에 발명했다는 것뿐이다.[65] 그리스의 가장 오래된 해시계는 메톤(Meton)[66]에 의해 기원전 433년 아테네에 세워졌고, 이탈리아의 가장 오래된 해시계는 루키우스 파피리우스 쿠르소(Lucius Papirius Cursor)에 의해 기원전 306년 로마에 세워졌다. 에라토스테네스(Eratosthenes)[67]라는 고대 그리스 천문학자는 하루의 길이를 12시로 나누고 바빌론의 구법(舊法)을 사용해 극(極)이 있는 해시계를 발명하였는데, 이때부터 제도가 정해졌다고 한다. …… 기원전 276년에 태어난 그리스의 유명한 철학자 아리스토텔레스는 해시계 하나를 만들었는데, 평면을 사용하지 않고 구체(球體)를 이용하여 그 내부를 비웠다는 점이 특이했다. 그는 규표(圭表)[68]를 구의 중심에 설치

....

64) 고노(高魯, 1877-1947): 복건성 장악룡문(長樂龍門) 출신으로 중국 현대 천문학 창시자 중 한 명으로 여겨진다. 1909년 박사학위를 취득했고 국민정부 비서(秘書)・내무부 강리사사장(疆理司司長) 등을 역임했다. 《관상총보》・《기상월간(氣象月刊)》을 창간하기도 하였다.

65) 《성경》(열왕기하) 20:11에 보이는 유대왕 아하스(Ahaz)의 해시계를 말한다.

66) 메톤(Meton, B.C.460년경-?): 고대 그리스의 천문학자이다. 그리스에서 사용되던 태음력을 태양력과 일치시키기 위한 역법을 올림피아제전에서 발표하였다. 12삭망월의 평년 12회와 13삭망월의 윤년 7회를 합하여 7윤법을 제안하였는데, 이것을 '메톤 주기'라고 한다.

67) 에라토스테네스(Eratosthenes, B.C.273?-B.C.192?): 고대 그리스의 수학자・천문학자・지리학자. 소수(素數)를 발견하는 방법으로서 에라토스테네스의 체(篩, sieve)를 고안하고, 해시계로 지구 둘레의 길이를 처음으로 계산하였다. 지리상의 위치를 위도 ・경도로 표시한 것은 그가 처음인 것으로 알려져 있다.

68) 규표(圭表, gnomon): 해의 그림자를 재는 기기(器機).

하여 그 그림자를 구의 내면에 투사하게 하고, 이 오목한 면 위에 원주(圓周)와 도수(度數)를 구분해 새겨서 광선(光線)과 원주가 만든 각도를 직접 측정할 수 있게 하였다"고 한다.

유대국왕은 어쩌면 유대왕국이 분열된 이후의 유대 왕을 지칭하는 것일 수도 있다. 왜냐하면 《이사야서》[69] 제38장 제8절에서 해시계와 해 그림자의 하강(下降) 도수(度數)를 언급하고 있는데, 그 때가 기원전 700년 전후이기 때문이다. 그러나 그 구조에 대해서는 서술하고 있지 않다. 칼데아의 천문학자 베로수스(Berosus)[70]가 기원전 340년 반구형(半球形)의 가운데가 빈 해시계를 발명하자, 후대인들이 이를 원용하였고 아랍인들은 10세기까지 여전히 이를 모방하여 제작하였다. 중국의 고서 중에는 해시계가 있었다는 기록이 보이지 않는다. 고대에 해 그림자를 측정한 목적은 모두 방향과 절기(節氣)를 정하는데 있었지 시각(時刻)을 알고자 한 것은 아니었다. 예컨대 《시경》의 '정지방중(定之方中)'[71]에서 "해 그림자로 방향 가려서(揆之以日)"라고 하였는데, 전(傳)에서는 "해가 뜨고 지는 것을 측정하여 동서(東西)의 방향을 알았으며, 정확한

....

69) 《이사야서》(*Book of Isaiah*): 흔히 《구약성서》라고 불리는 히브리 성서의 한 책이자 기독교 《구약성서》의 23번째 책으로 총 66장으로 이루어져 있다. 전통적으로 이사야가 저자로 알려져 있다.

70) 베로수스(Berosus, 생몰연도 미상): 기원전 290년경 활동한 바빌론의 벨로스 신전 신관이다. 그리스어로 바빌론 역사와 문화에 대한 저서 《바빌로니아지(誌)》(전3권)을 남겼다. 제1권에는 바빌론 역사의 시작에서 대홍수의 기원(起源)까지, 제2권에는 나보나사로스왕의 시대(B.C.747)까지, 제3권에는 알렉산더대왕의 죽음까지를 다루고 있는데, 에우세비우스나 요세푸스의 작품에 부분적으로 인용되어있을 뿐 그 대부분 산일되었다.

71) 《시경》〈용풍(鄘風)〉 중의 '정지방중(定之方中)'의 내용을 보면, "정성(定星)이 하늘 한가운데 있어, 초구(楚丘)에 종묘를 짓는다. 해 그림자로 방향 가려서 초구에 궁전을 짓는다"고 되어있다.

북극을 정하여 남북방향을 바로잡았다"고 풀이하였다. 또 '공류(公劉)'에서 "그림자로 재고 언덕에 올랐다(旣景迺岡)"72)고 하였는데, 전(箋)에서는 "즉 해 그림자로 산의 마루에 그 경계를 정하였다"고 풀이하였다. 그 외 《주례》〈지관사도(地官司徒)〉와 〈춘관종백(春官宗伯)〉의 '전서(典瑞)'73) 및 〈고공기(考工記)〉의 '옥인(玉人)'과 '장인(匠人)'에 기록된 '토규(土圭)'74)와 '얼(臬: 해 그림자를 재는 막대 - 역자)', 《주비산경(周髀算經)》75)과 《회남자》〈천문훈(天文訓)〉 및 《속한지(續漢志)》〈율력지(律曆志)〉에 기록된 '표(表)' 혹은 '의표(儀表)', 《사기》〈천관서(天官書)〉에 기록된 '토탄(土炭)'법76) 등에도 모두 시각을 측정하는 기능은 없다. 전한 이전에 중국에서 시각을 측정한 유일한 기구는 물시계지 해시계가 아니었다. 현재 중국에는 고대에 시각을 측정하던 해시계 3개가 남아있지만 모두

....

72) 《시경》〈생민지십(生民之什)〉 '공류(公劉)'에 나오는 내용으로, 후직(后稷)의 증손 공류가 하(夏)나라의 난리를 피하여 태(邰)에서 빈(豳)으로 이주한 일을 노래한 시이다.

73) 원서에는 '周禮大司徒·大宗伯典瑞'로 되어있으나 《주례》 편명에 맞춰 바로잡았다.

74) 토규(土圭): 해의 그림자를 측정하는 곧은 기둥으로 땅에 직립으로 세워진 간단한 구조의 막대기이다. 이를 이용해 태양이 투사하는 막대기의 그림자를 관찰하였으며, 막대기가 이동하는 규율과 그림자의 길이를 통하여 동지와 하지 날짜를 정하였다.

75) 《주비산경(周髀算經)》: 전 2권. 저자 미상으로 중요 부분은 후한 무렵 편찬되었으며 후에 조군경(趙君卿)·견란(甄鸞)·이순풍(李淳風) 등의 주석이 가해졌다. 책명은 주대(周代)에 비(髀)라고 하는 8척의 막대로 천지를 측정 산출한 데 연유한 것이다. 원주율을 3으로 하는 등 수학적인 내용 외에 구(句)·고(股)·현(弦)의 법(피타고라스 정리)을 기초로 하여 중국의 대표적 우주관인 개천설(蓋天說)을 뒷받침한다.

76) 토탄(土炭)법: 중국 고대 동지와 하지 때 측정기구의 양 끝에 걸어놓아 음양의 기운을 측정하는 법.

전한 때의 물건으로 서방에 비해 한참 뒤에 나온 것이다. 그 중 하나는 단방(端方)77)이 이전에 소장했던 것으로 귀수(歸綏)78)에서 그것을 얻었으나 지금은 그 소재를 알 수 없는데, 《도재장석기(匋齋藏石記)》에서는 '측경일구(測景日晷)'라고 불렀다. 두 번째는 전 개봉(開封) 성공회주교 윌리엄 화이트(William C. White)79)가 소장한 것으로 민국 21년(1932) 낙양 금촌(金村)에서 출토되었다. 세 번째는 주진(周進)80)이 소장한 해시계 잔해로 산서성 우옥(右玉)에서 출토되었는데, 주씨의 저서 《거정초당한진석영(居貞草堂漢晉石影)》81) 안에 그 탁본이 있다. 진(秦)나라 기와[瓦]와 함께 출토되었으나 제작 방법은 앞의 2개와 같다(劉復, 〈西漢時代的日晷〉, 《國學季刊》 3권 4호 참고).

이 3개의 해시계는 제작된 모양이 비슷하고 제작 방법이 매우 정교한 것으로 보아 같은 뿌리에서 나왔음이 틀림없다. 다만 낙양과 우옥·귀수

....

77) 단방(端方, 1861~1911): 청말의 관료이자 금석학자이다. 저서로 《도재길금록(陶齋吉金錄)》·《단충민공주고(端忠敏公奏稿)》 등이 있다.

78) 귀수(歸綏): 음산산맥(陰山山脈) 남쪽 기슭에 있는 호화호특(呼和浩特) 평원에 위치하며 남동쪽에 황하의 지류인 대흑하(大黑河)가 흐른다. 명대에 완성된 구성(舊城)은 몽고인이 '푸른 도시'라는 뜻으로 호화호특이라 불렀다가 후에 귀화성(歸化城)이라 칭하였고, 신성(新城)은 청대에 그 북쪽에 축성하여 수원성(綏遠城)이라 불렀다. 이 두 성을 합한 귀수는 청나라의 몽고 지배의 거점이었다.

79) 윌리엄 찰스 화이트(William Charles White, 1873 - 1960): 캐나다 성공회 선교사로 중국에 파견되었던 인물이다. 1897-1909년 복건성에서 선교 활동을 하였고 1909년 호남성 주교로 승진해 25년간 재직하였다. 중국의 예술과 종교·전통 등에 대해 조예가 깊었다.

80) 주진(周進, 1893-1937): 자는 계목(季木)이고 안휘성 지덕(至德: 현 東至縣) 사람으로 금석 소장가이다.

81) 원서에는 《거정초당석영(居貞草堂石影)》으로 되어있으나 분명한 오류여서 바로잡았다.

가 서로 아주 멀리 떨어져 있기에, 유복(劉復)[82]은 해시계의 제작(방법)이 서방에서 전해진 점을 인정하면서도 귀수의 해시계가 분명 상인이 중원(中原)에서 얻은 것일 거라고 주장했다. 나는 그 제작의 정교함으로 미뤄볼 때 아주 오래 전부터 중국에 유입되었거나 아니면 전한 이전에 여러 차례 개량을 거친 후 만들어 진 것이며, 출토 지역이 서로 멀리 떨어져 있다는 사실은 분명 넓은 지역에서 유행했다는 것이므로 유입된 시기도 분명 빨랐다고 생각한다. 출토된 해시계가 적은 이유는 해시계에 새겨진 글자와 그림이 깊지 않아 쉽게 마모되고 희미해져 사람들이 알아보기 어려워 대부분 버려졌기 때문으로 보인다.

한간(漢簡)[83]에 보이는 '야루상수(夜漏上水)'[84] 등의 구절은, 이 한간이 만들어진 시대 즉 전한 하반기 변방지역에서 물시계로 시간을 정하였음과 물시계의 제작 역시 당연히 중앙아시아에서 서역을 거쳐 전래된

---

82) 유복(劉復, 1891-1934): 자는 반농(半農)이고 강소성 회음(淮陰) 출신으로 언어학자이자 민속학자이다. 잡지 《신청년》의 편집자로 활동하였고 1917년부터 북경대학 교수로 있으면서 중국어법 연구를 시작하였다. 파리 국립도서관에 있는 돈황 사본을 베껴 가지고 돌아와 훗날 《돈황철쇄(敦煌綴瑣)》를 발표하였다.

83) 한간(漢簡): 종이가 발명되기 이전 서사재료였던 간독(簡牘)에 적힌 한나라 때의 기록. 현존하는 간독으로는 전국시대의 초간이 가장 오래된 것이고 진간(秦簡)으로는 호북성 운몽(雲夢) 수호지(睡虎地) 출토의 법률문서 1100여 매, 한간(漢簡)으로는 호남성 장사(長沙) 마왕퇴(馬王堆) 한묘(漢墓) 출토의 312매, 산동성 임기(臨沂)현 은작산(銀雀山) 한묘 출토의 《역보(曆譜)》·《손빈병법(孫臏兵法)》 4,942매 등이 있다.

84) 야루상수(夜漏上水): 《설문해자》에 의하면, 루(漏)라는 것은 동(銅)으로 만든 그릇에 물방울이 떨어지는 것을 이용한 시계이다. 이러한 원리를 이용하여 하루를 주루(晝漏)와 야루(夜漏)로 나누고 주루와 야루를 다시 각각 상수(上水)와 하수(下水) 혹은 상·하로 구분하였다. '야루상수'는 밤의 전반부로 해석할 수 있다.

것임을 충분히 증명해주고 있다. 아마도 해시계와 물시계 모두 바빌론 사람이 발명한 것 같다.

(4) 중서 천문학 관계 총론: (그렇다면) 중국 상고시대의 역법은 과연 서방과 관련이 있는 것일까 없는 것일까? 나는 천문학 전문가가 아니어서 《중국산학사(中國算學史)》[85] 상권 제1장의 머리말을 일부 발췌해 옮기면 다음과 같다. "근래 중국 고대 천문학을 연구하는 외국인이 매우 많은데, 대부분 중국 역사가들의 주장에 매몰되지 않고 중국천문학의 기원에 대해 매우 많은 의견을 제시하고 있다. 그러나 두 가지 설이 접점을 찾지 못하고 대치하고 있으니, 자체적으로 발전했다는 개전설(開展說)과 서방영향설이다. 서방영향설을 주장하는 사람들은 춘추시대 이전에 바빌론 천문학이 이미 중국에 전래되었으며, 전국시대에는 그리스와 인도의 역법도 점차 동방으로 전해져 진·한시기 역법에 사용되었다고 말한다." 이 책의 저자는 "자체적으로 발전한 개전설이 비교적 합리적"이라고 생각하였고, 일본인 신죠 신조(新城新藏)도 자신의 저서 《동양천문학사연구》[86]에서 같은 주장을 폈다. 그러나 이이지마 타다오(飯島忠夫)의 《지나고대사론(支那古代史論)》에서는 이와 다른 주장을 하고 있다.

동서 민족이 이미 접촉하고 있었고 문화 교류도 발생하였기에, 오는 것이 있으면 틀림없이 가는 것도 있었을 것이다. 동방이 영향을 받았는지 아니면 서방이 영향을 받았는지는 종종 단정 짓기가 어렵다. 그렇다

····························

85) 민국전제사총서(民國專題史叢書)의 하나로 1937년 상무인서관에서 나온 이엄(李儼)이 쓴 책을 말하는 것 같다.
86) 원서에는 《동양천문학사대강(東洋天文學史大綱)》으로 되어있으나 분명한 오류여서 바로잡았다.

고 쌍방의 모든 문화가 전부 서로에게 영향을 주었다고도 말할 수 없다. 즉 공자가 편찬한 《춘추》 240년[87]의 기록 중에 36차례의 일식(日食)이 있는데, 그 중에서 현대 계산법과 부합하는 것은 33차례이다. 갑골문자 중에도 한차례의 월식기록이 남아 있는 것으로 보아 중국천문학이 이른 시기에 발달하였음을 알 수 있다. 그러므로 만약 60갑자(甲子)나 28수(宿) 등도 중국 고유의 것이 아니라고 한다면 도가 너무 지나친 것이라 할 수 있다. 고평자(高平子)[88]는 〈중국고대천문학조감(中國古代天文學鳥瞰)〉(《대륙잡지》 1권 2기)에서 "보통 겉으로만 내세우는 존고파(尊古派)는 정말로 그 기초가 박약하다. …… 중국 고대의 발견이 다른 민족과 약속이나 한 듯 일치하다든지 심지어 다른 민족문화와의 상호 교류가 확실히 있다 할지라도 중국 고대가 천문학상에 공헌한 바가 전혀 없다고 말하는 것은 또 다른 하나의 커다란 오류이다"고 하였는데, 공정한 논평이라 할만하다. 천문학뿐 아니라 다른 학술·사상·풍속 등도 이와 같은 견해를 가져야 한다고 생각한다.

3. 남로를 통해 전래된 우화와 신화

콘라디(A. Conrady)는 《전국책》에 기록된 일부 동물 우화는 전부 인도에서 기원한 것이며 단지 동물의 명칭만 바뀐 것이라고 주장했다. 이

....

87) 정확히는 노(魯) 은공(隱公) 원년에서 애공(哀公) 14까지 242년(B.C. 722-B.C.481)이다

88) 고평자(高平子, 1888-1970): 상해 출신으로 진단대학(震旦大學)을 졸업하고 각지의 관상대에서 근무하였으며 1936년 이후 중국 천문역법에 관심을 갖고 여러 책을 편찬하였다. 1948년 대만으로 건너갔으며 천문학 관련 논문을 100편 이상 발표하였다. 근대중국 천문학의 개척자라는 평가를 받고 있다.

러한 내용은 그의 저서 《중국이 받은 인도의 영향》(*Indischer Einfluss in China*)에 나옴으로 더 이상 서술하지 않겠다.

서방에는 아주 오래되고 널리 알려진 '니므롯(Nimrod)의 화살'이라는 이야기가 전해진다. 사냥꾼 니므롯은 《성경》에 나오는 인물이지만, 스토리의 기원은 유대에서 나왔다고도 하고 이란에서 시작되었다고도 한다. 간략히 정리하면, 국왕 아무개가 하늘에 신이 있다는 것을 믿지 않았다. 어느 날 그가 하늘을 향해 화살을 쏘았는데, 화살이 뜻밖에도 하늘로 들어가 신에게 상처를 입히고 피 묻은 화살이 다시 땅으로 떨어졌다. 국왕이 상황을 목도한 직후 "짐은 마땅히 벌을 받아야 한다. 화살로 짐을 찌르라"고 하였다. 이후 신기하고 괴이한 일이 여러 차례 나타났고 국왕이 마침내 죽었다는 내용이다. 이 이야기는 아래의 두 중국 책에 기록된 것과 매우 유사하다.

(1) 《사기》 권3 〈은본기(殷本紀)〉: "무을(武乙)은 무도(無道)하여 우상을 만들어 놓고 천신(天神)이라 부르면서 도박을 하였는데, 사람들에게 심판을 보게 하여 천신이 지면 모욕을 주었다. 또 가죽주머니를 만들어 피를 가득 채워 높이 매달아 놓고는 화살로 쏘았는데, 하늘을 쏜다는 뜻에서 '사천(射天)'이라 불렀다. 무을은 황하와 위수(渭水)[89] 사이로 사냥을 갔다가 갑작스러운 천둥소리에 놀라 죽었다."

(2) 《전국책》: "송나라 강왕(康王) 때 참새가 송나라 도읍의 성벽 한 모퉁이에 새매를 낳은 일이 있었다. 이에 태사(太史)에게 점을 치게 하자 다음과 같은 점괘가 나왔다. '작은 새가 큰 새를 낳았으니 반드시 천하의 패권을 쥐게 될 것이다.' 강왕이 크게 기뻐하여 곧 등(滕)나라를

....

89) 위수(渭水): 감숙성 위원현(渭源縣)에서 발원하여 섬서성 중부를 지나가는 황화의 지류.

멸하고 설(薛)나라를 정벌하여[90] 회북(淮北)의 땅을 차지하였다. 이에 더욱 자신감을 갖게 되어 하루 속히 패업을 달성하고자, 마침내 하늘을 향해 활을 쏘며 땅을 매질하고 사직(社稷)신의 위패를 동강내 불사르면서 '천지의 귀신을 위엄으로 복종시켰다'고 말했다. ……"

또 아래에 소개하는 네 가지 이야기와 아주 유사한 것이 인도에도 전해진다.

(1) 《여씨춘추》 권15 〈찰금(察今)〉: "초나라 사람이 배를 타고 강을 건너다 검(劍)을 물에 빠뜨리자 급히 그 배 위에다 '내 검이 빠진 곳'이라고 새겨 놓았다. 이윽고 배가 멈추자 배 위에 표시된 곳에서 물속으로 들어가 검을 찾고자 하였다. 배는 이미 움직였고 검은 빠진 그 자리에 있는데, 이런 식으로 검을 찾으려 하였으니 또한 어리석지 않은가?"

(2) 《한비자》 권7 〈설림(說林)상(上)〉: "어떤 사람이 불사(不死)의 약을 형왕(荊王)에게 바쳤다. 알자(謁者)[91]가 그것을 가지고 들어갈 때, 중사지사(中射之士)[92]가 '먹어도 되는가?'라고 물었다. 알자가 '그렇다'고 대답하자 중사지사가 그 약을 뺏어 먹어버렸다. 왕이 크게 노하여 사람을 시켜 중사지사를 죽이려하자, 중사지사가 사람을 통해 왕에게 아뢰길, '신이 알자에게 물으니 먹어도 된다고 해서 신이 먹은 것이므로 신은 죄가 없고 알자에게 죄가 있습니다. 게다가 나그네가 불사의 약이

....

90) 원서에는 대한(代韓: 한나라를 대신하다)로 되어있으나 원문을 확인한바 분명한 오류여서 바로잡았다.
91) 알자(謁者): 고대 관직명. 춘추전국시대 군주의 명령을 신하들에게 전달하거나 신하들이 군주를 알현하려고 할 때 알려주는 역할을 함. 진(秦)나라에서는 낭중령(郞中令)이라고 불렀다.
92) 중사지사(中射之士): 고대 관직명. 중사사(中射士)라고도 한다. 궁정에서 일하는 일종의 호위관임.

라고 받쳤는데, 왕께서 그것을 먹은 신을 죽인다면 사약(死藥)이 되므로 나그네가 왕을 속인 것이 됩니다. 죄 없는 신하를 죽여서 왕이 다른 사람에게 속았다는 것을 밝히느니 신을 풀어주는 것이 낫습니다'라고 하였다. 이에 왕이 그를 죽이지 않았다."

(3) 《전국책》권17 〈초책(楚策)4〉: "위(魏)왕이 초(楚)왕에게 미인을 보내자 초왕이 크게 기뻐하였다. 초왕의 부인 정수(鄭褒)는 초왕이 새 여인을 좋아하는 것을 알고 자신도 새 여인을 몹시 예뻐하였다. 정수는 의복과 노리개 등은 물론 기거하는 거실과 침구에 이르기까지 새 여인의 취향에 맞춰 그녀가 좋아하는 것을 모두 골라주면서 초왕보다 더 새 여인을 예뻐하는 모습을 보여주었다. 그러자 초왕이 '아내는 미색으로서 지아비를 섬기기에 질투하는 것은 타고난 성정(性情)이다. 그런데도 지금 정수는 과인이 새 여인을 사랑하는 것을 알고도 과인 이상으로 새 여인을 아끼고 있으니, 이는 효자가 어버이를 섬기고 충신이 군주를 섬기는 것과 같다'고 말했다. 정수는 초왕이 자신을 질투심 없는 여인으로 믿게 된 사실을 알고는 새 여인에게 이같이 말했다. '왕이 그대의 미색을 사랑하고 있으나 그대의 코만은 싫어하고 있소. 그러니 대왕을 만날 때에는 반드시 코를 손으로 가리도록 하시오.' 이에 새 여인은 초왕을 볼 때마다 손으로 코를 가렸다. 초왕이 의아하게 생각해 정수에게 '새 여인이 과인을 만날 때마다 코를 가리는데 무슨 까닭이오?'라고 물었다. 정수가 '소첩이 그 이유를 알고 있습니다'고 말하자, 왕이 '비록 나쁜 말일지라도 서슴지 말고 말하시오'라고 하였다. 정수가 '왕의 몸에서 나는 냄새를 그녀가 맡기 싫어해서 그러는 것 같습니다'라고 대답하자, 초왕이 '참으로 무례하구나!'라고 말하고는 당장 새 여인을 의형(劓刑)[93]

....

93) 의형(劓刑): 중국 고대에 행해지던 오형(五刑: 大辟·宮刑·刖刑·劓刑·黥刑)

에 처하도록 명하는 한편 아무도 이를 거역하지 못하게 하였다." 이 이
야기는 《한비자》 권10에도 기록되어있다.

(4) 《좌전(左傳)》 권44: "소공(昭公) 8년 봄, 진(晉)나라의 위유(魏楡)
땅에 말을 하는 돌이 있었다. 진나라 제후가 사광(師曠)에게 '어떻게 돌
이 말을 하는가?'라고 묻자, 사광이 '돌은 말을 할 수 없습니다. 어떤
자가 그것을 빙자했거나 백성들이 잘못들은 것입니다. 다만 때에 맞지
않게 일을 하여 백성들 사이에 원한과 비방이 생기면, 말하지 못하는
물건이 말을 한다고 저도 들었습니다. 지금 궁중의 사치가 너무 심해
백성의 재력을 다 소모하고 이로 인해 원한과 비방이 들끓고 생명을
지킬 수 있는 사람이 없으니, 돌이 말을 하는 것도 당연하지 않겠습니
까?'라고 대답하였다. 당시 진나라 제후는 사기(虒祁)에 궁궐을 짓고 있
는 중이었다."

상술한 네 가지 외에도 전국시대 제가(諸家)의 책 속에 나오는 인도
전설과 유사한 이야기로는 다음과 같은 것이 있다. 《산해경》〈해내남경
(海內南經)〉의 '파사식상(巴蛇食象)'[94]과 《초사》〈천문(天問)〉의 "신령스
런 뱀이 코끼리를 삼켰으니 그 크기가 얼마나 큰가?"는 그리스인이 인도
에 전해준 '소를 삼킨 큰 뱀' 이야기에서 유래된 것이다. 그 밖에《초사》
〈천문〉의 "큰 거북이 산을 (머리에) 이다"는 이야기, 《장자》〈소요유(逍
遙遊)〉의 "붕(鵬)의 등이 수 천리에 달하고 공중으로 9천리나 날아오르
다"는 이야기 및 앞에서 인용한 《사기》〈맹자순경열전〉에 보이는 추연
의 '천하구주설(天下九州說)' 등이 있다.

....

의 하나로 코를 베는 형벌이다.
94) 파사라는 뱀이 코끼리를 잡아먹고 3년 후에야 코끼리의 뼈를 뱉어 낸다는
이야기.

이 절의 일부 자료는 민국 18년(1929) 4월 20일 마스페로(Maspero)가 전 도쿄제국대학에서 한 강연 내용으로 마츠모토 노부히로(松本信廣)[95] 가 번역해《사학잡지(史學雜誌)》제40권 제3기에 발표하였다. 이를 수정한 프랑스어 원고는 1950년 출판된 마스페로 사후 유작집 휘정본(彙訂本) 제3책《역사의 연구》(Etudes Historiques)에 실렸는데, 여기서 인용한 수정 원고는 내용을 아주 많이 첨삭했을 뿐 아니라 그 차례도 다 같지 않다.

....

95) 마츠모토 노부히로(松本信廣, 1897~1981): 일본의 민속학자 겸 신화학자로 주로 오키나와와 동남아시아 지역을 연구하여 이 분야의 선각자로 알려져 있다. 시라토리 구라키치·신무라 이즈루 등과 함께 남도간화회(南島懇話會)를 조직하였고 전후에는 일본 민족학협회 이사장·일본 역사학협회 위원장·동남아시아 사학회 회장 등을 역임하였다.

제1편: 선사시대에서 진·한·위진남북조시대

제4장
한나라 이전 서방에 전파된 중국지식

제1절 중국에 대한 헤로도토스와 크테시아스의 서술

그리스 역사학자 헤로도토스는 대략 기원전 484년경에 태어나서 424년에 죽었으니, 이 시기는 중국의 주나라 경왕(敬王) 36년부터 위열왕(威烈王) 2년까지로 바로 춘추시대에 해당한다. 사람들은 그를 서양 역사학의 시조라고 부르는데, 저서로 《역사》(*Historia*) 9권이 있다. 프랑스인 조제프 드 기네(Joseph de Guignes)와 에랑(Heeren)은 극동 사람들에 대해 가장 먼저 언급한 사람이 헤로도토스라고 믿었다. 조제프 드 기네는 헤로도토스 책에 등장하는 아리마스피인(Arimaspi)[1]이 바로 중국인이라고 생각했으며, 에랑은 헤로도토스 책 속의 칼미크인(Kalmouks)[2]이

....

1) 아리마스피인(Arimaspi): 헤로도토스의 《역사》에는 이세도네스인보다 먼 곳에 사는 민족인데, 외눈을 가진 거인으로 황금을 지키는 괴조 그리폰과 함께 살고 있다고 서술되어있다. 조제프 드 기네와 토마세크(Tomaschek)같은 학자들은 아리마스피인을 타림분지와 고비사막 사이에 살고 있던 사람이라고 추측하였다.

현재 중국의 이웃 민족으로 중간에 단지 이세도네스인(Issedones)[3]이 끼어 있다고 생각했다. 프랑스의 조르주 세데스(George Coedès)[4]는 《기원전 4세기에서 서기 14세기 그리스 라틴작가의 극동에 관한 기술》 (*Textes d'auteurs grecs et latins relatifs à l'Extrême-Orient depuis le IVe siècle av. J.-C. jusqu'au XIVe siècle*)이라는 책에서 헤로도토스의 지식이 이처럼 멀리 미쳤다는 것은 거의 불가능한 일이며, 기원전 1세기까지 메가스테네스(Megasthenes)[5]와 에라토스테네스와 같은 모든 서방 작가의 지리 지식은 전부 투르키스탄(Turkistan)[6]을 넘지 못하였을 뿐 아니라

....

2) 칼미크인(Kalmouks): 반 유목생활을 하던 몽고계통의 민족. 원래 중국 중서부에 거주했는데, 17세기 초부터 볼가강 지역으로 이주하였다고 한다.

3) 이세도네스인(Issedones): 고대 그리스시대 가장 동쪽 지역에 사는 민족 중 하나로 여겨지던 유목민족이다. 헤로도토스의 《역사》에는 어느 집의 부친이 사망하면 친인척이 모두 가축을 데리고 모여 그것을 잡아서 고기를 썰고, 더불어 사망한 부친의 살도 썰어서 이것을 섞어 요리로 해 연회를 베푸는 습속을 가지고 있었다고 서술되어있다.

4) 조르주 세데스(George Coedès, 1886 - 1969): 프랑스의 동양학자. 태국 국가도서관 관장과 하노이 프랑스원동학원 원장 등을 역임하였다. 동남아 지역에서 30여 년을 머물면서 동남아 역사를 전문으로 연구하였고 여러 중요한 고고발굴을 주도하였으며 많은 저작과 번역을 남겼다.

5) 메가스테네스(Megasthenes, B.C.350경-B.C.290경): 그리스인으로 헬레니즘 시대의 역사가이자 외교관이다. 기원전 303년 셀레우코스 1세의 사절로서 인도 최초의 통일국가 마우리아왕조에 파견되었다. 11년간 수도 파탈리푸트라에 체류하면서 견문한 것을 기록해 4권으로 된 기행문 《인도지》(*Ta Indika*)를 저술하였다. 황당무계한 내용도 있지만 그때까지 알려진 인도에 관한 기록 중 가장 자세한 것으로 로마의 지리학자 스트라보와 박물학자 플리니우스는 그 내용을 자신의 저서에 인용하기도 하였다.

6) 투르키스탄(Turkistan): 투르케스탄(Turkestan)이라고도 표기한다. '터키인의 땅'을 뜻하는 이란어이며, 동·서 투르키스탄으로 구분된다. 동 투르키스탄은 중국의 신장위구르자치구를 구성하고, 서 투르키스탄에는 카자흐스탄·

그들이 아는 바도 매우 모호했다고 하였다. 또 그들이 단지 그 땅(투르키스탄)에 사카에(Sacae)인[7]이 거주하다 나중에 토하리(Tochari)인[8]에 의해 쫓겨났다고만 기술하고 있는 것으로 보아, 이보다 더 먼 동방에 대해서는 전혀 몰랐던 것 같다고 하였다.

헤로도토스의 책에 따르면 기원전 7세기 때 그리스인은 오늘날의 흑해 동북쪽에 있는 돈(Don)강 하구 부근에서 볼가(Volga)강 유역을 지나북쪽으로 우랄(Ural)산맥을 넘어 이르티쉬(Irtish)강에서 알타이(Altai)산과 천산(天山) 사이로 들어가는 상업로에 대해 이미 알고 있었다고 한다. 기원전 3세기에서 2세기까지 많은 지리학자들이 카스피해를 육지깊숙이 들어온 바다로 생각했지만, 헤로도토스는 일찍부터 그것이 육지로 둘러싸여 있다는 것을 알았다. 헤로도토스는 페르시아에 간적이 있었기 때문에 인도와 인더스강이 있다는 것도 알았을 뿐 아니라, 인도의인구가 다른 민족이 미치지 못할 만큼 많다는 것도 알고 있었다. 또

....

키르기스스탄·타지키스탄·우즈베키스탄·투르크메니스탄·아프가니스탄 등이 포함된다. 이 지역은 본래 인도유럽 인종 또는 이란계 인종(이란의 인도유럽계 인종)의 거주지였으나, 동 투르키스탄은 돌궐의 지배와 위구르인의 서방 진출(9세기 중엽) 이후 12세기 말경 완전히 투르크화하였다. 서 투르키스탄은 티무르제국(1369–1508)의 지배를 거쳐 킵차크한국의 자손인 우즈백족이 이들을 멸망시키고 시르다리아 이남에서 정착생활에 들어간 이후 투르크화가 진행되었다.

7) 사카에(Sacae)인: 기원전 500년경 아시아에 살았던 유목민족의 총칭으로 헤로도토스는 이 시대의 부족들을 아시아 스키타이인(Asican Scythians)이라 불렀는데, 페르시아 아르케메네스왕조(B.C.558–B.C.331) 시대에 쓰여 진 설형문자 기록에는 이 부족들을 사카에라고 부르고 있다.

8) 토하리(Tochari)인: 타림분지의 토하리어를 쓰던 주민으로 인도유럽어족 중 제일 동쪽에 위치하였다. 기원전 1800년경부터 살았을 수도 있다고 추정된다. 서기 9세기경 위구르족의 투르크인에 의해서 동화되었다. 중앙아시아 연구자들은 중국 사서에 등장하는 월지와 동일 집단으로 보기도 한다.

인더스강 유역의 동쪽은 사막지대이어서 인류가 거주하는 구역은 이곳에서 끝난다고 생각하였다. 헤로도토스 이전 그리스인들은 이미 세계를 아시아(Asia)와 구라파(Europa)로 구분하였지만, 헤로도토스는 두 대륙이 지중해를 경계로 삼는다는 것은 알았으나 그 유래에 대해서는 역시 잘 알지 못했으니, 그 기원이 오래되었음을 짐작할 수 있다.

헤로도토스 이후 그리스 문헌에서 중국에 대해 서술한 사람으로는 기원전 4세기의 크테시아스(Ctesias)[9]가 있다. 현재 1884년 뮐러(Müller) 간행본과 조르주 세데스의 프랑스어 번역본이 있는데, 그 내용은 다음과 같다.

> "크테시아스는 인류가 거주하는 세계 각지의 기이한 모습을 논하였다. 그에 따르면 세레스인(Seres: 즉 비단나라인[絲國人])과 북방 인도인은 체격이 장대하여 남자는 키가 13골척(骨尺: 中指 끝에서 팔꿈치까지가 1골척)이나 되고, 수명은 200세가 넘는다. 가이트로스(Gaitros)강의 어떤 지역에는 짐승과 비슷한 사람이 살고 있는데, 피부가 하마 같아서 화살이 뚫지를 못한다. 인도해(印度海)에 있는 어떤 섬의 깊은 곳에 사는 주민은 긴 꼬리가 달려있어 그 모습이 반인반양(半人半羊)의 신상(神像) 사티로스(Satyres)[10]에 그려진 것과 똑같다고 한다."

----

9) 크테시아스(Ctesias, B.C.416경-?): 페르시아와 인도에서 활동한 그리스의 의사·역사가. 페르시아의 왕실을 방문해 다리우스 2세와 아르타크세르크세스 무네몬 왕 밑에서 17년간 의사로 일했으며, 기원전 398년 그리스로 돌아와 아시리아와 페르시아의 역사를 다룬 《페르시아》(Persicha)를 저술했다. 또 인도를 다녀온 페르시아인들의 여행기록을 비롯해 페르시아 왕실을 찾아온 인도의 상인들과 사절들의 기록을 바탕으로 인도 역사에 대한 저술을 남겼다.
10) 사티로스(Satyres): 고대 그리스 신화에서 숲의 신. 남자의 얼굴과 몸에 염소의 다리와 뿔을 가진 모습.

이러한 기록은 대부분 황당무계한 이야기지만, '세레스'라는 명칭이 등장한다는 점에서 소중하다고 하겠다.

제2절 차이나[支那]란 명칭의 기원

유럽인이 중국을 부를 때 영어로는 China, 프랑스어로는 Chine, 이탈리아어로는 Cina라고 한다. 그 어원은 모두 라틴어 Sina에서 비롯되었으며 일반적으로 복수인 Sinae를 사용하였고 처음에는 Thin이라 하였다. 이 내용은 서기 80년에서 89년 사이에 완성된 《에리트레아해 항해지》(*Periplus Maris Erythraei*)[11])에 소개되어있는데, 작자는 미상이다. Sina의 a와 Sinae의 ae는 어미이고, Sin이 어근으로 그 발음은 'Xing(星)'과 같다. 같이 읽으면 단수는 'Xina(希那)', 복수는 'Xinei(希內)'가 된다. 17세기 이후 라틴어로 간혹 China라고 쓴 것도 있지만 많이 보이지는 않는다. 그리스어로 된 최초의 중국 명칭은 서기 150년경 그리스 지리학자

....

11) 《에리트레아해 항해지》(*Periplus Maris Erythraei*): 1세기경 이집트에 살며 무역에 종사하던 그리스 상인의 저작이라고 전해오는 이 책은 당시 인도 계절풍을 이용해 홍해·페르시아만·인도양을 중심으로 전개되던 남해무역의 항로·항구·운송·교역품 등에 관해 기술하고 있다. 특히 그리스 아테네에서 홍해를 지나 인도양을 횡단, 인도 서해안에 이르는 직항로를 통해 진행된 해상무역에 관해 소상히 전한다. 이 책에는 다프로파네(현 스리랑카)로부터 현 미얀마의 페쿠(Suvarna Bhumi, 黃金國)와 말레이반도를 지나 데이나[秦尼], 즉 중국까지 이어지는 항로가 제시되어있다. 이 책은 실크로드 해로와 해상교역에 관한 최초의 서방 기록으로 기원 전후 동서교류를 연구하는데 대단히 중요한 문헌으로 평가받고 있다.(《해상 실크로드사전》, 227쪽)

프톨레마이오스(Ptolemaeus)12)가 쓴 지리서에 나오는 Sinae와 Seres이다. 서기 530년13) 그리스 수도사 코스마스 인디코플레우스테스(Cosmas Indicopleustes)14)가 쓴 《기독교 세계 풍토기》(*Topographia Christiana Universalis*)15)에서는 Tzinitza 또는 Tzinista라 부르고 있는데, 사실 라틴어와 같은 어원에서 나온 것이다.

이후 아르메니아·시리아·아랍·페르시아 등에서 모두 이렇게 중국을 불렀다.

차이나라는 명칭이 'Chin(秦)'의 음역이고 기원전 249년에서 207년까지 존속했던 진나라에서 시작된 것이며 진시황을 통해 멀리 전파되었다

....

12) 클라우디오스 프톨레마이오스(Klaudius Ptolemaios, 90~168년경): 고대 그리스의 수학자·천문학자·지리학자·점성학자. 다양한 분야에서 많은 저서를 남겨 이후 이슬람과 유럽 과학에 중요한 영향을 미쳤다. 그중 대표적인 것은 코페르니쿠스 이전 최고의 천문학서로 인정받고 있는 《천문학 집대성》(*Megalē Syntaxis tēs Astoronomias*)으로 그 아랍어 역본인 《알마게스트》(*Almagest*)라는 이름으로 더 알려져 있다. 또한 《지리학(입문)》(*Geographike Hyphegesis*)이 학계에서 오래도록 아낌을 받았고, 점성술에 관한 《테트라비블로스(四元의 數)》(*Tetrabiblos*)도 아랍세계에서 많은 인기를 얻었다. 그 외 광학(光學)과 음악에 관한 여러 저서가 있다.
13) 본서 제2편 15장 4절에서는 535-550년 사이에 저술된 것으로 나온다.
14) 코스마스 인디코플레우스테스(Cosmas Indicopleustes, 생몰연도 미상): 6세기 이집트 알렉산드리아에서 활동한 상인·여행가·신학자·지리학자이다. Indicopleustes는 라틴어로 '인도의 항해가'라는 뜻이다. 그는 상인 신분으로 이집트를 출발한 후, 에티오피아와 페르시아만을 경유해 인도에 도착하였다.
15) 《기독교 세계 풍토기》(*Topographia Christiana Universalis*): 영문본은 《기독교 풍토기》(*The Christian Topography*)라고 하는데, 코스마스가 청년시절 인도양 해상교역이 활발해지던 시기에 인도와 실론 등지에서 교역에 종사하면서 인근 여러 곳을 주유한 일들을 기록한 견문록이다. 이 책은 6세기경 동서간의 해상교역 상황뿐 아니라 이 지역에 기독교가 처음으로 전해진 사실을 생동감 있게 전해준다.(《해상실크로드사전》, 29-30쪽)

고 가장 먼저 주장한 사람은 마르티니(Martin Martini)로 명 영력 9년 (1655) 암스테르담에서 《중국신지도(中華新圖)》(*Novus atlas Sinensis*)를 출판하면서 발표하였다. 근래 대부분의 사람들이 여전히 이 설을 따르고 있는데, 펠리오(Pelliot)도 다음과 같은 이유로 '진(秦)'의 음역이 분명하다고 주장하고 있다.

(1) 한나라 때 흉노인이 중국인을 여전히 '진인(秦人)'이라 불렀다는 점이 첫 번째 예이다. 《한서》 권94 상 〈흉노전〉에 "선우(壺衍鞮를 가리킴)가 어린나이에 막 옹립되었을 때, 어머니인 연지(閼氏)16)가 정숙하지 못하고 나라가 분열되어 항상 한나라 군대가 쳐들어올까 걱정하였다. 이에 위율(衛律)17)이 선우에게, 우물을 파고 성을 쌓은 후 누각을 세워서 그곳에다 식량을 저장하여 진인과 함께 수비토록 해야 한다는 의견을 내놓았다"고 기록되어있다. 이 사건은 진나라가 망한 지 120여년이 지난 기원전 83년 혹은 82년의 일로서 한나라로 왕조가 바뀌었으나 흉노인이 여전히 중국인을 '진인'이라 불렀다는 것은, 그것이 이미 중국민족의 명칭이 되어 변하지 않았음을 알 수 있다. 이에 대해 안사고(顔師古)는 "진나라 때 흉노로 도망쳐 간 사람이 있었는데, 오늘날 그 자손들을 여전히 진인이라고 부른다"고 주석을 달았지만, 펠리오는 이 의견을 받아들이지 않았다. 펠리오는 진나라가 망한 지 120여년이나 지났음에

....

16) 연지(閼氏): 연지(煙肢)라고도 쓰는데, 흉노 군주의 비(妃 또는 妻)에 대한 칭호로 사용되기도 하고 황후로 번역되기도 한다.
17) 위율(衛律, 생몰연도 미상): 한 무제와 소제 시기에 활동한 인물로 본래는 흉노족이었으나 한나라에서 성장하여 조정의 관리가 되었다. 이광리(李廣利)와 친하여 이연년(李延年)이 한 무제에게 위율을 흉노에 사신으로 보낼 것을 추천하였다. 그러나 위율이 돌아올 무렵 이연년이 한나라에서 죽임을 당하자 화를 입을까 두려워 흉노에 항복하였다.

도 진나라의 자손이 존재했다는 점과 게다가 흉노인이 그들을 여전히 진인이라고 불렀다는 점을 믿을 수 없다고 여겼던 것 같다.

(2) 두 번째 예는《한서》권96〈서역전〉에 보인다. 한 무제 정화 3년(B.C.90) 이광리(李廣利)[18]의 군대가 흉노에 항복한 후 무제는 먼 곳을 정벌한 것을 매우 후회하였다. 그 때 어떤 사람이 중앙아시아에 둔전(屯田)을 시행할 것을 권하자, 무제가 과거의 후회스런 일에 대해 깊이 토로하면서 조서 중에 "흉노인들이 말의 앞뒤 발을 묶어 장성 아래에 놓아두고 달려와서, '진인이여! 우리가 그대들에게 말을 나누어 주겠다'"고 말한 구절이 있으니, 여기에서 말하는 진인은 분명 한나라 시기의 중국인을 가리키는 것이다. 그러므로 안사고도 주석에서 "중국인을 진인이라 부른 것은 옛 습관 때문이다"고 하여 자신이 앞서 했던 주장을 뒤집었다.

(3) 세 번째 예는《사기》권123〈대원열전〉에 나오는 "완성(宛城) 안에서 새로이 진인을 찾아내어 우물 파는 방법을 알았고"라 한 부분이다. 그런데《한서》권61〈이광리전〉의 동일한 기술에서는 오히려 진인을 한인(漢人)으로 멋대로 고쳐 놓고 있다. 이에 대해 펠리오는《사기》의 기록이 원본이며,《한서》가 시대에 부응하기 위해 억지로 고친 것임을 증명한다고 하였다.

(4)《자치통감(資治通鑑)》호삼성(胡三省)[19])의 주에도 "한나라 때 흉

---

18) 이광리(李廣利, ?-B.C.90): 한 무제 때의 장군으로 서역 대원의 수도 이사성(貳師城)을 공략하여 이사장군이라 불리게 되었다. 태초 원년(B.C.104) 선마(善馬)를 구하기 위해 원정에 나서 4년간 고전하면서도 대원의 여러 성을 공략하고 서역 여러 나라와 통상의 길을 열어 그 공로로 해서후(海西侯)에 봉해졌다. 정화 3년 흉노와의 전쟁에 출전했다가 패하여 포로가 된 뒤 살해당했다.

노는 중국인을 진인이라 불렀다. 당나라와 송나라[國朝] 때 와서 중국을 한(漢)이라고 불렀으니, 한인(漢人)·한아(漢兒) 등과 같은 표현은 모두 옛 습관을 따른 것이다"고 하였다. 이를 통해 중국인 스스로는 한인이라고 불렀으나, 흉노와 같은 외국인은 중국인을 진인이라고 불렀음을 알 수 있다.

《새외사지논문역총(塞外史地論文譯叢)》[20] 제1집에 실린 시라토리 구라키치(白鳥庫吉)의 〈대진전 중에 보이는 중국사상(見於大秦傳中的中國思想)〉[21]에서는, 한대의 흉노인은 중국인을 분명 다른 명칭으로 불렀지만 중국인이 (그것을) 진인으로 번역한 것이며, 중국인이 진인으로 번역한 이유는 아마도 한대 중국인이 스스로를 그렇게 불렀고 실제로 한인과 진인을 병용했기 때문이라고 주장하였다.

라우퍼(Laufer)는 차이나란 명칭이 기원전 4세기 무렵 말레이군도의 항해가들이 광동 연해 일대를 부르는 호칭이었기 때문에 원래는 말레이어라고 하였다. 펠리오와 라우퍼의 글은 모두 1912년 *T'oung Pao*에 발표되었다.

....

19) 호삼성(胡三省, 1230-1302): 송·원시기 활동했던 사학자로 절강성 영해(寧海) 출신이다. 송 이종 보우 4년(1256) 진사가 되었다. 가사도(賈似道)에게 불려 무호(蕪湖)에 종군했고 조봉랑(朝奉郎)에 이르렀다. 송이 망하자 은거하여 관직에 나가지 않았다. 《자치통감음주(資治通鑑音注)》97권을 지었는데, 원의 침공 당시 거의 잃어버렸다가 각고의 노력 끝에 지원 22년(1285) 펴냈다. 내용은 다분히 흥망에 대한 감계(鑑戒)가 많이 담겨 있다. 그 외 《통감석문변오(通鑑釋文辨誤)》와 《죽소원고(竹素園稿)》 등의 저서가 있다.
20) 《새외사지논문역총(塞外史地論文譯叢)》: 전 2책. 시라토리 구라키치의 논문을 묶어 중국어로 번역한 것으로 역자는 왕고로(王古魯)이고 1938년 상무인서관에서 출판되었다.
21) 원제는 〈大秦傳に現はれたる支那思想〉이고 《白鳥博士東洋史論集》, 第1-2卷에 수록되어있다.

라우퍼는 차이나란 이름이 진나라의 명칭에서 변화한 것이라는 주장에 반대했다. 그 근거는 인도 마우리아왕조 찬드라굽타(Tchandra-goupta: 그리스 역사학자들은 Sandrocotos라 표기하였음)왕이 재위하던 기원전 320년에서 315년 사이 대신(大臣) 카우틸랴(Kautilya)[22]가 저술한 책에 이미 차이나 땅에서 생산되는 비단이라는 말이 있음을 인도학 전문가 헤르만 야코비(Herman Jacobi)가 밝힌데 따른 것이다. 야코비는 "중국을 차이나라고 부른 명칭이 기원전 300년대 서적에 이미 보이기 때문에 진나라에서 변화하여 생긴 것일 수는 없다"고 주장하였다. 그러나 펠리오는 문체(文體)를 통해 보았을 때 해당 기록의 연대에 대해서는 신중한 토론이 필요하다고 했다. 야코비는 기원전 수세기에 인도의 바라문교(婆羅門敎)[23]와 산스크리트어[24]가 이미 인도차이나반도에서 크게 성행하였기 때문에 중국의 명칭과 중국의 비단이 인도에 전해질 수 있었다고 주장한데 반해, 펠리오는 중국의 옛 서적을 근거로 인도차이

....

22) 카우틸랴(Kautilya, 생몰연도 미상): 인도의 정치가이자 정치사상가. 찬드라굽타의 재상으로 마우리아왕조의 국가형성에 공헌했다. 그의 정치사상의 중심은 무단정치에 의한 전제국가 건설로 강력한 군대조직, 정보원과 밀고를 활용한 관료지배, 모든 것을 정치에 봉사하게 하는 공리주의를 강조했다.

23) 바라문교(婆羅門敎, Brahmanism): 고대 인도에서 불교가 생겨나기 전 베다 성전에 의거하여 브라만계급을 중심으로 발달한, 특정한 개조(開祖)가 없는 종교이다. 기원전 3세기 무렵부터 브라만교가 인도의 토착적인 여러 요소를 흡수하면서 크게 변모하여 이룩된 힌두교와 구별하기 위해 서양 학자들이 붙인 이름이다. 브라만교는 힌두교의 기반을 이루고 있으며 광의적 의미에서 힌두교에 포함된다.

24) 산스크리트어(Sanskrit): 인도의 옛 언어로, 힌두교·불교·자이나교의 경전이 산스크리트어로 되어있다. 한자문화권에서는 범어(梵語: 브라만에서 왔음)라고도 한다. 산스크리트어는 베다 산스크리트어의 발전형으로 고전 산스크리트어라고도 한다. 기원전 4세기 파니니(Pāṇini)에 의해 고전 산스크리트어 문법이 완성되면서 베다 산스크리트어는 완전히 사어가 되었다.

나반도 (동부)의 인도화는 기원전으로 거슬러 올라갈 수 없다고 하였다. 게다가 '진(秦)'이란 이름은 진시황이 제위에 오른 후부터 사용한 것이 아니라 실제 주나라 평왕(平王)25) 때 진이 처음 건국되어 기원전 700년 대인 진 목공(穆公)시기에 이미 매우 강대해졌으며, 카우틸랴의 책은 진 목공보다 약 350년 뒤에 나왔기 때문에 '진'이란 이름은 이미 벌써 멀리 인도에까지 전해졌을 것이라고 주장했다.

펠리오는 한걸음 더 나아가 유럽인이 말하는 차이나와 인도인이 말하는 차이나는 사실 그 기원이 같을 뿐 아니라 인도는 중국을 차이나 외의 명칭으로 불러본 적이 없으며(중국 서적에 나오는 '至那', '斯那', '脂那' 또는 '莫訶至那', '摩訶至那' 등은 모두 산스크리트어 Mahachinasthana의 음역임), '진단(震旦)'의 '진(震)' 역시 '진(秦)'의 이역(異譯)이라고 하였다.

차이나란 명칭이 인도에서 대체 어떤 뜻이었는지에 대해서는 학자들 간의 의견이 분분하여 펠리오도 단정 짓지 못하였지만, 변기(辯機)26)의 《대당서역기》27) 중에서 그 개략을 찾아볼 수가 있다. 즉 '대당국(大唐

....

25) 평왕(平王): 주 유왕(幽王)의 아들로 서방 이민족이 강성해져 주나라 영토를 침공하자 호경(鎬京)을 버리고 동쪽의 낙읍(洛邑)으로 도읍을 옮긴(B.C.770) 다음 낙읍에서 즉위하여 기원전 720년까지 재위하였다. 그가 동천한 이후 시대를 일반적으로 춘추시대라고 한다.

26) 변기(辯機, 생몰연도 미상): 당대의 승려.《대당서역기》에 따르면 변기는 15세에 대총지사(大總持寺)에 출가하여 다량의 불교 경전을 베꼈고 불법 수행과 문장의 경지가 높았다고 한다. 현장이 산스크리트어로 된 불교 경전을 번역하고《대당서역기》를 저술하는데 협조하였다.

27) 《대당서역기(大唐西域記)》: 당대의 고승 현장의 18년간(627-645)에 걸친 구법 행적과 인도 및 서역 기행을 정리한 책이다. 현장이 구술한 내용을 제자 변기가 정리해 현장 사후 646년 7월에 완성했다. 모두 12권 총 10만여 자로 이루어져 있으며 현장이 직접 답사한 110개 나라와 전해들은 28개 나라, 도합 138개국의 역사·지리·물산·풍속·문자·종교·전설 등 제반 사정에 관

國)'을 묻는 질문에 현장(玄奘)이 "여기에서 동북쪽 수 만 여리에 있는데, 인도에서 말하는 마하지나국(摩訶至那國)이 바로 그것이다.""지나(支那)란 이전 왕조의 국호(國號)이고, 대당(大唐)은 우리 임금의 나라 이름 이다"고 대답하고 있다. 펠리오는 차이나란 명칭이 어떻게 인도에 전해 졌는가에 대해 육로(陸路)설을 주장하여 라우퍼의 해로(海路)설을 부인 하였다. 그 이유는 대략 기원전 3세기 후반이 되어서야 중국의 국력이 비로소 광동에까지 미치게 되고 게다가 이 시기 중국 남부와 인도가 왕래한 흔적을 찾아볼 수 없으며, 한 무제 원삭 원년(B.C.128) 장건이 처음 서역과 통하였을 때 대하에서 인도를 경유해 수입된 중국 물건인 사천의 천(蜀布)과 공(邛)지역의 대나무 지팡이를 보았는데, 모두 육로 를 통해 사천에서 인도로 수출된 것으로 추정되기 때문이다.

펠리오는 차이나란 명칭이 '진(秦)'에서 유래되었을 뿐 아니라 '진(秦) 왕조'설에 치우쳐 중국과 인도의 최초 교통이 실로 진시황 통일의 영향 을 받은 것이며, 인도가 차이나란 이름이 있음을 알게 된 까닭 역시 중 국인들이 몹시 분하게 여기겠지만 중국민족 및 중국인의 명성과 위엄을 멀리 서북쪽과 남방에까지 미치게 한 진시황의 왕조 이름에서 말미암은 것이라고 단호하게 주장하였다. 한편 펠리오는 차이나란 명칭이 기원전 7세기의 진나라 국명(國名)에서 기원했을 수도 있으며 아울러 당시의 진나라는 중국[華夏]민족이 아니라 중국화 된 민족이었던 것 같다고 하 였다. (이와 관련하여) 생각해보면 상고시대 중국은 공적(功績)을 기록

....

해 정확하게 기술하고 있다. 고대와 중세 중앙아시아와 서아시아의 역사문 화나 동서교류사를 연구하는데 대단히 중요한 문헌으로 공인되며 중세 인도 와 서역의 지리서란 평가도 받는다. 명대 소설 《서유기》의 배경이 되기도 하였다.

할 때 주로 청동기를 사용하다 진시황 대에 비로소 석각(石刻)이 생긴 반면, 이집트에서는 기원전 4세기에서 3세기 사이에 이미 석각이 유행했고 페르시아와 바빌론도 중국보다 빨랐다. 그렇다면 진나라가 백마(白馬)로 하늘에 제사지낸 것도 모두 서방의 영향을 받은 것이 아닌가 싶다.

리히트호펜(Richthofen)의 '일남(日南)'[28]설과 라쿠프리(Lacouperie)의 '전국(滇國)'[29]설은 비록 그것이 처음 제기되었을 때 상당히 많은 사람들이 추종했지만, 쉽게 납득할 수 있는 것이 아니어서 오래 지속되지는 못했다. 대개 '일남'의 고음(古音)은 Nit-nam이지 Jih-nam이 아닐 뿐더러 (당시 중국에게) 교지(交趾)[30]가 일남보다 중요했기 때문에, 서기 166년 로마[大秦]의 안토니우스[安敦] 사절이 방문하였을 때 일남 요외(徼外)에서 왔다고만 하였지 일남이라고 기록하지 않았으니, 그 상륙

....

28) 일남(日南): 치소는 서권현(西捲縣: 지금의 베트남 平治天省 廣治 서북의 廣治河와 甘露河의 합류 지점).《한서》〈지리지〉에 따르면 진대 설치된 상군(象郡)을 전한 무제 때 개명한 것이라고 한다. 안사고는 그 지명에 대해 "해의 남쪽에 있음을 말한다. 소위 북쪽으로 문을 내어 해를 향하는 곳이다"고 하였다(《한서 외국전 역주》, 333쪽). 후한 말 이후 임읍국(林邑國)의 소유가 되었다.

29) 전국(滇國): 기원전 278년 전국시대 초나라 장군 장교(莊蹻)가 현지 주민들을 초나라에 귀속시키려고 군사를 거느리고 서남쪽 변방지역에 왔는데, 진(秦)나라에 의해 돌아가는 길이 막히자 전지(滇池) 지역의 부족들과 함께 전국을 세웠다고 한다. 문헌기록에 따르면 전국은 운남 역사상 대략 500년 정도 존재했으며 전국시기에 나타났다가 후한 초에 사라졌다고 한다.

30) 교지(交趾): 한 무제가 남월(南越)을 멸망시키고 설치하였다. 전한 때의 치소는 영첩현(嬴陵縣: 현 베트남 하노이시 서북)이고 관할 지역은 현재의 베트남 북부에 해당한다. 후한 때 치소를 용편현(龍編縣: 현 베트남 河北省 仙游 동쪽)으로 옮기면서 관할영역이 축소되어 홍하(紅河) 삼각주 일대로 제한되었다.(《한서 외국전 역주》, 333쪽)

지점이 교지였음이 분명하다. 한편 '전(滇)'의 고음이 비록 'tsen'과 같지만, 그 지역은 교통이 막혀있고 개발이 늦었기 때문에 사실 그 이름으로 중국을 명명했을 가능성은 없다. 그 외 sin이 '잠(蠶)'의 음역이라고 주장하는 사람도 있는데, 이에 대해서는 뒤에서 서술하겠다.

제3절 중국 비단의 서방 전파

기원 전후 유럽에는 두개의 중국 명칭이 있었다. 하나는 이미 상술한 해로 계통에서 나온 것으로 중국을 차이나라 불렀고, 다른 하나는 육로 계통에서 나온 것으로 중국인을 세레스(Seres)라 지칭하였다. 세리쿰(Sericum)은 중국을 가리키는데, 학자들은 그것이 '사국(絲國)'이라고 여긴다. 이는 아마도 Seres와 Sericum의 어원인 Ser가 '증아(繒兒)'의 음역이라고 보았기 때문이니, 《한서》〈관영전(灌嬰傳)〉 안사고의 주석에 증(繒)은 백(帛)의 총칭이라 되어있다. 사(絲)의 중국 독음 Ssu, See, Sser 혹은 한국어[朝鮮諺文] 실(Sir)의 음역이라고 하는 사람이 있고, Sin이 '잠(蠶)'의 음역이라고 주장하는 사람도 있다. 또 라틴어에 사견(絲絹)을 지칭하는 Bombycina라고 하는 글자가 따로 있기 때문에 Sericum은 면포(綿布)이지 사(絲)가 아니라고 주장하는 사람도 있다. 그 외에 그것이 견(絹)의 음역이라고 주장하는 사람도 있는데, 대개 약간 노란 생사(生絲)를 견이라고 불렀기 때문이니 가장 먼저 이렇게 부른 사람은 견을 무역했던 알타이족이다. 몽고어로는 Sirkek, 만주어로는 Sirgh, 고대 페르시아어로는 Saragh, 터키어로는 Sarigh라고 한다. 현재 러시아어는 견을 Shilku라고 하는데, 역시 알타이어에서 빌려온 말이다. 나는 첫 번째

설이 옳다고 믿으며 지금 마땅히 연구해야 할 것은 사(絲)의 서전(西傳) 연대 및 노선이라 생각한다.

중국에서 잠사(蠶絲)를 발명한 것은 아주 이른 시기의 일이다. 이제지 선생이 산서성 하현(夏縣) 서음촌(西陰村) 하나라 유적지에서 누에고치 (껍질) 반쪽을 발굴했는데, 일찍이 인위적인 파괴가 이루어진 것으로 그 시기는 은나라 이전임이 분명했다. 갑골문 중에는 사(絲)자와 사자를 부수로 쓴 글자가 매우 많다. 전설에 따르면 황제(黃帝)의 부인 나조(螺 祖)[31]가 처음으로 백성에게 누에치는 것을 가르쳤다고 한다. 《상서》 〈우공〉에, 연주(兗州)에서 헌상하는 공물은 칠(漆)과 사(絲)로 그 공물 바구니에는 무늬를 넣어 짠 비단[織文]이 채워져 있고, 청주(靑州)의 공 물 바구니에는 산누에 고치실[檿絲]이 담겨있으며, 서주(徐州)의 공물 바 구니에는 검은 비단과 부드러운 비단·흰 비단[玄纖縞][32]이 들어있고, 양 주(揚州)의 공물 바구니에는 조개 무늬가 있는 비단[織貝]이 담겨있다고 적혀있는 것으로 보아 중국 고대에 사(絲)의 생산지역이 넓었음을 알 수 있다. 《시경》 중에는 누에와 뽕나무에 관한 기록이 유독 많이 나오 며, 춘추시대에는 농촌 여자들의 뽕나무 쟁탈 때문에 오(吳)·초(楚) 두 나라가 전쟁까지 벌였다. 비단은 실로 중국 고대문명이 낳은 산물의 하 나로 그 인공적인 솜씨의 정교함과 용도의 광범위함은 같은 시대 서방 각지에서 생산된 그 어떤 물품보다 훨씬 뛰어났다.

크림반도 케르키니티스(Kerkinitis)[33] 부근 고대 그리스인의 식민지

....

31) 나조(螺祖): 서릉씨(西陵氏)의 딸로 전설 속의 황제 헌원씨(軒轅氏)의 아내라 고 전해진다.
32) 원서에는 원섬호(元纖縞)라 되어있으나 현섬호(玄纖縞)의 오기임. 공영달(孔 穎達)의 주석에는 현(玄)은 검은 색 비단, 호(縞)는 흰색 비단이라고 하였다.
33) 케르키니티스(Kerkinitis): 현 우크라이나 크림자치공화국의 에프파토리아

유적지에서 비단이 발견된 것을 보면 중국 비단이 한 무제 이전에 이미 수출되었음이 분명하다. 헤딘(Hedin)이 광서 26년(1900) 누란(樓蘭)[34]에서 비단 조각을 발견하였고, 스타인(Stein)도 광서 32년(1906)과 민국 3년(1914) 같은 곳에서 대량의 비단 조각을 발견하였다. 그 후 프랑스 고고발굴단은 페르시아에서, 코즐로프(Kozlov)는 몽고 북부에서, 베르그만(F. Bergman)은 어지나하[額濟納河][35]에서 모두 비단을 발견하였다. 그러므로 기원전 5세기 무렵 중국의 견직물[繒]이 이미 파미르고원을 넘어 인도와 페르시아에 도달했고, 알렉산더대왕의 동방원정 이후 시리아인을 통해 유럽으로 유입되었던 것으로 보인다.

비단이 유럽에 전해진 후 유럽인의 많은 사랑을 받았는데, 그중에서도 화려한 것을 좋아하는 로마인들이 특히 비단을 좋아했다. 시인 베르길리우스(Vergilius)[36]·아리스토텔레스·플리니우스(Plinius)[37] 등이 모

....

(Yevpatoria)로 기원전 5세기 그리스인이 케르키니티스라 부르는 마을을 건설했으며, 현재의 도시 이름은 폰토스(Pontus)의 왕 미트리다테스(Mithridates) 6세의 성씨인 에우파토르에서 유래된 것이다.

34) 누란(樓蘭, Lou-lan): 중앙아시아 타림분지 동부에 있는 유적. 실크로드 서역 남로의 중요한 중계거점으로 번영한 오아시스로 계속되는 여러 세력의 침입과 자연의 변화로 6세기 이후 멸망하였다. 누란은 롭 노르(Lop Nor) 서북의 수도 크로라이나(Kroraina)의 중국명인데, 20세기 초 스타인과 헤딘 등의 발굴조사에 의해 그 실체가 밝혀졌다. 이 지역이 중국문헌에 처음 나타난 것은 기원전 176년으로, 한과 흉노의 전쟁을 거쳐 한의 정권이 성립된 이후 그 이름이 선선(鄯善)으로 바뀌었다.

35) 어지나하(額濟納河, Ejin River): 중국 내륙에서 두 번째로 큰 강으로 길이가 821㎞에 달하며 기련산(祁連山)에서 발원하여 청해성·감숙성과 내몽고자치구를 경유하여 거연해(居延海)로 흘러들어간다. 상류 쪽은 강곡수(羌谷水) 또는 약박하(鄂博河)라 부르며 감숙 장액(張掖)지구에서 감천(甘泉)지구로 유입되는 구간은 약수(弱水)라고도 부른다.

36) 푸블리우스 베르길리우스 마로(Publius Vergilius Maro, B.C.70-B.C.19): 로마

두 비단을 언급했으니, 뒤에서 자세히 서술하겠다.

《후한서》권88 〈서역열전〉[38]을 보면, 로마제국이 아주 적극적으로 중국과 관계를 맺어 직접 비단무역을 하고자 했으나, 당시 동방의 비단은 모두 페르시아인의 손을 거쳐 서방으로 들어갔기 때문에 페르시아인이 온갖 방법을 동원해 중국과 로마의 통상사절을 방해하였음을 알 수 있다. 원문에는 "…… 그 왕(大秦)이 늘 한나라와 사절을 교환하고자 했지만, 파르티아[安息]가 한나라의 비단[繒綵]을 가지고 그들과 교역하고자 했기 때문에 가로 막혀서 스스로 이를 수가 없었다"고 되어있다.

중국 비단이 유럽으로 전해진 노선은 리히트호펜이 맨 먼저 '비단길[絲路]'이라 명명한 바로 그 길이었다. 중국 경내에서는 반드시 스타인이 발견한 서역대로를 따라 돈황에서 출발하여 사막을 거쳐 롭 노르(Lop Nor)[39]를 지나야 했는데, 호수의 북쪽 연안이 옛 도시 누란이 있던 곳이

....

의 국가 서사시《아이네이스》(Aeneis)의 저자. 로마의 시성(詩聖)이라 불릴 만큼 뛰어난 시인으로 단테의《신곡》에서 지옥의 안내자로 등장하기도 한다.

37) 가이우스 플리니우스 세쿤두스(Gaius Plinius Secundus Major, 23~79): 대 플리니우스로도 불리는 고대 로마의 관리·군인·학자이다. 코뭄(Cōmum, 현 Como)에서 소 플리니우스의 양자로 태어났으며 베수비오화산 폭발 때 나폴리만의 함대 사령관으로 근무하던 중 화산이 뿜어낸 유독 가스에 의해 질식사하였다. 학자로서는 백과사전적인 지식을 지닌 사람으로 사상가라기보다는 근면하고 지식욕이 왕성한 수집가이다. 현존하는 저작《박물지》(Historia Naturalis) 37권은 자연·인문 등 각 방면에 걸친 지식의 보고로서 많은 오류를 지니고 있으나 자료로서의 가치는 무궁무진하다. 이곳에서 '비단'에 대해 언급하고 있다. 이 밖에 군기·역사·철학·문법에 관한 저작이 있으나 모두 소실되었다.

38) 원서에는《후한서》권118 〈서역전〉으로 되어있으나 오류가 분명하여 바로 잡았다. 이하 같은 오류는 동일하게 처리하였다.

39) 롭 노르(Lop Nor): 중국 북서부 타림분지에 있는 함수호(鹹水湖). 롭 노르는 몽고어로 "많은 강물이 흘러드는 호수"라는 뜻인데 한자로 음역되어 나포박

다. 광서 26년 헤딘이 맨 먼저 그곳이 고대의 군사요새이자 중요한 무역시장이었음을 발견하였으니, 아마도 누란은 당시 타림분지에서 가장 풍요로운 도시였을 것이다. 여기서 호탄을 지나 더 서쪽으로 가면 인도·페르시아·유럽에 도달하게 된다. 헤딘은 누란의 한 고실(古室)에서 내량의 황색·녹색·암청색 비단 조각을 발견하였다. 그리고 번역된 편지 원고도 발견하였는데, 그 개략적인 내용은 누란 주민이 4,326(?) 묶음[捆]의 비단 구매를 위탁한 것으로 당시 누란 인구가 결코 적지 않았음을 충분히 증명해주고 있다. 남송 이종(理宗) (소정) 3년(1230) 타림(Tarim)강[40] 하류의 물길이 바뀌고 나서 누란은 마침내 황폐해졌다. 그래서 마르코 폴로((Marco Polo)[41]가 남송 도종(度宗) (함순) 9년(1273) 롭 노르를 경유할 때 이미 더 이상 이 도시의 존재를 알지 못했던 것이다.

중국 비단이 호탄을 거쳐 서방으로 전해졌다는 증거를 스타인은 그 지역에 있는 단단 윌릭(Dandan-Uiliq)사원의 벽화 속에서 찾아냈다. 벽화에는 누에고치 바구니와 직조기가 있고 시녀와 왕비가 있는데, 누에가 누에고치로 변하고 그 실로 비단을 짜는 과정을 나타낸 듯한 그림이

(羅布泊)로 불린다.

40) 타림(Tarim)강: 신강위구르자치구 아커쑤에 위치한 강. 타림이라는 말은 호수로 흘러드는 하천의 둔덕 또는 사막의 모래와 구별되지 않는 강의 둔덕이라는 뜻이다. 이것이 타클라마칸사막을 가로질러 흐르는 많은 강이 지닌 독특한 모습이다. 타림강을 포함해서 타림분지를 흐르는 강들의 또 다른 특징은 활발한 이동, 예컨대 강바닥과 둔덕의 이동이라고 할 수 있다.

41) 마르코 폴로(Marco Polo, 1254~1324): 이탈리아 베네치아 출신의 상인이자 탐험가로 1274년 처음 원나라에 도착한 이래 17년간 쿠빌라이를 섬기며 총애를 받았다. 1295년 베네치아로 돌아왔으며 중국에서의 경험을 담은 《세계의 서술》(*Divisament dou Monde*)을 구술하였다. 흔히 《동방견문록》으로 알려진 이 책은 이후 동양세계에 대한 서양인의 호기심을 자극함으로써 대항해시대가 출현하는 간접적인 계기를 제공했다.

그려져 있다. 그리고 스타인은 누에 종자가 호탄에 유입된 다음과 같은 고사(故事)를 찾아냈다. 옛날 호탄국이 누에 뽕나무 기술을 모를 때, 동방(중국의 모 지역을 말함)에 가서 누에와 뽕나무 종자를 구하려고 하였으나 동방 나라의 왕이 허락하지 않았다. 그러자 호탄국왕이 계략을 세워 동방국왕의 공주에게 청혼하면서, 사신을 파견하여 공주에게 호탄국에는 뽕나무와 누에가 없어서 옷을 선물할 수가 없다고 말하였다. 공주는 국법에 뽕나무와 누에를 가지고 출국할 수 없음을 알면서도 몰래 뽕나무와 누에 종자를 모자에 숨겨 호탄으로 가져갔으며, 이때부터 호탄에서 비단이 만들어지게 되었다.

이 이야기는 《대당서역기》 권12 〈구살단나국(瞿薩旦那國)[42]〉 하(下)에도 나온다.

> "왕성(王城)에서 동남쪽으로 5~6리 떨어진 곳에 이 나라 선왕(先王)의 부인이 세운 마사승가람(麻射僧伽藍)[43]이 있다. 옛날 이 나라 사람들은 뽕나무나 누에를 알지 못하였으나, 동쪽나라에 있다는 것을 듣고 사신에

....

42) 구살단나국(瞿薩旦那國): 《대당서역기》 원문에는 "당나라 말로는 지유(地乳)라고 하는데, 이 말은 그 지방의 표준어이다. 속어로는 한나구(漢那九)라고 하며 흉노는 이 나라를 가리켜 우둔(于遁)이라고 한다. 제호(諸胡)는 계단(豁旦), 인도에서는 굴단(屈丹)이라 부른다. 예전에는 우전(于闐)이라 번역하였는데 잘못된 것이다"라는 주가 달려있다. 현 신강위구르자치구 남부의 화전(和田)에 있었던 호탄국으로 서역남로 상의 요지였다.(김규현 역주, 《대당서역기》, 563쪽)
43) 마사승가람(麻射僧伽藍): 스타인은 현장의 이 기록 등과 티베트 기록에 나오는 마쟈 비하르(Ma-dza Vihāra)사원을 호탄의 옛 수도인 요트칸(Yotkan)의 동남쪽 약 1마일 떨어진 지점에 있는 쿰이샤히단(Kum-i-Shahidan)이라 불리는 흙으로 지은 사당으로 비정하고, 그 왕을 비자야자야(Vijayajaya)라고 보았다.

게 명하여 구해오도록 하였다. 당시 동쪽나라 군주는 이것을 비밀이라 하여 주지 않았을 뿐만 아니라 변방의 관문에 엄명을 내려서 누에나 뽕나무 종자가 나가지 못하게 철저히 지키도록 하였다. 이에 구살단나왕은 자존심을 굽혀 예를 올리고 동쪽나라에 혼처를 구하였다. 동쪽나라 군주는 먼 나라에 영향력을 미치려는 뜻을 품고 있었으므로 그 청을 받아들였다. 구살단나는 자신의 부인을 맞이하러 가는 사신에게 '너는 동쪽나라 공주에게 우리나라에는 본래 비단이나 누에와 뽕나무 종자가 없으니 반드시 그것을 가지고 와서 스스로 옷을 만들어야 한다고 전하라'고 명하였다. 공주는 그 말을 듣고 몰래 그 종자를 구한 뒤 모자 솜 속에 감추었다. 변방의 관문에 도착했을 때 관리가 두루 수색하였지만 공주의 모자만은 감히 조사하지 못했다.[44] 그리하여 마침내 구살단나국에 들어가서 마사승가람의 옛 터에 머물렀다. (왕이) 바야흐로 의례를 갖추어 공주를 맞이하여 궁으로 들어가니 뽕나무와 누에의 종자를 그 곳에 두었다. 따뜻한 봄이 오자 그 뽕나무 종자를 심고 누에 먹일 달[蠶月: 뽕잎이 돋아나는 음력 4월을 말함 – 역자]이 되자 다시 뽕나무 잎을 따다가 누에에게 먹였다. 처음 도착했을 때에는 여러 가지 잎을 섞어서 먹였지만, 이 때 이후로 뽕나무가 무성해지자 왕비가 규정을 돌에다 새기길, '(누에를) 죽여서는 안 된다. 누에가 나방이 되어 날아간 다음에 누에고치를 처리해야 한다. 감히 이를 어긴다면 신이 보호하지 않으실 것이다'라고 하였다. 그리고는 양잠을 처음으로 시작한 신을 위해 그곳에 사찰을 세웠다. 이곳에는 말라버린 뽕나무가 몇 그루 있는데, 그 때 심었던 나무라고 한다. 그래서 지금도 이 나라에서는 누에를 죽이지 않는다. 그리고 몰래 실을 뽑는 자가 있으면 다음 해에는 누에 작황이 번번이 좋지 못했다고 한다."

....

44) 중국 공주가 뽕나무와 누에 종자를 머릿속에 숨겨 호탄왕국으로 들여온 이야기를 그린 목판도가 현재 대영박물관에 소장되어있다. 즉 호탄 인근의 단단 윌릭 사원 유적에서 출토된 〈잠상종전입우전고사(蠶桑種傳入于闐故事圖)〉, 일명 〈잠종서점고(蠶種西漸圖)〉이다.

누에 종자가 로마에 유입된 경로에 대해서는 유럽 역사학자가 기술한 내용이 있는데, 별도로 번역할 필요가 있다.

1910년 알베르트 헤르만(Albert Herrmann)[45]이 저술한 《중국과 시리아 사이의 옛 비단길》(*Die Alten Seidenstrassen zwischen China und Syrien*)에서는 돈황 서쪽의 비단길에 대해 매우 자세하게 고증하고 있다.

동방의 실크와 향료·보석류는 대식(大食)[46]과 안식을 통하든지 인도양에서 홍해(紅海)를 거슬러 올라가든지 모두 시리아인의 세력범위 내에 있는 무역 중심지, 예컨대 안티오키아(Antiochia)[47]·다마스쿠스(Damascus)[48]·페트라(Petra)[49] 등에 도착하게 된다. 로마인은 파르티아인

....

45) 알베르트 헤르만(Albert Herrmann, 1886~1945): 독일의 역사학자. 리히트호펜이 그의 저서 *China*(1877)에서 처음으로 중국에서 중앙아시아 여러 나라까지의 교역로를 비단길이라 지칭하였는데, 헤르만이 다시 이란·이라크·시리아까지 비단길의 범위를 확대하였다.

46) 대식(大食): 아랍을 가리키는 중국식 명칭. 페르시아인이 인근 아랍을 '타지(Tazi)'라고 불렀는데, 그것이 중국에 전해지면서 '대식'으로 음사(音寫)된 것이다.(《실크로드사전》, 96쪽)

47) 안티오키아(Antiochia): 같은 이름의 도시가 여러 개 있는데, 가장 유명한 것은 기원전 300년 경 셀레우코스 1세가 아버지의 이름을 따 오론테스 강변에 수도로 세운 안티오키아로 현재 터키 남동부지역이다. 이 도시는 외항(外港) 피에리아(Pieria)에 자리한 셀레우키아(Seleucia)시를 통한 해외무역이나 지중해와 유프라테스강을 연결하는 통상 거점으로 번성하였다. 오리엔트와 헬레니즘 두 문명의 융합이 이루어지던 접촉 지점으로 마케도니아인·그리스인·유태인 등 여러 인종이 모여 살았다. 기원전 64년 폼페이우스가 시리아왕국을 멸망시키면서 로마의 속주(屬州)가 되었다.(《해상 실크로드사전》, 219쪽)

48) 다마스쿠스(Damascus): 현 시리아의 수도. 지정학적으로 동서남북을 잇는 교통 요로에 위치해 예로부터 동서교류의 중심지였다. 기원전 7세기와 6세기에는 바빌로니아와 아케메네스조 페르시아의 지배를 받았고, 기원전 4세기에는 알렉산더 원정군에 정복되어 헬레니즘의 세례를 받았으며, 기원전

의 통제를 피하기 위해 따로 코카서스(Caucasus)50)에서 카스피해를 건너 북쪽으로 갔다. 하지만 기원후 1세기 중국과 서방과의 통로는 실로 메소포타미아(Mesopotamia)가 그 중심이었다.

금석문자 중에 고대의 동서 통상에 관한 사료가 꽤 많이 남아 있는데, 찰스워스(M. P. Charlesworth)의 《로마제국의 상로(商路)와 상업》(*Trade Routes and Commerce of the Roman Empire*) 제6장에 상당히 많이 인용되어있다. 이 책에 따르면 티레(Tyre)51)와 베리투스(Berytus)52)는 시리아에서 비단 옷이 성행했던 양대 지역이었고, 로마인의 비단 역시 이 두 지역에서 만들어졌기 때문에 각지의 비단상인들이 모두 이 지역에 운집했으며, 이집트 왕후 클레오파트라(Cleopatra)의 파티복도 티레에서 만들어졌다고 한다.

비단길은 실로 고대 세계에서 가장 긴 교통의 대동맥으로서 대륙국가

....

1세기에는 로마인의 수중에 들어갔다. 1천년 가까이 외세의 핍박을 받은 이 도시는 635년 첫 이슬람왕조인 우마이야조 아랍제국의 수도가 되면서 이슬람화되었다.(《실크로드사전》, 78쪽)
49) 페트라(Petra): 아라비아반도에서 이주해 온 나바테아인들이 기원전 3세기에 세운 왕국 또는 그 수도. 그리스어로 '바위'란 뜻의 페트라는 붉은 사암(砂巖) 암벽으로 이루어져 '붉은 도시'라고 한다. 요르단의 수도 암만에서 260㎞, 사해에서 80㎞ 떨어진 해발 950m의 와디무사분지에 자리하고 있다.
50) 코카서스(Caucasus): 캅카스(Кавказ), 카프카스, 카우카스, 코카시아라고도 부른다. 유럽권 러시아 남서부 끝에 있는 산계(山界) 지역으로 서쪽으로는 흑해와 아조프해, 동쪽으로는 카스피해와 접한다. 전통적으로 카프카스 산계는 유럽과 아시아를 구분 짓는 경계선의 일부를 이루었으나, 지금은 일반적으로 전체 산계가 아시아에 속하는 것으로 받아들여지고 있다.
51) 티레(Tyre): 고대 페니키아의 가장 큰 항구도시로 이집트 등 여러 지역과 교역하던 페니키아 문화의 중심지이다.
52) 베리투스(Berytus): 오늘날 시리아와 레바논 해안지대의 고대 지명이며 현재의 베이루트이다.

의 문화가 교류하는 공전의 최대 연결선이었다고 할 수 있다. 안타깝게도 당시 장안과 낙양의 중국 상인들은 자신이 판매하는 비단이 어느 곳으로 흘러 들어가는지 전혀 알지 못했다. 토하라[吐火羅][53)인 · 박트리아[大夏]인 · 파르티아인 · 메디아인 · 시리아인 등과 같은 중간 매개자들도 가장 마지막에 누가 비단을 사용하는지 몰랐으며, 오직 티레 혹은 다른 지중해 항구의 페니키아(Phoenicia)[54) 선원만이 로마가 그 주요 시장임을 알았을 뿐이다. 그러므로 이 길고 끝이 없는 교통로는 실제 여러 단계로 나누어져 동시에 진행되어졌던 것이다.

제4절 알렉산더의 동방원정과 중서문화 교류와의 관계

중국에 관한 지식의 서전 혹은 서방에 관한 지식의 동전은 종종 직접적으로 진행되지 않았다. 사람과 사람 사이가 보통 먼저 이름을 듣고

....

53) 토하라(Tokhara, 吐火羅): 타림분지에 살았던 유목민족으로 고대 중국인은 월지라고 불렀다. 원시 인도유럽어족의 한 지류로 우랄산맥과 남 시베리아에서 발원하여 타림분지로 남하하였다. 한나라 때 월지는 흉노에 패해 서쪽으로 이동하여 쿠샨왕조를 세웠다.

54) 페니키아(Phoenicia): 시리아와 레바논 해안지역을 일컫는 고대 지명으로 '포이닉스'라는 단어에서 나온 '자홍색'이라는 뜻의 그리스어 '포이니케오스'에서 유래한 것이다. 일반적으로 북쪽의 에리우세루스에서 남쪽의 카르멜산 근처까지를 가리키나 시대에 따라 그 범위는 달라진다. 베리투스 · 시돈(Sidon) · 티레 · 비블로스(Byblos) 등의 항구도시를 중심으로 한 도시연맹의 형태를 취했으며 주로 해상무역에 종사했다.

나서 서신으로 서로 통한 후에 언젠가 어느 한곳에서 대면하게 되는
것처럼 나라와 나라 사이도 이와 마찬가지이다. 비교적 멀리 떨어져 있
는 대국(大國) 간에는 그 사정이 특히 그러하다. 대국과 인접해 있거나
양 대국 사이에 끼어 있든지 혹은 여러 대국사이에 있는 소국(小國) 내
지 기타 대국은, 그 상인 또는 여행자들에 의해 양측에 정보가 전달되게
된다. 동서관계를 연구하는 사람은 반드시 이 속에서 이루어지는 간접
적인 관계, 예컨대 동방과 더 동방에 있는 국가 간의 관계, 서방과 더
서방에 있는 국가 간의 관계에 대해 반드시 주목해야만 한다. 그러므로
중국과 인도, 중국과 페르시아와의 관계 속에서 중국과 그리스, 중국과
이집트의 관계를 발견할 수 있으며, 그리스와 페르시아, 그리스와 인도
와의 관계 역시 그리스와 중국의 관계에 영향을 미칠 수 있으니, 알렉산
더대왕의 동방원정이 그 일례이다.

이 군사행동은 기원전 334년에서 326년 즉 주나라 현왕(顯王) 35년에
서 43년 사이에 발생하였다. 이 전쟁을 통해 그리스인의 지리 인식이
크게 확대되었다. 군대 내에는 전공(戰功)과 진군노선(進軍路線)을 기록
하는 역사가가 함께 동행 했을 뿐 아니라 지리학과 새로운 자연과학
자료를 수집하는 전문가도 포함되어 있었다. 알렉산더대왕은 군사전문
가였을 뿐 아니라 아리스토텔레스를 스승으로 모시며 학문을 탐구했던
사람이었다. 그러나 그가 파견한 역사가들이 기록한 내용은 신뢰할 수
없을뿐더러 학자들이 얻은 지식도 헤로도토스와 필적하기에 부족했다.
알렉산더대왕이 정복한 지역에는 분명 중국에 관한 전문(傳聞)이 있었
을 터이지만, 안타깝게도 역사가들의 무관심으로 의외로 남아 있는 기
록이 드물다. 그리고 이번 동방원정 이후 아시아에 남아서 거주한 그리
스인에 대해서도 충분히 검토할만한 문자기록이 남아있지 않다.

동방원정 후 얻은 지리 자료는 이집트의 알렉산드리아에서 그리스를

중심으로 자기 나름대로 하나의 체계를 만들어내었으니, 가장 주목할 만한 것은 디카에아르쿠스(Dichaearchus)의 설(設)로 동서를 관통하는 대산맥(大山脈)이 아시아대륙 전체를 남북으로 나누고 있다는 주장이다.

알렉산더대왕의 장군 중 한 명인 셀레우코스(Seleucus)[55]는 기원전 312년 즉 주나라 난왕(赧王) 3년 시리아를 거점으로 셀레우코스왕조를 건립하였는데, 기원전 65년 즉 한나라 선제(宣帝) 원강 원년 비로소 멸망하였다. 셀레우코스는 재위 33년간 바빌론·메디아·파르티아(Parthia)[56]를 정복하는 등 국력이 매우 강성하였다.

셀레우코스 1세는 일찍이 파트로클로스(Patroclus)를 파견하여 카스피해 일대의 지리를 조사하도록 하였는데, 사실 헤로도토스는 이 지역의 정황에 대해 벌써부터 이해하고 있었다. 파트로클로스는 이곳에 도착해 단지 그 남쪽 연안만 조사하고는 그 북쪽 연안이 대양(大洋)과 서로 연결되어있다고 말하는 바람에 지리학이 한동안 도리어 퇴보하게 되었다. 이 잘못된 견해는 결국 그리스시대 내내 학술계를 지배하다가 로마인이 흥기한 후에야 비로소 점차 교정되게 된다.

셀레우코스 1세는 한 때 국경을 인도까지 확대하려고 시도하였기 때문에 찬드라굽타와 불협화음이 발생했지만, 오래지 않아 다시 관계가 회복되어 메가스테네스(Megasthenes)를 파탈리푸트라(Pataliputra)에 사

....

55) 셀레우코스(Seleucus) 1세: 알렉산더대왕 사후 제국의 승계권을 두고 다투었던 인물 중 한 명이다. 제국 분열 후 바빌론 총독으로 임명되었고, 이후 시리아와 이란 지역에 셀레우코스제국을 세워 기원전 281년 프톨레마이오스 케라우누스에게 암살당하기 전까지 통치했다.
56) 파르티아(Parthia): 보통 중국에서 안식이라고 불렀던 고대 왕국을 지칭하지만 여기서는 파르티아왕조 건국 이전이므로 그 발상지인 이란고원 동북부 지역을 가리킨다.

절로 파견하였다. 메가스테네스는 5년 동안 머물면서 그 풍속과 정치조직 및 문화사업을 상세히 기록하였으니, 이것이 현존하는 그리스 고문헌 속의 인도에 관한 기록 중 가장 상세하고 믿을 만한 자료이다.

근대 프랑스 학자 그루쎄(Grousset)는 자신의 저서 《그리스에서 중국까지》(De la Greece à la China)에서 풍부한 사진과 그림을 첨부하여 그리스문화의 동진과정을 단지 예술적 관점에서 밝히고 있지만, 그 서문에서 다루고 있는 내용이 매우 광범위하기에 이를 요약해서 번역하면 다음과 같다.

> "고대문화에서 가장 중요한 것은 3대 인문주의 즉 그리스 인문주의, 인도 인문주의, 중국 인문주의이다. 3대 인문주의가 탄생시킨 3대 문화의 완성도는 그 자체의 무한 발전뿐 아니라 그 혜택이 다른 나라에까지 미칠 만큼 충분하였다."
>
> "3대 인문주의의 접촉은 세계문화를 더욱 빛나게 만들었다. 그리스가 인도를 발견하였고 인도도 그들의 불교를 통해 그리스 문물을 중국에 전하였는데, 그 전래된 경로가 바로 옛날 중국의 비단이 서방으로 전해졌던 옛 길이었다. 그러나 그리스문화가 동전될 수 있었던 데에는 알렉산더대왕 시대까지 그 역사를 거슬러 올라가야 한다. 학문을 좋아하고 천재적인 군사가인 이 영웅이 품었던 아시아 정복의 꿈은 비록 오래가지 못하였지만, 그가 만든 새로운 그리스 즉 아시아의 그리스는 천년이 넘는 오랜 시간동안 '그리스의 색채'를 아시아에 남겨놓았다. 그리스식 지명과 지하에 깊이 묻혀 있는 그리스 화폐는 소아시아의 거의 모든 곳에 남아 있다. '그리스 풍'이 이미 아시아 변경지역에서 대륙의 내지 깊숙한 곳까지 전해져 견고한 기반을 쌓았음을 알 수 있는 대목이다. 특히 놀라운 것은 이탈리아반도 내륙과 같은 서방의 그리스 식민지에서는 자신의 '이탈리아 풍'을 계속 유지하여 그리스화 시킬 수 없었던데 반해, 아시아 내지에서는 이와 정반대였다는 점이다."

"'그리스에서 중국까지'의 과정은 매우 심한 굴곡을 겪었다. 알렉산드리아의 건립은 그리스 정신을 동방에 전파시키는데 실로 커다란 공헌을 하였으니, 알렉산드리아의 건립은 바로 시리아와 이집트가 그리스화를 수용한 결과이다."

그리스문화는 알렉산더대왕을 따라 이란과 아프가니스탄을 거쳐 마침내 인도의 불교와 만났다. 아시아에서 알렉산더대왕의 주요 계승자는 셀레우코스 1세였으니, 그와 찬드라굽타의 관계에 대해서는 위에서 이미 언급하였다. 한편 찬드라굽타는 바로 불교를 인도 국경 밖으로 전파하는데 가장 노력했던 사람이었다. 다만 불교 자체가 이미 예술적인 면에서 그리스의 영향을 깊이 받았기 때문에, 불교가 전래된 지역도 그리스식 국가가 되거나 재차 그리스식 국가로 변하게 되었다. 그 시기는 기원전 3세기이다.

그리스화 된 동방국가 가운데 응당 박트리아가 가장 중요한 것 같다. 그 지역은 남쪽으로 힌두쿠시산맥57)에 이르고, 북쪽으로는 고대에 옥소스(Oxus)라 불렀던 곳, 즉 오늘날의 아무(Amu)강58)까지 이르렀다. 기원전 250년 즉 동주 혜공(惠公) 6년 박트리아 왕 디오도토스(Diodote)

....

57) 힌두쿠시(Hindu Kush)산맥: 중앙아시아 남부에 있는 산맥이다. 아프가니스탄 북동쪽에서 남서쪽에 위치한 파키스탄까지 1200km에 달하는 산맥으로, 힌두쿠시의 쿠시는 산이나 산지를 의미한다. 오래전부터 동서남북을 이어주는 교통로로 이용되었다.

58) 아무(Amu)강: 일명 아무다리야(Amu Darya). 파미르고원에서 발원하여 힌두쿠시산맥을 빠져서 투르크메니스탄과 우즈베키스탄 국경 지대의 북서쪽에서 흐르는 강이다. 원래는 아랄해로 흘러들어갔지만, 현재는 사막에서 사라지고 있다. 연장 1450km(원래는 2400km). '다리야는 터키어로 '강'이라는 뜻이다.

1세[59])가 동방에서의 알렉산더대왕의 진정한 계승자 셀레우코스의 통치에서 벗어나 독립을 선포했다.

아시아 북부에서 남하한 스키타이인이 박트리아를 침입하여 그리스인의 세력을 대체하게 되자 인도-그리스(Indo-grèce)화되었넌 이 오래된 나라는 곧바로 인도-스키타이(Indo-scythe)화된 새로운 제국으로 변모하게 되니, 그 때는 이미 기원후 30년(후한 광무제 6년)에서 241년 즉 촉(蜀) 후주(後主) 연희 4년의 일이다. 이 이후 그리스 불상이 출현하게 되는데, 로마제국과 그리스 불교(Greco-bouddhisme)세계와의 관계, 중국과 인도의 관계 및 그리스화 된 불교미술의 중국 수입 등에 대해서는 별도의 장(章)에서 상세히 서술하도록 하겠다.

----

59) 디오도토스 1세(Diodotus I Soter, B.C.285-B.C.239): 아들과 함께 박트리아에 그리스계(係) 왕국을 세웠다. 셀레우코스왕조의 안티오코스 1세와 안티오코스 2세를 차례로 섬겼으나 기원전 250년경 반란을 일으켜 스스로를 박트리아 왕이라 칭했다.

제5장
한나라의 서역(西域) 경영(상)

제1절 서역의 지세와 고대 인종

중서 간의 교통은 한 무제 때 서역으로 통하는 길이 열리면서 하나의 새로운 국면을 맞이하게 되었을 뿐 아니라 후대에 크고도 중대한 영향을 미쳤다.

한나라 때 서역은 광의와 협의의 두 가지 의미가 있었다. 광의의 서역은 천산남북과 총령 외에 중앙아시아·인도·코카서스·흑해의 북쪽 일대를 포함하며, 협의의 서역은 단지 지금의 신강 천산남로 전체만을 지칭하였다.

협의의 서역은 그 서쪽에 파미르고원, 북쪽에 천산, 남쪽에 곤륜산이 삼면에서 둘러싸고 있고 그 가운데에 타림분지가 있다. 분지에는 다시 거대한 타클라마칸(Takla-Makan)사막[1])이 가로로 걸쳐있는데, 서쪽에

....

1) 타클라마칸(Taklamakan)사막: 신강의 타림분지 중앙에 있는 중국 최대 사막이자 세계에서 가장 큰 유동성 사막이다. '타클라마칸'이란 위구르어로 '돌아올 수 없다'는 뜻으로, 흔히 '죽음의 사막'이라고 한다.

서 동쪽까지 길이가 900㎞ 정도에 달하며 폭은 삼백 수십㎞나 된다. 분지의 동쪽 끝에 있는 롭 노리[羅布泊]는 소금덩어리가 퇴적된 해상(海床)으로 선사시대에 소금물 호수의 물이 마른 후에 만들어진 것이다. 중국 역사서에서는 '염택(鹽澤)', '요택(坳澤)' 또는 '포창해(蒲昌海)', '뇌란해(牢蘭海)'라고 불렀으며, 몽고음 Lop-Nor를 음역하여 '나포낙이(羅布諾爾)' 또는 '나포뇨이(羅布淖爾)'라고도 하였는데, '뇨이(淖爾)' 또는 '낙이(諾爾)'는 호수²⁾라는 뜻이다. 사막 중 협소한 지대에서만 약간의 먹을 것이 생산되어 사람이 거주할 수 있었으니, 대개 곤륜의 설산에서 발원한 강물이 그 사이로 흘러들었기 때문이다. 따라서 (이들 오아시스는) 이 길을 여행하는 사람이 반드시 경유하는 곳이 되었고, 그 결과 중서교통의 역사와도 가장 깊은 관계를 맺게 되었다.

이 지역의 생활은 비록 매우 고생스러웠지만, 그곳에 거주하던 민족들은 서로 아주 복잡하게 얽히면서 흥망성쇠를 거듭하였다. 근래 동서양 학자들은 어문(語文)구조 연구와 인체 두개골 측량 결과를 발굴된 그림·조각들과 상호 검증함으로써 타림분지의 인종문제를 이미 상당한 정도로 해결하였다. 이 지역의 고대 인종에 관한 문헌상의 기록은 전혀 없고, 있다면 위나라 때가 처음일 것이다. 《위서(魏書)》〈서역전(西域傳)〉'우전국(于闐國)'조를 보면 "고창(高昌)에서부터 그 서쪽에 있는 여러 나라 사람들은 눈이 깊고 코가 높다. 오직 이 나라 사람만 그 용모가 호인(胡人)같지 않고 화하(華夏)사람과 상당히 닮았다"고 되어있는데, 눈이 깊고 코가 높은 것은 아리안(Aryan)³⁾인종의 특징 중 하나로 볼

....

2) 원서에는 바다[海]로 되어있으나 몽고어 노르의 뜻을 따라 호수로 번역했다.
3) 제1장에서 저자는 Aryan의 중국 표기를 阿利安이라고 하였는데, 여기서는 阿자를 亞로 바꿔 표기 했다. 일반적으로 亞利安과 阿利安을 같이 쓰는 듯하다.

수 있다.

한대 서역민족에게는 대략 세 가지 언어가 있었다. 첫째는 구자 혹은 언기(焉耆) 즉 지금의 쿠차 또는 카라샤르[哈喇沙爾][4]를 중심으로 토하라어(Tokharian)[5]가 통용되었다. 둘째는 우전 즉 지금의 호탄을 중심으로 한 호탄어이다. 셋째는 소그드어[6] 혹은 솔리(窣利)어로 이란어계에 속하며 당시 가장 광범위하게 통용되었다. 소그드는 오늘날 소련 관할 지역인 투르키스탄의 사마르칸트 지방의 옛 명칭이다. 토하라어는 다시 카라샤르어와 쿠차어로 나뉘는데, 카라샤르어가 외래어라고 주장하는 사람이 있는 반면 펠리오(Pelliot)는 카라샤르어를 여전히 토하라어라고 불러야 한다고 주장하였다. 그런데 펠리오 이후 중국인의 연구에 따르면 카라샤르어가 사용됐던 지역이 실제 카라샤르였기 때문에 개명할 필요가 없어졌다. 그 외 구사어(佉沙語)라는 네 번째 언어가 있었다고 주장하는 중국인이 있지만, 아직 이에 관한 연구논문은 발표되지 않은 듯하다. 전문가들이 이미 연구한 세 언어를 근거로 추정해보면, 그 땅의 고대민족은 아리안족으로 전부 인도유럽어계였던 것 같다. 그 중 호탄어가 인도유럽어계의 동방계통에 속함이 더욱 분명해서 이란페르시아

....

4) 카라샤르(Karashahr, 哈喇沙爾): 천산에서 흘러내리는 해도하(海都河)가 바그라슈(Bagrash-Kul)호에 유입되는 하구에 위치하고 있다. 천산 북쪽 기슭의 유목민과 남쪽 기슭의 농경민이 만나는 교통의 요충지로 중계무역이 발달하였다.
5) 토하라어(Tokharian): 인도유럽어족 언어 가운데 가장 동쪽(지금의 신강 타림 분지)에서 쓰이던 언어였으며, 6세기경에서 8세기경까지 쓰인 뒤 사멸했다.
6) 소그드어(Sogdian): 동부 이란어군에 속하는 언어로 8세기까지 소그디아나(지금의 우즈베키스탄과 타지키스탄) 지역에서 사용되었다. 중앙이란어 가운데 가장 말뭉치가 많은 중요한 언어로 중앙아시아(Transoxiana)에서 통용되어 중국과 이란 상인들이 알아들을 수 있는 언어였다.

어와 거의 완전히 똑같으며, 토하라어가 외형상으로만 그리스어와 비슷할 뿐 역시 인도유럽어계의 서방계통에 속한다는 것을 알 수 있다. 여기에다 인골 연구를 통해 당시 롭 노르 및 투루판 제 지역에 거주하던 인종이 확실히 아리안족이었음이 증명되었다. 그들이 언제 서역에 들어왔는지는 비록 단언하기 어렵지만, 중서교통에 있어 매개 역할을 하였다는 것은 의심할 여지가 없다. 오늘날 서역에 사는 민족은 터키족 즉 소위 돌궐족으로, 그들이 서역에 온 것은 서기 6세기 때의 일로 그 후 중서교통의 매개자 역할을 맡게 된다.

다음은 《한서》 〈서역전〉 중의 한 단락을 인용함으로써 당시 기록된 지리 상황을 대략 엿보도록 하겠다.

"서역은 효무(孝武) 황제 때 처음 통하기 시작했다. 본래 36국이었으나 그 후에 차츰 나누어져 50여개가 되었는데, 모두 흉노의 서쪽, 오손(烏孫)[7]의 남쪽에 있다. 남북으로 큰 산이 있고 중앙에는 강이 있으며 (그 범위는) 동서로 6천여 리이고 남북으로 천여 리이다. 동쪽은 한나라와 접해있는데 옥문(玉門)[8]과 양관(陽關)[9]으로 막혀 있고, 서쪽은 총령으

....

7) 오손(烏孫): 기원전 2세기부터 기원후 5세기 중반까지 천산산맥 북방 초원지대에 살던 기마유목민족. 기원전 177년경 흉노가 월지를 공략한 후 오손은 월지의 지배에서 벗어나 흉노에 복속되었다. 기원전 130년경 오손은 흉노의 지원을 얻어 월지를 공격하면서 근거지를 천산산맥 중서부 지역으로 옮겨 흉노의 통제에서 벗어났다. 그 즈음 한 무제는 오손과 제휴해 흉노를 동서에서 협공할 목적으로 장건을 파견하고 조카딸 세군(細君)을 오손 왕에게 출가시켰다. 그 후 오손은 한과 시종 우호관계를 유지하였으며 한은 오손으로부터 한혈마를 수입하는 등 교역을 통한 문물교류가 지속되었다.(《실크로드사전》, 569쪽)
8) 옥문(玉門): 한 무제 때 처음 설치한 관문으로 서역에서 옥을 들여왔기 때문에 붙여진 명칭이다. 현재 감숙성 돈황시 서북의 소방반성(小方盤城)에 해당

로 차단되어있다. 그곳의 남산(其南山)[10]은 동쪽에 금성(金城)[11]으로 뻗어 나와 한나라의 남산(漢南山)[12]과 맞닿아 있다. …… 옥문과 양관에서 서역으로 나서면 두 갈래 길이 있다. 선선(鄯善)[13]에서 남산의 북쪽을 끼고 강을 따라(波河: 안사고의 주석에는 '循河의 뜻이다'고 되어있음) 서쪽으로 가면 사차(莎車)에 이르는 것이 남도이다. 남도는 서쪽으로 총령을 넘어서 대월지(大月氏)[14]와 안식으로 나아간다. 거사전(車師前)

....

된다. 서남쪽에 위치한 양관과 더불어 서역으로 통하는 양대 관문이었다. 옥문관을 나서면 북도로 이어지고 양관을 나서면 남도로 연결되었다.(《한서 외국전 역주》, 356쪽)

9) 양관(陽關): 돈황 서남쪽 약 70㎞ 지점에 있는 남호점(南湖店)에서 서남으로 3-4㎞ 더 가면 나오는 고동탄(古董灘)으로 추정된다. 남호점은 한대의 용륵현(龍勒縣), 당대의 수창현(壽昌縣) 치소(治所)였다. 돈황과 양관, 옥문은 정삼각형을 이루는 오아시스로의 관문이다.(《실크로드사전》, 536-537쪽)

10) 기남산(其南山): 한남산(漢南山)과 구별하기 위한 표현으로 서역을 남북으로 둘러싼 양대 산맥 가운데 남쪽의 산맥, 즉 곤륜(崑崙)에서 알친[阿爾金]으로 이어지는 산계(山系)를 지칭한다.(《한서 외국전 역주》, 357쪽)

11) 금성(金城): 기원전 81년 처음 설치된 금성군(郡)을 지칭하며 현재 감숙성 난주 서녕(西寧) 지방에 해당된다.(《한서 외국전 역주》, 357쪽)

12) 한남산(漢南山): 당시 장안 근교의 종남산(終南山)을 가리킨다. 서역의 곤륜산맥과 알친산맥은 동쪽으로 뻗어 기련산맥과 연결되며 그것은 다시 진령(秦嶺)으로 이어져 장안 남쪽의 종남산까지 연속된다.(《한서 외국전 역주》, 357쪽)

13) 선선(鄯善): 3-5세기 신강 타림분지 동남부의 롭 노르 북안에서 크로라이나(Kroraina)를 수도로 번영했던 나라로, 전신은 누란(樓蘭)이다. 정연한 관료기구를 갖추고 간다라 언어와 카로슈티(Kharosthi) 문자를 사용했으며 훌륭한 역전(驛傳)제도를 운영했다. 불교를 신봉하여 큰 도시마다 대 불탑이 세워지고 간다라 미술이 개화하였다. 또 오아시스 남도의 요로에 자리해 불교의 동전과 동서문명 교류에 큰 기여를 했다.(《실크로드사전》, 399쪽)

14) 대월지(大月氏): 기원전 3세기 말 중국 신강 동북 일원에 살던 월지족이 흉노에게 쫓겨 서천하여 중앙아시아 아무다리야 연안에 세운 나라로, 대하(즉 박트리아)와 힌두쿠시산맥 남쪽에 산재한 토착 제후들인 5흡후(翕侯)를 지

국[15]의 왕정(王庭)에서 북산(北山)을 끼고 강을 따라 서쪽으로 가면 소륵(疏勒)[16]에 이르는 것이 북도이다. 북도는 서쪽으로 총령을 넘어서 대원(大宛)[17]·강거(康居)[18]·엄채(奄蔡)[19]로 나간다.[20]"

· ·

배하였다. 그 후 1세기 경 5흡후 중 하나인 쿠샨[貴霜]이 강성해지면서 인도 북부지방에 대월지를 계승해 쿠샨왕조를 세웠다.(《실크로드사전》, 97쪽)

15) 거사전(車師前)국: 《한서》〈서역전〉에는 "거사전국의 도읍은 교하성(交河城)인데, …… 장안에서 8,150리 떨어져 있고, …… 서남으로 1,807리 가면 도호의 치소에 이르고 835리 가면 언기(焉耆)에 이른다"고 되어있다.

16) 소륵(疏勒): '소륵(疏勒)'이라고도 표기되며 한대부터 당대까지 카슈가르(Kashghar, 喀什)를 지칭하는 명칭으로 사용되었다. 선제 신작 2년(B.C.60) 처음으로 서역도호에 예속되고, 후한 초기에는 사차와 우전에 속했다가 후에 자립하였다. 혜초의 《왕오천축국전》에서 처음으로 '카슈가르'라는 음을 나타낸 '가사지리(伽師祇離)'라는 표기가 보인다. 그러나 혜초는 이 도시를 구사(佉沙)라고도 표기했다. 카슈가르라는 도시가 카슈(Kash)로도 불렸던 것은 한문자료 뿐만 아니라 투루판에서 출토된 중세 이란어 문서와 소그드 문헌에도 같은 용례가 확인된다.(《한서 외국전 역주》, 406쪽)

17) 대원(大宛): 대완으로 발음하기도 하는데, 일반적으로 파미르고원 바로 서쪽에 위치한 페르가나 지방을 지칭하는 것으로 받아들여지고 있으나, 풀리블랭크(Pulleyblank)가 대원의 원음이 taxwar였다고 주장하고 지리적으로 토하라인들이 살던 소그디아나 지방을 가리킨다고 추정한 이래 여러 학자들이 그의 견해를 받아들이고 있다.(《사기 외국전 역주》, 250쪽)

18) 강거(康居): 시르다리아와 아무다리아 사이의 소그디아나 지방에 있었던 것으로 추정된다. 풀리블랭크는 강거의 고음(古音)을 khan-kiah로 추정하고, 이는 토하라어에서 '돌'을 의미하는 kank를 포함한 말이며, 후일 강거가 있던 지방이 석국(石國, Samarqand)으로 불리게 된 것도 이런 배경이 있기 때문인 것으로 보았다.(《사기 외국전 역주》, 260쪽)

19) 엄채(奄蔡): 《사기정의》에서는 "엄채가 곧 합소(闔蘇)이고 …… 서쪽으로 대진(大秦)과 통화고 동남으로는 강거(康居)와 접"한다고 하였는데, 샤반느는 엄채를 카스피해 북방의 Alan족으로 보았고, 풀리블랭크도 합소가 Abzoe족속을 가리키는 것으로 추정했다. 그러나 엄채와 합소 모두 Abzoe라는 동일 민족명을 나타낸 것이라는 주장도 있다. 한편 이들이 거주했던 지역으로 '속특국(粟特國)'에 관한 기록이 보이는데, 이는 중앙아시아의 소그드가 아니라

다만 서역 지리를 연구할 때 반드시 알아야 할 것은 바람에 날린 모래로 물길이 막히면 강줄기가 바뀔 수밖에 없기 때문에, 오늘날의 타림강은 이미 다시 동쪽으로 흘러 그 이천년 전의 옛 물길을 회복하였고 롭노르도 남쪽으로 옮겨져 그 옛터에 있지 않다는 점이다.

제2절 장건(張騫)의 서역 출사(出使) 과정

장건의 서역 출사는 "길을 뚫다(鑿空)"고 부를 만큼 중외(中外)관계사상 전례 없는 큰 사건이었다. 그 의미를 간단히 말하면, 해로가 개통되기 이전 중국문명의 서방 전파나 서방문명의 동방 전파를 막론하고 모두 먼저 서역을 경유하지 않으면 안 되었다는 점에서 중서교통사와 직접적인 관련이 있다고 하겠다.

장건이 서역으로 출사하게 된 진정한 동기와 그 과정은 《사기》〈대원열전〉과 《한서》〈장건전〉에 기록되어있다. 여기서 《사기》를 기준으로 그 원문을 아래와 같이 인용하였는데, 《한서》의 내용과 너무 많이 차이가 나는 부분은 [ ]로 표시하여 서로 대조할 수 있도록 하였다.

"대원의 사적(事跡)은 장건에 의해서 알려지게 되었다. 장건은 한중군

....

흑해 북안 크리미아반도에 위치한 수그닥(Sughdag) 혹은 수닥(Sudak)을 가리키는 것이다.(《사기 외국전 역주》, 260-261쪽)
20) 원서와 《한서》〈서역전〉 원문에 '엄채언기(奄蔡焉耆)'로 되어있으나 언기(焉耆)가 총령의 서쪽이 아니라 동쪽에 위치해 있기 때문에 기(耆)는 연자(衍字)로 보아야 한다.

(韓中郡) 사람으로 건원연간(B.C.140-B.C.135)에 낭(郎)[21]이 되었다. 그 무렵 천자께서 투항해온 흉노인을 심문했는데, 모두 한결같이 '흉노가 월지의 왕을 격파하고 그 두개골로 술잔(飮器)을 삼았기에, 월지는 (살던 곳을 뒤로하고) 달아난 뒤로 항상 흉노를 원수로 여겼지만 함께 (흉노를) 칠만한 (세력이) 없습니다'고 대답했다. 마침 흉노(胡)를 쳐 멸망시키려던 한나라는 이 말들 듣고 (월지에) 사신을 보내고자 했으나, (월지로 가는) 길에 반드시 흉노(가 장악하고 있는) 지역을 통과해야 했으므로 사신으로 갈만한 사람을 모집했다. (이 때) 장건은 낭관 신분으로 모집에 지원하여 월지에 사신으로 가게 되었다. 장건은 당읍씨(堂邑氏)에 속하는 오랑캐 노예인 감보(甘父)[22]와 함께 농서(隴西)를 나섰다."

윗글을 통해 장건의 출사가 월지와 동맹을 맺어 흉노족을 협공하는데 있었음을 알 수 있다. 동시에 (이렇게 함으로써) 흉노가 저(氐)[23]족과 연계하는 것을 막을 수 있고 더욱이 당시 남월(南越)[24] 정복에 비용을

....

21) 낭(郎): 황제 시종관(侍從官)을 통칭하는 관명(官名)으로 의랑(議郎)·중랑(中郎)·시랑(侍郎)·낭중(郎中) 등을 포함한다.

22) 감보(甘父, 생몰연도 미상): 당읍(堂邑)은 원래 초(楚) 지방의 제후가문이었는데, 기원전 116년 임회군(臨淮郡)으로 편입되었다. 감보는 이 당읍후(侯)에 종속된 흉노 노예(胡奴)였음을 알 수 있다.

23) 저(氐): 중국 서북지역의 고대 민족의 하나로 섬서성·감숙성과 사천성의 변계지구에 거주하였다. 강(羌)과 원류가 같은 종족 또는 다른 것으로 보는 견해가 있다. 그 언어는 고대의 강(羌) 내지 잡호(雜胡)의 언어와 비슷하였고 한어(漢語)도 상당부분 섞여 있다. 발상지는 지금의 감숙성 남부인 무도(武都) 지역이다.(《사기 외국전 역주》, 67, 219-220쪽)

24) 남월(南越): 남월(南粤) 또는 베트남어로 남비엣(Nam Việt)이라 부른다. 고대 남방 월인(越人)의 일족으로 원래는 족명(族名)이었지만, 뒤에 조타(趙佗)가 세운 국명이 되었다. 기원전 203년부터 기원전 111년에 걸쳐 5대 93년 동안 중국 남부와 베트남 북부에 존재했던 왕국으로, 최전성기에는 현재의 광동성 및 광서장족자치구의 대부분과 복건성·호남성·귀주성·운남성 일

많이 소모한 상태에서 서역을 정벌하면 목표를 전환할 수가 있는데다, 서역도 꽤 풍요로운 곳이라 비록 수자원이 부족한 사막이지만 당시 이미 수로[井渠]가 있어 농지에 물을 댈 수 있었기 때문이었다.

> "(장건 일행이) 흉노의 영내에 접어들었을 때, 흉노가 그들을 붙잡아 선우(單于)[25]에게 보냈다. 선우는 그들을 붙잡아 두면서, '월지는 우리나라 북쪽에 있는데 한나라가 어떻게 사신을 보낼 수 있단 말인가? 내가 월(越)나라(남월을 가리킴 −역자)에 사신을 보내고자 하면 한나라가 기꺼이 나의 요구를 허락하겠는가?'라고 말했다. 장건은 10여 년 동안 붙잡혀 있으면서 결혼도 하고 자식까지 두게 되었다. 그러나 장건은 한나라 사신의 징표인 절(節)을 지닌 채[26] 잃지 않았다. 흉노에 머무르는 동안[居匈奴中:《한서》에는 '居匈奴西'로 되어있음] (경계가) 점차 느슨해진 틈을 타서 장건은 자신의 부하와 함께 월지를 향해 달아났다. 그는 서쪽으로 달아난 지 수십 일 만에 대원에 도착했다. 대원은 일찍부터 한나라에 재화가 풍부하다는 소식을 듣고 서로 왕래하고 싶었지만 뜻을 이루지 못하고 있던 터라, 장건을 보자 기뻐하면서 '당신은 어디로 가려고 하시오?'라고 물었다. 장건이 '한나라를 위해 월지에 사신으로 가던 중에 흉노가 길을 막아 이제야 도망쳐 왔습니다. 왕께서 신을 인도해줄 사람을 주어 호위하여 보내주십시오. 신이 월지로 가서 사명을 완수하고 한나라로 돌아간다면, 한나라는 왕에게 이루 말할 수 없을 정도로 많은 재물을

부 및 베트남 북부를 다스렸다.

25) 선우(單于): 흉노족의 최고 통치자를 말하며, 여기서는 흉노의 제3대 군주로서 묵돌[冒頓]선우의 손자이자 노상(老上)선우의 아들인 군신(軍臣)선우(B.C.161∼B.C.126)를 지칭한다.

26) 절(節)은 사신이 봉명출행(奉命出行)할 때 반드시 지니고 가는 일종의 신표로, 《후한서》 권1에는 "절은 대나무로 만들어졌고 자루의 길이[柄]는 8척(약 185cm)이며 깃대장식[旄]은 소 꼬리털[牛尾]이고 세 겹으로 되어있다"는 설명이 보인다.(《사기 외국전 역주》, 253쪽)

보내 줄 것입니다'고 말했다. 대원의 왕은 그럴듯하다고 생각하여 장건에게 안내자와 통역할 사람들을 딸려 보내주었다. (일행이) 강거에 도착하자 강거가 (그들을) 대월지까지 보내주었다. 대월지에서는 왕이 이미 흉노에게 살해되었으므로 그 태재《한서》에는 '夫人'으로 되어있음]를 왕으로 세웠다. 그들은 이미 대하를 신하로 삼아 살고 있는데居:《한서》에는 '君之'로 되어있음], 그 땅이 비옥하고 약탈하는 사람도 적어서 안락하게 지내고 있었다. 또한 스스로 한나라에서 멀리 떨어져[遠漢:《한서》에는 '遠'자가 두 번 나옴] 있다고 여겨서 새삼스레 흉노에게 복수할 마음을 먹지 않았다. 장건은 월지를 떠나 대하에 이르렀지만 끝내 월지의 관심을 얻지 못하자, 일 년 남짓 머물다가 귀국길에 올랐다. 남산(南山)[27]을 따라 강족(羌族)[28]의 땅을 거쳐 돌아올 생각이었으나 다시 흉노에게 붙잡히고 말았다."

"(장건이) 흉노 땅에 일 년 남짓 있었을 때 선우가 죽었다. 그러자 좌록리왕(左谷蠡王)[29]이 그 태자를 공격하고 스스로 왕위에 오르므로[《한서》에는 이 구절이 빠져 있음] 나라 안이 혼란스러웠다. 장건은 흉노인 아내와 당읍의 감보를 데리고 도망쳐 한나라로 돌아왔다. 한나라는 장건을 태중대부(太中大夫)[30]로 삼고, 당읍의 감보는 봉사군(奉使君)으로 삼았다."

....

27) 여기서는 타림분지 남쪽에 위치한 곤륜에서 알친으로 이어지는 산맥을 가리킨다.
28) 강족(羌族): 현재 감숙성 서남쪽, 즉 청해 부근에 거주하던 티베트 계통의 목축민. 한대에는 '서강(西羌)'이라 불리었으며 흉노 세력 아래에 있으면서 중국에 자주 침입했다. 한 무제는 하서사군을 설치하여 흉노와의 접촉을 단절했고, 선제와 원제 때에도 군사적으로 압박을 가했지만, 후한 이후 강족은 중국 내부의 혼란을 틈타 후진(後秦, 384~417)과 같은 왕조를 건설했다.(《사기 외국전 역주》, 255쪽)
29) 좌록리왕(左谷蠡王, 생몰연도 미상): '谷蠡'의 발음은 'luk-li' 즉 '록리'로 흉노국에서 선우·좌현왕·우현왕 다음으로 높은 지위이다. 여기서는 군신선우의 동생 이치사(伊稚斜)를 말한다.(《사기 외국전 역주》, 255쪽)
30) 태중대부(太中大夫): 낭중령(郎中令)에 소속된 관직이며 질(秩)이 비천석(比

"장건은 사람됨이 의지가 강하고 마음이 너그럽고 남을 신뢰하므로 만이(蠻夷)들도 그를 아꼈다. 당읍 사람 감보는 본래 오랑캐 사람이었으므로 활 쏘는 솜씨가 뛰어나서 긴급한 상황에 놓였을 때는 새나 짐승을 잡아 끼니를 잇기도 했다. 처음 장건이 길을 떠날 때는 일행이 백여 명이나 되었으나, 13년이 지난 뒤에 돌아올 때는 겨우 두 사람뿐이었다. 장건이 가 본 곳은 대원 · 대월지 · 대하 · 강거였지만, 그 주변의 대여섯 개 큰 나라에 대해서도 전해들은 바가 있어서 그 내용을 모두 천자께 보고했다《한서》에는 "천자를 위해 그 지형과 모든 것을 보고했으니, 그 내용은 모두 〈서역전〉에 있다"고 되어있음. …… 장건은 '신이 대하에 있을 때 공(邛)31)의 죽장(竹杖)과 촉(蜀)의 포(布)을 보고, "이것을 어디서 구했느냐?"고 물어보니, 대하 사람이 "우리나라 장사꾼들이 신독(身毒)32)에 가서 산 것이다. 신독은 대하에서 동남쪽으로 수천 리 떨어진 곳에 있는데, 그들의 풍속은 한곳에 머물러 살고 대하와 거의 같으나 땅이 몹시 습하고 기후가 덥다고 한다. 그 나라 사람들은 코끼리를 타고 싸우며, 또 그 나라는 큰 강大水: 즉 인더스강 – 역자에 인접해 있다"고 대답했습니다. 신이 헤아려 보건대 대하는 한나라로부터 1만 2천리쯤 떨어져 있고 한나라의 서남쪽에 있습니다. 지금 신독국은 또 대하의 동남쪽으로 수천 리 떨어져 있으며, 촉의 물건이 있는 것으로 보아 촉에서 그다지 멀지 않은 곳에 있는 것 같습니다. 그런데 지금 대하에 사신을 보낼 때 강족의 험한 길을 지난다면 강족이 싫어할 것이고, 조금 북쪽으로 돌아간다면 흉노에

....

千石)이며 궁정 안의 의론(議論)을 맡아보던 관직명이다. 황제의 자문에 응대하는 일과 황제의 명을 받들어 출사(出使)하는 일을 주로 담당하였다.(《사기 외국전 역주》, 162쪽)

31) 공(邛): 공산(邛山) 즉 공래산(邛崍山)을 가리키며 지금의 사천성 형경(荥經) 서남방에 있다.

32) 신독(身毒): 《한서》에는 '천독(天篤)' 《후한서》에는 '천축(天竺)'으로 표기되어있는데, 이는 인도를 지칭하던 고대 이란어 Hinduka를 옮긴 것으로 추정된다. 신독 역시 인도식 발음인 Sindhu와 관련되는 것은 사실이지만 그 말을 직접 음역한 것인지는 불확실하다.(《사기 외국전 역주》, 267쪽)

게 붙잡힐 것입니다. 그러나 촉을 경유한다면 길도 가깝고 약탈당할 염
려도 없을 것입니다'고 하였다."

"이미 천자께서는 대원과 대하·안식 등이 모두 큰 나라로 진기한 물건
이 많고 정착생활[土着:《한서》에는 '土著'로 되어있음]을 하여 생활[業:
《한서》에는 '俗'으로 되어있음]도 중국과 매우 비슷하지만 군대가 약하
고 한나라의 물건을 귀하게 여긴다는 점과 이들 북쪽에 있는 대월지와
강거 등은 군대가 강하지만 그들에게 재물을 보내서 이익을 베풀어 입조
(入朝)하게 할 수 있다는 사실을 들었다. 또한 성심으로 의를 베풀어 그
들을 귀속시킨다면 한나라의 영토를 만 리나 넓힐 수 있을 것이요, 여러
번의 통역을 거쳐 다른 풍속을 (가진 사람들을) 초치한다면 (천자의) 위
엄과 덕을 사해에 널리 퍼뜨릴 수 있을 것이라는 말을 듣고 나서, 기뻐하
며 장건의 말이 옳다고 여기고 장건에게 촉의 건위군(犍爲郡)[33]에서 밀
새間使]를 네 길로 나눠서 동시에 출발시키도록 했다. 하나는 방(駹)[34]
에서, 하나는 염(冉)[35][《한서》에는 '筰'으로 되어있음]에서, 하나는 사
(徙)[36][《한서》에는 '徙邛'으로 되어있음]에서, 하나는 공(邛)[37]북(僰)[38]
[《한서》에는 '僰'으로 되어있음]에서 출발하여 나갔다. 각각 모두 1, 2천

....

33) 건위군(犍爲郡): 전한 건원 6년(B.C.135)에 광한군(廣漢郡) 남부를 나누어 야
   랑국(夜郎國)지역과 묶어서 설치하여 익주(益州)에 속하게 하였다. 그 강역
   은 초기에 매우 넓어서 오늘날의 사천성 간양(簡陽)·팽산(彭山) 등 현의 이
   남, 광서성 서부 및 귀주성 대부분에 상당하였다. 그러나 원정 6년(B.C.111)
   차란(且蘭)을 평정한 뒤 그 강역이 축소되었다. 지금의 광서성 서북부, 운남
   성 동부 부분지역과 귀주성 지역에 장가군(牂柯郡)을 설치하였기 때문이다.
   후한 영초 초년에도 또 서남부를 나누어 건위속국(犍爲屬國)을 설치하였다.
   (《사기 외국전 역주》, 229쪽)
34) 방(駹): 서남이(西南夷) 민족명. 사천성 무문(茂汶) 일대.
35) 염(冉): 서남이 민족명. 사천성 무문 일대.
36) 사(徙): 서남이 민족명. 사천성 한원(漢源) 일대.
37) 공(邛): 서남이 민족명. 사천성 서창(西昌) 일대와 운남성 려강(麗江)·초웅
   (楚雄) 북부.
38) 북(僰): 서남이 민족명. 사천성 남부 및 운남성 동북부.

리를 나아가자 북쪽 길은 저(氐)³⁹)와 작(莋)⁴⁰)에게 가로막히고, 남쪽 길은 수(嶲)⁴¹)와 곤명(昆明)⁴²)에게 막혔다. 곤명에 있는 무리는 군장(君長)이 없고 도둑질을 일삼으므로 한나라 사신을 보는 대로 죽이거나 약탈하였으므로 결국 통과할 수 없었다. 그러나 그 서쪽으로 1천 리쯤 떨어진 곳에 전월(滇越)⁴³)이라고 부르는 코끼리를 타고 다니는 나라가 있는데, 촉의 장사꾼 중 몰래[姦:《한서》에는 '間'으로 되어있음] 장사하는 이들이 간혹 그곳에 이른다고 했다. 그래서 한나라는 대하로 가는 길을 찾기 위해 비로소 전국(滇國)⁴⁴)과 교통하게 되었다. 애초에 한나라는 서남이(西南夷)와 교통하고자 했으나 비용이 많이 들고 길도 통하지 않아서[《한서》에는 "길도 통하지 않아서"란 구절이 빠져있음] 그만 두었던 것인데, 장건이 대하로 통할 수 있다고 주장했기 때문에 다시 서남이와의 교통을 추진하게 된 것이다."

이상은 장건의 제1차 출사 및 그 출사 후의 보고 내용을 기록한 것이다. 《사기》원문에 기록된 장건의 종군출정(從軍出征)에 관한 내용은 다음 장(章)에서 다루어야 하지만, 여기서 제2차 출사의 과정을 이어서 인용하면 다음과 같다.

"그 이후 천자께서는 장건에게 대하 등에 대해서 여러 차례 물으셨다. 장건은 이미 후(侯)의 지위를 잃었으므로 이렇게 대답했다. '신이 흉노 땅에 있을 때 곤막(昆莫)이라는 이름의 오손 왕이 있다고 들었습니다. 곤막의 아버지는 흉노의 서쪽 변방에 있는 작은 나라의 왕이었습니다[《한

....

39) 저(氐): 서남이 민족명. 감숙성 동남, 섬서성 서남 및 사천성 서북부.
40) 작(莋): 서남이 민족명. 사천성 한원 일대.
41) 수(嶲): 서남이 민족명. 사천성 서창 일대.
42) 곤명(昆明): 서남이 민족명. 사천성 서부 및 운남성 서부.
43) 전월(滇越): 아쌈 지방과 미얀마 사이의 다나바(Danava)를 지칭.
44) 전국(滇國): 현재 운남성 진녕(晉寧)의 동쪽.

서》에는 "곤막의 아버지 難兜靡는 본래 대월지와 함께 모두 祁連과 돈황 사이에 있던 작은 나라의 왕이었습니다"고 되어있음. 흉노가 쳐들어와 그 아버지를 죽였는데《한서》에는 "대월지가 난두미를 죽이고 그 땅을 빼앗으니, 백성들이 흉노로 도망갔다"고 되어있음. (그 때) 곤막이 태어나 초원에 버려졌습니다. 그런데 까마귀가 고기를 물고 와서 그 위를 날고 늑대가 와서 그에게 젖을 먹였습니다. 이것을 보고 이상히 여긴 선우는 그를 신령스럽다고(神人) 여겨서 그를 거두어 길렀습니다《한서》에는 "아들 곤막이 새로 태어나자, 그의 傅父(保母와 같은 존재 – 역자)였던 翎侯(오손의 관명 – 역자) 布就(사람의 字 – 역자)가 곤막을 안고 도망가 초원 속에 두었다. 먹을 것을 구하여 돌아와 보니 늑대가 그에게 젖을 먹이고 있고, 또 까마귀가 먹이를 물고 그 곁을 날고 있는 것을 보고 신령스럽다고 생각하여 마침내 흉노로 데리고 가자 선우가 그를 사랑하며 키웠다"고 되어있음. 그가 장성하자 병사를《한서》에는 '병사를' 앞에 "그 부친의 백성을 곤막에게 주어"라고 되어있음 지휘케 하였고 여러 차례 공을 세우자, 선우가 다시 그 아버지의 백성을 곤막에게 돌려주고 오랫동안 흉노의 서쪽 변방을 지키게 했습니다. 곤막은 자기 백성을 거두어 기르면서 주변에 있는 작은 마을을 공략했는데, 활을 당길 만한 사람 수만 명에게 전투하는 법을 익히도록 했습니다《한서》에는 '선우가 다시' 아래의 내용이 빠져 있고, 대신 "당시 월지는 이미 흉노에 패하여 서쪽으로 塞王을 공격했다. 새왕이 남쪽으로 달아나 멀리 이주하니 월지가 그 땅을 차지하였다. 곤막이 장성한 뒤 선우에게 아버지의 원수를 갚게 해달라고 청하여, 마침내 서쪽으로 대월지를 공격해 격파하였다. 대월지가 다시 서쪽으로 달아나 대하의 땅으로 이주하였다. 곤막이 그 무리를 빼앗아 그곳에 머무르니 군대가 점점 강해졌다"는 다른 문장이 기록되어있음. 선우가 죽자 곤막은 그 무리를 이끌고 멀리 옮겨가 중립을 지키면서《한서》에는 '곤막은' 이후의 두 구절이 빠져있음 흉노에 조회(朝會)⁴⁵⁾하려 하지 않았습니다. 이에 흉노가 기습 부대를 보내 공격했

<hr />

45) 조회(朝會): '조회'는 중국적인 용어이지만 여기서는 흉노가 매년 5월 농성

으나 이기지 못하자 (곤막을) 신령스럽게 여기고 멀리 했습니다. 그 뒤로는 회유하기만 할 뿐 크게 군사를 일으켜 공격하지 않았다고 합니다[《한서》에는 '그 뒤로는' 이후의 마지막 구절이 빠져있음].'"

"'지금 선우는 한나라로 인하여 새로이 곤경에 처하게 되고, 예전 혼야왕(渾邪王)의 땅도 텅 비어 아무도 없습니다[《한서》에는 "곤막의 땅이 비어있습니다"고 되어있음]. 만이(蠻夷)의 풍속[俗: 《한서》에는 '俗' 대신 "옛 땅을 그리워하여(戀故地)"로 되어있음]은 한나라 재물을 탐하는 것이니 지금이야말로 (이를 활용할) 시기입니다. 오손에게 많은 물자를 주어서 동쪽으로 초치하여 옛 혼야왕의 땅에 살게 하고 한나라와 형제의 의를 맺자고 하면[《한서》에는 "한나라가 공주를 보내 부인으로 삼게 하고, 형제의 의를 맺자고 하면"이라고 되어있음] 형세로 보아 (오손은) 반드시 (한나라의 말을) 들을 것입니다. 그들이 이것을 받아들이면 흉노의 오른팔을 끊는 것이나 다름없습니다. 오손과 연맹할 수만 있다면 그 서쪽에 있는 대하 등의 나라도 모두 불러서 (한나라의) 외신(外臣)으로 삼을 수 있을 것입니다.' 천자께서는 이를 옳다고 여겨 장건을 중랑장(中郎將)[46]으로 임명하여 군사 300명을 거느리게 하고 한 사람 당 말 2필씩 주었으며 소와 양 약 만 마리, 막대한 값어치의 금과 비단을 주었다. 그리고 부절(符節)을 지닌 부사(副使) 여러 명을 도로 사정이 허락하는 한 다른 이웃 나라로 파견토록 하였다[《한서》에는 "길이 편해지면 이웃 나라에도 파견하도록 했다"고 되어있음].'"

"장건이 오손에 도착하니[이 다음의 내용은 《한서》〈서역전〉'오손전'조에 나옴], 오손 왕 곤막이 한나라 사신 대하기를 마치 흉노선우처럼 하였다. 장건은 몹시 치욕스러웠으나 오랑캐들이 탐욕스럽다는 것을 알고 있

....

(龍城)에서 조상과 천지 귀신에게 제사지내는 대회(大會)와 8월 대림(蹛林)에서 여는 추사(秋社)를 지칭한다.(《사기 외국전 역주》, 260쪽)

46) 중랑장(中郎將): 한나라의 관직명으로 진(秦)대에 처음 생겼다. 궁궐의 밤 경비(宮禁宿衛)를 관장하고 어가(御駕)를 호위하며, 낭중령을 보좌하여 낭관을 선발하는 임무를 수행하였다.

으므로, '천자께서 내리신 예물입니다. 왕께서 절하지 않으면 예물을 갖고 돌아가겠습니다'라고 말했다. (이에) 곤막이 일어나 보내온 예물에 절을 올리고 기타 (의례도) 예전과 같이 행하였다. 장건은, '오손이 동쪽으로 옮겨와 혼야왕의 땅에 산다면 한나라는 옹주를 보내 당신의 부인으로 삼게 하실 것입니다'고 사신으로 온 취지를 일깨워 주었다. (이 무렵) 오손은 나라가 분열되어있었고 왕은 늙은 데다 한나라에서 멀리 떨어져 있어 한나라가 큰지 작은지조차 알지 못했다. (더구나) 본래 흉노에게 오랫동안 복속되어 있었던 데다가 흉노와는 거리가 가깝기 때문에 그 대신들이 모두 흉노를 두려워하여 이주하기를 원하지 않고, 왕도 자기 마음대로 일을 처리할 수 없어 장건은 그들을 설득할 방법이 없었다." (후략)

"(이리하여) 나라의 백성은 셋으로 나뉘어졌다. 그들은 대체로 곤막에게 복속해 있지만, 곤막도 이러한 이유 때문에 감히 장건에게 독단적으로 약속을 하지 못한 것이대이 다음의 내용은 《한서》〈장건전〉에 기록되어있음. 이에 장건은 대원·강거·대월지·대하·안식·신독·우전·우미(扜罙)[47] 및 인근의 여러 나라에 부사들을 나누어 파견했대《한서》에는 안식 아래의 12자가 없음. 오손은 안내인과 통역인을 붙여서 장건을 본국으로 돌려보냈다. 장건은 오손의 사절 수십 명과 답례의 뜻으로 보내는 말 수십 필을 끌고 돌아왔다. (오손은) 그것을 기회로 한나라를 살피고 그 규모를 알도록 했다. 장건은 귀국 후 대행(大行)[48]으로 임명되어

....

47) 우미(扜罙) 혹은 구미(拘彌)는 우전 부근의 지명으로 추정되는데, 황문필은 이곳을 현재 호탄을 거쳐 타클라마칸사막으로 흘러가는 케리야강 중상류 지역에 위치한 Kara Dong과 동일지점으로 보았다.(《사기 외국전 역주》, 257쪽)

48) 대행(大行): 춘추시대 처음 생긴 관명으로 빈객(賓客)을 영접하는 의례를 관장하였으며 외교와 출사를 담당하는 직책이다. 한 경제(景帝) 치세인 기원전 144년에 대행을 행인(行人)으로 개명했는데, 무제 태초 원년(B.C.104) 다시 대행령(大行令)으로 고쳤고 줄여서 대행이라 불렀으며 대홍려(大鴻臚)에 소속되었다.(《사기 외국전 역주》, 277쪽)

구경(九卿)의 반열에 들었는데, 1년여 뒤에 사망하였다.”

“오손의 사절이 한나라에는 사람이 많고 물자가 풍부한 것을 보고 자기 나라로 돌아가 보고하니, 오손은 한나라를 더욱 중시하게 되었다.”[이 부분은 《한서》에 보이지 않음]

이상 인용한 《사기》와 《한서》의 기록에 의거하여 장건의 제1차 출사 상황을 정리하면 대략 다음과 같다.

장건은 성고인(城固人)으로 지금도 그 지역에는 아직 박망후(博望 侯)[49]의 묘가 남아 있다. 이전에 서북대학(西北大學)에서 발굴 작업할 때 나온 한대의 벽돌[漢塼]이 이를 증명한다. 때문에 (장건은) 서역 상황 을 비교적 잘 알고 있었다.

월지가 서쪽으로 이동한지 이미 2, 30년이 지난 한 무제 건원 2년 (B.C.139) 장건은 백여 명을 거느리고 출발하여 맨 먼저 이리(伊犁)에 주둔했다. 흉노는 오늘날 감숙 지역 대부분을 점거하고 있었으니, 〈대 원열전〉에서 “흉노의 오른쪽은 염택 동쪽에 있으며, 농서 장성에 이르 러 남쪽으로 강(羌)족과 접하여 한나라로 통하는 길을 막고 있다”고 말 한 대로였다. 농서 장성은 임조(臨洮)에 있는 장성으로 민주(岷州) 부근 에 있었다. 바꿔 말해 하서(河西) 지역이 여전히 흉노의 수중에 있었기 때문에 중국에서 대월지에 가려면 반드시 흉노의 영토를 통과해야만 했다. 장건은 출발부터 돌아올 때까지 장장 13년이나 걸렸는데, 가는 도중에 흉노에게 10년여(건원 2년부터 원광 6년, 즉 B.C.139~B.C.129) 를 붙잡혀 있으면서 흉노 여인과 결혼하여 아들을 낳고 살다가 경계가 소홀한 틈을 타 대월지로 달아났다. 그런데 당시 대월지는 또 오손의 공격을 받아 중앙아시아 쪽으로 더 이동한 상황이었기 때문에 장건의

----

49) 박망후(博望侯): 장건이 한 무제로부터 받은 봉호(封號).

여정도 예상보다 더 멀어졌다. 그 후 다시 대하에 이르러 1년을 머물렀으나 아무런 소득을 얻지 못하고 강(羌)지역을 통해 귀국하려 하였지만, 다시 흉노에게 잡혀 1년여를 억류당한 후 원삭 3년(B.C. 126)에야 조국으로 도망쳐 돌아왔다. 출발할 때 함께 갔던 백여 명 중 난 두 명만이 함께 귀국하였다.

장건이 갔던 서역 경로는 한나라 때 소위 북도라 불렀던 길이었다. 즉 천산 남쪽 산기슭을 따라 서쪽으로 진입하여, 소륵 즉 오늘날의 카슈가르 지역을 지난 다음 파미르고원을 넘어 지금의 페르가나 지역에 이르렀는데, 당시는 대원이 있던 곳이었다. 대원에서 출발하여 강거에 이른 뒤 대월지로 들어갔다.

장건은 귀국할 때 이른바 남도를 이용하였다. 즉 중앙아시아에서 현재의 아무강을 거슬러 올라가 파미르고원을 넘고 야르칸드와 호탄을 경유하여 옥문 혹은 양관을 통해 하서로 돌아왔다.

제2차 출사는 《사기》와 《한서》에 기록된 대로여서 달리 설명하지 않겠다. 장건의 사적(事蹟) 연표를 따로 열거하면 다음과 같다.

건원 2년(B.C.139) 대월지로 출사하였으나 흉노에게 구금되다.

원광 6년(B.C.129) 대략 이 해 정월에 대월지에 도착하다.

원삭 2년(B.C.127) 대월지에 1년 넘게 있다 귀국하다가 다시 흉노의 포로가 되다.

원삭 3년(B.C.126) 흉노의 군신(軍臣)선우가 사망하고 나라가 크게 혼란해지자 도망쳐 돌아와 태중대부에 임명되다.

원삭 6년(B.C.123) 흉노 정벌에 공을 세워 3월에 박망후에 봉해지다.

원수 원년(B.C.122) 서남이와 통하는 계책을 아뢰다.

원수 2년(B.C.121) 흉노 토벌에 수행하였다가 기일에 늦어 속죄금을 내고 서민이 되다.

원수 4년-5년(B.C.119-B.C.118) 무제가 대하 등의 나라에 대한 정황을 묻고, 다시 오손으로 가는 사신이 되다. 부사(副使)는 대원·강거·대월지·대하·안식·신독·우전 등의 나라에 사신으로 가다.

원정 2년(B.C.115) 오손에서 돌아오다.

원정 3년(B.C.114) 사망하다.

제3절 동서문화 교류 상 흉노의 공헌

나는 지금 흉노를 서양 역사상의 Huni로 가정하고자 한다. 그 종족 귀속과 관련해서 터키 종족이라고 주장하는 사람, 몽고 종족이라고 주장하는 사람, 핀란드 종족이라고 주장하는 사람이 있으며 러시아 학자들은 슬라브 종족설을 주장하고 있다. 이 가운데 전혀 근거 없는 네 번째 주장을 제외하고는 모두 취할 만하나 그 중에서도 앞의 두 가지 설이 가장 설득력이 있다. 어떤 이는 비교언어학을 근거로 그들이 터키계라고 주장하였는데, 여기서는 이 설을 따르도록 하겠다.

흉노의 행적은 유라시아 양 대륙에 영향을 미쳤다. 그들의 문화는 시베리아와 스키타이를 위주로 중국·그리스·이란 등 여러 계통의 성분이 섞이면서 세계적인 성격을 띠게 되었다.

민국 13년(1924) 코즐로프(Kozlov)의 몽고 및 티베트 탐험대는 울란바토르에서 북쪽으로 70㎞ 떨어진 울란바토르와 카흐타를 잇는 큰 도로 동쪽 7㎞ 지점에서 옛무덤 3군(群)을 발굴했는데, 모두 합쳐 221기나 되었다. 그 곳에서 발견된 직물과 무늬 있는 비단은 스타인(Stein)이 누란에서 발굴한 것과 시대가 같았고, 발굴된 오수전(五銖錢)[50]과 한나라 거울[漢鏡] 및 한나라 때에 통용되었던 예서체는 그것들이 한나라 시기의 무덤임을 더욱 확실히 증명해주었다. 그리고 그 당시 흉노가 고비사막 이북지역을 점거하고 있었으므로 흉노의 무덤이라는 것을 알 수 있으며, 수놓은 직물 중에 보이는 예술형식은 중국과 페르시아 및 그리스식이었다.

민국 24년(1935) 일본 동아시아 고고학회 연구원인 에가미 나미오(江上波夫)[51]와 미즈노 세이치(水野淸一)[52]도 현지 탐사 결과를 토대로 《내몽고장성지역(內蒙古長城地帶)》을 저술하였는데, 그 제2편 〈수원청동기(綏遠靑銅器)〉[53]에서 수원의 청동문화는 중국식과 스키타이식을 포함

··························

50) 오수전(五銖錢): 한 무제 때 처음 주조 된 옛 화폐를 말한다. 수(銖)는 무게의 단위로, 기장[黍] 내지 조[粟] 100립(粒)을 뜻하며 약 0.65g으로 추정된다. 오수전은 한 무제 때부터 위진남북조시대를 지나 수대에 이르는 약 900년간 단속적으로 발행되어 사용되다가 당대에 사라졌다.

51) 에가미 나미오(江上波夫, 1906-2002): 일본의 고고학자. 1935, 39, 41년에 잇달아 내몽고 우란차부 등지를 조사해 몽골문자와 티베트문자로 된 책이 소장되어 있는 고탑(古塔)을 발견하였다. 중서문화 교류사에 조예가 깊었으며 동북아시아의 기마민족이 일본 황실의 기원이라는 '기마민족 정복왕조설'을 발표한 것으로 유명하다.

52) 미즈노 세이치(水野淸一, 1905-1971): 일본의 고고학자로 효고현(兵庫縣) 출신이다. 교토제국대학을 졸업하였고 북경에서 유학하였다. 1949년 중국의 석굴사원 조사에 참가하여 나가히로 도시오(長廣敏雄)와 《운강석굴(雲岡石窟)》을 공저하여 일본학사원상 은사상을 수상하였다. 7차에 걸쳐 교토대학의 이란·아프가니스탄·파키스탄 학술 조사대를 인솔하였고, 1968년 정년퇴임하여 교토대학 명예교수가 되었다.

53) 수원청동기(綏遠靑銅器): 이 용어는 20세기 초 에가미 나미오와 엔더슨(J. S. Anderson)이 중국 북부의 황하가 'U'자형으로 굽은 곳에 분포한 오르도스 고원지역을 중심으로 수집한 청동기들을 '수원청동기' 또는 '오르도스청동기'라 부른데서 비롯되었다. 최근에는 중국 북방지역의 오르도스 고원지역 뿐

하고 있기 때문에 이를 '북방유라시아문화'라 불러야한다고 하였다.

또한 근래 탕누 우량하이[唐努烏梁海]54)에 있는 무덤에서 발굴된 흉노인의 융단(氈)과 도기(陶器) 스타일을 살펴봐도 중국의 영향을 많이 받았다는 것을 알 수 있다.

흉노가 활약한 시대와 이동노선을 통해 살펴보면, 흉노 최초의 문화는 순수 시베리아식이었으나 나중에 진나라와 한나라의 영향을 받아 중국문화가 더해졌고, 그 후 서쪽의 월지를 침략하여 서역 여러 나라가 모두 귀속되자 다시 스키타이문화가 더하여졌음을 알 수 있다. 그리하여 기원전 1세기 흑해 이북에서 성행하였던 청동기문화 즉 소위 스키타이문화가 흉노의 세력을 따라 몽고와 시베리아로 유입되게 된 것이었다. 그 후 흉노가 남북으로 분열되자 남흉노는 중국 내지로 이주하여 완전히 한화(漢化)되었고, 북흉노는 유럽으로 옮겨가 그리스와 로마에 동화되게 되었다. 그러므로 흉노 자신은 비록 독특한 문화가 없었지만 동서문화의 전파에 자연히 나름 공헌한 바가 있었다.

제4절 월지(月氏) 서천(西遷)의 영향과 종족 귀속문제

월지는 월저(月氐) 또는 월지(月支)라고도 쓴다. 신라인 최치원(崔致

....

만 아니라 주변지역에서도 광범위하게 비슷한 청동기가 출토됨에 따라 '북방계청동기'라고 부르기도 한다.

54) 탕누 우량하이(Tannu Uriankhai, 唐努烏梁海): 몽고 서북쪽에 위치한 지역의 중국어 명칭. 원래는 중국 외몽고의 일부였다가 몽고가 중국에서 독립할 때 소비에트 연방에 편입되었다.

遠)은 《법장화상전(法藏和尙傳)》에서 월(月)은 연(燕)으로도 읽는다고 하였고, 어떤 이는 육(肉)으로 보아야 한다고 하였으나 모두 잘못된 해석이다. 《일주서》〈왕회해〉편55)에 있는 '우지(禺氏)'라는 명칭이 《관자(管子)》에 세 번이나 나오는데, 바로 월지를 가리키는 것 같다. 〈왕회해〉편의 부록 '탕사방헌령(湯四方獻令)'에 월지(月氏)라는 명칭이 있지만 훗날 말하는 월지는 아닌 듯하다.

진(秦)나라 때 중국 북방은 3대 종족이 분점하고 있었으니, 지금의 열하(熱河)56)와 차하르[察哈爾]57)에 살던 종족은 동호이고 지금의 수원(綏遠)58)에 살던 종족은 흉노, 지금의 감숙과 영하에 살던 종족은 월지였다. 《사기》〈흉노열전〉의 표현대로 "동호는 강하고 월지는 번성했기" 때문에 흉노는 그 사이에 끼여 신하로서 동서 양쪽을 모두 정중히 섬겨야 했다. 그러나 월지는 흉노의 묵돌(冒頓)59)선우에게 패한 후 서천(西

----

55) 원서에는 〈왕회편(王會篇)〉으로 되어있으나 오류가 분명해서 바로잡았다.
56) 열하(熱河): 지금의 하북성·요녕성·내몽고자치구의 경계지점에 위치하였던 중화민국 시기 색북(塞北) 4성(省) 중 하나로 성회(省會)는 승덕(承德)이었다. 《수경주(水經注)》의 기록에 따르면 열하는 무열하(武烈河)를 지칭하며 옛 이름은 무열수(武烈水)였다. 이 지역은 은·주시기 소수민족인 산융과 동호의 활동영역이었고 전국시대 연나라 땅이었다. 원서에서 '지금'이라고 한 것은 중화민국 시기의 행정구역을 그대로 연용(沿用)한 표현으로 차하르와 수원 역시 마찬가지이다.
57) 차하르(Chakhar, 察哈爾): 하북성 거용관(居庸關) 밖, 만리장성 북방 지역으로 명나라 때부터 몽고족 차하르 부(部)가 있었으며 중화민국 시기에 성(省)이 설치되었다. 1952년 그 남부는 하북성에, 그 외는 내몽고자치구에 편입되었다.
58) 수원(綏遠): 1928년 국민당정부가 몽고족을 탄압하기 위해 설치한 성으로 1954년 내몽고자치구에 편입되었다. 현 내몽고자치구 중·서부의 오란찰포맹(烏蘭察布盟)·이극소맹(伊克昭盟)·파언뇨이(巴彦淖爾) 동부지방에 해당한다.

遷)하여 중아시아로 가서 큰 왕국을 세웠고, 당시 옮겨가지 않고 남은 사람들은 청해 지역의 저(氐)·강(羌)족과 뒤섞여 소월지(小月氏)를 건립하였지만 역사적으로 중요한 역할을 하지 못했다.

양한(兩漢)이 서역을 경영한 목적은 흉노에 대항하기 위한 것이었고 최초의 동기는 바로 대월지와 연맹을 맺는데 있었다. 《한서》〈장건전〉에 나오는 장건이 대원에 도착했을 때 "'어디로 가려고 하시오?'라는 물음에, 장건이 '한나라를 위해서 월지에 사신으로 가던 중 ……'라고 말한" 대목을 보면, 장건이 서쪽으로 사신가려고 했던 최후의 목적지가 대월지였기에 대원과 강거에 이르렀어도 만족하지 못했을 뿐 아니라 당시 한나라 사람이 월지의 존재만 알았지 서역에 35개 나라가 더 있는 줄 몰랐음을 알 수 있다.

안타깝게도 당시 대월지의 상황은 "땅이 비옥하고 약탈하는 사람도 적어서 안락하게 지내고 있었고, 또 한나라를 멀리 떨어진 곳에 있는 나라로 여겨 새삼스레 흉노에게 복수할 마음을 먹지 않고" 있었다(《한서》〈장건전〉). 그리고 당시 대월지의 군사력을 총동원해도 한나라에 큰 도움이 될 수 없을 것이라고 보았기 때문에, 장건은 귀국 후 무제에게 오손과의 연맹을 건의하였던 것이다.

그러나 월지는 동서문화의 매개에 있어서 실로 큰 힘을 발휘하였다. 월지의 옛터에서 출토된 화폐를 보면 프라크리트(Prakrit) 문자[60]가 아

---

59) 묵돌(冒頓, ? −B.C.174): 고대 흉노제국의 통치자. 아버지인 두만(頭曼)을 죽이고 선우의 자리에 올라 동호와 월지 등 당시 동서의 양대 세력을 격파하는 한편, 고비사막 북방의 정령(丁靈)과 격곤(鬲昆) 등을 공략하고 남쪽으로는 누번(樓煩)과 백양(白羊)을 병합하여 진의 몽염에게 빼앗긴 땅을 회복하였다. 남쪽으로도 세력을 확장해 한 고조를 평성(平城)에서 포위하는 등 한제국을 압박하기도 했다.

니라 그리스 문자가 새겨져 있고 양은 적지만 질이 높은 것으로 보아, 국내용이 아니라 동서양 각국과의 무역에 사용할 목적이었음을 알 수 있다.《한서》'대월지국전'에서는 "모든 풍속이 안식과 같다"고 하였고, '안식국전'에서는 "역시 은(銀)을 화폐로 사용하였는데, 정면은 왕의 얼굴을 새기고 뒷면은 부인의 얼굴을 새겼다. 왕이 죽을 때마다 화폐를 다시 바꿔서 주조하였다"고 되어있다. 남송의 홍준(洪遵)[61]은《천지(泉志)》에서《장건출관지(張騫出關志)》를 인용하여 "무릇 여러 나라의 화폐는 대부분 파초나 부들[蕉越] 또는 코뿔소나 코끼리[犀象]을 새겨 넣었는데, 금폐(金幣)는 보통 국왕의 얼굴을 본뜨거나 왕후의 얼굴을 모방하였다. 남자가 교역할 때는 왕 얼굴의 화폐를 사용했고, 여자가 교역할 때는 왕후 얼굴의 화폐를 사용했다. 왕이 죽으면 다시 주조했다"고 하였으니, 월지에서 출토된 화폐도 바로 이것과 일치한다.

불교의 중국 전래와 불경의 번역 역시 대부분 대월지를 통해 소개되었는데,《삼국지》〈위지〉권30에서《위략(魏略)》을 인용하여 "옛날 한 애제(哀帝) 원수 원년(B.C.2) 박사제자 경로(景盧)가 대월지 왕의 사신 이존(伊存)으로부터《부도경(浮屠經)》[62]을 구술로 전수받았다"고 한 것

....

60) 프라크리트(Prakrit) 문자: 고대와 중세 인도에서 사용되었던 일상어로 산스크리트어와 대칭되는 속어이다.

61) 홍준(洪遵, 1120-1174): 남송대의 관료이자 학자로 요주(饒州) 파양(鄱陽) 출신이다. 형 홍적(洪適), 아우 홍매(洪邁) 등과 차례로 박학홍사과(博學鴻詞科)에 합격하여 '삼홍(三洪)'으로 불렸다. 비서성정자(秘書省正字)를 비롯하여 한림학사승지(翰林學士承旨)·동지추밀원사(同知樞密院事)·자정전학사(資政殿學士) 등의 여러 관직을 지냈고 옛날 돈, 고천(古泉)에 관한 작품인《천지》등의 저서를 남겼다.

62) 중국 역사 문헌의 기록에 의하면,《부도경》은 최초로 중국에 전해진 불경이며 석가모니에 대한 이야기를 서술하고 있다고 한다.

을 보면 알 수 있다.

학자 간의 의견이 달라 합의점을 찾지 못하는 것은 대월지의 종속문제이다. 다수의 학자들은 대개 언어학과 인류학 연구를 근거로 그들이 이란계통이라고 결론내리고 있다. 《한서》〈서역전〉에 보면 "색(塞) 종족은 나뉘어져 왕왕 여러 나라를 만들었는데[63], 소륵(疏勒)에서부터 서북쪽으로 휴순(休循)[64]과 연독(捐毒)[65] 등은 모두 원래 색 종족이었다"고 되어있다. 색 종족은 바로 스트라보(Strabo)[66]의 책에 나오는 Sacae 혹은 Saka로 지금은 스키타이(Scythia)라고 쓴다. 레비(Lévi)와 라우퍼(Laufer)는 대월지를 이란계라고 단정하였으며, 스텐 코노우(Sten Konow)[67]는 그들을 이란계의 색 종족이라고 다시 구분했다.

....

63) 안사고는 주석에서 "여러 종류로 갈라진 것 역시 그들 언어가 달랐기 때문이다"고 하였다.

64) 휴순(休循): 《한서》〈서역전〉에는 "휴순국의 도읍은 조비곡(鳥飛谷)이고 총령의 서쪽에 있으며 장안에서 10,210리 떨어져 있다. …… 동쪽으로 3,121리 가면 도호의 치소에 이르고 서쪽으로 1,610리 가면 대월지에 이른다. 민속과 의복은 오손과 비슷하며 가축을 몰고 수초를 따라 다니며 본시 색 종족이다"고 되어있다.

65) 연독(捐毒): 《한서》〈서역전〉에는 "연독국의 도읍은 연돈곡(衍敦谷)이고 장안에서 9,860리 떨어져 있다. …… 동쪽으로 2,861리 가면 도호의 치소에 이른다. …… 서쪽으로 총령을 오르면 곧 휴순이다. 서북쪽으로 1,030리 가면 대원에 이르며 북으로는 오손과 접해있다. 의복은 오손과 유사하며 수초를 따라다닌다. 총령에 의지해 있으며 본시 색 종족이다"고 되어있다.

66) 스트라보(Strabo: B.C.64/63-A.D.23 이후?): 그리스의 지리학자이자 역사학자. 프톨레마이오스와 함께 고대 그리스의 가장 뛰어난 지리학자로 일컬어진다. 유럽과 이집트·리비아·아시아 등을 여행하며 모두 17권으로 된 《지리학》(Geographica)을 저술했다. 그의 《지리학》은 그리스와 로마에 알려져 있던 국가와 민족들에 대한 내용이 담겨 있다.

67) 스텐 코노우(Sten Konow, 1867-1948): 노르웨이의 인도학자로 중앙아시아의 고대 언어 특히 호탄어와 사카어를 연구하기도 하였다.

월지가 저족·강족과 연관이 있는 듯하기 때문에 저·강족도 어쩌면 스키타이 종족일 수 있다. 대월지가 박트리아를 멸망시킨 후 다시 인더스강 유역으로 이동하여 쿠샨(Kushan)왕조[68]를 세웠는데, 수·당 때에 이르러 소위 '소무구성(昭武九姓)'[69]이 출현하게 된다. '소무'라는 명칭은 하서회랑(河西回廊)[70]의 소무성(城)에서 유래한 것으로 본래 대월지의 수도였으나, 그 곳 사람들이 서쪽으로 이주하자 수도의 명칭도 함께 서쪽으로 옮겨간 것이다. 소무의 본래 뜻은 수도이니, 저족이 세운 전진(前秦)[71]에서는 부견(苻堅)을 부조(苻詔)라고 칭하였고, 오늘날 시암

....

68) 쿠샨(Kushan)왕조: 기원전 2세기 대월지가 박트리아를 점령하고 이를 5개 소국가로 나누었는데, 그중 하나가 쿠샨이다. 쿠샨왕조는 중앙아시아와 중국에 불교를 전파하고 대승불교와 간다라 미술 및 마투라 미술을 발전시켰다. 쿠샨인은 무역을 통해 번영을 누렸으며 특히 로마와 활발히 교역했다. 그리스·로마·이란·힌두·불교 신들의 모습과 변형된 그리스 문자가 새겨진 동전들은 쿠샨제국의 종교적·예술적 혼합주의와 포용성을 잘 표현하고 있다. 이란에서 사산왕조가 등장하고 북부 인도에서 토착세력들이 성장하자 쿠샨정권은 마침내 몰락한다.

69) 소무구성(昭武九姓): 남북조·수·당시기 중앙아시아 소그드 지역에서 중원으로 온 소그드인 혹은 그 후예들이 이룬 10여개 소국을 지칭하는 것으로 그 왕은 모두 소무 성씨를 가졌다. 《수서(隋書)》에 따르면 소무구성은 본래 월지인이며 옛날에 기련산 북쪽 소무성에 거주하다 흉노에게 패하여 서쪽의 총령 너머 중앙아시아로 이주하고 난 후, 강(康)·안(安)·조(曹)·석(石)·미(米)·사(史)·하(何)·화심(火尋)·무지(戊地) 등 9개의 다른 성을 가진 왕의 서자들이 왕이 되었는데, 씨(氏)는 모두 소무였기 때문에 중국에서는 이를 소무구성이라 불렀다고 한다.

70) 하서회랑(河西回廊): 감숙성 서북부의 기련산 이북, 합려산(合黎山)과 용수산(龍首山) 이남, 오초령(烏鞘嶺) 서쪽에 이어져 있는 좁고 긴 지대. 동서 길이 약 1,000km, 남북 길이는 100-200km에 달하며, 황하 서쪽에 있어 하서회랑이라 불렀다. 예로부터 신강과 중앙아시아를 왕래하는 요도(要道)였다.

71) 전진(前秦, 351-394): 오호십육국시대 티베트계 저족에 의해 건국된 나라이

(Siam)어계에서는 여전히 황제를 '조(詔: Chao)'라고 부르며, 미얀마의 왕도(王都)도 Chaohwa라고 부른다. 그리고 당나라 때 운남에 세워진 남조(南詔)도 모두 저족과 관련이 있는 듯하다. 쿠샨왕조의 유명한 카니슈카(Kanishka)왕[72]도 화폐 위에 그리스 글자로 '왕 중의 왕'이라는 뜻의 Shoananshoa를 새겼는데, Shoa와 Choa가 같으므로 대월지가 저족·강족과 관련 있다고 추정할 수 있다.

그러나 월지는 유목국가여서 물과 풀을 따라 이동했기 때문에 그 원래 거주지가 어디라고 단정해서 말할 수가 없으니, 대개 지하에서 발굴된 실물을 통해서 흉노가 활동하던 지역을 증명할 수 있는 것과 같은 이치이다. 대월지의 유물은 인더스강 유역에서만 발견되었을 뿐 중국 쪽에서는 아직 발견되지 않았다. 《사기》와 《한서》에서는 그들의 거주지가 기련(祁連)과 돈황(敦煌) 일대 즉 현재의 감숙 서북지역을 넘지 않았다고 기록하고 있지만, 이는 훗날의 일이다. 대개 한나라 이전 그들의 활동 지역은 분명 현재의 감숙성과 영하성에 걸쳐 있었으나, 여러 차례 흉노의 핍박을 받아서 감숙의 감주(甘州) 일대에 국한되어 거주하다가 나중에 재차 묵돌선우에게 패하자 서쪽으로 기련과 돈황 일대로 이주하

....

며 중국 역사상 최초로 비 한족이 북방을 통일한 정권이다. 국호는 대진(大秦)이었지만, 역사에서는 동시대에 같은 국명의 나라가 많기 때문에 가장 먼저 건국된 이 나라를 전진이라 구별하여 부르고 별칭은 부진(苻秦)이라 하였다.

72) 카니슈카(Kanishka, 생몰연도 미상)왕: 쿠샨왕조의 제3대 왕. 정확한 재위 연대는 모르나 2세기의 인물로 알려져 있다. 서북 인도를 통일했으며 파미르고원을 넘어 신강 타림분지까지 진출하였는데, 결과적으로 불교의 극동 전파에 유리한 환경이 조성되었다고 할 수 있다. 불경을 결집(結集)하고 대탑을 세우고 간다라 미술의 전성기를 열어 아소카왕과 함께 불교의 수호자로 불린다.

였다. 그 후 마침내 "오손 왕 난두미(難兜靡)를 공격하여 멸망시키고 더 서쪽으로 이동하였다." 이상 각 지역에서 그들의 유물을 분명 발견할 수 있겠지만, 이는 훗날의 발굴을 기다려야 할 것 같다. 그들의 서쪽 이동 경로에 대한 근래 연구 결과에 따르면 제1차 이동은 돈황에서 이리까지이고 제2차 이동은 이리에서 아무강까지인데, 각각 해당 지역에서 몇 년간 머물렀던 것으로 보고 있다. 서쪽으로 이동한 연대에 대해서는 다음 여러 설이 있다.

오토 프랑크(Otto Franke) 등은 기원전 160년이라고 주장하였다.

쿠와바라 지츠조(桑原隲藏)는 기원전 139년에서 129년 사이라고 주장하였다.

시라토리 구라키치(白鳥庫吉)는 제1차 이동은 기원전 174년에서 158년 사이였으며, 제2차는 기원전 158년이라고 주장하였다.

후지타 토요하치(藤田豊八)는 제1차 이동은 기원전 174년에서 161년 사이에 발생했으며, 제2차는 기원전 161년 혹은 160년에 있었다고 주장하였다.

후지타 토요하치는 《사기》 〈대원열전〉의 "묵돌이 흉노의 왕이 되자 월지를 격파하였다"는 문장을 근거로 월지가 돈황에서 서쪽 이리로 이동한 사실을 기록한 것이라 단정하였고, 또 그 바로 다음에 나오는 "흉노의 노상(老上)[73]선우 때에는 월지의 왕을 죽이고 그 두개골로 술잔을 삼았다"는 문장을 근거로 이리에서 다시 서쪽으로 이동한 사실을 기록한 것이라고 단정하였다. 그는 더 나아가 이를 근거로 관련 연대를 추정하였는데, 그 주장이 상당히 설득력이 있다고 생각한다.

....

73) 노상(老上): 흉노제국의 2대 선우로 치세는 기원전 174-161년. 묵특선우의 아들이며 군신선우의 아버지.

월지의 서쪽 이동은 박트리아와 파르티아의 멸망에까지 그 영향이 미쳤다. 대개 월지가 서쪽으로 이동하여 천산 북쪽, 알타이산 이남에 도달하자 그 지역에 자리 잡고 있던 색 종족은 어쩔 수 없이 더 서쪽으로 이동하여 지금의 투르키스탄까지 밀려났다. 그 후 월지는 다시 천산 북부에 있는 오손의 압박을 받아 아무강 중류일대의 박트리아 영토로 진입해 거주하였고, 색 종족 역시 더 남쪽인 인도 북부의 간다라(Gandhara)로 옮겨갔다. 박트리아와 파르티아는 기원전 3세기 중앙아시아의 강국이었으나 결국 동쪽으로부터 온 이민족의 침략으로 멸망되고 말았다. 그 먼 원인을 거슬러 올라가 보면 사실 민족 이동이 낳은 결과였으며, 민족의 이동이란 바로 한족과 흉노의 대항에서 비롯된 것이니 그 맥락이 실로 매우 분명하다.

제6장
한나라의 서역 경영(하)

제1절 중서교통 노선의 개척

한 무제 시기 중국은 이미 서역의 정세를 탐문하여 알고 있었지만, 화친정책만으로는 변경지역에 대한 흉노의 침범을 전혀 완화시킬 수 없었기 때문에 마침내 몇 차례 대규모 정벌에 나서게 되었다. 이에 흉노는 어쩔 수 없이 고비사막 남쪽에서 물러나게 되었고 한나라에 대한 위협도 차츰 줄어들었다. 흉노의 세력은 비록 선제(宣帝) 때에 가서야 완전히 제거되었지만, 대외 교통은 이미 예전만큼 곤란하지 않았다.

한 무제의 흉노에 대한 제1차 군사행동은 원광 원년(B.C.133)에 발동되었다.

> "지금의 황제(즉 무제 - 역자)가 즉위하자 (흉노와) 화친의 맹약을 분명히 하고 대우를 후하게 하여 관시(關市)를 통해 (물자를) 풍부하게 주었다. …… 한나라가 마읍(馬邑)1) 근처에 사는 섭옹일(聶翁壹)2)을 시켜 (금령

---

1) 마읍(馬邑): 현(縣) 이름으로 한대에 안문군(雁門郡)에 속했는데, 지금의 산

을 어기고) 몰래 물자를 국경 밖으로 빼내어 흉노와 교역하도록 하는
한편 마읍성(城)을 파는 척하여 선우를 유인하도록 하였다. 선우는 그의
말만 믿고 마읍의 재물을 탐내 기병 10만을 이끌고 무주(武州)[3]의 장성
으로 들어왔다. 한나라는 30여 만의 병력을 마읍 부근에 매복시켰다.
…… 선우가 한나라의 변경에 들어온 뒤 …… 들판에 가축들만 흩어져
있을 뿐 가축을 먹이는 사람들이 보이지 않는 것을 괴이하게 생각했다.
…… 이 때 안문(雁門)[4]위사(尉史)[5]가 …… 한나라의 군대의 모략을 알
고 …… 선우에게 모두 알렸다. 선우가 몹시 놀라 '나는 처음부터 의심하
고 있었다'고 말한 뒤 바로 군대를 이끌고 돌아갔다. …… 이로부터 흉노
는 한나라와 화친을 끊었다."

이와 같이 한 무제의 제1차 출격은 실패했다고 할 수 있다. 그러나
6년 후인 원삭 2년(B.C.127) 대장군 위청(衛靑)[6]이 총사령관이 되어 제2

서성 삭현(朔縣) 일대이다.
2) 섭옹일(聶翁壹): 원래 이름은 섭일(聶壹)이다. 그의 나이가 많았기 때문에 '옹
(翁)'자를 붙인 것이다. 《사기》〈위장군표기열전(衛將軍驃騎列傳)〉과《한서》
권52 〈두전관한전(竇田灌韓傳)〉에서도 모두 '섭일'이라고 되어있다. 안사고
역시 성은 섭이고 명은 일이며 옹은 노인을 칭하는 것이라고 했다.(《사기
외국전 역주》, 103쪽)
3) 무주(武州): 현 이름으로 한대에는 안문군에 속해 있었다. 지금의 산서성 재
운현(在雲縣) 남쪽 일대이다.
4) 안문(雁門): 군(郡) 이름으로 전국시대 조나라 무령왕이 설치하였다. 진과
전한 때의 관할구역은 지금의 산서성 하곡(河曲)·오채(五寨)·영무(靈武)현
이북, 항산(恒山) 이서, 내몽고자치구 황기해(黃旗海)·대해(岱海) 이남의 땅
이다.(《사기 외국전 역주》, 55쪽)
5) 위사(尉史): 관직명으로 본래 현위(縣尉)의 속관 또는 군도위(郡都尉)의 속관
이다. 변새(邊塞) 험요(險要)지역에 장(障)과 새(塞)를 설치하고 그곳에 장위
와 새위 등을 두었다. 새위의 속리로는 사사(士史)와 위사(尉史)를 2명 두었
다. 안문은 요새였기 때문에 장새를 두었고, 안문위사는 장위 또는 새위에
속한 위사였다.(《사기 외국전 역주》, 105쪽)

차 공세를 발동하였다.

> "그 이듬해(즉 무제 원삭 2년 – 역자) 위청이 다시 운중(雲中)[7]에서 나와 서쪽으로 농서(隴西)에 이르러 흉노의 누번왕(樓煩王)과 백양왕(白羊王)을 하남(河南)[8]에서 격파하여, 흉노의 수급과 포로 수천과 소·양 백여 만을 얻었다."

이번 승리는 이후 한 무제가 영토 개척의 야심을 갖는데 심대한 영향을 주었다. 위청은 일찍이 명을 받아 두 차례 출정하였고, 위청 이후에도 표기장군(驃騎將軍)[9] 곽거병(霍去病)[10]이 흉노 땅으로 깊이 들어가

....

6) 위청(衛靑, ?-B.C.106): 하동 평양(平陽) 사람으로 부친 정계(鄭季)가 무제의 누나 평양공주의 남편 평양후(平陽侯) 집에서 일하다 그의 비첩 위온(衛媼)과 밀통하여 낳은 아들이다. 원광 5년(B.C.130) 거기(車騎)장군으로 흉노를 공격한 이래 원삭 원년(B.C.128)에는 하남 땅을 되찾아 삭방군을 설치함으로써 장평후(長平侯)가 되었다. 원삭 5년(B.C.124) 봄 다시 고궐(高闕)에 출정하여 흉노의 우현왕을 격파함으로써 대장군이 되었고 그 후 곽거병과 함께 대사마(大司馬)가 되었다(《사기 외국전 역주》, 106쪽). 따라서 대장군은 거기장군의 오기로 보인다.

7) 운중(雲中): 군(郡) 이름으로 전국시대 임호(林胡)와 누번(樓煩) 등이 살던 곳인데, 조나라 무령왕이 이들을 몰아내고 군을 설치하였다. 진나라 때의 관할구역은 시금의 내몽고자치구 토묵특우기(土黙特右旗) 이농, 대청산(大靑山) 이남, 탁자현(卓資縣) 이서, 황하 남안과 장성 이북의 땅이었다. 전한시기 관할 구역이 축소되어 후한시대에는 병주(幷州)에 속하게 되었다.(《사기 외국전 역주》, 55, 107쪽)

8) 하남(河南): 여기서는 황하의 남쪽 즉 하투(河套, 오르도스)지역을 가리킨다.

9) 표기장군(驃騎將軍):《한서》에는 표기장군(票騎將軍)이라 되어있으며 전한 초기 중앙에 설치한 최고급 무관이다. 그 지위는 승상 다음에 위치하고 대장군과 동급이었다. 이후에 대사마라는 칭호를 가졌다. 여기서는 곽거병을 지칭하는데, 원래 표요교위(驃姚校尉)였다.

연지산(焉支山)11)을 수 천리 지난 적이 있었다. 원수 2년(B.C.121) 여름
곽거병이 다시 기병 수만을 거느리고 농서 지역에서 나와 수 천리를
출격하였는데, 이때의 전과(戰果)가 가장 컸다. 궁지에 몰린 흉노의 혼
야왕(渾邪王)12)은 마침내 자신의 영지를 갖고 한나라에 항복하였고, 그
결과 하서와 농서 북쪽 지역에 더 이상 흉노 기병들이 출몰하지 않게
되었다. 그러고 나서 2년 뒤 최후의 대규모 정벌이 있게 되었다.

"(한나라는) 대장군 위청과 표기장군 곽거병으로 하여금 군대를 나누어
대장군은 정양군(定襄郡)13)에서, 표기장군은 대군(代郡)14)에서 출정하

....

10) 곽거병(霍去病, B.C.140-B.C.117): 한 무제 시기의 대표적인 무장으로 무제
   의 황후인 위황후(衛皇后)의 조카이며 위황후의 동생인 대장군 위청의 조카
   이기도 하다. 18세 때 시중(侍中)이 되어 위청을 따라 흉노 토벌에 나선 이래
   6차에 걸친 흉노 원정으로 커다란 전공을 세웠다. 무제의 총애를 받아 흉노
   원정군 중 최정예 부대를 거느려 위청을 능가하는 전과를 거두었다. 위청과
   함께 대사마에 제수되었으나 24세의 나이로 사망했다.
11) 연지산(焉支山): 지금의 감숙성 영창현(永昌縣) 서쪽, 산단현(山丹縣) 동남쪽
   에 위치하고 있다. '연지산(燕支山)' 또는 '연지산(胭脂山)'이라고도 한다. 《한
   서》에는 연기산(焉耆山)으로 되어있다.(《사기 외국전 역주》, 114쪽)
12) 혼야왕(渾邪王): 혼야왕(渾耶王), 곤야왕(昆邪王) 등으로도 표기되며 휴도왕
   (休屠王)과 함께 감숙 하서회랑 지역에 유목하던 흉노인들의 수령이었다.
   원수 2년(B.C.121) 휴도왕이 한나라 군대에 누차 패배한 것에 대해 선우가
   격노하여 주살하려하자, 혼야왕과 휴도왕은 한에 투항하기로 공모했다. 그
   러나 휴도왕이 이를 후회하자 혼야왕이 그를 살해하고 4만 명의 무리를 이끌
   고 투항을 결행했다. 한나라는 그를 탑음후(漯陰侯)로 봉하고 그 땅에 장액
   군(張掖郡)을 설치했다.(《사기 외국전 역주》, 273쪽)
13) 정양군(定襄郡): 한 고조 6년(B.C.201) 운중군의 땅을 나누어 설치하였다.
   12개 현이 속해 있었으며 군의 치소는 성락현(成樂縣: 지금의 내몽고자치구
   和林格爾縣 서북 土城子鄕 古城)이다. 관할구역은 지금의 내몽고자치구 화림
   격이현·청수하(淸水河)·탁자현(卓資縣)·찰합이우익중기(察哈爾右翼中旗)

여 모두 고비사막을 건너 흉노를 치기로 약속하였다. …… 선우를 포위하였다. 선우는 …… 마침내 친위병[壯騎] 수백 기만 거느린 채 한나라의 포위를 돌파한 다음 서북쪽으로 달아났다. …… 표기장군은 낭거서산(狼居胥山)[15]에서 하늘에 제사[封祭]를 올리고, 고연(姑衍)[16]에서 땅에 제사[禪祭]를 지낸 다음 한해(瀚海)[17]까지 갔다가 돌아왔다. 이 이후로 흉노가 멀리 달아나 고비사막 남쪽에는 (흉노의) 왕정(王庭)이 없게 되었다.[18]"

························

등지이다. 후한시대에 영역이 줄어들었다가 말기에 폐지되었다.(《사기 외국전 역주》, 110쪽)

14) 대군(代郡): 전국시대 조나라에서 설치한 군으로 진과 전한 때의 치소는 대현(代縣: 지금의 하북성 蔚縣 서남)이었다. 전한시대 관할구역은 지금의 하북성 회안(懷安)·울현 이서, 산서성 양고(陽高)·원원(恒源) 이동에 있는 장성 안팎의 땅과 함께 장성 밖에 있는 동양하(東洋河) 유역이었다. 후한 때에 고류현(高柳縣: 지금의 陽高縣 서남)으로 치소를 옮겼다가 서진 말에 폐지되었다.(《사기 외국전 역주》, 55쪽)

15) 낭거서산(狼居胥山): 산 이름으로 그 위치에 대해서는 몇 가지 다른 학설이 있다. 지금 몽골공화국 울란바토르 동쪽에 있는 케룰렌강 지역, 내몽고자치구 극십극등기(克什克騰旗) 서북에서 아파알기(阿巴嘎旗)에 이르는 지역, 그리고 내몽고자치구 오원현(五原縣) 서북 황하북안에 있는 낭산(狼山) 등이 그것이다. 여기서는 고비 북방에 있던 곳으로 추정된다.(《사기 외국전 역주》, 119쪽)

16) 고연(姑衍): 낭거서산의 서북쪽에 위치한 산 이름. 지금의 몽골공화국 울란바토르 인근에 있는 산을 말하는 것으로 추정된다.(《사기 외국전 역주》, 119쪽)

17) 한해(翰海): 한해(瀚海)라고도 한다. 일설에는 바이칼호를 지칭하나 다른 한편으로는 몽골 초원 동부의 후룬회[呼倫湖]라고도 한다. 당시 행군로를 갖고 추측해 볼 때, 몽골 초원 동북쪽에 있던 것으로 지금의 극천극등기(克什克騰旗)와 아파알기(阿巴嘎旗) 사이의 달라이누리[達來諾爾]로 추정된다. 다르게는 고비를 칭하거나 몽골 초원에 있는 항가이산맥을 지칭하는 것으로 쓰이기도 하였다. 여기서는 호수 명칭으로 쓰인 것으로 추정된다.(《사기 외국전 역주》, 120쪽)

18) 흉노의 왕정(오르두)은 원래 고비사막 남부 농성(蘢城)에 위치하고 있었는

이상의 내용은 모두 《사기》〈흉노열전〉[19]에 근거하였다. 중서교통의 요도(要道)가 이때 이르러 더욱 공고해졌으며, 흉노의 세력은 그 이후 완전히 피폐하기 시작하여 더 이상 중국의 근심거리가 되지 않았다.

제2절 중서교통 노선의 보호

무제는 서역 경영에 전력을 다했으니, 지금의 난주(蘭州)에 금성군(金城郡)을 두어 최초의 기지로 삼고 흉노의 혼야왕이 투항한 원수 2년(B.C.121)에는 한 걸음 더 나아가 주천(酒泉)과 무위(武威) 2군을 설치함과 동시에 군대를 파견하여 주둔시켰다. 그리고 십년 후에는 장액(張掖)과 돈황(敦煌) 2군을 증설하였다. 이 내용은 《한서》 권6 〈무제기〉에 의거한 것인데, 《한서》 권28 〈지리지〉에는 태초 원년(B.C.104)에 장액과 주천 2군을 설치하였고, 무위군은 태초 4년, 돈황군은 후원 원년(B.C.88) 설치되었다고 기록하고 있다. 또 《사기》 권110 〈흉노열전〉에서는 원봉 6년(B.C.105) 이미 주천과 돈황을 군으로 부르고 있다. 근대 사람 중에는 대략 원정 6년(B.C.111) 전후에 돈황군이 설치되었으며, 돈황이 주천에서 분리되어 나왔기 때문에 당연히 주천군이 돈황보다 먼저 설치되었다고 주장하는 이도 있다. 4군의 설치는 소극적인 방어 성격 내지 국제무역 보호를 위한 것일 뿐만 아니라 적극적으로 서진(西

....

데, 이제는 고비를 건너 막북지역으로 이동하게 되었음을 말한 것이다.
19) 원서에는 〈무제본기〉로 적혀있으나 〈흉노열전〉에 나오는 내용이어서 바로 잡았다.

進)하겠다는 의미를 갖고 있었다.

4군을 설치한 외에 돈황 서북쪽에 장성도 쌓았다. 광서 30년(1904) 스타인(Stein)이 발견한 그 유적지는 250리에 걸쳐 길게 이어져 있었다. 예로부터 장성은 주천에서 끝난다고 생각한 사람은 이로써 구설(舊說)을 수정하지 않으면 안 되게 되었다. 이에 관해서는 왕국유의 《유사추간(流沙墜簡)》20) 서문에 매우 상세히 설명되어있는데, 상우나씨(上虞羅氏) 신한루(宸翰樓) 원인본(原印本)에 의거하여 그 내용 일부를 옮기면 다음과 같다.

"한대의 간독(簡牘)은 돈황 서북지역에서 출토되었는데, 그 지점은 북위 40도, 동경 93도 10분에서 94도 30분 사이이다. 출토된 땅이 동서로 1도 20분에 걸쳐 길게 이어져 있어서 스타인은 이것이 한나라의 장성이라고 하였으니 맞는 말이다. 진(秦)나라의 장성은 서쪽으로 임조(臨洮)에서 끝났는데, 한 무제 때 흉노의 혼야왕이 한나라에 항복하자 그 땅에 무위와 주천군(원수 3년)을 두고, 나중에 다시 장액과 돈황군(원정 6년)을 나누어 설치하였다. 영거현(令居縣)21) 서쪽에 처음 (성을) 쌓아서 4군을 펼쳐놓고 양관(兩關)에 의지하여 방어하도록 하였다. 이는 사서에 보이는 한대에 쌓은 장성에 대한 내용이지만, 장성이 어디까지 이르렀는지에 대해서는 언급이 없다. 이에 관한 후대 사람의 기록으로, 법현의 《불국기》에는 '돈황에 요새가 있는데 동서로 80리, 남북으로 40리이다'고 하고 있고, 《진서(晉書)》〈양무소왕전(涼武昭王傳)〉에는 '이에 현성(玄盛)이 돈

----

20) 《유사추간(流沙墜簡)》: 중국 근대 고고학 저작으로 나진옥과 왕국유의 공저이다. 총 3권으로 1914년 출판되었으며 스타인이 도굴한 돈황 한간(漢簡)과 롭 노르 한진간독(漢晉簡牘) 및 소량의 종이·비단에 쓴 글[帛書] 등이 수록되어있다. 중국 근대 최초의 간독(簡牘) 연구서라 할 수 있다.

21) 영거현(令居縣): 금성(金城)에 위치하고 있었는데, 지금의 감숙성 영등현(永登縣) 서북쪽에 있었다.(《사기 외국전 역주》, 120쪽)

황의 옛 요새 동서(동북의 오기인 듯함) 두 성벽[圍]을 수리하여 북로(北虜)의 침략에 대비하였으며, 돈황의 옛 요새 서남 두 성벽을 쌓아서 남로(南虜)에 힘을 과시했다'고 기록되어있다. 당대(唐代)의《사주도경(沙州圖經)》[22]을 보면, '사주에는 옛 새성(塞城)과 옛 장성(長城) 두 터가 있다. …… 옛 장성은 사주의 북쪽 66리에 있는데, 동쪽으로 계정봉(階亭烽)까지 180리나 이어져 과주(瓜州) 상악현(常樂縣)의 경계에 들어가고, 서쪽으로는 곡택봉(曲澤烽)까지 212리나 이어져 정서(正西) 방향으로 사막에 들어가 석성(石城)의 경계와 접하고 있다'고 되어있다. 여기서 말하는 옛 새성은 무소왕 이호(李暠)가 수축한 동서남북 네 성벽임이 분명하다. 법현이 본 것은 단지 종횡(縱橫)으로 뻗어 있는 두 성벽이었는데, 그 중 동서로 뻗은 것이《사주도경》에 나오는 옛 장성인 것 같지만 그 거리가 매우 짧은 것을 보면 아마도 동진(東晉)말에 이미 성의 일부가 무너진 상태였고,《사주도경》에 기록된 동서 390리는 그 폐허까지 다 포함한 것으로 보인다. 이 성의 유적지는《사주도경》에서 사주 북쪽 62리(위에서는 66리라 하였음)에 있다고 하였는데, 오늘날 목간이 출토된 지역은 북위 40도에서 약간 북쪽이므로 그 위치를 정확히 따져보면 바로 당대《사주도경》에서 말한 옛 장성 터가 된다. …… 최근 스타인이 탐색한 곳은 돈황 이북의 장성으로《한서》〈지리지〉에 나오는 돈황과 용륵(龍勒) 두 현의 북쪽 경계에 해당하고 아직 동쪽으로 광지(廣至)의 경계에는 이르지 못했다. 이곳에서 한나라 간독이 출토됨으로써 실제 한나라 때 둔전하며 지켰던 곳이며 또한 변경에서 서역으로 통하는 요도(要道)였음을 알 수 있다."

....

22)《사주도경(沙州圖經)》:《사주지(沙州志)》라고도 한다. 현존하는 중국 최초의 도경(圖經)으로 저자미상이며 당대 개원연간의 작품이다. 청말에 돈황석실에서 발견되었으며 현재는 나진옥의《돈황석실유서(敦煌石室遺書)》에 수록된 잔본만이 전해진다. 사주(沙州) 지역의 행정기구와 구획 외에 천상(天象)·지수(池水)·택지·제방·역(驛)·현학(縣學)·사직단(社稷壇)·잡신(雜神)·사원·무덤·고성(古城)·상서(祥瑞)·노래·고적 등이 기술되어있다.

이 장성의 위치는 자연형세를 이용하여 흉노의 기병들이 쉽게 쳐들어오지 못하게 한 것이었다. 게다가 물과 초지가 모두 장성 이내에 있었기 때문에 흉노는 물과 초지 밖으로 밀려나게 되었고, 그 결과 한나라의 큰 우환도 다소 줄어들 수 있었다. 스타인은 또 장성의 공정(工程)과 재료에 대한 고찰을 통해 성벽이 갈대줄기와 진흙을 번갈아 쌓는 판축(版築)공법으로 만들어졌으며 대략 매 3층(層)마다 갈대를 1층씩 놓고 진흙사이에 나무 막대기를 넣었으니, 그 이유는 그 땅의 토양과 물이 모두 염분을 함유하고 있어서 (이런 공법을 이용하면) 바로 반 화석(化石) 상태로 변해 벽돌이나 돌보다 더 견고해지기 때문에 2천년이 지났어도 무너지지 않았음을 밝혀냈다.

노정일(勞貞一) 선생은 《역사어언연구소집간》 제19본에 실린 〈한대의 정장과 봉수에 대한 해석(釋漢代之亭障與烽燧)〉에서 성벽을 ①군성(郡城)과 현성(縣城) 같은 큰 성 집단[大城圈], ②후관(侯官)과 장위(障尉)가 주둔했던 장(障) 같은 작은 성 집단[小城圈](뒤에 상세히 서술함), ③장성(長城), ④장(障) 또는 봉대(烽臺) 밖에 있는 오(塢)로 나누었다. 기타 방어시설로는 ①호락(虎落)[23] 또는 강락(彊落)이라고도 부르는 목책(木柵), ②목책 밖에 모래를 깔아 적의 발자국을 염탐하는 천전(天田)이 있었으며, 방어시설 중 교통이 이루어지는 관문을 '관(關)'이라고 하는데, 도위(都尉)[24]의 처소가 있는 곳에만 관을 설치했다고 하였다.

....

23) 호락(虎落): 고대 성읍 또는 영채를 숨기고 보호하는데 사용되었던 대나무 울타리. 변방의 경계를 나타내는 표지로도 사용하였다.
24) 도위(都尉): 무관의 명칭. 진대(秦代)에는 '군위(郡尉)'라고 했는데, 한나라 경제 때 명칭을 도위로 바꾸었다. 군수(郡守)를 군사적인 면에서 보좌하면서 군수 다음으로 높은 지위를 갖고 있었다. 모두 은인부부(銀印剖符)를 받았고 질(秩)은 비이천석(比二千石)이었다.(《사기 외국전 역주》, 94쪽)

봉화제도는 아주 엄밀한 국방시설이었다. 한나라 때 현(縣) 이하의 행정단위는 향(鄕)·정(亭)·리(里)였다. 《속한서(續漢書)》〈백관지(百官志)〉 주석에서 인용한 《한관의(漢官儀)》에 의하면 "10리(里)마다 1정(亭)을 설치한다"고 되어있고, 《한서》〈백관표(百官表)〉에도 "대략 10리마다 1정을 두는데 정에는 장(長)이 있고, 10정마다 1향을 둔다"고 기록되어 있다. 여기서 말하는 '리(里)'가 거리를 표시하는 '리'자(字)이던 "25호[家]를 리로 한다"는 '리'자이던 간에, 그것이 결코 인구를 기준으로 삼지 않고 지위를 가진 사람을 둘 필요성이나 중요성을 기준으로 하였음을 알 수 있다.

정의 기능은 방어에 있기 때문에 반드시 멀리 바라보고 수비하는데 편리해야 했으니, 오늘날의 요새처럼 높은 흙더미 위에 세워진 망루 형태를 갖추고 있었다. 건물은 사각형 내지 육각형이었으며 통신설비인 깃대가 있었다. 3정 이상 즉 30리 이상일 때는 특별히 공무요원들이 숙식을 할 수 있는 전사(傳舍)를 정 부근에 설치하였다. 이렇게 확대된 정을 '도정(都亭)'이라 불렀으니 필수물자 공급소의 성격을 갖고 있었다.

정의 주요 구조물은 돈대[墩] 즉 토대(土臺)였기 때문에 한간(漢簡)에서는 종종 정을 봉대(烽臺)라고 불렀으며, 봉대는 때론 후(堠)라고도 불렀다. 봉대에는 오(塢)라고 하는 빙 둘러싼 담이 있었고 봉대와 오를 합해서 수(鐩)라 불렀는데, 지금은 수(燧)라고 쓰며(《역사어언연구소집간》 제22본에 게재된 노정일 선생의 〈漢代的亭制〉를 참고) 봉화정(烽火亭)이라고도 부른다.

정수(亭燧)에는 다음 네 종류가 있었다. ①독립되어 의지할 데가 없는 것, ②장성과 연결되어 있는 것, ③성(城) 또는 장(障)의 바깥 둘레[外圍]인 것, ④몇 개의 정수들이 각각 모퉁이가 되는 것.

정보다 큰 것이 '장(障)'인데 일이백 명을 수용할 수 있으며 봉화를 피울 수 있었다. 장성 연선(沿線)에는 대부분이 장이고 장성 이외 지역에는 대부분 정이었는데, 모두 자연의 형세를 이용하여 매우 견고하게 축조되어있었다. 정오(亭塢)는 높이가 1장(丈) 4척(尺)으로 시척(市尺: 1시척은 0.3333미터에 해당함 – 역자) 9척 8촌(寸)에 해당하며, 길이는 7장 7척으로 시척 5장 3척 7촌에 해당한다. 장(障)에는 길이가 8장, 담의 두께가 3장이나 되는 것도 있다.

봉화에는 네 가지가 있었다. ①갈대 섶[蘆柴]으로 강렬한 빛과 연기가 났기 때문에 낮과 밤에 두루 사용한 땔감[積薪], ②표(表), ③이리의 똥을 태운 연기로 대낮에 사용했던 연(烟), ④밤에 사용한 신(苣: 중국 古書에 보이는 풀의 일종 – 역자)이다. 비교적 완비된 봉화대에는 대의 꼭대기에 아궁이가 있고 아궁이 위에 굴뚝이 있어 연기가 곧장 올라가도록 하였다. 표(表)는 붉은색과 흰색의 천이다. 연기로는 먼 곳에 있는 사람에게 보이도록 하였고 표로는 사람의 수가 많고 적음을 표시하였다. 우리 인간의 시력이 40리에 달하기 때문에 봉화는 사람 시력으로 볼 수 있는 범위 내에 설치하였다.

정수가 있는 곳에는 우편[郵傳]도 있었다. 한간을 통해 당시 우편제도의 치밀함, 문서의 성질, 문서 수령인과 발송인의 성명, 문건을 주고받은 시각(時刻) 등을 살펴볼 수 있다.

변방 요새의 행정장관은 정장(亭障)과 밀접한 관계가 있으니, 장에는 장위(障尉)가 있었고 수에는 수장(燧長)[25]이 있었다. 수장은 대체로 3급으로 나뉘는데, 그 중 가장 높은 직급이 4도위(都尉) 즉 선화(宣禾)도위·중부(中部)도위·옥문(玉門)도위·양관(陽關)도위였다. 도위 밑에는 후관(侯官)과 후장(侯長)이 있었는데, 그들의 직무는 모두 교통노선의 안

....

25) 원서에는 수장(隧長)으로 되어있으나 오류가 분명해서 바로잡았다.

전을 보호하는 것이었다.

한간 중에는 수졸(戍卒)의 원망하는 말들이 보이지 않은데 반해 서하(西夏)의 죽간은 그렇지 않은 것으로 보아, 한나라의 장성 수비가 분명 서하보다 더 적극적으로 이루어졌음을 알 수 있다. 어쩌면 한나라가 동원한 수졸 대부분이 죄수였다는 점도 하나의 원인일 수 있다.

제3절 중서교통 노선의 문호(門戶)

《사기》〈대원열전〉에 "이에 주천에서 옥문까지 정장(亭障)이 열을 지어 세워졌다"고 적혀있는데, 이는 아마도 조파노(趙破奴)[26]와 왕회(王恢)[27]가 누란을 정벌한 이후의 상황인 것 같다. 또 《사기》〈대원열전〉에는 이사(貳師)장군[28]이 대원을 격파한 후, 다시 "돈황에 주천도위를

....

26) 조파노(趙破奴, 생몰연도 미상): 구원(九原) 사람으로 일찍이 흉노에서 도망쳐와 한나라에 귀속하였고 곽거병의 휘하에 들어갔다. 원수 2년(B.C.121) 북지(北地)에서 흉노를 격퇴한 공이 있어 종표후(從驃侯)에 봉해졌다. 원정 5년(B.C.112) 좌천되어 금실후(金失侯)가 되었고, 원정 6년 흉노에 출정했기 때문에 그를 고종표후(故從驃侯)라고 불렀다. 원봉 원년(B.C.110) 누란을 격파한 공으로 착야후(浞野侯)에 봉해졌다. 태초 원년(B.C.104) 흉노를 공격하였으나 실패하여 포로로 잡혔다가 천한 원년(B.C.100) 한나라로 도망쳐 돌아왔다. 태시 원년(B.C.96) 무고(巫蠱)에 연좌되어 족멸되었다.

27) 왕회(王恢, 생몰연도 미상): 기원전 107년 고사(姑師) 정벌의 공으로 호후(浩侯)에 봉해졌으나 같은 해 주천(酒泉)에 사신으로 갈 때 황명을 날조했다는 혐의를 받아 후작을 박탈당했다. 여기서 언급된 사람은 기원전 133년 마읍(馬邑)에 복병을 설치하여 흉노를 급습하자고 건의했다가 이 작전이 실패한 뒤 자살한 왕회와는 다른 인물이다.(《사기 외국전 역주》, 282쪽)

두고 서쪽의 염수에 이르는 곳곳마다 정(亭)을 설치하였다. 윤두(侖頭)²⁹⁾에는 둔전병 수백 명이 있었다"³⁰⁾고 되어있다. 한나라 때 주천에서 옥문까지 정장을 줄지어 세운 것과 관련된 사료를 역사 문헌 두 곳에서 더 찾을 수 있다. 하나는《한서》〈장건전〉에서 "이에 황상께서는 종표후(從驃侯) 조파노를 파견하여 속국(屬國)³¹⁾의 기병과 군(郡)의 병력 수만 명을 이끌고 가서 흉노를 공격하려 했으나 흉노가 전부 달아나 버렸다. 그 이듬해 고사(姑師)³²⁾국을 격파하고 누란 왕을 포로로 잡은

....

28) 이사(貳師)장군: 이광리(李廣利)를 가리킴.《사기》〈대원열전〉에 의하면 한 무제가, 총희(寵姬) 이씨의 형제 이광리가 대원의 이사성(貳師城)에 이르러 좋은 말을 얻어 올 것을 기대하여 이사장군이라 불렀다고 한다.

29) 윤두(侖頭): 쿠차 부근에 있던 도시국가이며《한서》에 윤대(輪臺)로 표기된 것과 동일한 지명으로 추정된다.(《사기 외국전 역주》, 292쪽)

30) 원서에는 '輪臺渠犁有田卒數百人'이라고 되어있으나《사기》원문에는 '輪臺'가 '侖頭'로 표기되어 있고 '渠犁'라는 글자는 아예 없으므로 해석하지 않았다.

31) 속국(屬國): 한나라 때 변군(邊郡)에 투항한 주변 종족들이 거처하는 곳을 부르는 명칭이다. 한나라는 항복한 이들을 변군의 일정한 구역에 거주하게 하고 유목생활과 부족제도를 지속하게 하였고 속국도위를 두어 다스리게 하였다. 이런 제도는 무제 원수 3년(B.C.122) 이후 확인되는데, 적어도 10개 이상의 속국이 설치되었던 것으로 추정된다. 이는 사흉노중랑장(使匈奴中郎將)·서역도호(西域都護)·호강교위(護羌校尉)·호오환교위(護烏桓校尉) 등 특수기관을 통해 인근 종족의 주거지를 한의 영토에 편입시키되 그 인민을 집단적·간접적으로 지배하는 체제와 본질적으로 일치하였다. 다만 도호제 등이 비교적 대규모 종족이나 국가를 대상으로 하였다면 속국은 소규모의 항복한 이민족 집단을 대상으로 한 점에서 차이가 있다(《한서 외국전 역주》, 144~145쪽). 안사고는 주석에서 "속국은 외국으로서 한에 부속한 여러 나라를 지칭한다"고 하였다.

32) 고사(姑師): 현 신강위구르자치구 투루판 서북에 있었던 도시국가로 도성은 교하(交河)였다. 동남으로는 돈황, 남으로는 누란과 선선, 서로는 언기, 서북으로는 오손, 동북으로는 흉노와 통했던 실크로드상의 요충지. 기원전 60년대에 한나라가 투루판 지역을 정복한 뒤 '차사(車師)'라고 불렀다. 이 명칭

후, 주천에서 옥문까지 정장을 설치하였다"고 한 것이다. 다른 하나는 《한서》〈서역전〉에서 "왕회가 누란에게 여러 차례 어려움을 당했기 때문에, 황상께서는 왕회에게 조파노를 보좌하여 군대를 지휘하도록 명령하셨다. 조파노는 경기병(輕騎兵) 700여명을 이끌고 먼저 도착하여 누란 왕을 사로잡고 곧바로 고사국을 격파했다. 이로 인하여 (한나라) 군대의 위력이 널리 알려져 오손과 대원 등의 나라를 떨게 하였다. 그들이 돌아오자 조파노를 착야후(浞野侯)에 봉하고, 왕회를 호후(浩侯)에 봉했다. 이리하여 한나라는 정장을 옥문까지 연이어 설치하였다"고 한 것이다. 조파노가 착야후에 봉해진 것은 원봉 3년(B.C.108)의 일이며, 그 다음해에 왕회가 호후에 봉해졌기 때문에 정장을 옥문관까지 줄지어 설치한 것은 원봉 4, 5년경임이 틀림없다.

정과 장은 이미 상술한 바와 같이 실제로 변경지역의 요새였다. 대원 정벌 후 국방시설이 이미 롭 노르에까지 구축되었다는 것은 군사조직의 서쪽 이동이 정치세력 확대를 필히 동반하였다는 점을 충분히 증명한다. 그리고 그 점진적인 추진과정을 보았을 때 한대의 변경 정책이 외침을 막는데 그치지 않고 더 적극적인 의도를 갖고 있었음을 충분히 알 수 있다.

다만 더 깊이 연구해야 할 것은 《사기》와 《한서》에 모두 나오는 "옥문까지 정장을 줄지어 설치했다"는 구절로, 옥문관의 (정확한) 위치와 옥문의 소위 '서쪽 이전[西移]' 문제를 반드시 알 필요가 있다.

옥문관의 방위(方位)에 대해 이전 사람들은 줄곧 명확한 지점을 규정하지 못하였는데, 스타인이 서역에서 두 곳의 옛 관문 유적지를 발견한

....

의 어원에 관해서는 일치된 견해가 없으니 《사기 외국전 역주》, 259쪽을 참고.

후로 프랑스 학자 샤반느(Chavannes)와 중국의 나진옥·왕국유가 차례로 고증을 하였다. 여기서 왕국유의《유사추간》서문에 실린 내용을 인용하면 다음과 같다.

"옥문관을《한서》〈지리지〉에서 돈황군 용륵현(龍勒縣) 아래에 연결시켜 놓은 후로, 이를 이어받아《속한서(續漢書)》〈군국지(郡國志)〉·《괄지지(括地志)》33)·《원화군현지(元和郡縣志)》34)·《신당서》와《구당서》〈지리지〉·《태평환우기(太平寰宇記)》35)·《여지광기(輿地廣記)》36) 및 근대 관방과 개인 저술에 이르기까지 전부 한대의 옥문관이 지금의 돈황 서북쪽에 있었다고 여겼다. …… 옥문현이 바로 주천에서 돈황으로 나오는 요로에 있었다면, 태초연간 이전 옥문관은 당연히 이곳에 있었다고

....

33) 《괄지지(括地志)》: 당나라 때에 나온 지리서이다.《한서》〈지리지〉와 고야왕(顧野王)의《여지지(輿地志)》의 특징을 취하여 새로운 지리서의 체제를 세움으로써《원화군현지》와《태평환우기》의 효시가 되었다.

34) 《원화군현지(元和郡縣志)》: 당나라 때의 지리지로 원화 8년(813) 이길보(李吉甫)가 편찬하였다. 비교적 정리가 잘 된 현존 최고(最古)의 중국 지리지로 알려져 있다. 원명은《원화군현도지(元和郡縣圖志)》로 40권이었으나 남송 이후 19, 20, 23-26권이 망실되었다.

35) 《태평환우기(太平寰宇記)》: 송 태종 때 나온 지리총지(地理總志)로서 악사(樂史)가 편찬하였다. 현존하는 비교적 완전한 지리총지 중 가장 오래된 저서로 평가 받고 있다. 총 200권으로 구성되어 있으며 각 부(府)·주(州)의 연혁, 현의 수, 호수(戶數), 생산물과 그 지방 인물의 성씨·약전(略傳)·산천·명승고적 등을 상세히 기록하고 있다. 내용적으로는 지나치게 간략하게 서술되어 있던 당의《정원십도록(貞元十道錄)》와《원화군현지》등을 보완하고 있으며, 오대(五代)에 개정된 지명을 알 수 있게 설명하고 있는 점 등에서 사료적 가치를 가지고 있다.

36) 《여지광기(輿地廣記)》: 송대의 지리지로 휘종 정화연간에 완성됐다. 총 38권으로 되어있으며 고대부터 송대에 이르기까지 군현제도의 변화에 대해서 잘 정리해 놓았다는 평가를 받고 있다.

생각한다. …… 최근 수수(秀水: 지금의 절강성 嘉興 - 역자) 사람 도보렴(陶保廉)은 《신묘시행기(辛卯侍行記)》에서 한대의 옥문과 양관의 도로에 대해 기술하면서, 돈황 서북 160리에 있는 대방반성(大方盤城)[37]이 한대 옥문관의 옛 터라고 주장하였다. 그리고 그 서쪽 70리에는 서호(西湖)라는 지명이 있고, 장성[邊牆]의 유적지 및 봉화대 수십 곳이 있다고 하였다. 스타인은 이곳에서 관성(關城)[38] 유적 두 곳을 발견하였다. …… 그렇다면 (동경) 94도에서 약간 서쪽에 있는 것이 도보렴이 말한 대방반성이고, 93도 30분에 있는 것이 도씨가 말한 서호(西湖)가 아닐까? 샤반느 박사는 94도에서 약간 서쪽에 있는 폐허가 태초 이전의 옥문관이고, 그 서쪽에 있는 것이 훗날의 옥문관이라고 추정했다. 나는 태초 이전의 옥문관은 분명 주천의 옥문현에 있었다고 생각하는데, 만약 그것이 동경 94도와 북위 40도 근처에 있었다고 한다면, 여전히 돈황 서북쪽이 되어 《사기》〈대원열전〉의 기록과 일치하지 않기 때문이다. 그리고 태초 이후의 옥문관은 《괄지지》에 기록된 방향과 노정(路程)을 볼 때, 수창현(壽昌縣) 서북 118리에 있었다. 지금 돈황에서 서남쪽으로 140리를 가면 파언포라신(巴彦布喇汛)이라는 곳이 나오는데, 도보렴은 이곳이 당나라 수창현의 유적지라고 하였다. 이곳에서 서북쪽으로 118리를 가면 장성지대[塞上]에 이르는데, 그 위치가 마침 동경 94도 북위 40도 근처에 해당한다. 그렇다면 94도에 있는 폐허는 태초 이후의 옥문관이고, 93도 30분에 있는 것은 옥문관 서쪽에 있던 다른 요새였을 것으로 추정된다. 왜냐하면 한 무제가 대원을 정벌한 후 서쪽으로 염택에 이르기까지 곳곳에 정

---

37) 대방반성(大方盤城): 하창성(河倉城)이라고도 한다. 돈황시에서 서북쪽으로 약 90㎞ 떨어진 곳에 있으며 소방반성 북쪽 약 10㎞ 지점에 위치하고 있는데, 소방반성보다 크기 때문에 대방반성이라 부른다.

38) 관성(關城): 관성은 만리장성의 방어선상에서 가장 집중적인 거점이었다. 관성의 위치는 매우 중요하기 때문에 전부 수비와 방어에 유리한 지형을 갖춘 지점을 선택하여 가장 최소한의 병력으로 강대한 침입자를 방어하는 효과를 거두었다. 장성의 연장선상에 설치된 관성은 큰 것도 있고 작은 것도 있었으며 그 수도 매우 많았다.

을 설치하였고, 《사주도경》에서 옛 장성이 서쪽으로 사막 안에 들어갔다고 한 것을 보면 옥문 서쪽도 분명 한나라 때 둔전하며 수비하던 장소였을 것이므로, (93도 30분에 있는 것을) 성급히 관성(關城)으로 간주할 증거가 충분하지 못하기 때문이다. 그러므로 나는 샤반느 박사의 두 가지 설 가운데 (94도에 있는 폐허가 옥문관이라는) 앞의 설을 따르지만, 그 곳이 《한서》〈지리지〉의 용륵현 옥문관(태초 이후)이지 《사기》〈대원열전〉의 옥문(태초 이전)이 아니라면 믿을 만 하다. 옥문이 서쪽으로 이전한 연도는 역사 문헌에 기록되어있지 않다. 지금 스타인이 발굴한 목간에 따르면 무제 태시(太始: 원문에는 大始로 되어 있음) 3년에 옥문 도위가 많은 문서를 받고 있는데, 당시는 관성이 이미 서쪽으로 이곳에 옮겨졌을 때로 태초 2년에서 10년밖에 안된 해였다. 따라서 옥문의 서쪽 이전은 틀림없이 이광리가 대원을 정복한 (태초 4년) 이후 서쪽으로 염택까지 정을 설치했을 무렵이었다. 이를 보면 스타인의 장성 옥문관설이 확실히 억지로 만들어 낸 것이 아님을 알 수 있다. 우리는 스타인의 탐색, 샤반느의 고증을 통해서 옥문관의 방위와 그것이 서쪽으로 이전한 시점을 정할 수 있게 되었으니, 이런 점에서 두 사람의 공이 크다고 하겠다."

왕국유의 고증에 의하면, 태초 이전의 옥문관은 돈황의 동쪽에 있었고 태초 이후에 그 서쪽으로 옮긴 것으로 보인다. 옥문관은 중국의 가장 서쪽에 있는 관문으로 장성과 연결되어있었다. 따라서 누란을 정벌한 후 주천과 옥문 사이에 정장을 이미 두루 설치하였지만 여기서 말하는 옥문은 아직 돈황의 동쪽에 있었고, 대원이 항복한 후에 옥문이 서쪽으로 이전되었던 까닭에 "서쪽의 염수에 이르는 곳곳마다 정을 설치하였다"고 말할 수 있었던 것이다. 이를 통해 요새의 구축도 옥문을 따라 서진(西進)하였음을 볼 수 있다. 왕국유의 이 서문에는 여러 군데 오류가 있지만, 《역사어언연구소집간》 제19본에 실린 〈새로 발굴된 돈황 한간(新獲之敦煌漢簡)〉(저자는 夏鼐 - 역자)에서 이미 일일이 지적하였기 때문에 여기서는 더 이상 논하지 않겠다.

옥문을 언급할 때면 (옥문과 더불어) '양관(兩關)'으로 불렸던 양관(陽關)에 대해 이야기하지 않을 수 없다. 《한서》〈서역전〉에는 "동쪽으로 한나라와 접해 있는데, 옥문과 양관에 의해 막혀 있다"고 되어있고, 《한서》〈지리지〉에 따르면 돈황 용륵현에 옥문과 양관이 있으며 모두 도위를 두어 다스렸다고 하는데, 그 지역은 전부 지금의 돈황현 경내(境內)에 있다.

《사기》 권123 〈대원열전〉에 달려있는 '정의(正義)'에서 장수절(張守節)이 인용한 《괄지지》에 따르면 양관은 사주(沙州) 수창현(壽昌) 서쪽 6리에 있다고 되어있다.

《신당서》 권43 〈지리지〉에서는 변방[邊州]에서 사이(四夷)로 들어가는 길 가운데 다섯 번째인 안서(安西)에서 서역으로 들어가는 길을 설명하면서 "또 한 길은 사주 수창현에서 서쪽으로 10리를 가면 양관의 옛 성에 이른다"고 하였다.

파리에 소장된 석실본(石室本) 《사주도경》 잔본에서도 "오른쪽으로 현(縣) 서쪽 10리에 지금은 훼손되었지만 그 흔적이 남아있다. 서쪽은 석문간(石文澗)으로 통하며, □□□□, 옥문관 남쪽에 있기 때문에 양관이라고 불렀다"고 되어있다.

이상은 당나라 사람이 양관의 옛터와 수창성과의 거리를 기록한 것으로 6리와 10리 두 설이 있으나, 지금은 수창성 서쪽에 고동탄(古董灘)이라고 부르는 서수창성(西壽昌城)만 있고 그 외 다른 유적이 없는 것으로 보아 양관의 옛터임이 분명하다.

옥문관이 지금의 소방반성(小方盤城)[39]에 있었다는 설이 이미 정론이

....

39) 소방반성(小方盤城): 돈황시 서북쪽 80㎞ 지점에 위치하고 있다. 근래 '옥문

된듯한데, 이는 스타인이 과거 그 곳에서 한대 옥문도위 등의 판적(版籍: 호구나 토지의 등기부 – 역자)을 얻었기 때문이다. 스타인의 지도상에는 동경 94도의 약간 서쪽과 북위 40도 30분의 약간 남쪽에 있다. 파리에 소장된 석실본《사주도경》잔본에는, 옥문관은 "둘레가 120보(步)이며, 높이는 3장(丈)이다"라는 아홉 글자만 있고 그 아래는 전부 부서져 보이지 않는다. 누군가 여기서 말하는 보(步)는 걸음으로 측량할 때의 보(步)이지 리(里)의 면적[開方]40)을 계산할 때의 보(步: 사방 6척을 말함 – 역자)가 아니라고 하였는데, 이 견해는 현재 소방반성의 둘레가 120m인 것과도 부합된다. 이에 대해서는《진리잡지(眞理雜誌)》1권 4기의 〈옥문관양관잡고(玉門關陽關雜考)〉를 참고하라.

학자들이 논쟁하는 문제는 태초 2년 이전에 옥문관이 돈황 동쪽에 있었느냐는 점이다. 이 문제의 발단은《사기》〈대원열전〉에 기록된 태초 원년(B.C.104) 이사장군 이광리에게 군사를 거느리고 대원을 토벌하라고 명령한 이후 일어났던 다음과 같은 내용에서 시작되었다.

"(결국) 군사를 이끌고 돌아오고 말았다. (그들은) 가고 오는 데 2년이 걸려 돈황에 이르렀는데, 군사의 수는 출발할 때의 10분의 1 내지 2에 지나지 않았다. 이사장군은 천자께 사자를 보내 글을 올리기를, '길은 멀고 식량이 떨어져 병사들은 싸움을 걱정하기 보다는 굶주리는 것을 걱정했습니다. 병력이 적어 대원을 함락시키기에는 부족합니다. 원컨대 군사를 거두었다가 병력을 늘려 다시 나가도록 해 주십시요'라고 하였다. 천

....

도위' 등의 한간(漢簡)이 출토되어 많은 학자들은 이곳이 바로 '한대 옥문'이라고 생각한다.

40) 개방(開方): 제곱의 수를 구하는 개평(開平)과 세제곱의 수를 구하는 개립(開立)의 총칭임. 여기서는 면적만을 지칭한 것이므로 개평이라 적는 편이 더 정확하다고 본다.

자께서 이 말을 듣고 크게 노하여 사자를 보내 옥문을 가로막고 '(원정간) 군사 중에서 감히 (옥문) 안으로 들어오는 자가 있으면 즉시 참형에 처할 것이다'고 말했다. 이사장군은 두려워 돈황에 머물렀다."

《한서》 권61 〈이광리전〉 내용도 《사기》와 같다. 단지 "사자를 보내 옥문을 가로막고"의 옥문(玉門) 다음에 '관(關)'자 한 자가 더 있을 뿐이다. 샤반느는 그의 저서 《스타인이 동투르키스탄 사막에서 획득한 중국문서 고증(斯坦因在東土耳其斯坦沙漠所獲中國文書考釋)》의 서론 제6쪽과 7쪽에서 태초 이전의 옥문관은 당연히 돈황의 동쪽에 있었기 때문에 한 무제가 사자를 시켜 옥문을 가로막을 수 있었고, 이사장군도 결국 어쩔 수 없이 돈황에 머무르며 감히 동쪽을 향해 관문 안으로 들어가지 못했으니, 돈황 서북쪽에 있는 옥문관은 태초 이후에 옮겨 설치한 것이라고 주장하였다. 왕국유도 《유사추간》 서문에서 샤반느의 설에 찬성하였지만, 최근 많은 사람들은 이 주장에 의구심을 품고서 한대의 옥문관이 결코 위치를 바꾸지 않았다고 주장하고 있다.

《사기》 〈대원열전〉을 보면, 조파노와 왕회가 누란을 격파한 후 조파노를 착야후에 봉하고 왕회를 호후에 봉하였다는 기록 밑에 "이 때에 이르러 주천의 정장이 옥문까지 연결되었다"는 말이 처음 나온다. 조파노가 착야후에 봉해진 것은 원봉 3년(B.C.108)이고 왕회가 호후에 봉해진 것은 그 1년 후이므로 모두 태초 2년보다 4, 5년 전의 일이다. 그러므로 《한서》 〈지리지〉의 돈황군 효곡현(效穀縣) 밑에 "원봉 6년 제남(濟南) 사람 최불의(崔不意)가 어택장위(魚澤障尉)[41]가 되었다"는 안사고의 주가 달려 있는데, 어택은 곧 효곡의 옛 명칭이다. 만약 위에서 말한

....

41) 《한서》 원문에는 그냥 어택위(魚澤尉)라고 되어있다.

대로 옥문이 돈황의 동쪽에 있었다면 원봉 6년 어택장에 어떻게 위(尉)
를 둘 수가 있었겠는가?

하물며 《사기》와 《한서》는 다소 덜 중요한 요새들의 건축연대도 모두
기록하고 있는데, 만약 옥문관이 옮겨졌다면 어떻게 두 역사가가 똑같
이 한 글자도 기록하지 않았겠는가? 그래서 어떤 이는 하서사군(河西四
郡)이 모두 태초연간 이전에 설치되었기 때문에, 《사기》〈대원열전〉의
"사자를 보내 옥문을 가로막았다"는 말은 바로 옥문현을 지칭하는 것이
라고 하였다. 즉 태초 2년 이사장군이 대원에서 패한 후 돌아왔을 때
이미 옥문관을 통과하였을 뿐 아니라 동쪽으로 더욱 퇴각하여 돈황에
이르렀는데, 한대의 옥문현은 지금의 옥문현 적금(赤金) 부근으로 돈황
과 주천 사이에 있었기 때문에 무제가 사자를 보내 옥문현에서 그들이
주천으로 퇴각해 들어오지 못하게 하였다는 것이다. 결국 《한서》에서
'옥문'자 밑에 '관(關)'자를 덧붙이는 바람에 후대 사람의 의구심을 유발
시킨 것이니, 아마도 옥문관은 돈황의 서북쪽에, 옥문현은 돈황의 동쪽
에 있었던 것 같다고 하였다.

돈황은 서역으로 통하는 요로여서, 한대에 서역에 무슨 일이 생기면
반드시 먼저 군대와 군수품을 돈황에 집결시켜야만 했다. 흉노도 한나
라의 서역 가는 길을 끊고자 하면 역시 반드시 먼저 돈황을 공략해야만
했다. 돈황의 지리적 위치가 이렇게 중요하였기 때문에, 원정 6년
(B.C.111) 주천군을 나누어 돈황군을 만들고, 같은 해 옥문관도 설치하
였다. 이는 무제 원정 6년에 중국의 정치와 군사력이 이미 돈황 서북의
옥문관까지 이르렀음을 의미한다. 그 후 원봉 3, 4년(B.C.108, 107)에는
주천에서 옥문관까지의 정장을 완성하고, 태초 3년(B.C.102)에는 장액
과 주천 북쪽에 요새를 증축하였다. 그리하여 이사장군이 대원을 정벌
할 때는 후방에 대한 염려를 하지 않아도 되었다. 태초 4년 이사장군이

개선하자, 한나라는 곧바로 "돈황에서부터 서쪽의 염택에 이르는 곳곳마다 정을 설치"함으로써 서역에 대한 경영을 한 걸음 더 발전시켰다.

노정일 선생은 《역사어언연구소집간》 제11본에 실린 〈두 관문 유적지 고찰(兩關遺址考)〉에서 여전히 왕국유의 설에 찬성하였지만, 왕국유가 태초 이전의 옥문관을 현재 주천의 옥문현성(玉門縣城)으로 본 반면, 노정일 선생은 지금의 현(縣) 동쪽 적금(赤金)에 있었던 것으로 수정하였다.

옥문관이 돈황의 서쪽에 설치된 것은 이사장군이 대원을 격파하고 1년여가 지난 뒤가 아니었다. 《사기》〈대원열전〉에서는 이사장군이 처음 대원 정벌에 실패하고 돌아왔을 때 "돈황에 이르렀는데, 군사의 수는 출발할 때의 10분의 1 내지 2에 지나지 않았다"고 하였고, 두 번째 대원 정벌 때는 "돈황을 출발한 병력이 6만 명이나 되었다. …… 말이 3만여 필"이라고 하였으며, 대원을 격파하고 돌아왔을 때는 "옥문에 들어온 군사는 1만여 명이고, 군마는 1,000여 필이었다"고 기록하고 있다. 즉 옥문관에 들어온 것을 돈황에 이르렀다고 말한 것은 옥문관이 돈황에 예속되어 있었기 때문이었다. 만약 옥문관이 멀리 돈황현성 동쪽 600여 리의 적금협(赤金峽)에 있었다면, 이와 같은 표현을 쓸 수 없었을 것이다.

《사기》와 《한서》에는 태초 2년 이전에 이미 여러 차례 돈황이 언급되고 있다. 비록 그 지역에 아직 군(郡)이 설치되지 않고 주천에 부속되어 있었지만, 변경의 중요한 관문은 돈황의 서쪽에 있었음이 분명하다. 그렇지 않으면 그 기능을 잃기 때문이었다.

위에 인용한 《한서》〈지리지〉의 주에서 제남 사람 최불의가 원봉 6년 어택장위가 되었다고 하였는데, 어택장은 돈황의 북쪽에 있기 때문에 열을 지어 늘어선 정장이 이어졌던 옥문이 돈황의 서쪽에 있는 것은 더욱 당연하며, 태초연간에 여전히 돈황의 동쪽에 있었다는 것은 맞지 않다.

《역사어언연구소집간》 제19본에 실린 〈새로 발굴된 돈황 한간〉에서는, 한간 중에 '주천옥문도위(酒泉玉門都尉)'라는 글자가 있는데, 주천군이 돈황군보다 먼저 설치된 점과 '옥문' 앞에 '주천' 두 자가 있는 걸로 보아 분명 돈황군 설치 이전에 만들어진 것이며, 이 한간이 민국 33년(1944) 겨울 소방반성(小方盤城)에서 발굴된 것이기 때문에 태초 2년 돈황군 설치 이전에 옥문관이 이미 돈황 서쪽에 있는 소방반성에 세워졌음을 더 확실히 증명할 수 있다고 하였다.

어떤 이는 《사기》 〈대원열전〉의 "사자를 보내 옥문을 가로막았다"는 구절을 다음과 같이 해석할 수도 있다고 하였다. 즉 만약 당시 이사장군이 돈황까지 퇴각한 것을 무제가 이미 알고 있었다면, 옥문관이든 옥문현이든 분명 돈황의 동쪽에 있었기에 사자를 보내 그 퇴각로를 막았던 것으로 볼 수 있다. 그러나 만약 이사장군이 동쪽으로 퇴각하면서 바로 군대 해산을 황제에게 요청해서 그 군대가 아직 돈황 서쪽의 옥문관까지 퇴각하지 못했다고 무제가 판단하여 옥문으로 퇴각해 들어오지 못하게 명령을 내렸다면, "사자를 보내 옥문을 가로막았다"는 구절을 반드시 현(縣)으로 해석하지 않고 관(關)으로 해석해도 가능하다는 것이다.

옥문관이 돈황 동쪽에 있었다고 하는 주장은 육조(六朝) 이후에 시작되었다. 현재의 옥문관과 양관 유적지를 살펴보면, 대개 그 곳 땅이 단단하여 낙타가 걷기 편했을 것으로 보아 아마도 상업적 성격이 군사적 성격보다 더 중요했던 것 같다. 육조 이후 상인과 여행객들이 모두 이오(伊吾)42) 노선으로 쏠리면서 서역이 텅 비게 되었다. 이오 노선이 8일이

....

42) 이오(伊吾): 처음에는 이오로(伊吾盧)라 했는데, 중앙아시아 사람들은 하미(Hami)라 불렀다. 지금 신강위구르자치구 합밀(哈密)시 서쪽에 위치했던 오

소요되는 반면 옥문관과 양관 노선은 12일이나 걸렸기 때문이었다. 이에 돈황 서쪽에 있던 옥문관도 돈황의 동쪽으로 철수하지 않을 수 없게 되었던 것이다.

제4절 반초(班超)의 서역정벌

반초에 관한 역사 사실을 연표로 만들어 설명하면 다음과 같다.

광무제 건무 6년(30) 반고(班固)의 아우 반초가 태어났다.

명제 영평 5년(62) 반고가 교서랑(校書郞)으로 부름을 받고, 아우 반초와 함께 낙양으로 가 난대영사(蘭臺令史)가 되었다.

명제 영평 16년(73) 두고(竇固)가 가사마(假司馬)[43] 반초를 서역에 사신으로 파견하였는데, 반초가 선선(鄯善)에 이르러 밤에 흉노진영으로 달려가 그 사자의 머리를 베자 선선 사람들이 놀라 두려워하였다. 사차(莎車)를 격파하자, 우전(于闐)이 흉노의 사신을 죽이고 투항하였다.

명제 영평 17년(74) 반초가 소륵(疏勒)을 평정하니, (서역) 여러 나라가 자식을 한나라에 인질로 보냈다.

명제 영평 18년(75) 명제가 붕어하자, 서역이 다시 반란을 일으켜 언

....
아시스 도시로 중국 내지에서 서역으로 통하는 문호였다. 후한 영평 16년(73) 의락도위(宜樂都尉)를 설치했고 영건 6년(131) 이오사마(司馬)를 설치해 둔전을 관리하게 했다. 수대에 새 성(城)을 축조하고 지금의 합밀시로 옮겼다.
43) 가사마(假司馬): 관직명. 한대 관직명 앞에 붙은 '가(假)'는 모두 '보좌'의 의미를 가지고 있다. '가사마'는 곧 '사마'를 보좌한다는 의미이다.

기(焉耆)가 서역도호(西域都護) 진목(陳睦)을 공격하였다.

장제 건초 3년(78) 반초가 고묵석성(姑墨石城)을 공격하여 함락시켰다.

장제 건초 9년(84) 도호(都護)를 폐지하다. 반초에게 귀환을 명하였으나, 소륵의 반란자 머리를 베자 장제가 서역에 남도록 허락하였다.

화제 영원 2년(90) 반초가 대월지의 부장(副將)을 격파하자, 대월지가 사신을 보내 입공하니 비마 타크토(Vima Takto)[44]가 재위에 있을 때였다.

화제 영원 3년(91) 두헌(竇憲)[45]이 흉노를 대파하고 죽자, 선우가 서쪽 강거(康居)로 달아났다.

화제 영원 6년(94) 서역의 50여국이 모두 복속하였다.

화제 영원 7년(95) 반초를 정원후(定遠侯)에 봉하였다.

화제 영원 9년(97) 반초가 감영(甘英)을 대진(大秦)에 사자로 보내자, 안식 서쪽 경계까지 갔다 돌아왔다.

화제 영원 14년(102) 8월 반초가 서역에 머무른 지 30년 만에 낙양에 돌아와 9월에 죽으니 향년 71세였다.

이오(伊吾)는 지금의 하미[哈密]인데, 한대 중서교통로 중 국경 밖의 첫 번째 기지로 남북로의 교차점에 있었기 때문에 매우 중요하였다. 서역 통제라는 관점에서 볼 때, 이오는 앞문, 소륵은 뒷문에 해당했다.

....

44) 비마 타크토(Vima Takto, 재위 80-105): 쿠샨왕조의 군주로 중국식 표기는 염고진(閻高珍)이다. 비마 카드피세스와 카니슈카 1세의 전임자로 쿠샨왕조의 영역을 인도 대륙 북서쪽으로 확장하였다.

45) 두헌(竇憲, ?-92): 후한시기의 권신으로 장제의 황후인 두씨의 오빠이다. 화제가 즉위하고, 두황후가 태후가 되어 임조(臨朝)하자, 대장군으로서 태후와 함께 정치를 농단했다. 영원 4년(92) 화제가 친정(親政)을 하려고 하자 황제를 죽이려고 꾀하였으나 발각되어 자살했다.

반초가 돌아온 후 임상(任尙)이 서역도호가 되어 기존 제도를 일거에 변경시키자 서역이 다시 반란을 일으켰다. 안제 영초 원년(107)에 이르러 마침내 서역을 포기하고 더 이상 도호를 설치하지 않았다.

서역과 한나라의 관계가 단절되자 북흉노는 다시 서역의 여러 나라로 하여금 한을 공격하게 하여 하서지역을 침략했다. 영녕 원년(120) 변군(邊郡)의 군수[守]46)가 그들을 공격할 것을 요청하였다. 등태후(鄧太后)가 반초의 아들 반용(班勇)에게 그 계책을 물으니, 반용이 과거처럼 돈황의 진영과 병사를 회복시키고 서역장사(西域長史)47)를 파견하여 누란 서쪽에 주둔시켜야 한다고 주장하였다. 태후가 반용의 계책을 따르자, 안제가 반용을 서역장사로 기용하였다. 순제 영건 원년(126) 흉노를 격퇴하자, 서역이 다시 한에 복속하였다. 그 다음해 언기도 투항하였다.

....

46) 군수(郡守): 전국시대에 처음 두어졌다. 당초 무직(武職)으로 변군의 방위를 담당했으나, 후에 군 단위 지방행정기관의 장관으로 변모되었다. '수(守)'라고 약칭되었으며 질이 2천석이었다. 경제 2년(B.C.155)에 태수(太守)로 개명되기도 하였다.(《사기 외국전 역주》, 298쪽)

47) 서역장사(西域長史): 후한 후기 서역 제국(諸國)을 통령(統領)하던 장관의 직명. 장제 건초 8년(83) 군사마(軍司馬)였던 반초가 서역에서 군대를 지휘하는 장사(長史)가 되었으니, 이것이 서역장사의 시작이다. 화제 영원 3년(91) 반초를 도호로 삼고 서간(徐干)을 장사로 삼았는데, 장사의 직책은 일종의 부도호와 같은 것이었다. 안제 영초 원년(107) 도호와 장사를 모두 없앴다가, 연광 2년(123) 반용(班勇)을 다시 서역장사로 임명하였고 도호를 다시 두지는 않았다. 이후로 장사가 도호의 직책을 수행하기 시작했고 영제 때까지 단절되지 않았다. 즉 장제 때에는 반초, 화제 때에는 서간과 조박(趙博), 안제 때에는 색반(索班)과 반용, 환제 때에는 조평(趙評)과 왕경(王敬), 영제 때에는 장안(張晏)이 임명되었다. 장사의 주둔지는 일정치 않았는데, 반초와 서간은 소륵에 주둔했고, 색반은 이오에, 반용은 유중(柳中), 조평과 왕경은 우전에 주둔했으며 다른 사람들의 경우는 불분명하다. 그 후 위진시대에도 후한의 제도를 본떠 서역장사를 두었다.(《후한서 외국전 역주》, 239쪽)

그러나 반용이 죽자, 한나라의 위령(威令)은 마침내 더 이상 서역에서 통하지 않게 되었다.

제7장
한나라의 흉노 격퇴 이후 중서교통

제1절 한나라와 중앙아시아 각국의 관계

흉노는 비록 격퇴되었지만 한나라는 서방과의 통로를 공고히 하기 위해 4군 설치, 장성 수축, 정장 건설 외에 중앙아시아 각국과의 연맹을 더욱 적극적으로 모색함으로써 국제관계를 강화하였다. 그래서 한 무제는 북쪽에서 흉노를 쫓아낸 후에도 당시 '중앙아시아 통'이었던 장건에게 대하 등의 나라 정세에 대해 여러 차례 캐물었을 뿐만 아니라 그를 오손에 사신으로 파견하여 연맹을 맺도록 하였는데, 그 과정이 《사기》 〈대원열전〉에 다음과 같이 적혀있다.

"그 뒤 천자께서는 장건에게 대하 등에 대해서 여러 차례 물으셨다. 장건은 이미 후(侯)의 지위를 잃었으므로 이렇게 대답했다. …… '지금 선우는 한나라로 인하여 새로이 곤경에 처하게 되고, 예전 혼야왕의 땅도 텅 비어 아무도 없습니다. 만이의 풍속은 한나라의 재물을 탐하는 것이니 지금이야말로 (이를 활용할) 시기입니다. 오손에게 많은 물자를 주어서 동쪽으로 초치하여 옛 혼야왕의 땅에 살게 하고 한나라와 형제의 의를 맺자고 하면 형세로 보아 오손은 반드시 한나라의 말을 들을 것입니다. 그들이 이것을 받아들이면 흉노의 오른 팔을 끊는 것이나 다름없습니다.'"

장건은 두 번째 출사의 임무를 원만하게 완성하여 오손과 동맹관계를 맺었으며 아울러 중앙아시아 일대에 중국의 위엄을 선양하였다. 또 외국 사절단을 데리고 돌아와 그들에게 중국 영토의 광활함과 물자의 풍부함을 알게 하여 중국과 친선관계를 맺지 않을 수 없게 만들었다. 《사기》 〈대원열전〉에는 다음과 같이 기록되어있다.

"장건은 대원·강거·대월지·대하·안식·신독·우전·우미(扞釆) 및 인근의 여러 나라에 부사(副使)를 나누어 파견했다. 오손은 안내인과 통역인을 붙여서 귀국을 도왔다. 장건은 오손이 보낸 사절 수십 명과 말 수십 필, 답례품과 함께 돌아왔다. 그것을 기회로 한나라를 살피고 그 규모를 알도록 했다. 장건은 귀국 후 대행(大行)으로 임명되어 구경(九卿)의 반열에 들었는데, 1년여 뒤에 사망하였다. 오손의 사절이 한나라에는 사람이 많고 물자가 풍부한 것을 보고 자기 나라로 돌아가 보고하니 오손은 한나라를 더욱 중시하게 되었다. 그 뒤 일 년쯤 지나자 장건이 대하 등의 나라에 보냈던 부사가 모두 그 나라 사람들과 함께 서서히 돌아왔다. 이렇게 해서 서북쪽의 나라들이 처음으로 한나라와 교통하게 되었다."

한과 흉노의 관계는 때때로 악화되어 화친을 끊기도 하였지만 통상은 지속적으로 이루어졌다. 《사기》 〈흉노전〉에 따르면 "이로부터 흉노는 한나라와 화친을 끊고 종종 한나라의 변방지역을 침략해 노략질하는 일이 이루 헤아릴 수 없이 많았다. 그러면서도 흉노는 탐욕스러워 관시 (關市) 교역을 즐기며 한나라의 재물을 좋아했다. 한나라도 관시의 교역을 중시하여 이를 계속 유지함으로써 흉노의 마음을 달래려고 했다"고 되어있다.

그러나 중국이 중앙아시아로 통하는 교통선상에 누란이라고 하는 지리적으로 매우 중요한 작은 부락 국가가 있었는데, 누란은 서역 소국(小國)의 영수로 본래 흉노에 속해있었다. 흉노는 한나라에 패한 이후에도 여전히 끊임없이 이들 국가를 유인하여 자신의 이목으로 삼아 한나라 사신의 길을 막고 죽이기까지 하였으니, 《사기》〈대원열전〉에는 다음과 같이 기록되어있다.

> "누란과 고사(姑師)는 작은 나라에 불과하나 교통의 요지에 위치해 있어 한나라 사신 왕회 등을 공격하고 겁략함이 특히 심했다. 게다가 흉노의 급습부대가 자주 서역 나라로 가는 사신들의 길을 막고 공격했다."

누란이 중요했던 이유는, 대개 한나라 사신이 위험천만한 염택을 지나고 나서 반드시 쉬어야만 했는데, 타림분지 가장 동쪽에 위치하고 있는 그 "나라 안에 골풀[葭葦]·서하류[檉柳]·호동(胡桐)·백초(白草) 등이 많아서"(《한서》〈서역전〉) 쉬어가기에 가장 이상적인 곳이었기 때문이었다.

한나라는 이 국제통상 노선을 보호하기 위해서 누란과 고사를 제거하지 않으면 안 되었으며, 중앙아시아에서 한나라의 위신을 세우고 오손·강거·대원 등으로 하여금 흉노의 통제권에서 완전히 벗어나게 하기 위해서는 그 가운데 하나를 택해 정벌하지 않으면 안 되었다. 먼저 누란과 고사를 격파한 기록을 《사기》〈대원열전〉에 의거해 인용하면 다음과 같다.

> "사신들은 외국(에서 발생할 수 있는) 재난에 대해 다투어 두루 말하면서, (그들) 나라에는 모두 성읍이 있지만 군대가 약해서 공격하기 수월하

다고 했다. 이런 까닭에 천자께서는 종표후(從驃侯) 파노(破奴)를 파견하여 속국의 기병과 군(郡)의 병력 수만 명을 지휘케 하였다. …… 그 이듬해 고사를 공격하였는데, 파노와 경기병(輕騎兵) 700여 명이 먼저 도착하여 누란 왕을 사로잡고 마침내 고사를 격파하였다. 이어서 군대의 위세를 과시함으로써 오손과 대원 등의 나라를 궁지에 몰아넣었다."

그러나 대원에 대한 군사행동은 이처럼 순조롭지 못하였다. 사실 그 땅이 멀리 파미르고원 밖에 있어서 반드시 롭 노르를 지나 사막을 따라 가야만 했고 양식과 경험도 부족했기 때문에 첫 번째 원정은 결국 참패하고 돌아왔다. 《사기》〈대원열전〉에는 이렇게 기록되어있다.

"이광리(李廣利)를 이사장군에 임명하고 속국에서 징발한 기병 6천명과 군국(郡國)의 무뢰배[惡少年] 수만 명을 데리고 가서 대원을 정벌하도록 했다. (천자께서는 그가) 이사성(貳師城)[1]에 도착해서 좋은 말을 얻어 올 것을 기대하였으므로 이사장군이라는 칭호를 준 것이다. …… 옛 호후(浩侯)였던 왕회로 하여금 군대를 안내하게 하였다. …… 이해가 태초 원년(B.C.104)이었다. …… 서쪽으로 염수(鹽水)를 지나자 길목에 있는 작은 나라들은 두려워 각기 성문을 굳게 닫아걸고 지키면서 먹을 것을 주려고 하지 않았다. 그들을 공격해 보았지만 쉽사리 함락시킬 수 없었다. 항복을 받으면 식량을 얻을 수 있었지만 항복 받지 못하면 며칠 만에 떠날 수밖에 없었다. 욱성(郁成)[2]에 다다랐을 때 도착한 군사가 수천

....

1) 이사성(貳師城): 이사(nzi-si)는 대원의 성 이름이다. 대부분의 학자들은 이것이 호젠드와 사마르칸드 중간에 있는 Uratepe 부근의 Sutrushana(혹은 Usrushana)에 해당되는 것으로 본다. 그러나 풀리블랭크는 아랍 역사가들의 기록에 보이는 Nesef 혹은 Nakhshab(현재의 Karshi)로 비정하였다고 한다. (《사기 외국전 역주》, 288~289쪽)
2) 욱성(郁成): 미확인 지명. 여태산(余太山)은 Ush, Uzkent, Gasiani 등의 가능

명에 불과했고, 그들도 모두 굶주리고 지쳐있었다. 욱성을 공격했으나 도리어 욱성이 한나라 군사를 크게 격파하여 사상자가 매우 많이 발생했다. …… (결국) 군사를 이끌고 돌아오고 말았다. (그들은) 가고 오는 데 2년이 걸려 돈황에 이르렀는데, 군사의 수는 출발할 때의 10분의 1 내지 2에 지나지 않았다."

그러나 흉노가 쉽게 권토중래하는 걸 막기 위해선 한나라의 명성을 반드시 만회해야만 했기에 이사장군의 두 번째 서역 정벌이 있게 되었다. 제1차의 경험을 토대로 식량 보급에 어려움이 있지 않도록 특별히 주의를 기울이고 전국의 힘을 다 쏟아서(이른바 "천하가 떠들썩하게"하여) 마침내 대승을 거두어 대원으로 하여금 성하지맹(城下之盟)을 맺도록 하였다. 《사기》〈대원열전〉에서는 다음과 같이 적고 있다.

"죄수[囚徒]들 중의 재관(材官)[3]을 사면하고 더 많은 수의 무뢰배와 변방의 기병들을 징발하여 1년 남짓 지나서 돈황을 출발한 병력이 6만 명이나 되었으니, 사사로이 물건을 지고 따라가는 자는 포함하지 않은 수치였다. 소가 10만 두, 말이 3만여 필, 나귀와 노새와 낙타 등은 만 필을 헤아렸다. 식량을 넉넉하게 가져가고 병기와 큰 활도 많이 준비했다. 천

....

성을 지적했다고 한다.(《사기 외국전 역주》, 289쪽)

3) 재관(材官): 진·한대에 처음 설치된 하위 군직으로 '재사(材士)'라고 칭하기도 한다. 재관인강(材官引强), 재관궐장(材官蹶張) 등의 명칭에서 볼 수 있듯이 능히 강한 활을 당기거나 발로 쇠뇌를 당길 수 있는 사람들이다. 진대에는 여러 군에 두었으나 한대에는 변군(邊郡)에 설치되지 않았다. 23세 이상 되는 사람들은 재관이나 기사(騎士)로 1년간 근무하고 활을 잘 쏘면 보전(步戰)에도 활용되었다. 이들은 평상시 농사를 짓고 살지만 정기적으로 훈련을 받다가 전쟁이 발생하면 징집되어 경사(京師)나 변방 방위에 배치되었다고 한다.(《사기 외국전 역주》, 292쪽)

하가 떠들썩하게 대원 정벌 명령을 받들어 서로 전달한 교위(校尉)⁴⁾만도 50여 명⁵⁾이나 되었다. …… 그리고 다시 수자리 서는 병사[戊甲卒] 18만 명을 더 징발하여 주천과 장액 북쪽에 주둔케 하고, 거연(居延)과 휴도(休屠) 현(縣)을 새로 설치하여 주천을 지키도록 하고, 천하의 칠과적(七科適)⁶⁾들을 징발하여 말린 식량을 싣고 가서 이사장군에게 공급하게 하였다. 짐을 실은 수레와 사람들이 줄을 이어 돈황에 이르렀다. 말에 정통한 2명을 집마교위(執馬校尉)와 구마교위(驅馬校尉)에 임명하여 대원을 정벌한 뒤 …… 함께 맹약을 맺고 나서 군사를 철수하였다."

대원이 항복한 후 중앙아시아의 정세는 크게 변하여 각국이 모두 중국에 입공하였다.

후한 때가 되면 중서간의 통상이 더욱 번성해져 왕래하는 상인과 우마차 등이 움직였다하면 천을 헤아렸으니,《후한서》〈오환전(烏桓傳)〉

....

4) 교위(校尉): 진·한대 군대를 통솔하는 무관으로 장군보다 낮고 도위(都尉)보다 높은 직책으로 질(秩)이 2천석이었다. 출정 시에 임시로 임명되며 1교(校) 또는 1영(營)의 병력을 지휘하고, 사마(司馬)·후(候) 등의 속관을 거느렸다. 경기(輕騎)교위와 같이 구체적인 직무에 따라 선행하는 명칭이 붙여졌다. 오환(烏桓)교위·호강(護羌)교위처럼 이민족을 통어하는 교위도 있었다.(《사기 외국전 역주》, 271쪽)

5) 원서에는 20여 명으로 적혀있으나 《사기》 원문에 50여 명으로 기록되어있어서 바로 잡았다.

6) 칠과적(七科適): '七科謫'이라고도 한다. 전한 정부가 전쟁 때 징발하여 변방에 보내 복무하게 했던 7종류의 죄인으로,《사기정의(史記正義)》에서는 장안(張晏)의 말을 인용하여 "죄를 지은 관리가 하나요, 달아난 범죄자[亡命者]가 둘이요, 데릴사위[贅壻]가 셋이요, 고인(賈人)이 넷이요, 시적자(市籍者)가 다섯이요. 부모가 시적자인 경우가 여섯이요, 조부모가 시적자인 경우가 일곱이니, (이것들이) 7과이다"고 하였다. 시적자를 포함시킨 것은 상인으로서 시적에 등록된 사람들을 죄인과 동일시했기 때문이다.(《사기 외국전 역주》, 293쪽)

에는 "순제 양가 4년(135) 겨울 오환이 운중군을 침입하여 도로 위에서 상인들의 우마차 천여 량을 가로채었다"고 되어있다. 한편 서역[胡] 상인들도 (중국) 내지 깊숙한 곳까지 들어왔으니, 《후한서》〈양기전(梁冀傳)〉에 나오는 "양기가 하남성(河南城) 서쪽에 토끼정원[菟苑]을 조성했는데, 일찍이 서역 상인이 잘못하여 토끼 한 마리를 죽였다"고 한 대목이 그 사실을 분명히 증명한다.

한나라 이후 역대 왕조는 서역 경영에 있어 모두 기여한 바 있지만, 그 지역의 중국화는 한국과 베트남 등지만큼 깊지 못했다. 이는 사실 서역 경영이 철저하지 못했을 뿐더러 서역에 원래 거주하고 있던 서방 계통 인종의 문명 수준이 매우 발달해 있었기 때문이다. 특히 종교와 미술은 중국이 오히려 그들의 영향을 받았다. 다만 당나라와 원나라 시기 서역인의 중국화는 꽤 언급할 만한 내용이 있다.

한대 서역과의 관계를 간단하게 요약하면, 무제 때에는 서역 각국이 전부 귀순을 맹세할 정도였고 소제 때에도 발전이 있었으며 헌제 때 이르러 더욱 현저해졌다. 신작 2년(B.C.60) 정길(鄭吉)[7]이 서역도호가 되어 지금의 쿠차 부근 오루(烏壘)성에 주둔하자, 서역 전부가 한나라의

....

7) 정길(鄭吉, ? −B.C.49): 회계(會稽)인으로 처음에는 병졸로 종군하여 여러 차례 서역에 갔으며 이로 인하여 낭(郎)이 되었다. 신작연간(B.C.61−58) 흉노에 변란이 일어나 일축왕(日逐王) 선현탄(先賢撣)이 한나라에 투항하려고 정길에게 사람을 보내 알리자, 정길은 거여(渠黎)와 구자(龜玆) 등의 5만 명을 동원하여 일축왕을 맞이하고 구(口) 1만 2천 명, 소왕장(小王將) 12인 등이 정길을 따라 하곡(河曲)에 이르렀다. 그 가운데 도망친 사람도 많았는데, 정길이 추격하여 참수하고 이들을 경사로 호송해 왔다. 그는 이 공으로 귀덕후(歸德侯)에 봉해졌다. 이렇게 차사(車師)를 격파하고 흉노의 일축왕이 투항하면서 서역에 대한 통제력이 강화되자, 한나라는 서역도호를 설치하고 정길을 최초의 도호로 임명하였다. 이에 정길은 막부(幕府)를 세우고 치소를 오루성에 설치하여 서역을 진무하였다.

통치하에 놓이게 되었다. 이때부터 18명의 서역도호가 부임하였는데, 왕망(王莽) 때에 이르러 처음 반란이 일어나긴 했지만 그 통치권을 아직 완전히 잃은 것은 아니었다. 왕망 천봉 3년(16) 이숭(李崇) 등이 서역으로 출사했을 때, 서역의 여러 나라들은 여전히 교외까지 나와 군사를 맞이하고 환송했으며 식량을 선물했다. 광무제 건무 14년(38) 사차와 선선 등이 모두 사자를 보내 공물을 바쳤다. 그리고 영평 3년(60) 휴막패(休莫霸)와 한나라 사람 한융(韓融) 등이 도말(都末) 형제를 살해하고 스스로 우전국의 왕이 된 것으로 보아 영평연간에도 서역과 한나라 사람들 간에 교제가 있었음을 알 수 있다. 영평 17년(74) 다시 도호를 설치하였으나, 장제 때 끊겼다가 화제 때 다시 반초의 노력으로 서역 50여개 나라가 모두 한나라에 인질을 보내고 복속하였다. 그러나 반초가 귀국하고 화제가 죽자 서역에서 다시 반란이 일어났다. 안제 영초 원년(107) 서역이 여러 차례 도호를 공격하자 한나라는 다시 서역을 포기해버렸다. 그러다 연광 2년(123) 돈황태수 장당(張璫)의 계책을 받아들여 반용(班勇)을 장사(長史)로 삼으니 17개 나라가 내속(內屬)하였다. 그러나 환제 원가 2년(152)에 이르면 중국의 정치세력은 서역에서 마침내 소멸되고 만다.

제2절 전·후한시기 중서교통로의 변천

중서교통사에 관한 명확한 기록은 당연히 장건부터 시작된다. 장건은 자신이 직접 가 본 나라는 물론 전해들은 부근의 이웃나라에 관해서도 전부 무제에게 보고하였고, 사마천은 이 보고를 자신이 편찬한 《사기》

〈대원열전〉에 기록해 넣었다. 한나라 초 서역 각국에 대한 중국인의
인식은 사실 이때부터 시작되었다. 그러나 장건이 실제로 가본 곳은 대
원·대월지·대하·강거 등 네 나라이고, 전해들은 나라 중 파미르 이서
에 있는 것은 엄채(奄蔡)[8]·안식·조지(條枝)[9]·여헌(黎軒)[10]·신독 등

....

8) 엄채(奄蔡, iäm-ts'âi): 샤반느는 엄채를 스트라보의 Aorsoi 또는 프톨레마이
오스의 Alanorsi와 유사한 음가를 나타낸 것이며 카스피해 북방의 Alan족으
로 보았다. 풀리블랭크도 이 주장에 찬동하며 闔蘇(hap-sah)가 Abzoe라는
족속을 가리키는 것이라고 추정했다. 그러나 엄채와 합소가 모두 Abzoe라는
동일한 민족명을 나타낸 것이라는 주장도 있으며, 그것은 엄채가 서쪽으로
대진과 통한다는 기록과도 서로 합치된다. 한편 이들이 거주했던 지역으로
《위서(魏書)》와 《주서(周書)》 등에 속특국(粟特國)에 관한 기록이 보이는데,
이는 중앙아시아의 소그드(Soghd)가 아니라 흑해 북안 크리미아반도에 위
치한 수그닥(Sughdag) 혹은 수닥(Sudak)을 가리키는 것이다.(《사기 외국전
역주》, 260-261쪽)

9) 조지(條枝): 條支(d'ieu-tsie)라고도 표기. 《사기》 〈대원열전〉, 《한서》 및 《후
한서》 〈서역전〉, 《위략》 등에 보이는 기사를 종합해 보면, 이 나라의 위치를
결정하는데 도움이 되는 정보는 ①안식의 서쪽에 있다. ②안식에서 대진으
로 가는 교통로 상에 위치해 있다. ③西海에 임해 있다. ④안식에 복속해
있다는 정도이다. 특히 대진과 서해를 어디로 보느냐에 따라, 조지의 실체는
Caldaea설, Fars설, Syria설로 나뉘어진다. Caldaea설은 히르트에서 시작하여
샤반느와 시라토리 구라키치 등이 지지하고 있고, Fars설은 후지타 토요하치
가 주장한 것인데, 조지를 페르시아만 부근의 항구 Tao-ke로 보는 입장이
다. Syria설은 미야자키 이치사다가 가장 분명하게 제시했고 최근 중국의
여태산(余太山)도 이 설을 지지하고 있다. 물론 장건은 이곳을 방문하지 않
았기 때문에 그 내용은 전문에 의한 것이고 따라서 부정확함도 피할 수 없
다.(《사기 외국전 역주》, 265-266쪽)

10) 여헌(黎軒): 이 명칭의 비정에 대해서 수많은 견해가 제출되었는데, 중요한
것만 정리하면 다음과 같다. ①히르트·샤반느: 로마제국의 Petra를 지칭하
는 Rekem을 옮긴 말로서 시리아와 로마제국의 동방령을 지칭. ②브로쎄
(Brosset)·데 호르트(de Groot)·헤르만(Herrmann): Hyrcania(카스피해 남
방)를 지칭. ③부드베르르(Boodberg): 중앙아시아에 있던 알렉산드리아들

다섯 나라이며, 파미르 이동에 있는 것은 오손·우미·우전·누란·고사 등 다섯 나라로 모두 합쳐 14개국에 지나지 않았다. 그런데다 각 나라 사이의 거리가 가까운지 먼지에 대한 기록이 상세하지 않았기 때문에 단지 그 윤곽만 알 수 있을 뿐이다. 흉노가 항복한 이후 각국 사절단이 끊이지 않았고 이에 따라 서역에 관한 중국인의 지식도 점차 많아졌다. 그래서 반고가 《한서》를 쓸 때는 이미 서역에 대한 독립된 전을 만들 수 있을 정도가 되었으니, 기록된 서역의 나라가 무려 53개나 되었으며 파미르 이동에 있는 나라도 48개나 되었다. 그리고 범엽(范曄)이 《후한서》〈서역열전〉을 쓸 때는 다시 7개 나라가 더 늘어났다. 그리하여 옥문관 서쪽, 지중해 동쪽, 인도 북쪽, 카스피해 남쪽에 있는 모든 나라의 토지와 산천, 왕과 제후 및 호구 수, 거리의 원근에 대해 확실하게 기록하지 않은 것이 없었다.

　두 《한서》에서 서역지리에 대해 상세하게 기술한 덕분에 한대 중서교통 노선도 더욱 명료해졌다. 보통 남로와 북로라 불리는 두 노선이 모두 한나라 초에 시작되었고 둘 다 반드시 롭 노르의 저지대를 거쳐 서행(西行)하였다. 단지 한쪽은 남산(南山)을 따라, 다른 한쪽은 북산(北山)을 따라 갔을 뿐이었다. 후한 때에 오면 롭 노르를 지나지 않는 별도의 새 노선이 생겨났다. 누란과 선선은 롭 노르의 북안에 위치한 두 노선이 만나는 지점이었기 때문에 한나라 초에는 반드시 누란을 두고 흉노와 싸워야만 했다. 그러나 후한 때 오면 누란이 이미 남쪽으로 이전해 가고 선선이 오히려 강성해져서 중서교통로 상에서 남로의 지위가 더욱 중요

가운데 하나. ④타른(Tarn): Media. ⑤펠리오·덥스(Dubs): 이집트의 알렉산드리아. ⑥할로운(Haloun): Seleucid를 지칭. ⑦후지타 토요하치: Rai(Rhagae, Rhages)를 지칭.(《사기 외국전 역주》, 264쪽)

해졌다. 당시의 정책은 이미 북쪽으로 이오를 공격하고 남쪽으로 선선을 복속시키는 쪽으로 바뀌게 되었다. 이를 통해 양한시기 서역으로 통하는 노선에 상당한 변화가 있었음을 알 수 있으니, 위진남북조와 당나라 이후는 더 말할 필요가 없다.

한나라 초의 남북 노선에 대해 일부 사서에서는 양관을 나서면 남도이고 옥문관을 나서면 북도라고 말하기도 한다. 그런데《사학집간(史學集刊)》5기에 실린〈고대 누란국의 역사 및 그 중서교통상의 지위(古樓蘭國歷史及其在中西交通上之地位)〉에서 저자(黃文弼 - 역자)는 현장조사 및 문헌연구를 토대로 다음과 같이 말하고 있다. "본인은 한나라 시기 옥문과 양관의 거리가 서로 멀지 않았을지도 모른다는 의구심이 든다. 여기서부터 서쪽으로 가는 길은 원래 하나뿐으로 옥문관을 나서는 자도 이 길을 따라가고 양관을 나서는 자도 이 길을 따라가게 된다. 사서정(沙西井)에 도착한 후에야 다시 남북 두 노선으로 나누어져 나아가기 때문이다." 스타인(Stein)의 동 투르키스탄과 감숙 지도에서는 사서정을 사막에 있는 우물[沙井]이라는 뜻의 Kumkuduk으로 부르고 있으나, 도보렴(陶保廉)의《신묘시행기(辛卯侍行記)》권6의 부록〈한대 옥문관과 양관의 도로 고찰(漢玉門陽關路考)〉에서는 청나라 동치연간(1862-1874) 학영강(郝永剛)·하환상(賀煥湘)·유청화(劉淸和) 등이 현장 조사한 것을 토대로 사막에 있는 도랑[沙溝]이라고 부르고 있다.

이른바 '신도(新道)'란, 옥문관 즉 지금의 대방반성에서 출발하여 바로 서북쪽으로 꺾어 횡갱(橫坑)을 지나고 삼롱사(三隴沙) 및 용하(龍河: 龍堆라고도 함)를 피하여 오선(五船) 북쪽으로 나오면 차사(車師) 즉 고창에 이르게 되니 지금의 투루판 아스타나(Astana)이다. 옥문관에서 차사에 가려면 반드시 롭 노르의 말라버린 바다[涸海][11] 동북쪽을 지나 곧바로 노극심(魯克沁)[12] 남쪽의 득격이(得格爾)로 가야만 한다.

어환(魚豢)의 《위략》에 따르면 또 소위 '중도(中道)'라는 것이 있는데, "옥문관에서 서쪽으로 나와 도호정(都護井)을 출발하여 삼롱사 북쪽 끝을 돌아 거로창(居盧倉)을 지나고 사서정에서 서북쪽으로 방향을 바꾸어 용퇴(龍堆)를 지나면 옛 누란에 이른다. 거기서 다시 서쪽으로 돌아 쿠차로 나아가 총령에 이르는 것이 중도이다"고 하였다. 중도 역시 한나라 초에 열렸지만 전한 말 한차례 봉쇄되었다가 위·진시기에 다시 회복되었기 때문에 《위략》에 기록된 것이다. 사실 이 '중도'는 전한 초기의 '북도'였다. 북도가 갈순과벽(噶順戈壁)[13]의 동쪽 가를 따라 가다 서쪽으로 돌아서 고로극산(庫魯克山) 북쪽 산기슭을 따라 가는데, 반드시 고목십산(庫木什山)을 우회하여 언기를 경유해야 비로소 위리(尉犁)[14]에 도

....

11) 고해(涸海): 고대에 염택이라고 불렀던 롭 노르는 신강위구르자치구 타림분지 동쪽에 위치하고 있으며 이미 말라버린 함수호이다. 1928년 측정한 결과에 따르면 면적이 3100 평방킬로미터에 달하고 중국에서 청해호(青海湖) 다음으로 컸던 내륙의 호수였으나 지금은 완전히 말라버려 사막이 되었다.

12) 노극심진(魯克沁鎭): 신강위구르자치구 투루판 지역 선선현(鄯善縣) 서쪽 45km 지점에 위치한 중국 역사문화의 명진(名鎭)이다. 청대에는 투루판 지역의 정치·경제·문화의 중심이 되기도 하였다.

13) 갈순과벽(噶順戈壁): 팔백리한해(八百里瀚海) 혹은 막하연적(莫賀延磧)이라고도 하며 합밀(哈密)과 안서(安西) 사이에 위치해 있다. 신강 동부와 하서회랑 서쪽 끝에 연결되어 있는 곳으로 자갈사막[戈壁]의 분포가 가장 집중적이고 유형이 가장 복잡한 곳이다.

14) 위리(尉犁, jwei-liei): 위려(尉黎)라고도 표기. 19-20세기 《한서》 주석가(註釋家)들은 이것을 Bugur와 동일한 것으로 간주했다. 와일리(Wylie)는 《서역동문지(西域同文志)》를 추종하여 위리를 Kalgan-aman으로 보았으나, 샤반느는 이를 비판하면서 위리와 위수(危須)를 Bagrash 호수 혹은 Bostang 호수 부근으로 보았다. 한편 황문필은 쿠를라 동북쪽 그리고 사십리성(四十里城) 남쪽에 있는 넓은 유적지가 위리의 수도였을 것으로 추정했다. 시마자키 아카라(嶋崎昌)는 위리를 여전히 Kalgan-aman으로 보고 있다.(《한서 외국전

달할 수가 있는데 반해, 지름길이라고도 불렸던 중도는 곧바로 위리에 이르는 것이 차이가 있었다. 알베르트 헤르만(Albert Herrmann)의 저서 《중국과 시리아 사이의 옛 비단길》의 원서 115쪽에 따르면 중도는 1700㎞로 7주간의 여정이 걸리고 남도는 1900㎞로 8주간의 여정이 걸리며 북도는 2100㎞로 9주간의 여정이 소요된다고 하였다.

이상에서 소개한 소위 '북도'·'중도'·'신도'는 종종 뒤섞여서 혼동되었으니, 여기서 설명하면 다음과 같다.

후한 명제 때 다시 신도를 열어 신도를 북도라 부르고 중도를 폐쇄하였다.

위나라에서 진나라에 이르는 동안 다시 지름길을 열어 중도라 불렀다. 소위 신도라는 것은 당나라 때의 은산도(銀山道)로 후한 때 반고가 기록한 북도가 바로 그것이다.

제3절 한대에 전래된 중앙아시아의 지리·풍토 지식

본절의 자료는 《사기》〈대원열전〉에서 가져왔는데, 단지 원문만 기록하고 해석과 고증은 다른 장과 절에서 따로 하도록 하겠다.

  "장건이 가본 곳은 대원·대월지·대하·강거이지만, 인접한 대여섯 개 큰 나라에 대해서도 전해들은 바가 있어서 모두 천자께 보고하니 다음과 같다. '대원은 흉노의 서남쪽, 한나라의 정서(正西)쪽에 있으며 한나라에

....

역주》, 375쪽)

서 1만 리쯤 떨어져 있습니다. 그들의 풍속은 정착생활을 하면서 농사를 지으니 벼와 보리를 심습니다. 포도주가 있고 좋은 말이 많습니다. 이 말들은 피땀을 흘리는데, 그 조상은 천마(天馬)의 새끼라고 합니다. 이 나라에는 성곽과 가옥이 있으며, 속읍으로는 크고 작은 칠십여 성(城)에 인구는 수십만 명쯤 됩니다. 무기로는 활과 창이 있으며 말을 타고 활을 쏩니다. 그 북쪽에는 강거, 서쪽에는 대월지, 남쪽에는 대하, 북동쪽에는 오손, 동쪽에는 우미와 우전이 있습니다. 우전 서쪽의 강물은 모두 서쪽으로 흘러 서해(西海)[15]로 들어가고, 그 동쪽의 강물은 동쪽으로 흘러 염택으로 들어갑니다. 염택부터는 땅속으로 흐르다가 남쪽으로 나와 황하의 원류가 되어 분출됩니다. (이곳에는) 옥석(玉石)이 많이 나고, 황하는 중국으로 흘러들어갑니다. 그리고 누란과 고사의 읍(邑)에는 성곽이 있으며 염택에 인접해 있습니다. 염택은 장안에서 5천리 가량 떨어져 있습니다. 흉노의 우익은 염택 동쪽에서 농서의 장성에 이르는 지역을 차지하면서 남쪽으로 강족과 접하여 한나라로 통하는 길을 막고 있습니다.' ······

'강거는 대원의 서북쪽으로 2천리쯤 떨어진 곳에 있습니다. 유목국가로 그 풍속이 월지와 대체로 비슷합니다. 활을 쏘는 군사가 8, 9만 명이나 되고 대원과 인접해 있습니다. 강거는 나라가 작아 남쪽으로는 월지에, 동쪽으로는 흉노에 복속하고 있습니다.'

'엄채는 강거 서북쪽으로 2천리쯤 떨어진 곳에 있는 유목국가입니다. 강거와 풍속이 대체로 비슷합니다. 활을 쏘는 군사가 10만여 명이 됩니다. 끝없이 넓은 큰 못에 임하고 있는데, 이것이 아마도 북해(北海)인 것 같습니다.'

'대월지는 대원의 서쪽으로 2, 3천 리 떨어져 있고, 규수(嬀水)[16]의 북쪽

---

15) 서해(西海): '서해'라는 명칭은 문맥에 따라 카스피해나 지중해 혹은 페르시아만을 지칭하기도 하지만 여기서는 아랄해로 보는 것이 타당할 것이다.(사기 외국전 역주, 257쪽)

16) 규수(嬀水): 일반적으로 아무다리아(Amu Darya, 그리스 문헌의 Oxus)강을

에 살고 있습니다. 그 남쪽에는 대하, 서쪽에는 안식, 북쪽에는 강거가 있습니다. 이들은 유목국가로 가축을 따라 옮겨 다니고 흉노와 생활양식이 같습니다. 활을 쏘는 군사가 10만 내지 20만 명가량 되니 처음에는 강대함을 믿고 흉노를 업신여겼습니다. 묵돌선우가 흉노의 왕이 되자 월지를 깨뜨렸고, 노상선우 때에는 대월지의 왕을 죽이고 그 두개골로 술잔을 만들었습니다. 처음에 월지는 돈황과 기련 사이에서 살았으나, 흉노에게 패하자 멀리 떠나 대원을 지나 서쪽의 대하를 쳐서 복속시킨 뒤 규수 북쪽에 도읍하여 왕정(王庭)으로 삼았습니다. 그들과 같이 떠나지 못한 나머지 소수의 무리는 남산에 있는 강족의 보호를 받고 있는데, 소월지라고 부릅니다. ……'

'대하는 대원의 서남쪽으로 2천여 리 떨어진 규수의 남쪽에 있습니다. 그들은 정착생활을 하여 성곽과 가옥이 있고, 풍속은 대원과 같습니다. 국가 전체를 지배하는 대군장[大王長]은 없고 곳곳마다 성읍에 소군장[小長]이 있습니다. 이 나라의 군대는 약하고 전쟁을 두려워하지만 장사는 잘합니다. 대월지가 서쪽으로 옮겨 간 뒤로 이 나라를 격파하여 속국으로 만들어 다스리고 있습니다. 대하의 인구는 많아서 백여만 명이나 됩니다. 그 수도는 남시성(藍市城)인데, 시장이 있어서 여러 가지 물건을 사고팝니다. 그 동남쪽에는 신독국이 있습니다.'"

"장건이 말하길, '신이 대하에 있을 때 공(邛)의 죽장(竹杖)과 촉(蜀)의 베[布]를 보고, "이것을 어디서 구했느냐?'고 물어보니, 대하 사람이 "우리나라 장사꾼들이 신독에 가서 산 것이다. 신독은 대하에서 동남쪽으로 수천 리 떨어진 곳에 있는데, 그 풍속은 대하와 거의 같고 정착생활을

....

나타낸 것으로 본다. 당대에는 오호수(烏滸水) 혹은 박추하(縛芻河) 등으로 표기. 샤반느는 규(嬀)가 Oxus강의 파흘라비(Pahlavi)어 표기인 Wdh를 표현한 것으로 보았다. 그러나 풀리블랭크는 '규'가 wa를 나타내고 '수(水)'도 뜻이 아니라 음을 옮긴 것으로 추정했다. 사실 아무다리아가 고대에 Vakhshu 혹은 Wakshu 등으로 불리었다는 사실을 생각하면 풀리블랭크의 가설은 상당한 설득력을 지닌다. 오늘날에도 아무다리아 상류의 한 지류에 대해서 이러한 이름이 그대로 보존되고 있다고 한다.(《사기 외국전 역주》, 261쪽)

하지만 기후가 몹시 습하고 덥다고 한다. 그 나라 사람들은 코끼리를 타고 싸우며, 또 그 나라는 큰 강에 인접해 있다"고 대답했습니다. 신이 헤아려 보건대 대하는 한나라로부터 1만 2천리쯤 떨어져 있고 한나라의 서남쪽에 있습니다. 지금 신독국은 또 대하의 동남쪽으로 수천 리 떨어져 있으며, 촉의 물건이 있는 것으로 보아 촉에서 그다지 멀지 않은 곳에 있는 것 같습니다. 그런데 지금 대하에 사신을 보낼 때 강족이 사는 땅을 통과하려 한다면 (그 길은) 험하고 강족이 싫어할 것이며, 조금 북쪽으로 돌아간다면 흉노에게 붙잡힐 것입니다. 그러나 촉으로 해서 간다면 길도 가깝고 약탈당할 염려도 없을 것입니다'고 하였다."

한나라 때에도 이미 서역 지도가 있었다. 《한서》〈서역전〉의 '거리(渠犁)'조를 보면, 상홍양(桑弘羊)이 승상(丞相)·어사대부(御使大夫)와 함께 윤대(輪臺)[17]에서의 둔전(屯田)을 상주하면서, "각자 지형을 지도에 그려내게 하고 도랑을 파서 물이 잘 통하게 하며 계절에 따라 오곡을 많이 심도록 해야 합니다"라고 말했다고 되어있다. 둔전하는 데 지도가 있었다면, 군사용으로는 더더욱 반드시 지도가 있었을 것이다. 《삼국지》〈오환·동이전(烏桓東夷傳)〉 주석에서 《위략》을 인용하여, "또 서역의 옛 지도에 '계빈(罽賓)과 조지(條支) 등 여러 나라에서 아름다운 옥석이

....

17) 윤대(輪臺): 현재 신강위구르자치구 윤대(Bugur)현(縣) 동남. 원래 윤대국 (혹은 侖頭國)이 있었으나 B.C.102년 이광리의 대원 원정 때 멸망했고, 한나라는 이곳에 둔전을 실시하였다. 그러나 무제 정화 4년(B.C.89) 상홍양이 윤대 동쪽의 첩지(捷枝)와 거리(渠犁) 등에 관개된 밭 5천 경(頃) 이상이 있으므로 둔전을 보내 흉노와의 전쟁에 필요한 물자를 비축하자는 제안을 했는데, 이에 대해 무제는 더 이상 전쟁을 통해 백성들을 어렵게 하지 않도록 둔전민의 파견을 반대한 '윤대의 조(詔)'를 내렸다. 황문필은 현재 윤대 동남쪽에 남아있는 고대 수리관개의 흔적을 한대 윤대의 유적으로 보았다.(《한서 외국전 역주》, 361쪽)

난다'고 되어있다"고 하였다. 여기서 말하는 옛 지도란 어환(魚豢)이 직접 볼 수 있었던 한대의 서역 지도를 가리키는 것이 분명하다. 그리고 '아름다운 옥석이 난다(出琦石)'는 세 글자를 세심하게 음미해보면 지도상에 각국의 물산까지도 표시해 놓았다는 의미이니, 당시의 지도가 이미 매우 완벽한 수준이었음을 알 수 있다. 《한서》〈회남왕전(淮南王傳)〉을 보면, "밤낮으로 좌오(左吳) 등과 《여지도(興地圖)》를 살펴서 군사들이 따라 들어갈 곳을 배치하였다"고 되어있다. 또 〈엄조전(嚴助傳)〉에는 회남왕이 민월(閩越)[18]을 징벌해야 한다고 상서(上書)하면서 "지도로 그 산천의 요새를 살펴보면 거리가 수 촌(寸)에 지나지 않습니다"고 말했다고 되어있다. 〈이릉전(李陵傳)〉에서는 이릉[19]이 "그 보졸(步卒) 5천명을 거느리고 거연의 북쪽을 출발, 30일을 행군하여 준계산(浚稽山)[20]에 이르러 부대를 멈추고 지나온 산천지형을 지도에 그려서 그 휘하의 기병 진보락(陳步樂)에게 돌아가서 조정에 알리도록 시켰다"고 적혀있다. 〈조충국전(趙充國傳)〉에서도 "백문이 불여일견이니 신이 금성(金城)으로 달려가서 지도를 보면서 방책을 세우길 원합니다"고 말했다고 되어있다. 따라서 장건·반초·감영 등도 스스로 능히 그들 자신의 경험을 토대로 서아시아와 중앙아시아의 지도를 그렸을 것이다.

....

18) 민월(閩越): 중국 남방 백월족(百越族)의 한 지류로, 주요 근거지는 지금의 복건성 무이산(武夷山)에서 대만해협에 이르는 일대이다.

19) 이릉(李陵, ?-B.C.74): 농서(隴西) 성기(成紀: 지금의 감숙성 秦安縣) 사람이다. 명장 이광(李廣)의 손자로 병사 8백기를 이끌고 흉노로 2천 리를 들어가 지형을 살피고 돌아와서 기도위(騎都尉)가 되었다. 하지만 5천 명의 보병으로 흉노를 공격하다 포로가 되었고 이후 배신자로 낙인찍혀 가족이 죽임을 당하자 흉노에 투항하였다. 사마천이 그를 변호하다 궁형을 당한 일은 유명하다.(《사기 외국전 역주》, 139쪽)

20) 준계산(浚稽山): 내몽고의 거연해(居延海)에서 북쪽으로 올라가 몽골공화국 남부의 고비알타이산맥 가운데에 위치한 산.(《사기 외국전 역주》, 133쪽)

제4절 한대에 전래된 서역의 식물과 음악

명대 이시진(李時珍)21)의 《본초강목(本草綱目)》22)에는 장건이 들여온 서역의 식물이 매우 많이 기재되어있다. 에밀 브레트슈나이더(Emil Bretschneider)는 이를 번역하여 자신의 《중국식물지》(*Botanicon Sini-cum*)에 수록하였다. 그러나 쿠와바라 지츠조(桑原隲藏)의 연구(〈張騫西征考〉 - 역자)에 따르면 장건이 돌아오는 도중에 흉노에게 1년 동안 억류되었기 때문에 식물을 가지고 오는 것은 불가능하였다고 한다. 즉 장건이 가지고 들어왔다고 세상에 전해지는 식물, 예컨대 콩[胡豆]·오이[胡瓜]·고수[胡荽]·호도(胡桃)·참깨[胡麻]·파[胡葱] 등은 대부분 앞에 호(胡)자가 붙어있어 모두 외국에서 온 것임이 틀림없고 그것들이 한대에 이미 중국에 전래되었다는 것도 믿을만하지만, 장건이 가지고 들어왔다고 말하는 것은 불가능하다는 것이다.

....

21) 이시진(李時珍, 1518-1593): 명말의 박물학자 겸 약학자로 조부와 부친이 의사였으며, 박물학적인 흥미는 부친의 영향을 받은 바가 크다. 민간에 있으면서 의업에 종사하는 한편, 35세에 약물의 기준서(基準書)를 집대성하는 일에 착수하여 생전에 탈고하였지만 그가 죽은 후 간행되었으니, 이것이 유명한 《본초강목》이다.
22) 《본초강목(本草綱目)》: 이시진이 엮은 약학서로 만력 24년(1596) 간행되었다. 총 52권으로 약 9,100종류의 품목을 16부 60종류로 분류하고 있다. 1권과 2권은 중국의 역대 본초서에 대한 해설을 싣고 있으며, 3권과 4권은 기본적인 병의 종류에 대해 해설하고 그것을 치료하는 약물을 소개하고 있다. 5권부터 52권까지는 약물의 품목에 대해 상세하게 해설하고 있다. 본초에서 가장 비중이 큰 식물은 산초·이끼·곡식류 등으로 상세하게 분류하고, 그 외에도 돌·흙·물·벌레·물고기·동물·사람 등에 이르기까지 모든 약재를 다루고 있다.

쿠와바라 지츠조는 일찍이 가장 유명한 몇 가지 식물을 예로 들어 고증을 하였다.

(1) 포도는 장건(북송 蘇頌의 《圖經本草》와 이시진의 《본초강목》) 혹은 이광리(서진 張華의 《博物志》)가 가져온 것이 아니라, 장건 사후에 무명의 사신이 들여온 것이다. 《사기》〈대원열전〉에서 "포도주가 있다"고 하였고, 《한서》에서도 "대원 인근에는 포도로 술을 만든다"고 하였으니, 한나라 때 전래된 포도는 대부분 대원에서 들어온 것이다.

(2) 목숙(苜蓿)[23]도 장건(《박물지》와 梁代 任昉이 저술했다고 전해지는 《述異記》)이 가져온 것이 아니며, 그 수입된 상황은 포도와 같다.

(3) 석류도 장건(당나라 李冗의 《獨異志》와 《태평어람》 권990의 《大觀本草》 권23에서 인용한 서진의 陸機가 아우에게 보낸 편지 및 《박물지》)이 가져온 것이 아니며 석류의 원명은 마땅히 안석류(安石榴)가 되어야 하니, 그것이 원래 안식에서 수입되었기 때문이다.

(4) 호도(《異物志》), 참깨(後魏 賈思勰의 《齊民要術》 및 북송 沈括의 《夢溪筆談》), 홍람(紅藍)[24] 즉 홍화(紅花: 남송 趙彦衛의 《雲麓漫抄》), 고수(북송 釋文瑩의 《湘山野錄》), 파(《태평어람》 권 996에서 인용한 《박물지》) 등도 모두 장건이 들여온 것이 아니다.

(5) 고수[芫荽: 명대 羅欣의 《物原》]와 오이(《본초강목》)도 장건이 들

....

23) 목숙(苜蓿): 우리말로 거여목 또는 개자리로 불리는 식물로 자세한 내용은 본서 제1편 11장 3절을 참고.

24) 홍람(紅藍): 국화과에 속하는 풀로 줄기 높이는 1m 내외이고, 7-8월에 홍황색 꽃이 피며 종자는 체유용(採油用), 꽃은 약재, 꽃물은 홍색 물감으로 쓰인다. 꽃을 말려서 염백(染帛, 천 물감)으로 쓰며, 색이 천(茜, 꼭두서니)보다 더 선명해 '진홍(眞紅)' 혹은 '건홍(乾紅)'이라고 한다. 꽃은 염백뿐 아니라 연지(臙脂)로도 쓰이며 건초를 물에 담그면 물이 끓고 누렇게 되기 때문에 '황람(黃藍)'이라고도 한다.(《실크로드사전》, 942쪽)

여온 것이라고 말하지만, 모두 고서(古書)에 보이지 않기 때문에 그 유래를 알 수 없다.

《고금주(古今注)》[25] 권하에서 인용한 《장건출관지(張騫出關志)》에 주배등(酒杯藤)이란 식물이 나오는데, 이는 더욱 허구에 속하는 것이나.

인도문화는 아소카(Asoka)왕 이후 멀리 중앙아시아에까지 전파되었다. 《사기》〈대원열전〉에 의하면 장건이 서역에 갔을 때 대하와 신독(인도) 간의 교통이 매우 빈번하다고 하였으니, 서역에 전해진 인도 음악이 다시 장건 또는 다른 한나라 사신을 통해 중국으로 전래되었을 가능성이 매우 높다. 애석하게도 장건이 가지고 온 서역 음악에 관한 기술은 단지 《진서(晉書)》권23 〈악지(樂志)〉 중의 한 문단에 불과하니, 그 내용은 다음과 같다.

> "호각(胡角)[26]이란 본래 호가(胡笳)에 호응하는 악기였는데, 훗날 점차 횡취(橫吹)에도 사용하게 되었으며 쌍각(雙角)을 사용하는 것에서 오랑캐의 악기임을 알 수 있다. 장박망(張博望: 장건이 博望侯에 봉해졌기에 붙여진 이름)이 서역에 들어가서 그 연주하는 법을 서경(西京: 즉 長安)에 전했는데, 단지 마하두륵(摩訶兜勒) 한 곡(曲)만 얻었을 뿐이었다. 이연년(李延年)이 이 호곡(胡曲)에 근거하여 다시 새로운 소리 28해(解)를 만들었다. …… 군악[武樂]이라 여겨서 후한 때 그것을 변방에 보급하였다."

....

25) 《고금주(古今注)》: 서진 사람 최표(崔豹)의 저술로 고대와 당시의 각 사물에 대해 해석하고 설명한 책이다. 3권 8편으로 구성되어 있는데, 그 내용을 보면 권상(卷上)에는 〈여복(輿服)〉·〈도읍(都邑)〉, 권중(卷中)에는 〈음악(音樂)〉·〈조수(鳥獸)〉·〈어충(魚蟲)〉, 권하(卷下)에는 〈초목(草木)〉·〈잡주(雜注)〉·〈문답석의(問答釋義)〉가 있다.

26) 원서에는 '호악(胡樂)'으로 되어있으나 《진서》원문에 의거해 '호각(胡角)'으로 바로잡았다.

쿠와바라 지츠조는 서역 음악이 육조 때 전래된 것으로 의심하면서 '마가두륵' 4자를 이런저런 고증 끝에 '대기악(大伎樂)'으로 해석하였다. 그리고 (논문) 맨 마지막에 "본 문제의 완전한 해결은 다음을 기약할 수밖에 없다"면서 글을 맺고 있다. 이는 참으로 우리들이 마땅히 취해야 할 신중한 태도라 하겠다.

후한 명제가 음악을 4품(品)으로 분류한 것에 따르면 군중(軍中)의 말 위에서 연주하는 것을 '횡취'라 하였고 처음에는 '고취(鼓吹)'라고도 불렀다. 위진 이후에는 4품의 하나인 '단소요가(短簫鐃歌)'도 '고취'에 포함시켰으니 아마도 같은 군악(軍樂)이었기 때문인 것 같다. 《한서》[27] 권100 반고의 〈서전(敍傳)〉에 보면, "진시황 말기에 반일(班壹)이 누번으로 피란하여 소·말·양을 키워 수천 마리까지 늘렸다. 한나라가 천하를 처음 평정하였을 때 (아직 의복이나 수레·깃발에 대한) 민간의 금기를 설정하지 않았다. (반일은) 효혜제(孝惠帝)와 고후(高后: 여태후를 가리킴 - 역자) 때에 많은 재산으로 변방의 유력자가 되어 출입할 때나 사냥 다닐 때 깃발을 들고 고취를 연주했다"고 되어있다. 한나라 초 민간에서의 고취 사용을 금지하지 않은 것을 보면, 그것이 진나라 때 분명 이미 유행했음을 알 수 있다. 거기에 사용한 악기는 서역에서 들어 온 것이 많았는데, 전래된 시기도 응당 장건의 출사와 그리 멀지 않았을 것이다.

《후한서》 열전37 《반량열전(班梁列傳)》[28]의 주석에서는 《고금악(古今樂)》을 인용하여 "횡취는 호악이다"고 하였다.

....

27) 원서에는 《후한서》로 되어있으나 분명한 오류여서 바로잡았다.
28) 원서에는 〈반초전(班超傳)〉으로 되어있으나 열전 권37의 정식 명칭은 〈반량열전〉으로 반초와 양근(梁懂) 두 사람의 합전이다.

제8장
한·서역 간 교통의 기타 효과

제1절 구선사상(求仙思想)에 대한 환멸

한나라가 서역 경영에서 이룬 가장 큰 업적은 흉노를 막아서 동진(東進)도 남하(南下)도 못하게 만들어 중서교통 노선을 개척하고 중앙아시아에서 중국의 위신을 수립한 점이다. 그러나 그 외에도 약간의 부차적인 성과도 얻었는데, 구선사상에 대한 환멸이 그 중 하나이다.

무제의 대원 정벌은 선인(仙人)을 구하기 위한 것으로, 구선이야 말로 그가 군대를 보낸 동기라고 주장하는 이들이 있다. 그러나 실제로는 흉노의 오른 팔을 끊어서 흉노의 침입을 방어하는 것이 무제의 최초 계획이자 그가 장건을 사신으로 파견한 최대 목적이었다. 다만 방사(方士)들이 이 기회를 틈타 그를 미혹하였고, 결과적으로 이 일을 절대적으로 독려하는 효과를 가져와 이와 같은 공전의 위업이 빨리 이루어지게 되었던 것이다. 따라서 구선은 최초의 가장 중요한 동기와 목적이 아니었다. 구선활동이 실패한 대신 양마(良馬)를 얻게 되어 마정(馬政)[1]을 개량할 수 있었지만, 마정 개량 역시 그 결과이지 동기는 아니었다. 한편

교통노선이 개척되고 로마인이 중국의 비단을 즐겨 사용한다는 것을 알게 되면서 비단이 대량으로 수출되었으니, 이 또한 무제가 서역을 경영함으로써 얻은 성과 가운데 하나이다. 이와 관련하여 장건의 서역 출사가 사실은 경제시찰이었다고 말하는 사람도 있는데, 그야말로 그 원인과 결과를 뒤집은 주장이 아니겠는가?

먼저 구선사상에 대한 환멸에 관해서 설명해보도록 하겠다.

무제 때 방사들의 잠재 세력이 매우 컸음은 봉선(封禪)과 관련된 일화를 통해서도 알 수 있다. 《사기》〈봉선서〉에는 "천자께서 공손경(公孫卿) 및 방사로부터 황제(黃帝) 이전 봉선을 행할 때 기이한 물체를 불러들여 신과 소통하였다는 말을 듣고서, 자신도 황제를 본받아 봉래(蓬萊)에서 신선[神人]을 접대하고 세속을 초탈하여 구황(九皇)2)과 필적할 만한 덕을 쌓고자 하였다. 그리하여 무제는 유가의 학설을 광범위하게 채용하여 그것을 글로 꾸미게 하였다"고 적혀있다. 봉선은 성대한 의식이기에 유가의 학설로서 포장하였지만, 내심(內心)의 진정한 의도는 바로 신선이 되기 위한 것이었음이 본래부터 매우 분명했다.

최초로 선인을 구하러 간 지점은 동해(東海)였다. 만약 선인을 구하기 위해 서역을 경영했다면, 응당 먼저 서역과 통했지 그 전에 동해에서 선인을 구하려 시도하지 않았을 것이다. 불행히도 동해에서의 구선활동은 결국 실패로 끝났다. 〈봉선서〉에는 "오리(五利)가 군대를 거느리고 사자로 파견되었으나 감히 바다에 들어가지 못하고 태산(泰山)에 가서

....

1) 마정(馬政): 목양(牧養)·훈련·사용·구매 등을 포함한 관용마(官用馬)에 대한 정부의 관리제도.
2) 구황(九皇): 전설상의 고대 제왕. 형제 9명이 천하를 구주(九州)로 분할하여 다스렸기 때문에 '구황'이라고 칭한다.

제사를 지냈다. 천자께서 사람을 보내 그를 수행하며 검증하게 하였는데 실제 아무것도 볼 수 없었다. 오리장군이 자신의 스승을 보았다고 망언도 하였으나, 그의 방술이 다하여 대부분 영험이 없게 되자 천자께서 그를 죽였다"고 되어있다. 오리는 바로 당시 유명했던 방사 난대(欒大)를 말하니, 그는 원정 5년(B.C.112)에 주살되었다.

동해에서 진행된 제2차 구선활동과 제3차 구선활동도 원봉 원년(B.C.110)과 그 다음해에 실패로 끝났다. 〈봉선서〉에는 "천자께서 마침내 동쪽으로 순행하여 바닷가에 이르러 예로서 팔신(八神)에게 제사를 지냈다. 제(齊) 지역의 사람들 중 상소하여 신령스럽고 기괴한 방술을 말하는 자가 수만 명이나 되었으나, 영험한 자는 한 명도 없었다"고 적혀있다. 세 번째 실패에 대해서는 "그해 봄 공손경이 동래산(東萊山)에서 신선을 보았는데, '천자를 만나고 싶다'고 말하는 것 같았다고 하였다. 이에 천자께서는 구지성(緱氏城)으로 행차하고 공손경을 중대부(中大夫)3)로 임명하였다. 마침내 동래산에 이르러 며칠 머물렀지만 아무것도 보지 못하였다"고 하였다. 공손경 역시 유명한 방사였다. 무제의 선인을 구하는 마음은 이리하여 크게 실망하게 된다.

전국말기 이후 중국에서는 서방에 약수(弱水)라고 하는 기괴한 물이 있고 곤륜이라고 하는 기괴한 산이 있으며 서왕모라고 하는 기괴한 선인이 있다는 내용의 신화가 유행하였는데, 이에 대해서는 이미 앞에서 설명하였다. 《한서》 〈지리지〉에는 서왕모의 석실(石室)과 곤륜산 사당 등에 대해서도 서술되어 있지만, 《사기》 〈대원열전〉에서는 "한나라 사

---

3) 중대부(中大夫): 관직명. 낭중령의 속관으로 의론(議論)을 관할하였다. 무제 태초 원년(B.C.104) 광록훈(光祿勳)으로 바뀌었다가, 다시 광록대부(光祿大夫)로 바뀌었다.(《사기 외국전 역주》, 87쪽)

신이 황하의 원류를 찾아냈다. 황하의 원류는 우전에서 시작되고 그 (부근의) 산에는 옥이 많아서 이것을 캐어 가지고 돌아왔다. 천자(무제)께서 옛 도서(圖書)를 참고하여 황하가 시작되는 이 산을 곤륜이라 이름지었다"고 하였으니, 곤륜이란 이름이 옛 도서에 근거하여 정해진 것임을 알 수 있다. 따라서 사신을 보낸 동기가 곤륜을 찾기 위함도 선인을 구하기 위함도 아니었다는 것을 충분히 알 수 있다.

사마천은 역사가로서의 신중한 입장에서 〈대원열전〉의 찬(贊: 太史公曰을 말함 - 역자)에서 장건이 곤륜을 보지 못했다고 말했지만, 곤륜과 관련있는 일화와 전설에 대해서는 매우 주목하였다. 게다가 서왕모에 관한 일을 안식인들도 전해들은 바가 있다는 것을 알았으니, 〈대원열전〉에 "안식의 장로(長老)들이 전해들은 것에 따르면 조지(條支)에 약수와 서왕모가 있다고 하나 아직 본 적은 없다고 합니다"라고 적고 있다. 이 때문에 시라토리 구라키치(白鳥庫吉)는 〈대진전(大秦傳) 중에 보이는 중국사상〉이란 글에서 장건이 서역으로 출정할 때 수행한 사람 중에 서왕모를 볼 수 있다고 믿는 사람이 틀림없이 있었을 것이라고 판단했다. 사리토리의 추측은 지극히 합리적이지만, 서왕모를 본다는 것은 부차적인 희망이었지 장건 일행이 서역에 출사하게 된 진정한 목적은 아니었다.

무제의 선인을 구하고자하는 마음은 매우 간절했다. 〈봉선서〉에는 원정 4년(B.C.113) 6월 분음(汾陰)에서 보정(寶鼎)이 출토되자 방사 공손경이 이야기를 꾸며내어 황제(黃帝)가 형산(荊山)에서 정(鼎)을 만들었는데 정이 완성되자 용을 타고 승천했다고 말했고, 무제가 이 이야기를 듣고 크게 감동하여 "내가 만약 황제처럼 될 수만 있다면 처자와 헤어지기를 짚신을 벗듯이 하리라!"고 말했다고 적혀있다. 이때부터 무제는 부귀영화의 실상을 간파하고 승천하여 신선이 되어 제2의 황제가 되기를 날마다 희망했으나, 신룡(神龍)을 볼 수 없자 "자황(訾黃)[4]은 왜

내려오지 않는가?"(《한서》 〈예악지〉 '日出入歌')라고 탄식했다고 한다. 그러다 서역의 좋은 말을 얻게 되자 무제는 다시 방사의 말에 미혹되어 신마(神馬)로 용(龍)을 대신할 수 있다고 생각했다. 그래서 《한서》 〈예악지〉에 '천마가(天馬歌)' 두 수(首)가 있는데, 하나는 원수 3년(B.C.120)의 〈마생악와수(馬生渥洼水中)〉[5]란 작품으로 "지금은 무엇과 짝이 될까, 오직 용만이 벗이 될 뿐이네(今安匹, 龍爲友)"라 하였고, 다른 하나는 태초 4년(B.C.101)의 〈대원의 왕을 죽이고 대원의 말을 얻다(誅宛王獲宛馬)〉라는 작품으로 "천마가 오기를 멀리서부터 문을 열고 기다리다가, 내 몸을 발돋움하고선 곤륜으로 달려가네. 천마가 달려오니 용이 오는 징조런가?(天馬徠, 開遠門, 竦[6]予身, 逝昆侖. 天馬徠, 龍之謀) ……"라고 되어있다. 이를 통해 무제와 그 주변 사람이 모두 천마를 용에 비할 수 있다고 믿었음을 알 수 있다.

무제는 천마가 용을 대신할 수 있다고 믿은 이후 백방으로 그것을 구하고자 하였다. 그러나 〈대원열전〉에서 "처음에 천자께서 《역경(易經)》을 꺼내서 점을 치니, '신마(神馬)가 서북쪽에서 올 것이다'고 나왔다. 오손의 훌륭한 말을 얻어 천마라 이름하였다. 그런데 대원의 한혈마(汗血馬)를 얻고 보니 더욱 건장하므로 오손의 말을 서극마(西極馬)로 고쳐 부르고 대원의 말을 천마라고 했다"고 한 것을 보면, 무제가 대원에 더 좋은 말이 있다는 사실을 치음에는 전혀 몰랐기 때문에 대원 징벌

....

4) 자황(訾黃): 중국 전설 속에 나오는 말의 이름. 일명 '승황(乘黃)' '등황(騰黃)' '취황(翠黃)'이라고 한다. 그리고 이 문장에 대해 안사고는 주석에서 "자황(訾黃)은 승황(乘黃)이라고도 하는데, 용의 날개가 달린 말로서 황제(黃帝)가 그것을 타고 올라가 신선이 되었다"고 하였다.
5) 말이 악와수(渥洼水)에서 태어난다는 전설.
6) 竦(sǒng)은 '聳'과 통용하며 '위로 뛰어 오르다'라는 의미이다.

이 결코 말을 구하기 위한 것이 아니었고 말을 얻은 것은 실로 대원 정벌의 결과였음을 알 수 있다.

무제가 《역경》에 '신마'라는 단어가 있음을 알고서도 (서역에서 얻은 말을) 천마라 부른 것으로 보아 천마가 곧 신마임을 알 수 있다. '신마설(神馬說)'은 토화라국에서 기원했으니, 《통전(通典)》에 보면 "토화라국 북쪽에 있는 파려산(頗黎山) 남쪽 절벽 동굴에 신마가 있다. 그 나라 사람들은 매번 그 (동굴) 옆에서 말을 기르는데, 때가 되면 명마를 낳으니 모두 한혈마이다"고 기록되어있다. 《사기》 〈대원열전〉에도 "대원에는 …… 좋은 말이 많다. 이 말들은 피땀을 흘리는데, 그 조상은 천마의 새끼라고 한다"라고 되어있다.

천마가 이르렀음에도 불구하고 원정 4년(B.C.113) 말이 악와수(渥洼水)에서 태어난다는 전설을 다시 위조하는 자가 나오고 무제 역시 전혀 신선이 되지 못한 채 이전과 다름이 없자, 마침내 서방 신선사상에 대해 환멸을 느끼게 되니 실로 대원 정벌에서 얻은 큰 성과 중의 하나라고 말하지 않을 수 없다.

제2절 전마(戰馬)의 보충과 말의 품종 개량

중국 고대의 말은 본래 매우 훌륭하였다. 하남 낙양 금촌(金村)에서 출토된 전국시대 동마(銅馬)의 웅장한 체구를 보면, 도약하는 힘이 넘치는 뛰어난 말이었음이 분명하다. 그러나 그 후 점차 퇴보하게 되었다. 그리하여 한대에 이르면 먼저 흉노의 말을 들여와 보충하였고 이어서 대원과 오손의 말을 수입하였다.

대원의 우수한 말을 얻음으로써 비록 무제 자신은 말을 타고 승천하지 못했지만 중국의 말 품종 개량이라는 뜻밖의 수확을 얻었다.

우리는 먼저 한혈마가 확실히 우수한 말인지 아닌지 알아야만 한다. 《동관한기(東觀漢記)》[7]에 보면 "천마가 붉은 땀에 젖어있다는 무제의 노래를 들었는데, 오늘 직접 말 앞다리에 있는 작은 구멍에서 피가 흘러나오는 것을 보았다"고 되어있다. 이 내용은 《후한서》〈동평헌왕창전(東平憲王蒼傳)〉에도 보이는데, "대원의 말 한 필을 보내니 말 앞다리에 있는 작은 구멍에서 피가 흘러나왔다. '천마가 붉은 땀에 젖어있다'는 무제의 노래를 들었는데 오늘 직접 그것을 보았다"고 되어있다. 이는 한나라 사람들이 땀을 흘릴 때 피를 흘리는 말이 있음을 이미 알고 있었다는 증거이다. 투르크만(Turkman)의 말 가운데 종종 피땀을 흘리는 것도 있으니 피부보다 약 0.5mm 긴 실핏줄에서 흘러나오는 것이다. 대개 파라피라리아 멀티파필로사(Parafilaria multipapilosa)라고 하는 일종의 기생충이 말 앞다리의 대퇴부와 목덜미의 피하조직 중에 기생하는데, 기생충이 사는 곳의 피부가 부풀어 오르면 말이 질주할 때 혈관이 확대되어 기생충이 사는 곳의 상처가 벌어져 피가 흘러나오며, 그 피가 흘러나온 곳에 유충(幼蟲)이 서식한다. 관련 내용은 《대륙잡지》 5권 9기에 수록된 우경양(于景讓) 선생의 〈한혈마와 목숙(汗血馬與苜蓿)〉에서 볼 수 있다. 헝가리에도 일찍부터 한혈마에 대한 기록이 있는데, 대원

----

7) 《동관한기(東觀漢記)》: 후한 광무제부터 영제까지의 시대를 기전체로 기술한 역사서. 후한 명제 때부터 편찬하기 시작하여 영제 때 완성됐으며, 저술에 참여한 대표적인 인물로는 반고(班固)·유진(劉珍)·채옹(蔡邕)·양표(楊彪) 등이 있다. 동관이란 낙양 남궁(南宮)의 수사관(修史官)이 있었던 건물을 말한다. 《수서(隋書)》〈경적지(經籍志)〉에 의하면 전부 143권이 있었지만, 현재는 청대에 편집된 24권만이 남아 있다.

말 즉 투르크만 말은 비록 아랍 말보다는 못하지만 지구력이 매우 강하다고 되어있다. 《신당서》〈서역전〉에는 토화라에서도 이 말을 생산한다고 적혀있다. 중국의 동북부와 몽고·소련·헝가리 및 프랑스 등도 모두 한혈마가 분포하는 범위에 속한다.

한편 '이사(貳師)'라는 두 자의 옛 음이 Ni-Sze와 비슷하므로 비이간나(費爾干那: 대원을 말함) 서부에 있는 Nisa성(城)의 음역이라고 하는 사람이 있다. 더욱이 프톨레마이오스와 아랍 지리학자 파두아(Parthuva)에 따르면 Nisaiza, Nisai로 불리는 지명이 상당히 많이 있는데, 만약 이러한 지명이 전부 좋은 말을 생산해서 얻은 것이라고 한다면, '이사(貳師)'도 어쩌면 말[馬]로 인하여 유명해진 것일 수도 있다.

페르시아어로 말을 asp 또는 asb라 불렀기 때문에, 《속박물지(續博物志)》에서 대원의 한혈마 여섯 필의 이름을 홍질발(紅叱撥), 자(紫)질발, 청(靑)질발, 황(黃)질발, 정향(丁香)질발, 도화(桃花)질발이라 기록하였으니, 곧 붉은 말, 자색 말 …… 이란 뜻이다. 시라토리 구라키치도 《동아시아의 빛(東亞の光)》1권 4호(메이지 39년 8월)에 게재한 논문에서 대원의 한혈마에 대하여 특별히 논하고 있다.

대원의 말이 확실히 뛰어났다는 것은 사마천도 잘 알고 있었다. 〈대원열전〉을 직접 쓴 사마천은 역사가로서 자신은 미신을 믿지 않았지만, 무제의 사상을 기록하지 않을 수 없었기 때문에 곤륜·신마·천마 등을 언급하였다. 그러나 본인의 생각을 말할 때는 단지 좋은 말이라고만 표현했으니, "대원의 귀족들은 …… 함께 그 왕 무과(毋寡)를 죽인 뒤 …… 이에 대원은 그 좋은 말을 내어 놓고 한나라 측에게 스스로 선택하도록 하였으며, …… 한나라 군대는 그 좋은 말 수십 필과 중등 이하인 말 암수 3천여 필을 골랐다. …… (대원과) 맹약을 맺은 뒤 군대를 철수하였다"고 적고 있다.

이 수십 필의 좋은 말과 3천여 필의 중등 이하인 말이 중국의 전마(戰馬) 개량에 기여한 바는 그리 크지 않았다. 게다가 이광리가 명을 받고 대원을 정복할 때는 더욱 그럴 상황이 아니었다.

(1) 혹자는 한나라가 3만여 필의 말을 출동시켜 3천여 필의 말을 얻은 것이 말의 품종 개량을 위한 것이 아니라면 무제가 이렇게까지 하지 않았을 것이라고 주장한다. 그러나 3만여 필로 3천여 필을 바꾼 것은 결코 무제가 예상했던 계획이 아니었다. 게다가 《사기》는 오로지 한나라가 3만여 필의 말을 출동시켰다고만 기록하였을 뿐, 3만여 필의 말이 전부 서역에서 죽었다고는 말하지 않았다. 그러므로 이 설은 성립되지 않는다.

(2) 어떤 이는 무제가 비록 욕심이 많긴 하지만 영명한 군주의 면모를 잃지 않았으며, 18만 병사를 보내 수십 필의 좋은 말을 구할 만큼 가축을 중히 여기고 사람을 천시여기는 정도까지 이르지는 않았다고 말한다. 이 주장은 무제가 천마를 얻기 위해 대원을 정벌한 것도, 말의 품종 개량을 위해 서역에 출병한 것도 아니었음을 증명하는 것이다. 중앙아시아의 일부 국가(처음에는 대원이었고 나중에는 오손이었음)와 동맹하여 흉노를 제거하는 것이 당초 그 원정의 최초·최대의 동기였다. 이에 대해서는 사서에 기록된 바가 매우 명확함으로 다른 방증 자료를 구할 필요도 없다.

(3) 《한서》〈무제기〉에 "원봉 원년(B.C.110) 황제가 변방을 순시하다 삭방(朔方)[8]에 이르렀을 때 기병 18만 명을 통솔하여 흉노를 위협하였

....

8) 삭방(朔方): 군(郡) 이름으로 원삭 2년(B.C.127) 설치되어 밑에 10개의 현이 있었고 치소는 삭방현이었다. 지금의 내몽고자치구 하투(河套) 서북부와 후투(後套)지역에 위치하고 있었다.(《사기 외국전 역주》, 109쪽)

다"고 기록한 것을 보면, 당시 중국의 기병 전력이 이미 흉노 이상이었음을 충분히 알 수 있다. 게다가 만약 오로지 말의 품종 개량이 목적이었다면 수십 필만으로는 부족하였으니, 사실은 죽거나 수척한 말이 많아서 보충하지 않을 수 없었던 것뿐이었다. 즉 말을 보충하려 했기에 약간만 받았고, 약간만 받았기에 역사서에서도 상세하게 기록하지 않았던 것이다.

(4) 《한서》〈서역전〉 '대원국'조에 "대원은 선(蟬: 毋寡의 동생)이 왕으로 봉해진 다음 한나라와 약조를 맺고 해마다 천마 2필을 헌상하였다"고 되어있는데, 2필의 말로 어떻게 전국의 마정을 개량한다고 말할 수 있는가? 그리고 직접 대원에 가본 장사(將士)들이 천마가 용이 아님을 분명히 알고 있었기 때문에 이런 식으로 윗사람을 속이려들지 않았을 것이다. 따라서 근세 학자 중에 무제가 대원을 정벌한 목적이 선인을 구하는데 있었다거나 말의 품종 개량을 위한 것이었다고 주장한 사람들은 모두 새롭고 기발한 주장을 펴서 자신을 드러내려고 한 것에 불과함을 알 수 있다.

(5) 위에서 원봉 원년 때 중국의 기병이 이미 흉노의 간담을 서늘하게 했다고 언급하였지만, 논자들은 이것이 일시적이고 한 지역에서의 현상일 뿐이지 전체적으로 보았을 때 흉노의 기병이 실제 한나라보다 뛰어났기 때문에 말의 품종을 개량하지 않을 수 없었다고 주장한다. 그러나 《한서》 권49 〈조조전(鼂錯傳)〉에서는 흉노에게 뛰어난 것이 세 가지가 있고 중국에는 다섯 가지가 있다고 하였다. 즉 평원에서 전투할 때 흉노가 쉽게 혼란에 빠지는 것이 첫째요, 흉노의 활이 한나라의 활보다 힘이 없고 흉노의 창이 한나라의 창보다 짧은 것이 두 번째요, 견고한 갑옷과 날카로운 칼을 한나라 군대가 자유자재로 사용하는 것이 세 번째요, 한나라 군대의 화살이 날카로워 가죽으로 된 흉노의 갑옷이 막을 수 없는

것이 네 번째요, 말에서 내려 싸울 때 흉노가 적수가 되지 못하는 것이 다섯 번째이다. 이처럼 중국에게 다섯 가지 뛰어난 점이 있었기 때문에 말의 품종 개량은 급선무가 아니었다.

(6) 만약 말의 품종 개량을 위해서거나 전쟁에 대비하기 위한 용도로 말을 손에 넣었다면, 말들을 마구간에 두는 것이 당연하다. 그러나 《한구의(漢舊儀)》나 《한서》 〈서역전〉의 논찬[贊]에서 대원의 말들을 전부 황문(黃門)[9]에 모아 두었다고 한 것으로 보아 전부 천자의 어가(御駕)에 사용하기 위해 준비해놓은 것임을 알 수 있다. 무제가 지은 〈서극천마가(西極天馬歌)〉를 읽어보면 당시 (그 말을) 타고 곤륜에 가고자 하는 마음이 잘 나타나 있다. 선인을 찾고자 하는 무제의 간절한 마음(나중에 분명 실망했을 것임)을 충분히 엿볼 수 있는 대목으로 아마도 말의 품종 개량에 대해서는 생각할 겨를도 없었을 것이다.

그러므로 무제에게 선인을 찾고 싶은 마음은 있었지만, 그것이 출병의 동기는 아니었다. 천마를 손에 넣은 후에 한동안 여전히 환상을 가지고 있었을 가능성도 있지만, 이러한 미신사상은 오래지 않아 분명 환멸감으로 바뀌게 되었을 것이다. 무제가 말의 품종 개량을 위해 대원을 정벌한 것은 아니었으나 좋은 말을 얻게 된 이상 반드시 그 용도가 생겼을 것이고, 그 용도는 상식적으로 헤아려 보았을 때 아마도 전마를 보충하고 개량하는데 있었을 것이다. 어떤 이는 《당육전(唐六典)》[10] 권17에

....

9) 황문(黃門): 한대에 황제와 그 가족을 시봉(侍奉)하던 관서(官署)로 모두 환관으로 충원하였다.

10) 《당육전(唐六典)》: 전 30권. 당 현종의 칙명으로 집현원(集賢院)에서 10여 년에 걸쳐 완성되었다. 삼사(三師)·삼공(三公)·상서도성(尙書都省)에서 시작하여 이·호·예·병·형·공(吏戶禮兵刑工)의 6부, 문하(門下)·중서(中書) 등의 제성(諸省)과 구시(九寺)·오감(五監)·위부(衛府)·태자관속(太子官屬)

서 인용한《한구의(漢舊儀)》의 기록을 들어, 당시 북쪽과 서쪽 변경에 각각 설치된 36개의 원(苑)에서 환관과 노비 3만 명이 말 30만 마리를 나누어 지킬 만큼 말이 많았기 때문에 보충할 필요가 없었다고 주장한다. 그러나 경제(景帝) 때 설치한 서북쪽의 원(苑) 제도가 무제 건원 원년(B.C.140)에 이미 폐지된 것을 보면, 태초연간(B.C.104-101) 이미 중국에 말이 많지 않았을 수도 있음을 알 수 있다. 게다가 전쟁으로 인한 손실이 더해졌기 때문에 우선적으로 말을 보충하고 난 후에 비로소 개량을 논할 수 있었을 것이다. 그렇지 않으면 모두 '중등 이하인 말' 3천여 필을 갖고 어찌 개량을 논할 수 있겠는가?

제3절 서방으로의 비단 대량 수출

장건의 서역 개척과 관련해 혹자는 당시 과잉 생산된 비단을 판매하는데 그 목적이 있었기 때문에, 장건의 계속된 출사는 경제시찰단을 인솔한 것과 마찬가지였다고 주장한다. 실로 원인과 결과가 뒤바뀐 잘못된 의견인데, 서양인 중에 로웰 토마스(Lowell Thomas) 등이 이 주장에 찬성하고 있다.

....

등을 거쳐 도독부(都督府)·주(州)·현(縣) 등의 지방관으로 끝나는 구성이다.《주례(周禮)》를 모범으로 삼았으며 영(令)·식(式)·칙(勅) 등의 현행법에 따라 개원연간의 행정기구·관직·정원·직장(職掌) 등을 열거하고 역대 직관(職官)의 연혁도 주기(注記)하였다. 국제편람(國制便覽)이라고 할 만큼 내용이 풍부하고, 삼성육부(三省六部) 체계는 후세에 큰 영향을 주었다. 당의 율령(律令) 지배를 아는 데 가장 기본적인 사료이며 기본법전인 영(令)·격(格)·식(式)을 찾아보기 힘든 현황에서 이를 짐작하게 하는 귀중한 책이다.

이 설을 주장하는 사람들은 한나라의 서역 경영이 흉노에 대처하기 위한 것이 아니라 실제 목적은 통상에 있었다고 한다. 따라서 한나라가 흉노를 제압하려 한 것은 서역 개척을 위한 것이지, 서역을 개척하여 흉노를 제압하려 한 것은 아니었다는 말이다. 이들은 《후한서》권77 〈반초전〉에 나오는 "신이 살피건대, 선제(先帝: 즉 명제)께서 서역을 개척하고자 하여 북쪽으로 흉노를 공격하고 서쪽으로 외국에 사신을 보냈음을 알았습니다"고 한 구절을 그 근거 이유로 삼았다. 그러나 《후한서》는 상대적으로 늦게 만들어진 책이기 때문에 비교적 이른 시기의 역사적 사실을 증명할 수 없다.

또 어떤 이는 《한서》〈서역전〉의 논찬에 나오는 "무제 때에 …… 천하가 부유해져 재정에도 여유가 생겼고 군사와 말도 강성해졌다. 그리하여 코뿔소의 뿔[犀]과 상아[象][11]와 대모(瑇瑁)[12]를 보고 나서 주애(珠崖)[13] 등의 7군(郡)[14]을 세웠고, 구장(枸醬)[15]과 죽장(竹杖)을 알고 난

....

11) 원서와 《한서》 원문 모두에 포(布)로 되어있으나 상(象)의 오자로 추정된다.

12) 대모(瑇瑁): 대모(玳瑁)로도 표기함. 바다거북과에 속하는 거북의 일종이지만 그 등 껍데기도 대모 또는 대모갑(甲)이라고 한다. 그 갑(甲)은 값진 기호품 또는 장식품 세공(細工)의 재료로 사용되었는데, 열대·아열대 해양에 걸쳐 분포하기 때문에 중국에서는 희귀한 물품이었다.

13) 주애(珠崖): 지소는 첨도현(瞻都縣: 현재의 해남성 瓊山市 동남 30리). 담이(儋耳)군과 함께 교주자사(交州刺史)의 관할 하에 있었다. 고증에 따르면 주애군에는 5개 현 즉 담도현(潭都縣)·대모현(玳瑁縣: 두 현이 대략 현재의 경산시)·구중현(苟中縣: 현재의 澄邁縣)·자패현(紫貝縣: 현재의 文昌市)·임진현(臨振縣: 현재의 三亞市)이 설치되었다. 주애라는 명칭은 이 지역이 진주가 많이 나는 곳이어서 붙여졌다. 원제 초원 3년(B.C.46) 주애군을 폐지하고 주로현(朱盧縣) 혹은 주애현(朱崖縣)으로 고쳐 합포군에 병합시켰다.(《한서 외국전 역주》, 332쪽)

14) 주애칠군(珠崖七郡): 한 무제 원정 6년(B.C.111) 설치된 것으로 남해(南海)

후 장가(牂柯)16)와 월수(越雟)17) 등을 개척하였으며,18) 천마와 포도에 대해 듣고서 대원·안식과 교통하게 되었다. 그 이후로 명주(明珠: 영롱한 광택을 내는 진주 - 역주)·문갑(文甲: 瑇瑁와 동일함 - 역자)·통서(通犀)19)·취우(翠羽: 翠鳥의 羽毛이며 고대에 장식물로 사용되었음 - 역주) 등의 진귀한 물건들이 후궁에 가득하게 되고, 포초(蒲梢)·용문(龍文)·어목(魚目)·한혈(汗血) 등의 말20)이 황문을 채웠으며, 거상(鉅象: 큰 코끼리 - 역자)·사자(獅子)·맹견(猛犬)·대작(大雀)의 무리가 바깥 동산[外圃]에서 사육되었다. 먼 지방의 진기한 물건들이 사방에서 이르렀다"고 한 단락을 근거로 한나라 때 서역 경영의 목적이 통상에 있었다고 주장한다. 옛 사람들이 책을 저술할 때 종종 그 원인과 결과를 구분하지 못할 때가 있는데, 사마천과 반고도 예외는 아니었다. 위 인용문과 같은 글은 한

....

·창오(蒼梧)·울림(鬱林)·합포(合浦)·교지(交趾)·구진(九眞)·일남(日南)·주애(珠崖)·담이(儋耳)군 등을 일컫는다. 오늘날의 광서장족자치구와 베트남 북부가 이들 지역에 해당된다. 7군은 9군이 되어야 옳다.(《한서 외국전 역주》, 468쪽)

15) 구장(枸醬): 종려과에 속하는 말레이시아 원산의 상록교목인 빈랑나무의 열매로 다량의 타닌과 알칼로이드·아레콜린 등을 함유하며 조충구제·설사·피부병·두통 등에 쓰인다.(《한서 외국전 역주》, 468쪽)

16) 장가(牂柯): 군명(郡名)으로 치소는 현재의 귀주성 황평(黃平)·귀정(貴定) 사이.

17) 월수(越雟): 군명으로 치소는 현재의 사천성 서창(西昌) 동남.

18) 《한서》 권6 〈무제기〉에 "서남이를 평정하여 무도(武都)·장가·월수·심려(沈黎)·문산(汶山)군을 두었다"는 기록이 있는데, 오늘날 사천성과 귀주성의 일부 지방이 이에 해당된다.

19) 통서(通犀): 중앙이 흰색이고 양쪽 끝이 서로 통하는[通兩頭] 서각(犀角)의 일종이다.

20) 맹강(孟康)에 따르면 이들은 '사준마(四駿馬)'의 이름이라고 한다. 포초(蒲稍)는 포소(蒲捎)라고도 표기한다.(《한서 외국전 역주》, 469쪽)

번 보기만 해도 인과(因果)가 전도되었음을 단번에 알 수 있다. 게다가 인과가 전도된 상황에서도 단지 외국 물건의 수입만 말하였지 국산품의 수출에 대해서는 언급하고 있지 않다.

한편 혹자는, 장건이 대하에 갔을 때 신독에서 들여온 촉의 베[蜀布]가 있음을 알게 된 것을 근거로 시장 조사가 목적이었다고 주장하는데, 이는 그 원문에 "신이 대하에 있을 때 공의 죽장과 촉의 베를 보고, '어디에서 이것들을 얻었는가?'라고 물었다. ……"고 되어있음을 알지 못한 것이다. 이 구절을 보면 장건이 중국의 물건을 발견하고 나서야 조사를 시작했고 출국 전에는 외국에 중국 물건이 있다는 사실을 몰랐기에 전혀 조사준비를 하지 않았음을 알 수 있다. 이 때문에 장건이 사신으로서 출국한 직무를 다하였고 출국의 기회를 잘 이용하여 뜻밖에 수확을 얻었다고 말할 순 있지만, 이것이 그의 출국 동기와 목적이었다고 말할 수는 없다.

그러나 한나라가 서역과 통한 후, 중국의 비단이 서방으로 대량 판매된 것은 분명한 사실이다. 이는 서방에서 수입된 천마·포도·야광·명주 등보다 비단이 사람의 정교한 가공을 거치고 그 응용 범위 또한 넓었기 때문이다. 따라서 동서교통이 채 열리기 전에 틀림없이 여러 단계를 거쳐 중앙아시아와 서남아시아 심지어 멀리 있는 유럽까지 암암리에 이미 전해졌을 것이다. 이에 관한 한두 가지 일화를 소개하겠다.

인도의 경우, 앞에서 인용한 찬드라굽타 재위 당시인 기원전 320년에서 315년 사이에[21] 저술된 거작 《카우틸야》(*Kautilya*)[22]에 '지나'라는 명

....

21) 앞에서 인용한 적이 없는 처음 나오는 내용이고 기원전이 서기로 표기되었지만, 바로 뒤에 기원전 4세기란 내용이 나오는 것을 보면 조판 상의 실수로 보인다.

칭이 나올 뿐 아니라 기원전 4세기 때 이미 비단이 인도에 판매되었다고 적혀있다. 또 《마누법전》(*Code of Manu*)23)과 《마하바라타》(*Mhabrata*)24)에도 모두 '지나사(支那斯)'라는 명칭이 나오는데, '지나사'의 가장 유명한 산물이 비단이기 때문에 '지나사'의 존재를 알았다면 '지나사'에 비단이 있음을 모를 리가 없었을 것이다.

아리스토텔레스와 기원전 350년의 자연과학자 플리니우스는25) 비단

....

22) 카우틸야(Kautilya, 혹은 Chanakya)는 찬드라굽타를 도와 마우리아 왕조를 세우고 재상을 지냈던 인물 이름이고, 그의 저작은 《실리론(實利論)》(*Artha Sástra*)이라고 부르는 것이 정확하다.

23) 《마누법전》(*Code of Manu*): 고대 인도의 법전으로 '마누'는 산스크리트어로 인류의 시조를 뜻한다. 그 뜻이 시사하듯, 이 법전은 우주의 시초부터 편찬 당시까지의 사회 전반에 걸쳐 행해진 종교·도덕·관습 등 각 방면을 다루고 있다. 총 12장 2,684개 조로 구성되어있는데, 기원전 2세기부터 약 400년에 걸쳐 완성되었다. 이후 동남아시아로 전파되어 여러 국가의 법전 형성에 상당한 영향을 주었다(《실크로드사전》, 191쪽). 원서에는 *Laws of Manu*로 되어있어 바로 잡았음.

24) 《마하바라타》(*Mhabrata*): 인도 고대의 산스크리트어 대서사시로 제목은 '바라타족(族)의 전쟁을 읊은 대사시(大史詩)'란 뜻을 가지고 있다. 오랜 세월에 걸쳐 구전(口傳)되어 오는 사이에 정리·수정·증보를 거쳐 4세기경에 지금의 형태를 갖추게 된 것으로 여겨진다. 18편 10만송(頌)의 시구(詩句)와 부록 《하리바니사》(*Harivanisa*) 1편 10만 6000송으로 구성되었다. 바라타족에 속한 쿠르족과 반두족의 불화로 18일간의 큰 싸움이 벌어져 반두족이 승리하는 전말이 주제이나, 본제(本題)는 전편의 약 5분의 1밖에 되지 않고 그 사이에 신화·전설·종교·철학·도덕·법제·사회제도 등에 관한 삽화(揷話)가 많이 들어있다.

25) 이 부분은 원서에 나와 있는 대로 번역한 것인데, 오기가 있는 듯하다. 기원전 350년 전후에 플리니우스라는 자연과학자를 찾을 수 없고 유명한 박물학자인 플리니우스는 기원후 1세기 사람이다. 게다가 아리스토텔레스(B.C. 384-322)가 활동했던 시기를 감안하면, "기원전 350년 아리스토텔레스와 (이후) 자연과학자 플리니우스는"으로 고쳐야 될 것 같다.

이 모충(毛蟲)에서 나오는 것이라고 하였다. 로마의 시인 베르길리우스(B.C.70-A.D.19)는 비단이 나무껍질 내막에서 흘러나오는 물체라고 주장하였다. 비록 잘못된 인식이지만 비단의 존재를 유럽인들이 일찍부터 알고 있었다는 것은 사실이다.

중국의 비단이 국외에서 명성을 떨친 것은 한대 이전임이 분명하다. 《사기》〈화식열전(貨殖列傳)〉에는 "오지현(烏氏縣) 사람 나(倮)는 목축업을 하였는데, 가축 수가 불어나자 (이를) 팔아 신기한 비단제품을 사서 남몰래 융왕(戎王)에게 바쳤다. 융왕은 그 대가로 그에게 열배나 더 많은 가격의 가축을 주었다. 그래서 그가 기르는 가축은 말과 소가 사는 골짜기들의 수로 헤아릴 정도가 되었다. 진시황은 그를 군(君)으로 봉해진 자들과 똑같이 대우하여 수시로 대신들과 함께 조회에 들게 했다"고 되어있다.

그 의미는 '오지' 땅의 '나'란 이름을 가진 상인이 목축으로 부자가 되었는데, 가축이 많아지자 그것을 내다 팔아 얻은 소득으로 정교한 비단제품을 구매하여 샛길로 외국에 판매하고 열배의 이익을 거두었으며, 중국에서 가장 필요한 소와 말을 구입하였다는 것이다. 그리고 이처럼 여러 단계를 거치는 무역을 통해서 '오지의 나'라는 사람은 마침내 자신이 소유한 소와 말의 숫자를 알지 못할 정도로 거부가 되었고, 이에 진시황이 그를 군으로 봉해진 자로 대우하며 항상 그를 조회에 들게 청하여 국가 대사에 참여하게 하였다는 내용이다.

한나라가 서역과 통할 때 중국 비단은 이미 서방 각국에 이름이 알려졌을 뿐만 아니라 생산량도 외국에 내다 팔기에 충분하였다. 그러므로 한나라의 비단이 어떻게 서방 각국에서 잘 팔릴 수 있었는지를 알기 위해서는 반드시 먼저 국내의 생산 상황에 대해 이해해야만 한다.

한대의 비단 생산은 국영과 민영기구에 의해 이루어졌다. 국영기구는

《한서》〈원제기(元帝紀)〉'제삼복관(齊三服官)'의 주석에 나와 있다. 즉 제(齊)와 양읍(襄邑)에 '복관(服官)' 두 곳을 설치하였는데, 제에 설치한 복관에서는 오로지 봄·겨울·여름 3계절 의복[三服]을 제작했으며, 양읍에 있는 복관에서는 오로지 옷의 자수(刺繡)를 책임졌다. 원제가 한차례 조서를 내려 폐지한 적이 있지만 오래지 않아 다시 회복되었다가, 장제(章帝) 건초 2년(77)에 다시 폐지되었다. 그 외 동직(東織)과 서직(西織)도 있었는데, 전문적으로 교묘(郊廟: 고대 황제가 천지와 조상에 제사지내는 일 - 역자) 때 입는 복장 제작을 담당하였다. 제삼복에는 각각 수천 명의 노동자가 있었고 1년에 거만(鉅萬)의 경비를 소비했다. 동서 양대 직조 공장 역시 마찬가지였다(동직 폐지 후 서직만 남았는데 織室이라고 불렀다. 《한서》권72 〈王貢兩龔鮑傳〉26)을 참고). 이를 통해 국영기구에서 일하는 노동자만 만 명 이상이 되었음을 알 수 있다. 그래서 태사공(太史公)이 "제(齊)의 관대(冠帶)와 옷과 신발[衣履]이 천하에 두루 퍼졌다"고 하였던 것이다. 이사(李斯)가 〈간축객서(諫逐客書)〉에서 말한 '아호(阿縞)27)의 장식과 금수(錦繡)의 옷' 역시 제나라의 명산(名産)이었다. 민간 견직업의 발달은 더욱 미루어 짐작할 수 있다. "한 남자가 농사를 짓지 않으면 굶주리는 사람이 생기고, 한 여자가 직물을 짜지 않으면 추위에 떠는 사람이 생긴다"는 말을 보아도 당시 비단 생산에 종사하지 않는 집이 없었음을 알 수 있다. 설사 부귀한 사람이라 할지라도 모두 이 생산 작업에 참가하였으니, 예컨대 곽광(霍光)28)의 처와 진보광(陳寶

---

26) 원서에는 《한서》권572 〈공우전(貢禹傳)〉으로 되어있으나 《한서》에는 권572가 없고 공우의 전기가 들어있는 것은 권72 〈왕공양공포전〉이어서 바로 잡았다.

27) 아(阿)란 가볍고 가는 실로 짠 직물이고, 호(縞)는 흰 비단을 말한다.

28) 곽광(霍光, ?-B.C.68): 곽거병의 이복동생으로 무제 사후 유조(遺詔)를 받들

光)의 처29)도 모두 비단을 직조할 줄 알았다. 《서경잡기(西京雜記)》에서는 "6일30)이면 1필을 만드는데, 1필은 만전(萬錢)의 가치가 있다"고 하였다. 전국적으로 비단 짜는 사람을 백만 명으로 계산하면 6일에 백만 필, 2달에 천만 필, 1년에 6천만 필을 생산할 수 있었다.31)

《한서》〈장탕전(張湯傳)〉32)에 보면 장안세(張安世)의 부인은 본인이 직접 직조하는 한편 7백 명의 종을 거느리고 함께 직조를 한 결과 곽광을 뛰어넘는 대부호가 되었다고 나온다.

비단 생산은 성도(成都)에서 가장 발달하였다. 좌사(左思)는 〈촉도부(蜀都賦)〉33)에서 "수많은 집과 방(房)이 달라도 베틀소리 조화롭거니, 자개무늬 비단 완성되면 강물에 깨끗이 씻어 더욱 빛나네34)"라고 하였

....

어 김일제(金日磾)·상관걸(上官桀)·상홍양(桑弘羊) 등과 함께 소제(昭帝)를 보필하였다. 이후 상관걸 등 정적을 타도하여 정권을 장악하였다. 소제 사후에는 창읍왕(昌邑王) 유하(劉賀)를 옹립하였으나 향연과 음란을 일삼자 폐위시키고 다시 선제(宣帝)를 즉위시켰다. 선제는 그에게 정사를 일임하였으며 딸을 황후로 들이는 등 죽을 때까지 권세를 누렸으나 사후 그의 일족들은 선제에게 숙청당한다.

29) 전설 중의 중국 비단직조 장인. 전한 거록(巨鹿) 사람 진보광의 처로 선제 때 대사마 곽광의 집에서 포도금(蒲桃錦)과 산화릉(散花綾)의 직조기술을 전수했으며 그녀가 사용한 능금기(綾錦機)는 120종(綜) 120섭(鑷)이었다고 한다.

30) 《서경잡기》 원문에는 60일로 되어있다.

31) 비단직조 장인인 진보광의 처가 60일에 1필을 만들었다면 일반인들의 생산 능력은 이보다 떨어졌을 것이고 그 가치도 못했을 것으로 보인다. 다만 저자의 착오를 바로잡아 생산량을 1/10로 잡아도 1년에 최대 6백만 필을 생산한 것이 되니 적은 양은 아니었던 것 같다.

32) 원서에는 〈장양전(張陽傳)〉으로 되어있으나 오류가 분명해 바로잡았다.

33) 〈촉도부(蜀都賦)〉: 서진의 시인 좌사(생몰연도 미상)의 대표작 《삼도부(三都賦)》 중 한 편이다. 《삼도부》는 당시 문단의 영수인 장화(張華)의 절찬을 받음으로써 일약 유명해졌고, 낙양의 지식인들이 이것을 다투어 베껴 씀으로 "낙양의 지가(紙價)가 올랐다"라는 말이 생겼을 정도였다.

다. 촉(蜀)자는 누에가 기어오르는 숲[蠶叢]을 가리키는 것으로, 비록 비단이 반드시 사천에서 기원한 것은 아니지만 한나라 이전의 사천은 분명 비단 산업이 가장 성행했던 지역이었다. 《삼국지》〈장비전(張飛傳)〉에도 익주(益州)35)를 손에 넣은 후 제갈량과 장비·관우 등에게 각각 비단[錦] 1천 필을 하사했다고 적혀있다.

후한시기에는 비단 생산량이 더욱 증가하였다. 광무제는 노방(盧芳)36)에게 비단[繒] 2만 필을 하사하였고, 번굉(樊宏: 광무제의 외삼촌 - 역자)에게 베[布] 1만 필, 선우(單于)에게 비단[繒絮] 4천 필을 내렸다. 명제는 등황후(鄧皇后)에게 베 3만 필, 동평헌왕(東平憲王: 명제의 친동생 - 역자)에게 푸른 베[蒼布] 10만 필을 하사하였고, 그 후 다시 25만 필·4만 필·9만 필을 각각 하사했다. 장제는 곤명이(昆明夷)37) 노가(鹵家)에게 백(帛) 1만 필을 하사했는데, 백은 곧 비단이다. 그러므로 염철(鹽鐵) 논쟁 때 현량(賢良)이 "오늘날 부유한 자는 아름답고 화려하게 수놓은 얇은 비단[縟繡羅紈]을 입고 중산층은 얼음처럼 하얗고 윤기가 흐르는 두꺼운 비단[素綈冰錦]을 입으며, 평민은 과거 후비(后妃)들이 입던 옷을 입고 비천한 사람[褻人]들은 과거 혼인할 때 사용하던 장식을 달고 있다"고 하였다.

중국의 비단은 한대에 사실 과잉 생산되는 추세였기에, 장건은 그 출

....

34) "百室離房, 機杼相和. 貝錦斐成, 濯色江波."
35) 익주(益州): 한나라 때 둔 십삼자사부(十三刺史部) 중 지금의 사천성에 해당하는 곳으로 후에 성도(成都)를 흔히 이렇게 불렀다.
36) 노방(盧芳, 생몰연도 미상): 신망(新莽) 말 후한 초 활약하던 군웅 중 하나로 한 때 북방변경에서 칭제하였다. 광무제 건무 16년(40) 투항을 표하자 대왕(代王)으로 삼아 흉노와의 친선우호 사무를 맡겼다. 이후 다시 한나라에 반기를 들었다가 흉노로 들어가 병사하였다.
37) 곤명이(昆明夷): 양한시기에서 당대까지 지금의 운남 서부와 중부, 귀주 서부 및 사천 서남부에 거주했던 중국 고대 민족.

사의 주요 목적이 비록 외교에 있었지만 그 기회를 아주 잘 이용하였다. 예컨대 대하에서 공의 죽장과 촉의 베를 보고서 즉각 그 출처를 탐문하였으니, 이는 일시적인 조사였다. 또 일찍이 대원의 왕에게 "왕께서 신을 인도해 줄 사람을 주어 호위하여 보내 주십시오. …… 한나라는 왕에게 이루 말할 수 없을 정도로 많은 재물을 보내 줄 것입니다"라고 하였는데, 여기서 말하는 한나라의 재물에 어찌 비단이 포함되지 않았겠는가? 이 역시 때에 맞게 행한 절호의 선전이었다. 대원의 사신이 중국에 도착했을 때 "이 무렵 천자께서 바닷가를 자주 시찰하였는데, (이 행차에는) 언제나 외국에서 온 빈객들을 데리고 다녔다. 인구가 많은 큰 도시에 들러서는 재물과 비단 등을 상으로 나누어 주었다." "한나라 사신이 도착한 곳에서는 폐백(幣帛)을 내지 않으면 먹을 수가 없고, 가축을 살 수가 없고, 탈 것을 구할 수가 없었다." 여기서 말하는 한나라 사신이란 실제로 모두 상인이었으니, 그들이 서방으로 갈 때 비단을 여행자금으로 사용했음을 알 수 있다.

제4절 중국 관개법(灌溉法)의 서역 전파

신강(新疆)에는 이른바 '카레즈(karez, 坎井)'[38]라고 하는 일종의 지하

---

38) 카레즈(karez, 坎井): 잡아정(卡兒井) 또는 감아정(坎兒井)이라고도 함. 우물과 지하수로를 결합한 일종의 인수(引水) 관개시설. 신강 투루판의 카레즈 구조는 수직으로 파내려간 우물인 수정(垂井), 우물과 우물을 잇는 물길인 암거(暗渠), 하구로 내려오면서 땅 위로 드러난 물길인 명거(明渠), 그리고 물길의 종점에서 물을 저장하고 배수하는 저수 댐 격인 노파(澇壩)로 구성되

수로가 있는데, 투루판·퉈커쉰[托克遜]·산산[鄯善] 및 하미 등 4개 현 (縣)에 제일 넓게 분포되어있다. 펠리오(Pelliot)·스타인(Stein)·헌팅턴 (Huntington: 미국의 지리학자) 및 라티모어(Lattimore) 등은 모두 그 기술이 페르시아에서 전해졌다고 주장하였다. 왕국유는《관당집림》권13 〈서역정거고(西域井渠考)〉에서 카레즈를 본래 중국의 옛 기술에서 유래된 것으로 보고 다음과 같이 설명하고 있다.

"오늘날 신강 남북로에서 우물을 파고 물을 얻는 것과 관련하여 투루판에는 이른바 카레즈[卡兒井]라고 하는 것이 있다. …… 펠리오 교수는 이 기술이 페르시아에서 전해졌을 것으로 생각하나, 나는 이것이 중국의 옛 기술이라고 생각한다.《사기》〈하거서(河渠書)〉를 보면 무제 초기 병졸 만여 명을 징발하여 수로를 파게 하였는데, 징현(徵縣)[39]에서부터 낙수(洛水)를 끌어들여 상안(商顔)[40]에 이르게 했다. 그런데 수로의 하안(下岸)이 잘 붕괴되어 우물을 팠고, 깊은 곳은 40여 장(丈)이나 팠다. 곳곳에 우물을 만들고 우물 밑을 서로 통하게 하여 물이 흐르게 하니, 이때부터 정거(井渠)가 생겼다고 한다. 이 일에 대해 역사가가 그 연도를 기록하고 있지 않지만, 호자(瓠子: 지금의 하남성 濮陽 서남쪽 – 역자) 가 막히기 전(즉 元封 2년)의 일로서 서역과 아직 통하기 이전이었다. 또 〈대원열전〉에 대원성 안에는 우물이 없어 성 밖에 흐르는 물을 길어다 썼는데, 새로이 진인(秦人)을 찾아내어 우물 파는 법을 알게 되었다고 적혀있는 것을 보면, 우물 파는 기술을 진나라 사람이 가르쳐준 것임을 알 수 있다. 서역에는 본래 이 방법이 없었으나, 한나라가 서역과 교통하면서 만리장성 바깥지역에 물이 부족한데다 모래땅이 쉽게 붕괴되

어있다.

39) 징현(徵縣): 지금의 섬서성 징성현(澄城縣) 서남쪽에 있었던 현.
40) 상안(商顔): '철렴산(鐵鐮山)'이라고도 부르며 지금의 섬서성 대려현(大荔縣) 북쪽에 있다.

기 때문에 정거 기술을 변경에서 시행하였던 것이다.《한서》〈오손전(烏孫傳)〉에는 한나라가 파강장군(破羌將軍) 신무현(辛武賢)[41]을 돈황에 파견하였는데, 그가 사람을 보내 가는 길을 따라 비제후정(卑鞮侯井)을 굴착토록 하였다고 되어있다. 맹강(孟康)[42]에 따르면 비제후정은 큰 우물 여섯 개의 통거(通渠)로 아래로 흘러 백룡퇴(白龍堆)[43] 동쪽 토산(土山)아래에서 용출된다고 하였다. 우물을 통거라 부르고 위에서 아래로 흐른다고 한 것을 보면 정거가 확실하다. 한나라 때에는 정거가 돈황성 북쪽에서 용퇴까지 쭉 이어져 있었던 것 같다. 유욱(劉郁)의《서사기(西使記)》[44]에 보면, 목석(穆錫)이란 땅에는 물이 없어서 그곳 사람들이 고개[嶺]를 사이에 두고 우물을 파고, 이를 서로 연결시켜 수십 리 아래까지 물을 끌어다 밭에 물을 댔다고 기록되어있는데, 이 역시 한나라의 정거 기술과 다르지 않다. 따라서 동쪽으로 온 서역의 상인들이 이 땅의 기술을 그들 나라에 전수한 것이지, 저들 나라에서 전래되어 온 것은 아니라고 본다."

혹자는 정거는 지표수이고, 카레즈는 지하수를 이용한 것이어서 차이

....

41) 신무현(辛武賢, 생몰연도 미상):《사기》〈한흥이래장상명신연표(漢興以來將相名臣年表)〉에 따르면 주천태수(酒泉太守) 신무현은 신작 원년(B.C.61) 4월 파강장군에 임명되었다.

42) 맹강(孟康, 생몰연도 미상): 삼국시대 위나라의 저명한 학자로 지리와 천문 등에 밝았으며《한서음의(漢書音義)》등의 저서가 있다.

43) 백룡퇴(白龍堆): 용퇴(龍堆)라고 부르기도 한다. 맹강에 따르면 백룡퇴는 그 모습이 토룡(土龍)의 몸체와 같다. 머리는 없고 꼬리만 있으며, 높은 곳이 2-3장이고 낮은 곳도 1장을 넘는다. 모두 동북을 향하고 모양이 비슷한데, 서역 안에 있다고 한다. 현재 신강위구르자치구 천산남로 고목탑격(庫穆塔格)에 위치한다. 이것은 염택 즉 롭 노르 부근 동북부에 있는 거대한 사구군(砂丘群)을 가리키며 현지 주민들은 yardang이라고 부른다.(《한서 외국전 역주》, 215, 371쪽)

44) 이에 대해서는 본서 제3편 6장 3절을 참고.

가 있다고 주장하기도 한다. 그러나 방법은 비록 다르지만, 한나라 때 중국의 관개기술이 이미 중앙아시아까지 전해졌다는 것은 의심할 여지가 없다.

또 다른 관개공정(灌漑工程)은 《수경주(水經注)》에 보인다. "돈황 사람 색매(索勱)는 자(字)가 언의(彦義)인데 지모가 뛰어났다. 자사(刺史) 모혁(毛奕)이 색매로 하여금 이사(貳師)장군을 수행하여 주천과 돈황의 병사 천명을 거느리고 누란에 가서 둔전을 하도록 하였다. (색매는) 백옥(白屋: 중국 고대 북방 소수민족 이름 - 역자)을 기용하고 선선·언기·구자 삼국의 병사 각 천 명씩을 소집하여 주빈하(注賓河)를 가로막고자 하였다. 강을 차단하는 날, 물살이 격렬하여 그 파도가 제방을 넘어 흘러넘쳤다. …… 색매가 친히 제사를 지냈으나 물살은 여전히 줄어들지 않았다. 이에 (색매는) 진을 치고 지팡이를 잡고 북치고 소리 지르고 화살을 쏘고 창으로 찌르면서 3일 동안 큰 전쟁을 벌이니, 물의 기세가 비로소 감퇴하였다. 그리하여 비옥한 평야까지 물을 대자 서역인은 그를 신령스런 사람이라고 불렀다. 힘써 농사지은 지 3년 만에 백만 근의 양식을 모았으며 그 위력으로 외국을 복속시켰다." 주빈하는 지금의 체르첸(Cherchen)강[45]이고, 강의 원류는 곤륜산에서 시작된다. 이 역시 중국의 수리공정이 서역으로 전파된 사례이다.

....
45) 체르첸(Cherchen)강: 타림분지에 위치해 있으며 QarQan River라고도 부른다.

제9장
한대 중국과 인도의 교통(상)

제1절 중국과 인도의 최초 교통

중국과 인도 간 교통의 기원에 대하여 논하는 사람들은 대부분 인도에 코끼리가 서식하기 때문에 중국 고대의 코끼리는 분명히 인도에서 왔을 것이라고 생각한다. 그래서 어떤 이는 순(舜)임금의 이복동생 이름이 상(象)이라는 점과 왕충(王充)의《논형(論衡)》권4 〈서허편(書虛篇)〉에 "순임금이 창오(蒼梧)에 묻혔으며, 코끼리가 그를 위해 밭을 갈았다"는 구절, 그리고《맹자》권8 〈이루(離婁)〉하(下)에서 순임금이 동이(東夷) 사람이라고 한 점을 근기로 순임금과 코끼리의 진실에는 분명 남방적인 즉 인도문화의 색채를 내포하고 있다고 주장한다. 그 외에도《여씨춘추》에 "상나라 사람들이 코끼리를 길들여 동이지역에서 학정(虐政)을 행하였다"는 구절을 들어 중국과 인도의 교통도 틀림없이 그때 시작되었다고 단정하기도 한다. 그러나 사실 지하에서 출토된 화석을 살펴보면 중국은 태고시대에 이미 코끼리가 있었다. 중국의 상(象)자도《주역》〈계사(繫辭)〉에 "상(象)은 상(像)이다"라고 한데서 이미 찾아 볼 수 있다. 또 왕충은 《논형》에서 "사실 창오는 코끼리가 많은 지역이었다"고 하여 순임금을 위해 코끼리가 밭을 갈았다는 전설을 반박하였다. 갑골문에는 상(象)자가 여러 차례 보이며, 주(紂)왕에게는 코끼리 젓가락이 있었고(《사기》〈宋世家〉 및 《한비자》 권7 〈喩老篇〉), 주나라에는 상체(象揥)라고 하는 상아(象牙)로 된 빗도 있었다(《毛詩》 권4 《鄘風》의 〈君子偕勞篇〉 및 권9 《魏風》의 〈葛屨篇〉). 또한 상아로 만든 비녀[象笄]도 있었으며, 《전국책》 권10 〈제책(齊策)〉에는 상아로 만든 침대[象牀]가 있었다고 기록되어있다. 《모시(毛詩)》와 《이아(爾雅)》 권4에는 주나라 때 상아를 가공해 기물을 만드는 것을 차(磋)라고 하였다는 내용도 있다. 이렇듯 상·주시기 코끼리는 중국에서 희귀물이 아니었기 때문에 먼 인도에서 구해올 필요가 없었다.

사료를 제멋대로 인용한 것 외에 위조된 사료에 대해서도 분명히 밝히지 않으면 안 된다. 한나라 말과 위·진 이후로 불교가 크게 성행하자, 진(晉)나라의 도사 왕부(王浮)는 《노자화호경(老子化胡經)》을 지어 부처가 노자의 화신(化身)이라고 주장하였다. 《위지(魏志)》 권30에서는 어환의 《위략》을 인용하여, "불경에 수록된 내용은 중국 노자경(老子經)과 서로 차이가 있다. 아마도 노자가 서쪽 관문을 나서서 서역의 천축을 지날 때 그 불교 교단 소속 제자들을 가르쳤던 것 같다"고 하면서, 이를 근거로 부처를 노자의 제자로 보았다. 이 설은 후한시기에 이미 존재했을 수 있는데, 뒤에서 자세히 논하겠지만 그것이 사실이 아닌 것만은 확실하다.

위·진시기에 위조된 책 《열자》에 나오는 "공자가 서방에 성자가 있다는 것을 들었는데, 다스리지 않아도 (질서가) 혼란해지지 않으며 말하지 않아도 (백성들이) 신뢰감 있게 행동하고 감화시키지 않아도 (백성들이) 스스로 행하니, 그의 하는 일은 너무 광대하여 무엇이라고 이름을 붙일 수 없다"는 글을 통해, 불도(佛徒)들 역시 공자의 입을 빌어서 불교를 선전하면서 서방의 성자가 부처라고 주장하였음을 알 수 있다.

주사행(朱士行)의 《경록(經錄)》(宋 志磐의 《佛祖統紀》 제34에서 인용)에는 "진시황 4년에 서역의 사문(沙門) 실리방(室利防) 등 18인이 불경을 가지고 와서 감화시키려 하였으나, 황제는 그것이 풍속과 다르다 하여 그들을 구금했다. 밤에 장육금신(丈六金神)[1]이 감옥을 파괴하고 그들을 풀어주었다. 황제가 놀라서 머리를 땅에 조아리면서 사죄하고 두터운 예로써 그들을 출국하게 하였다"고 적혀있는데, 주사행은 위나라 감로 5년(260) 우전국에 경전을 구하러 갔던 사람으로 그의 말은 근거 없는 순전한 허구이다.

수나라 비장방(費長房)의 《역대삼보기(歷代三寶記)》[2] 권1에는 "또 진시황 때 사문 석리방(釋利防) 등 18명의 현자(賢者)가 경전을 들고 와 감화시키려 하였으나, 시황이 듣지 않고 석리방의 무리를 구금했다. 밤에 장육금신이 와서 감옥을 부수고 그들을 내보내자, 황제가 놀라 공포에 떨며 고개를 조아리며 사죄했다"고 되어있는데, 이 글은 앞 책의 내용을 베낀 것이 분명해 보인다.

그러나 중국과 인도 간 교통이 장건 이전에 시작되었던 것은 분명하다. 《사기》〈대원열전〉에서 장건이 보고한 내용을 보면, "신이 대하에 있을 때 공의 죽장과 촉의 베를 보고 '이것을 어디서 구했느냐?'고 물어보니, 대하 사람이 '우리나라 장사꾼들이 신독에 가서 산 것이다. 신독은

---

1) 장육금신(丈六金神): 부처의 모습을 지칭하는 것으로 높이가 1장 6척이고 황금색을 띄고 있어서 장육금신이라 하였다.
2) 《역대삼보기(歷代三寶記)》: 전 15권. 수나라 사람 비장방(생몰연도 미상)이 597년에 엮은 책으로 후한에서 수대에 이르기까지 역경(譯經)을 중심으로 하여 삼보(三寶)가 전파된 사실을 기록하고 있다.

대하에서 동남쪽으로 수천 리 떨어진 곳에 있는데, 그들의 풍속은 한곳에 머물러 살고 대하와 거의 같으나 땅이 몹시 습하고 기후가 덥다고 한다. 그 나라 사람들은 코끼리를 타고 싸우며, 또 그 나라는 큰 강에 인접해 있다'고 대답했습니다. 신이 헤아려 보건대, 대하는 한나라로부터 1만 2천리쯤 떨어져 있고 한나라의 서남쪽에 있습니다. 지금 신독국은 또 대하의 동남쪽으로 수천 리 떨어져 있으며, 촉의 물건이 있는 것으로 보아 촉에서 그다지 멀지 않은 곳에 있는 것 같습니다." "…… 장건에게 촉의 건위군(犍爲郡)에서 밀사를 네 길로 나눠서 동시에 출발시키도록 했다. …… 각각 모두 1, 2천 리를 나아가자 북쪽 길은 저(氏)와 작(筰)에게 가로막히고, 남쪽 길은 수(巂)와 곤명(昆明)에게 막혔다. 곤명에 있는 무리는 군장(君長)이 없고 도둑질을 일삼으므로 한나라 사신들을 보는 대로 죽이거나 약탈하였으므로 결국 통과할 수 없었다"고 되어 있다. 이 보고는 기원전 129년과 128년 사이에 (장건이 대하에서) 보고들은 바를 적은 것인데, 그 전에 사천 상인들이 이미 방법을 강구해 인도에 비단을 내다 팔았고 그것이 다시 인도를 통해 대하로 수출되었으며, 한나라 정부가 (인도로 통하는) 정식 교통로를 개설하려했지만 곤명이(昆明夷)에 의해 가로 막혔음을 알 수 있다.

또 이어서 "그러나 그 서쪽으로 1천 리쯤 떨어진 곳에 전월(滇越)이라고 부르는 코끼리를 타고 다니는 나라가 있는데, 촉의 장사꾼 중 몰래 장사하는 이들이 간혹 그곳에 이른다고 했다"고 한 것으로 보아, 당시 밀수 상인들이 인도와 미얀마까지 간 것은 분명해 보이지만 규모가 작아서 정치와 문화에 큰 자극을 주지 않았던 것으로 보인다.

인도인이 중국에 들어와 거주한 것과 관련하여 《화양국지(華陽國志)》[3]

....

3) 《화양국지(華陽國志)》: 전 12권. 《화양국기(華陽國記)》라고도 한다. 고대 파

권4에는 "(후한) 명제가 군(郡: 永昌郡을 가리킴)을 설치하고 촉군(蜀郡)의 정순(鄭純)을 태수로 세웠다. …… 민복(閩濮)·구료(鳩獠)·나복(躶濮)·신독(身毒)의 백성들이 있었다"고 기록되어있다. 즉 후한시기 운남 변경지역에 이미 인도인이 살고 있었다는 것이다. 또《화양국지》권4에 실린 영창(永昌)의 산물로 풍부한 동물·식물·광물 외에 수공업으로 "잠상(蠶桑)으로 만든 부드러운 비단, 채색비단[采帛], 화려한 자수[文繡], 동화포(桐華布: 오동나무 목화로 실을 타서 짠 하얀 포 - 역자), 난간세포(蘭干細布: 난간은 모시풀로 모시로 짠 고운 포 - 역자), 계모(罽旄: 동물의 털로 짠 모직물 - 역자), 백첩(帛疊: 꽃문양이 들어간 직물 - 역자) 등이 있다"고 한 것으로 보아, 애뢰이(哀牢夷)[4]도 어쩌면 인도문화의 영향을 받았을 가능성이 있다.《후한서》〈남만·서남이열전(南蠻西南夷列傳)〉에 탄국(撣國)[5]이 대진(大秦)과 통하였다고 되어있는데, 탄국은 바로 애뢰이 부근에 있었기 때문에 대진과 통할 수 있었고 인도와는 분명 더욱 잘 통할 수 있었다.

중국과 인도 간에 공식적인 정치관계가 발생한 것은 장건이 제2차 출사를 떠났던 기원전 117년에서 116년 사이였다.《사기》〈대원열전〉에는 "장건이 오손에 도착했다. …… 대원·강거·대월지·대하·안식·신독·우전·우미 및 그 밖의 여러 나라에 부사를 나누어 파견했다. …… 그 뒤 일 년쯤 지나자 장건이 대하 등의 나라에 보냈던 부사가 모두

....

촉(巴蜀) 지역의 역사와 지리, 인물 등을 기술한 지방지로 동진의 역사가 상거(常璩, 291?-361)가 348-354년 사이에 저술한 책이다.
4) 애뢰이(哀牢夷): 중국 고대 민족으로 지금의 운남 서부지역에 분포했다. 우두머리의 이름 애뢰(哀牢)를 따서 애뢰이라고 불렀다.
5) 탄국(撣國): 현 미얀마 연방을 구성하는 Shan State. 당대에는 표국(驃國), 송대에는 포감(蒲甘), 원대에는 면국(緬國)이라고 하다가 근래 면전(緬甸)이라고 했다. 현재 여러 종족이 혼합되어있으나, 태족(傣族)이 주요 종족이다.(《후한서 외국전 역주》, 113쪽)

그 나라 사람들과 함께 서서히 돌아왔다. 이렇게 해서 서북쪽의 나라들이 처음으로 한나라와 교통하게 되었다"고 적혀있다.

제2절 진(秦)대 불교 전래설 검토

뒤에 다시 상세히 서술하겠지만, 나는 《한서》〈지리지〉를 통해 한나라 때 합포(合浦)[6]와 서문(徐聞)[7]에서 인도로 직접 통하는 노선이 있음을 알았다. 그러나 이 노선을 통한 교통은 오로지 무역 및 공물을 바치는데 국한되어있어서 문화에 미친 영향은 그다지 크지 않았다. 인도 불교의 전래는 중국과 인도 양국 사이에 처음으로 순수한 본국 문화 간의 관계를 발생시켰다. 그러나 불교가 최초로 중국에 유입된 경로는 육로를 통해서였다.

혹자는 불교의 중국 전래는 진시황 때에 시작됐다고 주장하는데, 그 첫 번째 근거는 앞 절에서 인용한 수나라 비장방의 《역대삼보기》이다. 하지만 그 책은 늦게 나왔기 때문에 그것으로 진대의 일을 증명하는 것은 거의 불가능하다. 두 번째 근거는 민국 16년(1927) 일본의 후지타 토요하치(藤田豐八)가 《동양학보(東洋學報)》 제16권 제2호에 발표한 〈중국에 있어서 석각의 유래 -'부득사'란 무엇인가를 덧붙여서〉[8]에서, 《사기》〈진시황본기〉에 기록된 "금부득사명성출서방(禁不得祠明星出西

---

6) 합포(合浦): 현재 광서장족자치구 북해시(北海市) 합포현 일대.
7) 서문(徐聞): 현재 광동성 담강시(湛江市) 서문현 일대.
8) 원제는 〈支那に於ける刻石の由來 —附「不得祠」とは何ぞや〉이다.

方)"이란 구절에 나오는 '부득(不得)'은 부다(Buddha, 佛陀)의 음역이므로 마땅히 사(祠)자 다음에 끊어서 두 구절로 읽어야 한다고 한 것이다. 그런데 민국 33년(1944) 《진사강요(秦史綱要)》의 저자(馬元材를 가리킴 - 역자)가 〈자서(自序)〉에서 《사기》의 이 구절을 자신이 민국 30년에 발견했다고 하니, 어찌 이상한 일이 아닌가?

후지타 토요하치의 설이 나오자 많은 학자들이 반대하였다. 민국 33년 2월 중경(重慶)에서 출판된 《진리잡지(眞理雜誌)》 1권 1기에 실린 〈진대에 이미 불교가 유행했다는 것에 대한 토론(秦代已流行佛敎之討論)〉(저자는 岑仲勉 - 역자)에서는 '부득(不得)'은 'Veda'의 음역이지 '불타(佛陀)'가 아니라고 주장하였다. 이때는 《진사강요》의 저자가 쓴 〈진나라 때 불교가 이미 중국에서 유행했다는 것에 대한 고찰(秦時佛敎已流行中國考)〉이란 글도 이미 등사되어 세상에 나온 상태였다.

《진사강요》의 서문에는 "또한 나는 그로 인해 느끼는 바가 많았다! 학문의 길은 정말 쉽게 말할 수 없다. 내가 진나라 역사를 공부하기 시작한 이래로 가장 기본적인 근거로 삼은 것은 《사기》였다. 《사기》는 내가 어려서부터 배운 책이다. 내가 진정으로 진나라의 역사를 공부하기 시작한 연도를 헤아려보면 지금까지 이미 12년이나 되었다. (그 동안) 《사기》의 내용을 파헤친 것이 어찌 백천만(百千萬) 번뿐이겠는가마는 십년이 지나고 삼십년의 세월이 흐르고 나서야 비로소 '금부득사(禁不得祠)'의 '부득(不得)'이 곧 '부도(浮屠)'라는 것을 깨달았다. 또 2년이 지나고 올해(민국 33년)가 되어서야 비로소 '선문(羨門)'이 곧 '사문(沙門)'이고, '안기(安期)'가 곧 '아기니(阿耆尼)'라는 것을 알았다"고 적혀 있다.

그러나 이후에도 여전히 많은 사람이 이 주장에 반대하였다. 왜냐하면 명성(明星)은 태백성(太白星) 혹은 금성(金星)을 가리키는데, 이 별이 나타나면 천하에 큰 변고가 생긴다고 하여 서방에서 출현한 명성에 제사지내지 못하게(不得祀明星出西方) 했던 것이기 때문이다. 진반암(陳槃庵: 즉 陳垣 - 역자) 선생은 민국 36년 3월 10일 천진(天津) 민국일보(民國日報)가 발행한 《사여지(史與地)》 제10기에 실은 〈금부득사거례(禁不得辭擧例)〉라는 글에서 선진시대 및 한대의 문헌에 나온 '금부득(禁不得)' 세 글자를 자세히 조사한 결과, 그것이 양한과 삼국시기에 천자가 서사(書史)를 명할 때 관습적으로 사용한 말이라는 것을 증명하였으니, 《한서》의 〈왕망전〉, 《여씨춘추》의 〈음사(淫辭)〉, 《태평어람》 권918에 인용된 위무제(魏武帝)의 조령(詔令) 및 《사기》의 〈장창전(張蒼傳)〉 등이 그러하다고 했다. 그 외에도 '무(毋)'자로 '불(不)'을 대신하고 '무(無)'자로 '무(毋)'를 대신한 것 등을 각각 예로 들었다. 또한 금(禁)자 다음에 바로 목적어를 두고 그 다음에 '부득(不得)'이라는 두 글자가 나온 경우가 네 번 있고, '금무(禁無)'라고만 적은 것도 있다고 하였다.

언어학적으로 '부(不)'자의 성격은 탁성(濁聲)도 아니고 탁조(濁調)도 아니어서, '부(浮)'와 '불(佛)'과는 같은 부류가 아니다. 상고음(上古音) 자료에서 고음(古音)자료에 이르기까지 주요 원음(元音)은 'u'가 아니고 '폐(吠)'의 운류(韻類)도 아니다.

'득(得)'자는 입성(入聲)의 성격을 갖고 있고, '탁조'가 아니므로 자연히 '탁성'도 아니다. '득'자의 주요 원음은 개구(開口) 음인 'a'음과 대응되어 읽은 역사적 사실이 없다. 그러므로 '도(屠)'·'도(圖)'·'타(陀)'자와 같은 부류가 아니다.

후지타 토요하치의 논문이 발표된 지 14년이나 지나서 새삼스레 '부득'이 '부도'라고 주장한 것은 극히 천박하고 비루한 짓이라 생각된다. 또 '사문(沙門)'의 산스크리트어 원문은 Sramana이고, 팔리(Pali)어[9]로는 Samana이다. 당나라 혜림(慧琳)의 《일체경음의(一切經音義)》[10] 권18에는 "사문은 범어(梵語)가 잘못 표기된 것이다. 범어를 바르게 읽으면 실라말나(室囉末拏)이다"고 되어있다(《大正大藏經》권54, 430쪽 상). 그러나 현대 산스크리트어 전문가의 연구에 따르면 '사문'은 결코 '오류'가 아니니, 왜냐하면 '사문'이라는 명칭은 산스크리트어를 곧바로 번역한 것이 아니고 토하라어를 다시 번역한 것이기 때문이다. 토하라어 갑(甲) 즉 카라샤르어[焉耆語]에서는 산스크리트어 Sramana가 Samam으로 변했고 토하라어 을(乙) 즉 쿠차어[龜玆語]에서는 Samane로 변하였으니, 한자 '사문'은 토하라어에서 온 것으로 절대 '선문(羨門)'으로 번역될 수 없다.

'아기니(阿耆尼)'의 산스크리트어 원문은 Agni로 고대 인도에서 지극히 추앙 받은 불의 신이다. 이를 중국어에서 '아기니'로 번역한 것으로 산스크리트어의 음운과는 매우 부합하지만, '안기(安期)'는 그렇지 않다. 칼그렌(Karlgren)의 《중국문법》(*Grammatica Serica*)에 의하면, '안(安)'자의 발음은 an/an/an이고, '기(期)'자의 발음은 Kiag/Kji/Ki로 Agni와 전혀 부합되지 않는다.

....

9) 팔리어(pàli-bhàsà): 고대 인도에서 사용했던 언어로 불타시대 마가다국 (Magadha, 摩褐陀國) 일대에서 대중들에게 통용되었다.

10) 《일체경음의(一切經音義)》: 일종의 불교사전으로 같은 이름을 가진 책이 2종이 있다. ①649년 현응(玄應)이 편찬한 25권 본. 458종의 경(經)·율(律)·논(論)에 나오는 어려운 낱말과 명칭들을 풀이한 책으로 《현응음의》라 부른다. ②807년 혜림(慧琳)이 편찬한 100권 본. 1,225종의 경·율·논에 나오는 어려운 낱말과 명칭들을 풀이한 책으로 혜림이 새로 풀이한 것은 735종이고 335종은 현응의 일체경음의를 그대로 옮겨 실은 것이며, 풀이는 하지 않고 이름만 열거해 놓은 것이 145종, 나머지는 혜원(慧苑)·운공(雲公)·현응(玄應) 등의 음의(音義)를 그대로 옮기거나 수정·보완한 것으로 《혜림음의》라 부른다.

그 외에 진시황이 선인(仙人)과 불사의 약을 구하기 위해 서복(徐福)을 파견한 것 역시 불교의 영향을 받은 것이라는 주장도 있다. 또 당시는 아소카왕이 재위할 때로 교화가 크게 행해져 객사를 세우고 의약(醫藥)으로 사람들을 구제했는데, 나중에 전쟁 중 사람을 너무 많이 죽이게 되자 불교에 귀의하여 온 힘을 다해 불교를 선양하였으며 일찍이 이집트와 미얀마에 사람을 파견하기도 하였다. 이런 연유로 《역대삼보기》에서 그들이 중국에도 다녀갔다고 주장한 것인데, 이는 전부 불가(佛家)에서 과도하게 선전한 표현으로 믿을만한 것이 못된다.

《대장경》에 아소카왕의 아들이 일찍이 진중(秦中)에 이르렀다고 적혀있지만, 《대장경》 원본이 이미 실전(失傳)되어서 이러한 사실이 있었는지 여부도 고증할 수가 없다.

제3절 한대 불교의 최초 전래

중국에서 불교는 한 무제 원수 3년(B.C.120) 흉노 휴도왕(休屠王)[11]의 금인(金人)을 얻은 후 향을 피워 제사지낸 때부터 시작한다고 주장하는 사람이 있다. 그러나 이는 흉노가 하늘에 제사지내는 금인이지 인도의 부처는 아니었다. 게다가 당시 불상을 만든 일이 없었다는 것도 자료로 증빙할 수 있다. 그러나 그 당시 불교가 있다는 것을 들었을 가능성

....

11) 휴도왕(休屠王): 흉노의 관직 명칭으로 선우정(單于庭)의 우측(서쪽)에 있는 휴도부(部: 지금의 감숙성 武威市 일대)를 다스리는 왕이었다.(《사기 외국전 역주》, 114쪽)

은 있다. 왜냐하면 무제가 금인을 손에 넣기 2년 전에 장건이 귀국했기 때문이다. 그래서 《위서(魏書)》〈석로지(釋老志)〉에는 "서역이 개척되고 대하에 사신으로 보낸 장건이 돌아와서 그 인근에 있는 천축이라고 부르는 신독국에 대해서도 전하였는데, 이때 불교가 있다는 것을 처음 들었다"고 하였다. 그러나 《후한서》〈서역열전〉에는 "불교의 신령스런 교화는 신독에서 비롯된 것인데, 《사기》와 《한서》의 방지(方志)에서는 (그것에 관해) 언급한 것이 없다"고 적고 있다. 그러나 불교의 존재를 알았는지의 여부와 기록했는지의 여부는 별개의 일이며 기록을 하였지만 전해지지 않았을 가능성이 더 클 수도 있다.

비교적 믿을만한 기록은 한 애제 원수 원년(B.C.2) 이존(伊存)이 불경을 전하면서부터 시작되었다는 것이다. 《위략》에는 "박사제자 경노(景盧)가 대월지 왕의 사신인 이존으로부터 《부도경(浮屠經)》을 구두로 전수받았다"고 되어있다. 즉 대월지의 왕이 이존을 중국에 사신으로 보냈고 경로가 그에게 경전을 배웠다는 뜻이다.

그 다음은 후한 명제(재위 57-75 – 역자)가 불경을 구했다는 설인데, 대략 설명하면 다음과 같다. 명제가 밤에 금인이 궁정의 정원을 날아다니는 꿈을 꾸고는 그 다음날 새벽에 군신(群臣)들에게 무슨 꿈인가 물으니, 태사(太史) 박의(博毅)가 "서방에 부처라고 하는 신이 있는데, 폐하께서 꾸신 꿈은 이것을 일는다는 것이 아닙니까?" 라고 내답하였다. 그러자 황제는 채음(蔡愔)과 진경(秦景) 등 18명을 파견하여 구해오도록 했다. 그들이 서역에 도착해 몇 명의 사문과 약간의 불상 및 경전을 얻어 백마에 실고 모두 낙양으로 돌아왔다. 황제는 이들을 위해 백마사(白馬寺)를 지어주었고, 중국에 온 사문이 《사십이장경(四十二章經)》[12]

....

12) 《사십이장경(四十二章經)》: 후한 때 중국에 전해졌다는 불경. 재·색·명·리

을 번역하였다는 내용이다.

이 이야기는《후한서》권88〈서역열전〉등에 보이는데, 많은 불교문헌에서 견강부회되고 해석이 다른 정도도 매우 심하다. 예를 들어 그 연대에 대해서도 영평 3년(60), 7년, 10년, 13년 등 여러 설이 있고 파견된 사람 수도 18명, 14명, 12명 등의 설이 있다. 도착한 지역도 어떤 이는 천축이라 하고 어떤 이는 월지라고 주장한다. 그 사적(事蹟)에 관해서는 도술(道術)에 대해 물은 일, 그 형상을 그린 일, 사문을 영접한 일, 불경을 전사(傳寫)한 일 등이 있다.

《사십이장경》서문에는 "사신 장건, 우림중랑장(羽林中郎將) 진경, 박사제자(博士弟子) 왕준(王遵) 등 12명을 대월지국에 보냈다"고 적혀있으며,《홍명집(弘明集)》권1에 수록된《모자이혹론(牟子理惑論)》과《출삼장기집(出三藏記集)》등의 내용도 모두 같다. 한 명제 때 장건을 파견하였다는 것은 말하지 않아도 억지임을 알 수 있다. 명나라 호응린(胡應麟)[13]은《필총(筆叢)》[14] 권46에서 "앞에서 말하는 장건은 한 무제 때

....

    를 경계하고 일상의 수행에 요긴한 42장의 경전이다. 고(苦), 무상(無常), 무아(無我), 보시(布施), 애욕의 단절 등 불교의 요지를 적절한 비유를 들어 간명하게 풀이한 것으로 석가의 교훈집이다. 최초로 한역한 경전이기 때문에 불교사상을 유교적으로 해석해서 번역한 부분도 보인다. 불교사상이 중국에 수용되는 과정에서 이루어진 위경(僞經)이라는 설도 있다. 이에 대한 자세한 설명은 아래 본문에 나온다.

13) 호응린(胡應麟, 1551-1602): 명나라 금화부(金華府) 난계(蘭溪) 사람으로 자는 원서(元瑞) 또는 명서(明瑞)이다. 호는 소실산인(少室山人), 석양생(石羊生), 부용봉객(芙蓉峰客) 등을 썼다. 향리에서 천거되어 거인이 되었지만 진사시에서 세 번 낙방한 뒤 산중에 집을 짓고 수만 권의 장서를 구매하여 두루 암기하면서 박학을 과시했다. 유불도(儒佛道)에 모두 능통했다.《시수(詩藪)》·《유고(類稿)》·《갑을잉언(甲乙剩言)》·《단연신록(丹鉛新錄)》·《예림학산(藝林學山)》등의 저서가 있다.

사람이다. 한 명제 때 또 장건이 서역에 사신으로 가서 불경을 가지고 돌아왔다고 하는데, 두 명의 장건이 모두 한대 사람이고 똑같이 사신으로 서역에 갔다는 것은 너무나도 기이한 일이다"고 하였으니, 근거 없이 제멋대로 추측한 주장에 대해서는 더 이상 언급할 필요도 없겠다.

그러나 장건은 대하에서 촉의 베 등을 볼 수 있었고, 게다가 그것들이 인도에서 왔고 인도는 또 중국에서 그것을 가져왔다는 것을 알았다. 촉의 베 등이 사천을 통해 인도로 전해졌고 인도에서 대하로 들어갈 수 있었다면, 인도와 대하의 종교도 장건 이전에 중국에 전해졌을 가능성이 분명히 있다. 장건이 비록 불경을 구하기 위해 사신으로 서역에 간 것은 아니지만, 대하에서 생활용품 조사를 했기 때문에 종교에 대해서 전혀 듣지 못했을 리가 없다. 그래서 장건이 귀국함과 동시에 대하와 인도의 종교지식이 일부 유입되어 들어왔을 가능성이 아주 많다는 것은 이미 앞에서 언급하였다.

《후한서》 권42 '초왕영전(楚王英傳)'15)에 "부도를 위해 재계(齋戒)하고 제사 지냈다"고 한 것으로 보아 초왕 영도 부도사당을 숭상한 듯하고, 일찍이 상문(桑門 즉 沙門)과 이포새(伊蒲塞 즉 優婆塞)16)를 위해 성찬(盛饌)을 베풀었다고 하였은즉 명제가 꿈에서 신인(神人)을 본 전설 역시 우연이 아님을 알 수 있다.

그러나 가장 신중하게 추측해 본다면, 불교가 최초로 중국에 전해신 것은 영평 10년(67)에서 80~90년이 흐른 후한 말 환제와 영제 두 황제

---

14) 정식 명칭은 《소실산방필총(小室山房筆叢)》이다.
15) 원서에는 《후한서》 권72 〈초왕영전〉으로 되어있으나 초왕 영의 전기는 권42 〈광무십왕열전(光武十王列傳)〉 안에 실려 있기에 바로잡았다.
16) 우바새[優婆塞]: 오계(五戒)를 받은 남자 불교도를 지칭.

때라고 할 수 있다. 《후한서》 〈양해전(襄楷傳)〉17)에는 환제 연희 9년 (166) 양해가 올린 글에 "황노(黃老)와 부처의 사당을 궁중에 세운다는 애기를 들었습니다"라고 한 구절이 있는데, 이는 불교가 궁중까지 전해졌다는 증거가 된다. 《사십이장경》이 후한 때 중국에 전해졌다는 사실 역시 의심할 여지가 없다.

원굉(袁宏)18)의 《후한기(後漢紀)》19)에는 명제 이후 "경전과 불상을 가지고 중국에 온 서역의 사문이 갈수록 많아졌다"고 기록되어있다. 그러나 실제로 불경 번역본이 갈수록 많아진 것은 환제 원년(141)20) 이후의 일이다. 예컨대 한어에 능통해 불경 39부를 번역하고 대승불교를 전한 지참(支讖 즉 支婁迦讖: 월지인), 소승불교를 전한 안식(安息 즉 安世高: 안식국인)과 축불삭(쓰佛朔: 천축인) 등은 비록 전부다 인도인은 아니었지만 모두 인도문화를 소개하는데 기여하였다.

불상을 만들고 절을 세운 가장 확실한 연대는 영제 중평 5년(188)에서 헌제 초평 4년(195)21) 사이가 분명한 듯하며, 관융(管融)이 대불(大佛)과 불사(佛寺)를 세우자 매번 5천여 명이 예불을 했다고 한다. 그 지역은 강소성 북부와 낙양(洛陽)·허창(許昌) 등지이며, 당시에도 이미 불사가

....

17) 정식 명칭은 권30 하 〈랑의양해열전(郎顗襄楷列传)〉이다.
18) 원굉(袁宏, 328-376): 동진(東晉) 진군(陳郡) 양하(陽夏) 사람으로 자는 언백(彦伯)이다. 원유(袁猷)의 손자로 문장이 아주 뛰어났다. 《후한기》 30권을 지었는데, 내용이 충실해서 후한 역사를 아는 데 중요한 자료로 쓰인다. 시인으로서 300여 편의 작품이 전하며 저서로 《죽림명사전(竹林名士傳)》 3권과 《삼국명신송(三國名臣頌)》 등이 있다.
19) 원서에는 《한기(漢紀)》로 되어있으나 오류가 분명해서 바로잡았다.
20) 환제 원년이란 연호 표기는 없지만 환제 즉위년 즉 본초 원년으로 치더라도 146년이 맞다.
21) 초평 4년은 193년이 맞다.

건립되어있었던 것 같다.

종합적으로 볼 때 불교가 전해진 연대를 확정하는 것은 불가능하다. 왜냐하면 최초로 전한 사람을 알지 못하기에 기록이 없고, 기록이 있다고 반드시 최초의 연대가 아니기 때문이다. 게다가 가장 먼저 전해진 것은 어쩌면 불상에 절하는 것 같은 가장 피상적이고 얄팍한 불교의식이었지 중요한 교의(敎義)가 아니었을 것이다.

그러나 불교가 중국에 전해진 후 확실히 중국 사상계에 변화를 가져왔다. 사실 진·한 이전 중국 주변의 문화는 전부 중국보다 한참 뒤떨어진 것이었다. 그러나 한 무제가 백가(百家)를 축출하고 유학을 추종하여 백성들의 학문을 훈고(訓詁)와 전주(傳注)의 범주 안에 국한시켰고, 신나라의 왕망과 조조의 위나라 역시 유교에 의지하였다. 그리고 뜻이 바른 사인(士人)들은 모두 외척과 환관의 화를 당하였고 한나라 말에는 전쟁이 끊이지 않았는데, 불교가 마침 이러한 시기에 전해져 중국인의 대환영을 받았다. 뿐만 아니라 중국인들은 외국에도 노장(老莊)사상보다 더 심오하고 신비한 학문이 있다는 것을 알게 되었고, 특히 삼세설(三世說)[22]은 고통 속에 있던 인민들에게 무한한 위로를 주었다.

다만 불교가 처음 들어왔을 때 사실 노자와 같은 대우를 받았다. 그래서 《후한서》 '초왕영전'에서 "노년에 황노사상을 더욱 좋아하였고 부처의 가르침을 배웠다"고 했던 것이다. 또 영평 8년(65) 명제가 초왕 영에게 답한 조서(詔書)에서 "초왕은 황노의 미언(微言)을 독송(讀誦)하고 부

....

22) 삼세(三世): 과거·현재·미래, 전세·현세·내세를 말한다. 이(已)·금(今)·당(當)이라고도 하며, 전제(前際)·중제(中際)·후제(後際)의 3제로 표현하기도 한다. 삼세에 관한 논의는 일종의 시간론(時間論)이라고도 할 수 있지만, 사상에서는 상당히 복잡하게 변천하였다.

처의 인자(仁慈)함을 숭상하면서 3개월간 재계하면서 신(神)에게 맹세하였으니 무슨 의심을 하겠는가? 뉘우치는 바가 있을 것이니 이포새와 사문들의 성찬을 도우는 것으로 속죄하고 이를 여러 (제후왕의) 나라에 보이도록 하라'고 했던 것이다. 그리고 앞에서 인용한《후한서》〈양해전〉에서 "황노와 부처의 사당을 궁중에 세운다고 들었습니다"라고 한 것을 보았을 때, 환제 역시 불교와 황노사상을 함께 숭상하였음을 알 수 있다. 게다가 〈양해전〉에 또 "어떤 이는 노자가 이적(夷狄)의 나라에 들어가 부처가 되었다고 한다"고 적혀있는 것으로 보아, 어쩌면 당시에 이미 '노자화호(老子化胡)'설이 존재했던 것 같다. 후지타 토요하치는 노자도 인도의 영향을 받았을 수 있다고 주장했지만(何健民 譯,《中國南海古代交通叢考》에 수록된 그의 글 〈象〉), 나는 이것이 분명 초기 불교도들이 노자의 이름에 의탁하려 한 것이며 훗날 도교가 불교를 비웃는 구실이 되었다고 생각한다.

그러나 초기에는 불교가 간접적으로 전해졌을 뿐 아니라 대부분 2, 3류 승려들을 통해서 들어왔기 때문에, 그 후 중국인이 직접 인도에 가서 불경을 구하고 학문을 배우는 장거(壯擧)가 있게 된 것이었다.

최초로 번역되어 중국에 들어 온 불경은《사십이장경》이며 번역자는 섭마등(攝摩騰)이라고 하는데, 축마등(竺摩騰) 혹은 가섭마등(迦葉摩騰)이라고도 부른다.《고승전(高僧傳)》[23]에서는 한 명제가 꿈에서 금인이

....

23)《고승전(高僧傳)》: 중국의 학승 혜교(慧皎, 496-554)가 552(553?)년 찬술한 책으로 일명《양고승전(梁高僧傳)》이라 부른다. 후한 명제 영평 10년(67)부터 양무제 천감 18년(519)까지 453년에 걸쳐 손오(孫吳)·양진(兩晉)·유송(劉宋)·후진(後秦)·북위(北魏) 등 10대 왕조에서 활동한 고승 531명의 전기가 상세하게 실려 있다. 다만 남조의 승려에 치중한 나머지 북조의 승려를 소홀하게 다뤘다는 비판을 받고 있다.(《실크로드사전》, 31쪽)

허공을 날아서 온 것을 보았다고 하자, 통인(通人: 학식이 깊고 넓은 사람
– 역자) 부의(傅毅)가 서역의 부처라고 알려주었다. 이에 명제가 낭중(郎
中) 채음과 박사제자 진경 등을 천축에 보내 불법을 구해오게 했는데,
섭마등을 만나 중국에 갈 것을 요청하여 그가 낙양에 오게 되었다. 그리
하여 "한나라 땅에 사문이 시작되었다"고 하였다. 혹자는 출국한 사람이
박사 왕준을 포함해 모두 18명이었고, 초청되어 중국에 온 사람 중에는
축법란(竺法蘭)도 있었다고 주장한다.

　명제가 꿈에서 금인을 보고 사람을 천축에 보냈다는 이야기는 원래
《후한기》 권10과 《후한서》 권88 〈서역열전〉에 나오지만, 섭마등과 축법
란에 관한 기록은 없을 뿐더러 《사십이장경》에 대해서도 언급하고 있지
않다. 그런데 훗날 많은 불교문헌에서 견강부회하여 혹자는 섭마등이
월지에서 번역했다고 하고 혹자는 섭마등이 백마사에서 번역했다고 하
였으며, 또 혹자는 섭마등과 축법란이 함께 번역했다고 하고 혹자는 축
법란이 번역했다고 하였다. 그러나 번역한 사람과 번역한 장소가 같지
않은 것이 첫 번째 의심스러운 점이고, 불경이 위진 이후의 문체(文體)
로 되어있을 뿐 아니라 《효경》과 《도덕경》을 모방하고 있는 것이 두
번째 의심스러운 점이며, 최초의 불교경전 목록이라 할 수 있는 도안(道
安)[24]의 《종리중경목록(綜理衆經目錄)》에 이 불경이 수록되어 있지 않

....

24) 도안(道安, 312-385): 하북성 출신으로 초기 중국 불교의 기초를 닦은 대표적
　　학승. 12세에 출가하여 서역에서 온 불도징(佛圖澄)에게 사사했고 혜원(慧
　　遠) 등의 문하생과 양양(襄陽)에 단계사(檀溪寺)를 짓고 교단을 조직하였다.
　　인도와 서역에서 온 역경승(譯經僧)들의 경전 번역을 돕는 한편, 당시 유행
　　하던 격의불교(格義佛敎)의 결함에 착안, 이역경(異譯經)과의 비교연구를 통
　　해 진의(眞義)에 접근하려고 노력하여 최초의 경전목록인 《종리중경목록》
　　을 지었다. 또 승려들의 의식이나 행규(行規)를 정하고 승려는 모두 석(釋)을
　　성(姓)으로 할 것을 제창하여 스스로 석도안(釋道安)이라 하였다.

은 것이 세 번째 의심스런 점이다. 그러므로 이 불경은 틀림없이 중국인이 만든 것이지 인도에서 번역되어 온 것이 아니며, 그 내용 대부분은 당시 이미 번역되어 있는 불경을 요약하여 간결한 문체로 고친 것으로 보인다. 그 위조 연대는 《출삼장기집》 권2에서 섭마등이 이 경선을 번역한 전말을 최초로 기록하고 있으므로 동진의 도안(道安) 이후 승우(僧祐)[25]의 《출삼장기집》이 나오기 이전이 분명하니, 대략 (남조의) 제나라와 양나라 때로 추정된다.

섭마등과 축법란 두 승려가 한 것은 불경 번역인데, 이와 관련된 일이 후대 사람에 의해 위조되었기 때문에 두 사람의 사적 역시 쉽게 말할 수가 없다.

이미 고인이 된 풍승균은 그의 저서 《역대구법번경록(歷代求法翻經錄)》[26]에서 다음과 같이 주장하였다. 즉 쿠차는 기원전 2세기 때 이미 중국과의 접촉하였고, 한나라 성제와 애제(B.C.32-B.C.1) 때에는 특히 왕래가 많아져서 중국에 불교 승려를 소개할 수 있었을 뿐 아니라 한나라의 사신을 쉽게 인도에 보내고 맞이할 수 있었다. 그러므로 박사제자

....

25) 승우(僧祐, 445-518): 남북조시대의 학승으로 건업(建業) 출생. 어렸을 때 건초사(建初寺)의 승범(僧範)을 좇아 출가했고 법현 밑에서 율부(律部)를 공부했다. 제나라 문선왕(文宣王)의 요구에 따라 율을 강설하여 명성을 떨쳤는데, 양 무제의 신임도 두터워 승사(僧事)에 관한 의문이 있으면 곧 그에게 물어왔다고 한다. 《십송율(十誦律)》에 정통한 율승(律僧)인 동시에 불교의 역사적 연구에 뜻을 둔 학자이기도 했다. 《십송율의기(十誦律義記)》 10권은 없어졌지만, 가장 오래된 경전목록이 수록된 《출삼장기집》 15권과 불교와 중국사상과의 논쟁 자료를 모은 《홍명집(弘明集)》 14권, 《석가보(釋迦譜)》 5권 등이 남아있다.
26) 《역대구법번경록(歷代求法翻經錄)》: 불교의 중국 유입 개황을 정리한 책으로 1931년 상무인서관에서 출판되었다.

가 대월지왕의 사신 이존으로부터 불경을 구전으로 전수 받았다는《위략》의 설은 위조된 것이라고 볼 수 없다. 이를 근거로 애제 원수 원년(B.C.2) 한나라 사신이 이미 서역에 갔다고 가정한다면, 69년 후(즉 명제 영평 10년, A.D.67 – 역자) 섭마등과 축법란이 동쪽으로 온 것 역시 부인할 수 없을 것 같다고 말했다. 하지만 나는 그 당시 서역 승려가 동쪽으로 온 것은 가능한 일이지만, 그 사람이 바로 섭마등과 축법란이라는 사실은 증명하기 어렵다고 생각한다.

제4절 불교의 중국 전래와 유라시아 교통과의 관계

알렉산더대왕이 군대를 이끌고 인도에 들어온 일은 동서교통사에 있어서 중대한 사건이었다. 그러나 알렉산더대왕은 단지 편잡(Punjab)[27] 한 지역만 정복하고 병사들의 항명으로 인해 서쪽으로 돌아가 기원전 323년(주 현왕 46년) 사망하였다. 그의 사후 국토가 분열되자 마가다(Magadha)국 사람인 찬드라굽타가 단기간 내에 북인도 전역을 정복한 다음 그의 모친의 이름을 따서 왕조 이름을 마우리아왕조(Maurya Dynasty)라고 하였는데, 번역하면 공작(孔雀)왕조라는 뜻이다. 기원전 297년(주 난왕 18년) 찬드라굽타가 죽고 25년 후 그의 아들 빈두사라

....

27) 편잡(Punjab): 페르시아어로 다섯 강(江)이란 의미. 인더스강 본류와 주요 네 개의 지류가 흐르는 인도 서북부를 가리킨다. 힌두쿠시산맥을 넘어서 침입하는 이민족이 우선 정착하는 곳이다. 이곳은 또 갠지스강 유역과 중앙아시아·이란 방면을 연결하는 교섭로의 중앙에 위치하여 동서문화의 접촉점으로 중요하다. 원서에는 彭甲勃(Pendschab)으로 되어있으나 일반적인 표기로 바로잡았다.

(Bindusara)도 죽자, 손자 아소카(阿育王 또는 無憂王으로도 번역 함)가 왕위에 올라 불교의 보호자가 되어 시리아·이집트·마케도니아·실론[28]·티베트 및 인도 전역에 승려를 파견하고 불교의 핵심 교리인 자비를 전파하였다.

그 나라의 서쪽 국경은 힌두쿠시산맥으로 오늘날의 발로치(Baloch) 전역과 아프간 일부가 모두 관할 경내에 속했고 북으로는 히말라야산맥에까지 이르렀다. 비록 불교를 창도하였지만 기타 종교도 차별 없이 대우하였고, 과학과 예술을 표창하고 장려하였으므로 그리스와의 왕래가 가장 긴밀하게 이루어졌다. 애석하게도 그 자손이 나약하고 무능해 기원전 182년(漢 呂后 稱制 6년) 숭가(Sunga)왕조[29]가 일어나 그들을 대신하였다. 기원전 66년(한 선제 지절 4년) 다시 칸바(Kanva)왕조[30]로 바뀌었다가 얼마 되지 않아 월지에게 멸망당하였다. 한편 아소카왕 사후 남인도에서는 칼링가(Kalinga)왕조[31]와 안드라(Andhra)왕조[32]가 자립했

....

28) 1948년 영국으로부터 독립한 실론이 스리랑카로 국명을 바꾼 것은 1972년이 므로 저자가 본서를 출판한 1950년대에는 여전히 실론으로 불렸으므로 원서에 나오는 석란(錫蘭)은 모두 실론으로 번역하였다.

29) 숭가(Sunga)왕조: 기원전 180년 무렵 갠지스강 중류 유역에서 일어난 고대 인도의 왕조. 마우리아왕조를 무너뜨리고 인도 북부를 지배하다가 기원전 80년경 멸망하였다.

30) 칸바(Kanva)왕조: 기원전 75년경부터 기원전 28년경까지 인도의 마가다 지방에 군림한 왕조. 숭가왕조를 섬긴 승관(僧官) 집안으로서 숭가왕조 제4대 바수미트라 시대부터 왕국의 실권을 쥐고 제10대 데바부티를 죽이고 왕위를 찬탈한 바수데바가 창립하였다. 프라나 문헌은 칸바왕조가 4대 45년간 계속되었다고 기록하고 있는데, 그 사이의 역사는 전혀 알 수 없으며 기원전 28년경 데칸고원에서 세력을 잡은 안드라왕가에 의하여 멸망되었다.

31) 칼링가(Kalinga)왕조: 인도 남동부 해안지방에 위치하며 오리사주와 마드래스주에 걸치는 지역에서 기원전 4세기경에서 기원전 2세기경까지 번영한 왕국. 이 나라가 역사에 등장한 것은 기원전 3세기 아소카왕이 이 지방을

는데, 기원전 70년(한 문제 10년) 안드라왕조가 숭가왕조를 멸망시켰다.[33] 안드라왕조는 서기 218년(후한 헌제 건안 23년) 멸망하였다.

인도에는 소위 그리스왕조라는 것이 있었으니, 전후 82년 동안 8명의 군주를 거치고 기원전 93년(한 무제 태시 4년)에 멸망하였다. 그리스와 인도 문명은 이를 통해 서로 접촉하였고 양국의 미술이 혼합되어 간다라식의 '그리스 불교미술'을 형성하였는데, 내재적인 면은 인도불교 정신을 함유하였고 외형적으로는 그리스 양식이었다. 그리스 희곡 및 무대배경 기술 역시 같은 시기에 인도에 유입되었다. 그리스인들이 말하는 박트리아(Bactria)는 곧 중국에서 말하는 대하(大夏)이다. 스트라보(Strabo)는 《지리학》(*Geographica*)에서 Asü·Persini·Tokhari·Sakarne 등 네 민족이 그 곳을 침입한 적이 있다고 기록하였는데, 그 중 Tokhari

....

정복했을 때이다. 이 전쟁으로 10만의 병사가 살육되고 타지방으로 끌려간 사람이 15만에 이르렀다. 아소카왕은 전쟁의 비참한 결과를 뉘우치고 이후 제국을 지배하는 원리를 불교의 이상에 입각한 '법의 지배'로 전환하였다고 한다. 아소카왕 사후 마우리아왕조가 쇠퇴해지자 이 지방은 제국으로부터 독립하여 기원전 2세기에는 체티왕조가 성립되고 제3대 카라벨라왕 때에 융성하였는데, 그는 자이나교를 보호한 것으로 유명하다. 그 후 더 발전하지 못하고 안드라왕조에 정복되었다.

32) 안드라(Andhra)왕조: 기원전 3세기 말부터 기원후 3세기 초까지 데칸고원을 중심으로 번영한 고대 인도의 왕국. 왕조 이름은 사타바하나이고 안드라는 족명(族名)이다. 기원전 2세기 전반에는 서인도 일대에까지 진출했으며, 가우타미푸트라왕은 서북 인도에 침입해 온 사카족을 격퇴하여 위세를 사방에 떨쳤다. 2세기에는 왕국의 중심지가 데칸 동부의 고다바리강과 크리슈나강 유역의 안드라 지방으로 옮겨졌는데, 2세기 말 샤타카르니왕 때에 영토가 더욱 확대되어 데칸의 동·서 지방에 미쳤다. 그 후 왕국은 급속히 쇠퇴하여 3세기 초에는 몇 개의 지방 세력으로 분열되었다.

33) 기원전 70년은 한 문제 10년이 아니라 한 선제 본시 4년이고, 안드라왕조가 멸망시킨 것은 숭가왕조가 아니라 칼링가왕조이다.

가 바로 대하이다. 왜냐하면 '대(大)'자의 고음(古音)은 to이고, '하(夏)'자의 고음은 ha이기 때문이다. 대하는 월지에 패하였는데, 전한 때 (대월지에는) 아직 다섯 영후(翎侯, Shabgu)가 있었다. 전한 말 쿠샨의 영후인 쿠줄라 카드피세스(Kujula Kadphises)가 다른 4부(部)를 멸망시키고 스스로 (대)월지의 왕이 되어 안식·계빈·고부(高附: 현 아프가니스탄의 수도 Kabul - 역자)를 모두 격파하였다. 쿠줄라가 죽은 뒤 그의 아들 우에마 카드피세스(Huema Kadphises)가 인도 서북부마저 점령하고 간다라에 수도를 세우니 서역의 대국이 되었다. 이때는 후한 장제 건초 3년(78)으로 그를 카니슈카왕이라고도 부른다.[34] 그는 불법을 숭상하여 제4차 대회를 열어 산스크리트어로 불경을 편찬하고 교정하도록 규정하였다. 그러나 남인도의 승려는 이 대회에 참석하지 않아 불교가 마침내 남북으로 분리되었다. 남파(南派)는 실론을 근거지로 하여 이후 인도와 남양군도 여러 나라에서 성행하였고, 북파(北派)는 북인도를 근거지로 하였는데, 중국에 전래된 것이 바로 이 파이다.

제5절 중국과 인도의 역법·산학 관계 및 불교예술의 동방 전래

후한과 삼국시기 천축·안식·월지의 많은 승려들은 중국에 와서 불

---

34) 카니슈카왕의 즉위연도에 대해서는 여러 설이 있으나 일반적으로 A.D.2세기 중엽으로 보는 것이 정설이다. 그렇다면 우에마 카드피세스 본인이 아니라 그의 아들로 보는 것이 타당할 듯하다.

법을 전파하였을 뿐 아니라 중국의 '도가를 추종하는 사람들' 혹은 '음양가를 추종하는 사람들'과 서로 잘 융화할 수 있었다. 예컨대 역사기록에 따르면 후한 안제 때 안식에서 온 승려 안세고(安世高)는 "칠요(七曜)·오행(五行)·의방(醫方)·이술(異術) 및 새와 짐승의 소리 등 종합적으로 정통하지 않은 것이 없었다"고 하였고, 삼국시기 천축 승려 담가가라(曇柯迦羅)는 "점성술에 능했"으며, 강승회(康僧會)[35]는 "도참(圖讖)도 알았다"고 되어있다. 안세고 외에도 후한 말 유홍(劉洪)의 '칠요술(七曜術)'과 진(晉)나라 말 서광(徐廣)의 '기왕칠요력(既往七曜曆)'이 있었다. 남북조시기에는 칠요력이 특히 성행했으니, 《수서(隋書)》〈경적지(經籍志)〉 '역수류(曆數類)'에는 7명이 각각 편찬한 칠요역서 23종 총 60권이 수록되어있다. 칠요라는 명칭은 《마등가경(磨登伽經)》에 보이는데, 오나라 사문 축율염(竺律炎)과 대월지의 우바새 지겸(支謙)이 "오늘 그대를 위해서 다시 칠요에 대해서 설명하노니, 해와 달 그리고 화성·목성·토성·금성·수성을 칠요라 한다"고 번역하였다. 손권(孫權) 황용 2년(230) 때의 일이다. 안세고는 《마등여경(摩鄧女經)》도 번역하였다. 《진서(晉書)》〈천문지(天文志)〉 '칠요'목(目)에는 진(陳)나라 천가연간부터 정명연간(560-588)[36]까지 칠요력을 병용하였다고 기록되어있다.

남북조시기 중국 수학[算學]이 인도로부터 받은 영향으로는 '삼등계산

---

35) 강승회(康僧會, ?-280): 중앙아시아 강국(康國: 현 사마르칸트) 출신으로 인도에 상주하다가 부친을 따라 교지(현 베트남 북부 통킹)로 이주해 거기서 출가했다. 247년 오(吳)나라 수도 건업(建業: 현 남경)에 도착해 국왕 손권(孫權)의 귀의(歸依)를 받고 강남 최초의 불사인 건초사(建初寺)를 세워 강남 불교의 비조(鼻祖)가 되었다. 《육도집경(六度集經)》 등 불경을 한역(漢譯)하였다.(《실크로드사전》, 14쪽)
36) 원서에는 587년으로 되어있으나 오류가 분명하여 바로잡았다.

법[三等數法]'이 있다. 즉 만(萬) 이상을 십진(十進)법, 만만진(萬萬進)법 및 배진(倍進)법으로 계산하는 세 가지 방법이다. 진(晉)나라 때 번역된 《화엄경》에 나오는 계산법은 배수마다 자리가 변하는 '배배변지(倍倍變之)'이고, 진(陳)나라 때 번역된 《구사론(俱舍論)》[37]에 나오는 것은 "10배마다 자리가 바뀌고 100배마다 자리가 바뀌는(十十變之, 百百變之)" 계산법이다. 동진시기 불타발타라((佛馱跋陀羅)가 번역한 《대방광불화엄경(大方廣佛華嚴經)》에는 구리(拘梨, Koti: 당나라 때는 俱胝로 번역함), 불변(不變, Yauta: 당나라 때는 阿庾多로 번역함), 나유타(那由他, Kayuta: 당나라 때의 번역도 같음) 등이 나온다. 당나라 때의 번역에 따르면 "100락예(洛乂, Laksa)는 1구지이고, 구지 곱하기 구지는 1아수다이며, 아수다 곱하기 아수다는 1나유타이다. …… "고 하였다. 천축의 소수(小數) 기록법 역시 북위 이후 중국에 수입되었다. 《대반야바라밀다경(大般若波羅密多經)》·《대바라밀다경(大波羅密多經)》·《대방광불화엄경》·《대보적경(大寶積經)》 등에서 모두 볼 수 있다. 북위와 북주시기 유명한 천문역산학자 견란(甄鸞)은 자가 숙준(叔遵)이고 칠요력에 통달했으며 불경 해석에 정통하였는데, 많은 수학책을 교정하고 주석을 달았으니 역시 인도의 영향을 많이 받았다.

　불교 예술 즉 소위 인도그리스 예술도 사실상 대월지로부터 중국에 전해졌다. 왜냐하면 대월지가 불교를 믿었고 그 당시 그리스문화의 영향을 이미 깊이 받고 있어서 대월지에 유입된 불교 예술도 결국 농후한 그리스 색채에 물들었기 때문이다. 최근 많이 출토된 대월지 카니슈카왕의 화폐에 조각된 사람형상과 무늬장식을 보면 그리스 양식이 아닌

....

37) 《구사론(俱舍論)》: 진나라 때 중국에 온 승려 진체(眞諦)가 처음 번역하였고, 나중에 현장법사가 오역이 많다고 판단하여 다시 번역했다고 한다.

것이 없다. 카니슈카왕은 전성기 때 남쪽으로는 인도, 동쪽으로는 파미르고원을 넘어 호탄에 이르는 이른바 간다라왕국을 세워 한 시대의 패자로 불렸다.

　대하 역시 그리스의 식민지여서 그리스 장인(匠人)이 묘탑(廟塔)을 건축하고 불상을 조각하였기 때문에 조형예술이 매우 발달했다. 사람들이 말하는 소위 '간다라 예술'은 거의 전부가 불교 작품이기 때문에 '붓다 예술'이라고도 한다. 그래서 초기에 만들어진 불상의 의상과 장식 및 생김새를 보면 제우스(Zeus)나 아폴로(Apollo) 양식으로 그리스 풍격을 갖추지 않은 것이 없다. 게다가 그리스 나체상의 영향을 받아 불상 역시 얇은 옷을 걸침으로써 신체 근육의 아름다움을 표현했다. 머리스타일은 곱슬머리 즉 소위 '나계(螺髻)'이다. 불상 외에도 소수의 공예품과 화폐가 남아있다.

　브라만교가 남방에서 득세하여 불교가 북쪽으로 이동하게 됨에 따라 대월지는 마침내 불교의 중심지가 되었고, 이에 카니슈카왕은 불교통일 운동에 더욱 노력하였다. 그 결과 대월지의 예술은 마침내 불교와 함께 동쪽으로 파미르고원을 넘어 중국에 전해졌고, 남쪽으로는 인도에 전파되어 인도그리스 예술이 탄생하게 되었다. 이는 불교예술사에서 뿐만 아니라 동방예술사에 있어 하나의 커다란 변화였다. (간다라 양식의 불교 예술은) 그 후 중국을 통해 다시 조선과 일본에 전파되었다.

　간다라[犍陀羅]를 법현의 《불국기》에서는 건타위국(犍陀衛國)이라 하였고, 《낙양가람기(洛陽伽藍記)》[38]에서는 건타나성(乾陀羅城)이라 하였

....

38) 《낙양가람기(洛陽伽藍記)》: 전 5권. 동위(東魏)의 양현지(楊衒之, 생몰연도 미상) 지음. 북위 때 낙양과 그 주변에 있던 여러 사찰이 조성된 유래, 그 사찰의 규모, 사찰의 행사, 서역과의 교류 등을 기록한 책이다.

으며, 《삼보황도(三輔黃圖)》[39])에서는 천도국(千塗國)이라 하였다. 《대
당서역기》에서는 건태라(犍馱邏)라 표기하였고, 혜초(慧超)의 《왕오천
축국전(往五天竺國傳)》에서는 건타라(犍陀羅) 또는 건태라(犍馱邏)라 하
였다. 《자은전(慈恩傳)》[40])과 《오선록(吳船錄)》[41])에서는 모두 건타라(健
陀羅)라 하였으며, 《위서》〈서역전〉에서는 건타(乾陁)라 하였고, 《습유
기(拾遺記)》[42])에서는 함도국(含塗國)이라 하였다. 건타위(乾陀衛) 또는
건타월(健陀越)이라고 한 것도 있는데, 모두 산스크리트어 Gandhara를
다르게 번역한 것이다. Ganda는 향기롭다는 의미이기 때문에 당나라
《고승전》권1에서는 향행국(香行國)이라 하였고, 혜원(慧苑)의 《일체경
음의》[43])에서는 향편국(香遍國)이라 하였다. 그밖에 향풍국(香風國) 또
는 향결국(香潔國)이라고 표기한 것도 있다.

....

39) 《삼보황도(三輔黃圖)》: 《서경황도(西京黃圖)》라고도 부르며 줄여서 《황도》
라고 한다. 저자 미상의 지리서로 전한시기 장안과 진나라 수도 함양을 연구
하는데 매우 귀중한 사료이다. 《수경주》에서 이 책을 인용하고 있고 《수서》
〈경적지〉에 저록(著錄)되어있는 것으로 보아 저술 시기는 남북조시기보다
늦지 않은 것으로 본다. 삼보란 수도 부근의 경기지역에 설립된 3개 행정구
역을 가리킨다.
40) 《자은전(慈恩傳)》: 정식 명칭은 《대자은사삼장법사전(大慈恩寺三藏法師傳)》
이고 당나라 때 승려인 혜립(慧立, 615-?)이 지은 현장법사의 전기이다.
41) 《오선록(吳船錄)》: 송대 사람 범성대(范成大, 1126-1193)가 사천성 성도에서
고향인 소주까지 약 4개월여의 뱃길 여행을 일기체로 기록한 책이다.
42) 《습유기(拾遺記)》: 《습유록(拾遺錄)》 또는 《왕자년습유기(王子年拾遺記)》라
고도 부른다. 동진시기 왕가(王嘉, ?-390)가 쓴 지괴서(志怪書)로 전 10권이
다. 삼황오제부터 동진 때까지의 신화와 전설을 모은 것으로 원본은 없어졌
고, 현재 《한위총서(漢魏叢書)》 등에 수록되어있는 것은 양(梁)나라 소기(蕭
綺)가 재편집한 것이다.
43) 혜원이 지은 같은 이름의 책이 따로 있는 것이 아니라, 혜림이 편찬한 《일체
경음의》안에 수록된 혜원의 음의(音義)에서 인용하였다는 의미로 보인다.

간다라 예술 외에도 사산조(Sassan) 이란(Iran) 예술이 있는데, 파르티아화된 예술이라고도 부른다. 파르티아는 고대 중국에서 안식(安息)이라고 불렀으며 그리스 알렉산더대왕이 정복했던 땅이기 때문에 그리스 로마 계통의 예술이 존재하였다. 고대 파르티아는 서기 226년에 이르러 끊겼으며, 그들을 대신한 것이 사산조 페르시아이다. 다만 예술적으로는 여전히 고대 파르티아의 풍격이 남아 있으며 유럽 계통 외에도 다른 민족의 예술이 더 가미되어 형성되었는데, 사산조 초기의 예술이 특히 그러하다. 이러한 예술작품은 불경 중에 있는 삽화, 큰 건축물에 있는 화려한 장식, 상아조각, 화폐, 자수품, 직물 및 양탄자 등에서 볼 수 있다.

이상 두 종류의 예술 유물은 영국·독일·프랑스·러시아 및 일본인들의 발굴과 연구를 통해 이미 세상에 널리 소개되었다. 중국에서는 후한·삼국·서진시대에 전부 전해진 바 있었다. 3세기 후반 불교가 대월지에서 유입된 후 사찰과 탑 그리고 천불동(千佛洞)이 이미 차례로 세워졌다. 천불동은 중국과 인도 풍격으로 되어있다.

위에서 박트리아에 간다라 예술이 있다고 하였는데, 지금의 쿠차도 그 범위 안에 포함된다. 쿠차 남석동(南石洞)에 있는 벽화와 불상은 간다라 풍격을 지니고 있다. 키질(Kizil)[44]에 줄지어 있는 석굴 중의 한 동굴에 벽화가 있어서 '화상동(畵像洞)'이라 부른다. 그림 위에 있는 공백(空白)에 화가가 자신의 초상을 그려 넣었는데, 깊은 눈과 높은 코 그리고 짧은 옷을 입고 장화를 착용하였으며, 손에는 그림판을 들고 있고 하단에 인도어로 Mithradatta라 서명한 이름이 있다. 이 이름은 원래

---

44) 키질(Kizil): 현 신강위구르자치구 배성(拜城)현에 있는 석굴사원군. 쿠차에서 서쪽으로 65km쯤 떨어진 무자르트[渭干]강 북안 절벽 위에 약 1km에 걸쳐 축조되어있다.

로마 이름인 Mithraldates였을 것이나, 오랫동안 인도에 살아서 이미 인
도화가 되었기에 인도식으로 개명한 것이라고 생각된다.

스타인(Stein)은 또 롭 노르 호수 남쪽에 위치한 미란(彌蘭, Miran)에
서 탑 바깥에 회랑이 있어 돌아서 올라 갈 수 있는 인도식 탑을 발견하
였다. 회랑의 벽화에 기독교의 천사 모양을 한 긴 날개를 가진 어린아이
가 그려져 있고 그 하단에 티타(Titta)라는 서명이 적혀있는데, 이 역시
로마 이름인 티투스(Titus)의 변형임이 분명하다. 그러므로 천산남로 일
대에 이미 로마파 화가들이 활동하고 있었음을 알 수 있다. 스타인은
천사의 특징에 대해 큰 눈을 동그랗게 뜨고 있고 생기발랄하며, 입술은
작고 파도 모양이며, 날개는 짧고 곡선미가 뛰어나다고 묘사하였다. 또
한 같은 구역에서 발견한 화폐에는 아폴로(Apollo) · 헤라클레스(Hera-
cles) · 에로스(Eros) 등 그리스 신화에 나오는 신상(神像)이 그려져 있었
다. 이후 중국화(中國畵) 중에 이른바 '조의출수(曹衣出水), 오대당풍(吳
帶當風)'이라는 화파가 생겼는데, 조(曹)는 조중달(曹仲達)[45]로 그의 화
풍은 신체의 곡선미를 드러내는 것이어서 (물에 들어갔다 나온 것처럼)
의상(衣裳)이 전부 몸에 딱 붙는다는 뜻이며, 오(吳)는 오도자(吳道子)[46]
로 그의 화풍은 의대(衣帶)가 바람을 맞이하여 춤을 추는 것 같이 우아

....

45) 조중달(曹仲達, 생몰연도 미상): 북제(北齊) 때 서역 조국(曹國: 소그디아나)
   사람으로 불교 인물화에 능했다. 벼슬은 조산대부(朝散大夫)에 이르렀다. 작
   품으로 〈여사도상(廬思道像)〉 · 〈익렵도(弋獵圖)〉 · 〈모용소종상(慕容紹宗像)〉
   등이 있다.
46) 오도자(吳道子, 700?-760?): 당 현종 때 활동한 하남 양적(陽翟) 사람으로 오
   도현(吳道玄)이라고도 부른다. 도석(道釋)인물화에 능했는데, 그가 그린 인
   물을 당시에 '오가양(吳家樣)'이라 불렀다. 의상의 주름을 잘 묘사해 마치 바
   람이 부는 듯한 느낌을 주었는데, '오대당풍' 또는 '오장(吳裝)'이라 불렀다.
   산수화에서도 일가를 이루었다.

하다는 의미이다. 이러한 풍격은 양주(涼州)가 중심이었고 훗날 중원으로 전해졌다. 그런 까닭에 돈황 벽화와 육조시대의 불상은 전부 긴 얼굴[長頭]과 높은 코[高鼻]를 갖고 있는데, 이는 당시 중국이 서방 예술을 수입하기만 했을 뿐 이를 개조(改造)하지는 못했음을 충분히 보여준다. 북위가 대동(大同)에 도읍을 정하자 양주의 예술가들도 대동으로 이동하였고, 이에 운강(雲岡)의 불상들이 만들어지게 되었다. 다시 도읍을 낙양으로 이전하자 낙양에도 석굴(龍門석굴을 가리킴 - 역자)이 생겼을 뿐 아니라 같은 풍격을 지닌 불상도 만들어졌으니, 모두 한나라 때 외부에서 전해진 예술의 여파(餘波)였다.

불교 예술 이외에 서역에서 다른 예술도 유입되었다. 한나라와 육조시대에는 신기한 짐승[神獸]을 그린 그림이 가장 많았는데, 모두 불가사의한 형체를 뽐내고 있다. 곽박(郭璞)[47]은 주석에서 영수(靈獸)는 "사자이고 서역에서 나는데, 한 순제 때 소륵 왕이 와서 얼룩소[犛牛]와 사자를 받쳤다"고 하였다. 그러나 '해수포도경(海獸葡萄鏡)' 또는 '무봉산예경(舞鳳狻猊鏡)'의 손잡이에 보이는 것은 사슴처럼 생겼으나 코 위에 뿔이 나있는 사자 머리를 한 괴수(怪獸) 내지 기린(麒麟)이라고 부를 수밖에 없는 모습이다.

불교가 중국에 전래된 후 본서 제1편 3장 3절에서 말한 조류(鳥類) 예술도 일변하여 인도 계통의 '묘음조(妙音鳥)'로 바뀌었는데, 가릉빈가

---

47) 곽박(郭璞, 276-324): 양진(兩晉)시기 하동(河東) 문희(聞喜) 사람으로 자는 경순(景純)이다. 박학하여 천문과 고문기자(古文奇字), 역산(曆算), 복서술(卜筮術)에 밝았고 특히 시부(詩賦)에 뛰어났다. 저서에 《이아주(爾雅注)》·《삼창주(三蒼注)》·《방언주(方言注)》·《산해경주(山海經注)》·《도찬(圖贊)》·《목천자전주(穆天子傳注)》·《수경주(水經注)》·《주역동림(周易洞林)》·《초사주(楚辭注)》 등이 있다.

(迦陵頻伽, Kalavinka)라 불렀다. 전설에 따르면 극락정토의 새 이름으로 가릉빈(迦陵頻) 혹은 빈가조(頻迦鳥)라고도 불렀고 역시 봉황의 형상을 하고 있다. 한대 효당산사당(孝堂山祠堂)[48]과 육조시기의 한경(漢鏡)[49]에 보이는 공작은 선이 매우 아름답고 자태가 생동감 있는 완전한 스키타이 양식이지만 한대의 소박한 웅장함과 인도의 괴이한 풍격도 섞여있다.

한나라 때 '천마'가 유입된 후 말 형상을 한 화려한 장식이 점차 많아졌다. 후한 광무제 건안 20년(44) 마원(馬援)[50]은 말 형상이 새겨진 동고(銅鼓)를 주조하였고, 낙랑(樂浪)에서도 한나라의 동마(銅馬)와 녹유도마(綠釉陶馬)가 발견되었다. 한나라의 와당문(瓦當文)에는 토끼도 보이는데, 역시 날개가 달려 있는 서역의 이상화된 동물로 표현되어있다. 낙랑에서 출토된 거울의 뒷면과 칠배(漆杯)에서도 토끼가 약을 빻는 그림을 볼 수 있다. 소와 양의 형상을 한 한나라의 화려한 장식에는 서방 스타일의 자태가 가미된 것이 유독 많다. 도쿄대학 공학부(工學部)가 소장하고 있는 산동성 제녕(濟寧) 진양산(晉陽山) 자운사(慈雲寺)의 한대 화상석

....

48) 효당산사당(孝堂山祠堂): 산동성 비성현(肥城縣) 효리포(孝里鋪)에 있는 효당산에서 발견된 한나라 때 사당으로 그 석량(石梁)에 직녀(織女), 해와 달, 성좌(星座), 새[鳥] 등이 조각되어있다.

49) 한경(漢鏡): 중국에서 발달한 금속(金屬)거울 형식 중 하나로 전한부터 육조시대까지 만들어졌던 거울.

50) 마원(馬援, B.C.14~A.D.49): 후한 초의 장군으로 섬서성 흥평현(興平縣) 출신이다. 농서태수(隴西太守)를 지내면서 강(羌)·저(氐) 등의 이민족을 토벌하였다. 41년 이후에는 복파장군(伏波將軍)에 임명되어 징칙(徵側)과 징이(徵貳) 자매의 반란을 토벌하고 하노이 부근의 낭박(浪泊)까지 진출하여 그곳을 평정하였다. 그 공로로 43년 신식후(新息侯)가 되었다. 49년 진중에서 병사하였다.

(畫像石)에 그려진 개는 야성이 넘치고 귀와 눈 그리고 네다리 모두에 민첩하고 강인함을 표현하고 있지만, 사자의 자태를 한 것도 있다.

위에서 중국 불교가 불상을 만들고 사찰을 세우기 시작한 확실한 연대는 후한 영제 중평 5년에서 헌제 초평 4년 사이가 분명하다고 말했는데, 그 이유 중 하나가 바로 영제가 호복(胡服)·호장(胡帳)·호상(胡牀)·호좌(胡坐)·호반(胡飯) 등과 같은 '서역 스타일[胡化]'을 유난히 좋아하고 호공후(胡箜篌)·호적(胡笛)·호무(胡舞) 등을 감상하는 것을 특히 즐겼기 때문이다. 이에 귀족들도 앞 다투어 그를 모방함에 따라 서방 각국의 복식과 악기가 마침내 대량으로 수입되었다.

한대 거울의 문양 중에는 순수한 중국식이 있고, 포도 등 외국에서 들어 온 식물을 새겨 넣은 서방풍이 섞여 있는 것도 있다. 아마도 서역이 크게 열린 후 그리스와 로마 상인들 가운데 공예품을 중국에 수출한 자가 있었고, 이에 중국의 장인들도 점차 서방의 그림을 참고하여 사용했던 것 같다.

페르시아 예술을 가장 대표할 수 있는 것은 후한 헌제 건안 14년(209)에 세워진 고이묘(高頤墓) 앞에 있는 돌사자(碑가 세워진 연대에 근거해 비와 동시대의 것으로 가정함)로 사천성 아안현(雅安縣)에 소재하고 있다. 가슴 양측에 날개 형태가 조각되어 있는 순수한 서방 예술로서 파르티아의 영향을 받은 그리스 예술이다. 어떤 이는 그것을 전설 속의 용 모습이라고 하였다. 은·주시기의 동기(銅器)에도 물론 이미 기(夔: 용처럼 생겼으나 다리가 하나인 전설상의 동물 – 역자)가 있지만, 날개 형태가 더해진 것은 서역의 산물이다. 오손과 대원의 말이 수입된 후 도안(圖案) 속에 보이는 용은 용마(龍馬)의 모습을 띄게 된다. 이러한 형상은 산동성 가상무씨사당(嘉祥武氏祠堂)에 있는 화상석각(畫像石刻)에서 볼 수 있다.

외국에서 전해진 직물(織物) 가운데 모직 융단[罽氈: 페르시아 tapetan의 음역 - 역자])은 흉노의 것이다. 《태평어람》 권708에는 "흉노가 항복을 청하매, 모직 융단·모직 요[罽褥]·장막[帳幔]·털가죽 옷[罽裘] 등이 산더미처럼 쌓였다"고 기록한 후한 초 두독(杜篤)의 《변론(邊論)》을 인용하고 있다. "흉노가 항복을 청하였다"고 한 것으로 보아 아마도 전한 선제 때 호한야(呼韓邪)선우의 항복을 말하는 것 같다. 때문에 전한 말과 후한 초 중국 상류계층 중에 이미 이를 사용하는 자가 많았다. 《북당서초(北堂書鈔)》[51] 권134에 수록된 반초가 형[52] 반고에게 보낸 편지에는 "월지의 모직 융단은 크고 작은 것이 있지만 모두 부드럽습니다"고 되어있다. 《태평어람》 권708에 수록된 마융(馬融)[53]의 상주문에서는 "마현(馬賢)이 군중(軍中)에 있을 때 군대의 장막 안에 모직 융단을 깔았더니, 눈보라 속에도 병사들의 행군 속도가 빨라졌습니다"고 하였다. 반초는 이 물건이 월지에서 왔다고 하였지만, 《북당서초》 권134에는 《오시외국

....

51) 《북당서초(北堂書鈔)》: 전 160권. 현존하는 중국 최초의 유서(類書: 일종의 백과사전). 우세남(虞世南, 558-639))이 수나라 비서랑(秘書郎)으로 있을 때 엮은 것으로 비서성(秘書省)의 후당(後堂)을 북당(北堂)이라고 한 데서 책이름이 유래하였다. 군서(群書)의 문구(文句)를 적록(摘錄)하여 그것을 19부(部) 801류(類)로 나누었는데, 현재 전하지 않는 고서(古書)도 인용되어있어 《예문유취(藝文類聚)》 등과 함께 중국 고대사를 연구하는 중요한 자료이다.

52) 원서에는 '班超與弟班固書' 즉 반초가 동생인 반고에게 보낸 편지로 되어있으나 오류가 분명해서 바로잡았다.

53) 마융(馬融, 79-166): 후한 부풍(扶風) 무릉(茂陵) 사람으로 자는 계장(季長)이고 마엄(馬嚴)의 아들이다. 재주가 높고 지식이 풍부했으며 통유(通儒)로 제자만 천여 명에 이르렀다. 노식(盧植)과 정현(鄭玄) 등을 가르쳤다. 《춘추삼전이동설(春秋三傳異同說)》을 지었고 《효경》·《논어》·《시경》·《주역》·《삼례(三禮)》·《상서》·《열녀전(列女傳)》·《노자》·《회남자》·《이소(離騷)》를 주석했다.

전(吳時外國傳)》을 인용하여 "천축에서는 정미한 모직 융단으로 구유(氍
毹)와 탑등이 나오는데, 정미한 구유를 탑등이라고 한다"고 되어있다.
그리고 《위지(魏志)》 권30에 인용된 《위략》에서는 그것이 로마의 산물
이라고 하였지만, 《태평어람》 권820의 인용문에서는 석륵(石勒) 건평 2
년(331) 즉 동진 성제 함화 6년 대원이 공물로 바친 물건 중에 산호·유리
및 모직 융단[毻氈][54)이 있었다고 하였다. 《위서(魏書)》[55)와 《수서》〈서
역전〉에서는 그것이 페르시아의 산물 중 하나라고 하였다. 이상의 여러
문헌을 종합해 보면 그것은 틀림없이 파미르고원 서쪽과 인도 북부에
있는 여러 나라에서 생산된 직물이지만, 로마에서 생산된 것이 색채가
가장 선명했던 듯하다. 《북당서초》 권134에 인용된 《위략》에서는 "대진
국에서는 야생 누에의 실을 사용하여 융단[氍毹]을 만들었으니 양모만으
로 만든 것만은 아니다"고 하였고, 또 "대진국에서는 양모와 목피(木皮)
로 여러 종류의 융단[氍毹]을 만들었는데, 다섯 가지 색깔과 아홉 가지
색깔로 된 것이 있다"고도 하였다. 같은 책 같은 권에서 또 《위략》을
인용하여 "조수(鳥獸)와 사람, 초목과 구름 등 그 변화무쌍한 모습을 원
하는 대로 짤 수 있으니, 그 위에 수놓인 꾀꼬리와 앵무새[鸚鵡]는 멀리
서 바라보면 마치 높이 날아오르려는 듯하다"고 적고 있다. 이를 읽으면
사산조 페르시아와 동로마 예술의 풍격이 연상된다.

---

54) 毻는 氎자의 오류가 분명하다.
55) 원서에는 《북위서(北魏書)》라 되어있으나 정식 명칭인 《위서》로 바로잡았다.

제10장
한대 중국과 인도의 교통(하)

제1절 한대 남방을 통한 해외 교통

진(秦)나라 때 남해(南海)[1]에 이미 관리를 두었는데, 2세 즉위 후 남해위(南海尉) 임오(任囂)가 죽고 용천령(龍川令)[2] 조타(趙佗)가 그 자리를 차지하면서 마침내 진나라와의 관계가 끊어졌다. 한 고조가 다시 조타를 왕으로 책립하였으나 여태후 때 (조타는) 스스로 남월무제(南越武帝)라 칭하였다가 문제 때 다시 황제의 칭호를 취소하였다. 무제 원정 6년(B.C.111) 복파장군(伏波將軍) 노박덕(路博德)[3]과 누선장군(樓船將

....

1) 남해(南海): 진시황 33년(B.C.214)에 군이 설치되었다. 4개(番禺·四會·博羅·龍川) 또는 6개(번우·사회·박나·용천·洌江·揭揚)현을 관할했다고 전한다. 군의 치소는 번우(지금의 廣州)였으며, 주요 관할지역은 지금의 광동성 일대였다.(《한서 외국전 역주》, 298쪽)
2) 용천령(龍川令): 용천은 남해군 소속의 현 이름이고 용천령은 그 장관을 말한다.
3) 노박덕(路博德, 생몰연도 미상): 서하(西河) 평주(平州: 현 산서성 林汾市 일대) 사람으로 우북평(右北平) 태수로 원수 4년(B.C.119) 표기장군 곽거병을

軍) 양복(楊僕)[4]이 남월로 들어가서, 그 땅을 나누어 남해(南海: 治所는 番禺)·창오(蒼梧: 치소는 廣信)[5]·울림(鬱林: 치소는 布山)[6]·합포(合浦: 치소는 徐聞)[7]·주애(珠崖: 치소는 瞫都)·담이(儋耳: 치소는 義倫)[8]·교지(交趾: 치소는 羸𨻻, 安南國 지역)·구신(九眞: 치소는 胥浦, 안남국 지

따라 흉노 원정에 나서 공을 세워 비리후(邳離侯)로 봉해졌다. 원정 6년 복파장군에 임명되어 남월을 평정하였고, 다음해 해남도를 공격하여 이곳에 주애군(珠崖郡)과 담이군(儋耳郡)을 설치함으로써 해남 통치의 서막을 열었다. 이후 죄를 지어 후(侯)를 잃고 궁려도위(穹廬都尉)로 거연에 주둔해 있다가 죽었다.(《사기 외국전 역주》, 135, 168쪽)

4) 양복(楊僕, 생몰연도 미상): 의양(宜陽) 사람으로 하남군수의 추천으로 어사가 되었다. 무제가 능력이 있다고 여겨 남월이 반란을 일으키자 누선장군에 제수하였고 공을 세워 장량후(將梁侯)에 봉해졌다. 순체(荀彘)에게 잡혀 오래 있다가 병사하였다.(《사기 외국전 역주》, 175-176쪽)

5) 창오(蒼梧): 순임금이 남으로 순수(巡狩)하다 사망한 곳으로 유명하다. 한 무제 원정 6년(B.C.111)에 창오군이 설치되었고 치소는 광신현(현 광서성 梧州市)이었다.(《한서 외국전 역주》, 328쪽)

6) 울림(鬱林): 진시황 33년(B.C.214)에 설치한 계림(桂林)군을 한 무제 때 개명한 것으로 현재 광서성 대부분 지역을 포괄한다. 치소는 포산현(현 광서성 貴港市) 혹은 현재의 광서성 계평(桂平)시 서남이라고 하여 불분명하다.(《한서 외국전 역주》, 332-333쪽)

7) 합포(合浦): 한 무제 원정 6년에 처음 설치하였고 치소는 서문현(현 광동성 서문현 남쪽)이다. 관할 지역은 현재 광동성 신흥현(新興縣)·개평현(開平縣)이서, 광서성 용현(容縣)·옥림(玉林)·횡현(橫縣) 이남에 해당한다. 후한 때 치소를 합포현(현 광서성 浦北縣 南舊州村)으로 이전하였다.(《한서 외국전 역주》, 333쪽)

8) 담이(儋耳): 치소는 담이현(현 해남성 儋州市 서북 남단)으로 관할 지역은 현 해남도 서부지구에 해당한다. 담이라는 지명은 이 지역의 원주민들이 문신과 큰 귀걸이를 하였기 때문에 붙여졌다. 담이군에는 3개의 현 즉 구룡현(九龍縣: 현 東方縣)·옥래현(玉來縣: 현 昌江縣)·담이현(현 儋縣)이 설치되었다. 한 소제 시원 5년(B.C.82) 주애군에 병합되었다.(《한서 외국전 역주》, 332쪽)

역)[9]·일남(日南: 치소는 朱吾, 안남국 지역) 등 9군(郡)을 설치하였다.
남월에서 해외로 통하는 상황에 대해서는《한서》〈지리지〉에 상세히
기록되어있다.

"일남의 요새[障塞]·서문·합포에서 뱃길로 5개월쯤 가면 도원국(都元
國)이 나온다. 거기서 또 뱃길로 4개월쯤 가면 읍로몰국(邑盧沒國)이 있
다. 또 다시 뱃길로 20여일을 가면 심리국(諶離國)이 나오는데, 이곳에서
도보로 10여일을 가면 부감도로국(夫甘都盧國)이 있다. 부감도로국에서
뱃길로 2개월여를 가면 황지국(黃支國)이 나온다. 이곳의 풍속은 대략
주애(珠崖)와 비슷한데, 그 땅은 광대하고 인구가 많으며 특이한 물건이
많다. 무제 이래로 모두 공물을 헌상하고 알현하러 왔다. 황문(黃門) 소
속의 역장(譯長)[10]은 지원자와 함께 바다로 나갈 때, 명주(明珠)·벽유리
(璧流離)[11]·기석(奇石)·이물(異物) 등을 사기위해 황금과 각종 견직물
[雜繒]을 가지고 갔다. 이르는 나라마다 모두 음식을 제공하고 무역의
상대방이 되었으며 만이(蠻夷)의 상선[賈船]이 그들을 전송(轉送)하여
보내주었다. 그러나 교역에 이로우면 겁박하고 죽이기도 하며, 모진 풍

....

9) 구진(九眞): 치소는 서포현(현 베트남 淸化省 東山縣 楊舍村)으로 관할영역은
   현재 베트남의 청화성·하정성(河靜省)과 의안성(義安省) 동부지구에 해당한
   다. 후한 때에는 교주(交州)에 속하였다.(《한서 외국전 역주》, 333쪽)
10) 역장(譯長): 고대 중국에는 '설인(舌人)' 혹은 '상서(象胥)'라 불리던 역관(譯
    官)이 존재했는데, 진시황의 봉일 이후 전객(典客) 혹은 전속국(典屬國)이라
    는 직책을 두어 외국의 사무를 처리토록 하였다. 한대에도 전객이 설치되었
    는데, 무제 때 대홍로(大鴻盧)로 개명하고 속관으로 행인(行人)·역관·별화
    삼령(別火三令)·승(丞)·군저장승(郡邸長丞) 등을 두었다. 서역과 교류가 빈
    번해지면서 서역 각국 역장을 두었는데, 자료에 따르면 모두 24개국에 36명
    이 설치되었으며 한나라와의 교류 정도에 따라 1명에서 4명까지 다양하였다
    고 한다.(《한서 외국전 역주》, 367쪽)
11) 벽유리(璧流離): 산스크리트어 '바이두리야(vaidûrya)'의 음사로 보석인 청금
    석(青金石, lapis lazuli)이나 벽새(碧璽, 녹주석, beryl)를 가리킨다.

파를 만나 익사하기도 한다. 그런 일을 겪지 않을 경우 몇 년이 지나 돌아온다. 큰 진주는 둘레의 길이가 2촌(寸)에 가깝다. 평제 원시연간 왕망이 정사를 보좌하면서 위덕(威德)을 빛내고자 황지국 왕에게 후하게 (물건을) 보내자, (그곳에서) 사절을 보내 살아 있는 코뿔소를 헌상했다. 황지국에서 뱃길로 8개월쯤 가면 피종(皮宗)에 이른다. 그곳에서 뱃길로 2개월쯤 가면 일남과 상림(象林)의 경계에 이른다고 한다. 황지국의 남쪽에 이정불국(已程不國)이 있는데, 한나라의 통역사신이 이곳에서 돌아왔다."

남방 해외교통의 전체 일정은 장장 20개월[12]이 걸렸으나, 그 중 육로 일정은 겨우 10일에 불과했다. 경유하는 6개국 가운데 황지(黃支)가 가장 컸는데, 그 나라는 바로 인도 동쪽 연안에 있는 칸치푸람(Kanchipuram)으로 당나라 현장이 건지보라국(建志補羅國)이라고 불렀던 곳이다. 이정불국(已程不國)에 대해 혹자는 예전에 에티오피아(Aethiopia)라고 불렸던 아비시니아(Abyssinia)[13]라고 고증하였으니, 발음이 매우 유사하다. 한나라 때 서방으로 가는 바닷길 중에서 인도가 가장 멀었던 것 같다.

이러한 남방의 대외 교통노선은 한대에서 당대에 이르기까지 공물을 바치러 오는 외국사신과 상인들이 반드시 경유해야 했다. 그래서 《당서(唐書)》〈지리지〉에는 "교주도호(交州都護)가 여러 만이를 통제하였다.

....

12) 바로 위의 《한서》〈지리지〉 내용에 따르면 황지국까지 왕복 22개월 걸렸던 것이 맞는 듯하다.
13) 아비시니아(Abyssinia): 일반적으로 에티오피아의 옛 이름으로 알고 있지만, 사실은 아라비아에서 에티오피아로 이주해 온 아비시니아 부족이 어감이 좋지 않은 아비시니아 대신 번영을 누린 고대지방의 이름인 에티오피아로 바꾼 것이다. 원서에서는 이와 반대로 설명하고 있다.

그 바다 남쪽에 있는 여러 나라는 대부분 교주의 남쪽과 서남쪽 큰 바다 위의 섬에 위치하고 있는데, 서로간의 거리가 3-5백리, 3-5천리 떨어져 있고 먼 것은 2-3만리나 된다. 배를 타고 돛을 올려 항해를 하지만 그 거리는 자세히 알 수 없다. 한 무제 이래 조공하는 사람들은 반드시 교지를 경유하는 길을 거쳐야 했다"고 적고 있다. 마지막 두 구절이 가장 중요한데, 이를 통해 교주가 당대 이전 중국에서 가장 중요한 대외무역항이었음을 알 수 있다.

기타 국명과 관련하여 페랑(Ferrand)의 고증에 따르면 감도로국(甘都 盧國)은 미얀마의 파간(Pagan) 고성(古城)인 듯 하며 그 유적지는 오늘날 이라와디(Irraouaddy)강 좌안에 있다. 피종(皮宗)은 풀라우 피산 (Pulaw Pisan)섬을 말하는 것으로 말레이반도 서남 해안의 북위 1도 30분선에 있다. 이러한 내용은 풍승균이 번역한 《곤륜 및 남해 고대 항해고(崑崙及南海古代航行考)》(상무인서관, 1933 - 역자)에 나온다.

후한의 해상 교통은 더욱 편리해졌다. 《후한서》권63 〈정홍전(鄭弘傳)〉에는 장제 때 교지 7군(郡)의 공물이 전부 해로를 통해 헌상되었다고 적혀있다. 또 《후한서》권116 '남만(南蠻)'조에는 "순제 영건 6년(131) 일남 변경의 섭조(葉調)[14]왕 편(便)이 사신을 보내 공물을 헌상하자, 황제가 섭조왕 편[調便]에게 금인(金印)과 자수(紫綬)를 하사했다"고 되어 있다. 《후한서》에 달린 주석에서 유반(劉攽)은 "섭조는 국명이고 편은 왕의 이름이니, 아래에 나오는 조편(調便)의 조(調)는 연자(衍字)이다"고 하였다.

....

14) 섭조(葉調): 섭조국은 현 인도네시아 자바섬과 수마트라섬에 걸쳐 있던 고대 왕국으로, Java를 가리키는 고대 산스크리트어 Yavadvipa의 음사이다. 법현이 내렸다는 야파제(耶婆提)가 바로 이곳이다.(《후한서 외국전 역주》, 82쪽)

섭조라는 국명은 《후한서》 권6 '순제 영건 6년'조에도 보이는데, "12월 일남 변경에 있는 섭조국과 탄국에서 사신을 보내 공물을 헌상했다"고 되어있다.

또 진(晉)나라 때 《사기》·《한서》와 더불어 '삼사(三史)'로 불렸던 《동관기(東觀記)》 즉 《동관한기(東觀漢記)》에 달린 장회(章懷)의 주석[15]에도 "섭조국 왕이 사신 사회(師會)를 보내 궁중에 와서 공물을 바쳤다. 이에 한 조정에서는 사회를 한귀의섭조읍군(漢歸義葉調邑君)으로 삼고 그 임금에게 자수(紫綬)를 하사했으며, 또 탄국 왕 옹유(雍由)에게도 금인과 자수를 하사했다"고 기록되어있다. 펠리오(Pelliot)는 그것이 자바이거나 실론에 있다고 여겼고, 페랑의 〈섭조·사조와 조와(葉調斯調與爪哇)〉라는 글은 풍승균의 《서역남해사지고증역총속편(西域南海史地考證譯叢續編)》(상무인서관, 1934 - 역자)에 수록되어있다. 그 외 후지타 토요하치(藤田豊八)가 쓴 〈섭조·사조 및 사가조 고찰(葉調斯調及私訶條考)〉[16]은 하건민(何健民)이 번역한 《중국남해고대교통총고(中國南海古代交通叢考)》(상무인서관, 1936 - 역자)에 수록되어있다.

프톨레마이오스의 《지리학》(*Geographike Hyphegesis*)에서는 진니(秦尼) 즉 중국에 카티가라(Cattigara: 뒤에서 상세히 서술함)라는 해구(海口: 바다가 육지 쪽으로 후미져 들어간 어귀 - 역자)가 있다고 하였다. 이와 관련하여 라쿠프리(Lacouperie)는 "중국 고대에 교지(交趾)의 독음이 교제(交梯)였기 때문에 프톨레마이오스의 카티가라는 곧 교지국을 말하는 것이다"고 주장했다. 그런데 카티가라에 도착하기 전에 자바(Zaba, 柴巴)라는 항구가 있는데, 이는 곧 참파(Champa)[17]의 전음(轉音)으로

....

15) 《후한서》 권6, 순제 영건 6년(131) 12월조에도 보인다.
16) 원제는 〈葉調·斯調·私訶條につきて〉이고 私家製本으로 간행일은 미상이다.

지금의 베트남 남부[占城]라고 하였다. 이상의 자료를 통해 교지 해구가 후한시기에 이미 중국 대외교통의 중요한 항구였음을 알 수 있다.

제2절 한대 서남지방의 대(對)인도 교통

고대 중국과 인도 간에는 세 가지 교통노선이 있었다. ①사천에서 운남을 경유하여 미얀마로 들어간 후 인도에 이르는 노선, ②신강에서 출발하여 파미르고원을 넘어 남하하는 노선. ③해로를 이용하는 것으로 대부분 실론에서 상륙한 후 다시 북쪽으로 올라가는 노선이다.

오늘날 신강에서 서방으로 가는 노선은 이미 앞에서 상세히 논하였으므로 여기에서는 운남과 미얀마를 통하는 노선에 대해 서술하겠다. 다만 이 노선의 연원을 알고자 한다면 반드시 먼저 진·한시기 중국 서남 지역의 교통상황에 대해 이해해야만 한다.

진·한시기 서남지역의 교통 중심은 사천이었다. 사천에서 가장 많이 생산되는 은·동·철·소금·촉포(蜀布)·구장(枸醬) 등은 모두 각 지방에서 필요한 물건이었기 때문에 사천이 가장 부유하기도 했다. 《사기》

....

17) 참파(Champa): 점성(占城), 점파(占婆) 등으로 불리기도 하는데, 베트남 남부에 존재했던 고대 왕국으로 2세기경 말레이계 참족이 건설하였다고 알려져 있다. 중국 기록에 의하면, 당나라 때에는 이 지역의 왕국을 임읍(林邑)이라 부르다가, 송나라 때에는 점성이라 불렀다고 한다. 참파는 산스크리트어 Campapura 혹은 Campanagara의 약칭이다. 여기서 pura, nagara은 성이나 도시를 뜻하는 말이다. 참파왕국은 9-10세기에 가장 번성하였으나 10세기 이후 중국에서 독립한 베트남의 남진을 막지 못하고 패전을 거듭하다 결국 멸망되었다.

〈화식열전〉에는 "촉 땅의 탁(卓)씨는 임공(臨邛)지역에 살았다. 철이 나는 산에서 쇠를 녹여서 그릇을 만들면서 계책을 써서 전(滇)[18]과 촉 땅의 사람들을 다 동원하였다. 그의 부는 노비가 천명에 이를 정도였는데, 자신 소유의 땅과 연못에서 사냥하고 고기잡이하는 즐거움이 임금과 견줄 만 했다. 정정(程鄭) 역시 철을 제련하여 머리를 방망이 모양으로 틀어 올린 사람들과 교역했다. 그 부유함이 탁씨와 동등했고 함께 임공에서 살았다"고 적혀있다.

당시 이 지역의 교통로를 살펴보면 세 갈래 길이 있었다. 먼저 지금의 귀주성 준의(遵義)에 오척도(五尺道)[19]라는 길이 있었고, 두 번째는 건위(犍爲: 현 사천성 宜賓)에서 야랑(夜郎: 현 귀주성 盤縣 및 운남성 平夷)까지 쭉 이어지는 야랑도(夜郎道)가 있었으며, 세 번째는 성도 부근에서 지금의 곤명까지 이어지는 영관도(靈關道)가 있었다.

세 노선 중 가장 중요했던 야랑도는 한 무제 원광 5년(B.C.130)에 개척되었는데, 지금의 의빈(宜賓)에서 동남쪽으로 내려가서 적수(赤水)와 필절(畢節)을 지나 운남성 의위(宜威)와 곡정(曲靖)에 이르는 길이었다. 그러나 인도로 통하는 길은 당연히 세 번째 노선이었으니, 대도하(大渡河)와 안녕하(安寧河)를 건넌 후 지금의 회리(會理)를 지나서 다시 금사강(金沙江)과 노수(瀘水)를 건너고 나서 동쪽으로 가면 곤명에, 서쪽으

....

18) 전(滇): 국명이자 읍명이며 부락명이다. 명·청대 이후 현재의 운남성을 지칭하는 별칭으로 사용되고 있다. 그 강역과 주민 등에 관한 상세한 내용은 《사기 외국전 역주》 214-215쪽을 참고.
19) 오척도(五尺道): 진(秦)나라 상안(常頞)이 전(滇)을 경략하여 개통한 길로, 도로(또는 棧道)의 너비가 5척임을 말한다. 한대의 야랑도와 당대의 석문도(石門道)가 이 오척도를 기반으로 만들어졌다는 것이 일반적인 설명이다.(《사기 외국전 역주》, 222쪽)

로 가면 미얀마에 이르렀다.

《한서》〈서남이전〉[20]에 보면, 한 무제 원수 원년(B.C.122) 장건이 대하로 출사했다가 돌아와서 "대하에 사절로 갔을 때 촉의 베와 공의 죽장을 보고 어디서 들여온 것이냐고 물었더니, '동남쪽으로 수 천리 떨어진 신독국에서 들여왔는데, 촉의 상인이 판 것을 사온 것이다'고 했다. (또) 혹자에게 들기를, 공의 서쪽 2천리쯤 되는 곳에 신독국이 있다고 하였다. 장건이 이를 근거로 조금 과장하여 말하기를, '대하는 한나라 서남쪽에 있는데, 중국을 흠모하지만 흉노가 한나라로 통하는 길을 막고 있는 것을 근심하고 있으니, 만일 촉에서부터 신독에 이르는 길을 개통하면 편리하고 가까울 뿐 아니라 해가 될 것이 없다'고 하였다." 이에 황제가 전(滇)에 사람을 보내 전인의 도움을 받으며 길을 찾았으나 오래도록 곤명이(昆明夷)에게 가로 막혀 교통할 수 없었다고 되어있다.

신독은 지금의 인도이고, 대하는 그리스가 세운 나라 중 하나로 이미 앞에서 보았듯이 지금의 아프가니스탄 경내에 있었던 박트리아인데, 발흐(Balkh)라고도 부른다. 장건이 대하에서 사천지역의 산물을 발견할 수 있었다는 것은 당시 인도와 대하 간에, 인도와 중국 사천 간에 분명히 상업상의 왕래가 있었음을 보여준다.

그러나 역사문헌에 따르면 당시 중국과 인도간의 교통은 아직 직접 통할 수 없었고 중간에서 곤명이가 가로 막고 있다고 기록되어있는데, 그 목적이 상업무역을 독점하는데 있었던 것이 아닐까 한다. 마치 감영이 대진에 출사하려고 했을 때, 안식인이 비단 무역에서 얻는 이익을 독점하기 위해 그 중간에서 저지한 것과 같은 경우로 보인다.

한 무제는 이 중국과 인도의 교통로를 뚫기 위해 곤명이를 정벌하기

....

20) 정식 명칭은 〈서남이양월조선전(西南夷兩粤朝鮮傳)〉이다.

로 결심한 후, 곤명에 못[池]이 있어 수전(水戰)에 강하다는 것을 알고 장안 서쪽의 상림원(上林苑)에 둘레가 40리나 되는 큰 못을 만들어 수군을 훈련시켰다.

한나라 시기의 곤명은 지금의 보산(寶山)과 대리(大理) 사이에 있었다. 《사기》〈서남이열전〉에 의하면, 전(滇) 이북에는 군장(君長)이 열을 헤아리는데[21], 그 중 공도(邛都)[22]가 가장 강대하였다. 그 바깥 서쪽의 동사(同師: 현 永昌 지역)[23] 동쪽부터 북쪽으로 엽유(楪楡: 현 대리 지역)[24]에 이르는 지역을 수(嶲)[25]와 곤명이라 불렀다고 되어있다.

그밖에 노침(勞浸)[26]과 미막(靡莫)[27] 두 부락도 중국과 인도의 교통을 가로막았다. 이 두 부락은 지금의 대요(大姚)와 요안(姚安) 두 현의

---

21) 원서에는 '천수(千數)'로 되어있으나 《사기》 원문에는 '십수(什數)'로 되어있어 바로잡았다.
22) 공도(邛都): 그 위치와 주민에 대해서는 여러 학설이 있으니, 자세한 내용은 《사기 외국전 역주》 215-216쪽을 참고.
23) 동사(同師): 읍명으로 《한서》에는 동사(桐師)로 적혀있는데, 현재의 운남성 보산(保山)으로 비정된다.(《사기 외국전 역주》, 216쪽)
24) 엽유(楪楡): 《사기집해》·《사기색은》·《사기정의》에서 모두 '접(楪)'의 음은 '엽(葉)'이라고 되어있다. 엽유는 일반적으로 현재의 운남성 대리로 비정된다.(《사기 외국전 역주》, 216쪽)
25) 원서에는 '구(舊)'로 되어있으나 《사기》 원문에는 '수(嶲)'로 되어있어 바로잡았다.
26) 원서에는 '노침(勞深)'으로 되어있으나 《사기》 원문에는 '노침(勞浸)'으로 되어있어 바로잡았다.
27) 미막(靡莫): 《사기색은》에서는 이읍(夷邑)의 이름이라 하였고, 《사기정의》에서는 촉(蜀)의 남쪽 아래로부터 서쪽에 이르기까지 존재했던 부족이름으로 인식하고 있다. 최근 연구에 따르면 옛 강인(羌人)부족의 하나라고 한다. 《사기색은》에 따르면 노침과 미막 두 나라는 전왕(滇王)과 동성(同姓)이라고 되어있다.(《사기 외국전 역주》, 214, 238쪽)

경내에 있었다. 원봉 2년(B.C.109) 무제가 장군 곽창(郭昌)[28]과 중랑장 위광(衛廣)으로 하여금 파촉(巴蜀)[29]의 군사를 징발하여 그들을 공격하도록 지시하였는데, 군대가 전(滇)에 가까이 이르자 전왕이 투항하였다. 이에 황제는 그들의 원래 관할 지역에 익주군(益州郡)[30]을 설치하고 그 왕에게 인장을 하사하여 여전히 그 백성을 다스리도록 하였다. 그러나 그 서쪽에 있는 곤명이 한의 사신을 여러 차례 가로막아서 수십만 명의 머리를 베었지만 결국 교통로를 열수가 없었다.

전한 말에 이르면 지금의 사천·운남·귀주·서강(西康) 등 여러 성 경계에 이미 4군(郡) 68현(縣)이 설치되었다. 4군 중 건위군은 청나라 시기의 사천 동남쪽 및 운남 동북쪽의 제부(諸府)를, 월수(越嶲)군은 전(前) 건창도(建昌道) 소속 및 운남 서북의 제부를, 익주군은 전 전중도(滇中道) 및 대리·영창(永昌) 등의 부(府)를, 장가(牂柯)군은 귀주성 전체 및 운남성 동쪽과 남쪽의 제부를 관할하였다. 이에 교통이 더욱 편리해졌고 상인과 여행자의 왕래도 점차 빈번하게 되었다. 후한 초에 이르면 중국의 정치와 군사력이 이미 전(滇)의 서쪽 변방구석까지 미쳐 영창군을 설치하였고 미얀마에까지 위엄을 떨치게 되었다. 이에 인도와 직

....

28) 곽창(郭昌, 생몰연도 미상): 운중(雲中) 사람으로 교위(校尉)로서 대장군을 수행했다. 원봉 4년(B.C.107) 태중대부(太中大夫)로서 발호(拔胡)장군이 되어 삭방에 주둔했다. 선제 때 간대부(諫大夫)가 되었다.(《사기 외국전 역주》, 130쪽)

29) 파촉(巴蜀): 진·한대 사천에 설치한 파군(巴郡)과 촉군(蜀郡)을 이르며, 파는 오늘날의 중경 부근이고, 촉은 성도 부근이다.

30) 익주군(益州郡): 기원전 109년에 설치되었으며 그 강역은 운남성 노강(怒江) 이동, 이해(洱海) 이서 및 요안(姚安)·원모(元謀)·동천(東川) 이남, 곡정(曲靖)·의량(宜良)·화녕(華寧)·몽(蒙) 이서, 애뢰산(哀牢山) 이북 지역에 해당한다.(《사기 외국전 역주》, 238쪽)

접 왕래할 수 있게 되어 인도에 관한 지식도 이 경로를 통해 유입되어졌다. 그리고 (안제) 영녕 원년(120) 탄국 왕 옹유조(雍由調)가 악인(樂人)과 환인(幻人: 마술사 - 역자)을 헌상하였을 때도 이 길을 통해서 들어왔다. 환인은 자신을 해서인(海西人)이라 부르면서 해서가 곧 내진이라고 말하였다는데, 《후한서》의 저자는 이에 대해 자신의 의견을 덧붙여 말하길, "탄국은 (서)남쪽으로 대진과 통하였으나 교류가 끊어진지 오래되었다"고 하였다. 이에 관한 내용은 모두 앞에서 이미 설명하였다.

제3절 한대 인도와의 무역

한대의 중국과 인도 무역에 관한 사료는 먼저 앞에서 인용한 《한서》〈지리지〉에서 얻을 수 있다. 당시 중국에서 가지고 간 것은 황금과 각종 견직물 즉 잡증(雜繒)이었으며, 중국이 구매하여 들여온 것은 명주·벽유리·기석(奇石)·이물(異物) 등이었다. 그러나 장건이 대하에서 본 촉의 베와 공의 죽장은 인도가 중국에서 구입한 후 다시 대하에 판매한 것으로, 대하에 이 물건에 대한 수요가 있었다면 인도 자신은 분명 더 많은 수요가 있었을 것이고 심지어 인도에서 소비하고 남은 물품을 대하에 수출했다고 할 수 있을 것이다. 이는 마치 안식이 중국과 로마간의 비단무역 중개인이 될 수 있었던 이유가 안식과 중국 간에도 분명 비단무역이 행해졌기 때문인 것과 같은 이치이다. 그러므로 한대 중국과 인도간의 무역품에 마땅히 촉의 베와 공의 죽장을 포함시켜야 할 것이다. 촉의 베는 그 당시 황윤세포(黃潤細布) 또는 동포(峝布)라 불렀으며, 마(麻) 혹은 마와 칡[葛]을 섞어서 만들었고 면(棉)으로 만든 것이 아니었다. 면은 육조시대에 이르러서야 비로소 중국에 유입되기 시작했다.

명주는 진주(眞珠) 또는 마니주(摩尼珠)라고 부른다. 마니는 Mani의 음역으로 "때가 묻지 아니하다"는 뜻이다. 《통전》의 '황지(黃支)'조에는 명주옥(明珠玉)이라고 되어있는데, 아마도 옥의 일종으로 여겼기 때문 인 것 같다.

벽유리는 《후한서》〈남만·서남이열전〉[31] '애뢰(哀牢)'조에서 유리(瑠 璃)라고 하였는데, 산스크리트어 Vaidurya의 음역이다. 아랍과 페르시아 어로는 Billaur라 하며, 라틴어로는 beryllos라고 한다(그리스 문자는 인 쇄하기 불편하므로 생략한다). 오늘날 영어로는 beryl라고 하는데, 그 어원은 사실 산스크리트어에서 나왔다. 수·당 이후 파리(玻璃)라 불리던 물건은 본래 한나라 때의 보석 명칭으로 벽유리와는 다른 종류이다.

서송의 《한서서역전보주(漢書西域傳補註)》 '계빈'조의 벽유리에 대한 보충 주석에 보면 다음과 같은 매우 자세한 설명이 있다.

> "벽유리는 범서(梵書)에 페유리(吠瑠璃)라고 적혀있다. 《일체경음의》에 서는 (이에 대해) 옛날에는 비조리야(鞞稠利夜)라고 했으며 비두리(鞞 頭梨), 비류리(毗瑠璃), 비류리(鞞瑠璃)라고도 불렀는데, 모두 산스크리 트어 발음이 잘못 전환된 것이라고 하였다. (이 명칭은) 산(山) 이름에 서 유래한 것으로 비두리(鞞頭梨)라는 산에서 나는 이 보석은 푸른색이 고 깨어지지 않을 뿐너러 불로 녹일 수 있는 것도 아니다. …… 《설문해 자》에 유(珋)란 광(光)이 나는 돌[石]로 벽유(璧珋)이다[32]고 되어있으 니, 단옥재가 말한 벽유가 바로 〈서역전〉에 나오는 벽유리이다. 한대의

31) 원서에는 〈남만전〉으로 되어있으나 정식 명칭으로 바로잡았다.
32) 원서에는 "說文云: 珋璧, 珋石之有光者也"라고 인용되어있으나 《설문해자》에 나오는 원문 "珋, 石之有光, 璧珋也"에 맞춰 번역하였다.

무량사화상(武梁祠畵像)33) 및 오국산비(吳國山碑)34)에 모두 벽유리가 묘사되어있다. 금본(今本)《한서》의 주석에는 벽자가 빠져 있어서 독자들이 벽과 유리를 각기 다른 두 물건으로 오인하고 있다. 벽은 폐(吠)와 음이 서로 비슷하다."

삼국시대 이후 중국이 서남 해상의 여러 나라에서 운반해 들여온 것은 향료가 주종이었으나, 한대에는 그런 현상이 보이지 않으니 대개 향료와 불교가 매우 깊은 관계가 있었기 때문이다. 즉 불교가 유입되기 전에는 중국에서 향료에 대한 수요가 원래 그리 크지 않았다.

《한서》〈지리지〉의 내용을 보면 한대 중국 상인들이 해외무역에 종사했던 상황을 엿 볼 수 있다. 예컨대 "이르는 나라마다 모두 음식을 제공하고 무역의 상대방이 되었으며" "만이의 상선이 그들을 전송(轉送)하여 보내주었다"는 기록을 통해 반드시 외국 상선을 갈아타야지만 비로소 인도 남단에 도착할 수 있었던 것 같다.

그리고 "황문에 속하는 역장들은 지원자와 함께 바다로 나가면서 명주·벽유리·기석·이물을 사기위해" 운운한 것을 보면, 한 무제가 서역에 출사(出使)할 사람을 모집하였을 뿐 아니라 남해에 출사할 자도 모집하였음을 알 수 있다. 또 당시 통역원의 수요를 통해 중국과 남해 간의 무역 발달의 일면을 엿볼 수 있다. 황문이 소부(少府)35)에 예속되어있었

....

33) 무량사화상(武梁祠畵像): 후한 말 가상(嘉祥) 무씨(武氏)의 가족묘 사당에 장식된 석각화상으로 현재 산동성 가상현 무적산(武翟山) 아래에 있다.
34) 오국산비(吳國山碑): 손호(孫皓)가 천책 원년(275) 국산(國山)에서 봉선을 지내면서 세운 것으로 삼국시대 중요한 비각 중 하나이다. 전서체로 되어있다.
35) 소부(少府): 진·한대의 관직으로 9경의 하나이고 질(秩)이 이천석이었다. 황실의 재정을 관장하고 궁정에서 필요로 하는 일용품을 공급하며 궁정의 시종과 수공업을 관할했다.

다는 점은 당·송시기 시박(市舶)36)의 관할을 대부분 환관이 겸직한 것
처럼 한대에도 환관이 남해와의 교역을 책임졌던 것으로 추정할 수 있
는 증거이다.

....

36) 시박(市舶): 당·송대 중국 연해 각 항에 도착한 외국 상선을 이르는 말로
   호시박(互市舶)이라고도 불렀다. 시박에는 남해박(南海舶)·곤륜박(崑崙舶)·
   바라문박(婆羅門舶)·사자국박(獅子國舶)·파사박(波斯舶) 등이 있었다.

제11장
한나라의 여헌에 대한 인식

제1절 여헌(黎軒)에 대한 고증

한나라 때 중국이 유럽에 관해 알고 있던 각종 지식은 분명 적지 않았고 유입 경로 역시 하나가 아니었지만, 장건의 보고서가 가장 상세하고 정확했다는 것은 의심의 여지가 없는 듯하다. 장건이 전해들은 서방 고국(古國)에는 안식·조지·여헌·대진·신독 등이 있었다. 안식은 파르티아이고 조지는 지금의 시리아라는 것은 대체로 이미 문제가 되지 않으며 신독이 인도라는 사실은 더욱 확실하다. 그렇다면 연구해야 할 대상은 당연히 여헌과 대진이 된다.

여헌(黎軒)은 이헌(犁軒)이라고도 쓰는데, 《사기》·《위서》·《북사》 등에 보인다. 그리고 《한서》와 《위략》에는 이간(犁靬)이라 적혀있고, 《후한서》와 《진서(晉書)》에는 이건(犁鞬)으로 적고 있다. 간(靬)은 오늘날해(該), 간(看), 건(虔), 건(建) 네 가지 음으로 읽지만 실제로는 헌(軒)과음이 같다.

내가 알고자 하는 것은 여헌이 도대체 어느 나라였는가라는 문제인데, 그 고증에 도움을 줄 수 있는 자료로는 다음 네 가지가 있다.

(1) 여헌은 어디에 있었을까? 여헌이라는 명칭은 《사기》 권123 〈대원열전〉에 최초로 보이는데, "안식의 서쪽에 조지가 있고 북쪽에는 엄채와 여헌이 있다"고 되어있다. 조지는 시리아이고 엄채는 Aorsi[1]이므로 여헌은 당연히 박트리아가 된다.

(2) 여헌의 사람은 어떠했을까? 《한서》 권96상 (〈서역전〉)에 보면 "처음 한나라의 사신이 안식에 이르렀을 때, …… 한의 사신이 돌아가려 하자 사신을 보내 한의 사신과 함께 와서 한나라의 광대함을 보고, 큰 새[大鳥]의 알과 이간(犁靬)의 훌륭한 현인(眩人)을 한나라에 헌상하였다"고 되어있다. 현인은 환인(幻人)이라고도 하니 마술사를 뜻한다. 고대 서아시아 및 지중해 부근의 여러 나라에는 모두 마술사가 있었는데, 알렉산드리아의 마술사가 가장 유명했다. 《위략》 '대진'조에서는 "그 습속에 신기하고 환상적인 것이 많다. 입에서 불을 뿜고 스스로 묶었다 푼다던지, 12개 구슬을 가지고 노는[跳十二丸] 묘기 등이 매우 능숙했다"고 하였다. 《위략》에서 말하는 대진은 아마도 로마제국 등이 있는 지역을 총칭한 것으로 보인다.

(3) 여헌을 부르는 어떤 다른 이름이 있었을까? 《후한서》 권86 〈남만·서남이열전〉 '애뢰이'조[2]에 보면 "영녕 원년(120) 탄국 왕 …… 악인과 환인을 헌상하였는데, 능히 변신하기도 하고 불을 뿜기도 하며 스스로 몸을 가르기도 하고 소와 말의 머리를 바꾸기도 하였다. 구슬을 가지고

....

1) 그리스 로마 문헌에는 Aorsoi, Alanorsi로 표기되어있고 영어로는 Alans 즉 알란 또는 알라니족으로 불린다.
2) 원서에는 권116 〈애뢰이전〉으로 되어있으나 오류가 분명해 바로잡았다. 이하 같은 오류는 동일하게 처리하였다.

놀기도 잘하여 천 번(을 던지는) 동안 떨어뜨리지 않았다. 그들은 스스로 해서인이라고 하였는데, 해서는 대진으로 탄국은 서남쪽으로 대진과 통한다"고 되어있다. 이에 의하면 환인은 해서인이고 해서는 즉 대진이었다. 《위략》에서도 "대진국을 이간(犛靬)이라고도 부른다"고 하였다. 대진에 대한 고증은 다음에 하기로 하고 여기서 일단 그것을 로마라고 가정하면, 이른바 "대진국을 이간이라고도 부른다"는 말은 바꿔 말해 이간이 곧 로마라는 뜻이 된다. 그러나 대진이라는 명칭이 문헌 중에 항상 단독으로 인용·호칭되고 있다는 점에서, 이것은 《후한서》와 《위략》의 저자가 혼동해서 생긴 결과임이 틀림없다.

한대 이후의 역사가들이 여헌(혹은 犛犍)과 대진(로마)을 하나로 혼동하게 된 또 다른 원인은, 그리스 대제국이 알렉산더대왕 사후 아프리카의 이집트왕국, 아시아의 시리아왕국 및 유라시아 두 대륙에 걸쳐있는 마케도니아왕국(그리스 왕국이라고도 칭함)으로 분리된데 있었던 것 같다. 기원전 167년 마케도니아가 로마에 멸망됨으로 인해 조지 즉 시리아를 포함한 소아시아의 영토도 로마의 소유가 되었는데, 그 때는 장건이 서역을 정벌하기 수십 년 전이었다. 로마가 유라시아의 그리스 주권을 이미 계승하였기에 중국 역사학자들은 이 둘이 하나라 여기게 되었고, 그로 인해 때때로 여헌을 대진이라 지칭하였고 대진을 여헌이라 지칭하기도 하였던 것이다.

(4) 여헌에 해당하는 발음[對音]은 무엇일까? 히르트(Hirth)는 《중국과 동로마》에서 헌(軒) 혹은 간(靬)은 간(干)과 같은 음으로 읽어야 되기 때문에 Rekem 종족의 대음이라고 여겼다. 이 종족은 페트라(Petra)에 살았는데, 그 땅이 시리아·이집트·아라비아 세 지역 중간에 위치하고 있어서 로마인이 그들을 Aradia Petraeca라고 불렀던 것이 후에 Rekem, Rekam, Rokom, Arekeme, Arkem 등으로 변했다고 보았다. 히르트는

또 이 성(城)이 기원전 2세기 때 아주 번영하였기 때문에 장건이 박트리아에 있을 때 틀림없이 그 이름을 들었을 것이라고 주장했다. 그러나 헌과 간은 모두 n음에 속하고 m음이 아니어서 Rekem의 음과는 부합되지 않는다.

또 혹자는 라틴어 Latium의 대음이라고 하며, 혹자는 그리스를 지칭하는 라틴어 Graecia의 대음이라고 주장하지만 역시 모두 부합되지 않는다. 왜냐하면 Latium은 본래 로마인의 발상지로 '라티움'으로 읽어야 하지만, 헌(軒)과 간(軒)의 고음(古音)은 간(干)이므로 '티움'의 연음[連讀]과는 전혀 부합되지 않으며, 그 민족명의 발음을 라틴이라 한 것은 더욱 여헌 혹은 이간(犂軒)과 부합되지 않기 때문이다. 그리고 라틴 사람들이 그리스를 Graecia로 부른 것은 시기적으로 한 무제 이후이므로 여헌의 대음이 될 수 없다.

후지타 토요하치(藤田豐八)는 '환인(幻人)'의 원명인 Ragha 또는 Rhagä의 대음이라고 주장했다. 그러나 위에서 인용한 여러 글을 보면 여헌이 항상 다른 나라 이름과 병렬되어 나오므로 직업을 가리키는 말이 아니다.

풍승균은 여헌의 함의(含意)가 산스크리트어의 Yavana에 해당하는 것으로 대략 그리스의 식민지를 총칭한 것이며, 그 발음은 알렉산[亞歷山]을 간역(簡譯)한 것이라고 주장했다. 이 설은 본래 시라토리 구라키치(白鳥庫吉)가 처음 주장했고 펠리오(Pelliot)도 찬성했던 것이다. 두 사람 모두 팔리(Pali)어본 《나선비구경(那先比丘經)》[3](*Milinda Pañha*)의

....

3) 《나선비구경(那先比丘經)》: 밀린다 팡하(Milinda Pañha)의 한역으로 《미란타왕문경(彌蘭陀王問經)》이라고도 하는데, 경이라고 하지만 불설(佛說)이 아니며 팔리어 삼장(三藏)에서는 장외(藏外)에 들어있다. 기원전 2세기 후반 서북 인도를 지배한 박트리아 국왕 그리스인 밀린다(메난드로스 1세)가 비구 나가세나[那先]에게 불교 교리에 대해서 질문하면 나가세나가 대답하는

한역본(漢譯本)에서 밀린다왕이 나가세나(Nagasena)[4]에게 "나는 본래 대진국에서 태어났는데, 나라 이름은 아여산(阿荔散)이다"라고 말한 것을 그 근거로 인용하고 있다. 팔리어본에 나오는 아여산의 원명은 Alasanda섬의 Kalasi 부락이므로 Alasanda는 응당 오늘날 알렉산드리아에 해당한다고 할 것이다. 그래서 펠리오는 그것이 곧 이집트의 알렉산더라고 강조하였으나 고대에 알렉산더란 이름의 성(城)이 적지 않았다는 점을 고려해야 한다.

그 외 당나라 도세(道世)[5]의 《법원주림(法苑珠林)》[6] 권61에 보면 "진

....

형식으로 된 성전으로, 성립 시기는 기원전 1세기 후반에서 기원후 1세기 전반 사이로 여겨진다. 내용은 3편 내지 4편으로 대별되는데, 제1편은 밀린다와 나가세나의 전생(前生) 이야기를 서술한 서론과 두 사람이 3일간에 걸친 대화 끝에 밀린다가 제자가 되는 이야기(서론과 대화의 부분을 2편으로 본다면 4편이 된다), 제2편은 밀린다가 불교 교리상의 어려운 문제를 들어 그 해답을 나가세나에게 구한 대화, 제3편은 수행자가 지켜야 할 덕목을 비유로서 풀이한 대화이다. 특히 그리스적인 사유와 인도 내지는 불교적 사유의 대결이라는 점에서 그 사상적 의의와 가치가 중시되고 있다.

4) 원서에는 '彌蘭王吉那先(Nagasenn)'으로 되어있으나 '길(吉)'자는 '대(對)'자의 오타, 'Nagasenn'은 'Nagasena'의 오타가 분명하여 바로잡았다.

5) 원서에는 도선(道宣, 596-667)으로 되어있으나 《법원주림》의 저자가 도세임이 분명하여 바로잡았다. 도세(?-683)는 장안 사람으로 12살 때 청룡사(靑龍寺)에 들어가 출가하여 율학을 깊이 연구했다. 고종 현경연간 황태자의 부름으로 장안 서경사(西明寺)에 머무르며 도선과 함께 율학을 널리 펼치면서 풍속을 바로잡았다. 저서로《법원주림》외에《제경요집(諸經要集)》·《신복론(信福論)》·《대소승선문관(大小乘禪門觀)》·《사분율토요(四分律討要)》·《사분율니초(四分律尼鈔)》·《금강경집주(金剛經集註)》 등이 있다.

6) 《법원주림(法苑珠林)》: 전 100권(120권 본도 있음). 668년 도세가 그의 형인 도선이 지은 《대당내전록(大唐內典錄)》과 《속고승전(續高僧傳)》에 근거하여 만든 불교백과전서의 성격을 띤 저작이다. 저자는 현경연간 현장의 역경사업에 동참하고 또 도선과 함께 율학을 연구하면서 많은 불교문헌을 섭렵하

(晉)나라 영가연간(307-312)에 천축의 호인(胡人)이 강남으로 건너왔다. 그 사람에게는 마술능력이 있었는데, 혀를 절단하고 몸의 마디를 끊었다가 다시 연결시키며 불을 뿜을 수 있었다"고 되어있다. 이는 서방의 마술이 일찍이 인도에 전해졌다는 것만을 증명할 뿐 이것으로 여헌이 어디에 있었는지 단정할 수는 없다.

어떤 이는《사기》〈대원열전〉'조지'조에 나오는 "나라 사람들이 마술[眩]을 잘한다"는 구절을 근거로 그것이 조지에 있었다고 주장하는데, 조지에 마술사가 있었던 것은 의심할 여지가 없으나 조지가 곧 여헌이라고 하는 것은 맞지 않다. 왜냐하면 조지는 Taoki의 대음으로, 원래 아라비아의 한 항구 이름이었으나 나중에 그것으로 시리아를 불렀기 때문이다.

'여헌'이라는 명칭이 지칭하는 바를 이상의 모든 자료에 근거하여 종합적으로 연구해 보았을 때, 다음과 같은 세 가지 의미를 함축하고 있는 듯하다.

(1) 지중해 동부에 있던 그리스의 식민지를 가리킨다.

(2) 알렉산더대왕의 원정으로 일찍이 그리스인의 족적이 닿았던 중앙아시아 및 서아시아를 가리킨다.

(3) 로마제국에 일찍이 그리스인도 있었기 때문에 로마제국을 가리킨다.

....

였는데, 이때 방대한 불교 관련 전적 중에서 학도들의 편의를 위해 요점을 발췌 분류하여 편집한 것이다.

제2절 여헌에 대한 한나라와 후대의 인식

한대에는 비록 서방에 여헌이라는 나라가 있다는 것을 알았지만 아주 모호하게 인식했을 뿐이었다. 앞 절에서 채택한 사료에 의하면 다음과 같은 점을 알 수 있다.

(1) 《사기》에서는 여헌과 엄채를 하나로 혼동하여 안식의 북쪽에 있다고 하였다.

(2) 《사기》에서는 여헌과 조지도 하나로 혼동한 듯하니, 여헌에는 마술을 잘하는 사람[善眩人]이 있다고 하였고, 조지는 나라 사람들이 마술에 능하다[國善眩]고 하였다.

(3) 《한서》에서는 이간과 조지를 하나로 혼동하여 모두 오익산리(烏弋山離)[7] 서쪽에 있다고 하였다.

(4) 《위략》에서는 이간과 대진을 하나로 혼동하여 "대진(국)은 이간이라고도 부른다"고 하였다.

여헌에 대한 중국 역사가들의 지식은 본래 매우 분명하지 않았지만, 장건이 처음 대월지에 출사한 후 귀국하여 무제에게 보고한 내용에 여헌이 이미 들어가 있다. 《사기》〈대원열전〉에서는 "장건이 직접 가본 곳은 대원·대월지·대하·강거이지만 인접한 대여섯 개 큰 나라에 대헤서도 전해들은 바가 있어서 모두 천자께 보고했다"고 하였는데, 여헌이

....

7) 오익산리(烏弋山離, Arachosia): 고대 아케메네스조 페르시아제국의 동방령(東方領)으로 지금의 남부 아프가니스탄에 있었다. 옛 이름은 하라우와디(Harauwadi)이며 아라코시아는 '알렉산드리아'의 음사라는 설도 있다.(《실크로드사전》, 482쪽)

그 대여섯 개 큰 나라 가운데 하나였다. 그때는 이미 알렉산더대왕이 인도를 정벌한 지 2백년이나 지났을 때라 중앙아시아 국가가 서아시아 및 유럽의 상황에 대해 아는 바가 중국보다 당연히 많았다.

《사기》〈대원열전〉에는 장건이 두 번째 출사할 때, 무제가 위에서 말한 '대여섯 개 큰 나라'에 별도의 사신을 파견했다고 기록되어있다. 그래서 "처음으로 주천군(酒泉郡)을 설치하여 서북쪽의 나라들과 교통하고자 하였다. 그로 인하여 더 많은 사신을 파견하여 안식·엄채·이헌·조지·신독국에 이르게 했다"고 적혀있으나, 실제로는 전혀 도착하지 못했다. 한나라의 사절이 조지에 간 것도 후한 때 감영이 반초의 명을 받아서 간 것이 처음이었다. 그래서 《후한서》 권88 〈서역열전〉에서 "화제 영원 6년(94) …… 그 조지와 안식 등 여러 나라는 바닷가에서 4만 리 밖에 있지만 모두 여러 차례 통역을 거쳐서 공물을 헌상하였다. 9년 반초가 관부의 속원인 감영을 파견하였는데, 그는 서해(西海)까지 갔다가 돌아왔다. 모두 예전에 가보지 못했던 곳이고 《산경(山經)》에도 자세하게 나오지 않은 곳으로, 그는 그곳의 풍토와 진기하고 기괴한 것을 빠짐없이 전해주었다"고 하였던 것이다. 감영의 보고에 따르면 서해의 동쪽에 있는 조지나 안식 같은 여러 나라는 모두 '예전에 가보지 못했던 곳'이었다. 게다가 이헌에 대해 언급하지 않은 것을 보면, 당시 사람들이 안식과 조지 사이 그리고 오익산리와 조지 사이에 소위 '여헌'이란 나라가 아예 없다는 것을 이미 실증하였음을 알 수 있다.

감영이 흑해에 도착했지만 여헌에 대해 아무런 연구를 하지 않은 것은 아마도 그와 반초의 인상 속에 단지 대진이 있다는 것만 알았기 때문으로 보인다. 그래서 《후한서》 권88 〈서역열전〉에서 "화제 영원 9년 도호 반초가 감영을 대진에 사신으로 보냈는데, 조지에 이르러 큰 바다를 만나 건너려고 하자 ……"고 하였던 것이다.

그렇다면 후대 사람이 여헌과 대진을 하나로 오인하도록 가장 먼저 오류를 일으킨 사람이 대체 누구인지 지금은 단언하기 쉽지 않다. 어환이 편찬한 《위략》에는 "대진국은 이간이라고도 부르는데, 안식·조지의 서쪽과 큰 바다의 서쪽에 있다. …… 그 나라는 바다의 서쪽에 있으므로 속칭 해서(海西)라고 한다"고 되어있다.

　　오(吳)나라 사승(謝承)의 《후한서》에는 "대진은 일명 이건(犂鞬)이라고 하는데, 서해의 서쪽에 있다"고 되어있다.

　　진(晉)나라 사마표(司馬彪)의 《속한서(續漢書)》에는 "대진국은 이름이 이제건[大秦國名犂鞬鞮]이며 서해의 서쪽에 있다"고 되어있는데, '국(國)'자 밑에 '일(一)'자가 빠진 듯하고 '제(鞮)'자도 연자인 것 같다.

　　유송(劉宋) 범엽의 《후한서》 권88 〈서역열전〉에는 "대진국은 일명 이건(犂鞬)이라고 하며 바다 서쪽에 있어서 해서국(海西國)이라고도 한다"고 되어있다.

　　반초와 감영 등이 원래 여헌에 대해 주의를 기울이지 않았지만 여헌과 대진을 하나로 혼동하여 말하지도 않았으므로, 이러한 오해는 순전히 후대 사람이 잘못 전한 것이다.

　　반고의 《한서》 〈서역전〉은 비록 《사기》를 많이 베끼긴 했지만 자신이 새로 얻은 자료도 더하였기에, 안식에 대해 "서쪽은 조지와 접해 있다"(《사기》에는 "그 서쪽은 조지이다"고 되어있음)고 하였으며 "북쪽은 강거와 접해있다"(《사기》에는 "북쪽에 엄채와 여헌이 있다"고 되어있음)고 적었던 것이다.

　　이를 통해 《한서》 〈서역전〉 '안식'조에서 이미 여헌을 삭제하였음을 볼 수 있다. 다만 '오익산리'조에 다시 "서쪽으로 이간·조지와 접해있다"라는 말이 나오는데, 아마도 조지와 이간 모두 마술을 잘하는 사람이 많았기 때문에 이러한 착오가 있었다고 추측된다.

《한서》에서는 조지와 엄채에 대해 아주 상세히 설명하고 있는 반면 이간에 대한 설명은 빠져 있다. 이는 아마도 반고가 이간의 방위(方位)를 정확히 이해하지 못했을 뿐 아니라 조지와의 관계에 대해서도 더욱 막연했기 때문으로 보인다. 그 '강거'조에 보면 다음과 같은 내용이 있다.

"강거의 서북쪽으로 대략 2천리 가면 엄채가 있다. 활을 쏘는 군사가 10여만 명이고 강거와 풍속이 같다. 끝없이 넓은 큰 못에 임하고 있는데, 이것이 북해(北海)인 것 같다."

계속해서 '안식'조에 보면 다음과 같은 내용이 있다.

"무제가 처음 사신을 안식에 보냈을 때, 그 왕은 2만 명의 기병을 동쪽 경계까지 보내서 (사신을) 맞이하도록 했다. 동쪽 경계는 왕의 도읍에서 수천 리 떨어져 있어 그곳까지 가려면 백성들이 서로 연이어 살고 있는 수십 개의 성(城)을 지나야 한다. 사신을 파견하여 한나라 사신을 따라 (중국에) 와서 한나라 땅을 보고 큰 새의 알과 이간의 (훌륭한) 마술사를 한나라에 헌상하였다."

이상의 두 내용을 보면 반고가 조지와 엄채에 대해서는 사마천보다 많이 알고 있었지만, 여헌(이간)에 대해서는 아무런 진전이 없었음을 알 수 있다. 게다가 앞서 인용한 "서쪽으로 이간·조지와 접해있다"는 말이 마치 여헌과 조지가 한 나라인 것처럼 여겨지게 하니, 여헌의 위치가 오랫동안 분명하지 않았던 데에는 이 구절의 영향이 가장 깊었던 것 같다.

제3절 그리스문화의 동방(東方) 전래와 한대의 그리스어 역명(譯名)

1. 동방에서의 그리스문화의 영향

한나라와의 관계가 비교적 많았던 중앙아시아 국가는 대원과 대하 및 조지였는데, 이 삼국은 모두 알렉산더대왕이 세운 나라로 그리스의 식민지라고 해도 지나친 말이 아니다. 또한 이들 국가에서는 그리스화가 매우 농후하게 진행되어 그리스가 망한 후에도 오랫동안 쇠락하지 않았다. 중국과 중국 문헌 속에 그리스 식 이름이 적지 않게 잔존하는 것을 보아도 그리스문화의 높은 수준과 그 영향의 지대함을 상상할 수가 있다.

알렉산더대왕이 어쩔 수 없이 서쪽으로 돌아가고 게다가 한창 나이에 일찍 죽은 것은 그리스의 입장에서 실로 국가적인 재난이었을 뿐 아니라 무력과 함께 동쪽으로 전래되었던 그리스문화에도 당연히 영향을 미쳤다.

그러나 고도의 발전을 이룬 문화는 비록 정치력이 쇠퇴한 이후에도 완전히 소멸되지 않고 반드시 약간의 씨앗을 남겨놓아 후세에 싹을 틔우게 한다.

그리스인은 본래 생명에 대해 아주 낙관적인 민족이었다. 하지만 공즉시색(空卽是色), 색즉시공(色卽是空)이라는 비관적이고 염세적인 사상이 성행하는 인도를 만나, (이러한 사상이) 사사건건 맞지 않다고 느끼지 못했을 뿐 아니라 오히려 만족감을 느끼게 된다. 그리스인은 이에 인도를 '마음속 평화'라는 뜻의 'Vide'라고 불렀다. 다른 유럽인들이 기독교 전래 이후 비로소 심령 상에 의탁할 바가 생긴데 반해 그리스인들은 300년이나 먼저 인도에서 이미 그것을 얻었던 것이다.

이런 까닭으로 그리스문화는 인도에서 영향을 발휘할 수 있었을 뿐 아니라 군대가 철수한 이후에도 보존될 수가 있었다. 그래서 그리스 세력이 도달했던 지역의 인도 왕 화폐에는 모두 그리스 신상(神像)이 새겨진 반면 스키타이 세력이 미쳤던 지역의 인도 왕 화폐는 스키타이의 영향을 받지 않고 여전히 불상이 새겨졌던 것이다. 인도 서북부와 같은 지역에서 고급 이교주의(異敎主義)가 뜻밖에 불교를 대신할 수 있었던 것도 실로 그리스문화를 받아들인 유산의 결과라고 해야 할 것이다.

2. 그리스 지명의 한역(漢譯)

대원(大宛): 대원과 알렉산더대왕과의 관계는 앞에서 이미 언급하였다. 서역 사람들은 그리스를 Yavan이라 불렀는데, 대원은 아마도 대(大) 그리스라는 의미인 것 같다.

여간(驪靬): 옛 현(縣) 이름으로 한나라 때 설치하였다. 지금의 감숙성 영창현(永昌縣) 남쪽 장액(張掖, 즉 甘州)과 무위(武威, 즉 肅州) 사이에 있었다. 《한서》〈지리지〉주석을 보면, "이기(李奇)는 '지건(遲虔)으로 발음한다'고 하였고, 여순(如淳)은 '궁간(弓靬)으로 발음한다'고 하였다. 안사고는 '여(驪)의 음은 역지(力遲)의 반절이고 간(靬)은 건(虔)으로 발음하는데, 요즘 그 지역 사람들이 여간을 빠르게 말할 때 역건(力虔)이라고 한다'고 하였다. 전하는 바에 따르면 한나라 때 항복한 여간 사람을 이곳에 살게 하고 현을 설치하였기 때문에 그것으로 현명(縣名)을 삼았다"고 되어있다.

3. 그리스 식물명의 한역

'목숙(苜蓿)'은 목숙(目宿), 목숙(牧蓿), 목속(木粟)이라고도 표기하며 속칭 금화채(金花菜), 반기두(盤歧頭), 초두(草頭)라고 한다. 자색 꽃과 노란 꽃 및 흰색·노란색·청색·자색 꽃이 동시에 피는 것 등 세 종류가 있다. 코카서스 남쪽, 페르시아 및 카슈미르[8] 등이 원산지이다. 사료로 사용하며 채소로도 쓸 수 있다. 열매에 가시가 있고 세 다섯 송이의 작은 노란 꽃이 핀다. 《사기》〈대원열전〉에는 한나라 사신이 목숙과 포도 종자를 가지고 옴에 천자가 목숙과 포도를 심기 시작했다고 되어 있지만, 장건 혹은 이광리가 가지고 들어온 것인지는 확실치 않다.

킹스밀(T. W. Kingsmill)은 목숙이 그리스어 Mēdikē의 음역이라고 여겼다. 《자일스(Giles)사전》의 내용도 동일하다. 라틴어로는 Medica라고 한다. 이 풀 이름은 스트라보(Strabo)의 《지리학》 중에서 찾아볼 수 있다. 혹자는 이것을 Buso의 음역이라고 하면서 카스피해 부근의 토인들이 이 이름으로 부른다고 주장했다. 이란어로는 Musu라고 하는데, 발음이 더욱 가깝다. 그 원산지는 코카서스산맥의 남부와 이란·아프가니스탄·발루치스탄(Baluchistan)[9] 등이고 기원전 470년 그리스와 로마에 전

---

8) 카슈미르(Kashmir): 광의의 카슈미르는 훈자·라다크·발티스탄·코히스탄을 포함한 지역으로 북은 카라코룸산맥을 사이에 두고 중국 신강, 동은 티베트, 서북은 힌두쿠시산맥을 사이에 두고 아프가니스탄과 접해 있으며, 전역이 험준한 산악지대로 계곡과 호수가 많다. 면적은 약 21만㎢다. 협의의 카슈미르는 해발 1,600m의 주도 스리나가르(Srinagar)를 중심으로 한 좁은 지역으로 면적은 약 23,000㎢다. 유목과 농경을 병행하고 있으며 예로부터 카슈미르 모(毛)가 유명하다.(《실크로드사전》, 773쪽)

9) 발루치스탄(Baluchistan): 이란계 민족인 발루치인들이 사는 지역으로 현재 파키스탄의 발루치 성(省), 이란의 발루치 지구, 아프가니스탄 남부의 발루

해졌다고 한다.

'포도(葡萄)'는 《사기》에 포도(蒲陶)로, 《한서》에는 포도(蒲桃)로 표기되어있다. 이시진의 《본초강목》 권33에서는 발음만 보면 대강 뜻을 짐작할 수 있다면서, "사람이 함께 모여 그것을 마시면 흥겹게 취하여서 이 이름이 생겼다"고 하였으나 믿기 어렵다. 톰스첵(Tomschek)과 킹스밀 그리고 히르트는 모두 이것이 그리스어 Botrus의 음역이라고 주장했다. 라우퍼(Laufer)는 더욱 깊이 그 근원을 파고들어, 포도가 그 원산지인 이란 북부와 중앙아시아로부터 서쪽으로 그리스·로마·갈리아(Gallia)10) 일대에 전해졌고 동쪽으로 대원 및 중국에 전해졌으므로 그 어원은 당연히 이란어 Budawa라고 주장했다. 매우 일리 있는 설이지만 중국어 역명은 그리스어에서 직접 취한 것 같다. 이는 아마 당시 그리스어가 그리스 사람들의 발자취를 따라 이미 중앙아시아에 널리 전해졌기 때문일 것이다.

'호수(胡荽)'는 그리스어로 Kusbavas라고 하는데, 페르시아어·아랍어·터키어·아람어(Aramaic)11) 그리고 산스크리트어가 모두 같다.

....

치 지구에 걸쳐있다.

10) 갈리아(Gallia): 골(Gaul)로도 부름. 로마제국 멸망 이전까지 현재의 프랑스와 벨기에, 스위스 서부 그리고 라인 강 서쪽의 독일을 포함하는 지방을 가리키는 말로 율리우스 카이사르가 본국 이탈리아에 포함시키기 전까지의 갈리아 키살피나 (알프스 이남 북부 이탈리아)도 포함되었다. 이 지방은 기원전 58년부터 51년까지 8년간 카이사르에 의해 평정되었으며 1세기에 이르러 갈리아 나르보넨시스·아퀴타니아·갈리아 루그두넨시스·벨기카·고지 게르마니아의 다섯 로마 속주로 분리되었다.

11) 아람어(Aramaic language): 고대 서아시아의 국제 공용어. 북부 셈어의 일종으로 형태변화가 간단하고 문자도 쓰기 편하여 널리 보급되었다. 이집트의 파필루스나 양피지, 구약성서, 인도 아소카왕 비문 등에도 아람어가 보이며, 예수의 언어도 아람어여서 시리아 교회에서는 2-14세기까지 오랫동안 이 언

제12장
한과 대진(大秦)의 관계

제1절 대진에 대한 고증

《삼국지》 권30 주석에서 인용한 《위략》에는 대진 사람에 대해 "그 습속은 사람이 장대(長大)하고 평정(平正)하며 중국사람 같으나 호복을 입고 있다. 그들 스스로 본래 중국의 다른 한 부류라고 말한다"고 되어있다.

《후한서》 권88 〈서역열전〉에서는 "그 사람들은 모두 (신체가) 장대하고 (마음은) 평정하여 중국(사람)과 닮은 바가 있으므로 그런 연유로 대진이라 불렀다"고 하였다.

《후한서》가 《위략》을 베낀 것은 분명하지만, 《위략》에는 그들이 중국인과 유사해서 '대진'이라 부른다는 말은 전혀 없다. 그런데 《후한서》에 이르면 '대진'과 그 사람들의 모습이 중국인과 비슷하다고 작자가 이미 그 관계를 확정해 버렸다. 즉 "중국과 닮은 바가 있다"를 원인으로 "대진이라 불렀다"를 결과로 하여, 중간에 '그런 연유'라는 글자를 넣어 그 인과관계를 연결시키고 있다.

2백여 년 이래 중국과 서양학자들은 대부분 대진이 로마라고 생각해왔지만, 로마와 중국은 서로 아주 멀리 떨어져 있었기 때문에 로마인이 강거·월지·조지·안식 등의 나라 사람보다 더 중국인을 닮았을 리가 결코 없다. 정말로 로마인이 중국인과 닮아서 '대진'이라 불렸다면, 강거 등 나라의 사람은 일찌감치 '대진' 또는 '소진(小秦)'으로 불렸어야 마땅하다. 더군다나 일본인이 로마인에 비해 중국인을 결코 덜 닮은 것이 아닌데, 중국인은 여전히 '위(委)'·'왜(倭)'·'왜노(倭奴)'·'야마대(邪馬臺)' 등 일본인 스스로 부르는 명칭으로 그들을 불렀던 반면, 후대의 일본인들은 중국에서 건너 간 중국인을 '진인(秦人)'이라 불렀다.

설령 중국인과 유사한 사람들을 '진(秦)'이라 불렀다고 할지라도 어째서 그 앞에 다시 '대(大)'자를 붙였단 말인가? 나는 '대'자 역시 음역일 것이라고 의심한다. 한대 외국지명에 '대'자를 붙인 것이 매우 많다. 비록 '대하'의 '하(夏)'도 '대진'의 '진(秦)'과 마찬가지로 중국을 가리키는 말이라고 주장하는 사람도 있지만, 이 주장에는 근거가 없다. 진(晉)나라 장화(張華)가 편찬한 《박물지(博物志)》의 '이인(異人)'조를 보면 "대진국(大秦國) 사람은 키가 10장(丈)이고, 중진국(中秦國) 사람은 키가 1장이다"고 되어있는데, 이는 한눈에 말도 안 되는 이야기임을 알 수 있어 '대진'의 '대'자가 '중'과 '소'의 대칭임을 증명하기에 부족하다. 반면 '대하'가 토하라의 이역(異譯)이라는 설은 이미 많은 학자들이 받아들이고 있다. 후지타 토요하치(藤田豐八)도 《동서교섭사의 연구》 서역편(西域篇)의 〈여헌과 대진(黎軒と大秦)〉이란 글에서 '대진' 두 글자 모두 음역이라고 주장했다.

후지타 토요하치는 (대진이) 곧 고대 페르시아어 dasina의 음역이며, 그 뜻은 '오른쪽[右]'이고 오른쪽은 서쪽을 말한다고 하였다. 중세 페르시아어에서는 a를 뺀 dasin이 된다. 그런 까닭에 《위략》에서 "안식·조지의 서쪽과 큰 바다의 서쪽에 있다" "그 나라는 바다의 서쪽에 있으므로 속칭 해서(海西)라고 한다"고 하여 무려 네 번이나 '서쪽'을 언급하였고, 《후한서》에는 "바다 서쪽에 있어서 해서국이라고도 한다"고 되어있다. 따라서 후대 사람들이 로마제국을 대진이라고 부른 것은 명말 사람들이 유럽을 '원서(遠西)', '극서(極西)', '대서(大西)' 등으로 부른 것과 같으며, 요즘 사람들이 유럽을 '태서(泰西)' 또는 '서양(西洋)'이라고 부르는 것과도 같은 이치이다. 후지타 토요하치는 또 메소포타미아의 티그리스강과 유프라데스강 사이에 있던 옥토를 그 당시에는 Daksina라고 불렀는데, 중국이 이 명칭을 들은 이후 로마제국 동쪽 경내의 모든 지역을 이 명칭으로 불렀다고 주장했다. 한편 이 명칭을 고대 인도어에서도 daksina라고 쓴 것을 보면, 고대 페르시아어가 실로 고대 인도어와 기원이 같은 인도유럽어 중의 페르시아계임을 알 수 있다.

'대진'이란 원래 '서방'을 가리키는 명칭이기에 그 지역이 정해져 있지 않아서 거리의 멀고 가까움을 분별하기가 어려웠다. 멀리는 유럽과 로마제국을, 가깝게는 인도와 인도 부근의 여러 나라를 모두 '대진'이라고 불렀다. 예컨대 후한 안제 영녕 원년(120) 탄국의 사자가 환인을 데리고 내조(來朝)하였을 때 "(환인들은) 스스로 해서인이라고 하였는데, 해서는 대진으로 탄국은 서남쪽으로 대진과 통한다"고 한 내용이 《후한서》권86 〈남만·서남이열전〉에 보인다. 이 환인들이 물론 지중해 일대에서 왔을 가능성도 있지만, 《후한서》에서는 대진이 바로 탄국의 서남쪽에 있다고 분명히 밝히고 있다. 또한 《위서》권102 〈서역전〉의 '열반국(悅般國)'조에서 그 나라에도 마술사가 있다고 분명히 말하면서, "(태평)진군 9년(448) 사신을 파견하여 내조 헌상하면서 환인도 함께 보냈다"고 하였다. 열반국은 미얀마 서쪽과 인도 동남쪽에 위치하였으니, 탄국에서 데려온 환인이 열반국 출신일 가능성이 더욱 클 수도 있다. 만약 그렇다면 '대진'은 인도 또는 인도 부근에 있었던 것이 된다. 풍승균은 《중국남양교통사(中國南洋交通史)》(상무인서관, 1937 - 역자) 제1장에서 남 천축(南天竺) 일명 Daksina-Patha가 바로 《법현전》에 나오는 달츤(達襯) 이므로, 탄국이 헌상한 대진의 환인이 어쩌면 남천축의 환인일 수도 있 다는 의심이 든다고 하였다. 그 나라 사람 역시 옛날부터 환술로 이름을 날렸으니, 《법원주림》 권76에 보면 당 정관 12년(646) 서쪽 나래(西國)에 서 오바라문(五婆羅門)이 경사(京師)에 왔는데, 음악·주술(咒術)·잡희 (雜戲)·절설(截舌)[1]·추복(抽腹)·주승(走繩: 밧줄타기 - 역자)·속단(續斷: 몸을 잘랐다가 잇는 것 - 역자) 등을 잘했다고 적혀있다.

그러나 중국 역사문헌에 나오는 모든 외국 지명은 종종 동일한 명칭 임에도 전후(前後)로 가리키는 대상이 다른 경우가 있기 때문에, 후지타 토요하치 등이 '대진'이란 명칭을 일괄적으로 인도인으로 간주한 것에 대해 나는 동의할 수가 없다. 즉 《후한서》 권88 〈서역열전〉에 "환제 연 희 9년(166) 대진 왕 안돈(安敦)이 사신을 파견하여 일남(日南) 변경 밖 에서 상아·서각(犀角)·대모 등을 바치니 처음으로 서로 통하게 되었다" 고 기록된 것이 그 한 예이다. 여기에 나오는 안돈 왕은 서기 161년[2]에 서 180년까지 재위했던 로마 왕 마르쿠스 아우렐리우스 안토니우스 (Marcus Aurelius Antonius)이고 안돈은 안토니우스의 음역이며 지금은 안다니(安多尼)로 쓴다는 것을 최근 사람이 이미 고증하였다. 안토니우 스의 장군 아비디우스 카시우스(Avidius Cassius)가 162년에서 165년 사

....

1) 절설(截舌): 혀를 절단하여 관중에게 보여주고 피가 나는 상황을 연출한 다 음 잠시 후 혀를 원래 상태로 회복시키는 묘기.
2) 원서에는 121년으로 되어있으나, 이는 안토니우스 왕의 출생년도이므로 즉 위년으로 바로잡았다.

이에 안식을 정벌하여 소아시아 일대를 평정시켰기 때문에 당시 안식 일대에는 로마인이 분명 적지 않게 있었을 것이며, 당시 중국에 온 사절단도 어쩌면 상인들이 거짓으로 의탁한 것이지 로마 왕이 파견한 것이 아닐 수 있다. 그러나 그 사람들이 로마인 즉 유럽인이었다는 사실은 《후한서》의 내용을 읽어 보면 의심의 여지가 없다.

그 외 '대진'에 관한 각종 해석을 첨부하면 다음과 같다.

서양인 가운데 가장 먼저 이 명칭을 소개한 사람은 키르허(Kircher)로 1636년(명 숭정 9년)에 출판한 《콥트어와 이집트어 중 어느 것이 먼저인가?》(*Podromus Coptus sive Aegyptiacus*)에서 〈경교비〉 비문 중에 있는 '대진'을 번역하였다.

'대진'이 바로 로마제국이라는 설을 주장한 사람으로는 비스델루(Visdelou)·조제프 드 기네(Joseph de Guignes)·클라프로트(Klaproth)·브레트슈나이더(Bretschneider)·리히트호펜(Richthofen) 등이 있다.

히르트(Hirth)도 처음엔 로마설을 주장했지만 나중에 시리아설로 바꾸었으며, 또 이를 위해 《중국과 동로마》라는 책을 저술하였다.

임락지(林樂知, Young John Allen)로 짐작되는 아륜(亞倫, Allen)은 히르트의 주장을 통렬히 반박하고 대신 아르메니아(Armenia)설을 주장하였다.

코르디에(Cordier)는 알렉산더대왕의 장군 셀레우코스가 시리아에 남긴 후예라고 말했다.

에드킨스(Edkins)는 광서 11년(1885) 《중국보(中國報)》(*Chinese Recorder*)에 발표한 〈로마와 비잔티움 이야기〉("Aplea for Rome and Byzantium")에서 대진 혹은 불름(拂菻)은 실제 로마제국과 동로마제국을 지칭하는 것이지 시리아만을 가리키는 것은 아니니, 왜냐하면 시리아가 어떤 대해(大海)의 서쪽에도 있지 않기 때문이라고 했다.

시라토리 구라키치(白鳥庫吉)는 《새외사지논문역총》 제1집에 번역·게재된 〈대진국과 불름국 고찰(大秦國及拂菻國考)〉[3]에서 이집트설을 주장하면서 여헌이 이집트의 알렉산드리아이기 때문에 대진의 옛 명칭이 여헌이었다고 했다. 또 《위략》 중에 나오는 "강이 그 나라에서 나온다(有河出其國)"를 해석하여 '그 나라'가 바로 '이집트'라고 하였다. 글은 매우 길지만 중론(衆論)을 설득하기에는 부족하다.

이상의 설명을 종합하면 '대진'에는 광의와 협의의 의미가 있음을 알 수 있다. 협의의 '대진'은 멀기도 하고 가깝기도 하여 지칭하는 것이 일정치 않으므로 마땅히 각 문헌에 따라 고증을 해야 하지만, 광의의 '대진'은 바로 '서방' 즉 '해서'를 통칭하는 말로서 오늘날의 '서양'과 같은 것으로 지칭하는 바가 매우 광범위하다. 《회편》 제1책 〈고대중국과 유럽의 교통(古代中國與歐洲之交通)〉에서 저자(풍승균을 가리킴 - 역자)는 "《후한서》에서 나오는 대진은 로마제국 전체를 말하는 것 같으며 그 수도는 이탈리아의 로마에 있었다. 《위서》에서 말하는 대진은 시리아만을 가리키는 것 같으며 그 수도는 안티오키아(Antiochia)이다"고 개인의견을 표명하였는데, 매우 합당하다고 생각된다.

시라토리 구라키치는 〈대진전 중에 보이는 중국사상〉에서 다음과 같이 주장하였다. 한대의 중국인은 세상에 중국보다 우수한 다른 나라가 존재한다고 결코 생각하지 않았다. 나중에 서쪽 끝에 중국과 맞먹는 한 나라가 있다는 것을 듣게 되자, 그 나라를 중국에서 흘러간 후예라고 생각하여 '대진'이라 불렀다. 동시에 극동(極東)에 선경(仙境)이 있고 극서(極西)에도 서왕모가 있다고 깊게 믿었기 때문에, 〈대진전〉에서 그

....

3) 원제는 〈大秦國及び拂菻國に就考きて〉로 《史學雜誌》 15-4·5·8·11(1904)에 수록되어있다.

나라가 서왕모와 가깝다고 하였다. 더 나아가 그 나라 사람도 분명 장대할 뿐 아니라 보통사람보다 장대하다고 추측하여서 그들을 '대진'이라 불렀다. 그래서 그 후 대진의 문물제도를 기술하면서도 중국의 문물제도와 최대한 부합시키려고 했다는 것이다. 시라토리 구라키치의 글에 보이는 상세한 논의 역시 나름 식견이 없지는 않다.

제2절 서기 1, 2세기 로마와 인도 간의 교통

《후한서》에 나오는 '대진'은 비록 로마제국을 가리키는 것이지만, 중국과 로마 간의 직접적인 교통은 실로 언급할 만한 것이 없었다. 로마와 파르티아 간의 전쟁은 동서교통에 있어서 큰 장애가 되었다. 다만 로마가 강성해진 후 로마인이 중국의 비단, 인도의 보석과 향료를 모두 좋아하게 됨으로써, 해상교통이 로마제국 초기부터 나날이 번성하여 아우구스투스(Augustus)에서 네로(Nero) 황제에 이르는 기간 동안 최고조에 달했다. 서기 47년 항해가 히팔루스(Hippalus)가 인도양에 매우 규칙적인 정기(定期) 계절풍(Monsoon)이 분다는 것을 발견한 후부터 항해의 편리함이 더욱 커졌다.[4] 이 발견은 플리니우스의 책에 수록되어있는데,

....

4) 원서에는 '西南風(Monsoon)'으로 되어있으나 몬순의 정확한 의미대로 계절풍으로 번역하였다. 그리고 사실 이 계절풍은 히팔루스가 처음 발견한 것이 아니라 아랍 상인들로부터 이에 관한 비밀을 알아낸 후, 이것을 이용해 아라비아해 북단에서 마트라(Marrah) 해안을 지나 인더스강 하구까지 직항하는데 성공한 것이었다. 이 해로는 이 구간의 최초 심해로(深海路, 혹은 직항로)로 종전의 연해로(沿海路, 혹은 우회로)보다 항해 시간이 크게 단축되었다. 훗날 서양인들은 첫 이용자의 이름을 따서 이 계절풍을 '히팔루스 계절풍'이

플리니우스는 당시 이집트에서 인도에 이르는 항해 상황을 서술하면서 이미 이 계절풍을 이용할 줄 알았다고 하였다.

당시 인도에서 수출하는 화물로는 첫째 약재(藥材)와 향료가 있었는데, 그 중 말라바르(Malabar)에서 생산하는 후추가 특히 중요하였다. 둘째로는 진주와 보석이 있었는데, 진주는 실론에서 생산되었고 보석 중에는 특히 남인도의 코임바토르(Coimbatore)[5]와 살렘(Salem)[6]에서 생산되는 벽유리가 가장 주목을 받았다. 셋째는 비단과 면포(棉布) 및 모슬린(muslin)이었다. 비단은 중국에서 해로를 통해 인도로 수출한 물품이고, 면포와 모슬린은 인도 동해안 지역에서 생산된 물품이었다.

서방 각국과 인도 동해안의 통상에 대해 기록한 서방문헌 중 서기 1세기 후반 작품인 《에리트레아해 항해지》에 보면, '이른바 Thin의 땅'라는 말이 있는데 중국을 지칭하는 것이 분명하며, 또 그 도성(都城)을 Thinae라고 불렀는데 아마도 장안(長安)을 가리키는 것 같다.

또 1세기에 나온 프톨레마이오스의 《지리학》에서는 동방에 대한 지식이 이미 인도차이나반도까지 미치고 있다. 이 책에 나오는 가저가랍(加底加拉: 원어의 음역으로 보이는데, 한어병음으로 표기하면 Jiadi-jiala임 - 역자)을 리히트호펜은 통킹(Tonking)만 상의 하노이(Hanoi) 혹은 그 부근이

....

라고 명명하였다. 이 계절풍을 이용하면서 로마 상인들은 적대관계에 있는 파르티아의 영내를 통과하지 않고 해로로 홍해를 지나 인도양을 횡단해 인도로 직항할 수 있었다. 일반적으로 7월에 이집트에서 출항해 서남계절풍이 가장 강하게 부는 8월에 인도양을 횡단, 약 40일 만에 남인도의 무지리스(Mouziris)항에 도착하였고, 거기서 약 3개월간 정박했다가 12월이나 이듬해 1월에 다시 북동계절풍을 타고 회항하곤 하였다.(《해양 실크로드사전》, 15, 403쪽)
 5) 코임바토르(Coimbatore): 인도 남부 타밀나두 주 중서부에 있는 공업 도시.
 6) 살렘(Salem): 인도 남부 타밀나두 주의 중부에 있는 도시.

라고 고증하였고, 히르트도 이 설에 찬성하였다. 반면 후지타 토요하치는 참파(占城)의 노용포구(盧容浦口)라고 주장했다. 그 첫째 이유는 산스크리트어 Kuti-grha와 참파어 Kati-gaha는 바로 석사(石舍) 혹은 석주(石柱)를 가리키는데 참파인은 항구에 항상 석주를 설치하여 표기하였기 때문에 노용포구에도 반드시 이 물건이 있었을 것이며, 둘째 이유는 노용포구가 당시의 대외 항구로 오늘날의 다이 쯔엉 사(Đại Trường Sa, 大長沙) 항에 해당하기 때문이라는 것이다. 《수경주》 권36 '온수(溫水)' 조에서 강태(康泰)의 《부남기(扶南記)》를 인용하여, "임읍(林邑)[7]에서 일남 노용포구에 이르다. ……"라고 하였는데, 바로 일남군(日南郡) 노용현(盧容縣)의 포구에 이른다는 의미이다.

동남 해상교통의 주요 중추는 실론(Ceylon)이었는데, 플리니우스의 책에서는 Taprobane라고 불렀고, 《에리트레아해 항해지》에서는 Palaesimundu라고 하였고, 프톨레마이오스는 Salike라고 명명하였다. 6세기의 코스마스 인디코플레우스테스(Cosmas Indicopleustes)는 인도를 Selediba라고 불렀는데, 후지타 토요하치는 그것이 Sihaladipa의 오류로 중국에서 말하는 사자국(獅子國)이라고 주장했다.

....

7) 임읍(林邑): 럼업(Linyi, 훗날의 Champa). 참(Cham)족이 세웠다고 전해지는 나라로 언제 세워졌는지 알 수 없다. 그 주민은 말레이-폴리네시아어계로 항해술이 뛰어났으며 베트남인과는 대조적으로 인도문화를 수용하여 인도식 국가를 건설하고 인도의 종교를 신봉했다고 한다. 중국 기록에서 말하는 임읍의 초기 범주는 현재 중부 베트남 대략 북위 18도선에서 16도선에 이르는 지역과 일치한다. 중국에서는758년 이후 임읍이라는 이름을 사용하지 않았고, 875년부터 점성(占城)이란 이름을 사용하였다. 점성은 참파의 도시로 이해되는 Champapura의 음역으로 추정된다(《남제서·양서·남사 외국전 역주》, 139-140쪽). 후한 말 이후 일남군은 임읍의 소유가 된다.

제3절 대진에 대한 《후한서》 등의 기록

《후한서》 권86 〈남만·서남이열전〉에는 "영녕 원년(120) 탄국 왕 옹 유조가 다시 사신을 보내 대궐에 이르러 하례를 올렸다. 악인과 환인을 헌상하였는데, 능히 변신하기도 하고 불을 뿜기도 하며 스스로 몸을 가 르기도 하고 소와 말의 머리를 바꾸기도 하였다. 공을 가지고 놀기도 잘하여 천 번을 던지는 동안 떨어뜨리지 않았다. 그들은 스스로 해서인 이라고 하였으니, 해서는 대진으로 탄국은 서남쪽으로 대진과 통한다" 고 되어있다. 이 내용은 이미 위에서 인용하였는데, 이에 따르면 대진은 해서라고도 부르며 환인이 온 곳이고 탄국에서 서남쪽으로 가면 그 나 라에 도달할 수 있음을 알 수 있다.

《후한서》 권88 〈서역열전〉에는 다음과 같이 기록하고 있다.

"화제 영원 9년(97) 도호 반초가 감영을 대진에 사신으로 보냈는데, 감영 이 조지에 이르러 큰 바다를 만나 건너려고 하자 안식 서쪽 경계에 사는 뱃사람이 감영에게 말하기를 '바다가 넓고 커서 왕래하는 사람들이 좋은 바람을 만나면 3개월 만에 건널 수 있지만, 만약 느린 바람을 만나면 2년이 걸리는 경우도 있다. 그러므로 바다로 들어가는 사람들은 모두 3년 치 식량을 가지고 간다. 바다 한가운데에서 사람들이 뭍을 생각하며 그리워하기 때문에 (그것 때문에) 죽는 사람도 상당하다'고 하였다. 감영 이 이를 듣고 (바다 건너기를) 그만두었다. …… 안식에서 서쪽으로 3,400리를 가면 아만국(阿蠻國)[8]에 이르고, 아만에서 서쪽으로 3,600리

....

8) 아만(阿蠻, â-mwan)국: 히르트에 의하면 현재의 Hamadan(Akbatana, Ekbatana)에 해당한다.(《후한서 외국전 역주》, 250쪽)

를 가면 사빈국(斯賓國)9)에 도달하며, 사빈에서 남쪽으로 가서 강을 건
너고 다시 서남쪽으로 우라국(于羅國)10)에 이른 다음 960리를 가면 (그
곳이) 안식의 서쪽 경계의 끝이다. 여기서 남쪽으로 바다를 건너면 곧
대진과 통하게 된다. 그 땅에는 해서(海西)의 진기하고 기이한 물건들이
많다."

이 글은 반초가 감영을 별도로 대진에 사신으로 파견하였으나 안식
선원의 허풍으로 인해 저지당하였음을 말해주고 있다. 또 반드시 안식
의 서쪽 경계에 도달한 다음 다시 남쪽으로 바다를 건너야만 비로소
대진에 도달할 수 있었음을 알 수 있다. 마지막에는 대진의 산물에 대해
서술하고 있다.

같은 책 같은 권에는 대진국 관한 더 많은 기록이 남아있어서《진서
(晉書)》권97(〈四夷傳〉중의 '대진국'조 - 역자)과《위서》권102(〈서역전〉중의
'대진국'조 - 역자)의 근거가 되었는데, 여기서 인용하면 다음과 같다.

"대진국은 일명 이건(犁鞬)이라 하며 바다 서쪽에 있다고 해서 해서국이
라 부르기도 한다. 그 땅은 사방 수 천리이며 400여개의 성(城)이 있고
수십 개의 소국(小國)이 복속하고 있다. 돌로 성곽을 쌓고 우정(郵亭)11)
을 줄지어 설치했는데 모두 석회로 그것을 칠해 놓았다. 소나무·측백나
무[松柏]12) 등 여러 나무와 갖가지 풀들이 있다. 사람들은 열심히 밭농사

....

9) 사빈(斯賓, sie-pien)국: 히르트에 의하면 Ctesiphon에 해당한다.(《후한서 외
   국전 역주》, 250쪽)
10) 우라국(于羅, jiu-lâ)국: 히르트는 이것을 Hira의 음사로 보고 조지의 수도로
    보았으나, 샤반느는 이에 대해 회의적인 입장을 표명했다. 여태산(余太山)은
    Hatra의 음역으로 보았다.(《후한서 외국전 역주》, 250쪽)
11) 우정(郵亭): 공문이나 서한의 전달을 맡은 사람이 목적지로 가는 도중 잠시
    쉬어갈 수 있도록 노변에 마련해 놓은 간이 건물.

를 지었고 대부분 뽕나무를 심어 양잠을 하였다. 모두 머리를 깎고 무늬를 수놓은 옷을 입었다. 가벼운 수레나 흰 덮개가 달린 조그만 수레를 타는데 드나들 때에는 북을 치며 각종 깃발을 내건다. 거주하고 있는 성읍은 둘레가 100여 리이고 성안에는 다섯 개의 궁이 서로 10리 씩 떨어져 있다. 궁실은 모두 수정으로 기둥을 세웠고 식기(食器) 역시 마찬가지이다. 그 나라의 왕은 하루에 한 궁에 들러 정사를 들으니 5일이면 한 바퀴를 도는 셈이다. 항상 한 사람이 주머니를 들고서 왕의 마차를 따라다니게 하였는데, 백성들 중 어떤 일에 대해 할 말이 있는 사람은 글로 써서 주머니에 집어넣도록 하였다. 왕이 궁으로 돌아가 열어서 살핀 후 그 시비곡직(是非曲直)을 가렸다. 분야마다 각각 문서를 관리하는 관아가 있다. ……"

《삼국지》권30 주석에서 인용한《위략》의 문장은 매우 길고 그 생산품에 대해 가장 상세하게 기록하고 있는데, 다음 절에서 설명하기로 한다.

《후한서》는 5세기에 완성되었고, 그 다음으로 대진에 대해 기록하고 있는 것은 6세기 후반에 만들어진 《위서》권102이며, 또 그 다음은 7세기 전반에 만들어진 《진서》권97이다. 여기서 《위서》의 내용을 인용하면 다음과 같다.

"대진국은 일명 여헌(黎軒)이라고도 하며 도읍은 안도성(安都城)13)이다. 조지에서 서쪽으로 해곡(海曲)14)을 건너 1만 리 떨어져 있고 대(

....

12) 소나무·측백나무[松柏]:《후한서 외국전 역주》, 251쪽에는 소나무와 동백나무로 번역하고 있는데, 측백나무를 뜻하는 백(柏)을 동백나무로 번역한 것은 오역으로 보인다.
13) 《위서 외국전 역주》에서는 Antioch의 음역으로 추정하고 있다.
14) 해곡(海曲): 에노키 가즈오(榎一雄)는 대진의 동부에 위치한 지중해 동부와 북부 해안 지역을 가리키는 고유명사로 본 반면, 시라토리 구라키치 같은

代)[15]와는 39,400리 떨어져 있다. 그 바다는 옆으로 뻗어 나온 것이 마치 발해(渤海)와 닮았으니, 동서에서 발해를 (가운데 두고) 서로 마주보는 것이 자연스러운 이치이다. 그 땅은 사방 6천리에 달하고 (사람들은) 두 바다의 사이에 거주하고 있다. 그 땅은 평평하고 반듯하며 사람들은 별처럼 (무수히) 분포해 있다. 그 왕의 도성은 5개의 성으로 나뉘어져 있는데, 각기 사방 5리이고 둘레가 60리이다. 왕은 중앙의 성에 거주하며 성에 8명의 신하를 두어 사방을 주재하도록 하였고, 왕성에도 8명의 신하를 두어 나머지 4개의 성을 나누어 관할토록 하였다. 만약 국사를 논의하거나 사방에서 결정하지 못한 것이 있으면 4개 성의 신하들이 왕의 거처에 모여 논의하고 왕은 그것을 직접 듣고 난 후에 시행한다. 왕은 3년에 한번 씩 나가서 풍속과 교화를 살피는데, 만약 억울한 일로 인하여 왕을 찾아와 송사를 호소하는 사람이 있을 경우, 그 해당 지방의 신하에 대해서는 (잘못이) 작으면 견책하고 크면 퇴출시킨다. 그 지역 사람들로 하여금 현명한 사람을 추천하게 하여 그를 대신하도록 한다. 그 나라 사람들은 단정하고 장대하며 의복과 수레와 깃발 등이 중국과 비슷한 까닭에 다른 지역에서 그들을 대진이라고 부른다. 그 토양은 오곡과 뽕나무와 마를 키우기에 적합하고 사람들은 양잠과 경작에 힘을 쏟는다. 구림(璆琳: 벽유리 - 역자)·낭간(琅玕: balas ruby 또는 일종의 산호 - 역자)·신구(神龜)[16]·백마(白馬)·주엽(朱鬣: 붉은 갈기가 난 말? - 역자)·명주(明珠: 진주 - 역자)·야광벽(夜光璧: 밤 또는 어두운 곳에서 빛을 내는 옥돌 - 역자) 등이 많다. 동남쪽으로는 교지와 통하고 또한 물길[水道]로는 익주(益州: 현 운남성 晉寧의 동쪽 - 역자)·영창군(永昌郡: 현 운남성 保山의 동북 -

....

학자는 '바다의 만곡부분'이라는 일반적인 표현으로 이해했다.(《위서 외국전 역주》, 145쪽)

15) 대(代): 북위의 도읍지 대도(代都) 즉 평성(平城: 현 산서성 大同시 동북)을 가리킨다.

16) 신구(神龜): 거북 혹은 龜甲을 지칭하는데, '신(神)'은 구갑이 점복에 사용되었기 때문에 붙여진 것이다.

역자)과 통하며 기이한 물건들이 많이 난다. 대진 서해바다의 서쪽에 강이 있는데 그 강은 서남쪽으로 흐른다. 강의 서쪽에는 남산(南山)과 북산(北山)이 있고 산의 서쪽에는 적수(赤水)가 있으며 그 서쪽에 백옥산(白玉山)이 있고 옥산의 서쪽에 서왕모산(西王母山)이 있는데 옥으로 건물을 지었다고 한다. 안식의 서쪽 경계에서 해곡을 따라가도 대진에 이르는데, 돌아오는 길이 만여 리이다.[17] 그 나라에서 해와 달과 별을 관찰하는 것은 중국과 다르지 않다. 그러므로 이전의 역사서에서 '조지에서 서쪽으로 100리를 가면 일몰처(日沒處)이다'고 한 것은 사실과 거리가 먼 이야기이다."

《진서》의 기록은 다음과 같다.

"대진국은 일명 이건(犁鞬)이라고도 하며 서해 서쪽에 있다. 그 땅은 동서남북으로 각각 수천 리이다. 성읍을 이루고 사는데 성의 둘레는 백여 리나 된다. 집과 지붕에는 모두 산호로 동자기둥[梲]과 두공[栌]을 만들고 유리로 담벽을 만들었으며 수정으로 주춧돌로 삼는다. 그 왕에게는 5채의 궁전이 있으며 각 궁전은 서로 10리 씩 떨어져 있다. 매일 아침 한 궁전에서 정사를 주관하고 (5개의 궁전을) 다 돌면 다시 시작한다. 나라에 재난과 이상한 일이 발생하면 곧바로 현명한 사람을 세우고 옛날 왕은 쫓아내지만, 추방당한 자 역시 원망하지 않는다. 관부에서 기록하는 문서에는 호(胡)의 문자를 사용한다. 흰 덮개가 있는 작은 수레, 깃발류와 우역(郵驛)제도의 설치 등은 모두 중국[中州]과 같다. 그 나라 사람들은 키가 장대하며 생김새는 중국인과 비슷하지만 호복(胡服)을 입는다. 그 땅에서는 금옥(金玉)과 같은 보물과 명주(明珠)·대패(大貝) 등이 많이 생산되며 야광벽·해계서(駭雞犀)[18]·화완포(火浣布)[19] 등이 있다.

....

17) 원서에는 '사만여리(四萬餘里)'로 되어있으나, 《위서》 원문에는 '사(四)'자가 '회(回)'자로 되어있어 이에 따라 번역하였다.

18) 해계서(駭雞犀): 한나라 학자 왕일(王逸)이 "계해(鷄駭)는 얼룩 뿔소(文犀)를

또 금실로 자수를 수놓거나 실로 비단과 융단을 짜는 일에 능하다. 금과 은으로 화폐를 만드니 은전 10개가 금전 1개에 해당한다. 안식과 천축 사람들이 이들과 바다 한가운데에서 교역을 하는데, 그 이윤이 100배에 이른다. 이웃 나라에서 사신으로 온 사람들도 번번이 금전을 모으고자 하나 큰 바다를 건너야 하고 바닷물이 짜서 힘들어도 마실 수가 없다. 왕래하는 상인들은 모두 3년 치 식량을 싣고 가지만 이런 이유로 이 나라에 도착하는 자는 매우 드물다. (후)한 때 도호 반초가 연(掾) 감영을 이 나라에 파견하였다. (감영이) 바다로 들어가려하자 뱃사람이 말하기를 '바다 가운데 (고향을) 그리워하게 하는 것이 있어 가는 사람들 중 슬픔에 잠기지 않는 자가 없습니다. 만약 한나라 사신이 부모와 처자식을 그리워하지 않을 수 있다면 들어가도 좋습니다'고 하니, 감영이 감히 바다를 건널 수 없었다. 무제 태강연간(280-289)에 대진국의 왕이 사신을 보내 공물을 헌상했다."

《양서(梁書)》〈제이전(諸夷傳)〉'중천축국(中天竺國)조'에는 다음과 같이 기록되어있다.

....

말한다. …… 해계(駭鷄)라고도 한다"고 설명한 것을 보면 뿔소의 일종이었던 것 같다. 일설에는 그 뿔이 먼지 제거 기능을 가지고 있어 '거진서(去塵犀)'라고도 했다고 한다. 《포박자(抱朴子)》에 따르면 "통천서(通天犀)에는 모자의 널 같이 흰 결이 하나 있는데 거기에 쌀을 담아 닭들 사이에 놓아두면 닭이 가서 쌀을 쪼아 먹으려다가도 가기만 하면 놀라 어쩔 줄 모르기 때문에 남쪽 사람들은 이를 두고 '해계(駭鷄)'라 부른다"고 하였으니, 해계서가 통천서의 다른 이름임을 알 수 있다.

19) 화완포(火浣布): 《포박자》에 따르면 화서(火鼠) 또는 화완수(火浣獸)의 털 내지 화림산(火林山)의 나무껍질과 꽃으로 짠 천으로 불을 두려워하지 않아 더러워졌을 때 불 속에 던져 태우면 깨끗해진다고 한다. 또 다른 설에 따르면 화계(火雞)의 털로 짜서 만든 것이라고도 하며 석면으로 짜서 만든 천이라고도 한다.(《삼국지·진서 외국전 역주》, 191쪽)

"그 서쪽은 바다에서 대진 및 안식 등과 교역하여 대진의 진기한 물건이 많은데, ······ (후)한 환제 연희 9년(166) 대진 왕 안돈(安敦)이 사자를 보내 일남군 변경 밖[徼外]에서부터 와서 공헌하니, 한대를 통틀어 유일 하게 한 번 교통한 것이다. 그 나라 사람들은 장사를 하기 위해 종종 부남(扶南)20)·일남·교지에 이르지만, 그 남쪽 변경에 있는 여러 나라 사람 가운데 대진에까지 가본 자는 드물다. 손권(孫權) 황무 5년(226)에 자(字)가 진론(秦論)인 대진 상인이 교지에 이르렀는데, 교지 태수 오막 (吳邈)이 (그를) 호송하여 손권을 알현하도록 했다. 손권이 그 나라21)의 풍습과 관습을 물으니, 진론이 일일이 모두 대답하였다. 마침 제갈각(諸 葛恪)이 단양(丹陽)을 토벌하여 유(黝)와 흡(歙)의 난장이 족속을 사로 잡아오자, 진론이 그들을 보고 말하기를 '대진에서는 이런 사람을 보기 드물다'고 하였다. 손권이 남녀 각 10인씩을 주고 회계(會稽) 출신의 관 리 유함(劉咸)을 보내 진론을 호송하도록 하였다. 유함이 도중에 죽자 진론은 곧바로 본국으로 돌아갔다."

....

20) 부남(扶南): 인도차이나의 크메르인들이 메콩강 하류에 세운 해양국. 부남이 란 말은 '산(山)'이라는 뜻의 고대 크메르어 '프놈(phnôm)'의 음사로 추측된 다. '발남(跋南)'이라고도 불렸다. 기원후 1세기 중국과 인도 사이의 중계지 역으로 이용되면서 인도문화가 흡수되어 인도화를 겪게 된다. 2세기 초 메 콩강 하류 유역을 중심으로 건국된 후, 3세기 초에는 타이와 말레이반도까지 세력을 확장하였다. 인도계 출신 왕들의 통치하에서 인도문화의 영향을 많 이 받았고 말레이반도와 인도·중국, 그리고 멀리 로마와도 활발한 교역을 하였다. 종교는 힌두교와 불교를 믿었다. 6세기 초 북방의 진랍(眞臘, 현 캄 보디아)왕국의 압박을 이기지 못해 남쪽으로 천도했으며, 네 번의 왕조 교체 를 거쳐 7세기 중엽 멸망하였다. 부남은 캄보디아 최초의 왕국이자 동남아 시아 최초의 제국이었다.(《해양 실크로드사전》, 153-154쪽; 《남제서·양서 ·남사 외국전 역주》, 46쪽)
21) 원서에는 '방사(方士)'로 되어있으나 《양서》 원문을 대조한 바 '방토(方土)'의 오기여서 바로잡아 번역하였다.

《위서》에는 5개의 성(城), 《진서》에는 5개의 궁(宮)이라 적혀 있는데, 《위략》에는 더욱 상세하게 "왕에게는 5개의 궁(宮)이 있는데 각 궁마다 서로 10리 씩 떨어져 있다. 그 왕은 아침 일찍 한 궁에 가서 정사를 듣고 날이 저물면 하루를 묵는다. 다음날 다시 다른 한 궁에 들리며 5일에 한 바퀴를 돈다. 36명의 장군을 두고 모든 일을 의논했으며 한 명의 장군이라도 빠지면 일을 논의하지 않았다"고 기록하고 있다. 이는 어쩌면 로마의 36원로제를 지칭한 것일 수도 있다.

제4절 중국과 로마의 통사(通使)와 통상(通商)

《후한서》〈서역열전〉에는 "대진국 …… 그 왕은 항상 한나라와 사신을 교환하고 싶어 했으나, 안식이 한나라의 채색비단[繒綵]으로 그들과 장사를 하려고 했기 때문에 (중간에서) 차단하고 막아서 그들 스스로 (한나라에) 도달하지 못했다"고 되어있다.

위에서 인용한 《후한서》〈서역열전〉의 내용을 보면 한나라와 대진 사이에 언급할 만한 직접적인 외교관계가 전혀 없었던 것 같으나, 한편으로 로마 황제 안토니우스가 사절을 중국에 파견했다는 기록이 있어서 서로 모순된 현상을 보이는데, 왜 이러한 일이 생겼는지 모르겠다.

역사가들은 어쩌면 안토니우스가 파견한 사절이 실제로는 시리아 상인이 거짓으로 의탁한 것일 수도 있다는 의심을 갖는다. 그러나 일찍이 서기 97년 즉 화제 영원 9년 도호 반초가 감영을 대진에 사절로 파견하여 안식의 서쪽 경계선에까지 갔던 일이 있음은 앞 절에서 인용한 《후한서》 권88 〈서역열전〉에 보인다.

여기서 중국과 서방의 역사문헌에 나오는 중국과 로마의 사절 파견에 관한 기록에 의거하여, 그 성공 여부나 정식 사절 여부를 막론하고 모두 열거하면 다음과 같다.

■성제 하평 2년(B.C.27): 서기 1세기 말 로마의 역사가 플로루스(Florus)는 이 해에 아우구스투스가 제위에 오름에 따라 만국(萬國)에서 내조(來朝)하였는데, 그 중에 세레스(비단국)의 사절도 있었다고 하였다.
■화제 영원 9년(97): 반초가 감영을 대진에 사절로 보냈는데, 조지에 도착하여 큰 바다를 만나 건너려 하였으나 안식인의 저지로 그만두었다고 되어있다.
■안제 영녕 원년(120): 탄국 왕 옹유조가 사절을 파견하여 악기와 해서국 대진의 마술사(幻人)을 헌상했다고 되어있다.
■환제 연희 9년(166): 대진 왕 안토니우스가 사절을 파견하여 일남 변경 밖에서 상아·서각·대모를 헌상했다고 되어있다.

이상 중국 역사문헌에 보이는 뒤의 세 차례는 본서에서 모두 이미 서술했기 때문에 따로 설명하지 않겠다. 서기 162년 로마와 파르티아[22] 간에 전쟁이 벌어져 3년 후에 끝났는데, 파르티아가 정복을 당하여 중간에 방해하는 사람이 없어졌기 때문에 환제 연희 9년 로마 사절단이 중국에 왔을 가능성이 가장 크다.

중국과 로마제국의 관계에 있어서 그것이 간접적이든 직접적이든 또는 일찍이 정식 사절단이 왕래한 것인지 아닌지에 관계없이, 로마가 중국에서 얻은 것은 비단이 주종을 이루었고 중국이 로마에서 얻은 것은 진기한 이물(異物)이 많았다.

....

22) 원서에는 파사(波斯) 즉 페르시아로 되어있으나 당시 로마와 전쟁한 왕조는 파르티아여서 바로잡았다.

《사기》〈대원열전〉에서는 파미르고원 동서에 있는 각국에 대하여 "그 땅에는 모두 비단과 옻나무가 없다"고 하였다. 1938년 퍼시 사이크스 경(Sir Percy Sykes)[23)]이 저술한 《중국 탐방》(*The Quest for Cathay*) 독일어 번역본 35쪽에서는 중국의 비단이 로마(제국)에 출현한 것은 분명 기원전 1세기의 일로서 육로를 통해 티그리스강의 셀레우키아 (Seleukia)성과 시리아의 안티오키아(Antiochia)성으로 운반되었다고 하였다.

사이크스보다 60년 전 리히트호펜은 그의 저서 《중국》(*China*) 제1책 503쪽에서 "중국의 비단은 비록 기원전 1세기에 이미 로마에서 발견되지만 비단 무역은 서기 1세기가 되어서야 겨우 이루어졌다. 게다가 서역 교통이 중단되었기 때문에 해로를 통해 인도를 경유하여 왔다. 그러다 서기 100년 전후에 반초가 파미르고원 동서에 있는 여러 나라를 정복하면서 육상 교통이 다시 흥기하게 된다. 플리니우스가 중국의 수출 화물은 비단과 철을 주종으로 한다고 말한 것은 바로 이때를 지칭한 것이다. 로마에서 동쪽으로 전해진 것은 금·은·유리·산호·상아 등이다"고 하였다.

플리니우스는 로마가 해마다 반드시 3500만에서 1억에 달하는 로마 화폐 세스테르티우스(sesterces)를 중국에 지불했다고 하였는데, 이는 제1차 세계대전 전의 미화 200만 달러에서 500만 달러에 달하는 숫자이다. 플리니우스는 또한 "이는 우리의 지극히 사치스런 욕망으로 가득

....

23) 퍼시 사이크스 경(Sir Percy Sykes, 1867-1945): 영국의 외교관이자 탐험가. 이란 영사(1894-1899)와 호라산 총영사(1905-1913), 주 중국 투르키스탄 총영사(1915-?)를 역임하고 1920년 퇴임하였는데, 저서로 《페르시아 1만 마일》·《이란사》·《아프가니스탄사》 등을 남겼다.(《실크로드사전》, 350쪽)

찬 부녀자들이 지불한 대가였다"고 탄식하였다. 그러나 남자들 중에도 비단을 사용했던 자가 있어서 티베리우스(Tiberius) 황제 때 조서를 내려 그것을 제한한 적이 있었다. 아마도 여성적인 느낌이 너무 강해서 그랬던 것 같다. 플리니우스가 만든 사치품과 귀중품 표에는 비단도 포함되어있었다. 트라야누스(Trajanus) 황제가 즉위하면서 비록 모든 낭비를 금지했으나 비단 무역은 예전대로 진행되었다. 게다가 시리아 출신 여성으로 로마에서 이를 경영하여 부를 쌓은 자도 있었다.

네로 황제는 포페아(Poppaea)를 학대하여 죽게 했지만 화장(火葬) 의식을 행할 때 비단과 비단옷을 진흙과 모래처럼 사용하였다. 웰스(H. G. Wells)도 《세계사강(世界史綱)》[24)]에서 "로마 왕 안토니우스 시대(161 -180) 멀고도 우회하는 노정을 경유해야만 로마에 도착할 수 있었던 비단은 그 가치가 황금보다 높았지만 로마인들은 마음대로 마구 사용하여 재원(財源)이 동쪽으로 흘러갔다. …… 그 비단을 누가 만들었는지 묻지도 않았다"고 하였다. 이는 실로 훗날 로마제국의 경제가 고갈되는 한 원인이 되었다.

《사기》〈대원열전〉에는 외국으로 가는 중국 사신이 많았음을 기록하면서 "외국으로 가는 사절단의 규모가 큰 것은 수백 명이고 작은 것은 백여 명이었는데, …… 대략 한나라에서 1년에 보내는 사절단이 많을 때는 10여 차례이고 적을 때는 5-6차례였다"고 하였다. 1년에 외국으로 파견하는 사절단이 많을 때는 10여 번이나 되고 매 번 많게는 수 백여 명이나 갔다는 것을 보면, 여기서 말하는 사절은 대부분 이익을 추구하는 상인들이었지 진정한 정치성을 띤 사절단이 아니었음을 알 수 있다.

이렇게 사절로 가장한 상인들은 비록 모두가 로마를 목표로 떠나지는

....

24) 원제는 *The Outline of History*, 1920이다.

않았지만, 로마제국의 수요량이 컸기 때문에 로마로 가는 사람이 분명 가장 많았을 것이다. 〈대원열전〉에는 또 "(그 후 장건을 수행했던) 이졸(吏卒)들이 모두 다투어 글을 올려 외국의 기이한 물자와 (그 나라와 왕래할 때의) 이해득실을 말하며 사신이 되기를 청하였다. 천자께서는 그 곳이 지극히 멀리 떨어져 있고 사람들이 즐겨 가려는 곳이 아니기에 그들의 청원을 받아들여 (사신의) 부절을 주고, 관리와 백성의 출신 (배경)을 묻지도 않고 모집하여 사람들이 갖추어지면 그들을 파견함으로써 그 교통로를 넓히도록 하였다. 그들이 오가면서 재물을 노략질당하거나 사신들이 (천자의) 지시를 못 지키는 경우가 없을 수 없으니, 천자께서는 그들이 그런 일을 (자주 해서) 익숙해 있다고 여겨 번번이 조사시켜 중죄에 처하였다. 그렇게 해서 (그들로 하여금) 속죄를 위해 다시 사신으로 가기를 청하도록 자극했던 것이다. 사신이 되는 방도는 무궁무진하여 법을 어기는 것을 가벼이 여겼다. 그 이졸들도 자주 외국의 물품들을 거듭해서 열심히 추천하였는데, 거창하게 말하는 자에게는 부절을 주고 소심하게 말한 자는 그의 부관으로 삼으니, 이런 연유로 헛된 말만 하고 실천에 옮기지 않는 무리들이 모두 다투어 그것을 본받았던 것이다. 그 사신들은 모두 가난한 집 자식이어서 관부에서 보낸 재물을 개인의 것으로 하여 (그것을) 헐값으로 외국에 팔아넘겨 그 이익을 취하려 들었다"고 적혀있다.

당시 외국에서 중국의 사신 파견을 요구했던 이유가 '이익'을 취하기 위한 것에 불과했으며, 중국에서는 관리들이 가려하지 않는 바람에 이익을 추구하는 무리들이 마침내 스스로 추천하여 갔다는 것을 알 수 있다. 그러나 중국의 비단은 결코 중국 상인이 직접 로마인에게 팔 수 없었고 반드시 파르티아25) 상인을 통해 전달되었는데, 이에 대해《후한서》〈서역열전〉에서는 "그 나라(대진) 왕은 항상 한나라와 사신을 교환하고 싶어 했으나, 안식이 한나라의 채색비단으로 그들과 장사를 하려고 했기 때문에 (중간에서) 차단하고 막아서 그들 스스로 (한나라에) 도달하지 못했"고 하였다. 《후한서》는 파르티아인이 중국과 로마의 비단무역을 독점하여 그 중간 이익을 취하려 했음을 아주 명백히 밝히고 있다. 반초가 감영을 로마에 사신으로 보냈지만 끝내 도달하지 못한 원인이 바로 여기에 있었음을 앞에서 이미 서술하였다.

대진에서 중국으로 들여온 상품에 대해서도 살펴볼 만한 자료가 있다.

《후한서》〈서역열전〉에는 "그 땅에는 해서(海西)의 진기하고 기이한 물건들이 많"고, 또 "그 땅에서는 금·은과 진기한 보석들이 많이 산출되며, 야광벽·명월주(明月珠: 밝은 달처럼 빛이 나는 구슬 - 역자)·해계서·산호·호박(琥珀)[26]·유리(琉璃)·낭간(琅玕: 옥의 일종 - 역자)·주단(朱丹: 인주 또는 연지 등에 사용되는 朱砂의 다른 이름 - 역자)·청벽(青碧: 孔雀石의 일종으로 청록색깔이 나는 옥 - 역자) 등이 있다. 금실로 수를 놓고 이를 천으로 짜서 금루계(金縷罽)와 잡색릉(雜色綾: 여러 색실을 사용해서 짠 비단 - 역자)을 만들며 황금도(黃金塗)[27]와 화완포(火浣布)도 제작한다. 이밖에도 수양취(水羊毳)라고도 부르는 세포(細布)가 있으니, 야생 누에고치[野蠶繭]로 자아낸 것이다. 여러 향료를 조합하여 그 즙을 졸여서 소합(蘇合)[28]

....

25) 원서에는 파사 즉 페르시아로 되어있는데, 틀린 것은 아니지만 이해를 돕기 위해 바로 아래 인용된 《후한서》의 안식에 해당하는 파르티아로 번역하였다.

26) 호박(琥珀, amber): 송백과(松柏科)에 속하는 식물 수지(樹脂)의 비광물성 화석으로 고대 페니키아인이나 로마인들이 애용했던 보석. 주산지는 발트해 연안 지방으로 페니키아 시대부터 북방의 발트해에서 중유럽과 콘스탄티노플을 지나 이집트의 알렉산드리아까지 동서남북 사방으로 활발하게 교역되었다.(《해상 실크로드사전》, 393쪽)

27) 황금도(黃金塗): 글자 상으로는 황금을 칠한 직물이라는 뜻이지만 실제로는 금박을 물렸거나 금실로 짠 직물일 가능성이 높다.

을 만든다. 무릇 외국의 모든 진기한 물품들은 모두 여기에서 나온다"고
되어있다.

《삼국지》 권30 주석에서 인용한 《위략》에는 더 많은 종류의 물품들을
기록하고 있는데, 아홉 색깔의 차옥석(次玉石) 외에도 다음과 같은 것들
이 있다.

> "금, 은, 동, 철, 주석, 납, 신구(神龜), 백마, 주모(朱髦), 해계서, 대모,
> 현웅(玄熊: 흑곰 – 역자), 적리(赤螭)29), 벽독서(辟毒鼠)30), 대패(大貝),
> 차거(車渠)31), 마노(瑪瑙)32), 남금(南金: 남쪽에서 생산되는 銅? – 역자),

....

28) 소합(蘇合): 소아시아 원산의 교목(喬木)으로 그 수지(樹脂)는 소합향이라 부
   르는데, 향유(香油)로 제조하기도 하고 살충제 및 버짐 치료제로도 사용된
   다. 《양서》〈제이전〉에 따르면 대진인들이 소합향을 짜서 즙을 낸 뒤 그것
   을 응고시켜서 외국상인들에게 판매했다고 한다.(《삼국지·진서 외국전 역
   주》, 130쪽)

29) 적리(赤螭): 전설 속에 나오는 붉은 색 뿔이 없는 작은 용(小龍)을 가리키며,
   일설에는 암용(雌龍)을 뜻한다고도 한다.(《삼국지·진서 외국전 역주》, 128
   쪽)

30) 벽독서(辟毒鼠): 글자 그대로의 뜻은 "독을 물리치는 쥐". 뱀과 같이 독을
   뿜는 동물을 잘 잡는 몽구스(mongos)를 가리키는 것으로 추정됨.(《삼국지
   ·진서 외국전 역주》, 128쪽)

31) 차서(車渠): 일종의 해양생물로 껍질이 누껍고 삼각형 모양이다. 표면에 마
   치 수레바퀴와 같은 모양이 파여 있어 차거라 불린다. 고기는 먹을 수 있고,
   껍질은 약재로도 쓰인다. 이시진의 《본초강목》에서는 "차거는 대합(大蛤)이
   다. 큰 것은 길이가 2-3척, 폭이 1척 남짓 된다"는 설명이 있다.(《삼국지·
   진서 외국전 역주》, 128-129쪽)

32) 마노(瑪瑙): 귀석류(貴石類)에 속하는 보석. 석영(石英)과 단백석(蛋白石) 등
   의 집합체로 투명한 보석이며 보통 구슬로 사용된다. 고대 인도 데칸 고원이
   마노의 유명한 산지이며 로마제국의 대 중국 수출품 중에서 중요한 항목을
   차지하기도 하였다.(《실크로드사전》, 191쪽)

취작(翠爵: 물총새 - 역자), 우핵(羽翮: 남방의 특수한 새의 깃털 - 역자),
상아, 부채옥(符采玉), 명월주, 야광주, 진백주(眞白珠), 호박, 산호, 적
(赤)·백(白)·흑(黑)·녹(綠)·황(黃)·청(靑)·감(紺)·표(縹)·홍(紅)·자
(紫)색의 10종류 유리(流離: 즉 琉璃 - 역자), 구림(璆琳), 낭간, 수정(水
精), 매괴(玫瑰)33), 웅황(雄黃)·자황(雌黃)34), 벽(碧), 오색옥(五色玉),
황(黃)·백(白)·흑(黑)·녹(綠)·자(紫)·홍(紅)·강(絳)·감(紺)·금황(金
黃)·표류황(縹留黃)35)색의 10종류 구유(氍毹)36), 5색 탑등(毻毷), 5색
과 9색의 수하탑등(首下毻毷: 최고가 아니라 次上品 탑등 - 역자), 금루수
(金縷繡: 금실과 함께 짠 비단 - 역자), 잡색릉(雜色綾), 금도포(金塗布),
배지포(緋持布)37), 발륙포(發陸布)38), 배지거포(緋持渠布: 배지포의 일
종 - 역자), 화완포, 아라득포(阿羅得布), 파즉포(巴則布), 도대포(度代
布), 온숙포(溫宿布), 5색 도포(桃布), 강지금직장(絳地金織帳), 5색의
두장(斗帳: 覆斗처럼 생긴 小帳 - 역자), 일미(一微)39)·목이(木二: 沒藥

....

33) 매괴(玫瑰): 미옥(美玉)을 지칭하며 일설에는 화제주(火齊珠)라고도 한다. 장
   미(나무)를 가리키기도 하지만 여기서는 붉은 빛 구슬을 뜻하는 것으로 보인
   다.(《삼국지·진서 외국전 역주》, 129쪽)
34) 웅황(雄黃)·자황(雌黃): 영어로는 orpiment라고 함. 유황과 비소의 화합물인
   결정체를 이용하여 만든 노란색의 채료(彩料). 고대에는 잘못 쓴 글씨를 덮
   어서 지울 때 사용하기도 했다.(《삼국지·진서 외국전 역주》, 129쪽)
35) 표류황(縹留黃): '표(縹)'는 담청색 혹은 청백색을 나타낸다. 따라서 표류황은
   담청색과 황색이 섞인 색깔을 뜻한다.(《삼국지·진서 외국전 역주》, 129쪽)
36) 구유(氍毹): 氍毺로도 표기. 모직으로 만들어진 카펫. 바닥에 깔거나 벽에
   걸기도 하고 때로는 탁자 위에 깔기도 한다.(《삼국지·진서 외국전 역주》,
   130쪽)
37) 배지포(緋持布): 緋持는 오익산리의 별칭이므로 배지포는 알렉산드리아에서
   생산된 포를 지칭한다.(《삼국지·진서 외국전 역주》, 130쪽)
38) 발륙포(發陸布): 여태산(余太山)은 발륙을 Propontis(흑해와 지중해 사이에
   위치한 Marmara해)를 옮긴 것으로 보았다.(《삼국지·진서 외국전 역주》,
   130쪽)
39) 일미(一微): 향료명으로 추정되나 구체적 내용은 불분명하다. 원서에는 中華

즉 myrrh향을 음사한 것으로 보임 – 역자)·소합·적제(狄鞮: 沒藥의 기름 –
역자)·미미(迷迷)40)·두납(兜納: 인도 Sal나무의 진액으로 만들어진 향료 –
역자)·백부자(白附子)41)·훈육(薰陸)42)·울금(鬱金)43)·운(芸: 운향 풀 –
역자)·교(膠)·훈(薰: 미나리과의 다년생 약초 – 역자) 등의 초목(草木)에서
나오는 12종류의 향료."

　이상에서 열거한 물품 중에는 분명 억지로 갖다 붙이거나 잘못 전해
진 것들이 있다. 예를 들어 '소합(蘇合)'은《후한서》에서 "여러 향료를
조합하여 그 즙을 끓여서 소합을 만들었다"고 분명히 밝히고 있다. 운향
(芸香)은 책벌레를 물리칠 수 있어서 육조시기까지 있었으나 송나라 때
에 오면 그것이 어떤 물건인지 알지 못하게 된다. 미질(迷迭)은 미송(迷
送)이라고도 하며 위나라 때 부(賦)와 송(頌)을 지어 그것을 읊은 자도
있었다. 그 밖에 오늘날 이미 무엇인지 알 수 없는 물건들도 있다. 탑등

　　書局 標點本과 같이 '일미목(一微木)·이소합(二蘇合)'로 끊어 읽었으나 적절
　　치 않아 보여《삼국지·진서 외국전 역주》, 130쪽을 따랐다.
40) 미미(迷迷): 미질(迷迭)의 오자. 남유럽이 원산지인 상록의 작은 관목(灌木)
　　으로 향기가 있어 몸에 차고 다니면 옷에서 향기가 나고 그것을 태우면 뱀을
　　쫓을 수 있으며 사기(邪氣)를 피하게 해준다고 한다. 줄기와 잎을 취하여
　　향유를 만든다.(《삼국지·진서 외국전 역주》, 130쪽)
41) 백부자(白附子):《삼국지·진서 외국전 역주》, 131쪽에 따르면 노랑돌쩌귀
　　혹은 노랑바꽃으로 불리며 한국이 원산지라고 하였는데, 사실인지 의심스럽다.
42) 훈육(薰陸): frankincense. 마미향(馬尾香), 천택향(天澤香), 마륵향(摩勒香),
　　다가나향(多伽羅香) 등으로도 불린다. 옻나무 과에 속하는 유향(乳香)나무의
　　진액을 말린 것으로 유향이라고도 부른다.(《삼국지·진서 외국전 역주》, 130
　　쪽)
43) 울금(鬱金): 열대 아시아가 원산인 생강과에 속하는 다년생 초본식물이다.
　　영어로 turmeric이라 부르는데, 약용과 관상용으로 각지에서 재배되고 있
　　다.(《삼국지·진서 외국전 역주》, 130쪽)

(罽毲)은 taptan의 음역으로서 양탄자를 말한다. 낙양 서쪽 30리에 있는 옛 무덤에서 일찍이 유리 귀걸이가 출토되었는데 현재 대영박물관에 소장되어있다. 분석에 따르면 같은 시기 지중해 부근에서 발견된 유리와 제조법이 똑같다. 따라서 서방에서 유입된 것으로 보인다. 플리니우스의 《박물지》(본서 제1편 13장 5절을 참고)에 의하면, 당시 알렉산드리아에서 만든 각종 유리에는 반투명한 홍백색도 있고 형석(螢石)이나 청옥(靑玉) 혹은 히아신스(Hyacinth) 같은 색도 있었으며 검은색 유리로 만든 잔도 있었다. 로마의 유리 종류는 특히 많았는데, 투명한 것으로는 남색·녹색·황색·자색·갈색·홍색 등이 있었고 투명하지 않은 것으로도 흰색·검은색·홍색·남색·노란색·녹색·귤색·노란색 등이 있었다. 그 중에서 석영(石英)처럼 생긴 순백의 유리가 가장 비쌌다. 유리 제조기술은 북위 때 대월지를 통해 유입되었고 낙양에 요(窯)를 설치해 만들기도 하였다.

한나라 때 귀족들은 모두 호화(胡化)되는 것을 좋아하였으니 영제(靈帝)도 마찬가지였다. 오늘날 한나라 무덤에서 볼 수 있는 호용(胡俑)의 모습과 복장이 모두 호인(胡人)의 것인즉, 그 당시 이미 호인을 노비로 사용했을 수도 있다.

그러나 로마에서 생산된 기이한 물품에 대하여 《후한서》의 저자는 일찍이 의심을 나타냈다. 〈서역열전〉에서 환제 연희 9년 대진 왕 안토니우스가 사신을 파견하여 물건을 헌상했다고 적은 다음에 "그들이 표를 올려 헌상한 공물에 전혀 진기한 물건이 없었으니, (대진에 관한 내용을) 전하는 사람들이 과장한 것이 아닌지 의심스럽다"고 하였다. 《후한서》에 기록된 것이 모두 전해들은 내용이었기에 "전하는 사람들이 과장한 것이 아닌지 의심스럽다"고 말했던 것임을 알 수 있다. 그러나 표를 올려 헌상한 공물에 기이한 물건이 없었던 이유는 상인이 사신으로 위장한데다 직접 로마에서 오지 않았기 때문이다. 그리하여 헌상한 선물 대부분이 인도차이나반도에서 가져온, 평소 한나라 사람들이 늘 보던 것이어서 기이하지 않았기에 이러한 의심을 사게 되었던 것이다.

제5절 한대에 전래된 대진 등지의 음악과 무용

고대의 오락은 중국과 외국을 막론하고 모두 궁정에서 가장 성행하였다.

진·한시기 제왕과 고관들은 당초 모두 선인(仙人)이 되기를 열망했다. 비록 동쪽과 서쪽에서의 구선(求仙)활동이 결국 성공하지 못했지만, 즐거움을 누리고자 하는 마음은 변하지 않았다. 로마제국의 각종 궁정오락 및 사치품이 마침 한나라 때 동쪽으로 전해져 그 당시 궁중의 극도로 사치스런 풍조를 더욱 부추겼으니, 한나라 멸망의 일부 원인이 사실 로마제국의 호화로운 생활의 영향을 받은 때문이라고 해도 과언이 아니다.

장건이 서역과 통하고 조지와 여헌에서 마술 잘하는 사람이 들어왔다는 내용은 이미 위에서 살펴보았다. 안사고는 《한서》〈장건전〉[44] 주석에서 "현(眩)은 환(幻)과 같으니 요즘 볼 수 있는 칼을 삼키고[呑刀], 불을 내뿜고[吐火], 오이를 자라게 하고[殖瓜], 나무를 심고[種樹][45], 사람을 죽이고[屠人], 말을 절단하는[截馬] 기술들은 모두 본래 서역에서 들어온 것들이다"고 하였다. 《후한서》[46] 열전 제41 〈진선전(陳禪傳)〉[47]에는 "(안

....

44) 정식 명칭은 〈장건이광리전(張騫李廣利傳)〉이다.
45) 《낙양가람기(洛陽伽藍記)》에 따르면 종과(種瓜)나 식조(植棗)는 "대추나 오이를 심은 다음 잠깐 사이에 그 열매를 따 먹을 수 있는" 환술의 일종이었다.
46) 원서에는 《한서》로 되어있으나 오류가 분명하여 바로잡았다.

제) 영녕 원년(110) 서남이의 탄국 왕이 악인과 환인을 보내왔는데, 불을 뿜고 스스로 몸을 가르며 소와 말의 머리를 바꿀 수 있었다. 그 다음해 원회(元會)[48] 때 궁정에서 이를 연기토록 하여 안제와 군신들이 함께 보았는데 크게 기이하다고 여겼다"고 되어있다.

환인의 출신지 및 그들과 대진의 관계는 이미 앞에서 서술하였는데, 이를 읽어보면 그들이 궁정에서 환영받은 일면을 알 수 있다.

《한서》 열전 제65[49] 〈서남이전〉에 기록된 내용도 대략 같으니 이미 앞에서 인용하였다.

당시 궁중의 연악(宴樂)은 셀 수 없을 정도로 다양하였는데, 서방에서 들어온 것이 많았다. 유소(劉昭)의 《예의지(禮儀志)》 주석에서 인용한 채질(蔡質)의 《한의(漢儀)》에는 "정월 아침에 천자께서 덕양전(德陽殿)에 행차하시니, …… 서방에서 온 사리(舍利)가 궁정에 헌상되었다 …… 비목어(比目魚)로 변하기도 하고 황용(黃龍)으로 변하기도 하였으며, 거리가 여러 장(丈) 떨어진 두 기둥에 두 개의 큰 밧줄을 묶고 두 명의 무희가 함께 밧줄 위에서 춤을 추면서 밧줄 위를 걸어가 서로 마주보고 만나는데, 어깨를 맞대나 한쪽으로 기울지 않았다. 또 답국(蹹局)[50]에서 몸을 뺀 후 두중(斗中)에 옷을 감추고 종(鐘)과 경(磬)을 함께 쳤다. 음악이 끝나면 어용만연(魚龍曼延)[51]을 연기하였다"고 적혀있다.

....

47) 정식 명칭은 〈이진방진교열전(李陳龐陳橋列傳)〉이다.
48) 원회(元會): 황제가 정월 초하루 원단(元旦)에 여러 군신들을 모아 놓고 실시하는 조회로 '정회(正會)'라고도 한다.
49) 원서에는 열전 제76으로 되어있으나 오류가 분명해 바로잡았다.
50) 답국(蹹局): 밧줄을 타는 묘기 동작 중 하나로 한쪽 다리를 들고 한쪽 다리로만 줄을 타는 동작.
51) 어용만연(魚龍曼延): 고대 백희 중 잡기의 이름으로 공연하는 예인이 특별히 진기한 동물 모형을 만들어 들고서 공연하는 것. 어용(魚龍)은 시라소니를

여기서는 단지 서방에서 왔다고만 하였지 어느 나라라고 밝히지는 않았다.

《후한서》〈서역열전〉 '대진국'조의 주석에서 인용한 《위략》에는 "대진국의 풍속에는 기이한 것들이 많다. 입에서 불을 내뿜고, 스스로 묶고 스스로 풀며, 12개의 구슬을 동시에 던져서 떨어뜨리지 않는 묘기[跳十二丸] 등은 아주 기묘하다"고 되어있다. 도환(跳丸)은 비환(飛丸), 농환(弄丸)이라고도 하며 〈서경부(西京賦)〉·〈정도부(正都賦)〉·〈평락관부(平樂觀賦)〉와 같은 문학작품에도 나온다. 나중에는 무(舞)라고 불렸으며 각기 전문 기술이 있었으니, '농환무(弄丸舞)'·'농환기(弄丸伎)' 같은 것이다. '농환장중(弄丸掌中)' 또는 '도환공중(跳丸空中)'으로 풀이하기도 하며 어떤 이는 발로서 춤추고 노는 것이라 여기기도 했으나, 한나라 때의 그림을 보면 손 묘기라는 것을 알 수 있다. 또한 구슬과 검(劍)을 항상 동시에 던지고 날렸는데, 한나라 때 그림 속에서 한사람이 4개의 단검과 두 개의 구슬을 날리고 있고 옆에서는 북을 치면서 박자를 맞추고 있는 모습을 볼 수 있다.

한대의 오락 상황을 볼 수 있는 화상석(畫象石)으로는 무량사화상석(武梁祠畫象石)·효당산화상석(孝堂山畫象石)·임치문묘화상석(臨淄文廟畫象石)·제녕양성산화상석(濟寧兩城山畫象石)·등봉현개모묘궐화상석(登封縣開母廟闕畫象石)·가상수가장궐묘화상석(嘉祥隋家莊闕廟畫象石: 일찍이 산동성 金石保存所에 소장되어있었음), 일본 도쿄대학 공학부가 소장한 한화상석(漢畫象石), 전(前) 도쿄제실박물원(東京帝室博物館)이 소장한 한화상석, 영초대씨화상석(永初戴氏畫象石: 兩城山에서 출토되었으며, 端方이 오래 소장하고 있다가 나중에 어떤 프랑스인의 손

....

말하며, 만연(曼延)도 짐승 이름이다.

에 들어갔다. 有正書局에서 출판한 《漢畵》 제1집에 그 탁본이 있다) 및 중앙연구원(中央研究院)에 소장된 것 등 모두 12개가 있다. 이를 통해 고증할 수 있는 오락은 모두 다음 10종이다.

1) 측립무희(側立舞戲: 側立舞伎라고도 함)

2) 심동희(尋橦戲: 尋橦伎라고도 함)

3) 농환희(弄丸戲)

4) 곡저희(穀抵戲)

5) 마희(馬戲)

6) 번근두희(翻筋斗戲)

7) 농검희(弄劍戲)

8) 도행(倒行)

9) 답국(蹋鞠)

10) 대무(對舞)

《예문유취(藝文類聚)》 권61에 수록된 부현(傅玄)[52]의 〈정도부(正都賦)〉와 권63에 수록된 이우(李尤)[53]의 〈평락관부(平樂觀賦)〉, 장형(張

....

52) 부현(傅玄, 217-278): 서진 북지(北地) 니양(泥陽) 사람. 위나라 말 저작랑(著作郞)에 임명되어 《위서(魏書)》 편찬에 참가했다. 진 무제 즉위 후 옛 의례를 바탕으로 악장(樂章)을 제정했다. 산기상시(散騎常侍)가 되어 간직(諫職)을 관장했고 사예도위(司隸都尉)에 올랐는데, 좌위(座位)를 두고 다투다가 면직되고 물러나 죽었다. 일생동안 저술에 힘써 《부자(傅子)》를 편찬했다. 지금은 편집된 《부순고집(傅鶉觚集)》이 있다.

53) 이우(李尤, 생몰연도 미상): 후한 광한군 낙현(雒縣) 사람으로 화제 때 난대령사(蘭臺令史)에 임명되었고 안제 때 간의대부(諫議大夫)로 옮기고 황명을 받아 유진(劉珍) 등과 《동관한기(東觀漢記)》를 편찬했다. 순제 즉위 후 낙안상(樂安相)으로 옮겼고 83살로 죽었다. 작품에 〈함곡관부(函谷關賦)〉·〈동관부(東觀賦)〉·〈구곡가(九曲歌)〉 등이 있다.

衡)[54]의 〈서경부(西京賦)〉 및 진(晉)나라 육홰(陸翽)의 《업중기(鄴中記)》[55]에 따르면 심동(尋橦)은 높은 장대를 타는 것으로 험간(險竿)이라고도 부른다. 간혹 여러 마리 말이 모는 수레 위에 장대를 세우고 빨리 달리는 중에 두 명의 곡예사가 장대 위로 올라가거나, 평지나 (사람의) 이마 또는 이빨 위에 장대를 놓고 매달려 올라가기도 하며, 말이 모는 수레 위에 길이가 2장(丈)인 장대를 세워두고 장대 꼭대기에 다시 나무를 가로로 얹은 후에 두 명의 어린 곡예사가 나무 양 끝단에 앉아서 새처럼 날거나 끝에 매달리는 공연이다.

제6절 중국이 로마제국 멸망에 미친 영향

로마제국의 흥망은 한나라와 시기적으로 대략 비슷하다. 한나라는 기원전 202년에 건국되지만 한 고조의 연호는 기원전 206년부터 시작되었다. 그 34년 전에 시칠리아가 로마의 판도에 들어왔고 16년 전에는 로마가 북이탈리아를 통일하였으며 8년 전에는 로마가 제1차 마케도니아

....

54) 상형(張衡, 78-139): 후한의 관료이자 학자로 하남 남양(南陽) 출신이다. 천문과 역학(曆學)에 밝아 안제의 부름을 받아 태사령(太史令)이 되었고, 일종의 천구의(天球儀)인 혼천의(渾天儀)를 비롯하여 지진계(地震計)라 할 수 있는 후풍지동의(候風地動儀)를 만들었다.

55) 《업중기(鄴中記)》: 동진 때 사람 육홰(생몰연도 미상)가 쓴 후조의 수도 업성(鄴城)에 관한 전문서적이다. 원서는 이미 산실되었으나 그 일문(佚文)이 《수경주》·《북당초서》·《예문유취》·《초학기》·《태평어람》·《태평환우기》 등에 인용되어있다. 현재 그 일문을 모은 것으로 《사고전서》 취진본(聚珍本)이 있다.

전쟁을 일으켰다. 티베리우스(Tiberius)가 로마의 호민관이 된 것은 바로 한 무제 원광 2년(B.C.133)이었다. 가이우스 마리우스(Gaius Marius)[56]가 로마의 집정관이 된 것은 원봉 4년(B.C.107)으로 누란과 차사를 격파한지 1년 후였다. 로마제국이 동서로 분리되기 시작한 것은 진(晉) 무제 태강 7년(286)으로 한나라가 망한 지 66년[57] 후의 일이다. 로마는 진 성제 함강 3년(335)에 콘스탄티누스(Constantinus) 대제가 죽으면서 나라가 셋으로 분열되었다.

쌍방의 힘이 전성기였을 때, 로마제국의 세력은 이미 소아시아까지 미쳤을 뿐 아니라 더 동쪽으로 발전할 태세를 갖추고 있었고, 한나라의 세력도 이미 중앙아시아까지 뻗어있었으나 양대 제국은 끝내 직접적인 관계를 맺을 수 없었다.

그러나 로마제국의 멸망은 실로 중국의 영향을 받았다.

첫째, 중국의 경제적 압박 즉 비단의 대량 판매에 대해서는 이미 앞에서 서술하였다.

둘째, 흉노가 중국의 저지로 인해 동침(東侵)하지 못하자 어쩔 수 없이 서진(西進)함으로써 로마제국을 곤경에 빠뜨렸고 끝내 버티지 못하게 만들었다. 그 과정을 간략히 서술하면 다음과 같다.

한나라가 처음 흥성했을 때 흉노 역시 강대해지기 시작하여 동으로

....

56) 가이우스 마리우스(Gaius Marius, B.C.157~B.C.86): 로마 공화정의 장군이자 정치가. 이례적으로 7번이나 집정관에 당선되었고 로마 군단을 직업군인제도로 바꾼 군제 개혁으로 유명하다. 게르만족과의 전투 등 여러 차례 전공을 세웠으며 말년에는 평민파의 우두머리로서 술라를 비롯한 귀족파와 투쟁하였다.
57) 원서에는 77년으로 되어있으나 후한이 망한 해가 220년이므로 오류가 분명하여 바로잡았다.

동호를 멸망시키고 서로는 월지를 몰아낸 후 (아시아) 북부의 땅을 전부 차지하게 되는데, 대개 묵돌선우가 흉노를 통솔하던 시기였다.

그 후 흉노는 더 서진하여 롭 노르 즉 염택까지 이르러 남으로 장성을 경계로 중국과 접경하였다. 당시 서역의 30여 개국이 모두 흉노에 복속하였다. 거기서 다시 서쪽으로 가면 대원·대월지·안식·조지가 나오는데, 그 중 안식이 가장 컸지만 역시 흉노를 두려워했다는 기록을 〈대원열전〉에서 볼 수 있다. 그러나 반초의 노력으로 다음 상황이 가능하게 되었다.

(1) 흉노의 남쪽 진출을 차단함으로써 대월지와 안식으로 하여금 휴식을 취할 수 있게 하였고 중국과 서방 간의 상업노선도 원활하게 만들었으며 아울러 불교문화가 중앙아시아에서 크게 번성할 수 있게 하였다.

(2) 흉노 스스로 분열하게 만들어 남흉노는 한나라에 투항하게 하였고, 북흉노는 금미산(金微山) 즉 오늘날의 알타이산을 넘어 북쪽으로 달아난 후 다시 서쪽으로 침범하여 강거 땅을 차지하게끔 하였다.

흉노가 서쪽으로 침범한 경로는 대략 중앙아시아 이북지역에서 볼가강 유역을 거쳐 서기 1, 2세기에는 이미 카스피해 동쪽과 우랄산맥 사이인 유럽의 동쪽 경계에 출현하게 된다. 서기 4세기에 이르러 다시 대거 유럽을 침략하기 시작하여 6세기까지 끊임없이 서쪽으로 침범하였다.

내가 제1편 5장 3절에서 중국 역사문헌 속의 흉노가 바로 유럽을 침입한 Huni라고 가정하였지만, 이 문제에 관해서는 지난 2백 년 동안 학자들의 의견이 일치하지 않고 있다. 1756년에서 1758년(건륭 21년에서 23년) 사이 조제프 드 기네가 저술한 *Histoire générale des Huns, des Turcs, des Mongols* …… 번역하면 대략 《흉노인·터어키인·몽고인통사》가 되는데, 이 책에서 그는 Huni가 곧 흉노라고 추정하였다.

19세기 클라프로트는 흉노는 바로 돌궐족이며, Huni는 핀족(Finns)[58]

에 속한다고 주장했다.

히르트는 구설(舊說)을 다시 제기했는데, 많은 이가 따랐다.

내가 볼 때, 흉노와 Huni가 같은 종족은 아니지만 Huni가 침략한 방향이 동쪽이 아니라 서쪽이었던 까닭이, 중국 변경에서 저지되었던 흉노 때문이라는 것은 의심의 여지가 없다고 생각한다. 그렇지만 로마제국을 침입한 외부 종족은 많이 있었는데, 어째서 흉노에 의해 망했다고들 말하는가?

로마제국을 최초로 침입한 것은 게르만족이지만 실패하고 마는데, 아마도 당시 로마인의 저항력이 아직 강했기 때문일 것이다.

그 다음은 서고트족59)으로 서기 251년 때 대거 침입하였는데, 그 결과 로마 황제는 그들이 공물을 바치도록 허락하였다. 당시 동고트족(Ostrogoths)은 러시아 남부에서 Huni인의 압박을 받고 있었기 때문에, 서고트족(Visigoths)도 어쩔 수 없이 남쪽으로 로마제국을 침입하였던 것이다.

....

58) 핀족(Finns): 핀란드 및 북유럽에 거주하는 우랄알타이어계 민족이다. 핀란드라는 나라 이름은 이들에게서 유래되었는데, 원래 아시아로부터 유입되어 온 것으로 추정한다. 우랄산맥을 넘어 에스토니아를 거쳐 바다를 통해 핀란드로 건너와 8세기 무렵 이 지역에 정착하여 스칸디나비아인들과 교류하면서 혼혈이 되어 지금과 같은 모습으로 된 것으로 보인다. 흔히 같은 우랄어계인 헝가리의 마자르족과 비교된다. 지금도 핀란드인의 90% 이상이 핀족으로 알려져 있다.

59) 고트(Goth)족: 스칸디나비아 반도에서 기원한 동부 게르만족의 일파이다. 최초의 거주지가 동부 스웨덴 지역이었던 이들은 1세기경에 발트 해안과 비스와강 유역으로 옮겨 왔다. 스칸디나비아에 남은 일파는 기트족으로 불렸고, 남하한 고트족은 슬라브족과 바스타르네인들의 뒤를 따라서 로마제국의 변경에까지 다다라 로마제국의 일부를 점령하였다. 3세기경에 동고트족과 서고트족으로 나뉘었다.

진 효무제 태원 3년(378) 서고트족이 Huni인과 연합하여 로마를 협공하였다.

로마제국이 멸망한 원인은 매우 많다. 본절에서 말한 두 가지 원인은 단지 중국과 관련된 것일 뿐이다. 그러므로 로마제국의 멸망을 논할 때 완전히 이 두 가지 원인에서 비롯되었다고 한다면 부분적인 것으로 전체를 개괄하는 것이 된다. 반대로 이 두 가지 원인의 영향을 조금도 받지 않았다고 말하는 것 역시 사실을 말살하는 주장임을 알아야만 한다.

제13장
기원 전후 그리스와 로마 작가의 중국 서술

제1절 라틴 시인의 서술

로마가 발흥한 후 과거 그리스 문명이 꽃 피웠던 모든 지방이 로마의 통치하에 놓이게 되면서, '동방(Oriens)'이라는 라틴어 명칭은 그리스·로마세계와 서로 대치되는 또 하나의 특수한 세계로서 많은 사람들의 주목을 받게 되었다. 대개 그리스·로마문화가 서유럽에 확대된 후 '동방'문화는 유럽 이외의 또 다른 문화계통으로 인식되었고, 이러한 개념으로 인하여 로마 문헌 속에 보이는 '아세아'라는 명칭은 아프리카와 유럽 두 대륙 동쪽에 있는 또 다른 하나의 세계를 의미하게 되었던 것 같다.

그러나 로마인이 소유한 동방에 관한 현실자료는 여전히 그리스인의 범위를 넘어서지 못하였다. 그들이 손에 넣은 새로운 자료는 단지 폼페이우스(Pompeius)가 흑해와 카스피해 사이를 지나 카프카스산맥으로 원정할 때 얻은 일부 지리 지식들뿐이지만, 그나마 카스피해의 위치에 대해서도 여전히 정확한 관념을 갖고 있지 못했다.

(1) 베르길리우스(Publius Vergilius Maro, B.C.70~B.C.19)[1]는 시(詩)

를 지어 "에티오피아(Aethiopia)인은 밀림 속에서 가늘고 부드러운 하얀 양털을 어떻게 만들었을까? 비단나라인(Seres)은 그들의 나뭇잎에서 가늘고 세밀한 실을 어떻게 뽑을까?"라고 노래하였다.

(2) 호라티우스(Quintus Horatius Flaccus, B.C.65–B.C.8)[2])도 다섯 편의 시에서 중국을 언급하였는데, 각각 번역해 보면 다음과 같다(비단, 비단나라, 비단나라인이라는 라틴 원문은 모두 원래 표기된 대로 기록했다).

> "이들 스토아학파(Stoici, 斯篤意啓: 최근 영어 번역에 근거해 斯多噶이라고 표기하는 사람도 있는데, 실행을 중요하게 생각하고 극기와 금욕을 주장한 기원전 4세기 그리스 철학의 한 派임) 사람들의 책은 어떤 용도가 있을까? 그들은 오로지 비단으로 된(Sericos) 이불 위에 눕는 것을 좋아할 뿐이네."
>
> "그(Augustus를 가리킴)는 비록 라틴지역을 위협하는 파르티아인(Parthes)을 격퇴하였지만, 마땅히 받아야 할 실패로서 그들을 징벌하였네. 그는 비록 동방에 사는 비단나라인(Seres)과 인도인에게 (승리했지만), 그는 당신(주피터, 로마 최대의 신)에게 속한 것, 당신은 공정한 도리에 따라 세계를 통치하리라."
>
> "저 향기로운 머리카락을 가진 왕실 아이는 누구인가? 그는 자기 아버지 활에 걸린 비단나라(Sericas) 화살을 가장 잘도 쏘는구나."
>
> "너는 도시를 위해 불안해하고 성진(城鎭)을 위해 근심과 공포로 가득하구나. 너는 전리품 때문에 비단나라인(Seres), 키루스(Cyrus)가 그곳의 왕이 된 박트리아(Bactra)인, 타나이스(Tanais)인과의 화목을 잃을까 두려

....

1) 원서에는 기원후 19년에 사망한 것으로 되어있으나 오류가 분명하여 바로잡았다.
2) 원서에는 Horacius로 표기되어있고 기원후 8년에 사망한 것으로 되어있으나 오류가 분명하여 바로잡았다.

위하는구나."

"저들 도나우강의 깊은 물을 마시는 사람들, 그들은 율리우스(Julius)의 법률(Caesar의 명령을 말함)을 위배한 적이 없네, 게타이인(Getae)이나 비단나라인(Seres)도 위배한 적이 없으며 불충한 페르시아인도 마찬가지 로다. 타나이스(Tanais)강3)변에서 태어난 사람들도 율리우스 율법을 어기지 않는다네."

(3) 프로페르티우스(Sextus Aurelius Propertius, B.C.50-A.D.15)는 다음 두 편의 시에서 비단을 이야기 하였다. "비단(Serica)과 각종 채색 견직물이 (불행한 연인들의) 고통을 덜어줄 수 있는가?" "당신 조카의 비단 마차에 대해 난 단 한마디도 하지 않았다네."

(4) 오비디우스(Publius Ovidius Naso, B.C.43-A.D.17 or 18)는 시에서 "놀라워라! (당신의 머리카락이) 그렇게도 가늘고 섬세하다니! 당신은 빗질하는 것이 두렵지 않습니까? 비단나라인(Seres)이 머리에 쓴 채색 두건도 그처럼 섬세했는데"라고 묘사하였다.

(5) 실리우스 이탈리쿠스(Silius Italicus, 25-101)는 세 편의 시에서 비단나라인을 언급했다. "태양은 이미 타르테수스(Tartessus) 바다에 전마(戰馬)를 풀어놓아 그들을 동방의 해변까지 인도함으로써 야색(夜色)이 깊은 속에서 뚫고 지나가기 편하게 해주네. 비단나라인(Seres)은 그들의 숲속에 있는 나뭇가지에서 융모(絨毛)를 취하여 자신의 광채를 뽐내네." "박쿠스(Bacchus, 술의 신)가 비단나라인(Seres)과 인도인을 통치한 후

·····························

3) 타나이스(Tanais)강: 즉 지금의 돈(Don)강. 모스크바 남동쪽 툴라 근처에서 발원하여 약 1,950km를 흐르다 아조프해에 이른다. 주요한 지류는 도네츠강이고 최동단은 볼가강과 접근하고 볼고돈스코이 운하에 의해서 연결되어있다. 고대 유목민족 스키타이족의 발상지이며 오늘에 이르기까지 중요한 교역 루트이다.

동방으로부터 개선(凱旋) 군대를 불러들이니, 승리의 전차를 끄는 카프카스의 호랑이가 여러 도시를 돌아다니네." "책망하지 마오, 동방에 사는 비단나라인들(Seres)이여! (이탈리아) 화산재가 그대들이 융모(絨毛)를 생산하는 나무를 하얗게 만드는 것을 보았다면."

라틴 시인들이 읊은 시 중에서 비단·비단나라와 비단나라인을 언급한 것은 이들 외에도 여러 사람, 예컨대 서기 39년에서 65년까지 살았던 루카누스(Lucanus)[4]와 40년에서 96년까지 살았던 스타티우스(Statius)[5] 등이 더 있으나 여기서는 생략하겠다.

제2절 그리스 지리학자 스트라보(Strabo)의 서술

스트라보는 대략 기원전 58년 태어나서 기원후 21년 사망한 것으로 되어있는데, 일부에서는 기원전 63년 혹은 54년에 태어나서 기원후 24년 혹은 25년에 사망했다고도 한다. 스트라보는 로마 국적을 가진 그리

....

4) 마르쿠스 안나이우스 루카누스(Marcus Annaeus Lucanus, 39-65): 로마의 정치가이자 시인이며 철학자로 세네카의 조카이기도 하다. 에스파냐의 코르도바 출신으로 네로 황제에게 중용되어 요직을 역임했다. 그러나 예술가로 자처하던 네로의 질투를 사서 대중 앞에서의 시 낭독을 금지 당하자, 이에 대한 노여움으로 피소의 반란에 가담하였으나 발각되어 자결했다. 유일하게 현존하는 그의 시작 《파르살리아》는 《아이네이스》 이후 최고의 라틴 서사시로 꼽힌다.
5) 푸블리우스 파피니우스 스타티우스(Publius Papinius Statius, 45?-96): 고대 로마의 시인으로 도미티아누스 황제의 사랑을 받으며 서사시 《테바이스》와 《숲》 등의 작품을 발표하였다. 뛰어난 기교가 넘치는 시로 후세에 큰 영향을 주었다.

스인으로 《지리학》을 저술하였는데, 이 책은 서기 1세기 초에 완성되었기 때문에 크테시아스(Ctesias)의 기록도 인용하고 있다. 그는 《지리학》의 자료를 주(周) 현왕 41년 즉 진(秦) 혜문왕 11년(B.C.328) 사망한 알렉산더대왕의 장군 오네시크리투스(Onesicritus)로부터 얻었다고 스스로 밝히고 있다. 스트라보의 책은 설령 위작일지도 모르지만 매우 이른 시기에 책이 완성되었기 때문에 아주 높은 가치를 갖고 있다. 다음 내용은 1853년 파리에서 출판된 칼 뮬러(Karl Müller)의 그리스·프랑스어 합본에 근거하여 번역한 것이다.

"박트리아의 제왕(諸王)들이 그 통치권을 확장하여 곧장 비단나라인과 프리노이인(Phrynoi)이 있는 지역에까지 이르렀다."
"같은 이유(그 땅의 기후가 매우 무더운 것을 말함)로 그는 일부 나무에서 유즙을 짜내었다. 네르카(Nearca)는 '어떤 사람은 이러한 유즙을 이용하여 아름답고도 가늘면서 부드러운 천을 직조하고, 마케도니아인은 그것을 방석과 말안장에 사용한다. 비단(Serica)과 매우 유사한 이 부드러운 천은 사람들이 껍질을 벗긴 아마포(亞麻布, byssus)로 짠 것이다'고 말하였다."
"그러나 어떤 사람은 비단나라인의 수명이 더 길다고 생각한다. 130년을 사는 무시카니인(Musicani) 보다 더 길다."
"어떤 이는 비단나라인의 수명이 매우 길어서 200살 이상 산다고 생각한다."

스트라보는 또 다른 저서인 *Christomathia*에서도 비단나라인을 언급하였는데, 여기서 1868년에 간행된 칼 뮬러 본에 근거하여 그 일부를 번역하면 다음과 같다.

"인도의 지세는 비스듬한 사각형이고 북쪽에는 카프카스산맥이 있다. 그것은 아시아로부터 쭉 이어져 그 가장 동쪽 끝까지 이른다. 이 산맥의 북쪽에는 사카[6]인(Sakai)·스키타이인·비단나라인이 있으며, 남쪽에는 인도인이 있다."

제3절 로마 철학자 세네카(Seneca)의 서술

로마의 정치가이자 철학가였던 루키우스 안나이우스 세네카(Lucius Annaeus Seneca)는 기원전 4년 출생하여 기원후 65년 사망했다. 네로의 스승이기도 했던 세네카는 네로가 즉위하자 재상 자리에 올랐지만 훗날 반역죄에 연루되어 죽임을 당했다. 그의 서신과 비극 작품 중에 비단나라에 대해 서술한 것이 있는데 번역하면 다음과 같다.

> "오늘날 당신들은 누가 가장 총명하다고 생각하는가? 숨겨진 관(管)을 통하여 울금초(鬱金草)의 향기를 가장 높은 곳에 있는 사람에게까지 올라가게 하는 법을 아는가? …… 아니면 다른 사람에게 알리고, 자기 자신에게 알려야 함을 어떻게 알겠는가? 자연이 우리에게 가하는 바가 결코 잔혹하고 힘든 것이 아니며, 우리가 대리석과 (금속)제련 없이도 편안히 살 수 있고 비단나라인(Sericorum)과의 무역 없이도 몸을 가릴 수 있음을."

조르주 세데스(George Coedès)의 《(기원전 4세기에서 서기 14세기) 그리스 라틴 작가들의 극동에 관한 기술》에서는 위 문장의 마지막 구절에 나오는 "비단나라인은 비단을 지칭한 것일 수도 있다"고 주석을 달았

---

6) 사카(Saka): 고대 페르시아 시대부터 투르크 이동 시기의 중기 페르시아 시대까지 동유럽에서 신강 지역에 이르는 유라시아 평원을 이동하며 살던 이란계 유목민족 명칭이다.

지만, 나는 라틴어 원문의 첫 번째 자모(字母)가 대문자일 뿐 아니라 남성 명사를 사용하였으므로 당연히 비단나라인을 가리키는 것이라고 생각한다.

"여자들이여, 이들 금실로 수놓은 붉은 비단옷을 벗어버릴 수 있는가? 아주 먼 비단나라인이 그들의 나무에서 채집한 비단실로 티레(Tyre)[7]인 들이 만든 붉은 옷이여, 나에게서 아주 멀리 떠나가거라!"
"황제들이 비록 연합하여 분산된 다하에(Dahae)[8]를 공격하였지만 역시 헛수고였다. 왜냐하면 그들 중 일부는 홍해(紅海) 가에 살고 있고, 일부 는 물속 보석이 피 빛을 반사하는 어떤 물가에 살고 있으며, 일부는 카스 피해 입구에서 강인한 사르마타이인(Sarmata)[9]을 지키다가 저들 감히 도 나우강에서 기습한 사람들의 공격을 받았고, 일부는 각지에 흩어져 살다 가 그들이 생산하는 털로 유명한 비단나라인(Seres)의 공격을 받았지만

....

7) 티레(Tyre): 레바논 남서부의 지중해에 면한 도시. 전설에 의하면 자주색 염료가 티레에서 발명되었다고 한다. 이 페니키아의 도시는 해상을 장악하 고 카디스(Cadiz)와 카르타고(Carthago) 같은 번창했던 식민 도시를 세웠으 나, 십자군 원정 말기에 그 역사적 역할이 쇠퇴하기 시작했다. 주로 로마 시대의 중요한 고고 유적이 남아있다.
8) 다하에(Dahae): 세 종족의 연맹으로 카스피해 동쪽에 살았으며 동 이란어 를 사용하였다. 역사지리학자들은 다하에를 현재의 투르크메니스탄의 근방 으로 본다. 다하에는 사카족와 함께 가우가멜라 전투에서 페르시아 군대와 싸웠고 아케메네스제국의 함락에 따라 알렉산더대왕의 인도 정벌에 참여하 였다.
9) 사르마타이(Sarmatai)인: 인도유럽계 종족의 하나. 사우로마타이(Sauroma- tai)라고도 불린다. 돈강과 볼가강의 동쪽, 카스피해 연안, 카프카스 북부에 서 유목하였으나, B.C. 3세기경 서쪽의 스키타이를 차례차례 압박하여 볼가 강에서 다뉴브강 일대를 지배하게 되었다. 그 미술은 초기에는 스키타이와 유사하나 흑해 북안지방에 침입한 이래 그리스문화의 영향을 받아 일종의 독특한 사르마타이 양식이라 할 만한 것을 낳았으니, 주변 문화와의 절충주 의와 보석을 상감한 금제공예품 등에 큰 특색이 있다.

끄떡없었기 때문이다."

유럽인은 처음에 비단이 어떤 물건인지 몰랐고 정해진 이름도 없었기 때문에 자주 양털 또는 기다 털[毛] 종류로 비단을 초칭했었던 것이다.

"저 하늘 끝에 사는 비단나라인(Seres)도 그(주피터 신의 아들 허큘리스를 가리킴)의 승리를 높이 찬양하였다."
"그녀는 마이오니아(Maeonia)10) 지방의 바늘(針)을 사용하지 않고, 동방에 사는 비단나라인(Ser)이 동방의 나무에서 채집한 직물 위에 수를 놓았다."
"만일 옷이라고 부를 수 있다면, 내가 일찍이 본 비단나라의(Sericus) 옷은 몸을 가릴 수 없을 뿐더러 심지어 은밀한 곳도 가릴 수가 없었다. 부녀자들은 이런 옷을 입고서 자신은 결코 나체가 아니라 단지 살짝 비칠 뿐이라고 말할 수 있다. 이런 중대한 이유 때문에 그 사연을 알지 못하는 외국인들이 이미 무역을 금지당했다. 우리 부녀자들도 이미 경고를 받았으니, 자신의 규방 안을 제외한 공공장소에서의 노출을 불허하여 음란하다는 혐의를 받지 말아야 할 것이다."

제4절 로마 지리학자 멜라(Mela)의 서술

서기 1세기 사람인 폼포니우스 멜라(Pomponius Mela)11)가 지은 《지

....

10) 마이오니아(Maeonia): 리디아(Lydia)제국의 본래 이름. 서부 아나톨리아(소아시아) 역사상의 한 지방으로 현재 터키의 이즈미르주와 마니사주에 해당한다. 리디아 언어는 인도유럽어족으로 루위어와 히타이트어와 관련되어있다.
11) 폼포니우스 멜라(Pomponius Mela, ?-A.D.45): 1세기 경 로마제국의 지리학

리지(地理誌)》(*De Situ Orbis*)에도 비단나라 이름이 보인다.

"아시아의 가장 동쪽에서는 인도인, 비단나라인과 스키타이인이 제일이
다. 비단나라인은 동방의 중부지역을 거의 차지하고 있으며, 인도인과
스키타이인은 변경에 있다."

"광활한 빈 땅에 야수가 번식하여 타비스(Tabis)산까지 이르며 산은 해안
에 우뚝 솟아 있다. 타우로스(Taurus)의 높은 산은 여기에서 아주 멀리
떨어져 있다. 비단나라인은 두 산 사이에 살고 있다. 이들은 아주 공정한
민족으로 그들이 물건을 광야에 내려놓으면 물건을 사려는 사람이 물건
주인이 없을 때 와서 물건을 가져가는데, 이러한 상거래 방식은 아주 유
명하다."

제5절 플리니우스(Plinius) 《박물지》의 서술

플리니우스는 서기 23년 태어나서 79년에 죽었다. 저서로 서기 77년
에 완성한 《박물지》(*Historia Naturalis*)[12]가 있다. 이 책의 중국에 관한

....

자. 43~44년성 라틴어로 《지리지》 3권을 저술하였는데, 당시 로마제국에 알
려져 있던 거의 모든 세계의 지명·지세·기후·풍습을 기술하고 있다. 그는
지구를 우주의 중심으로 여기면서 북한대·북온대·열대·남온대·남한대의
5지대로 나누었고, 육지를 둘러싸고 있는 대양을 4개의 바다로 구분하면서
그 중 지중해가 가장 중요하다고 주장하기도 했다.
12) 《박물지》(*Historia Naturalis*): 전 37권. 세계 최초의 백과사전으로 고대 로마
의 정치가이자 박물학자인 플리니우스가 100명의 학자들을 동원해 지리·
천문·인간·동물·식물·광물·보석 등 약 2만 개 항목을 선택해 설명한 책
이다.

내용을 1875년에서 1906년 사이에 나온 라이프치히(Leipzig)판(版) 메이호프(Mayhoff) 간행본에 의거하여 번역하면 다음과 같다.

"카스피해(Mare Caspium)와 오케아누스 스키니쿠스(Oceanus Scythicus)[13] 대양에서부터 해안을 따라 동쪽으로 돌아간다. 오케아누스 스키니쿠스 동부 근처는 적설(積雪)때문에 사람이 살고 있지 않으며, 근처 경계 지역에는 야만인이 살고 있으나 땅은 역시 황폐하다. 이 오케아누스 스키니쿠스 지역에 사는 야만인은 인육을 먹는다. 그리고 사방은 전부 황야이고 야수가 매우 많아서 자주 사람을 해치지만 그 야만인들은 야수를 통제하지 못한다. 여기를 지나면 또 오케아누스 스키니쿠스인이 있고, 또 다시 야수가 가득한 황야가 나오는데 타비스(Tabis)라 불리는 해변 가까이에 있는 산까지 곧장 이어진다. 해안선은 사람이 살고 있는 동북쪽을 향해 있지만, 여기에 도착해도 해안선은 아직 절반에 못 미친다."
"그곳에서 가장 먼저 만나는 사람은 나무에서 생산된 털(즉 명주)로 유명한 비단나라인이다. 그들은 나무 잎 위에 물을 뿌린 다음, 여자들의 각별한 작업을 거쳐 정리하여 실을 짜낸다. 그렇게 멀고 그렇게 번거롭고 힘든 수공(手工) 덕분에 우리의 귀부인들은 비로소 공공장소에서 휘황찬란하게 사람들의 눈길을 끌 수가 있다. 비단나라인은 본래 온화하고 선량하며 친절하나, 조수(鳥獸)와 마찬가지로 사람들과 무리를 지으려고 하지 않으며 오로지 다른 사람이 찾아와서 자신들과 교역하기만을 기다린다."
"비단나라인은 헤모두스(Hemodus)산 밖에 거주하는데, (Taprobane섬: 스리랑카 즉 실론섬의 옛 이름 - 역자) 사람들이 일찍이 본 적이 있고 상업

....

13) 오케아누스 스키니쿠스(Oceanus scythicus): 즉 지금의 카라해(Kara Sea). 러시아 북쪽에 접한 북극해의 일부로 노바야제믈랴 섬과 세베르나야제믈랴 제도의 사이에 있는 바다이다. 서쪽으로는 바렌츠해, 동쪽으로는 랍테프해에 면해 있다. 오비강·예니세이강·퍄시나강·타이미르강 등이 이 바다로 흘러든다. 1년 중 2개월의 여름을 제외하고는 얼어있다.

으로 유명하다. 라키아스(Rachias)의 아버지가 그곳에 가본 적이 있다. 여행객도 비단나라인을 만난 적이 있으니, 그들은 보통사람보다 키가 크고 빨간 수염과 푸른 눈을 가졌으며 목소리가 우렁찬데 외지인과 이야기를 나누지 않았다. 그 밖의 내용은 우리 상인들이 전하는 말과 똑같다. 물건을 모두 강가에 두는데 비단나라인에게 접근하여 그들의 물건을 사려고 하는 사람은 물건 대금을 놓고 물건을 가져간다."

"이시고누스(Isigonus)의 말에 의하면, 시르니인(Cyrni)은 140세까지 산다고 한다. 에티오피아인·마크로비인(Macrobi)·비단나라인도 마찬가지이다."

"더욱 놀라운 것은 사람들이 대리석을 채취하기 위해서 큰 산을 뚫고, 옷감을 구하기 위하여 멀리 있는 비단나라에 가며, 진주를 구하기 위하여 홍해의 깊은 곳에 몸을 매달고, 귀한 옥을 구하기 위하여 땅을 천장(丈)이나 파내려 간다는 것이다."

"우리는 비단나라인을 말할 때 이미 비단나라의 비단을 언급했다."

"(Tylos)섬의 가장 높은 곳에 비단나라에서 생산하는 것과 다른 비단을 만들 수 있는 나무가 있다."

"그곳(아라비아해를 가리킴)에서 우리에게 진주를 공급한다. 가장 낮게 계산해도 우리 제국은 해마다 총 1억 세스테르티우스(Sestertius)를 인도·비단나라·(아라비아)반도로 흘러 보내고 있다."

"다섯 번째 야생 포도의 이름은 털이 난 것(Lanatae)인데, 이 야생 포도의 껍질은 섬모(纖毛)로 덮여 있다. 우리는 비단나라인과 인도인이 나무에서 양모(羊毛)와 같은 물건을 채취하는 것에 놀랄 필요가 없다."

"각종 철 종류 중에 오로지 비단나라의 철에만 종려나무 가지가 있다. 비단나라인은 그것과 그들의 의복 및 가죽제품을 외국에 내다판다."

제6절 《에리트레아(Erythraei)해 항해지》의 서술

《에리트레아해 항해지》는 이름을 알 수 없는 사람에 의해 1세기 발경에 완성되었다. 작자는 이집트에 살았던 그리스인으로 대략 후한 장제 건초 5년(80)에서 화제 영원 원년(89) 사이에 홍해와 페르시아만 및 인도의 동서 해안을 항해하였다. 이 책에 나오는 중국에 관한 서술 내용을 번역하면 다음과 같다.

> "이 지방(Chryse를 가리킴)을 지나 가장 북쪽에 있는 지역에 도달하자 바다가 '진나라[秦國]'(조르주 세데스의 주석에 따르면 원 필사본에는 이곳에 글자가 빠져 있으며 또 결코 비단나라를 가리키는 것이 아니라고 하였지만, 프랑스어 번역본에는 여전히 '비단나라'라고 번역하였고 헨리 율의 번역본에는 '秦[Thin]'으로 되어있음)에서 끝이 났다. 이 나라의 내지(內地)(헨리 율의 번역본에는 이 앞에 "가장 북쪽에 있는 지역에 도달하자"라는 구절이 있음)에는 치내(Thinae) 혹은 치나이(Thinai)라 부르는 아주 큰 성(城)이 있는데, 그 곳에서 생산되는 명주[絲]·명주실[絲線]과 세리콘(Serikon)이라 부르는 천(견직물을 가리킴)은 육로(원문에는 步行이라 되어있지만, 낙타를 지칭한 것이 분명하다)를 이용하여 박트리아를 거쳐 바리가자(Barygaza)에 이른 다음 갠지스강을 지나 레무리아(Lemuria)[14]에 도착한다. 그 곳(秦나라)에 들어가는 것은 쉬운 일이 아니니 그곳에서 돌아오는 자가 아주 적고 매우 드문 일이었기 때문이다. 그 나라는 소웅성(小熊星) 아래에 위치하고 있는데, 사람들의 전언에 따

---

14) 레무리아(Lemuria): Limuria로 표기하기도 한다. 인도양 상에 존재했다고 알려진 가설 상의 대륙으로, 흔히 아프리카의 마다가스카르 섬에서 인도 아대륙의 남부 지역, 그리고 오스트레일리아 대륙의 서부 지역에 이르는 거대한 대륙으로 묘사되고 있다.

르면 그 국경이 흑해와 카스피해의 맞은편 해안(동방을 가리킴)에 있으며, 그 곁에는 매오티스(Maeotis) 호수[15]가 있어 큰 바다로 통할 수 있다고 하였다."

"해마다 왜인(矮人)이 진(秦)나라 변경지역에 왔는데, 이 사람들은 얼굴이 넓적하고 컸으며 매우 총명하다(《회편》에는 "금수와 비슷하게 생겼으나 사람을 해치지 않았다"고 잘못 번역되어있음). 전하는 바에 따르면 그들은 베사타이(Besatai)라 불리는데 야만인에 가까웠다. 그들은 아내와 아이를 함께 데리고 큰 보따리의 물건과 큰 광주리를 들고 왔는데, 그 색깔은 아직 푸릇푸릇한 포도나무 잎사귀와 똑같았다. 그들은 자신의 나라와 진나라 사이에 있는 땅에 이르러 일정 시간을 머물면서 며칠 동안 축제의 시간을 가졌으니, 이때 그들은 자신의 큰 바구니를 침대로 사용하였다(《회편》에는 "바구니 속의 물건을 꺼내어 땅바닥에 깔았다'고 잘못 번역되어있음). 그런 다음 자기네 나라의 더 깊숙한 곳으로 돌아갔다. 현지 사람들은 (이 기회를) 틈타 그 곳에 와 그들의 침구를 거두어 갔다. 아울러 페트로이(Petroi)라 부르는 갈대를 분리한 후에 잎사귀 하나를 접어 둘로 나누어 구형(球形)으로 만들고 갈대 섬유로 꿰어서 세 종류의 말라바트론(Malabathron)을 만들었다. 큰 잎사귀는 큰 구형을 만들고 중간 잎사귀는 중간 구형을 만들었으며 작은 잎사귀는 작은 구형을 만들었다. 이 세 종류의 말라바트론은 항상 제조자에 의해 그 곳에서부터 인도로 팔려나갔다."

"그곳보다 더 먼 곳은 기후가 너무 춥던가 아니면 얼음과 눈에 가로막혀 통행할 수가 없다. 아마도 신의 힘에 저항할 수 없었기 때문인지 아직 아무도 탐사하러 가지 않았다."

....

15) 매오티스(Maeotis) 호수: 현재 아조프해(Azov Sea)의 로마시대 라틴어 명칭. 흑해 북부의 한 해역으로 케르치 해협을 통하여 흑해 본체와 연결되어있다. 그 북쪽은 우크라이나와, 동쪽은 러시아와 접하며 서쪽은 크림 반도로 막혀 있다.

제7절 프톨레마이오스(Ptolemaeus) 《지리학》의 서술

프톨레마이오스는 그리스 사람으로 후한 환제 화평 원년(150)경에 완성된 그의 저서 《지리학》 중에는 중국에 관한 기록이 매우 많은데, 그 중 일부를 골라 번역하면 다음과 같다.

"세상에서 인류가 거주하지 않는(《회편》에는 "인류가 거주할 수 있는"으로 잘못 번역되어있음) 땅은 동쪽으로 미지의 땅(Terra Incognita)과 대아시아의 극동국가에 이르니, 차이나[支那]가 비단나라와 이웃하고 있다." "사람들이 이미 알고 있는 세계의 동쪽 끝은 차이나의 도성(都城)에서 끝난다. 알렉산드리아 항구에서 경도 19도 반 떨어져 있고 서로 약 8시간 의 시차가 난다."

프톨레마이오스는 마리누스(Marinus)[16]의 말을 인용하면서 다음과 같은 평론을 덧붙였다.

"그(마리누스를 지칭)에 따르면 유프라테스강 나루와 석탑(石塔) 간의 거리는 876schoeni 또는 26,280stades이다. 그리고 석탑과 비단나라 (Seres)의 수도 세라(Sera, 絲城)와의 거리는 보행으로 7개월이 걸린다고 추산할 때 36,200stades가 된다. 우리들이 수정한 방식에 따라 두 곳의 거리를 다 삭감해야 한다."
"그(마리누스를 지칭)는 티티아노스(Titianos)라고도 부르는 마에스 (Maes)라는 사람에 대해 분명히 이야기 했는데, 원적(原籍)은 마케도니

....

16) 티레의 마리누스(Marinus of Tyre, 70-130): 수학적 지리학을 발견한 페니키 아의 지리학자, 지도제작자 겸 수학자이다.

아이며 상인이다. 그 부친이 그랬던 것처럼 그도 이 노정(路程)을 기록으로 남겼으며, 비록 본인은 비단나라에 가보지 않았지만 일찍이 자신의 수하에 있던 몇 명을 파견한 적이 있다고 하였다."

"세레스인(Seres)의 나라(비단나라)와 도성은 모두 차이나 위쪽(북쪽을 지칭)에 있다. 그들의 동쪽은 미지의 땅으로 늪과 호수가 퍼져 있는데, 호수에서 큰 갈대가 나며 아주 두꺼워서 그 곳의 주민들은 이것을 이용해 (그곳의 늪지대를) 건넌다. (그들이 또 말하길) 그곳에서부터 석탑을 지나 박트리아(Bactriana)에 이르는 길은 하나가 아니고 다른 길도 있으며, 파림보트라(Palimbothra)17)를 거쳐 인도에 갈 수 있다고 하였다. (또한 그들은) 차이나의 도성에서 카티가라(Kattigara) 항구18)에 이르는 길은 서남쪽을 향해 가는 것이라고 말했다."

"비단나라(Seres)의 서쪽 경계는 스키타이이며 이마오스(Imaos)산맥19) 밖에 있는데 지정(指定)한 노선보다 더 높이 있다. 북쪽으로는 미지의 땅까지로 툴레(Thoule)섬과 동일한 위도(緯度)에 있다. 동쪽 역시 미지의 땅과 경계를 이루고 있다. 그 경계선은 동경 180도 63분에서 180도 35분까지이다. 남쪽 경계는 인도 갠지스강 동안(東岸)이다. 변경은 동경 173도 35분을 따라서 나있다. 더 나아가면 바로 차이나와 인접하고 앞서 말한 미지의 땅에서 끝난다."

....

17) 파림보트라(Palimbothra): 즉 파탈리푸트라(Pātaliputra). 고대 인도의 도시로 마가다국의 수도이다. 파탈리(Pātali) 또는 파탈리푸타(Pātaliputta)라고도 하는데, 현재의 비하르주의 주도 파트나 부근으로 갠지스강 남안에 위치한다. 석가시대(B.C.6-5세기) 마가다국의 아자타샤트루 왕이 여기에 성을 쌓고, 그의 뒤를 이은 우다인(Udāyin)이 라자그리하에서 천도했다. 그 이후 난다 왕조·우리야 왕조·굽타 왕조에 이르기까지 동 인도의 정치·문화 중심지로서 번영했다.
18) 카티가라(Kattigara) 항구: 로마인들이 인도차이나 메콩강 하류 또는 중국의 광동성에 있다고 생각한 항구.
19) 이마오스(Imaos)산맥: 고대 그리스 로마인들이 히말라야산맥을 지칭한 말. 일설에는 파미르고원의 무스타크(Muztagh)산을 가리킨다고도 한다.

"비단나라의 주위는 아니바(Anniba)산이 둘러싸고 있으며 산은 153도 60
분에서 시작하여 171도 56분에서 끝난다. 산의 동쪽에는 아우자키아
(Auzakia)산이 있으며 그 끝단은 165도 54분에 위치해 있다. 아스미라야
(Asmiraia)산의 서쪽 끝은 167도 47분 30초에서 174도 47분 30초에 있다.
이 산들의 동쪽에는 카시아(Casia)산이 있으며 그 끝은 162도 44분에 위
치해 있다. 타구룽(Thagoron)산의 중앙은 174도 43분에 있고, 동쪽에는
헤모다(Hemoda)산과 세리쿠스(Sericus)산이 있으며 그 끝은 165도 36분
에 있다. 오토로코라스(Ottorokorrhas)산의 양 끝단은 169도 36분과 176
도 39분 사이에 위치해 있다. 경내(境內)에는 두 강이 흐르는데, 비단나
라의 대부분이 관개를 받을 수 있다. 첫 번째 강 이름은 오이칼다스
(Oikhardas)이고 세 개의 수원(水源)이 있다. 첫 번째 수원은 아스미라오
이(Asmiraioi)산 부근에 있고, 두 번째 수원은 174도 47분 30초에 위치하
여 카시아산에서 가까우며 강굽이[河曲] 하나가 160도 49분 30초에 위치
한다. 같은 산에 있는 세 번 째 수원은 161도 44분 15초에 위치해 있다.
두 번째 강 이름은 바우티소스(Bautisos)로 첫 번째 수원은 카시아산 부
근이며 위치는 160도 43초이다. 두 번째 수원은 오토로코라스산 부근이
며 위치는 176도 39분이다. 에모다(Emoda) 산하(山河) 부근에 강굽이
하나가 있는데 168도 39분에 위치해 있다."

"비단나라의 가장 북쪽에는 인육을 먹는 야만인 종족이 살고 있다. 그들
아래쪽에는 아니보이(Anniboi)인이 같은 이름의 산에 거주하고 있다. 그
들과 아우자키오이(Auzakioi)인 사이에는 시지게스(Sizyges)인이 있고,
그들보다 더 아래쪽에는 다무나이(Damunai)인과 피아라이(Pialai)인이
살고 있는데 오이칼다스(Oikhardas)강까지 곧장 이른다. 강 아래는 바로
같은 이름을 가진 오이칼다스인이 살고 있다."

"차이나인(Sinai)의 변경은 북쪽으로 비단나라 일부와 경계를 이루고 있
다고 앞에서 이미 이야기하였다. 동쪽과 남쪽은 미지의 땅이며, 서쪽 변
경은 인도 갠지스강 변경지역이다. 이미 확정된 라인을 따라가면 곧장
대해만(大海灣)에 이른다. 대해만의 이름은 테리오데스(Theriodes)만이
고 차이나의 해만(海灣)에 있는데, 생선을 먹는 에티오피아(Aethiopia)

인이 거주하고 있다."

제8절 플로루스(Florus) 등의 서술

플로루스(서기 1세기 말)는 다음과 같이 기록하고 있다.

"스키타이인과 사르마타이인 양측 모두 사신을 보내 관계를 개선하였다.
비단나라인과 같은 태양 아래에 사는 인도인은 보석과 진주를 가지고 왔
는데, 각종 예물 중에는 코끼리도 포함되어있었다. 그들이 무려 4년이라
는 기간 동안을 걸어왔다는 점은 그들의 성의를 가장 잘 나타내준다.
이 사람들의 피부색 역시 그들이 다른 세계에서 왔다는 것을 증명한다."

그 외 2세기 사람 페리에게티스(Dionysius Periergettes)는 어떤 시에
서 "비단나라(Seres) 야만인은 소와 양을 먹지도 않으면서 넓은 땅엔 각
양각색의 화초를 심어놓고 각종 솜씨로 진귀한 옷을 만드는데, 화초의
색깔을 흉내 내어 그 빛깔을 표현해내니 거미 같은 솜씨 다른 사람들과
비교할 수 없구나"라고 묘사하였다.
4세기 사람 아비누스(Rufus Festus Avienus)는 "비단나라인(Seres)은
숲 속에서 얻은 나무 위의 양털에 의존한다"고 하였다.
4세기 초 사람 프리스키아누스(Theodorus Priscianus)도 시에서 "비단
나라인(Seres)은 소를 치고 양을 칠 줄 모르네. 입고 있는 옷은 그들이
침구를 놓아 둔 들밭 속의 화초를 짜서 만든 것이네"라고 읊었다.
서기 174년경 파우사니아스(Pausanias)[20]가 저술한 《그리스 주유기(周
遊記)》에서 생사(生絲)의 생산이 전부 곤충을 사육하여 얻은 것임을 처음

으로 분명히 말했으며, 비단나라인은 아비시니아(Abyssinia) 종족이라고 하였다.

　서기 380년경 마르셀리누스(Ammianus Marcelinus)는 역사서 하나를 저술하였는데, 일부 지면을 할애해 비단나라인과 그 땅에 대해 묘사하고 있다. 다만 프톨레마이오스의 책에 나오는 상세한 설명을 취하고 거기다 약간의 우화(寓話) 식의 세부 내용을 더하여 비단 짜는 방법과 교역에 관해 서술하였을 뿐이다. 반면 지도와 관련된 묘사 중에서는 이미 만리장성을 언급하고 있다.

．．．．．．．．．．．．．．．．．．．．．．．．．．

20) 파우사니아스(Pausanias, 생몰연도 미상): 소아시아 리디아 출생의 그리스인 여행가. 2세기 후반(170~180년경) 그리스의 여러 지방을 여행하고 《그리스 주유기》(*Periegesis tes Hellados*) 10권을 남겼다. 이 책은 그리스 각지의 지지・유적・전승・신화 등을 소상하게 기록하고 있어 고대 미술사 연구에 있어 사료적 가치가 높다.

제14장
위·진·남북조시기의 중서교통

제1절 《삼국지(三國志)》·《진서(晉書)》· 《송서(宋書)》의 기록

위·진·남북조시기에는 서역과의 교통이 크게 쇠퇴하였다. 위나라 때 "구자·우전·강거·오손·소륵·월지·선선·거사 등의 나라가 해마다 조공을 바치지 않은 적이 없었지만," 서역은 "이미 전부 도달할 수 있는 곳이 아니었다."

진(晉) 무제 태시연간 및 태강연간에 이르자 오로지 강거·언기·구자·대원·대진만이 조공을 바치러 왔다. 북조가 서역과의 교통을 완전히 단절하였으므로 송(宋)·제(齊)·양(梁)·진(陳)은 모두 해로를 통해 서방과 왕래하였다. 북위(北魏)[1]만이 서역과 "사절을 왕래하면서 기미(羈縻)[2]하여 단절되지 않는 길을 택했고," "동위(東魏)와 서위(西魏)시기에

....

1) 원서에는 북제(北齊)로 되어있으나 인용한 글("信使往來, 得羈縻勿绝之道")이 《위서(魏書)》〈서역전〉에 나오는 내용(信자 앞에 其자, 得자 앞에 深자, 道자 다음에 耳자가 있음)이고 문맥상으로도 북위가 되어야 해서 바로잡았다.

는 중국이 한창 혼란하여, 북제와 북주시기에 이를 때까지 서역과 관련된 일을 들을 수 없었다." 여기서 정사에 기록된 주요 내용을 절록(節錄)하면 다음과 같다.

《삼국지》권30 (〈烏丸鮮卑東夷傳〉 - 역자)에 기록된 인도에 관한 내용에는 부처가 탄생하였고 한 애제 원수 원년(B.C.2) 경노(景盧)가 《부도경》 등을 (전수)받았다고 되어있다. 그리고 거리국(車離國)과 반월국(盤越國)에 관한 기록도 보이는데,《한서》〈서역전〉에서 말하는 동리국(東離國)과 반기국(盤起國)을 말하는 듯하다.[3) 반기국에 대한 내용을 보면, "반기국은 일명 한월왕(漢越王)이라 한다. 천축 동남쪽 수천 리에 있으며 익부(益部)와 가깝다. 그곳 사람은 작고 중국인과 같다. 촉의 상인들이 그곳에 간 것 같다"고 적혀 있다.

《진서》권113 〈부견전(苻堅傳)〉 상(上)에는 동진 효무제 태원 6년(381) 천축국이 부견에게 화완포(火浣布)를 헌상했다고 되어있다.《양서》와 《남사》에는 동진 안제 의희연간 초(405) 사자국에서 옥상(玉像)을 받치러 왔다고 적혀 있다. 사자국은 바로 실론섬을 말한다. 인도 상인 싱할라(Singhala)가 위험을 무릅 쓰고 그 섬에서 장사를 하다 나라를 세워 왕이 되었는데, 사자국은 바로 싱할라의 의역(意譯)이다. 이를 통해 당시 중국과 인도 간에 이미 해상 교통이 이루어졌음을 알 수 있으니,

....

2) 기미(羈縻): 원래 말고삐[羈]와 소고삐[縻]를 일컫는 표현이지만 이민족에 대한 외교정책의 한 방식을 지칭함. 즉 우마(牛馬)를 기미로 부리는 것처럼 책봉(冊封)이나 숙위(宿衛)와 조공(朝貢) 같은 수단으로 사이(四夷)를 견제하고 복속시키는 속령화(屬領化)정책의 일종이다.

3)《한서》〈서역전〉에는 동리국(東離國)과 반기국(盤起國)에 관한 기사가 보이지 않는다.《후한서》〈서역열전〉에 동리국에 관한 기사만 있고 반기국은 단지 '천축'조에서 잠깐 언급되고 있다. 또 반기국의 반자도 磐으로 되어있다.

중국 고승 법현도 실론에서 상선(商船)를 타고 귀국한 경우에 해당한다.

송 원가 5년(428) 사자국왕 찰리마하남(刹利摩訶南)이 표문(表文)를 올려 다음과 같이 말하였다.

"삼가 대송(大宋) 명주(明主)께 고합니다. 비록 산과 바다로 가로막혀 있지만 소식이 때에 맞춰 도달하였습니다. 엎드려 받사오니 황제의 높고 요원한 도덕, 천지에 가득하여 해와 달과 같이 밝게 비추고 있습니다. 이에 사해(四海) 밖에서 찾아와 복종하지 않은 이가 없을 뿐만 아니라, 사해의 여러 왕들 가운데 사절을 보내 공물을 헌상하고 대덕(大德)에 귀의하는 성의를 표하지 않은 나라가 없습니다. 어떤 경우에는 바다에서 삼년간 항해하고 육지에서 천 일을 이동하면서도 위세를 두려워하고 그 덕(德)을 사모하여, 아무리 길이 멀어도 찾아오지 않는 나라가 없습니다. 저는 선왕(先王) 이래로 오직 덕을 닦는 것으로 올바른 길로 삼아 엄중한 형벌을 쓰지 않고 다스리며 삼보(三寶)를 존중하고 받들어 천하를 구제하며 사람의 선량함을 발견하면 마치 자신의 일처럼 기쁘게 생각합니다. 천자와 함께 정법(正法)을 널리 펴서 교화시키기 어려운 이들을 구제하기 위해, 네 명의 도인(道人)에게 부탁하고 두 명의 속인(俗人)과 함께 파견하면서 아대상(牙臺象)을 보내 신표와 서약의 표지로 삼고자 합니다. 사절들이 돌아 올 때 그 대답을 들을 수 있기를 원합니다."

찰리마하남은 산스크리트어로 라자 마하나마(Raja Mahanaama)라 읽으며 동진 의희 6년(410) 즉위하여 송 원가 9년(432)에 죽었다.

같은 해 천축의 가비려국(迦毗黎國)4) 즉 《불국기》에 나오는 가유라위

....

4) 가비려국(迦毗黎國): 표문 하단에 가비하(迦毗河)에 위치하고 있다고 한 것으로 보아 석가모니의 고국으로 현재 인도와 네팔의 경계에 있는 중천국의 가비나국(迦毗羅國) 혹은 가비나위국(迦毗羅衛國)을 의미하는 것으로 보인다. 그러나 이 국가는 Kapilavastu로 불리던 국가로 기원전 6-4세기에 존재했

성(迦維羅衛城), 《(대당)서역기》에 나오는 겁비라벌솔도국(劫比羅伐窣堵
國, Kapilavastu)의 국왕 월애(月愛)도 사신을 보내 표를 올렸고, 12년
(435)에는 사자국 국왕도 사신을 보내 공물을 헌상하였다. 둘 다 《송서》
권97 (〈夷蠻傳〉 - 역자)에 그 내용이 나온다.

가비려국의 왕은 표문에서 다음과 같이 말하고 있다.

> "대왕께서 만약 필요하신 진기하고 특이한 물건이 있으면 당연히 모두
> 보내드리겠습니다. 이 지역의 땅은 바로 왕의 나라이며 왕의 법령은 나
> 라를 다스리는 선한 도(道)이니 마땅히 전부 받들어 사용할 것입니다.
> 원하건대 양국 사신의 왕래가 중단되지 않게 해주시고 이번 사신이 돌아
> 올 때 한 명의 사신을 보내시어 성스러운 명을 선포하여 마땅히 해야
> 할 바를 갖출 수 있도록 해주십시오. 간절한 성심으로 사신이 빈손으로
> 돌아오지 않기를 바라며 이와 같이 아뢰오니, 바라건대 불쌍히 여겨주시
> 옵소서. 금강지환(金剛指鐶)과 마륵금환(摩勒金鐶) 등 여러 보물과 붉
> 은색·흰색의 앵무새 한 쌍을 바칩니다."

월애 왕은 바로 굽타왕조의 찬드라굽타 2세이다.

원가 5년 사자국 국왕의 표문에서 "소식이 때에 맞춰 도달하였다" "사
해의 여러 왕들 가운데 사신을 보내 공물을 헌상하지 않는 자가 없었다"
고 한 것은 당시 중국과 인도 간에 정치사절의 교류가 빈번하였음을
증명하니, 없어지거나 흩어진 기록도 틀림없이 많을 것이다. 가비려국
국왕도 "양국 사신의 왕래가 중단되지 않기"를 희망한다고 하였는데,

....

기 때문에 유송(劉宋)시기 이 나라에서 사신을 파견한다는 것은 불가능한
일이다. 그래서 당시 간혹 나타났던 것처럼, 특정 세력집단이 무역을 위해서
이미 알려진 다른 국가의 사신으로 위장하여 조공하는 소위 '위사(僞使)'의
한 형태라고 파악하기도 한다.(《송서 외국전 역주》, 92쪽)

만약 당시 중국과 인도 간의 교통이 원활하지 못했다면 이러한 바람을 가질 수 없었을 것이다.

《송서》〈이만전(夷蠻傳)〉에 의하면 가라단국(呵羅單國)[5]은 원가 7년 (430)에 사신을 통해 금강지환과 붉은색 앵무새를 헌상했고, 10년에도 표를 올렸다. 이에 26년(449) 태조는 조서에서 "가라단(訶羅丹)·반황 (媻皇)·반달(媻達) 세 나라는 여러 차례 아득히 먼 바다를 건너와서 정성을 다해 따르고 공물을 헌상하였으므로 먼 곳에서의 성의가 마땅히 살필 만하니 (봉토와 관작을) 내릴만하다"고 하였다. 또한 사자를 보내 책명(策命)을 내리기를, "그대들이 의를 사모하여 정성스럽게 귀화하니 아득히 먼 지역에서 성의를 나타내었도다. (천자의) 은혜가 미치는 것은 머나먼 이역이라도 반드시 굳게 이루어져야 하는 것으로 이에 전장(典章)을 공포하여 시행하고 (그 공을) 혁혁하게 드러내어 책명을 내린다. 그대들은 이 막중한 책명을 공경히 받들어서 영원토록 그 직분을 지켜야 하니 어찌 신중하지 않을 수 있겠는가?"라고 하였다. 그러자 29년 (452) 또 장사(長史) 반화사미(媻和沙彌)를 보내어 방물을 헌상하였다. 원가 12년(435)에는 사파파달국(闍婆婆達國)[6]의 국왕 사려파달타아라발마(師黎婆達陁阿羅跋摩)가 사신을 보내 표를 올렸는데, 그 내용 중에

....

5) 가라단국(呵羅單國): 원서에는 아라단국(阿羅單國)으로 되어있으나 오류가 분명하여 바로잡았다. 가라단국은 訶羅單이라고도 하는데,《조와사송(爪哇史頌)》에 나오는 karitan의 음역이라고도 한다. 지금의 인도네시아 수마트라섬에 있다고도 하며 일설에는 자바섬에 있다고도 하는데 겸하여 두 섬을 가리키기도 한다. 이외에도 말레이반도의 kelantan, 베트남 중남부 등의 설이 있다.(《송서 외국전 역주》, 82쪽)

6) 사파파달국(闍婆婆達國): 闍婆達 또는 闍婆라고도 한다. 지금의 인도네시아 자바섬 또는 수마트라섬에 있었다고 하며 이 두 섬을 함께 일컫기도 한다.(《송서 외국전 역주》, 89쪽)

"비록 거대한 바다가 가로 막고 있지만 항상 멀리 떨어져 있는 신하로 예속되어있습니다"라는 말이 있는 것으로 보아, 그들이 중국에 귀부한 것이 당연히 유송(劉宋) 이전이었음을 알 수 있다. 가라단과 사파파달은 모두 지금의 자바(섬)에 있었다.

제2절 《양서(梁書)》·《남사(南史)》· 《위서(魏書)》의 기록

《양서》〈제이전〉'해남제국(海南諸國)' 총서(總敍)에는 다음과 같은 내용이 있다.

> "해남의 여러 나라는 대체로 보아서 교주(交州)의 남쪽과 서남쪽 대해 (大海)의 (동남아시아) 대륙부 및 도서 지역에 위치한다. 서로간의 거리 가 가까운 곳은 3~5천리이고 먼 곳은 2~3만 리 떨어져 있다. 그 서쪽과 서역의 여러 나라는 모두 인접해 있다. …… 오나라 손권(孫權) 때에 이 르러 선화종사(宣化從事)[7] 주응(朱應)[8]과 중랑(中郞) 강태(康泰)[9]를

....

7) 선화종사(宣化從事): 선화종사가 구체적으로 어떤 관직이었는지에 관한 내 용은 찾기 어려운데, 아마도 종사의 일종으로 보인다. '종사'는 한대 이래로 삼공(三公) 및 주군(州郡)의 장관이 요속(僚屬)을 벽소(辟召)하여 쓸 때 '종사' 를 칭한 경우가 많았고 특별한 정원도 없었던 것으로 보인다. '선화'는 군주 의 명을 전하여 백성을 교화한다는 의미를 갖고 있으니, 이에 걸맞은 임무를 부여받은 종사 정도로 해석할 수 있을 듯하다.(《남제서·양서·남사 외국전 역주》, 138쪽)

8) 주응(朱應, 생몰연도 미상): 주응에 관한 기록은 찾기 어려운데, 《수서》〈경 적지〉에 의하면 《부남이물지(扶南異物志)》 1권을 편찬하였다고 한다. 현재

보내 이곳과 통교하였다. 그들이 거쳐 가거나 전해들은 곳이 백 수십 국에 달했는데, 나중에 이를 바탕으로 기전(記傳)을 작성하였다. 진대(晉代)에는 중국과 통한 나라가 많지 않아 사관의 기록이 남아 있지 않다. 송과 제에 이르자 (사자를) 보내온 나라가 십여 국이나 되었으므로 비로소 그 전(傳)을 지었다. 양(梁)이 천명을 받은 이후로 (그) 정삭(正朔)을 받들고 직분을 다하여 공물을 헌상하기 위해 해마다 바다를 건너오는 나라가 이전보다 많았다."

당시 남해 여러 나라와의 왕래 상황을 대략 엿볼 수 있는 대목이다. 《양서》〈왕승유전(王僧孺傳)〉[10]에 "천감연간(502-519) 초기 …… 남해태수로 부임하였는데, 남해군에는 항상 외국인 장사치[高凉生口][11]들이 있었고 바다를 운행하는 큰 배가 해마다 여러 차례 이르러 외국상인들이 물건을 교역하였다. 옛날 주군(州郡)에서는 (물건을) 반 가격에 시세를 매기어 사고팔아 수배의 이익을 챙겼는데, 이와 같이 지방 관리들이 장사하는 것이 관례가 되었다. 이에 왕승유가 탄식하며 '옛날에 어떤 이는 촉군(蜀郡)의 장사(長史)를 지냈으나 죽을 때까지 촉의 물건이 없었으니, 내가 자손들에게 남기고 싶은 것은 월지방의 차림[越裝]이 아니

....
이 책은 소실되어 전하지 않는다.

9) 강태(康泰, 생몰연도 미상): 강태에 관한 기록도 찾기 어려운데, 이 사행의 경험을 토대로 《오시외국전(吳時外國傳)》(혹은 《吳時外國志》, 《(康泰)扶南記》, 《扶南傳》)을 지었다고 전해지며, 이는 《수경주》·《예문유취》·《양서》·《통전》·《태평어람》 등의 서적에서 인용되고 있다.(《남제서·양서·남사 외국전 역주》, 138쪽)

10) 정식 명칭은 《양서》 권33 〈왕승유·장솔·유효작·왕균전(王僧孺張率劉孝綽王筠傳)〉 중의 '왕승유'조이나 편의상 원서에 표기된 대로 따랐다.

11) 고량생구(高凉生口): 한(漢)나라 사람이 외국상인들을 얕잡아 부르던 호칭이다.

다'고 하였다"고 적혀있는 것으로 보아, 당시 해마다 외국인이 수차례 중국에 왔음을 알 수 있다.

《양서》〈제이전〉에는 송 효무제 때, 간타리국(干陁利國)[12] 국왕 석바라염린타(釋婆羅邨隣陁)[13]가 장사(長史) 축류타(竺留陁)[14]를 파견하여 금은보기(金銀寶器)를 헌상하였다고 되어있다. 또 천감 원년(502) 그 왕 구담수발타라(瞿曇修跋陁羅)가 사신과 화공(畵工)을 보내 옥반(玉盤) 등의 물건을 헌상하고 고조(高祖)의 형상을 모사(模寫)하였으며, 17년에는 그의 아들 비야발마(毗邪跋摩)가 장사 비원발마(毗員跋摩)를 보내 표를 올리고 금부용(金芙蓉)과 여러 향약(香藥: 의학용으로 쓰이는 향료 − 역자) 등을 헌상했고, 보통 원년(520)에도 다시 사신을 보내 그 지방의 특산물을 바쳤다고 적혀있다. 그 땅은 지금의 수마트라섬이다.

《북사》〈파리전(婆利[15]傳)〉[16]에는 교지에서 바다를 건너 남쪽으로 적토국(赤土國)[17]과 단단국(丹丹國)[18]을 지나면 그 나라에 도착한다고

....

12) 간타리국(干陁利國): 구설(舊說)에 따르면 삼불제(三佛齊)의 고칭(古稱)으로 그 고지(故地)는 현재 인도네시아 수마트라섬으로 알려져 왔으나, 근래 말레이반도에 있었다는 설이 제기되고 있다. 간타리는 길타별(吉打別)이며 'Kadaram'의 음사(音寫)라고 한다.(《남제서·양서·남사 외국전 역주》, 178쪽)
13) 원서에는 釋婆羅郡隣陁로 되어있으나 《양서》 원문에 따라 바로잡았다.
14) 원서에는 竺留弛로 되어있으나 《양서》 원문에 따라 바로잡았다.
15) 파리(婆利):《원사》에는 '발니(渤泥)', 명대 사적 중에는 '문래(文萊)'라 표기되어있다. 7세기 보르네오 지역에 존재하였던 Srivijaya의 속국인 Vijayapura로서 현재 보르네오섬 브루나이 왕국의 고대 왕조로 이해되기도 한다(《북사 외국전 역주》, 149쪽). 후까미 스미오(深見純生)은 인도네시아 자바섬에 있었던 것으로 비정하였다.(《남제서·양서·남사 외국전 역주》, 185쪽)
16) 정식 명칭은《북사》권95 〈만·료·임읍·적토·진랍·파리전(蠻獠林邑赤土眞臘婆利傳)〉 중의 '파리'조이나 편의상 원서에 표기된 대로 따랐다.

되어있는데, 보르네오섬을 가리키는 듯하다. 천감 16년(517) 금석(金席)을 헌상하러 왔으며, 보통 3년(522)에도 지방 특산물 수십 종을 바쳤다고 기록되어있다.[19)

위에서 언급한 단단국은 지금의 말레이시아 켈란탄(Kelantan) 지역인 듯하다. 중대통(中大通)[20) 2년(530) 사신을 보내 표를 올리면서, 상아로 만든 불상(像)과 탑(塔) 각 두 구(軀)를 헌상하였고 아울러 화제주(火齊珠)·길패(吉貝)[21) 그리고 여러 향약(香藥) 등을 바쳤다. 대동 원년(535)에도 사신을 파견해 금·은·유리·여러 보석[雜寶]·향약[22) 등을 헌상했다.[23)

....

17) 적토국(赤土國): 적토국의 위치는 현재의 말레이반도에 해당한다고 이야기되는데, 구체적 위치에 대해서는 여러 설이 있다. 어떤 이는 태국의 Song khla와 Patani 일대라 하고, 어떤 이는 말레이시아의 Kedah와 Kelantan 혹은 Pahang 일대라 한다. 이 밖에 싱가포르와 수마트라섬의 Palembang이나 카리만탄이나 스리랑카라는 설도 있다. 그리고 당나라 때의 슈리비자야 왕국으로 보는 설도 있다.(《주서·수서 외국전 역주》, 189-190쪽)
18) 단단국(丹丹國): 胆胆洲, 旦旦, 單單, 日旦이라고도 한다. 오늘날의 말레이반도에 위치한 소국으로 생각된다. 그 정확한 위치에 대해서는 다양한 설이 있다. 말레이시아 Kelantan 일대라는 설, 말레이반도 서안의 Dindings, 싱가포르와 인도네시아의 Natuna섬 또는 Mdura섬이라는 설 등이 있다.(《북사 외국전 역주》, 149쪽)
19) 천감 16년 이하의 내용은 《양서》〈제이전〉'파리국'조에 나온다.
20) 원서에는 대통(大通) 2년(530)으로 되어있으나 만약 대통 2년이라면 528년이 맞다. 《양서》 원문을 확인하여 바로잡았다.
21) 길패(吉貝): 《양서》 원문에는 고패(古貝)로 되어있으나 길패라는 용어가 더 보편적으로 사용됨으로 원서대로 표기했다. 중국 고대에 목면(木棉) 혹은 초면(草棉)을 길패라 불렀다. 목화나무라고도 하는데, 인도에서 자바에 걸쳐 자라며 케이폭나무와 혼동되기도 한다. 따라서 레드 실크코튼(red silk cotton tree)이라 하여 구별한다.(《남제서·양서·남사 외국전 역주》, 178쪽)
22) 원서에는 '寶香藥'으로 되어있으나 《양서》 원문을 확인하여 바로잡았다.

그밖에 남해에 있는 돈손국(頓遜國)에 대한 기록은 만진(萬震)의 《남주이물지(南州異物志)》24)와 강태의 《오시외국전》(둘 다 《태평어람》과 《예문유취》에 인용되어있음)에서 찾아 볼 수 있다. 《양서》〈제이전〉에는 돈손국이 부남·교주·천축·안식 등과 "왕래하며 서로 물건을 사고판다. …… 그 시장에는 동서의 (상인들이) 교차하여 모이는데, 날마다 만여 명이나 된다. 진기한 물건과 보화(寶貨)가 없는 것이 없다"고 되어있다. 싱가포르의 옛 이름 Tamasak(Teamasek의 오기로 보임 - 역자)과 돈손(頓遜)의 발음이 매우 비슷하다고 생각된다.

《양서》권54(〈제이전〉 - 역자)에 기록된 인도에 관한 내용을 분석하면 다음과 같다.

1) 중천축(中天竺)국의 명칭과 방위, 장건이 전해들은 내용 및 월지와의 관계(신독이 천축임을 분명히 말하고 있음)
2) 큰 강과 생산물 및 대진·안식·계빈과의 무역
3) 한나라와 삼국시기 대진과의 관계
4) 한나라 화제(和帝) 이후 중국과 인도의 관계

여기서 그 가장 마지막 단락을 옮기면 다음과 같다.

"후한 화제 때 천축이 여러 차례 사신을 보내 공물을 헌상했으나, 나중에 서역이 반란을 일으키자 마침내 교류가 끊겼다. 그러다 환제 연희 2년

....

23) 단단국에 관한 내용은 《양서》〈제이전〉'단단국'조에 보인다.
24) 《남주이물지(南州異物志)》: 전 1권. 삼국시대 오나라 단양태수(丹陽太守)를 지낸 만진이 쓴 영남(嶺南) 최초의 희귀 광동(廣東)사료이다. 현재 원서는 산실되었으나 《수서》〈경적지〉, 《구당서》〈경적지〉, 《신당서》〈예문지〉, 《제민요술》, 《초학기》, 《북당서초》, 《일체경음의》, 《법원주림》, 《태평어람》 등의 책에 기록되거나 인용되어있다.

(159)과 4년에 일남 변경 밖으로부터 와서 빈번하게 공물을 헌상해 왔으나, 위·진시기에 다시 중단되어 더 이상 통하지 않았다. 오직 손오(孫吳) 때 부남 왕 범전(范旃)이 가까이 신임하는 소물(蘇物)을 사자로 보냈는데, 먼저 부남의 투구리(投拘利) 입구에서 출발하여 바다의 큰 만(灣)을 따라 정서북(正西北)쪽으로 들어가서 1년여의 시간 동안 만 주변에 있는 여러 나라를 거친 후에야 천축강 입구에 닿을 수 있었고 다시 강을 거슬러 7천 리를 가서야 비로소 도착하였다. 천축 왕이 놀라서 '바다의 끝은 지극히 먼데도 이런 사람이 (살고) 있구나'라고 말하며 즉시 불러서 국내를 시찰하도록 하고, 진(陳)과 송(宋) 두 사람에게 월지(月支)의 말 네 필을 가지고 가서 범전에게 보답하도록 시켰다. 소물 등을 보내 돌아가게 하였으나 4년이나 걸린 후에야 (부남에) 도착할 수 있었다. 그 때 오나라에서는 중랑(中郞) 강태를 부남에 사자로 보내었는데, (강태가) 진과 송 등을 보고는 그들에게 천축의 풍습에 대해 물으니, '불도(佛道)가 흥성한 나라입니다. 백성이 많은데다 부유하고 땅은 넓고 비옥합니다. 그 왕은 무론(茂論)이라고 부릅니다. 도읍은 성곽을 둘렀는데, 물의 샘이 갈라져 흘러 도랑과 해자를 채우고 큰 강으로 흘러 내려갑니다. 그 궁전에는 전부 무늬가 조각되어있으며 성내의 거리와 마을에는 옥사(屋舍)와 누관(樓觀)으로 가득 찼고, 종소리와 북소리 음악이 넘쳐나며 의복과 장식은 향기롭고 화려합니다. 물길과 뭍길의 교통이 편하여 온갖 상인들이 모여 교역하니, 기이한 노리개나 진기한 보물도 마음대로 살 수 있습니다. 주변의 가유(嘉維)·사위(舍衛)[25)]·엽파(葉波) 등 16개의 큰 나라는 천축에서 2-3000리 떨어져 있는데, 하나같이 천축국을 천지(天地)의 중심이라 여겨 귀히 받들고 있습니다'라고 하였다."

....

25) 사위(舍衛, Sravasti): 꼬살라(Kosala)국의 수도 사왓티(Savatth, Skt. Sravasti, 舍衛城). 라프티강(과거의 아치라바티강) 남쪽 기슭에 있는 자그마한 언덕 위에 위치. 이곳에 유명한 기원정사(祇園精舍)가 세워져 있었다고 한다.(《남제서·양서·남사 외국전 역주》, 192쪽)

그 밑에 송 원가 5년 가비려국 국왕 월애의 표문이 기록되어있는데, 단지 굽타를 그 이역(異譯)인 굴다(屈多) 왕으로 바꿔 적고 사신의 이름도 축나달(竺羅達)로 표기하였으며 표문 내용도 약간 고쳐져 있다. 문장 말미에 공물로 헌상했다고 열거한 지방 특산물은 완전히 날라셔서, "유리로 만든 타호(唾壺)와 잡향(雜香)과 길패 등의 물품"으로 되어있다.

《양서》 권54에는 또 사자국 즉 실론의 상황에 대해 기록하고 있는데, 아마도 《불국기》에서 가져온 내용인 듯하다. 중국과 실론의 관계에 대하여서는 다음 세 가지 일이 기록되어있다.

(1) "진 의희연간(405-418) 초 처음으로 (사신을) 파견하여(《남사》 권 78에는 遺 자 밑에 使 자가 있음) 옥으로 만든 불상[玉像]을 바쳤는데, 10년이나 걸려서 겨우 도착하였다. 불상의 높이는 4척 2촌으로 옥색이 깨끗하고 윤기가 나며 모양이 특수하여 거의 사람 손으로 만든 것이 아닌 듯하였다. 이 불상은 (동)진과 (유)송 양대를 거쳐 대대로 와관사(瓦官寺)에 보관되어있었다. 이 사원에는 이미 징사(徵士) 대안도(戴安道)26)가 손수 만든 불상 5구(軀)와 고장강(顧長康)27)이 그린 유마힐(維摩詰) 거사의 초상이 있었는데, 세인

....

26) 대안도(戴安道, ? -396): 동진시기의 학자이자 조각가 및 화가. 이름은 규(逵)이고 안도는 그의 자이다. 초군(譙郡) 질현(銍縣: 현 안휘성 宿縣) 사람으로 나중에 회계의 담현(郯縣: 현 절강성 嵊縣 서남)으로 옮겼다. 일찍이 불교의 인과응보설에 반대하여 《석의론(釋疑論)》을 지어 명승 혜원(慧遠)과 변론하였다. 인물화와 산수화, 달리는 짐승을 잘 그렸으며 또 종교화를 그리고 불상을 주조하기도 하였다.

27) 고장강(顧長康, 생몰연도 미상): 동진시기의 화가. 자는 호두(虎頭)이고 강소성 무석(無錫)에서 태어났다. 중국회화 사상 인물화의 최고봉으로 일컬어진다. 송나라의 육탐미(陸探微), 양나라의 장승요(張僧繇)와 함께 육조 3대가라 불린다.

들은 이들 세 작품을 일컬어 삼절(三絶)이라 하였다. (북)제 동혼후(東昏侯) 때에 와서 마침내 옥불상을 훼손하였으니, 먼저 그 팔을 자른 다음 그 몸통을 취하여 애첩 반귀비(潘貴妃)를 위해 비녀와 팔찌를 만들어 주었다.”

(2) “송 원가 6년과 12년에 그 나라의 왕 찰리마하(刹利摩訶)가 사신을 보내 공물을 헌상하였다.”《송서》에는 (원가) 5년이라 되어있으며 왕 이름 맨 아래의 ‘남(南)’자가 역시 빠져 있다.

(3) “그 뒤 왕 가섭가라가리야(伽葉伽羅訶利邪)가 사신을 보내 표를 올렸다.” 표문의 내용은 원가 5년의 것과 같고 단지 몇 글자만 마음대로 고쳤다. 예컨대 첫 구절인 “삼가 대송 명주께 아룁니다(謹白大宋明主)”에서 ‘송(宋)’자를 ‘양(梁)’자로 고치고 “사해 밖에 있는 외국이 와서 엎드리지 않은 곳이 없다(四海之外, 無往不伏)”에서 ‘외(外)’자를 ‘표(表)’자로, ‘왕(往)’자를 ‘유(有)’자로, ‘복(伏)’자를 ‘종(從)’자로 고쳤다. 그 외에는 미뤄 짐작할 수 있는 내용들이다. 마지막에는 “대량(大梁)과 더불어 삼보(三寶)를 함께 널리 알려 교화하기 어려운 이들을 구제하고자 합니다. 사신이 돌아오매, 엎드려 고칙(告敕)을 들었습니다. 지금 미약하나마 봉헌하오니, 바라건대 은혜를 베풀어 받아주십시오”라고 되어있다.

《주서》 권19 〈양충전(楊忠傳)[28]〉에는 “우근(于謹)이 강릉(江陵)을 정벌할 때, 양충이 전군(前軍)으로 배치되어 강진(江津)에 주둔하면서 그 퇴로를 막았다. 양나라 사람이 칼을 코끼리 코에 매달고 전투를 하였는데, 양충이 화살을 쏘자 코끼리 두 마리가 물러나며 달아났다”고 되어있다. 《사기》 〈대원열전〉에 기록된 장건의 보고에서 인도인이 “코끼리를 타

....

28)《주서》 권19는 7명의 합전이나 편의상 원서에 표기된 대로 따랐다.

고 전쟁을 한다"고 하였는데, 《주서》에 따르면 양나라 사람도 이미 인도인을 모방하여 코끼리를 타고 전쟁에 나갔음을 알 수 있다.

《남사》 권78(〈夷貊傳(上)〉 - 역자)의 기록은 《양서》와 완전히 같다. 단지 '중천축'과 '가비려'가 서로 다른 나라라고 잘못 생각하여 국왕 '굽타'와 '월애'도 각기 다른 왕으로 오인하였다. 그리고 원가 5년 사절을 중국에 보내 공물을 헌상했다는 내용 외에 다음 기록이 보인다.

> "명제(明帝) 태시 2년(466) 또 사절을 보내 공물을 바치자, 그 사절단의 책임자[使主] 축부대(竺扶大)와 축아진(竺阿珍) 두 사람을 모두 건위장 군(建威將軍)으로 삼았다. 원가 18년 소마려국(蘇摩黎國)의 왕 나라발 마(那羅跋摩)가 사자를 보내 토산물을 헌상하였고, 효무제 효건 2년 (455)에는 근타리국(斤陀利國)의 왕 석바라나린타(釋婆羅那隣陀)가 장 사(長史) 축류타급다(竺留陀及多)를 파견하여 금은보기(金銀寶器)를 헌상하였다. 그리고 후폐제(後廢帝) 원휘 원년(473)에는 파려국(婆黎國) 에서 사신을 보내 공물을 바쳤다."

이 내용은 《송서》에도 보인다. 소마려(蘇摩黎)는 바로 수마트라섬 북쪽에 있는 사마르랑카(Samarlangka)이다. '파리(婆利)'는 《송서》에도 '파려(婆黎)'로 되어있는데, 같은 지역이고 지금은 파락(Parlak)이라 부른다. 근타리(斤陀利)에 대해서는 알 수가 없다.

《위서》 권102(〈서역전〉 - 역자)에 기록된 계빈국에 관한 내용은 다음과 같다.

> "도읍은 선견성(善見城)29)이고 파로국(波路國)30)의 서남쪽에 있으며 대

---

29) 선견성(善見城): 산스크리트어의 Sudarsána의 음역이며 현재 Srinagar에 해

(代: 북위의 수도 代都를 가리킴 - 역자)와는 14,200리 떨어져 있다. 사방
(으로 둘러싸인) 산중에 살고 있는데, 그 땅은 동서가 800리이고 남북이
300리이다. 땅은 평평하고 날씨는 온화하며 목숙(苜蓿)잡초·기이한 나
무[奇木]·박달나무·화나무·가래나무·대나무 등이 있다. 오곡을 심고
정원과 밭에는 분뇨를 (비료로) 뿌리며 땅이 낮고 습한 곳에는 벼를 심는
다. 겨울에는 날 채소를 먹는다. 그 사람들은 공예기술이 뛰어나 조각과
금속공예와 카펫 직조(에 능하다). 금·은·동·주석이 나서 그것으로 기
물을 만든다. 거래할 때에는 전(錢)을 사용한다. 기타 가축은 다른 여러
나라와 같으며 매번 사신을 보내 조공을 바쳤다."

《북사》권97(〈서역전〉- 역자)의 내용도 같다. 《위서》권102에는 남천축
에 대해서도 "국왕이 사신을 파견하여 준마와 금은을 헌상하였으며, 그
뒤로 매번 사신을 보내 조공을 바쳤다"고 적고 있다.
또 오장국(烏萇國)과 건타국(乾陁國)에 관해 다음과 같이 기록하고 있다.

"오장국은 사미국(賖彌國) 남쪽에 있고 북쪽에는 총령이 있으며 남쪽으
로는 천축에 이른다. 바라문호(婆羅門胡: Brahman의 음역 - 역자)가 상층
귀족이다. 바라문은 천문과 길흉의 재수를 많이 해석하기 때문에, 그 왕
이 움직이고자 하면 곧 (그들에게) 물어보고 결정한다. 땅에는 숲과 과일
이 많고 물을 끌어다가 밭을 관개하며 벼와 밀이 풍부하다. 부처를 섬기
고 절과 탑이 많을 뿐만 아니라 매우 화려하다. 사람들 사이에 쟁송이
벌어지면 약을 먹게 하니, 잘못된 사람은 발광하고 올바른 사람은 평안
하게 된다. 그 법은 사람을 죽이지 않고 사형 죄를 범한 경우에도 영산

당하는 것으로 추정된다.(《위서 외국전 역주》, 194쪽)
30) 파로국(波路國): Bolor의 음사(音寫)로 현재 파미르 지방의 Gilgit에 해당되는
것으로 추정됨. 《위서》〈세종기(世宗紀)〉에 나오는 불륜(不崙) 혹은 발륜(鉢
崙)과 동일한 지명일 가능성이 있다.(《위서 외국전 역주》, 193쪽)

(靈山)31)에 귀양 보낼 뿐이다. 서남쪽에 있는 단특산(檀特山)32) 꼭대기에 절을 짓고서 나귀 몇 마리를 이용하여 산 아래에서 식량을 운반하는데, (그 나귀들을) 부리는 사람이 없어도 나귀 스스로 알아서 왕래한다."

오장(烏萇)은 산스크리트어로 우디야나(Udyana)인데, 혜초의 《왕오천축국전》에서는 오장(烏長)이라 표기하면서 "그들은 스스로 울지인나(鬱地引那)라고 말한다"고 하였다. 《문헌통고(文獻通考)》에서는 월저연(越底延)이라 하였고, 《낙양가람기》에서는 오장(烏場)이라 표기하였다. 《대당서역기》에서는 오장나(烏仗那)라고 하였고, 《신당서》〈서역전〉에서는 오차(烏茶)라고 하였으며, 《개원석교록(開元釋敎錄)》33) 권6에서는 오차(鄔荼)라고 표기했다. 동산[園圃]이라는 뜻으로서 아마도 임금의 정원[御苑]을 말하는 것 같다. 위치는 확실치 않으나 지금의 스와트(Swat) 강34) 연안을 벗어나지 않는다.

"건타국은 오장의 서쪽에 있으며 본래 이름은 업파(業波)인데, 엽달(嚈

....

31) 영산(靈山): 《낙양가람기》 권5에는 '공산(空山)'으로 되어있는데, 그것이 타당해 보인다.
32) 단특산(檀特山): Dantalokagiri의 음역으로 현재 파키스탄의 Shahbaz Garhi 동북쪽에 있는 Mekha-Sanda산에 해당한다(《위서 외국전 역주》, 203쪽). 《낙양가람기》 권5에는 '선지산(善持山)'으로, 《대당서역기》 권2에는 '탄다락가산(彈多落迦山)'으로 표기되어있다.
33) 《개원석교록(開元釋敎錄)》: 당 개원연간 지승(智昇)이 편찬한 목록으로 총 20권이다. 그 서문에 따르면 67년부터 730년까지 664년 동안 176명의 스님이 번역한 불경 총 2,278종 7,046권의 목록이 실려 있다고 한다. 크게 총록 10권과 별록 10권, 입장(入藏) 목록으로 구성되어있다.
34) 스와트(Swat)강: 파키스탄 북부를 흐르는 강. 노스웨스트프런티어 주(州)의 스와트 산악지방에서 발원하여 남서쪽으로 흐르다가 페샤와르 북동쪽에서 카불강으로 흘러든다.

噠)35)에 패한 후 (이름을) 이렇게 고쳤다. 그 왕은 본래 칙륵(勅勒)36)이
며 나라를 다스린 지 벌써 2대가 되었다. 정벌하기를 좋아하여서 계빈과
싸운 지 3년이 지나도 끝나지 않자 사람들이 고통스러워하고 원망하였
다. 전투용 코끼리 700마리가 있는데, (군인) 10명이 코끼리 한 마리에
타고 모두 무기를 들고 코끼리의 코에는 칼을 매달아 전투를 한다. 도읍
으로 삼은 성의 동남쪽 7리 되는 곳에 높이 70장 둘레 300보가 되는 작리
불도(雀離佛圖)라 부르는 불탑이 있다."

건타국은 한 무제 때부터 이미 중국과 교류하였고 동일한 명칭을 다
르게 번역한 경우가 매우 많으니, 앞에서 자세히 서술하였다. '업파(業
波)'는 《낙양가람기》에서 '업바라(業波羅)'라 하였고 산스크리트어로 고
팔라(Gopala)인데, 《위서》〈서역전〉에서는 '소월지국'이라 하였다. 서기
4세기말 대월지가 쇠퇴하자 소월지도 에프탈의 압박을 받고 남하하여
북인도로 들어가서 부루사성(富樓沙城)에 도읍을 정하였다. 부루사는
산스크리트어 푸루사푸라(Purusapura)37)를 《위서》〈서역전〉에서 음역

....

35) 엽달(嚈噠): 즉 에프탈(Ephthal). 5세기 중엽부터 약 1세기 동안 투하리스탄
을 중심으로 투르키스탄과 서북 인도에 세력을 떨친 유목민족이다. 사산왕
조와 협력해 동방 로마령을 침공하여 광대한 영토를 획득하고 중국 등 동방
나라와 교역을 하였다. 567년 사산왕조와 돌궐의 목간가한(木杆可汗)이 이끄
는 연합군에 의해 멸망하였다. 중국 사적에는 엽달, 읍달(唈噠), 읍달(挹怛),
활(滑) 등으로, 서방 사료에는 Ephthalitae, Abdel, Haital, Heptal 등으로 기
록되어있다.
36) 칙륵(勅勒): 철륵(鐵勒)으로도 표기되었던 투르크계 부족의 명칭이나, 송운
(宋雲)과 혜생(慧生)의 여행기가 기록되어있는 《낙양가람기》권5에서는 '칙
근(勅懃)'으로 표기되어있다. 고대 사서에는 칙근보다 특근(特勤)이라는 표
기가 더 일반적이었으며 이는 tegin을 옮긴 말로서 고위관의 칭호였다.(《위
서 외국전 역주》, 204쪽)
37) 푸루사푸라(Purusapura): 현재 파키스탄 서북변경에 위치한 페샤와르

한 것으로, 《불국기》에서는 불루사(弗樓沙)라고 표기하였고 《대당서역기》에서는 포로사포라(布路沙布邏)라고 하였다. 그곳이 바로 건타라(乾陁羅)의 정치 중심지이다. 5세기에 에프탈이 다시 남하하여 그곳을 점령하였으나, 조월왕(超月土, Vikramaditya) 때 와서 비로소 그 땅을 수복하였다. 건타라의 개국(開國)은 아주 오래되었고 아소카왕이 마드얀티카(Madhyantika)[38]를 파견하여 개교(開敎)하면서부터 불교가 크게 성행하였다. 카니슈카(kanishka)왕 때 이르러 그 땅에 도읍을 세움으로써 동서문화 교류의 중심이 되었다.

제3절 《위서》에 기록된 중앙아시아·서아시아 각국의 중국사절 파견 연표

고조 효문 황제 태화 원년(477) 9월 경자일에 거다라(車多羅)·서천축(西天竺)·사위(舍衞)·첩복라(疊伏羅) 등 여러 나라가 각각 사신을 보내 조공하였다.

세종 선무 황제 경명 3년(502)에 소륵·계빈·파라날(婆羅捺)·오장(烏萇)·아유타(阿喩陁)·나파(羅婆)·불윤(不崙)·타발라(陀拔羅)·불파제(弗婆提)·사라달사(斯羅嗟舍)·복기해나태(伏耆奚那太)·나반(羅槃)·오

(Peshawar)를 지칭한다.

38) 마드얀티카(Madhyantika, 생몰연도 미상): 아난(阿難)의 제자로 아난이 입적한 후 가습미라국(迦濕彌羅國)에 가서 불교를 전파하였다고 한다. 아난은 석가모니(B.C.563-B.C.483)의 조카이며 십대제자 중 한 명인데, 그의 제자가 아소카왕 재위기간(B.C.273?-B.C.232)까지 생존했는지는 의문이다.

계(烏稽) · 실만근(悉萬斤) · 주거반(朱居槃) · 가반타(訶盤陁) · 발근(撥斤) · 염미(厭味) · 주려락(朱沴洛) · 남천축 · 지사나사두(持沙那斯頭) 등 여러 나라가 일제히 사신을 보내 조공하였다.

경명 4년(503) 4월 경인일에 남천축국이 벽지불아(辟支佛牙)[39]를 바쳤다.

정시 4년(507) 9월 갑자일에 소륵 · 거륵(車勒) · 아구(阿駒) · 남천축 · 파라(婆羅) 등의 나라가 사신을 보내 공물을 헌상했다. 겨울 10월 정미일에 반사(半社) · 실만근 · 가류(可流) · 가비사(伽比沙) · 소륵 · 우전 등의 나라가 일제히 사신을 보내 공물을 바쳤다.

영평 원년(508) 2월 신미일에 남천축국에서 사신을 보내 공물을 헌상했다. 가을 7월 신묘일에 계빈국이 사신을 보내 조공을 받쳤다.

영평 2년(509) 봄 정월 정해일에 호밀(胡密)[40] · 보취마(步就磨) · 뉴밀(忸密) · 반시(槃是) · 실만근 · 신두(辛豆) · 나월(那越) · 발뉴(拔忸) 등 여러 나라가 일제히 사신을 보내 공물을 헌상했다. 12월에 첩복라 · 불보제(弗菩提) · 건타(乾陁) · 타파라(咤波羅) 등 여러 나라가 일제히 사신을 보내 공물을 헌상했다.

영평 3년(510) 9월 임인일에 오장 · 가수사니(伽秀沙尼) 등 여러 나라가 일제히 사신을 보내 공물을 헌상했다.

....

39) 벽지불아(辟支佛牙): 벽지(辟支)는 산스크리트어로 '도달한 성자'란 뜻으로 한자어로는 독각(獨覺) 혹은 연각(緣覺)으로 표기한다. 따라서 벽지불아란 석가모니의 이빨이란 뜻이다.

40) 호밀(胡密, 休密, Wakhan): 파미르고원 남쪽 계곡에 위치한 요충지로 서쪽으로는 토화라(현 아프가니스탄)를 경유해 페르시아에 이르고, 남쪽으로는 오장(烏萇)과 카슈미르를 지나 인도로 이어진다. 5-6세기 많은 구법승들이 이 길을 오갔으며, 747년 고선지가 소발률(小勃律)을 정토할 때도 이곳을 지났다.(《실크로드사전》, 586-587쪽)

영평 4년(511) 3월 계묘일에 파비(婆比)·번미(幡彌)·오장·비지(比地)·건달(乾達) 등 여러 나라가 일제히 사신을 보내 공물을 바쳤다. 6월 을해일에 건달·아바라(阿婆羅)·달사월(達舍越)·가사밀(伽使密)·불류사(不流沙) 등 여러 나라가 일제히 사신을 보내 조공을 바쳤다. 8월 신미일에 아바라·달사월·가사밀·불류사 등의 나라가 일제히 사신을 보내 조공을 받쳤다. 9월에 엽달·주거반·파라(波羅)·막가타(莫伽陁)·이파복라(移婆僕羅)·구살라(俱薩羅)·사미(舍彌)·나락타(羅樂陁) 등 여러 나라가 일제히 사신을 보내 조공을 받쳤다. 겨울 10월 정축일에 파비·번미·오장·비지·건달 등 여러 나라가 동시에 사신을 보내 조공을 받쳤다. 11월 무신일에 난지(難地)·복라국(伏羅國)이 나란히 사신을 보내 조공을 바쳤다.

연창 3년(514) 11月 경술일에 남천축·좌월(佐越)·비실(費實) 등 여러 나라가 일제히 사신을 보내 조공을 받쳤다.

숙종 효명 황제 희평 2년(517) 봄 정월 계축일에 지복라(地伏羅)와 계빈국이 나란히 사신을 보내 조공을 바쳤다. 가을 7월 을축일에 지복라와 계빈국이 동시에 사신을 보내 조공을 받쳤다.

신구 원년(518) 윤7월 정미일에 파사·소륵·오장·구자 등 여러 나라가 나란히 사신을 보내 조공을 받쳤다.

정광 2년(521) 5월 을유일에 오장국이 사신을 보내 조공하였다.

이상에서 보았듯이 정시 4년 9월과 10월에 소륵이 두 차례 조공을 바치러 왔으며, 영평 4년에는 건달이 세 차례 왔고, 오장·가사밀·불류사·파비·비지 등은 두 차례 왔다. 그리고 숙종 희평 2년에 두 나라가 같은 해 봄과 가을 두 차례 조공하러 왔다고 하는데, 모두 사실상 불가능한 것이기 때문에 상인들이 사신으로 위장한 것이란 의심이 든다. 그럼에도 불구하고 당시 중국과 중앙아시아·서아시아 각국 간의 교류가 밀접했다는 사실을 이를 통해 알 수 있다.

제4절 위·진·남북조시기 남해 제국(諸國)과의 무역

위·진·남북조시기 중국과 남해 각국 간의 상업관계를 알고자 한다면, 먼저 당시 중국이 확실히 알고 있던 남해국가에 대해 이해해야만 한다.

당시 남해국가에 대해 기록한 정사는 《송서》〈이만전〉과 《남제서》〈만·동남이전(蠻東南夷傳)〉41) 및 《양서》〈제이전〉이 있으나, 각 문헌에 기록된 내용은 상당히 많은 차이가 난다. 이연수(李延壽)가 지은 《남사》〈이맥전(夷貊傳)〉에서 그 내용을 종합하여 15개국42)을 나열하였으니 다음과 같다.

1) 임읍국(林邑國): 즉 참파로 지금의 베트남 중부지방이다.

2) 부남국(扶南國): 지금의 캄보디아이다.

3) 가라타국(訶羅陁國)

4) 가라단국(呵羅單國): 수마트라섬에 있었다.

5) 파황국(婆皇國): 지금의 파한(Pahan)으로 말레이반도에 있었다.

6) 파달국(婆達國)

....

41) 원서에는 〈만이전〉으로 되어있으나 《남제서》 권58의 정식 명칭에 따라 바로잡았다. 이하 같음.

42) 저자가 어떤 기준으로 15개국이라 하였는지 모르겠지만, 《남사》〈이맥전(상)〉 '해남제국'조와 '서남이'조에 열거된 국가는 해남제국에 6개, 서남이에 16개로 총 22개이다.

7) 사파달국(闍婆達國): 《송서》에는 '사파파달(闍婆婆達)'로 적혀있는
   데, 아마도 사파(闍婆)와 파달(婆達)을 별도의 나라로 오인한 것
   같다.

8) 반반국(槃盤國): 역시 말레이반도에 있었던 듯하다.

9) 단단국(丹丹國): 지금의 통킹[東京]과 발리(Bali)섬 사이에 있었다.

10) 간타리국(干陁利國): 수마트라섬에 있었다.

11) 낭아수국(狼牙修國): 지금의 렌카수카(Lenkasuka)로 말레이반도
    에 있었다.

12) 파리국(婆利國): 지금의 자바 동쪽의 발리섬.

13) 중천축국(中天竺國): 지금의 인도에 있었다.

14) 천축가비려국(天竺迦毗黎國): 지금의 인도에 있었다.

15) 사자국(獅子國): 지금의 실론섬에 있었다.

당시의 해상 교통수단에 대해 《남제서》 권58 〈만·동남이전〉 '부남국'
조에는 "선박을 건조하였는데 (길이가) 8-9장(丈)이며 폭은 6-7척(尺)이
고, 선두와 선미는 물고기와 유사하였다"고 적혀있다. 이 말은 강태의
《오시외국전》에서 나온 듯하니, 그 내용은 《태평어람》 권771에 "부남국
은 나무를 베어 배를 만들었는데, 길이는 12심(尋)이고 폭은 6척이며
선두와 선미는 물고기 모양과 닮았다. 모두 철섭(鐵鑷)으로 겉을 고정하
였고 큰 배는 백 명을 실을 수 있었다"고 인용되어있다. 같은 책에 또
"가나조주(加那調州)에서 큰 배에 승선하여 7개의 돛을 펼치고, 때에 맞
는 바람을 타고 한 달 남짓 걸려 대진국에 도달한다"고 되어있는데, 7개
의 돛이 있었던 것으로 보아 배의 크기가 이미 작지 않았음을 알 수
있다. 가나조주를 《수경주》에서는 '가나조주(迦那調洲)'라고 표기하였
다. 이와 관련하여 펠리오(Pelliot)는 '조(調)'는 산스크리트어 데비파
(dvipa)에 해당하는 소리로 중국어에서는 항상 '주(洲)'로 번역하는데,

이곳에서 '조(調)'자 밑에 다시 '주(洲)'자를 더한 것은 군더더기라고 하였다. 그러나 《정법념처경(正法念處經)》[43]에서는 '가나주(迦那洲)'라고 표기하였다. 이 내용은 풍승균이 번역하여 《서역남해역사지리고증역총》에 수록한 〈월남반도에 관한 몇 가지 중국 사료(關於越南半島的幾條中國史文)〉에 보인다.

《태평어람》 권679에 인용된 만진의 《남주이물지》(3세기 때의 책)에는 "외국 사람들은 배[舶]를 박(舶: '船'으로 잘못 적혀있음)이라 부르는데, 그 중 큰 것은 길이가 20여 장이며 높이는 수면에서 32장이다. 멀리서 바라보면 각도(閣道)[44]와 닮았고 6–7백 명을 태울 수 있으며 물건은 만곡(萬斛)을 실을 수 있다"고 적혀있다.

또 《태평어람》 권771에 인용된 《남주이물지》에는 "변경 밖에서 온 사람들은 배의 크기에 따라 4개의 돛을 만들어 앞뒤에 그것을 달았다. 노두목(盧頭木)이라는 나무가 있는데, 그 잎이 들창 모양[牖形]처럼 생기고 길이가 한 장(丈) 남짓하여 이것을 짜서 돛을 만들었다. 그 네 개의 돛은 정(正) 전방(前方)을 향하지 않고 전부 기우듬하게 이동하여 서로 모이도록 함으로써 바람의 힘을 얻게 했다. 바람이 뒤에서 돛에 부딪치면 서로 반사(反射)하여 함께 바람의 힘을 받는데, 급한 상황이 생기면 언제든지 증감할 수 있다. 돛을 서로 기울게 펴서 바람을 얻고 높아서 위태로울 염려가 없기 때문에 항해할 때 빠른 바람이나 격랑을 피하지 않고 질주할 수 있다"고 되어있다.

....

43) 《정법념처경(正法念處經)》: 전 70권. 《정법념경(正法念經)》이라고도 하며 산스크리트어로 Saddharma-smrty-upasthana-sutra이다. 북위 때 반야류지(般若流支)가 번역하였다.
44) 각도(閣道): 천장과 난간이 있는 잔도(棧道). 멀리서 바라보면 마치 공중에 걸려 있는 누각(樓閣)과 같다고 하여 옛날 사람들이 '각도'라고도 불렀다.

당 고종 영휘 원년(650)[45] 현응(玄應)이 지은 《일체경음의》에는 "바다 가운데 있는 큰 배는 길이가 20장이며 6~7백 명을 태운다"고 적혀있는데, 역시 《남주이물지》에서 나온 내용인 듯하다.

당시 중서문화의 교류를 보면 음악은 한나라를 계승하여 서역의 유풍(流風)을 발전시켜 훗날 수·당시기의 전성기를 촉성하였고, 미술은 예컨대 남경을 중심으로 강남 여러 지역에 있는 제나라·양나라 능묘의 날개 달린 돌사자에서 페르시아 색채가 극히 뚜렷하였다. 한나라 이래로 중국에는 서방에서 전해진 유리그릇이 있었지만, 서진 때 사람 번니(潘尼)의 〈유리완부(琉璃碗賦)〉를 읽어 보면 4세기까지 자체적으로 제작하지 못하고 여전히 서역에서 유입되었음을 알 수 있다. 5세기에 이르러 북위에 온 대월지의 장인이 처음으로 우수한 유리그릇 제조법을 전수하여 강남의 남경 일대에까지 전해지게 된 것이었다.

중국과 남해 각국 간의 상업 교류 성황에 대해서는 아래 열거하는 두 문헌을 통해서도 볼 수 있다.

(1) 《송서》 〈이만전〉에서 사신(史臣)이 말하길 "…… 대저 대진과 천축 같은 나라는 멀리 서쪽 끝에 있어서 양한시기 내내 수고하였지만 이 길이 특히 험난했다. 교역할 상품을 배에 싣고 혹 교주(交州)에서 출발하면 큰 파도를 넘어서 바람에 실려 먼 곳까지 이르렀다. 또 험준한 봉우리가 계속 펼쳐져 있고 씨족이 많아서 하나가 아니었으니, 특이한 이름과 괴이한 호칭의 복잡하고 다양한 종족이 있었다. 그렇지만 산과 물속의 보배가 이곳에서 나왔다. 통서(通犀: 무소뿔의 일종 – 역자)·취우(翠羽: 翠鳥의 깃털로 고대 장식물

---

45) 본서 제2편 20장 7절에는 당 태종 정관 23년(649) 편찬된 것으로 적혀있고 각종 관련 사전에서도 649년에 편찬된 것으로 나온다.

에 많이 사용됨 - 역자)와 같은 진기한 것과 사주(蛇珠: 虵珠라고도 하며 진주를 의미함 - 역자)와 석면포[火布: 石棉 섬유로 방직하여 만든 포. 火浣布 또는 火烷布라고도 함 - 역자]와 같은 기이한 수많은 종류의 물건들이 세상의 군주들에게 허황된 마음을 들게 하였다. 그래서 선박이 해로에 끊이지 않았으며 상인들과 사절들이 서로 섞이게 되었다 ……"고 하였다.

(2) 《남제서》〈만·동남이전〉에서 사신이 말하길 "…… 남이(南夷)의 여러 종족은 섬으로 나뉘어 국가를 세웠는데, 사방의 진귀하고 괴이한 보물이 이곳보다 더 많은 곳이 없다. 산과 바다에 숨겨진 구슬과 보배가 눈에 차고 넘친다. 상선들이 먼 곳에서부터 남주(南州)로 화물을 실어 나르니, 교주와 광주가 부유해지고 왕부(王府)에 재물이 쌓였다"고 하였다.

이 내용을 읽어보면 당시 무역이 이미 한대(漢代) 이상으로 성행하였음을 알 수 있다. 게다가 외국 식물들도 함께 전해져 들어왔으니, 《남방초목상(南方草木狀)》46)에는 진(晉) 혜제 영강 원년(300) 무렵 "야실명화(耶悉茗花)와 말리화(末利花)는 전부 호인(胡人)들이 서국(西國)에서 남해로 가져와 이식한 것이다. 남쪽 사람들은 그 향기를 사랑하여 경쟁하듯 그것을 심었다. 육가(陸賈)는 《남월행기(南越行記)》에서 '남월에 있는

....

46) 《남방초목상(南方草木狀)》: 진 혜제(290-306) 때 혜함(嵇含)이 찬술한 남방 식물 전래에 관한 책이다. 원본은 소실되어 전해지지 않으나, 여러 사료에 부분적으로 인용되어있어 그 내용을 대충 짐작할 수 있다. 저자는 "광동과 광서 및 월남 북부 일대에서 중원 왕조에 진공(進貢)한 진기한 식물과 그 제품을 사람들에게 소개"하기 위해 이 책을 썼다고 밝히고 있다(《해상 실크로드사전》, 41쪽). 원서에는 책 이름 다음에 《漢魏叢書》라고 되어있으나 명대 정영(程榮)이 편집한 《한위총서(漢魏叢書)》에는 이 책이 수록되어있지 않다.

오곡은 무미하고 백화(百花)는 향기가 없으나, 이 두 꽃은 특히 향기롭다'"고 말했다고 적혀있다. 야실명(耶悉茗)은 《유양잡조(酉陽雜俎)》[47] 권8에서 야실만(野悉蠻)이라 표기했는데 바로 자스민(Jasmine)을 지칭한 것이다.

당시 비록 해상 교통이 발달하긴 했지만, 6세기 북주시기 하서지역에서도 서방의 금은화폐가 유통되었던 것으로 보아 그 일대에서 육상 무역이 행해졌던 것 같다. 《수서》 권24 〈식화지〉의 '전화(錢貨)'조에는 "후주(後周) 초기 아직 위나라 화폐를 사용하였으나, 무제 보정 원년(561) 7월에 포천(布泉)을 다시 주조하여 그 1개를 기존 동전 5개로 계산하여 오수전(五銖錢)과 함께 사용하였다. 당시 양(梁)과 익(益) 땅에서도 교역할 때 옛날 돈을 섞어 사용하였다. 하서지역에 있는 여러 군(郡)에서는 간혹 서역의 금은으로 된 돈을 사용하는 사람이 있었으나 관에서 금지하지 않았다"고 적혀있다.

《진서(晉書)》에는 "대원(大宛)은 장사에 능하고 작은 이익을 위해서도 다툰다. 중국의 금은을 얻으면 곧바로 기물(器物)을 만들지 화폐로 사용하지 않는다"고 하였다. 또 "변경 밖의 여러 나라가 일찍이 값진 물건을 싣고서 바닷길을 통하여 와서 교역하니, 교주자사와 일남태수가 재물에 눈이 어두워 이들을 침탈하여 열에 두셋을 빼앗았다. 자사 강장(姜壯) 때 한집(韓戢)에게 일남태수 자리를 맡겼는데, 물건 가격을 거의 반값으로 매겨버리고 게다가 선박마다 북채를 강제로 빼앗고 이를 '정벌하였다'고 떠벌리니, 이 때문에 여러 나라가 전부 분개하였다"[48]고 기

---

47) 《유양잡조(酉陽雜俎)》: 당나라 학자 단성식(段成式, 803~863)이 이상하고 황당무계한 사건을 비롯하여 도서·의식·풍습·동식물·의학·종교·인사(人事) 등 온갖 사항에 관한 이야기를 모아 엮은 책이다. 전집(前集) 20권, 속집(續集) 10권으로 되어있다.

록되어있다.

제5절 북조시기 외국인의 잡거(雜居)와 귀화

《낙양가람기》권4와 권3⁴⁹⁾에는 북위 때 낙양에 사는 외국 승려와 외국 교민의 상황에 대해 자세히 기록되어있다. 각 나라에서 온 사문이 많게는 3천여 명에 달했으며, 외국 승려를 전문적으로 수용하는 큰 절에는 많게는 천여 개의 방이 있었다. 멀리 대진에서 온 사람도 있는 것을 보면 불교 승려가 아닌 자들도 있었던 것 같다. 그들의 복식과 교통수단은 전부 이미 중국화 되어있었다. 그 원문을 보면 다음과 같다.

"영명사(永明寺)는 선무(宣武) 황제(499-515)가 세운 것으로 대각사(大覺寺) 동쪽에 있다. 당시 불법과 경전·불상을 모시는 일이 낙양에 성행하여 다른 나라 사문들이 앞 다투어 몰려들었으니, 더러는 석장(錫杖)을 메고 불경을 가지고 이 낙토(樂土)를 찾아 온 것이었다. 선무 황제는 이런 이유로 이 절을 지어 그들로 하여금 휴식을 취하도록 하였다. 건물[房廡]이 연달아 이어져 1천여 칸이나 된다. 정원에는 긴 대나무가 줄지어 서있고 처마에는 키 큰 소나무가 흔들려 스치고 있으며 기화이초(奇花異草)가 어울려 섬돌을 가득 메우고 있다. 온갖 나라[百國] 사문들이 3천여 명이나 되었는데, 서역 먼 곳은 물론 심지어 대진(大秦)에서 온 사람도 있다. 그곳은 천지의 서쪽 끝으로 그들도 농사를 짓고 길쌈을 하며, 백성

....

48) 원서에 인용된 이 부분의 내용이 《진서》〈사이전〉'임읍국'조와 차이가 있어 원문에 의거해 바로잡았다.

49) 원서에는 권5로 되어있으나 아래 인용한 사이관에 관한 내용은 권3의 '용화사(龍華寺)'조에 나오기에 바로잡았다.

들이 들에 살되 가옥이 서로 바라보고 있고 의복과 거마(車馬)가 모두 중국을 모방하여 같은 모습을 하고 있다."[50]

딩시 이수(伊水)와 낙수(洛水) 사이에 있는 어도(御道)에 특별히 이국관(異國館) 마을을 세웠는데, 이국관은 외국에서 중국에 온 사람들이 잠시 머무르는 곳이었다. 귀화한 외국인에게는 주택을 하사했으니, (그들의) 주택이 있는 곳은 (여러) 구역으로 분리되어있었다. 그 외 스스로 집을 지어서 거주하는 자도 있었는데, 원문의 기록을 보면 다음과 같다.

"영교(永橋) 이남 환구(圜丘) 북쪽, 이수와 낙수 사이에는 어도를 끼고 동쪽에 사이관(四夷館)이 있다. …… (길의 서쪽에는 四夷里가 있는데) 첫째는 귀정리(歸正里), 둘째는 귀덕리(歸德里), 셋째는 모화리(慕化里), 넷째는 모의리(慕義里)라 부른다. 오(吳) 지역 출신(남조의 각 왕조 통치 하에 살던 사람을 지칭한 것 같음 - 역자)으로 투항하여 귀화한 자들은 금릉관(金陵館)에 머물게 하고 3년이 지나면 귀정리에 있는 집을 하사하였다. …… 북이(北夷)에서 귀부한 자는 연연관(燕然館)에 살게 하고 3년 후에는 귀덕리에 있는 집을 하사하였다. …… 북이의 추장(酋長)이 궁중의 시자(侍子)[51]로 파견한 자식은 항상 중국의 더위를 피하기 위해서 가을에 왔다가 봄에 되돌아갔기 때문에 당시 사람들은 그들을 '기러기 신하[雁臣]'라고 불렀다. 동이(東夷)에서 귀부한 자는 부상관(扶桑館)에

....

50) 원서의 인용문과 임동석의 번역본(동서문화사, 2009)에 첨부된 원문이 약간 차이가 있다. 사소한 것은 제외하고 마지막 부분을 대조하면 다음과 같다. 원서에는 "續紡百姓, 野店邑房相望, 衣服車馬, 擬儀中國"으로 되어있는데, 번역본 원문에는 "耕耘續紡, 百姓野居, 邑屋相望, 衣服車馬, 擬儀中國"으로 되어 있다. 문장 구조나 내용 상 번역본 원본이 더 정확한 것 같아 이에 따랐다.
51) 시자(侍子): 고대 속국의 왕 또는 제후들이 자녀를 중국에 보내 입조시킨 후 천자를 모시면서 문화를 배우게 했는데, 이때 파견된 자녀들을 시자라고 하였다.

거하게 하다가 모화리에 있는 집을 하사하였고, 서이(西夷)에서 귀부한 자는 엄자관(崦嵫館)에 머물게 했다가 모의리에 있는 집을 하사하였다. 총령 서쪽에서 대진국에 이르기까지 수많은 나라와 도시에서 즐겨 귀부하지 아니하는 곳이 없었다. 물건을 판매하는 오랑캐 상인[胡商]들이 날마다 변방지역으로 몰려오니 이른바 천지를 아우르는 하나의 구역이 되었다. 중국의 땅과 풍습을 즐겁게 여겨서 집을 얻어 사는 자가 헤아릴 수 없이 많았으며, 이에 귀화한 사람들이 1만여 가구나 되었다. 그들이 사는 집 앞과 골목은 잘 정비되어 있고 마을과 집의 문들이 줄지어 들어서 있으며 푸른 홰나무가 그늘을 이루며 녹색 버드나무가 뜰에 드리워져 있다. 천하에 얻기 어려운 상품들이 모두 이곳에 모였다. …… 영교의 남쪽 길 동쪽에 흰 코끼리와 사자를 기르는 두 구역이 있다. 흰 코끼리는 영평 2년(509) 건라(乾羅) 국왕[胡王]이 헌상한 것이다. …… 사자는 페르시아 국왕이 헌상한 것이다."[52]

낙양의 외국 교민이 사는 주택 지구에 만여 가구가 살았다고 하니, 한 가구 당 5명으로 계산하면 총 5만여 명에 달한다. 이른바 "총령 서쪽에서 대진국에 이르기까지"라는 말은 바로 이러한 외국 교민 대부분이 중앙아시아와 서아시아 사람이었음을 말하는 것이며 간혹 유럽인이 있었겠지만 아마도 많지는 않았을 것이다. 건라(乾羅)는 건타라(乾陀羅)가 분명한데, 건타라(健陀羅)로 번역하기도 하며 지금의 아프가니스탄 지역을 말한다.

……………………………

52) 이 인용문 역시 임동석의 번역문에 첨부된 원문에 의거하여 일부 글자 등을 바로잡았다.

제6절 주응(朱應)과 강태(康泰)의 남해 출사

오나라 손권은 일찍이 중랑 강태와 선화종사 주응을 부남에 사신으로 보냈다. 이 내용은 본장 제2절에서 인용한 《양서》 권54 '해남제국'조 총서(總敍)에 보인다. 귀국 후 주응은 《부남이물지(扶南異物志)》를 저술하였으나, 지금은 전부 흩어져 없어지고 단지 《수서》 〈경적지〉와 《당서》 〈예문지〉에 책 이름만 기록되어있다. 강태도 외국(부남)에 관한 저서를 남겼으나, 책 이름이 하나로 통일되지 않고 다음과 같은 여러 명칭으로 전해지고 있다.

> 《오시외국전(吳時外國傳)》: 《태평어람》과 《책부원구(冊府元龜)》
> 《오시외국지(吳時外國志)》: 《태평어람》과 《예문유취》
> 《부남토속(扶南土俗)》: 《태평어람》
> 《부남기(扶南記)》: 《예문유취》
> 《부남전(扶南傳)》: 《통전》과 《수경주》
> 《강태부남기(康泰扶南記)》: 《수경주》

이상의 각 문헌에서 강태의 원전 내용을 인용하고 있는데, 일찍이 펠리오와 중국인 아무개가 각각 흩어져 없어진 글을 수집하는 작업을 하였지만 애석하게도 아직 출판되지 않고 있다. 노학송(盧鶴松) 여사가 지은 《강태오시외국전집본(康泰吳時外國傳輯本)》은 그 초고만 북경대학 도서관에 소장되어있다. 《역사와 지리(歷史と地理)》 제25권 제6호(1930)에 수록된 코마이 요시아키(駒井義明)의 〈이른바 손권의 남방 사신 파견에 대하여(所謂孫權の南方通使について)〉 역시 대충 조사하여 잘못되고 누락된 것이 매우 많다. 근래 그의 문하생 오빈(吳斌)이 이 주제로 연구를 시작하였다고 알려왔는데, 하루 빨리 성과가 나오기를 기대한다. 《북평

도서관관간(北平圖書館館刊)》제4권 제6호에 수록된 〈한·당시기 서역 및 해남제국에 관한 옛 지리서 서록(漢唐間西域及海南諸國古地理書敍錄)〉(저자는 向達임 - 역자)에서 강태의 책에 대해 논했는데 자못 식견이 있다고 생각한다. 그 개략적인 내용을 소개하면 다음과 같다.

"전체 책의 체제가 어떠했는지는 잘 알 수 없지만, 오늘날 여러 문헌에 보이는 《오시외국전》과 《부남기》를 통해 살펴보면 서술한 내용이 대체적으로 일치한다. 《오시외국전》은 부남에 관한 일을 꽤 많이 기록한 반면, 《부남기》에 기록된 내용은 전부 부남에 관한 것만은 아니다. 예를 들어 《수경주》 권1에서 인용한 《부남기》의 가남조주(迦南調洲) 서남쪽에서 지호려대강(枝扈黎大江) 입구에 도착하여 강을 건너면 서쪽 끝이 대진이라는 문장은 《태평어람》 권77에서 인용한 《오시외국전》과 비교해 볼 때 문장이 길고 간단하다는 차이만 있을 뿐 대략 같은 내용이다. 만약 이 두 문헌이 서로 다른 책이라면 이처럼 똑같은 표현이 있어서는 안 될 것 같다. 그래서 양수경(楊守敬)씨는 '《오시외국전》이 그 책의 총 서명(書名)이고 《부남전》도 그 책의 한 종류이다'(《水經注疏要刪》 권1)고 주장하였다. 본인은 소위 《부남전》이라고 하는 것이 《오시외국전》 중의 일부분일 뿐만 아니라 《부남기》·《부남토속》·《외국전》 역시 사실 같은 책이 아닌가 하는 의심이 든다. 《부남기》 등의 명칭이 원서의 제목이 아니라면 베껴 쓴 자가 마음대로 그것을 나눈 것인데, 후대에 그것이 답습되어 마침내 두 책이 되었을 뿐이라고 생각한다."

강태와 주응의 저서는 대략 상술한 바와 같다. 그들의 출사과정은 《양서》 '해남제국'조에 가장 먼저 나오는데, 이에 대해서는 앞에서 이미 서술하였다. 《삼국지》는 이 일을 기록하지 않았을 뿐더러 두 사람의 이름도 기록하지 않았으나, 《오지(吳志)》 권15 〈여대전(呂岱傳)〉에서 '종사' 남선국화(南宣國化)를 파견한 일에 대하여 "여대는 교주를 안정시키고 난 후 다시 구진(九眞)을 토벌하여 만 명의 목을 베었다. 또 종사 남선국화를 파견하니 변경 밖 부남·임읍·당명(堂明)의 여러 왕들이 사신을 보내 공물을 헌상했다"고 적고 있다. 황무 5년(226) 교주가 평정되었고 황룡 3년(231) 손권이 여대를 불러들였으므로, 종사 남선국화를 파견한 것은 이 6년 사이의 일이었음이 분명하다.

그리고 《오지》 권2에 적오 6년(243) 12월 "부남 왕 범전(范旃)이 사신을 보내 악인(樂人)과 지방 특산물을 헌상했다"고 되어있은즉 두 사람의 출사는 아무리 늦어도 분명 이 해 이전에 이루어졌을 뿐 아니라 부남 왕 범전이 재위에 있을 때였다. 왜냐하면 《양서》 권54 〈제이전〉 '중천축국'조에 "오나라 때 부남 왕 범전이 신임하는 소물이라는 사람을 천축국에 사자로 보냈는데, 먼저 부남의 투구리 입구에서 출발하여 바다의 큰 만을 따라 정서북쪽으로 들어가서 1년여의 시간 동안 만 주변에 있는 여러 나라를 거친 후에야 천축강 입구에 닿을 수 있었고 다시 강을 거슬러 7천 리를 가서야 비로소 천축에 도착하였다. 천축 왕이 놀라서 '바다 끝은 지극히 먼데 이런 사람이 (살고) 있구나'라고 말하며 즉시 불러서 국내를 시찰하도록 하고, 진(陳)과 송(宋) 두 사람에게 월지의 말 네 필을 가지고 가서 범전에게 보답하도록 시켰다. 소물 등을 보내 돌아가게 하였으나 4년이나 걸린 후에야 (부남에) 도달할 수 있었다. 그 때 오나라에서는 중랑 강태를 부남에 사자로 보내었는데, (강태가) 진과 송 등을 보고는 그들에게 천축의 풍습을 물으니, '불도가 흥성한 나라입니다.' ……"고 적혀 있기 때문이다. 범전이 죽은 후 대장(大將) 범심(范尋)이 왕이 되었는데, 《남제서》 권58 〈만·동남이전〉 '부남국'조에서는 그 일이 '동진[吳晉] 때'라고 하였지만, 《양서》 권54 〈제이전〉 '부남국'조에서 "오나라 때 중랑 강태와 선화종사 주응을 심국(尋國)에 사신으로 파견하였다"고 한 것으로 보아 두 사람이 부남에 출사한 것이 범심이 재위에 있을 때이거나 아니면 두 번째 출사였다고 보인다. 만약 범전이 재위에 있을 때 이미 출사하여 범심 때까지 계속 사신으로 외국에 있었다면, 그 기간이 일이십년이나 되기에 불가능에 가깝다. 주응과 강태가 전(傳)을 써서 남해·서역·천축·외국과 관련된 일들을 기록한 일에 대해서는 요진종(姚振宗)의 《삼국예문지(三國藝文志)》[53]에도 상세히 서술되어있다. 《남사》〈이맥전(상)〉 '중천축국'조[54]에 따르면 강태가 부남에서 천축의 풍습을 물어본 것으로 되어있으므로 그가 인도에 가지는 않았던 것 같다.

----

53) 원서에는 《보삼국예문지(補三國藝文志)》로 되어있으나, 이는 청대의 경학자 겸 사학자인 후강(侯康, 1798-1837)의 저서이다. 요진종(1842-1906)이 쓴 책의 이름은 《삼국예문지》여서 바로잡았다.
54) 원서에는 《남사》〈천축전〉으로 되어있으나 정식 명칭에 따라 바로잡았다.

제15장
한말부터 남북조시기까지 서방 각국과의 불교 관계

제1절 한말·삼국시기 서역 불경번역승의 동래(東來)[1]

중국에서 제대로 된 불경 번역은 사실 한나라 말 환제·영제 시대부터 시작되었다. 당시 이름을 날렸던 불경번역가로는 안세고(安世高)·지참(支讖)·축불삭(竺佛朔)·지겸(支謙)·강승회(康僧會) 등이 있었다.

안세고(Parthamasiris)의 자는 행(行)이고 이름은 청(淸)으로 파르티아 국왕 만굴(滿屈, Pakor) 2세의 태자였다. 후한 화제 영원 9년(97) 왕이 죽고 동생이 왕위를 계승하자 안세고는 아르메니아 왕으로 불러났다. 로마가 아르메니아를 멸망시키고 안세고를 파르티아의 왕으로 세우려고 하였으나, 국민들이 원하지 않자 출가하여 수도하면서 불경을 깊이 탐구하였다. 도안(道安)은 《안반수의경(安般守意經)》[2] 서문에서 "옛날

---

1) 한글사전에 따르면 '동래'는 "동쪽에서 옴"의 뜻이지만, 여기서는 "서쪽으로 감"의 의미인 '서행(西行)'에 상대되는 "동쪽으로 옴"의 의미로 사용했다.

한나라 말기에 안세고라는 사람이 있었으니, 견문이 넓고 옛 것을 깊이 고찰하였으며 특히 아비담학(阿毘曇學)³)에 조예가 깊었다. 그가 번역한 경전은 선관(禪觀)⁴)과 수식관(數息觀)⁵)을 가장 잘 설명하고 있다"고 하였다. 안세고는 소승(小乘) 학문을 전했는데, 실질적으로 선관수행(禪觀修行)에 관한 것이 많았고 이론은 드물었다. 안세고는 한나라 환제 초 낙양에 도착한 후 오래지 않아 중국어에 능통하게 되어 불경 번역에 착수하였으니, 환제 건화 2년(148)부터 영제 건녕 4년(171)에 이르기까지 23년 동안 쉬지 않았다. 《고승전》 권1에서는 그를 "의리(義理)에 밝고 글이 적절하고 바르며 변론을 잘하나 화려하지 않고 소박하나 거칠지 않다"고 묘사하였다. 또 "예전부터 전해지는 번역에는 잘못된 오류가 많았으나 안세고가 한 번역은 모든 번역 가운데 으뜸이다"고 적고 있다. 영제 말 관중(關中)이 혼란해지자 강남으로 석장(錫杖)⁶)을 들고 행각(行

....

2) 《안반수의경(安般守意經)》: 위파사나(Vipassanā)의 핵심 명상법인 수식법(數息法)이 설명된 불경으로 후한 때 안세고가 번역했다. 안반(安般)은 산스크리트어 āna-apāna의 음사인 안나반나(安那般那)의 준말로 āna는 들숨, apāna는 날숨을 뜻한다. 들숨과 날숨을 헤아리거나 거기에 집중하는 수행법에 대해 설명한 경이다.

3) 아비담학(阿毘曇學): 경(經)·율(律)·논(論)의 삼장(三藏) 중 하나인 논장(論藏)을 연구하는 학문을 말한다. 존재의 진실상(眞實相)을 연구하는 학문으로 비담(毘曇) 또는 아비달마(阿毘達磨)라고도 한다.

4) 선관(禪觀): 좌선하는 관법(觀法). 좌선하면서 여러 가지 관법을 하여 망상을 끊는 방법.

5) 수식관(數息觀): 좌선을 하면서 숨을 들이쉬고[入息] 내쉬는[出息] 수를 헤아려 산란한 마음을 쉬고 마음을 고요히 집중시키는 방법.

6) 석장(錫杖): 극기라(隙棄羅)라고 음역하며 성장(聲杖), 지장(智杖) 또는 육환장(六環杖)이라고도 부른다. 윗부분은 주석(朱錫)으로 만들고 아래 부분은 짐승의 뿔로, 중간 부분은 나무로 만드는데, 윗부분에 작은 고리를 달아 소리가 나도록 하였다.

脚)하였는데, 이로 인해 혹자는 그를 남방 불교의 시조라고도 부른다.

지참(Lokaksin)의 전체 이름은 지루가참(支婁迦讖)으로 월지 사람이며 한나라 환제 말 낙양에 이르렀다. 영제 광화·중평연간(178-189)에 많은 불경을 번역하였다. 《고승전》에서는 "(그가 번역한) 이 여러 경전은 모두 본래의 뜻을 파악하고 있으며 쓸데없는 수식을 달지 않았다"고 하였다. 또한 그가 번역한 불경 대부분이 대승(大乘)에 속하기 때문에 대승 역경(譯經)의 효시로 불린다. 그의 마지막 종적은 전해지지 않는다.

축불삭은 축삭불(竺朔佛)이라고도 하며 천축 사람이다. 후한 영제 광화 2년(179) 산스크리트어본 《도행경(道行經)》을 가지고 낙양에 와서 한문으로 번역하였다. 《고승전》에서는 "번역하는 사람이 때때로 막혀서 뜻을 잃을 수 있으나, (그는) 문장의 화려함을 버리고 그 본래의 뜻을 잘 보존하였으니 불경의 의미를 깊이 깨달았다"고 하였다.

지겸의 자는 공명(恭明)이고 또 다른 자는 월(越)인데 월지 사람이다. 조부 때 이미 수백 명을 데리고 귀화했다. 지참의 재전(再傳) 제자이고 스승은 지량(支亮)이었기 때문에 세간에서 이들을 삼지(三支)라 불렀다. 6개국 언어를 할 줄 알았으며 불경 외에도 여러 세상 학문에 능통했다. 한나라 헌제 말에 난을 피해 오나라로 가자 손권이 그를 박사(博士)로 예우했다. 오나라 황무 원년(222)에서 건흥연간(252-253)까지 불경 49부(部)를 번역했다. 《고승전》에서는 그에 대하여 "문장에 성스러운 이지를 담고 있으며 말의 뜻에 운치가 있고 우아하다"고 하였다.

강승회의 선조는 강거 사람이고 대대로 천축에 살았다. 그의 아버지는 장사를 위해 교지로 옮겨가 살았는데 해로를 통해 동쪽으로 온 것으로 보인다. 그는 "육경(六經)을 두루 열람하고 천문(天文)과 도위(圖緯)에 대해서도 두루 섭렵하였다." 오나라 적오 10년(247) 건업(建業, 즉 남경)에 도착하자 손권이 (그를 위해) 탑사(塔寺)를 지어주고 '건초사(建

初寺)'라는 이름을 하사하였다. 사실 그는 불교를 중국 동남 지역에 전수한 제일 공신이었다. 그가 번역한 불경에 대하여 《고승전》에서는 "불경의 진수를 신묘하게 파악하여 글의 뜻도 바르고 적절하며," "표현이 아름답고 의리의 뜻을 아주 섬세하게 논하였다"고 하였다. 진 무제 태강 원년(280) 사망했다.

천축의 담마가라(曇摩迦羅, Dharmakala: 한역하면 法時가 된다.《佛祖統紀》권35에는 摩가 柯로 되어있음)는 가평 2년(250) 낙양의 백마사에서 《마하승지율(摩訶僧祇律)》의[7] 계본(戒本)[8]인 《승지계심(僧祇戒心)》을 번역하였다.

위나라 정원연간(254-255)에 파르티아의 사문 담제(曇帝, Dharma-satya: 曇無諦라고도 하는데 한역하면 法實)가 있었는데, 율학(律學)에 능하여 역시 낙양 백마사에서 담무덕부(曇無德部)[9] 사분율(四分律)[10]의 수계법(受戒法)인 《담무덕갈마(曇無德羯磨)》를 번역하였다.

가평연간(249-253) 말, 같은 절에 있던 천축의 사문 승개(僧鎧: 산스크리트어로 僧伽跋摩 또는 僧伽婆羅, Samghavarman)는 《욱가장자소문경(郁伽長者所問經)》 등 불경 4부를 번역하였다. 혹자는 현존하는 《무량

....

7) 《마하승지율(摩訶僧祇律)》: 불교 교단 내 진보파인 대중부(大衆部)의 전승 계율.
8) 계본(戒本): 비구와 비구니가 각각 지켜야 할 계율의 각 조목들을 적은 것.
9) 담무덕부(曇無德部): 산스크리트어 dharmaguptaka. 붓다가 입멸한 후 약 300년 뒤에 화지부(化地部)에서 갈라져 나온 파(派). 또는 설일체유부(說一切有部)의 분파라고도 함. 파조(派祖)는 담무덕이며 법장부(法藏部)라고도 부름.
10) 사분율(四分律): 사대 계율서(戒律書)의 하나. 불멸(佛滅) 후 100년 뒤에 담무덕 나한(羅漢)이 상좌부(上座部)의 근본율(根本律) 중에서 자기 견해에 맞는 것만을 네 번에 걸쳐 뽑아내어 만든 율에 관한 책. 소승(小乘)의 계(戒)를 풀이함.

수경(無量壽經)》[11])도 그가 번역한 것이라고 여긴다.

제2절 삼국·서진(西晉)시기의 산스크리스트어 번역 명가(名家)

　주사행(朱士行)은 주사형(朱士衡)이라고도 부르는데, 중국인 최초로 서방으로 유학을 떠났으나 겨우 우전까지밖에 이르지 못했다. 위나라 감로 5년(260)에 출발하였으니, 이는 법현보다 140년이나 이른 시기이다. 지금의 하남성 허창(許昌) 사람이며 출가 전의 이름으로 널리 알려져 있다. 한나라 영제 때 축불삭에 의해 《도행경》이 이미 번역되었지만, 주사행이 출가 후 불경 탐구에 전념했음에도 《도행경》을 읽을 때마다 그 의미가 불분명한데 불만을 품고 서방으로 불경을 구하러 떠났다. 우전에 이르러 《반야경(般若經)》 산스크리트어 정본(正本) 90장(章)을 얻었다. 진 무제 태강 3년(282) (그는) 제자 불여단(弗如檀: 한역하면 法饒) 등 10명을 낙양으로 보내고자 하였다. 그런데 출발하기 전에 우전 왕이 현지 사문들에게 미혹되어 불경을 갖고 나가는 것을 허락하지 않자, 주사행이 왕 앞에 나아가 "만약 불경이 동쪽에 전해질 것이라면 불에 던져도 타지 않을 것입니다"라고 말하고는 불경을 불속에 던지니 불이 과연 꺼졌다. 그 후 80세 고령의 나이로 우전에서 사망했다.

....

11)《무량수경(無量壽經)》: 정토삼부경(淨土三部經)의 하나. 사십팔원(四十八願)을 성취한 아미타불의 인행(因行)·과덕(果德)과 중생이 염불하여 극락왕생하는 인과(因果)를 설명한 경전.

이 불경이 낙양에 전해졌을 때, 본래 천축 사람인 거사(居士) 축숙란(竺叔蘭)이라는 자가 있었다. 아버지 대에 난을 피하여 하남(河南)에 와 살고 있었는데 산스크리트어와 한문에 능했다. 서역의 무라차(無羅叉) 비구(比丘)가 산스크리트어 본을 읽고 축숙란이 한문으로 구역(口譯)하면 축태현(祝太玄)과 주현명(周玄明)이 붓으로 받아 적었으니, 이를 《방광반석(放光般石)》[12]이라 불렀다. 태안 2년(303) 사문 축법적(竺法寂)이 축숙란과 함께 다시 교정하여 원흥 원년(304) 정본(定本)이 완성되었다. 축숙란은 이후에도 혼자 두 종류의 경전을 번역했으나 모두 남아있지 않다.

중국에서의 불경 번역은 구마라습(鳩摩羅什) 이전에는 36개국 언어에 능통했던 축법호(竺法護)가 제1인자였다. 그의 선조는 월지 사람이지만 (그가) 후에 천축 사문 축고좌(竺高座)를 쫓아 출가하였기에 당시 풍습대로 스승의 성을 따라 축이라는 성을 사용하였고, 법호라는 이름도 산스크리트어 담마라찰(曇摩羅刹) 또는 담마라찰(曇摩羅察, Dharmaraksa: 외국 불경 번역사 중에 이 이름을 가진 사람이 전후로 4명이나 된다)을 한역한 것이다. 그러나 축법호는 실제 대대로 돈황에 거주하였기에 돈황군이 설치된 후에는 응당 중국인이라고 칭했을 것이다. 그는 일찍이 스승을 따라 서역 여러 나라를 두루 여행하였다. 태시 2년(266) 산스크리트어 경전을 가지고 돈황에서 장안을 거쳐 낙양에 이르렀고 다시 강좌(江左: 양자강 동쪽 지방 즉 지금의 강소성 지역을 가리킴 - 역자)로 갔는데,

....

12) 《방광반석(放光般石)》: 《방광반야경(放光般若經)》의 오타로 보인다. 《방광반야경》은 《대반야경(大般若經)》의 다른 번역으로 291년 서진의 천축 승려 무라차과 축숙란이 함께 번역했다. 방광품(放光品)·무견품(無見品)·가호품(加護品)으로부터 파륜품(破倫品)·법상품(法相品)·촉루품(囑累品)의 97품 20권으로 구성되어있다.

가는 도중에도 쉬지 않고 불경을 번역하여 영가 2년(308)에 이르러 이미 165부의 경전을 번역하였다. 당시 사람들은 그를 존경하는 의미로 돈황 보살이라 불렀다. 깊은 산중에 은거하다 (서)진 무제 말 이윽고 장안에 사원을 짓고 20년 동안 불법을 선양하였는데, 따르는 자가 수천 명에 달했다. 그의 번역을 도운 자로는 섭승원(聶承遠)과 그의 아들 섭도진(聶道眞)이 있었다. 《고승전》에서는 그가 번역한 불경에 대해 "비록 번역한 불경의 말이 미묘하거나 아름답게 드러나지는 않지만, 기상이 드넓고 사리에 통달하여 즐겁고 막힘이 없다"고 하였다.

(서진) 혜제 때 자가 법조(法祖)인 백원(帛遠)이라는 불경 번역 명가가 있었으니, 《노자화호경》을 저술한 도사 왕부(王浮)와 일찍이 변론한 적이 있었다.

제3절 동진(東晉)시기 동래한 고승 구마라습

동진시기 동래한 고승 중에는 구마라습이 최고였다. 중국 불교경전 번역의 대가로는 먼저 구라마습이 있고 나중에 현장이 있어서 앞뒤로 서로 빛을 발하여 중국불교사를 빛내었다.

구마라습의 산스크리트어 이름을 정확히 음역하면 구마라지바(Kumarajiva, 鳩摩羅耆婆)가 되는데, 줄여서 나습(羅什) 혹은 습(什)이라고 하며 한역하면 동수(童壽)라는 뜻이다. 그의 선조는 천축 사람이며 대대로 나라의 재상이었다. 아버지 구마라염(鳩摩羅炎)이 재상의 자리를 사양하고 출가하여 동쪽으로 파미르고원을 넘어가자, 구자국 왕이 교외까지 나와 영접하며 국사(國師)가 되어 줄 것을 청하였고 여동생 기파(耆

婆)를 아내로 삼도록 하였다. 그리하여 마침내 구마라습을 낳으니 진나라 강제(康帝) 때(343년 혹은 344년)였다. 구마라습은 7세 때 모친을 따라 출가하여 9세 때 모친과 함께 인더스강을 건너 계빈으로 들어가 이름난 법사 반두달다(槃頭達多)를 따랐다. 12세 때에 모친을 따라 돌아왔다 얼마 지나지 않아서 소륵으로 가서 사차(莎車)의 왕자 형제 두 사람에게 사사(師事)하였다. 다시 모친을 따라 온숙국(溫宿國)에 이르러 어떤 도사(道士)와 변론하였다. 그 뒤 구자 왕이 그의 귀국을 영접하였고 20세 때 왕궁에서 계(戒)를 받았다. 그때 그의 이름은 이미 중국에 알려져 있었다.

전진(前秦) 건원 18년(382) 9월 부견(苻堅)이 군대를 파견하여 구자와 언기 등 여러 나라를 공격하였다. 대장(大將) 여광(呂光)이 그 나라 왕 백순(白純)을 살해하고 왕의 동생 진(震)을 옹립하였다. 구마라습의 나이가 어린 것을 보고 보통사람으로 간주하여 강제로 왕의 딸을 부인으로 맞게 하고, 또 여러 차례 그를 모욕하였으나 구마라습의 안색에 변함이 없자 여광이 부끄러움을 느껴 그만두었다. (구마라습과 함께) 양주(涼州)로 돌아오던 중 부견이 이미 멸망했음을 듣고, 여광은 마침내 스스로 양왕(涼王)이라 칭하였다. 구마라습은 양주에 18년 동안 억류되어 있었으나 교화를 펼친 것은 없었다. 후진(後秦) 홍시 3년(401) 요흥(姚興)이 장수를 보내 여륭(呂隆)을 토벌하여 항복시키고 구마라습을 맞이하여 관중(關中)으로 들어오게 하였다. 12월 장안에 도착하자 요흥이 국사의 예로 그를 대우했다. 구마라습은 이전에 번역된 불경들이 어떤 것은 뜻이 핵심에 미치지 못하고 어떤 것은 글이 유창하지 않다고 생각하여, 마침내 사문 8백여 명을 보내 서명각(西明閣)과 소요원(逍遙園)에서 자신의 불경 번역을 돕도록 해줄 것을 청하였다. 요흥도 불경과 승려 5백여 명을 확보하여 그 뜻을 연구한 연후에 번역문을 완성토록 하였다.

구마라습은 그 후에도 계속 작업하여 무려 300여권을 번역해냈다. 그는 일찍이 불경의 산스크리트어 원문과 한역본에 대해 "천축국의 풍속은 화려한 문장을 대단히 중요시하고 그 오음(五音)이 관현(管絃)에 꼭 들어맞게 하는 것을 아름답게 여긴다. 국왕을 대할 때는 반드시 그 덕을 찬양하고 부처를 대하는 의식에서도 노래로 찬탄(贊嘆)하는 것을 귀하게 생각한다. 불경 속의 게송(偈頌)도 모두 그런 형식이다. 그러나 산스크리트어를 진(秦)나라 언어(즉 한문)로 번역하면 그 문장의 멋진 수식을 잃어버리고, 비록 큰 뜻은 얻을 수 있지만 문체가 변해 버리기 때문에 음식을 씹어 다른 사람에게 주는 것과 같아서 그 맛을 잃을 뿐 아니라 토하고 싶게 되는 것이다"고 평하였다. 한편 요흥은 구마라습의 총명함이 남달라 천하제일이므로 후사가 없으면 안 된다고 여겨 억지로 시녀 10명을 받아들이도록 하였다. 불교 문헌에서는 그 사람됨이 기운이 맑고 홀로 초연할 뿐 아니라 성품이 인자하고 돈후하여 마음속에 사랑이 넘쳐 자기를 낮추고 부처님의 가르침으로 잘 유도하는 일에 종일토록 게으르지 않았다고 묘사하고 있다. 진나라 의희 5년 즉 후진 홍시 11년(409) 장안대사(長安大寺)에서 향년 70세의 나이로 입적하였다.[13] 그의 사망연도에 대해서는 이보다 3년 전 또는 4년 전 두 가지 설이 더 있다.[14]

---

13) 그의 출생연도가 저자의 말대로 343년 혹은 344년이고 만 70세에 입적했다면 사망연도는 마땅히 413년 혹은 414년이 되어야 맞다.
14) 앞뒤 내용 상 '3년 전 또는 4년 전'이 아니라 '3년 후 또는 4년 후'의 오기로 보인다.

제4절 동진시기 동래한 기타 고승

(1) 불야다라(弗若多羅, Punyatara)는 한역하면 공덕화(功德華)이고 계빈국 사람이다. 후진 홍시연간 관중에 이르자, 요흥이 상빈(上賓)으로 그를 예우했으며 구마라습도 그를 매우 존경하였다. 일찍이 구마라습과 함께 승려 수백 명을 모아 장안사(長安寺)에서 불경을 번역하였는데, 불야다라가 산스크리트어로 독송하면 구마라습이 한문으로 번역하였다. 그러나 그 과업을 다 마치기 전에 세상을 떠나자 사람들이 매우 애석해 했다.

(2) 비마라차(卑摩羅叉, Vimalaksas)는 한역하면 무구안(無垢眼)이고 역시 계빈국 사람이다. 처음에는 구자국에서 율장(律藏)[15]을 널리 선양하였으며 구마라습도 일찍이 그를 스승으로 모셨다. 구자국이 망한 후 먼저 그곳을 떠나 타지로 피란했는데, 구마라습이 장안에 있다는 소식을 듣고 위험을 무릅쓰고 동쪽으로 건너와 후진 홍시 8년(406) 관중에 도착하자 구마라습은 그를 스승으로 예우하였다. 구마라습이 세상을 떠나자 비마라차는 관중의 동쪽(關左)으로 떠났고 그 후 다시 남쪽 강릉(江陵)에 이르렀다. 중국어를 할 줄 알게 된 후에는 각처에서 도를 배우러 온 사람이 수없이 많았으며 저술이 나올 때마다 서로 앞 다투어 전사(傳寫)하였다. 향년 77세의 나이로 죽었다.

(3) 불타야사(佛陀耶舍, Buddhayasas)는 한역하면 각명(覺明)이고 역

....

15) 율장(律藏): 불교 교단의 계율을 집대성한 것이다. 계율은 고타마 붓다의 활동 당시부터 필요에 따라 제정되어왔는데, 오늘날 전해지고 율장들은 불교 교단이 여러 분파로 분열된 후 특정 분파들에 의하여 전승된 것들이다.

시 계빈국 사람이다. 어려서 무사(巫師)를 따라 출가하였고 27세가 되서야 계(戒)를 받았다. 나중에 사륵국(沙勒國)으로 갔다. 부견이 여광 등을 보내 구자를 정벌할 때 사륵 왕이 몸소 군대를 이끌고 구원하러 가면서 불타야사에게 태자(太子)를 보좌하게 하고 아울러 후사를 맡겼다. 구자가 패하고 구마라습이 포로가 되었다는 소식을 듣고서, (구마라습과) 알고지낸지 비록 오래되었지만 마음속에 품은 생각을 다 털어놓지 못한 것을 안타깝게 생각하였다. 나중에 구마라습이 고장(姑藏)[16]에 있다는 소식을 듣고 찾아갔으나 구마라습은 이미 장안으로 떠난 뒤였다. 구마라습은 그가 고장에 왔다는 소식을 듣고 요흥에게 그를 영접할 것을 권하면서 "대저 불교의 교법(敎法)을 널리 선양하려면 마땅히 그 뜻을 두루 통달해야 합니다. 빈도(貧道)는 비록 경전을 독송할 수는 있으나 그 이치를 다 헤아리지 못합니다. 오직 불타야사만이 깊은 이치를 통달하고 있습니다. 지금 그가 고장에 있으니 조서를 내려 그를 불러들이길 바랍니다. 한 마디 말을 각기 다른 말로 세 번 번역해본 연후에 글로 옮겨야만 미묘한 어감까지 그 뜻을 잃지 않아 천 년 뒤에도 신뢰를 받을 수 있을 것입니다"고 하자, 요흥이 구마라습의 말대로 하였다. 불타야사가 구마라습이 있다는 것을 듣고 오자, 요흥이 몸소 나가 안부를 묻고 소요원 안에 별도의 새 관아[新省]를 세웠다. 당시 구마라습은 《십주경(十住經)》[17]을 번역하고 있었는데, 한 달여 동안 감히 붓을 대지 못하다가 불타야사가 온 후 함께 연구 토론하여 문장의 이치를 바로 정립시켰다.

....

16) 고장(姑藏): 오호십육국(五胡十六國)의 전량(前涼)·후량(后涼)·남량(南涼) 및 북량(北涼)에 이르는 4대 왕조의 도읍으로 남북조 시대에 매우 발전하였다. 현 감숙성 무위시(武威市).

17) 《십주경(十住經)》: 《십지경(十地經)》이라고도 하는데, 《화엄경》의 십지품(十地品)에 해당하는 같은 내용을 다룬 단일 불경이다.

이에 승려와 속인 3천여 명이 감탄하지 않은 자가 없었다. 불타야사는 이외에도 많은 경전을 번역하였다. 그는 나중에 사직하고 외국으로 돌아가는 도중에 계빈에서 《허공장경(虛空藏經)》[18] 1권을 구하게 되자 상인에게 부탁하여 양주(涼州) 승려들에게 전달하였다. 그 후의 종적은 알지 못한다.

(4) 불타발타라(佛馱跋陀羅, Buddhabhadra)는 한역하면 각현(覺賢)인데 불현(佛賢)이라고도 한다. 《화엄경(華嚴經)》을 번역한 것으로 유명하며 북천축국 사람이다. (그가) 계빈국을 유람할 때 마침 중국 승려 지엄(智嚴)이 그곳에서 도반을 찾고 있었으나 아직 만나지 못한 상태였다. 이에 지엄이 계빈국 사람들에게 자문을 구하자 많은 사람이 불타발타라를 추천하였고, 지엄 역시 간절히 청하자 불타발타라가 마침내 가련히 여겨 허락하였다. (함께) 파미르고원을 넘어 오는데 삼년이 걸렸다. 이와 관련하여 《고승전》 초집(初集) 권2에는 "여섯 나라를 경유하였는데, 각국의 군주들이 멀리 떠나는 교화자[遠化]를 긍휼히 여겨 마음을 기울여 여비를 제공하였다. 교지(交趾)에 도달한 후 배를 타고 바다를 따라 올라왔다. …… 청주(靑州) 동래군(東萊郡)에 이르러 구마라습이 장안에 있다는 소식을 듣고 바로 가서 그를 따랐다"고 적혀있다. 안타깝게도 그가 파미르고원에서 교지로 간 노정에 대해서는 자세히 알 수가 없다. 의희 2년(406) 장안에 오자 구마라습이 크게 기뻐하였고, (경전의) 이치에 의문이 생기면 반드시 그와 함께 탐구하여 해결하였다. 나중에 건강(建康, 지금의 남경)으로 갔으며, 의희 12년(416) 법현(法顯)과 도장사(道場寺)에서 함께 경전을 번역하였는데, 그가 번역한 《화엄경》은 실로

....

18) 《허공장경(虛空藏經)》: 정식 명칭은 《허공장보살경(虛空藏菩薩經)》으로 허공장 보살의 인연과 그 교화를 설한 불경이다.

화엄종의 단초를 연 것이었다. 그 경전을 보통 《진역화엄(晉譯華嚴)》이라 부르며 《육십화엄(六十華嚴)》이라고도 한다. 의희 14년(418)부터 송 영초 2년(421) 사이에 번역을 마쳤다. 원가 6년(429) 향년 71세로 세상을 떠났다.

제5절 남북조시기 남해를 왕래한 중국과 서역의 승려

《고승전》에 따르면 법현의 뒤를 이어 남해를 왕래한 승려는 남북조시기 중국인 3명, 부남인 3명, 천축인 4명 등 대략 10명이 있었다. 중국 승려 가운데 한 명인 지엄은 먼저 육로를 통해 천축에 갔다가 귀국 후 다시 해로를 따라 재차 천축에 도착했다. 다른 한 명인 담무갈(曇無竭)은 송 영초 원년(420) 천축에 갔다가 나중에 남천축에서 배를 타고 바다를 건너 광주(廣州)에 도착했다. 또 다른 한 명인 도보(道普)는 서리(書吏) 10명을 데리고 서쪽으로 가서 경전을 구해오라는 송 태조의 명으로 장광군(長廣郡)에 이르렀으나, 배가 파손되고 다리에 상처를 입어 질병으로 인해 죽었다. 부남 승려 중 한 명인 승가바라(僧伽婆羅)는 중국에서 승양(僧養)이라 불렸는데, 양나라 천감 5년(506) 양주(揚州)에서 불경을 번역하였다. 다른 한 명인 만다라(曼陀羅)는 양나라에서 굉약(宏弱)이라 불렸는데, 승가바라의 뒤를 이어 중국에 왔다. 또 다른 한 명인 수보리(須菩提)는 중국 이름이 미길(美吉)인데, 진(陳)나라 때 양주에서 경전을 번역했다. 이상 여섯 명 모두 바다를 건너왔다는 것만 알 뿐 그 여정에 관해서는 전혀 알 수가 없다. 천축 승려 중 한 명인 불타발타라에 대해서는 이미 앞의 제4절에서 자세하게 서술했다. 다른 한 명인

구나발마(求那跋摩)[19]는 중국 이름이 공덕개(功德鎧)인데, 사자국에서 배를 타고 사파(闍婆)에 도달한 후 송 원가 원년(424) 바다를 건너 광주에 이르렀다. 또 다른 한 명인 구나발타라(求那跋陀羅)[20]는 중국 이름이 공덕현(功德賢)인데, 송 원가 12년(435) 역시 사자국에서 바다를 건너 광주로 왔다. 마지막으로 구나라타(拘那羅陀)[21]는 중국 이름이 친의(親依)인데, 중대동 원년(546)[22] 부남에서 광주로 왔다. 이 사람들의 여정은 비록 대부분 상세히 알려져 있지 않지만, 그들이 항해를 멈춘 곳은

....

19) 구나발마(求那跋摩, Gunavarman, 367-431): 계빈(罽賓, 현 카슈미르)의 종실 출신으로 30세 때 계빈 왕이 후사 없이 타계하고 사람들이 그에게 왕위 계승을 권유하자, 사양하고 은적(隱跡)해 있다가 얼마 후 사자국과 사파국을 거쳐 중국에 왔다. 송 원가 8년(432) 수도 건강(建康)에 도착하여 그 후 기원사(祇洹寺) 등지에서 역경에 전념해 다수의 역서를 남겼다.(《해상 실크로드사전》, 25쪽)

20) 구나발타라(求那跋陀羅, Gunabhadra, 394-468): 중천축(中天竺) 출신의 불승으로 송 원가 12년 광주에 도착하였다. 송 문제(文帝)의 초청으로 건강에 와서 기원사에 머물면서 역경을 하며 설법했는데, 수강생이 7백 명이 넘었다고 한다. 훗날 형주(荊州)에서 10년간 체류하면서 100여 권의 불경을 번역하였다. 75세로 건강에서 입적하였다.(《해상 실크로드사전》, 26쪽)

21) 구나라타(拘那羅陀, Gunaratha, 499-569): 일명 구라나타(拘羅那陀, Kulanā-tha) 또는 바라말타(波羅末陀, Paramãrtha)라고도 함. 서천축(西天竺) 출신으로 구마라습·현장과 함께 중국 3대 역경가의 한 사람으로 꼽힌다. 법명은 진체(眞諦, Paramãrtha)이다. 양 무제 때 해로로 중국에 들어왔으나 정세가 불안하여 자리를 잡지 못하고 남방 여러 곳을 전전하다가 광주에 정착하였다. 547-569년에 《섭대승론(攝大乘論)》·《유식론(唯識論)》·《구사론(俱舍論)》 등 64부 278권의 경전을 한역하였다. 그의 역경을 통해 무착(無着), 세친파(世親派)의 대승론이 중국에 알려졌고, 그때부터 비로소 대승섭론종(大乘攝論宗, 후일의 法相宗)과 소승구사종(小乘俱舍宗)이 개창되었다.(《해상 실크로드사전》, 26쪽)

22) 원서에는 원가 23년(546)으로 되어있으나 송 문제 원가 23년은 서기 446년이고 546년은 양 무제 중대동 원년이므로 바로잡았다.

바로 산동반도 동래(東萊) 남안(南岸)의 장광(長廣) 및 교주(交州)와 광주(廣州)였다. 그리고 당시 강을 거슬러 양주(揚州)와 강릉(江陵)까지 올라온 외국 선박이 있었던 것으로 보아 교통이 발달했음을 짐작할 수 있다. 여기서 다시 중국인 지엄과 담무갈의 사적에 대해 서술하면 다음과 같다.

지엄은 서양주(西涼州)인으로 약관에 출가하였는데 근면하기로 유명했다. 납의(納衣)23)만을 입고 좌선하고 평생 채식을 하였다. 항상 자신이 사는 땅이 공허하다고 생각하여 명망 있는 스승을 두루 섬기고 경전의 가르침을 널리 구하고자 하였다. 동진 융안 3년(399) 법현 등과 함께 오이(烏夷)에 이르렀으나 여비를 마련하기 위해 결국 고창으로 돌아왔다. (그 후) 다시 서역으로 향해 계빈국에 들어가 불타선(佛馱先) 비구에게 선법(禪法)을 묻고 배웠는데, 점차 깊이를 더하여 3년이 지나자 그 공력이 10년을 능가했다. 불타선은 그가 선사(禪思)24)에 재능이 있음을 알고 특별히 남다르게 대했다. 당시 불타발타라도 그 나라의 선장(禪匠)이었는데, 지엄이 그에게 동쪽으로 가서 동쪽 나라에 불법을 전수하기를 요청하였다. 불타발타라가 그의 간절함을 가상히 여겨 마침내 함께 동쪽으로 출발하여 험난한 사막을 건너 관중에 도착하였다. 그러나 얼마 지나지 않아 불타발타라는 배척을 당하였고 지엄과도 헤어졌다. 동진 의희 13년(417) 유유(劉裕)가 서쪽의 장안을 공략할 때 시흥공(始興

....

23) 납의(納衣): 납의의 납은 누덕누덕 기웠다는 뜻이다. 못쓰게 되어 사람들이 쓰레기로 버린 낡은 헝겊을 이것저것 모아 빨아서 바늘로 기워 꿰매거나 누벼서 회색물을 들여 입었던 승려들의 의복에서 유래한다. 보통 회색 무명으로 만들지만 붉은색을 띤 황색으로 염색하기도 한다.
24) 선사(禪思): 산스크리트어로 마음을 한곳에 집중하여 산란하지 않게 하는 것 즉 마음을 가라앉히고 고요히 생각하는 것을 말한다.

公) 왕회(王恢)가 시종하면서 산천을 유람하다가 지엄이 머물던 정사(精舍)에 이르렀는데, 세 명의 승려가 각자 그물침대에 앉아 고요히 선정(禪定)에 든 것을 보았다. 왕회가 마음속으로 그들의 기이함을 존경하여 노인들을 찾아가 묻자, 모두들 "이 세 명의 승려는 은거하면서 뜻을 추구하는 고결한 법사들입니다"라고 말했다. 왕회가 즉시 송 무제[25]에게 이 일을 보고하고 그들을 초치하여 도읍으로 돌아갈 것을 요청하였으나 아무도 가려는 자가 없었다. 여러 번 매우 겸손하게 간청한 뒤에야 두 사람이 지엄을 추천하여 지엄이 따라 나섰다. 지엄은 이전에 서역 갔을 때 얻어 온 여러 산스크리트어본 불경을 미처 번역하지 못하였는데, 원가 4년(427)에 이르러 보운(寶雲)과 함께 《보요경(普曜經)》·《광박엄정경(廣博嚴淨經)》·《사천왕경(四天王經)》 등을 번역해냈다. 지엄은 옛날 출가하기 전에 일찍이 오계(五戒)[26]를 받았지만 계율을 범한 적이 있었다. 그 후 출가하여 구족계(具足戒)를 받았으나 항상 계를 얻지 못했다고 의심하고 이로 인해 두려워하였다. 그래서 여러 해 동안 선관(禪觀)하였으나 스스로 깨닫지 못하고 마침내 다시 바다를 건너 천축국에 가서 명철하고 통달한 사람에게 물었다. 계를 얻고 나서 육로로 돌아오던 중 계빈에 이르러 고통 없이 입적하였다.

담무갈의 중국 이름은 법용(法勇)이다. 출가 전의 성은 이(李)씨이고 유주(幽州) 황용(黃龍) 사람으로 어려서 사미(沙彌)가 되자 바로 고행을 수련하였다. 계율을 잘 지키고 경전을 열심히 독송함에 은사[師僧]가 그

....

25) 유유가 송나라를 건국하고 황제로 즉위한 해는 420년이므로 여기서 송 무제라 지칭한 것은 잘못이라 생각된다.
26) 오계(五戒): 불교에 입문한 재가(在家)신도가 지켜야 할 5가지 계율. ①살생하지 말라(不殺生), ②도둑질 하지 말라(不偸盜), ③음행을 하지 말라(不邪淫), ④거짓말을 하지 말라(不妄語), ⑤술을 마시지 말라(不飮酒)의 5종이다.

를 소중히 여겼다. 일찍이 법현 등이 직접 부처의 나라로 갔다는 소문을 듣고는 감개하여 몸을 바칠 서원(誓願)을 세웠다. 마침내 송 영초 원년 (420) 뜻을 같이하는 사문 승맹(僧猛)과 담랑(曇朗) 등의 무리 25명을 불러 모았다. 함께 번개(旛蓋)와 공양(供養)도구를 갖추고 이 땅을 출발하여 멀리 서쪽 방향으로 나아갔다. 먼저 하남국(河南國)에 이르렀고 이어서 하서군(河西郡)을 나와 사막으로 들어가 고창군(高昌郡)에 도착하였다. 구자와 사륵(沙勒) 등 여러 나라를 경유하고 파미르고원에 올라 설산(雪山)을 넘었다. 계속 나아가 계빈국에 이르러 부처님의 발우 (鉢盂)에 예배하였다. 1년여 계빈국에 머무르는 동안 산스크리트 문자와 말을 배웠다. 이곳에서 산스크리트어로 된《관세음수기경(觀世音受記經)》1부를 얻어 다시 서행하여 한자로 사자구(獅子口)라 부르는 인더스강[辛頭那提河]에 이르렀다. 그 후 단특(檀特)27)산 남쪽에 위치한 승려 3백여 명이 거주하는 석류사(石留寺)로 갔다. 담무갈은 그 곳에 머물면서 구족계[大戒]를 받았다. 다시 길을 떠나 중천국으로 향했다. 길은 텅 비고 광활하였는데 오로지 석밀(石蜜)만을 가지고 식량을 삼았다. 동행자 13명 가운데 8명이 길에서 죽었다. 사위국(舍衛國)에 거의 도달할 무렵 사자와 코끼리를 만났고, 갠지스강을 건넌 후에는 또 들소떼를 만났다. 후에 남천축에서 배를 타고 바다를 건너 광주에 도착했다. 그가 겪은 일의 자취는 별도로 전기(傳記)가 있다. 그 후의 종적은 알지 못한다.

....

27) 단특(檀特): 단타로카(Dantaloka)의 음역. 고대 북인도의 건타라국에 있던 산 이름으로 석가모니가 전생(前生)에 수행했던 장소이다.

제6절 수나라 이전 구법역경(求法譯經)한 승려 및 속인(俗人) 총록(總錄)

한나라에서 남북조에 이르기까지 중국에서 구법(求法)을 위해 서역으로 간 사람은 셀 수 없이 많았다. 그 중에는 이름이 이미 사라져 그 행적이 드러나지 않은 자도 있고, 불경을 번역하지 않아 대대로 전해지지 않은 사람도 있다. 중국에 온 외국 승려와 속인들은 불경을 번역한 공덕이 당연히 가장 크지만 중서문화교류와의 관계도 가장 깊었다고 할 수 있다. 여기서 풍승균이 편찬한 《역대구법번경록(歷代求法飜經錄)》과 다른 문헌에 근거하여 그들의 이름을 열거하면 다음과 같다.

- **양한**: 중국에 온 역경 승려와 속인이 10명으로 인도인 4명, 안식인 2명, 월지인 2명, 강거인 2명이었다.

  인도: 마등(摩騰)·축법란(竺法蘭)·축불삭(竺佛朔)·축대력(竺大力)

  안식: 안세고(安世高)·안현(安玄)

  월지: 지참(支讖)·지요(支曜)

  강거: 강거(康居)·강맹상(康孟詳)

- **삼국**: 위(魏)와 오(吳) 두 나라에 모두 10명의 외국인 불경 번역사가 있었으니 인도인 3명, 안식인 2명, 월지인 2명, 구자인 1명, 강거인 1명과 강거 출신으로 대대로 인도에서 살다가 교지로 이주한 강승회가 포함된다.

  인도: 담마가라(曇摩迦羅)·유지난(維祇難)·축율염(竺律炎)

  안식: 담체(曇諦)·안법현(安法賢)

월지: 지겸(支謙) · 지강양접(支彊梁接)

구자: 백연(白延)

강거: 강승개(康僧鎧)

기타: 강승회(康僧會)

- 서진: 중국에서 구법을 위해 서역으로 간 승려 3명과 외국인 번역가 5명 즉 인도인 1명, 안식인 1명, 월지인 1명, 서역인 1명 및 인도인이 아니면 인도화된 서역인으로 짐작되는 야라엄(若羅嚴)이 있었다.

구법: 주사행(朱士行) · 축숙란(竺叔蘭) · 법호(法護)

인도: 강양루지(疆梁婁至)

안식: 안법흠(安法欽)

월지: 지법도(支法度)

서역: 무라예(無羅乂)

기타: 야라엄(若羅嚴)

- 동진: 서행하여 구법한 자 가운데 고증할 수 있는 사람 24명과 고증이 가능한 외국인 번역자 27명, 총 51명이 있다. 그 가운데는 인도인 17명, 서역인 3명, 월지인 2명, 구자인 1명, 인도인으로 대대로 구자에 살았던 사람 1명, 강거인 1명, 토화라인 1명, 국적 불명 1명이 포함되어있다(풍승균은 인도인 18명, 서역인 2명으로 잘못 적고 있다).

구법: 우법란(于法蘭) · 강법랑(康法朗) · 축불념(竺佛念) · 혜상(慧常) · 진행(進行) · 혜변(慧辯) · 법령(法領) · 법정(法淨) · 담맹(曇猛) · 법현(法顯) · 법운(寶雲) · 지엄(智嚴) · 혜경(慧景) · 도정(道整) · 혜응(慧應) · 혜외(慧嵬) · 혜간(慧簡) · 승소(僧紹) · 지우(知羽) · 지원(智遠) · 승경(僧

景)·혜달(慧達)·지맹(智猛)·혜예(慧叡)

인도: 축담무란(竺曇無蘭)·담마지(曇摩持)·구마라불제(鳩摩
羅佛提)·승가발징(僧伽跋澄)·담마비(曇摩蜱)·담무참
(曇無懺)·축난제(竺難提)·담마굴다(曇摩掘多)·담마
야사(曇摩耶舍)·비마라예(卑摩羅乂)·불타야사(佛陀耶
舍)·불야다라(弗若多羅)·담마비(曇摩卑)·불타발타라
(佛馱跋陀羅)·가류타가(迦留陀伽)·승가라차(僧伽羅
乂)·승가제파(僧伽提婆)

서역: 담마류지(曇摩流支)·승가타(僧伽陀)·지다밀(祇多密)

월지: 지도근(支道根)·지시윤(支施崙)

구쟈: 백시리밀다라(帛尸梨密多羅)

기타: 구마라습(鳩摩羅什)

강거: 강도화(康道和)

토화라: 담마난제(曇摩難提)

불명: 불도라찰(佛圖羅刹).

● **유송:** 서행하여 구법한 자가 70여명이 있으나 그 중 60여명은 이름
을 알 수 없다. 그리고 10명의 외국인 불경 번역사 즉 인도인
6명, 서역인 3명과 단지 외국인이라는 것만 알 수 있는 1명이
있다(풍승균은 인도인 5명에 다시 토화라인 1명을 더했는데
오류이다).

구법: 저거경성(沮渠京聲)·도태(道泰)·담무갈(曇無竭)·승맹
(僧猛)·담랑(曇朗)·승순(僧純)·담충(曇充)·축도만(竺
道曼)·지맹(智猛)·담찬(曇纂)·축도숭(竺道嵩)·도보
(道普)·법성(法盛)·법헌(法獻)·법유(法維)·승표(僧表)

인도: 불타습(佛馱什)·승가발미(僧伽跋彌)·구나발마(求那跋

摩)·담마밀다(曇摩密多)·승가발마(僧伽跋摩)·구나발
타라(求那跋陀羅)

서역: 공덕직(功德直)·부타발마(浮陀跋摩)·강량야사(畺良耶舍)

기타: 이엽바라(伊葉波羅)

- 북위·북제·북주: 서행하여 구법한 사람이 19명으로 그 중 3명은
  이름을 알 수 없고, 중국에 온 불경 번역사가 12명으로 모두
  인도인이다.

  구법: 담각(曇覺)·위덕(威德)·도영(道榮)·혜생(惠生)·송운
  (宋雲)·법력(法力)·자통(子統)·왕복(王伏)·보섬(寶
  暹)·도수(道邃)·승담(僧曇)·지주(智周)·승위(僧威)·
  법보(法寶)·지소(智昭)·승률(僧律)(보섬 등 일행 11명
  가운데 이름을 알 수 있는 자는 8명인데, 풍승균이 10
  명이라 한 것은 오류이다).

  번역: 길가야(吉迦夜)·담유지(曇流支)·늑나마제(勒那摩提)·
  보리유지(菩提流支)·불타선다(佛陀扇多)·반야유지(般
  若流支)·비목지선(毗目智先)·달마보리(達磨菩提)·양
  나발타라(攘那跋陀羅)·달마유지(達摩流支)·사나야사
  (闍那耶舍)·야사굴다(耶舍崛多)

- 남제·양·진: 중국에 온 외국 불경 번역사가 10명으로 인도인 4명,
  서역인 3명, 부남인 3명이었다.

  인도: 담마가(曇摩伽)·구나비지(求那毗地)·바라말타(波羅末
  陀)·월파수나(月婆首那)

  서역: 마하승(摩訶乘)·승가발타라(僧伽跋陀羅)·달마마제(達摩
  摩提)

  부남: 만타라(曼陀羅)·승가바라(僧伽婆羅)·수보제(須菩提)

제16장
법현(法顯) 등의 인도 방문과 공헌

제1절 법현의 《역유천축기전(歷遊天竺記傳)》 《불국기(佛國記)》 연구

불교가 중국에 전래되고 나서 일정한 시간이 지나면서 중국에서 불교를 배우던 사람들은 점차 외국 승려들이 번역한 불경에 불만을 느끼게 되었다. 그래서 직접 인도에 가서 경전을 구하고 산스크리트어를 배우려는 사람들이 생기게 되었는데, 그 가운데 법현은 비록 최초로 간 사람은 아니었지만 가장 명성을 떨쳤다.

법현의 공적은 불경 번역과 불교 교리를 널리 전파한데 그치지 않는다. 그가 기록한 여행기는 비록 9500여 자 밖에 안 되지만 서역을 왕래한 여정과 항해 경험에 대해 정확하고 간단명료하게 서술하고 있어, 특히 오늘날 중서교류사 및 중앙아시아 중세시대 역사지리를 연구하는 사람에게 꼭 필요한 참고자료가 되고 있다. 그래서 특별히 장(章)을 따로 마련하여 서술하고자 한다.

법현을 연구할 때 가장 중요한 자료는 바로 그가 천축에서 돌아온 후 쓴 여행기이다. 본 여행기는 의희 9년(413)에서 10년 사이에 완성되었고 2년 후에 다시 약간 증보(增補)되었다.

　이 책은 다른 이름이 매우 많은데, 일본인 아다치 기로쿠(足立喜六)[1]가 쓰고 하건민(何健民)과 장소류(張小柳)가 함께 번역한 《법현전고증(法顯傳考證)》의 통계에 따르면 다음과 같다.

> 《불(역)유천축기(佛(歷)遊天竺記)》 1권
> 《역유천축기전(歷遊天竺記傳)》 1권: 권수가 없다고도 함.
> 《법현전》 1권: 2권이라고도 하고 권수가 없다고도 함.
> 《법현행전(法顯行傳)》 1권
> 《법명유천축기(法明遊天竺記)》: 당나라 사람이 중종(中宗)의 이름 현(顯)을 피휘(避諱)하여 고친 것임.

　지승(智昇)의 《개원석교록》이 나오기 전에는 대개 《역유천축기전》이라고 불렸는데, 그 후에는 대부분 《법현전》이라고 하였다. 다만 모두 '법현자기유천축사(法顯自記遊天竺事)'라는 설명을 덧붙였다. 《수서》〈경적지〉 '지리부(地理部)'에서는 《불국기》로 고쳐 불렀으나, '사전부(史傳部)'에 수록할 때는 여전히 《법현행전》이라는 명칭을 사용하였으니 사실 같은 책의 다른 이름이었다. 중국인으로 국외지리를 논할 때 이 책을 인용한 비교적 이른 것은 동치 9년(1870)에 나온 이광정(李光廷)의

···························

1) 아다치 키로쿠(足立喜六, 1871-1949): 시즈오카(靜岡)현 출신의 수학자로 1898년 도쿄고등사범학교(현 츠쿠바대학) 졸업 후 1906년부터 4년간 중국정부의 초청으로 서안에 체재하며 섬서고등학당의 수학과 물리 교사로 근무했다. 체재 중 장안(長安)의 유적을 답사하고 측량과 사진촬영 등을 통해 귀중한 자료를 남겼으며 이를 총괄한 것이 《장안 사적의 연구(長安史蹟の研究)》인데, 이는 장안 역사연구의 원점으로 학계의 높은 평가를 받았다.

《한서역도고(漢西域圖考)》와 도광연간에 나온 위원의 《해국도지》이다. 그밖에 민국 초기에 나온 정겸의 《불국기지리고증(佛國記地理考證)》이 있으나 특별히 취할만한 것이 못되고, 민국 23년(1934) 상무인서관에서 나온 《불유천축기고석(佛遊天竺記考釋)》 역시 지나치게 간략하다.

근대 유럽에서 이 책을 번역한 사람들은 《불국기》 또는 《법현불국행기(法顯佛國行記)》라는 이름을 즐겨 사용하였는데, 정리해보면 다음 몇 가지 번역이 나와 있다.

1838년(도광 16년) 레뮈자(Rémusat)가 번역하여 파리에서 출판한 《불국기: 4세기 말 타타르·아프카니스탄·인도로의 순례 여행》(*Relation des Royaumes Bouddhiques: voyage dans la Tartarie, dans l'Afghanistan et dans Inde, exécuté, á la fin du IVe siècle*). 클라프로트와 랑드레스에 의해서 보완·증보·주해되어서 사후에 재 출판되었다(*Ouvrage postume revu, complété, augmenté d'éclairecissements nouveaux*. par Klaproth et Landresse).

1869년(동치 8년) 런던 판으로, 사무엘 빌(Samuel Beal)이 번역한 《법현과 송운: 인도로 떠난 중국의 구법승(求法僧)》(*Travels of Fah-Hian and San-Yun, Buddhist Pilgrims, from China to India*).

1877년(광서 3년) 런던 및 상해 판으로 앨런 허버트 자일스(Allen Herbert Giles)가 번역한 《법현, 불국기》(*Fa-hsien, Record of the Buddhistic Kingdoms*).

1886년(광서 12년) 옥스퍼드 판으로 제임스 레기(James Legge)가 번역한 《법현, 불국기: 중국 승려 법현이 율장(律藏)을 찾아 인도와 실론으로 떠난 여행(399-414)을 기록한 글》(*Fa-hsien, A. record of the Buddhistic Kingdoms: being an account of the Chinese Monk Fa-Hian of his travels in India and Ceylon(A.D. 399-414) in search of the books of Discipline).*

1923년 캠브리지 판으로 앨런 허버트 자일스가 번역한 《법현, 법현의 여행기(399-414) 혹은 불국기》(*Fa-hsien, The travels of Fa-hsien(399-414 A.D.) or Record of Buddhistic Kingdoms*).

유럽학자의 일반적인 병폐는 정문(正文)[2]을 교감(校勘)할 줄 모른다는 것이다. 이에 비해 민국 24년(1935)에 나온 일본인 아다치 기로쿠의 《법현전고증》은 일본에 소장된 고사본(古寫本)과 고각본(古刻本)에 의거하여 판본 연구를 진행하는 한편, 상세하게 그 내용을 교석(校釋)한 책으로 선본(善本)이라 부를 만하다.

《법현전》은 나중에 《대장경(大藏經)》에 편입되었다. 다만 송나라 때 관판(官版) 대장경과 사판(私版) 대장경이 많게는 20여종이나 되지만, 현재는 북송 판 2종과 남송 판 1종 및 고려 판이 모두 일본에 소장되어 있다. 북송 판 《법현전》은 교토시 도지(東寺)[3]와 궁내성(宮內省) 도서료(圖書寮)[4]에 소장되어 있고, 남송 판 《법현전》은 도쿄시 조죠지(增上寺)[5] 및 사이타마(埼玉)현 카와고에(川越)시 키타인(喜多院)[6]에 소장되

....

2) 정문(正文): 문서 또는 책의 본문을 일컫는 말로 주석(註釋)이나 이유서(理由書) 등에 상대되는 용어.

3) 도지(東寺): 진언종(眞言宗) 동사파(東寺派)의 총본산으로 쿄오고코쿠지(敎王護國寺)라고도 불린다. 796년 창건되어 823년 사가(嵯峨)천황에 의해 쿠카이(空海; 弘法大師)에게 하사되었다. 금당과 오중탑 등 국보로 지정된 건축물 외에도 헤이안(平安)시대 이래의 귀중한 문서·불상·불화 등 다수의 문화재가 소장되어있다.

4) 도서료(圖書寮): 국립도서관의 역할을 담당하던 관청으로, 일본 율령제 하에서 중무성(中務省)에 속해 도서의 보관, 서사(書寫), 관용 종이·붓·묵 등의 공급, 국사의 편찬, 불사(佛事) 등을 임무로 하였다. 메이지유신 이후인 1884년에는 궁내성에 설치되어 황실 도서 및 기록의 보관, 《황통보(皇統譜)》, 황족의 실록의 편찬 등을 담당했다. 1949년 궁내청 서릉부(書陵部)로 개편되었다.

어 있으며, 고려 판 신 판본은 도쿄 조죠지에 소장되어있다. 《법현전》 사본(寫本)은 현재 적잖이 전해지고 있다.

《불국기》가 수록된 총서로는 원각(原刻) 《비책휘함(秘冊彙函)》[7]·《진체비서(津逮秘書)》[8]·《설부(說郛)》[9]·《한위총서(漢魏叢書)》[10]·《학진토

....

5) 조죠지(增上寺): 정토종(淨土宗) 진서파(鎭西派)의 대본산으로 도쿠가와(德川) 장군가의 보리사(菩提寺)이다. 쿠카이(空海)의 제자 슈에이(宗叡)가 창건한 진언종 코묘지(光明寺)를 1385년 정토종 조죠지로 개종하였다. 에도시대에 일본 관동지방의 정토종을 총괄하는 사원이 되었다.

6) 키타인(喜多院): 사이타마현 카와고에시에 위치한 천태종(天台宗) 사원으로 카와고에다이시(川越大師)라고도 불리며 830년 엔닌(圓仁; 慈覚大師)이 창건한 무료쥬지(無量壽寺)를 그 시초로 한다. 1599년 텐카이(天海)가 키타인으로 개칭하고 도쿠가와 가문의 비호 하에 일본 관동지방 천태종의 총본산으로 번영하였다.

7) 《비책휘함(秘冊彙函)》: 명 만력연간 해염(海鹽) 사람 호진형(胡震亨) 등이 편찬한 책으로 완간되기 전에 화재로 일부가 소실되고 남은 부분은 《진체비서(津逮秘書)》에 편입되었다고 한다.

8) 《진체비서(津逮秘書)》: 명대 강소성 상숙(常熟) 출신의 장서가 겸 문학가인 모진(毛晉, 1599-1659)이 편찬한 총서로 희귀하고 실용가치가 있는 많은 필기잡록을 수록하고 있다. 송나라 사람의 필기가 특히 많으며 절록(節錄)이 아니라 선본(善本)을 선정하여 원본 그대로 수록하면서 교감을 행하였기에 고대 전적의 정리와 전승에 공헌한 것으로 평가된다.

9) 《설부(說郛)》: 원말명초 도종의(陶宗儀)가 편찬한 총서로 야사·수필·경전(經典)·전기(傳記)·문집·소설 등 정통적인 것이 아닌 신기한 서적 1,000여 종을 초록(抄錄)하여 편찬한 것이다. 오랫동안 사본(寫本)으로만 전해지고 있던 것을 1927년 장종상(張宗祥)이 6종의 명대 사본을 교정(校訂)하여 《명초본설부(明鈔本說郛)》 총 100권을 출판하였다. 여기에는 109종의 서적이 수록되어있으며 원본에 가장 가깝다.

10) 《한위총서(漢魏叢書)》: 정영(程榮: 생몰연도 미상)이 편찬하여 1590년경에 간행한 총서로 한·위·육조시기의 서적 38종을 경(經)·사(史)·자(子) 3부로 나누어 수록한 것이다. 그 후 만력 말에 하윤중(何允中)이 76종으로 늘려 《광한위총서(廣漢魏叢書)》를 만들었고, 1791년에는 왕모(王謨)가 86종을 수

원(學津討原)》11)·《당송총서(唐宋叢書)》12) 등이 있다.

제2절 법현의 약전(略傳) 및 그의 인도 노정(路程)

법현의 전기로는 양나라 승우(僧祐)가 편찬한 《출삼장기집》 권15, 양나라 혜교(慧皎)가 편찬한 《고승전》 권3, 당나라 지승(智昇)이 편찬한 《개원석교록》 권3 및 당나라 원조(圓照)가 편찬한 《정원신정석교목록(貞元新定釋教目錄)》13) 권3 등이 있다.

법현의 속성(俗姓)은 공(龔)이고 진(晉)나라 평양군(平陽郡) 무양(武陽) 즉 지금의 산서성 양원현(襄垣縣) 사람이다. 삼형제가 모두 유년에 요절하여 법현은 3살 때 사미가 되었다. 그는 율장(律藏)이 제대로 갖추

....

록한 《증정한위총서(增訂漢魏叢書)》를 편찬하였다. 그 후 판을 거듭할수록 증보되어 94종본과 96종본 등이 간행되었으나, 현재는 이들 모두를 《한위총서》라 부른다. 육조시기 이전의 서(書)를 참고하는데 편리하며, 종류는 뒤로 갈수록 늘어났으나 교정은 최초 정영의 것이 가장 뛰어나다.

11) 《학진토원(學津討原)》: 전 1,043권. 청대 강소 상숙(常熟) 출신의 장서가 장해붕(張海鵬, 1755-1816)이 편찬한 총서로 170여 종의 책을 수록하고 있다.

12) 《당송총서(唐宋叢書)》: 전 168권. 명말 전당(錢塘) 사람 종인걸(鍾人傑, 생몰연도 미상)이 편찬한 총서로 103종의 책을 수록하고 있다.

13) 《정원신정석교목록(貞元新定釋教目錄)》: 전 30권. 《정원석교록(貞元釋教錄)》이라고도 한다. 9세기 초 당나라 학승 원조가 편찬하였다. 이 목록은 《개원석교록》이 편찬된 이후 약 70년간 많은 불경이 새로 번역되고 불교관계 저술도 적지 않게 증가된 상황에서 이에 대한 정리의 필요성에서 편찬되었다. 이 책에는 67년부터 800년까지 번역된 불경의 증가 과정을 체계적으로 보여주는 자료가 자세히 서술되어있다.

어지지 않음을 알고 융안 3년 즉 홍시 원년(399) 장안을 출발하여 인도로 가서 계율을 탐구하고자 하였다. 당시 혜경(慧景)·도정(道整)·혜응(慧應)·혜외(慧嵬) 등을 포함하여 11명이 함께 떠났지만, 훗날 돌아올 때는 오로지 법현 한 사람뿐이었다. 그래서 양나라 혜교는 "갈 때는 무리를 지어서 떠났으나 돌아올 때는 오로지 한 명뿐이네"[14]라고 묘사하였다. 그들이 농산(隴山)[15]을 거쳐 장액을 지나려 할 때 난(亂)이 일어나 길이 막혀 버렸다. 당시 북량왕(北涼王) 단업(段業)이 마침 장액에 도읍하고 있었는데, 그들을 머무르게 하고 단월(檀越)[16]이 되어주었다. 그 후 돈황에 이르자 그곳에는 "동서로 80리, 남북으로 40리나 되는 성곽이 있었다." (돈황에서) 1개월여 머문 후에 사막을 건넜는데, "악귀(惡鬼)와 열풍(熱風)[17]이 심하여 이를 만나면 모두 죽고 한 사람도 살아남지 못하였다. 하늘에는 날아다니는 새도 없고 땅에는 뛰어다니는 짐승도 없었다. 아무리 둘러보아도 망망하여 가야 할 길을 찾으려 해도 어디로 갈지를 알 수가 없고, 언제 이 길을 가다가 죽었는지 모르지만 오직 죽은 사람의 마른 뼈만이 길을 가리켜주는 표지가 될 뿐이었다."

....

14) "發跡則結旅成羣, 還至則顧影唯一."
15) 농산(隴山): 지금의 육반산(六盤山) 남단으로 섬서성과 감숙성 경계에 위치한 산 이름.
16) 단월(檀越): 산스크리트어 다나파티(danapati)를 음역한 것으로 시주(施主)라 번역한다. 본래의 뜻은 은혜를 주는 사람이다. 보시는 육바라밀의 하나로 자기가 소유한 것을 아낌없이 베푸는 행위로 불교 초기부터 매우 중요시되어 승단을 유지하는 밑거름이 되었다. 단월은 사찰 혹은 승려에게 재물을 주고 사찰과 승려는 그 대가로 불법을 주는데, 재물을 주는 것을 재시(財施), 불법을 들려주는 것을 법시(法施)라고 한다.
17) 열풍(熱風): 사막의 모래폭풍, '카라부란(Karaburan)'을 말한다.(김규현 역주, 《불국기》, 49쪽)

사막에서 17일 동안 대략 1500리 정도를 걸어 선선(鄯善)에 도착하여 한 달을 머물렀다. 그곳은 롭 노르의 서남쪽에 있는데, 롭 노르는 소위 포창해(蒲昌海)를 가리키는 것으로 누란해(樓蘭海) 또는 뇌란해(牢蘭海)라고도 불렀다. 선선은 바로 한나라 때의 누란을 말한다. 그곳에서 다시 서쪽으로 15일을 걸어서 한나라 때 언기라 불렸던 오이국(烏夷國)에 도착했다. 지엄(智嚴)은 바로 이곳에서 고창으로 돌아갔고 나중에 다시 계빈국으로 갔다. 이에 관해서는 앞에서 상세히 서술하였다.

(거기서) 법현은 다시 서행하여 지금의 호탄인 우전에 도달한 다음 파미르고원(즉 총령)을 넘었는데, "총령 이전부터 초목과 과실이 모두 달라서 오직 대나무와 석류[安石留]·사탕수수 세 가지만 중국 땅의 것과 같을 뿐이었다." 또 "총령에는 겨울이나 여름이나 눈이 쌓여 있고 또한 독용(毒龍)[18]도 있어서, 만약 그가 노하면 혹독한 바람과 눈비를 토하여 모래와 자갈 등이 날리므로 이를 만난 사람은 한사람도 온전할 수가 없었다. 그곳 사람들을 설산인(雪山人)이라 하는 것은 이 때문이다. 총령을 넘어 북천축국에 이르렀다." 그런 연후에 신도하(信度河)라고도 부르는 신두하(新頭河)(인더스강의 본류가 아님)를 건넜는데, "옛날 사람이 바위를 뚫어 길을 내고 의지할 사다리를 걸쳐 놓았으니, 그 높이가 700계단이나 되었다. 사다리를 지나 헐렁하게 매달려 있는 줄을 밟고 강을 건넜는데, 강의 폭은 감팔십보(減八十步)였다. 이곳은 아홉 번이나 통역[九譯]할 만큼 격리되어있어 한나라 때 장건과 감영이 모두 여기까지 이르지 못하였다." '감팔십보'란 80보가 채 안 된다는 뜻이다.

북천축에서 중천축에 도착하니 또 다른 '중국'[19]이 있어 "속인들의 의

----

18) 독용(毒龍): 파미르고원에는 특유의 열풍이 사납게 불어 때때로 눈과 비, 모래와 자갈을 날리는데, 법현은 이를 독용이라고 표현했다.

복과 음식도 중국과 같았고 불법이 매우 성행하고 있었다." 건타위(犍陀
衛: 健陀羅 또는 乾陀羅로도 표기함)국(Gandhara - 역자)에 이르러서는 카
니슈카왕이 탑을 세운 일에 대해 기록하였으니, 책에는 '계이가(罽膩伽)
왕'[20]이라 적혀있다. 나갈국(那竭國: Nagarahala, 현 아프가니스탄 동북부의
Jalalabad - 역자)에 이르러서는 부처의 정골(頂骨)이 있는 정사(精舍)에서
"큰 북을 치고 소라를 불며 동발(銅鈸)[21]을 두드리"는 것에 대해 적고
있다.[22]

법현은 소설산(小雪山: 아프가니스탄 동북부의 Safedkoh - 역자)을 지나 나
이국(羅夷國: 현 파키스탄 북부의 Parachinar 일대 - 역자)과 발나국(跋那國: 현
파키스탄 북부의 Bannu - 역자)에 갔으며, 다시 신두하를 건너 비다국(毗茶
國: 현 파키스탄 동북부의 Bhida - 역자)에 도달했다. 그곳 사람들은 "중국
승려[秦道人]가 온 것을 보고 크게 불쌍히 여겨 '어떻게 변방 땅에 사는
사람이 출가의 의미를 이해하고 불법을 구하고자 이렇게 먼 곳까지 왔
습니까?'라고 말하면서 필요한 모든 것을 구해주며 불법을 대하듯이 대
접해주었다." 그 때는 이미 동진 원흥 2년 즉 서기 403년이었다. 비다국
을 《대당서역기》에서는 발벌다국(鉢伐多國)이라고 표기하였는데 오늘
날의 Uchh이다. 신두(新頭)는 신도(信度)라고도 쓴다.

....

19) 고대부터 인도인들은 오장국(烏萇國)을 인도 중앙에 있는 나라로 생각하여
   중국이라 불렀다고 한다.
20) 원서에는 이가(膩伽)왕으로 되어있으나 분명한 오류여서 바로잡았다.
21) 동발(銅鈸): 구리나 쇠로 만든 오늘날의 심벌즈와 같은 악기로 고대 이집트
   ·아시리아 ·유대 등에서 사용되었고, 인도에는 기원전에 들어와 탈라
   (tāla)라고 불렀다. 중국에는 남북조시대에 전해졌으며, 한국을 거쳐 일본까
   지 전해졌다.
22) 카니슈카왕 이야기는 '불루사국(弗樓沙國)'조에, 부처의 정골이 있는 정사 이
   야기는 '혜라성(醯羅城)'조에 나온다.

법현이 중천축과 동천축을 방문한 것에 대해 책에서는 "법현은 본래 계율에 관한 문헌을 구하러왔으나, 북천축 등 여러 나라는 모두 스승이 구두로 불법을 전수하여 경전이 없었기 때문에 멀리 중천축까지 가게 되었다. …… 그리하여 법현은 이곳(파탈리푸트라성의 大乘寺 - 역자)에서 3년을 머물며 산스크리트 문자와 말을 배우고 율장을 베껴 썼다. (인도에 같이 온 도반인) 도정(道整)은 중천축[中國]에 온 이후 현지 사문의 계법과 중승(衆僧)의 위의(威儀)가 장엄하고 장관인 것을 보고, 중국 땅 [秦地]에는 중승의 계율조차 불비한 것을 한탄하면서 '지금부터 부처가 되기 전까지 다시는 변방 땅에서 태어나지 않으리라'고 맹세[23]하고는 그대로 천축에 남아 돌아오지 않았다. 그러나 법현은 본래의 목적이 계율을 중국 땅에 전파하는 것이었기 때문에 혼자서 돌아왔다"고 기록하고 있다.

제3절 법현의 귀국 노정

법현은 중천축에서 갠지스강을 따라 (동쪽으로 내려가서) 지금은 탐루크(Tamluk)라 부르는 항구 탐랄립티(Tamralipti, 多摩梨帝國)[24]에 도착했는데, 이곳은 후글리(Hooghly)강[25]을 약 60마일 거슬러 올라간 강의 서

....

23) 도정의 맹세는 불교의 삼세육도(三世六道) 윤회설에 입각해서 윤회를 다 거친 후 부처가 되기 전에는 먼 변방지역에서 환생하지 않겠다는 의미이다.
24) 탐랄립티(Tamralipti): 인도 북동부 서벵골 주 미드나포르 행정구에 있는 도시이며, 탐랄립티는 팔리어이다.
25) 후글리(Hooghly)강: 인도 북동부 서벵골 주에 있는 강. 갠지스강의 지류이며

안(西岸)에 위치하고 있다. 《대당서역기》에서는 '탐마율지국(耽摩栗底國)'이라고 하였으며 콜카타(Kolkata)[26] 서남쪽에 있다. 전기에서는 "법현이 이곳에서 2년간 머물면서 경전을 베끼고 불상을 그렸다. 그리고 그곳에서 상인의 큰 배를 타고 바다에 나가서 서남쪽으로 향했다. 초겨울의 무역풍을 만나 밤낮으로 항해하여 14일 만에 사자국에 도착했다"고 하였다. 앞의 2년은 당연히 의희 4년(408)과 5년(409)을 말하는 것이며, 사자국은 바로 지금의 실론섬으로 '집사자국(執師子國)' 또는 '승가라국(僧伽羅國)'이라고도 불렀다. 여행기에는 실론섬에 대한 묘사가 꽤 많은데, 그곳에서도 의희 6년(410)과 7년(411) 2년을 살았기 때문이다.

법현은 실론에서 율장(律藏)을 다 구한 후 배를 타고 동쪽으로 돌아왔는데, 그 과정을 다음과 같이 기록하고 있다.

> "《미사새율장(彌沙塞律藏)》을 구하여 얻고 《장아함경(長阿含經)》과 《잡아함경(雜阿含經)》 및 잡장(雜藏) 1부(部)도 얻었으니, 이들은 모두 중국 땅에 없는 것들이었다. 이 범본(梵本) 경전을 얻은 후 바로 상인이 운행하는 큰 배를 탔는데, 대략 200여명이 타고 있었다. 항해에는 위험이 따르기 때문에 큰 배 뒤에 작은 배 하나를 매달아놓아 큰 배의 파손에 대비하였다. 무역풍을 잘 만나 동쪽으로 이틀 동안 잘 갔지만 이내 강한 바람을 만났다. 배에 물이 스며들자 상인들은 서로 작은 배로 옮겨 타려고 하였다. 그러자 작은 배에 먼저 탄 사람들은 많은 사람들이 옮겨 탈

벵골만에서 콜카타까지 이어진다.

26) 콜카타(Kolkata): 인도 서벵골 주의 주도로 2001년 이전에는 캘커타(Calcutta)로 불렸다. 17세기까지는 벵골의 영주가 지배하는 후글리강 하구의 작은 읍이었으나, 영국 동인도회사가 이곳에 상관을 세우면서 동인도 제일의 항구로 부상하였다. 영국이 1912년 수도를 뉴델리로 옮기기 전까지 영국령 인도의 수도였다.(《해상 실크로드사전》, 320-321쪽)

것을 두려워하여 연결된 밧줄을 끊어 버렸다. (큰 배에 있던) 상인들은 크게 공포에 떨면서 목숨이 얼마 남지 않았다고 생각하였다. 그리고 배에 물이 들어오는 것을 겁내어 큰 물건들을 (배의 무게를 줄이려고) 바다로 던져 버렸다. 법현도 군지(君墀)[27]와 조관(澡罐)[28] 및 기타 물건들을 바다에 던져버렸지만, 상인들이 경전과 불상도 던져버릴 가 두려워 오직 한마음으로 관세음보살과 부처의 가르침을 따르기 위해 신명(身命)을 바친 중국의 중승(衆僧)들에게 '저는 먼 곳까지 불법을 구하기 위해 왔으니 위엄스런 신들의 (가피력으로 인해 배가) 잘 흘러가서 목적지까지 가게 해주십시오'라고 빌었다. 이렇게 큰 바람 속에서 밤낮으로 13일을 항해하여 한 섬에 도착해, 조수가 물러난 후에 배의 새는 곳을 수리한 다음 다시 항해를 시작하였다. (이) 바다[29]에는 도적이 많아 그들을 만나면 무사할 수가 없었다. 대해는 끝없이 펼쳐지고 동서를 분별할 수 없기 때문에 오로지 해와 달과 별자리를 보면서 나아갈 뿐이었다. 만약 흐리고 비가 오면 바람이 부는 대로 흘러가서 정확한 방향을 잡을 수가 없었다. 어두운 밤에는 단지 큰 파도가 서로 부딪치는 밝은 불빛과 자라나 거북 및 물속의 괴이한 것들만 보일 뿐이었다. 상인들은 겁에 질려 어디로 가야할 지를 알지 못하였다. 바다는 끝없이 깊어 돛을 내릴 곳도 찾을 수 없었다. 날이 밝아지면 그제야 동서를 분별할 수 있게 되어 다시 바른 방향을 회복하여 앞으로 나아갔다. 만약 암초를 만나게 되면 살길이 없었다. 이렇게 90일 정도 가서 야파제(耶婆提)라는 나라에 도착했다."

법현이 "한 섬에 도착했다"고 하였는데, 어쩌면 지금의 니코바르 (Nicobar)섬[30]일 가능성이 있다. 그리고 '90일 정도[九十日許]'라고 한 것

....

27) 군지(君墀): 입구가 두 개 달린 물병. Kundika의 음역으로 정병(淨瓶)을 의미하는데, 불교에서 깨끗하고 맑은 물을 담는 물병을 말한다.
28) 조관(澡罐): 양치질 등에 쓰이는 세면기.
29) 인도네시아의 수마트라섬과 말레이반도 사이의 긴 해협인 말라카해협이라고 추정한다.(김규현 역주, 《불국기》, 166쪽)

을 혹자는 9일 내지 10일 즉 대략 10일이란 뜻으로 해석해야 한다고 주장한다. 최근 사람 대부분은 야파제가 자바를 지칭한다고 고증하였으나, 일본인 아다치 기로쿠는 이 설을 부인하였다. 왜냐하면 비록 옛날 기록에 자바를 원래 야바디파(Yavadhipa)라 불렀다고 하지만, 옛 기록을 본 사람이 없기에 그 진실성을 단언할 수 없고 오늘날의 팔렘방(Palembang)31)도 아니기 때문이다. 대개 그 당시 팔렘방에는 불교가 극히 성행하였는데, 법현은 야파제에 대해 "이 나라는 외도(外道)인 브라만32)이 흥성하여 불법은 언급할만한 것이 없다"고 했기 때문이다.

아다치 기로쿠에 의하면 법현은 틀림없이 니코바르섬에서부터 90일 정도 표류하다 말라카 해협에 들어간 후 수마트라섬 동북쪽에 있는 야파제국에 도달했을 것으로 추측하고 있다.

법현은 야파제에서 5개월간 머문 다음 계속해서 다음과 같이 기록하였다.

....

30) 니코바르(Nicobar)섬: 인도 벵골만 남동부 안다만(Andaman)해에 있는 제도. 바로 혜초나 의정의 기록에 나인국(裸人國), 나형국(裸形國)으로 나오는 섬으로 마르코 폴로·오도릭·이븐 바투타 등은 '나인도(裸人島)'로 묘사하였는데, 이 섬의 이름은 타밀어로 '벌거벗은 자들의 땅'이라는 뜻이다.(김규현 역주, 《불국기》, 166쪽; 《실크로드사전》, 74쪽)

31) 팔렘방(Palembang): 인도네시아 수마테라 셀라탄(Sumatera Selatan) 주의 주도. 수마트라섬 동부에 위치한 도시로 7-11세기 불교왕국 스리비자야(Srivijaya)의 수도였다. 말라카해협과 순다 해협의 두 주요 항로와 접해있기 때문에 이곳을 드나드는 모든 선박을 통괄할 수 있는 요충지였다.

32) 브라만(Brahman): 인도의 카스트제도 중에서 가장 상층의 계급이다. 산스크리트어의 브라흐마나(brahmana)를 한자문화권에서는 음역하여 바라문(波羅門) 또는 바라문(婆羅門)이라고 한다. 브라흐마나란 고대 인도 철학에서 우주의 근본원리를 가리키는 브라흐만(Brahman)에서 파생된 명사이다.

"다시 다른 상인을 따라갔다. 큰 배에는 역시 200여명이 타고 있었고 50일치의 식량이 준비되어있었다. 4월 16일 출발하였는데, 법현은 배 위에서 안거(安居)33)하였다. (배는) 동북쪽으로 광주(廣州)를 향하여 나아갔다. 1개월여가 지난 어느 날 야고(夜鼓) 소리가 2경을 알렸을 때 검은 바람이 불고 폭우가 쏟아졌다. 상인들은 모두 하나같이 당황하고 두려워하였다. 법현은 이때에도 일심으로 관세음보살과 중국 중승들에게 빌었다. 존엄하신 신들의 보살핌으로 날이 밝을 때까지 견디어 내었다. 날이 밝자 여러 브라만들이 의논하길 '이 사문이 (배에) 타서 우리가 불길하게 되고 이러한 어려움을 당하게 되었다. 마땅히 이 비구를 섬에다 내려놓아야 한다. 한사람을 위해 우리들이 위험에 빠져서는 안 된다'고 하였다. 그러자 법현의 시주(檀越)가 '당신들이 만약 이 비구를 내리게 한다면 나도 함께 내려놓으시오. 아니면 나를 죽이시오. 당신들이 이 사문을 여기다 꼭 내려놓겠다면 나는 중국에 도착한 후 국왕에게 당신들을 고발할 것이오. 중국의 왕 역시 불법을 삼가 믿고 비구승을 공경한다고 하니 말이오'라고 하였다. 그러자 여러 상인들이 주저하고 망설이면서 감히 법현을 내리게 하지 못했다. 이때 연일 날이 흐려서 항해사가 항로를 잘못 잡아 70여일이 지나도록 (육지에 도착하지 못했다). 양식과 물이 모두 떨어져서 짠 바닷물을 떠서 밥을 지었다. 모든 사람이 각각 두 되[升]씩 마실 물을 나눠가졌으나 이조차 거의 떨어져 갔다. 상인들이 다시 의논하여 말하길 '정상적으로 항해하였다면 50일이면 광주에 도착하는데, 우리는 지금 이미 여러 날을 초과했으니 방향이 잘못 된 게 아닌가?'라고 하였다. 그리하여 바로 서북방 쪽으로 방향을 바꿔 해안을 찾아 밤낮으로 12일을 가서 마침내 장광군(長廣郡) 경계의 뇌산(牢山) 남안(南岸)에 도착하여 신선한 물과 음식을 구할 수 있었다. 다만 그동안 갖

....

33) 안거(安居): 음력으로 4월 보름은 하안거(夏安居)가 시작되는 결제 날. 안거는 인도에서 수행자들이 질병이 창궐하는 우기에 한 곳에 모여 산 데서 유래했다. 그래서 우안거(雨安居)라고도 한다. 하지만 중국을 거치면서 여름과 겨울 두 차례씩으로 자리 잡았다.

은 어려움을 겪고 여러 날 동안 두려움과 공포에 떨다가 갑자기 이 해안에 오르게 되었는데, 명아주 잎과 콩잎이 예전과 같음을 보고서야 중국 땅이라는 것을 알았다."

　　장광군은 오늘날 산동성 동남쪽, 교주만(膠州灣) 동북쪽에 있었고 뇌산(牢山)은 지금의 노산(勞山)으로 흑현(黑縣) 동남쪽 60리에 있었다. 융안 3년(399) 3월 장안을 출발하여 의희 8년(412) 7월 14일 청주(靑州)에 상륙하기까지 총 13년 4개월이 걸렸다.

제4절　귀국 후 법현의 행적

　　법현은 산동성 청주 노산 남안에 도착한 후에도 계속 기록을 남겼다.

　　"그러나 인적이 보이지 않아서 이곳이 어디쯤인지 도무지 알 수 없었다. 어떤 이는 아직 광주에 못 이르렀다고 하고 어떤 이는 이미 지나쳤다고 하여 정확한 위치를 알 수가 없었다. 그래서 작은 배를 타고 포구에 들어가 사람을 찾아 어느 곳인지 묻고자 하였다. 결국 두 명의 사냥꾼을 찾아서 그들을 큰 배가 있는 곳으로 데려와 법현으로 하여금 통역하여 그들에게 물어보도록 했다. 법현은 먼저 그들을 안심시키고 위로한 후에 천천히 '당신들은 어떤 사람들이요?'라고 묻자, 그들이 '우리는 부처의 제자입니다'라고 대답했다. 다시 '당신들은 무엇을 구하기 위해 산에 들어갔소?'라고 묻자, '내일이 7월 15일이어서 복숭아를 따서 납불(臘佛)하려고 했습니다'라는 괴이한 대답을 하였다. 또 다시 '이곳은 어느 나라요?'라고 묻자, '여기는 청주 장광군 경계지역으로 모두 진(晉)나라에 속해있습니다'라고 대답했다. 이 말을 듣고 상인들은 크게 기뻐하여 그들에게 약간의 재물을 주고 바로 사람을 장광군으로 파견했다. 태수 이억(李嶷)은 경건한 불교신자로 한 사문이 경전과 불상을 가지고 배를 타고 바다를 건너 왔다는 소식을 듣자, 즉시 사람을 데리고 해변까지 나와서 불경과 불상을 영접하여 군(郡)의 치소(治所)로 데려갔다. 곧이어 상인들은 배를 타고 양주(揚州)로 되돌아갔는데, 연주·청주자사 유도련[劉沇靑州]이 법현에게 한 겨울과 한 여름 동안 머물 것을 청하였다. 하좌(夏坐)가 끝나자 법현은 여러 도반사문을 떠난 지 오래되어 장안으로 가고 싶었으나, 맡은 일이 중요하였으므로 결국 남쪽에 있는 도성으로 가서 선사(禪師: 불타발타라를 가리킴 - 역자)[34]와 함께 율장을 번역하였다."

납불은 (음력) 7월 15일의 우란분회(盂蘭分會)[35]를 말한다. 사냥꾼들이 살생에 대해 말하는 것을 피하려했기에 (사냥하러왔다는 말 대신) 복숭아를 따러왔다고 속였던 것이며, 법현이 장광군에 도착했을 때 남연(南燕)은 멸망한지 이미 2년이나 지났고, 양목지(羊穆之)[36]가 북청주자사로 임명되어 (전쟁으로 황폐화 된 지역의) 복구를 도모하고 있을

....

34) 법현은 건강(建康)에 있는 도장사(道場寺)에서 불타발타라와 함께 인도에서 가지고 온 여러 경전을 번역하였다고 한다.(김규현 역주, 《불국기》, 174-175쪽)

35) 우란분회(盂蘭分會): 산스크리트어 울람바나(Ullambana)의 음역으로 석탄절·성도절·열반절과 함께 불교의 4대 명절로 꼽힐 만큼 중요한 날이다. 불교도들이 선조의 망령을 제도(濟度)하기 위하여 여는 불사로 백중(百中)이라고도 한다, 목련존자가 아귀도에 떨어진 어머니를 구하기 위해 석가모니의 가르침을 받아 여러 수행승에게 올린 공양에서 비롯되었다.

36) 양목지(羊穆之, 생몰연도 미상): 동진 말 장군 겸 순리(循吏). 동진 안제 원흥 3년(404) 연주자사 신우(辛禹)의 모반을 막은 공으로 영삭장군(寧朔將軍)에 임명되어 의희 원년(405) 북위의 팽성(彭城: 지금의 徐州)공격을 성공적으로 막아냈다. 의희 6년(410) 유유(劉裕)를 따라 남연을 멸한 다음 청주자사로 임명되어 전화로 인해 황폐화된 이 지역을 복구시킴으로써 청주양목(靑州良牧)이란 명성을 얻었다.

때이므로 "모두 (동)진나라에 속해있습니다"라고 말한 것이다. 연(沈)은 물 이름이고 연주(兗州)에 있기 때문에 연주(兗州)를 연주(沈州)라고도 부른다. 법현은 의희 8년 7월 14일 표류하다 노산에 도착한 뒤 양주로 돌아가 9월에 경구(京口) 즉 지금의 단도현(丹徒縣)에 이르렀는데, 유도련(劉道憐)[37]이 같은 해 9월 연주와 청주 2주의 자사로 임명되었기에 '유연청주(劉沈青州)'라고 한 것이다. 《자치통감》 권116에도 '유연주(劉兗州)'라 되어있다. 하좌(夏坐)는 석가모니가 남긴 법으로 매년 우기(雨期) 3개월 동안 입선정좌(入禪靜坐)하는 것인데, '우안거(雨安居)'라고도 부르며 '좌랍(坐臘)'이라고도 한다. 바로 의희 9년(413) 4월 16일에서 7월 15일까지였다. 법현은 이어서 다음과 같이 기록하고 있다.

"법현은 장안에서 출발한지 6년 만에 중천축국[中國]에 도착하였고, 거기서 6년 동안 머물다가 다시 3년 만에 청주에 도착할 때까지 지나온 나라가 무릇 30개가 좀 안되었다[減三十國]. 사하(沙河)[38] 이서에서 천축에 이르기까지 중승(衆僧)의 위의(威儀)와 법화(法化)의 아름다움은 (너무도 훌륭하여) 상세히 다 설명할 수가 없다. 가만히 생각해보건대, 여러 (중국의) 법사들이 아직 (이들 지방의 것에 대해) 자세히 들어보지 못했기에 보잘 것 없는 (나의) 생명을 돌보지 않고 바다를 건너 돌아오게 되

....

37) 유도련(劉道憐, 368-422): 남조 송 고조 유유의 동생으로 의희 8년 9월 연주·청주자사에 임명되어 경구(京口: 즉 鎭江)에 주둔하고 있을 때, 그곳에 도착한 법현을 만나 인연을 맺었던 것으로 보인다. 송 건국 후 태위(太尉)가 되었고 장사왕(長沙王)에 봉해졌다.
38) 사하(沙河): 현지어로 '쿰(Kum) 다리아(Drya)'인데, '쿰'은 모래를, '다리아'는 강물을 의미하여 "모래가 강물처럼 흐르는 모래의 강"이란 뜻으로 바람에 따라 움직이는 지형을 말하며 지도상으로는 고비사막의 서쪽 끝과 타클라마칸사막의 동쪽 끝에 해당되는 지역으로 둔황의 서쪽 옥문관을 지나 선선국에 이르는 사이에 있는 사막이다.(김규현 역주, 《불국기》, 48-49쪽)

었다. 그 힘들고 어려웠던 것은 말할 수조차 없지만 다행히 삼존(三尊: 佛·法·僧 즉 三寶를 지칭함 - 역자)의 위엄과 신령한 은총을 입어 여러 차례 위험에도 불구하고 돌아올 수 있었다. 그런 고로 죽백(竹帛)에 그동 안 겪은 것을 서술하여 현자(賢者)들로 하여금 (내가) 보고 들은 바를 함께 나누고자 한다. 금년은 갑인년이다."

갑인년은 바로 의희 10년(414)으로 법현은 9년 7월 하순 건강(建康)에 도착하여 10년에 여행기를 완성하였던 것이다. 이른바 '감삼십국(減三十國)'이라는 말은 30개국이 안 된다는 뜻인데, 아마도 사하 동쪽의 네 나라39)와 계요이성(罽饒夷城: 현 인도 북부의 Kanauj - 역자)·가유나위성(迦維羅衛城: Kapilavāstu, 현 인도 북부 Gorakhapur 북쪽의 Nigliva촌, 일설에는 네팔 남부의 Rummiedei - 역자) 및 구이나갈성(拘夷那竭城: Kusinagara, 성 북쪽에 석가가 열반한 곳이 있음 - 역자)은 계산에 포함하지 않은 듯하다. 이 세 성을 현장은 전부 나라로 불렀으니, 이렇게 계산하면 27개국40)만 남게 됨으로 앞뒤가 딱 맞다.

《법현전》 즉 《역유천축기전》과 《불국기》에는 송승(宋僧)41)의 발문(跋文)이 있는데, 충분히 참고할 만하여 아래에 인용하였다.

....

39) 《불국기》원문에는 건귀국(乾歸國: 현 감숙성 靖遠縣 서쪽)·욕단국(褥檀國: 현 감숙성 碾泊縣 일대)·장액·돈황 순으로 경유한 것으로 나오는데, 각각 당시(399-400년) 서진(西秦)·남량(南涼)·북량(北涼)·후량(後涼)에 속해있는 지역이었기에 저자가 네 나라라고 한 것 같다.

40) 《불국기》에 보면 법현이 경유한 사하 서쪽의 나라 또는 성(城)은 총 31개인데, 저자가 자합국(子合國)과 갈차국(竭叉國) 사이에 있던 어마국(於摩國)을 빠뜨리고 계산한 듯하다.

41) '송승(宋僧)'이 실제 인명인지 '송나라 승려'라는 의미인지는 불확실한데, 이에 대해서는 김규현 역주, 《불국기》, 177쪽을 참고.

"진 의희 12년(12년의 2자는 衍字로 의심됨) 세(歲)가 수성(壽星)에 있었는데[42], 하안거가 끝날 무렵 법현 도인(道人)을 맞이하였다. 법현은 도착 후 (우리와 같이) 머물면서 동재(冬齋)[43]를 함께 했다. 경을 설하는 [講集] 여유시간에 거듭 그에게 천축 순례의 경험을 물어보았다. 법현은 사람됨이 공손하고 돈후하며 말하는 바는 전부 사실에 의거한 것이었다. 그리하여 이미 대략 구술한 바를 상세히 기록할 것을 권하였다. 그러자 법현은 다시 구법 과정에서 겪은 일의 시말(始末)을 갖추어 서술하였다. 법현이 스스로 말하길 '돌이켜 지나왔던 곳을 생각해보면 나도 모르게 가슴이 뛰면서 땀이 난다. 위험함을 감수하고 험준한 곳을 건너 이 몸뚱이를 아끼지 않았던 것은 대개 나에게 굳은 뜻이 있어서 그것을 위해 우직하게 마음을 다 쏟았기 때문인 것 같다. 그런 까닭에 살아남기 힘든 땅에 목숨을 던져 만분의 일밖에 안 되는 희망을 이룰 수 있었다'고 하였다. 이 말을 듣고 감탄한 우리들은 그가 고금에 보기 드문 사람이라 생각하였다. 불교가 동방에 전해진 이래로 아직까지 법현처럼 자신을 버리고 구법을 위해 떠난 자가 없었다. 이리하여 지성을 다하면 통하지 못할 어려움이 없고 뜻을 세우면 이루지 못할 공업(功業)이 없다는 것을 알았다. 무릇 공업을 이룬다는 것은 남들이 소중히 여기는 것을 잊어버리고 남들이 잊어버린 것을 소중히 여김으로써 가능한 게 아니겠는가?"

제5절 송운(宋雲)과 혜생(惠生) 등의 서행(西行)

위나라 감로 5년(260) 주사행이 처음으로 우전으로 떠났고, 법현이

....

42) 저자는 의희 10년으로 보았지만, "세가 수성에 있다"는 의미는 병진년 즉 의희 12년(416)을 가리킨다.

43) 동재(冬齋): 동지(冬至) 때 사감(寺監)이 주지를 대신해 법좌에 올라 스님들에게 계경(戒經)을 설파하여 그 실행을 재촉하는 법회.

그 뒤를 이었다(양나라 혜교의 《고승전》 권3). 또 그 후에 중국 승려 보운(寶雲)(혜교의 《고승전》 권3)·혜예(慧叡)(혜교의 《고승전》 권7)·지맹(智猛)·법용(法勇)·도진(道秦)(이상 혜교의 《고승전》 권3)·지엄(《출삼장기집》 권15)·도락(道樂)(《釋迦方志》) 등이 4세기 말엽에서 5세기 중엽 사이에 불교 성지 순례와 구법을 위해 서역으로 갔다. 《출삼장기집》 권14에 의하면, 송 원가연간(424-453) 고창국의 사문 도보(道普)가 송 태조의 지원을 받아 서사(書史) 300명을 인솔하고 경전을 구하기 위하여 서역에 갔다고 되어있다. 또 《역대삼보기(歷代三寶記)》 권3과 권12에는 북제 후주 무평연간(570-575) 사문 보섬(寶暹)·도수(道邃)·승담(僧曇)·지주(智周)·승위(僧威)·법보(法寶)·지조(智照)·승율(僧律) 등 11명이 함께 서역으로 경전을 구하러 갔다고 적혀있다.

법현이 귀국한지 100년 후인 북위 효명제 희평 원년(516) 호태후(胡太后)는 사신 송운과 사문 혜생(惠生: 慧生이라고도 하며 《석가방지》에서는 道生이라고 하였음) 등에게 명하여 서역에 가서 부처에게 참배하고 공품(供品)을 바치도록 하였다. 송운은 《가기(家記)》를, 혜생은 《행기(行記)》를 저술하였지만 모두 전해지지 않으며, 단지 양현지(楊衒之)가 편찬한 《낙양가람기》 권5에서 두 사람의 행적을 대략 볼 수 있을 뿐이다. 두 사람은 떠난 지 6년 만인 정광 2년(521)[44]에 대승경론(大乘經論) 170부를 가지고 낙양으로 돌아왔다.

프랑스인 레뮈자가 도광 16년(1836) 《불국기》를 번역할 때 이미 《낙양가람기》의 프랑스어 번역을 첨부하였고, 후에 영국인 사무엘 빌이 동치 8년(1896) 영어로 번역하여 자신이 번역한 《(대당)서역기》 앞에 첨부

....

44) 원서에는 정광 3년(522)으로 되어있으나 《낙양가람기》에는 정광 2년 2월로 되어있어 바로잡았다.

했다. 정겸(丁謙)은《송운구경기지리고증(宋雲求經記地理考證)》을 저술하였다. 광서 29년(1903) 샤반느(Chavannes)가 또 새롭게 번역하여《극동 프랑스학교 교간》(*Bulletin de l'Ecole Francaise d'Extreme-Orient*) 7, 8, 9월 합본에 실었다. 같은 해 그 단행본이 베트남 하노이에서 출판되었다. 풍승균이 번역한《송운행기전주(宋雲行記箋註)》는《우공(禹貢)》4권 1호부터 6호까지에 수록되어있다.

송운은 돈황 사람이기 때문에 출발 전 이미 외국지리 및 여행상황에 대해서 잘 알고 있었을 것이다. 동위 무정 5년[45] 즉 양 무제 태청 원년(547) 양현지가《낙양가람기》를 저술하였는데,《도영전(道榮傳)》[46]과 송운의《가기》에서 자료를 얻었다고 스스로 밝히고 있다. 여기서 그 내용을 절록(節錄)하면 다음과 같다.

> "처음 낙양(京師)을 출발하여 서쪽으로 40일을 가서 나라의 서쪽 경계지역인 적령(赤嶺)에 도착하였다. …… 서쪽으로 23일을 가서 유사(流沙)를 가로질러 토욕혼국(土谷渾國)[47]에 도착했다. …… 서쪽으로 3,500리를 가서 선선성(鄯善城)에 이르렀다. …… 선선에서 서쪽으로 1,640리를

---

45) 원서에는 북위 영희 16년으로 되어있으나 영희는 532년부터 534년까지 3년만 사용된 연호이기에, 양 무제 태청 원년에 해당하는 동위(양현지가 동위의 관리였으므로)의 연호로 바로잡았다.
46) 원서에는《도약전(道藥傳)》으로 되어있으나《낙양가람기》원문에 따라 바로잡았다.
47) 토욕혼국(土谷渾國): 투유훈(Tuyuhun)으로 발음되며 원래는 선비족 모용부(慕容部)의 일파였으나 서진 영가연간(307-312) 수령 토욕혼이 부족을 거느리고 동북 도하(徒河) 지방에서 서쪽 청해호 일대로 옮겨와 강족(羌族)과 함께 살면서 북사성(伏俟城)을 도읍으로 삼은 후 비로소 캔(汗)이라고 칭했다. 당대에는 사신을 파견하여 조공을 바쳤고 통혼과 교역을 청했다.(김규현 역주,《송운행기》, 42쪽)

가서 좌말성(左末城)⁴⁸⁾에 도착했다. …… 성안에는 부처와 보살 그림이
있었는데, 오랑캐 모습이 아니어서 나이 든 노인에게 물어보니 '여광(呂
光)⁴⁹⁾이 오랑캐를 정벌할 때 그린 것이다'고 하였다. …… 한마성(捍嫲
城)⁵⁰⁾에 도착했다. …… 달려있는 채색 번개(幡蓋: 각양각색의 헝겊을 매
어 자신의 염원이나 기도를 표시한 것 – 역자)도 만여 개에 달했고, 그 중
위나라의 것이 절반 이상이었다. 번개 위에는 예서(隷書)체로 대부분 태
화 19년(495)·경명 3년(502)·연창 2년(513) 등이 쓰여 있었는데, 오직
하나만 요진(姚秦: 즉 姚興이 세운 後秦 – 역자) 때의 연호였다. …… 우전
국에 이르렀다. …… 신구 2년(519) 7월 29일 주구파국(朱驅波國)⁵¹⁾에
들어갔다. …… 한반타국(漢盤陀國)⁵²⁾ 경계로 들어가 서쪽으로 간 지 6

....

48) 좌말성(左末城): 서역남로 상의 오아시스 도시로 현 신강위구르자치구 치에
    뫼且末] 근처에 그 유적지가 있다. 현장은 귀국길에 서역남로의 도시들을
    지나면서 이곳을 저말국(沮末國)이라 불렀다.(김규현 역주,《송운행기》, 44
    쪽)
49) 여광(呂光, 338-399): 오호십육국 시대 후량(後凉)의 초대 군주. 전진(前秦)
    의 장수로 각지에서 활약하였고 383년 서역정토제군사(西域征討諸軍事)로
    임명되어 서역 원정에 나서 구자(龜玆)를 점령하고 서역 일대를 평정하였다.
    당시 중원에 이름이 널리 알려진 구마라습의 신병을 확보할 것을 명령받아
    장안으로 호송함으로써 불교의 역경사업이 활기를 띠게 되었다고 전한다.
    (김규현 역주,《송운행기》, 44쪽)
50) 한마성(捍嫲城): 현재의 호탄(Khotan, 和田)시와 케리아(Keriya, 于田)현의 중
    간에 있는 치라(Chira, 策勒)현으로 비정되는데,《대당서역기》권12에 나오
    는 비마성(媲摩城)으로 보인다.(김규현 역주,《송운행기》, 46쪽)
51) 주구파국(朱驅波國): 현 신강위구르자치구 카스[喀什]지구의 엽성(葉城)현이
    며 산스크리트어 차코카(Cakpka)의 음역이다. 위구르인은 카르갈리크
    (Karghalik, 哈爾碣里克)로 부른다.《위서》와《북사》에는 주거(朱居)·주거반
    (朱居半)·주구파(朱駒波)로,《송운행기》에는 주구파(朱俱波)로,《역대삼보
    기》에는 차구가(遮拘迦)·차거가(遮居迦)로,《대당서역기》에는 작구가(斫句
    迦)로 표기되어있다.(김규현 역주,《송운행기》, 51쪽)
52) 한반타국(漢盤陀國): 현 중국과 파키스탄 국경 근처에 있는 도시 타쉬쿠르간

일 만에 총령산에 올랐다. …… 9월 중순에 발화국(鉢和國)[53]에 들어갔다. …… 10월 초순에 갈달국(嚈噠國)[54]에 도착하였다. …… 대위(大魏: 즉 북위 - 역자)에서 온 사신을 보자 두 번 절한 뒤 무릎을 꿇고 조서를 받았다. …… 11월 초 파사국(波斯國)[55]에 들어갔다. …… 12월초 오장국(烏場國)[56]에 들어갔는데, 북으로는 총령과 접하고 남으로는 천축과 닿아 있었다. …… 국왕이 대위의 사신 송운이 온 것을 보자 손을 모아 이마에 올렸다가 내리는 예를 표하며 조서를 받았다[膜拜受詔書].[57]

....

(Tashkurghan, 塔什庫爾干)으로 실크로드의 요충지였다. 혜초는 총령진(蔥嶺鎮)으로, 현장은 갈반타(羯盤陀)로, 법현은 갈차국(竭叉國)으로 불렀다.(김규현 역주, 《송운행기》, 52쪽)

53) 발화국(鉢和國): 와칸(Wakhan) 계곡 남쪽에 위치했던 《대당서역기》 권12에 나오는 달마실철제국(達摩悉鐵帝國)으로 비정하고 있다.

54) 갈달국(嚈噠國): 원서에는 '엽달국(噘噠國)'으로 되어있고 김규현 역주 《송운행기》에는 '갈달국(蠍噠國)'으로 되어있으나, 《낙양가람기》 역주본에 첨부된 원문에 따랐다. 고대 월지족의 후예로 에프탈(Ephthall), 백흉노, 엡탈리트(Hephthalites), 읍달(悒達), 읍달(悒怛), 하이탈(Haytal), 타프탈레 등으로 불린 유목민족이다. 5세기경부터 큰 세력을 이루어 6세기 초 토하리스탄[吐火羅國]을 멸망시키면서 동쪽으로 호탄, 서쪽으로 사산조페르시아까지 미치는 판도를 형성하였다. 인도·중국·페르시아·남러시아를 잇는 교역 루트를 차지함으로써 실크로드의 실권을 장악하다 560년경 페르시아와 연합한 돌궐에게 멸망되었다.(김규현 역주, 《송운행기》, 59쪽)

55) 《낙양가람기》와 《송운행기》, 《위서》〈서역열전〉에 모두 파지국(波知國)으로 적혀있지만, 인용구 밑의 저자 설명에도 파사가 나오므로 원서대로 표기하였다.

56) 오장국(烏場國): 현 파키스탄 스와트 계곡의 밍고라(Mingora)를 중심으로 하는 산악지방에 있던 나라로 우디야나(Uddiyāna, 鬱地引那)의 음역이다. 중국 자료에서는 오장(烏萇: 《불국기》·《위서》·《구당서》), 오장(烏仗: 《增壹阿含》), 오장(烏場: 《낙양가람기》·《속고승전》), 오장나(烏仗那: 《대당서역기》), 오장나(烏長那: 《자은전》·《대당서역구법고승전》), 우전낭(優塡囊: 《불조통기》), 오이야낭(烏儞也囊: 《梵語雜名》), 월저연(越底延: 《신당서》) 등으로 표기되어 있다.(김규현 역주, 《송운행기》, 65쪽)

…… 위나라 말을 아는 사람을 통해 송운에게 물었다. '경(卿)은 해가 뜨는 곳에서 온 사람인가?' 송운이 '우리나라 동쪽 경계에 큰 바다가 있는데, 그 곳에서 해가 떠오릅니다'고 답하였다. …… 송운은 머나 먼 이국에서 이러한 아름다운 풍경을 보고 (고향으로) 돌아가고 싶은 생각에 마음을 안정시키지 못하여 그만 옛날 병이 도져 한 달 동안 고생하였다. …… 정광 원년(520) 4월 중순 건타라국(乾陀羅國)58)에 들어갔다. …… 송운이 군영(軍營)으로 찾아가 조서를 전하였으나, 왕은 흉악하고 거만하며 예의가 없이 앉은 채 조서를 받았다. …… (왕이) '세상 사람들도 부모의 편지를 받으면 오히려 앉아서 읽건만 대위를 그나마 나의 부모처럼 여겨 앉아서 읽은 것이니 이치로 보아 예를 잃은 것은 없소'라고 말하였다. 송운은 더 이상 그를 굴복시킬 수 없었다. …… 혜생은 오장국에서 2년 동안 있으면서 서쪽 오랑캐의 풍습을 경험하였으나 대동소이하여 모두 갖추어 기록할 수 없었다."

정겸은 적령이 바로 오늘날 서녕(西寧) 단갈이(丹噶爾) 서남쪽 130리에 있는 일월산(日月山)이라고 주장했다. 송운 일행은 먼저 청해(青海)에 이른 다음 롭 노르 남쪽 연안에 있는 선선국으로 들어간 듯하다. 왜냐하면 토욕혼족이 당시 청해에 살고 있었기 때문이다. 좌말(左末)은 《한서》와 《위서》〈서역전〉에서는 차말(且末)이라 하였고 지금은 거이성(車爾

....

57) 원서에는 '拜受詔書'라고만 되어있으나 《낙양가람기》 원문에 따라 바로잡았다.
58) 건타라국(乾陀羅國): 즉 간다라 왕국. 현 파키스탄 북부와 아프가니스탄 동부에 자리하였던 고대 왕국으로 주로 페샤와르 계곡과 포토하르 고원과 카불강 유역에 위치하였다. 간다라 왕국은 기원전 6세기에서 서기 11세기까지 지속되었는데, 1세기에서 5세기까지 불교도였던 쿠샨왕조 하에서 전성기를 누리다가 1021년 가즈나왕조의 마흐무드에 정복되어 멸망하였다. 중국 자료에는 건타라(犍陀羅:《불국기》), 건타·소월지국(乾陀·小月氏國:《위서》), 월지(月氏:《고승전》), 건타라(健馱羅:《대당서역기》), 건타라(健陀邏:《자은전》) 등 각기 다른 음역이 나타난다.(김규현 역주, 《송운행기》, 75쪽)

城)이라고 한다. 한마성에 대해 스타인(Stein)은 호탄 동북쪽 55마일에 있는 우준타티(Uzun-tati)라고 고증했다. 주구파(朱駒波)는 주거파(朱居波), 주구파(朱俱波), 주구반(朱俱槃) 등으로도 표기하니, 야르칸드 부근의 카르갈리크(Karghalik)이다. 한반타는 갈반타(渴槃陁), 한타(漢陀), 갈반단(渴飯檀), 걸반타(竭盤陀)라고도 적는데, 헨리 율(Henry Yule)은 바로 파미르고원 동쪽의 사리쿨(Sarikul) 및 타쉬쿠르간(Tashkurghan) 일대라고 주장했다. 파사는 동파사를 줄여서 부른 명칭일 수도 있으니, 당시 동쪽으로 총령에 이르는 산기슭을 전부 동파사(東波斯)라고 불렀기 때문이다. 오장(烏場)은 오장(烏萇), 오장나(烏杖那), 오다(烏茶), 오다(鄔茶) 등으로도 표기하는데, 소재지가 일정하지 않았으니 아마도 왕의 원유(苑囿)를 지칭했기 때문인 듯하다. 본편 14장 2절을 참고하길 바란다.

[부기(附記)]
남북조시기 한문 불경이 외국어로 번역되기도 하였다.
(1) 북위 때 담모최(曇謨最)[59]가 지은 《대승의장(大乘義章)》을 외국 사문인 보리유지(菩提流支)[60]가 읽고 매번 감탄하여 오랑캐 글[胡書]로 번역하여 서역에 전했다. 그 내용은 《낙양가람기》에 보인다.

....

59) 원서에는 담무최(曇無最)로 되어있으나 《낙양가람기》 원문에 따라 바로잡았다.
60) 보리유지(菩提流支, ?-535): 산스크리트어 'bodhiruci'의 음사로 보리유지(菩提留支) 등으로도 쓰며 도희(道希)로 의역하기도 한다. 남인도 출신의 승려로 508년 낙양에 들어가 북위 선무제의 후원으로 영녕사(永寧寺)에서 700명의 범승(梵僧)들과 불경 번역에 종사하였다. 《십지경론(十地經論)》(12권)을 비롯하여 《입능가경(入楞伽經)》(10권)·《유식론(唯識論)》·《금강반야경론(金剛般若經論)》·《법화경론(法華經論)》·《무량수경론(無量壽經論)》 등 약 39부 127권을 역출(譯出)하였다. 당나라 때 활동한 보리유지(菩提流志)와는 다른 사람이다.

(2) 북제 때 유세청(劉世淸)은 당시 사이(四夷) 언어를 할 줄 아는 사
람 중 최고여서, 후주(後主)가 그에게 《열반경》을 돌궐어로 번역
하게 하여 돌궐의 칸에게 보내었다. 그리고 중서시랑(中書侍郞)
이덕림(李德林)에게는 그 서문을 쓰도록 명하였다. 그 내용은 《북
제서》〈열전〉 권12 '곡율강거(斛律羌擧)'조에 보인다.

| 저자 소개 |

방호(方豪, 1910-1980)

중국의 역사학자이자 신부(神父). 자는 걸인(杰人)이고 절강성 항주(杭州) 태생으로
영파(寧波) 성 바오로 신학원에서 공부한 뒤 선교활동을 하면서 중국역사를 연구하
였다. 절강대학과 복단대학 교수 및 단과대 학장 등을 지냈고, 1949년부터 대만대학
역사학과 교수로 재직하면서 청사(淸史)편찬위원회 위원, 대만 중국역사학회 이사
장, 중앙연구원 원사 등을 역임하였다. 주요 저서로 《송사(宋史)》, 《중외문화교통사
논총(中外文化交通史論叢)》, 《중국천주교사논총(中國天主敎史論叢)》, 《방호육십
자정고(方豪六十自定稿)》 등이 있다.

| 역자 소개 |

손준식

현 중앙대학교 역사학과 교수. 대만국립정치대학 역사연구소 문학박사. 중국근현대
사와 대만사 전공. 저서로는 『식민주의와 언어』(아름나무, 2007, 공저), 『식민지·점
령지하 협력자 집단과 논리 비교』(선인, 2008, 공저), 『대만을 보는 눈』(창비, 2012,
공저), 『한중관계의 역사와 현실』(한울, 2013, 공저), 『중국근현대사 강의』(한울,
2019, 공저) 등이 있고, 역서로는
『대만 : 아름다운 섬 슬픈 역사』(신구문화사, 2003), 『중국군 포로의 6.25전쟁 참전
기』(국방부 군사편찬연구소, 2009), 『중국근현대 영토문제 연구』(국방부 군사편찬연
구소, 2012) 등이 있다.

유진희

현 한세대학교 중국어학과 교수. 대만 국립정치대학 중문연구소 문학박사. 청대 궁
정희곡 전공. 저서로는 『이지 차이니즈 300』(동양북스, 2019), 역서로는 『第四度屬
靈世界』(臺灣以斯拉出版社, 2004), 『早晨眼淚』(臺灣以斯拉出版社, 2007), 『傳遞幸
福的郵差』(臺灣以斯拉出版社, 2011), 『開啓摩西五經的亮光』(臺灣以斯拉出版社,
2014) 등이 있다.

한 국 연 구 재 단
학술명저번역총서
[동 양 편]   622

중서교통사 中西交通史 ❶

초판 인쇄   2019년 12월 15일
초판 발행   2019년 12월 31일

저   자 ㅣ 방호(方豪)
역   자 ㅣ 손준식·유진희
펴 낸 이 ㅣ 하운근
펴 낸 곳 ㅣ 學古房

주   소 ㅣ 경기도 고양시 덕양구 통일로 140 삼송테크노밸리 A동 B224
전   화 ㅣ (02)353-9908 편집부(02)356-9903
팩   스 ㅣ (02)6959-8234
홈페이지 ㅣ http://hakgobang.co.kr/
전자우편 ㅣ hakgobang@naver.com, hakgobang@chol.com
등록번호 ㅣ 제311-1994-000001호

ISBN   978-89-6071-940-8 94910
          978-89-6071-287-4 (세트)

값 : 42,000원

이 책은 2011년도 정부재원(교육과학기술부 인문사회기초연구사업비)으로 한국연구재단의 지원을 받
아 연구되었음(NRF-2011-421-A00008).
This work was supported by National Research Foundation of Korea Grant funded by the Korean
Government(NRF-2011-421-A00008).

이 도서의 국립중앙도서관 출판예정도서목록(CIP)은 서지정보유통지원시스템 홈페이지
(http://seoji.nl.go.kr)와 국가자료공동목록시스템(http://www.nl.go.kr/kolisnet)에서 이용
하실 수 있습니다. (CIP제어번호 : CIP2019053784)